PHILOSOPHY OF CIVIL LAW

民法哲学

徐国栋　著

中国法制出版社
CHINA LEGAL PUBLISHING HOUSE

作者简介

徐国栋，别号东海闲人。1961年生于湖南省益阳市。从1978年至1991年，分别在西南政法学院、中国政法大学、中国社会科学院研究生院获得学士、硕士、博士学位。先后在江西大学、中南政法学院、厦门大学任教；在罗马第二大学、米兰大学和哥伦比亚大学访学。主要研究民法基础理论和罗马法。任全国外国法制史研究会副会长、中国法学会民法学研究会常务理事。代表作有《民法基本原则解释：诚信原则的历史、实务、法理研究》（2013年）、《中国民法典争鸣：徐国栋卷》（2018年）、《十二表法研究》（2019年）、《优士丁尼〈法学阶梯〉评注》（2011年）等，在《中国社会科学》《中国法学》《法学研究》等刊物发表论文270多篇。

前言

本书初版于2009年，印了5000册，2013年即已售罄。2009年到2015年，本书的初版赢得了福建省第九届优秀社会科学成果奖一等奖（2011年），第四届钱端升法学研究成果奖二等奖（2012年），教育部第六届高等学校科学研究优秀成果奖二等奖（2013年），可谓连中三元。2019年，还入选中华学术外译项目备译书目，计划获得日译本和意大利文译本。是年，由于申报时间短暂，尽管已有打算日译者和意大利语译者，都失期而挫。然后有韩国学者打算翻译成朝鲜文本。所以，2020年，我又申报此书为外译项目的备译书目，希望获得成功。

我每年都以本书作为厦门大学民法专业硕士生的《民法哲学》课程的教材，初版售罄之后，就产生了出新版维持每年近30名研究生的教材供应的需要，以及社会上许多人士研读本书的需要——他们经常打电话到中国法制出版社询问本书的再版情况，为此，我在本书的初版策划编辑刘峰先生的催促下准备再版，为此进行了一定的删节、增补和改正。

“删节”，指向在授课中不涉及的内容（例如，原有的第二章第二节第二目“无体物概念作为支撑民法二分制的基础”），以及已过时的内容（例如，初版中涉及的一些立法列举以及立法统计）。删去了“主要参考文献目录”“主题索引”“案例索引”“人名索引”“后记”

5个附录，这并非因为它们不重要，删去它们是为了腾出篇幅容纳新内容。出版社总想把本书的篇幅控制在40万字以下，甚至有出本书的缩写版之议，这是必须考虑的限制。

“增补”，指向从初版到现今民法哲学事项新发展的内容。例如，此版增加了对英国上下院于2015年1月通过的允许一父两母法案进行说明的内容、对民事死亡制度的详细说明（初版对此一带而过），2015年版增加了“契约论”一章，等等。

“改正”，指向初版中说错了的内容。例如，把全书所有的“民法调整对象”改成“民法对象”。又如，初版曾把1942年《意大利民法典》限制犹太人权利能力的规定作为立法者利用宗教身份的论据，现在看来，这种限制更多地与种族主义相关。

“删节”也好，“增补”也好，“改正”也好，共同的宗旨是尽我的一切可能消除初版中包含的错误，补充初版中未论及的民法哲学内容。一言以蔽之，让本书跟上这些年来的时代发展。

2015年，本书的增订版问世，以满足我的学生和广大读者的需要。到了2020年春，中国法制出版社又希望我出本书的第三版，以适应2020年5月28日诞生的《民法典》的新条件。我同意之，除对全书的内容根据《民法典》的规定做出修订外，还以“时间论”替换了“契约论”，并把该论的位置提前，以表达我以比较动态的民法观取代我国现有的比较静态的民法观的欲望。

本书凡40万余言，宗旨者何？一言以蔽之，批评萨维尼（Friedrich Carl von Savigny，1779—1861）等大师开创的潘德克吞法学，此等法学通过罗马法、超越罗马法，把民法学带入了近现代阶段，它打造的民法具有整齐有序的几何学形象，像埃及的金字塔一样浑身上下焕发出魅力，让我们治民法者自豪，看不起一些长得疙疙瘩瘩的新兴学科。正由于此，我国自清末以降继受的就是这样的民法学，它对于我国实现法制现代化，建立起与德国、日本民法学的学术营养供应关系，做出了不可磨灭的贡献。但是，历近200年之呈现，它的毛病也渐次暴露。例如，其物文主义的民法对象理论、无视人与物（甚至与神）的关系的调整的完全人化的法律关系理论、完全以出生和死亡为端点的能力理论、性恶的人性假设、绝对理性的民法人假设、个人主义的权利概念、乐观主义的人类未来论和暗含的人类中心主义、自由主义的政治哲学前提，等等；最后但并非最不重要的是，它对宏大叙事的追求，说白了，也就是总则思想，导致把一个原则或制度贯彻庞杂无比的整个民法首尾的狂想。例如，潘德克吞的俄国版建立的民法以平等原则一以贯之的狂想，德国人自有的把产生于财产法的法律行为制度适用于人身法的狂想，而这样的狂想只要找到一个例外就会把它变成理论泡沫，问题在于例外不止一个，而是太多！所以，现在到了扬弃潘德克吞民法学，创造新的民法学的时候。此等创造有四个基点：其一，对当代民法生活的观察。抛开教条，回到现实，这样的观察总是一切真正有生命力的理论的源头活水。一切教条的共同特征是与实际不符，但此等不符被迷信的人们视而不见。其二，对罗马法的研习。潘德克吞法学有时提升了罗马法，但有时却把罗马法做小做弱了（例如，它对人格关系的鸵鸟式处理，对人—物关系、人—神关系之调整的愚昧地抛弃），所以，有时回到罗马法本身就成了疗救潘德克吞民法学带来的疑难杂症的良药。其三，对拉丁法族国家法学的研习。这些国家的民法学与罗马法一脉相承，继承了罗马法的优点，构成一个与潘德克吞民法学颇为不同的法律样本，不时可以用来疗救潘德克吞民法学的缺陷。例如，在这些国家的民法学中，人身关系法优先于财产关系法的地位从来是不容置疑的。其四，对英美法的借鉴。这种法不搞宏大叙事，甚至连权利能力的概念都没有，从来满足于就事论事的微观理论，顶多做到中观理论，所以很少犯错误，尤其是根本性的大错。所以，研习这种法的学者很少把精力放在无聊的宏大建构的建设与拆除上，而是闷声研究具体问题，发了理论的大财。比较起来，潘德克吞系的学者在“建”与“拆”之间浪费了多少精力哟！借鉴英美法，从宏观角度看，就是抛弃建立宏观理论的愿望，满足于中观理论甚至微观理论。这两种模式的理论，恰恰是世界理论界的方向。

精装版即将面世之际，感谢本版的策划编辑李佳女士，是她的催促促成了本版的诞生，让我发现我用过几次的“时间论”讲稿不适合出版，催促我基于新思路写“时间论”，尽管写作的过程很痛苦，但写完后的畅快感对之进行了报偿。

最后说到但并非最次要的感谢要给本书的责任编辑王悦，她让我见识了多年未见到的认真看稿并“拷打”作者的编辑形象，被“拷打”的过程很痛苦，但结果是甜美的。

是为序。

徐国栋

2020年11月于胡里山炮台之侧

什么是民法哲学——代序言

一、部门哲学的兴起

哲学是一种整体的宏观理论，它研究的是绝对的宏观——世界的整体。然而，这样的整体宏观是由许多的局部组成的，每个局部也有自己的相对宏观。这一现实成为分支性哲学产生的理由。于是，在传统的统观性哲学之旁，近100年发展起宗教哲学①、社会科学哲学②、自然科学哲学③、科学哲学④、语言哲学⑤、法律哲学⑥、逻辑哲学⑦、艺术哲学⑧、历史哲学⑨、自然史哲学⑩、教育哲学⑪、军事

---

① 参见［德］黑格尔著：《宗教哲学》，魏庆征译，中国社会出版社1999年版。

② 参见［美］鲁德纳著：《社会科学哲学》，曲跃厚译，三联书店1983年版。

③ 参见［美］亨佩尔著：《自然科学的哲学》，陈维抗译，上海科学技术出版社1986年版。

④ 参见江天骥主编：《科学哲学名著选读》，湖北人民出版社1988年版。

⑤ 参见［美］阿尔斯顿著：《语言哲学》，牟博、刘鸿辉译，三联书店1988年版。

⑥ 参见［美］戈尔丁著：《法律哲学》，齐海滨译，三联书店1987年版。

⑦ 参见［英］蒯因著：《逻辑哲学》，邓生庆译，三联书店1991年版。

⑧ 参见刘纲纪著：《艺术哲学》，湖北人民出版社1986年版。

⑨ 参见［美］德雷著：《历史哲学》，王炜、尚新建译，三联书店1988年版。

⑩ See William Smellie, *The Philosophy of Natural History*, Boston, Hillard, Gray, and Company, 1846.

⑪ 参见［美］麦克莱伦著：《教育哲学》，宋少云、陈平译，三联书店1988年版。

哲学[1]、农业哲学[2]、数学哲学[3]、货币哲学[4]、演说术哲学[5]、家庭哲学[6]、技术哲学[7]、自然哲学[8]、管理哲学[9]、经济哲学[10]、社会哲学[11]、生态哲学[12]、税哲学[13]、文化哲学[14]、行政哲学[15]、修辞学哲学[16]、性爱

---

① 参见国防大学编著：《邓小平军事哲学思想研究》，军事谊文出版社 2001 年版；梁必骎主编：《军事哲学思想史》，1998 年版。

② 参见吴宝华著：《农业哲学基础》，科学出版社 1991 年版。

③ 参见［美］巴克尔著：《数学哲学》，韩光焘译，三联书店 1989 年版。

④ 参见［德］西美尔著：《货币哲学》，陈戎女等译，华夏出版社 2002 年版。

⑤ 其提出者为乔治·坎贝尔（George Cambell）。See Janice M. Lauer, *Invention in Rhetoric and Compositon*, Parlor Press, West Lafayette, 2004, p. 39.

⑥ Cfr. F. D'Agostino, *Una Filosofia della Famiglia*, Giuffrè, Milano, 1999.

⑦ 参见许良著：《技术哲学》，复旦大学出版社 2004 年版。

⑧ 参见陈其荣著：《自然哲学》，复旦大学出版社 2004 年版。

⑨ 参见袁闯著：《管理哲学》，复旦大学出版社 2004 年版。

⑩ 参见张雄著：《经济哲学：从历史哲学向经济哲学的跨越》，云南人民出版社 2002 年版。

⑪ 参见王南湜著：《社会哲学：现代实践哲学视野中的社会生活》，云南人民出版社 2001 年版。

⑫ 参见蔡虎堂：《走向人类生存的生态哲学——哥本哈根：开启低碳时代的到来》，载《厦门大学报》2010 年 3 月 12 日，第 4 版。

⑬ 参见［日］盐野七生著：《罗马人的故事 XIV：基督的胜利》，郑维欣译，三民书局 2007 年版，第 108 页。

⑭ 参见李鹏程：《我的文化哲学观》，载《华中科技大学学报》（社会科学版）2011 年第 1 期。

⑮ 参见何颖著：《行政哲学研究》，学习出版社 2011 年版。

⑯ See R. N. Gaines, Cicero's Partitiones Oratoriae and Topica: Rhetorical Philosophy and Philosophical Rhetoric, in: J. M. May (ed.), *Brill's Companion to Cicero: Oratory and Rhetoric*, Leiden, 2002, pp. 445—480.

哲学[①]、动物学哲学[②]、写作哲学[③]、化学哲学[④]、生物哲学[⑤]、武器哲学[⑥]、时间哲学[⑦]、犯罪企图哲学[⑧]、国际法哲学[⑨]、智力财产哲学[⑩]、训诂哲学、公共哲学、公共法哲学、权利哲学、世界史哲学等部门哲学。与法学与×运动相似，形成了×与哲学运动，不过×的位置不同而已。但两者表达的都是不同的学科相互交叉的当代趋势。我们研究的法哲学正是这种哲学部门化趋势的产物。

部门哲学的产生，引发了哲学概念的异化：哲学本是关于世界之整体的学问，现在，在哲学的中心词前加一个前缀，它就变成了关于局部的学问。同时也引发了哲学与部门哲学的关系问题。对此问题，

---

① 参见［古罗马］奥维德著：《爱经全书》，曹元勇译，译林出版社 2012 年版，译后记，第 270 页。

② 《动物学哲学》是拉马克最重要的著作（1809 年）。在此书中，拉马克把脊椎动物分为 4 个纲——鱼类、爬虫类、鸟类和哺乳动物类，他把从鱼类到哺乳动物类的阶梯看作动物从简单的单细胞机体过渡到人类的进化次序。

③ 我于 2013 年 9 月 23 日—10 月 23 日在米兰大学访学，提出意大利人的写作哲学与美国人的写作哲学不同，前者追求让人看不懂，后者追求能用 1 分钱的文字说清的事情绝不用 5 分钱的文字。这一表达马上能为谈话对手理解并引起共鸣，说明它能成立。

④ 厦大蔡启瑞院士在俄亥俄州立大学获得的学位名称。最著名的包括荷兰哲学家柯雳平（Jaap van Brakel）在 2000 年完成的《化学哲学》（*The Philosophy of Chemistry*）一书，以及马耳他化学—哲学家埃里克·塞利（Eric Scerri）为《化学基础》（*Foundations of Chemistry*）一书写的“价值的和描述的科学哲学，以及化学在化学哲学中的地位”（*Normative and Descriptive Philosophy of Science and the Role of Chemistry in Philosophy of Chemistry*）一章（2006 年）。

⑤ 北京师范大学李建会于 2014 年成功申请了国家社科基金重大项目：《生物哲学重要问题研究》。

⑥ 日本电影《燃烧的零式战机》中使用这个术语揭示美国和日本在战斗机设计上的观念差异，前者以厚厚的装甲保全飞行员的性命，牺牲战机的其他性能；后者为了提高战机的其他性能，对飞行员的防护基本没有。

⑦ 参见楚人著：《时间哲学简史》，华侨出版社 2019 年版。

⑧ See Bebhinn Donnelly - Lazarov, *A Philosophy of Criminal Attempts*, Cambridge University Press, 2015.

⑨ 参见何志鹏著：《国际法哲学导论》，社会科学文献出版社 2013 年版。

⑩ See Justin Hughes, Philosophy of Intellectual Property, In The *Georgetown Law Journal* 287, 296 (1988).

《教育哲学》的作者做了很好的说明："哲学作为某门学科的后缀，表示有些像但又并不十分精确地像这门学科的东西。它是发现人类理性在那种学科中所采取的独特形式的努力。这种探究具有揭示性和批判性。所谓揭示性，就是通过某一学科的实例揭示人类理性的某个或某些一般特征。所谓批判性，就是依据什么是理性的思维、什么是理性的行动等基本的准则来检验自某一特定历史时刻确定的某一学科的规则系统。"① 这是对部门哲学属性的一个很好的说明，其要点之一在于说明了部门哲学是某具体学科与哲学的混合，由此决定了生成物具有亦此亦彼、非此非彼的特征；之二在于说明了部门哲学的超越性。为了完成超越，它一方面要从具象中概括出抽象，另一方面要对具象中的不合理方面展开批判。

由于"画鬼容易画人难"规律的存在，也产生了一些投机取巧的人糟蹋部门哲学的问题。对此，《军事哲学概论》一书的作者做了很好的描述："在军事哲学研究中，有几种方法不可取：其一，标签法，即拿一般的哲学理论，再加上几句军事术语和辞藻，就称之为军事哲学；其二，拼凑法；其三，公式法，即从原则和公式出发研究军事哲学或军事辩证法，最常见的是用唯物辩证法的规律和范畴作为框架，然后找一些军事方面的例子填充进来。"作者认为正常的方法应该是把军事领域自身的哲学道理发掘出来，而不是把哲学的一般原理从外面注入进去。② 大哉斯言！

上述对部门哲学与哲学的关系问题、军事哲学研究中存在的方法论问题的描述，都对法哲学与部门法哲学的关系问题和部门法哲学的研究方法问题具有直接的可适用性。

---

① 参见［美］麦克莱伦著：《教育哲学》，宋少云、陈平译，三联书店 1988 年版，第 2 页及以次。

② 参见庄世奎著：《军事哲学概论》，军事科学出版社 1987 年版，第 7 页。

二、什么是法哲学

法哲学一词最早由 C. W. 莱布尼兹（Gottfried Wilhelm von Leibniz，1646—1716）于 1667 年在《法学研究和讲授的新方法》一书中使用[①]，这一事件本身就表明了哲学对法学的一场有益的入侵。尽管法哲学研究在历史上早就存在，如公元前 1 世纪的西塞罗（Marcus Tullius Cicero，公元前106—公元前43）的以斯多亚哲学为基础的义务本位论的法哲学（西塞罗本人也是先学法律后学哲学，这种知识背景使他能把这两门学科结合起来），但莱布尼兹发明的新词直到 1821 年才成为一门学科的名称。此前，人们对法的宏观本质的研究从来没有停止过。这种研究沿着两个方向进行：其一，从哲学下降的法哲学研究，表现为哲学家伊曼努尔·康德的《法的形而上学原理》（1797 年）和同样是哲学家的哥特里布·费希特的《以知识为原则的自然法权基础》（1796 年）；其二，从部门法上升的法哲学研究，表现为民法学家古斯塔夫·胡果的《作为实在法，特别是私法哲学的自然法教科书》（1798 年）以及国际法学家格老修斯（Hugo Grotius，1583—1645）的《作为实在法哲学的自然法教科书》（1798 年）。可以看出，前一个方向的法哲学研究往往以“形而上学”或“自然法”为名。前一名称比“法哲学”的名称更能揭示这门学科的本质：如果说部门法学是研究法现象的“形下”方面，那么，法哲学研究的则是法现象的“形上”方面。后一名称则更能反映当时的学术思潮——自然法时代的学术思潮，把法看成先在的、从简单数目的原则演绎开来的规则体系。后一个方向的法哲学研究表现出某种抽象性的不足，作者们把自己的研究对象称为“私法哲学”或“实在法哲学”，前一名称似乎是民法哲学

① 也有人说，是德国学者文科尼西于 1839 年第一次在其专著《作为法的自然学说的法哲学》一书中首次使用“法哲学”这一术语。参见宋功德著：《行政法哲学》，法律出版社 2000 年版，第 4 页注 2。

的滥觞。到1821年，上述种种名称为“法哲学”的名称取代，是年，黑格尔（Georg Whihelm Friedrich Hegel，1770—1831）完成了《法哲学原理》，把“法哲学”作为其世界解释体系的一部分，并形成了以哲学为基座的法哲学传统。尽管如此，黑格尔的法哲学可以大体上称为民法哲学，它以自由意志为轴心展开，研究了所有权、契约、不法、道德、家庭、市民社会、国家等问题，私法的成分居多。不妨说，西方的法哲学都是民法型的，与马克思主义的刑法型的法哲学形成对照。正因为这样，在西方国家，民法哲学是否必要成为一个备受争论的问题。

现在，叫作“法哲学”的书已经汗牛充栋了。不过，关于什么是法哲学，仍然聚讼纷纭。

《不列颠百科全书》（1977年版）这样定义法哲学：“法律哲学就是系统阐述法律的概念和理论，以帮助理解法律的性质，法律权力的根源及其在社会中的作用，与法理学同义。”①

该百科全书还对法理学下了如下定义：“大体同于法哲学，是关于法律的性质、目的，为实现这些目的所必要的手段，法律实效的限度、法律对正义和道德的关系以及法律在历史上改变和成长的方式。”②

在上述定义中，法哲学或法理学都包含两大成分：

第一是法学的对内范围，如法律的概念和理论、法律的性质，涉及法律的一般概念、术语和法律的各个部分之间的关系。

第二是法学的对外范围，如法律与道德的关系，涉及对法律与影响法律的规范性因素的关系的说明。③

《布洛克豪斯百科全书》像黑格尔一样，把法哲学理解为哲学的

① 转引自沈宗灵著：《现代西方法律哲学》，北京大学出版社1983年版，第2页。

② 转引自沈宗灵著：《现代西方法律哲学》，北京大学出版社1983年版，第2页。

③ 关于法学的对内范围和对外范围的划分，参见《法学基础理论》编写组编：《法学基础理论》，法律出版社1982年版，第3页及以次。

一部分，把它定义为以一定的方式系统地研究法律和法学的一般原理（意义和目的、起源和效力）的学科。其研究的主要问题是法的效力、存在、意义、自由、平等等问题。[①]

上述各种定义的共同点在于：

1. 法哲学是关于法的根本现象的学问，因此，法哲学原则上不研究法律的具体问题，尤其不研究某一部门法的问题。但对于具体问题的含义必须加以小心的界定，因为有的问题在此国为具体问题，在彼国为根本现象，如“财产”“契约”等在中国为具体问题，在西方国家为根本现象。

2. 法哲学具有超空间性，换言之，法哲学并不以研究某一国家的法律为己任，而是研究人类的一切法律现象，也就是说，法哲学原则上不研究实在法。

3. 法哲学具有超时间性，换言之，它不研究某一历史时期的法律现象，而是研究人类有史以来的普遍法律现象。

4. 法哲学与哲学具有联系。

这些共同点说明，法哲学的形成，反映了如下需要：1. 打通部门法学之间的壁障；2. 打通哲学与法哲学之间的壁障；3. 打通时间的壁障；4. 打通空间的壁障。总而言之，是为了获得一种新的视界交融和对法律的更广泛、深入的认识，排除研究者的“洞穴”处境，追求“上帝之眼”。因此，法哲学研究是凡人向着神性的飞升，是一项高尚的事业。

诸法哲学理论可以根据不同的标准二分。根据研究的范围可以分为主要研究对外范围的法哲学和主要研究对内范围的法哲学。前者有卢梭（Jean－Jacques Rousseau，1712—1778）这样的作者，他研究了法律的效力来源问题，并将之归于社会契约；后者有奥斯汀这样的作者，他研究了命令与规范的关系问题。通常研究对外范围的学者在某

---

① 参见上海社会科学院法学研究所编译：《法学总论》，知识出版社 1981 年版，第 45 页。

种意义上是法学的外行，但他们显得更加伟大、有名，因为他们的法哲学体系与一个更大的理论体系相联系并受到其支撑。他们是下降型的法哲学家，也有上升型的法哲学家，如卡尔·拉伦茨就是从研究民法上升到研究民法方法论，从而成为法哲学家的。

根据关注点的不同可以分为公法型的法哲学和私法型的法哲学。前者如在我国和其他社会主义国家存在过的法学基础理论把国家与法捆在一起——这一观点已经受到怀疑，国家居于理论的中心，暴力是主角；后者浓烈地关怀财产、人格等超阶级的、更有普遍性的因素，如黑格尔的法哲学，它与民法哲学具有更大的亲和力。

三、部门法哲学和亚部门法哲学的兴起

与从哲学内部分化出部门哲学的趋势相应，在法哲学内部，也产生了同样的部门化趋势。这一运动以部门法运动为基础，我们知道，在1756年的《巴伐利亚民法典》之前，不存在我们现在的整齐排列的部门法，法律的分类方法不一样，大的方面分为教会法和市民法（世俗法的意思），小的方面在市民法下分为庄园法、城市法、封建法，等等。只有具备了现代的统一的中央集权的国家和现代数学提供的分析头脑之后，宪法、刑法、民法、行政法、诉讼法这样的现代部门法才可能产生出来。它们的产生为部门法哲学提供了基础。于是，刑法哲学、行政法哲学、人权哲学、知识产权哲学、民法哲学、国际法哲学①、社会法哲学、劳动法哲学、社会保障法哲学②、家庭法哲学③、

---

① 2009年4月22日，在阿根廷布宜诺斯艾利斯大学法律系举行了“国际法哲学与理论研讨会”。也参见何鹏：《国际法的哲学之维：内涵、功能与路径》，载《法学家》2010年第6期；邓慧强：《国际法的哲学之维》，载《时代法学》2004年第4期。

② 最后三个部门法哲学是上海师大法学院教授刘诚提出来的，参见其《社会法若干哲学问题研究》，黑龙江人民出版社2008年版。

③ See Lawrence D. Houlgate, *Family and State*: *The Philosophy of Family Law*, Totowa, N. J., Rowman & Littlefield, 1988.

环境法哲学[①]等都产生了。首先，其发展体现为全国性的专题会议的召开。2004年12月，吉林大学理论法学中心在海南博鳌召开了部门法哲理化研讨会，这是第一次全国性的同道者的商讨。2007年8月，在上海师范大学召开的法理学与部门法哲学理论研讨会进行了进一步的探讨。2010年1月30日至31日，在吉林大学举行了第三届部门法哲学研讨会，此会议的成果之一是在上述部门法哲学的清单上，加上了商法哲学、环境法哲学、经济法哲学的新品种。2013年12月13日，大连海事大学法学院承办了“首届全国民法基础理论与民法哲学论坛”。2015年5月23日至24日，大连海事大学还举办了第二届同名论坛。吉林大学法学院曾举办部门法哲学的系列讲座。其次，体现为法律网站专门栏目的开设。吉林大学理论法学研究中心的网站上开辟有部门法哲学专栏。西南政法大学的网站上有部门法哲学的专栏，下分宪法哲学、民法哲学、刑法哲学、诉讼法哲学、安乐死法哲学研究等子目录。该校的肖厚国教授还主编了《民法哲学研究》，目前已出到第五辑[②]。最后，体现为有关专（译）著的出现。除下面要分析的老一些的部门法著作外，近年来，还产生了一些新的有关著译。例如，江国华的《宪法哲学导论》（商务印书馆2007年版），钱福臣的《宪政哲学问题要论》（法律出版社2006年版），李可的《马克思恩格斯环境法哲学初探》（法律出版社2006年版），［美］阿兰·S. 罗森鲍姆的《宪政的哲学之维》（三联书店2001年版），等等。

现在让我们一一观察上述部门法哲学。

中国的刑法哲学的创始人为陈兴良教授，按照他的说法，刑法哲学是将刑法所蕴涵的法理提升到哲学高度进行研究的一门学科，是刑法学的基础理论。[③] 从内容来看，该书研究刑法的宏观性的问题，分

---

① 参见陈泉生等著：《环境法哲学》，中国法制出版社2012年版。

② 前四辑名为《民法哲学研究》，第五辑名为《民法哲学》。

③ 参见陈兴良著：《刑法哲学》，中国政法大学出版社1992年版，第1页。

为哲学性较强的导论、犯罪本体论、刑罚本体论、罪刑关系论几个部分，基本上是把刑法的事从头说到尾。

美国人道格拉斯·N. 胡萨克也著有《刑法哲学》，该书事实上只研究了刑法哲学中的刑事责任问题。①

德国人阿克塞尔·蒙特布鲁克著有《刑法哲学（1995—2010)》，但只研究了复仇、刑期、替罪羔羊、人权刑法、自然刑法等问题。②

法国哲学家阿道夫·弗兰克（Adolphe Franck，1809—1893）先后担任过杜爱学院、南锡学院、查理曼中学和索尔本学院的教授，从1856年开始，担任自然法与市民法教授30年，著述颇丰。他于1864年完成了《刑法哲学》，同年完成了《教务法哲学》，于1886年完成了其《民法哲学》（*Philosophie du droit civil*）。③ 其《刑法哲学》分为三个部分，我把第一部分概括为惩罚法论，讲惩罚权的基本问题；第二部分概括为犯罪论，讲各种犯罪；第三部分概括为刑罚论，讲一般的刑罚和死刑。④

上述三本《刑法哲学》内容上的巨大差别说明了对于什么是刑法哲学，并无统一的理解标准。

宋功德在2000年出版了《行政法哲学》。他似乎回避给其研究对象下定义，但隐约可以看出他理解的行政法哲学是从“终极存在、终极解释与终极价值三个层次去透视、反思乃至重构行政法，从而使行政法有助于筑构平衡的行政权与行政相对方权利结构，形成良性互动

---

① 参见［美］道格拉斯·N. 胡萨克著：《刑法哲学》，谢望原等译，中国人民公安大学出版社1994年版。

② 参见［德］阿克塞尔·蒙特布鲁克著：《刑法哲学（1995—2010)》，谢焱译，柏林自由大学开放存取版，2013年。

③ See Isidore Singer，Issac Bloch，Franck，Adolphe，On http：//www.jewishencyclopedia.com/view.jsp? artid =299&letter = F，2007年9月23日访问。

④ Voir Adolphe Franck，*Philosophie du droit penal*，Felix Alcan Editeur，Paris，1864，p. 240.

的行政法关系，在维持必要的行政法秩序的基础上实现行政法治，给公民带来更多的自由”的科学①。主要研究行政法理性、行政法规范、行政法机制三个方面的问题。作者对定义的回避似乎证明了定义的困难。

江国华在2007年出版了《宪法哲学》。他很痛快地给宪法哲学下了定义：宪法哲学是以人类优良的生活方式为职旨的哲学。② 这不过是说，宪法哲学是研究宪法的哲学，因为作者理解的宪法就是对人类的优良生活的谋划。但宪法哲学不研究任何的宪法问题，而只研究其中的本原问题，并将其抽象为哲学命题，再揭示出蕴藏在其中的基本法则。③ 这些本原问题有：1. 人是什么；2. 权利、宪法、权力三者的关系；3. 生活、宪法、政治三者的关系；4. 现实、宪法、理想三者的关系；5. 科学、宪法、正义三者的关系。④ 然而，差不多同期，邓毅也给宪法哲学下了自己的定义：宪法哲学是从人的本性与本质出发揭示宪法的本质和目的，结合相关的科学知识和已有的政治经验对现有的宪法制度进行批判和创新的学科，目的在于指导人类宪法实践，促进人类政治文明。⑤ 邓毅认为，宪法的基本问题主要有三个：1. 什么是宪法；2. 人类为何需要宪法；3. 人类需要什么样的宪法。⑥ 宪法哲学必须与政治哲学区别开来。傅恒和李琦也以或明或暗的方式给出了自己对宪法哲学的理解。前者认为，宪法哲学是把宪法基础理论纳入思辨体系中，通过反思，站在哲学的高度概括抽象出宪法的真理性认

---

① 参见宋功德著：《行政法哲学》，法律出版社2000年版，第15页。

② 参见江国华著：《宪法哲学导论》，商务印书馆2007年版，第1页。

③ 参见江国华著：《宪法哲学导论》，商务印书馆2007年版，第5页。

④ 参见江国华著：《宪法哲学导论》，商务印书馆2007年版，第11页及以次。

⑤ 参见邓毅：《什么是宪法哲学》，载《华东政法学院学报》2006年第4期，第28页。

⑥ 参见邓毅：《什么是宪法哲学》，载《华东政法学院学报》2006年第4期，第29页。

识的学科，其使命在于说明人类社会为何需要宪法，需要什么样的宪法。[①] 后者认为，宪法哲学是研究宪法的元问题的学科。这样的元问题有三个：1. 人类社会为何需要宪法；2. 人类社会需要怎样的宪法；3. 人类如何通过宪法达到目的。宪法哲学主要关注宪法的正当性。[②] 不难看出，宪法哲学相对于其他部门法哲学更热，定义不少，大同小异。

《人权哲学》的作者 A. J. M. 米尔恩也不给人权哲学下定义，而是谈了道德、权利等法理学的一般问题。[③]

中外关于民法哲学的书不少，有如下列：

1. 阿道夫·弗兰克的《民法哲学》问世于 1886 年，它分为 24 章，以法国革命的精神和自然法理论为据分析民法的核心问题。第一是权利、义务、自由、人类人的概念；第二是婚姻（包括离婚）、妇女和男女平等；第三是亲子关系和亲权；第四是财产权理论，分析了普鲁东的反理论；第五是与财产权关联的继承权；第六是知识产权；第七是自由权，包括良心的自由和宗教自由等方面。[④] 此书没有给民法哲学下定义，从民法与人的生存的关联角度展开民法的核心内容，舍弃了一些内容，如债法。其论述以人为中心，不把民法理解为单纯的财产法，所以专门安排一部分探讨自由权问题。把良心自由和宗教自由当作民法的内容，这在现在都可能引起争议。此书还探讨了一些新问题，如人类人的概念、知识产权与财产权的关系等。

2. Gabriel La Broüe de Vareilles - Sommières 的《公共秩序法与法的破毁：法哲学与民法哲学研究》（*Des lois d'ordre public et de la dérogation aux lois. Etude de philosophie du droit et de droit civil*），1899 年由 Cotillon 出

---

① 参见傅恒：《论宪法哲学学科体系的构建》，载《四川师范大学学报（社会科学版）》2004 年第 1 期，第 43 页。

② 参见李琦：《宪法哲学：追问宪法的正当性》，载《厦门大学学报（哲学社会科学版）》2005 年第 3 期，第 14 页及以次。

③ 参见［英］米尔恩著：《人权哲学》，王先恒等译，东方出版社 1991 年版。

④ Voir Adolphe Franck, *Philosophie du droit civil*, Felix Alcan Editeur, Paris, 1886.

版，包括五章：第一章，所有的法律都关系到公共秩序；第二章，个别性并不能破毁任何法；第三章，《法国民法典》第六条[1]的起源；第四章，隐藏在第六条中的真相；第五章，包含公共秩序法问题或公共秩序问题的其他文本之检视。不难看出，本书是一部研究《法国民法典》第六条的专著，作者采用了法哲学和民法哲学的方法从事这一工作。

3. 威尔弗里德·帕森斯（Wilfrid Parsons）的《民法哲学研讨会》（*A Symposium on the Philosophy of Civil Law*），1939 年由 St. Louis university 出版，共 20 页，内容不详。

4. 乔治·F. 麦克莱恩（George F. McLean）的《哲学与民法》（*Philosophy and Civil Law—Proceedings of American Catholic Philosophical Association*，Vol. 49），1975 年由 Office of the National Secretary of the Association, Catholic University of America 出版，共 259 页，分为四个部分：第一部分是法律的性质；第二部分是法律、理性与自然；第三部分是法律与社会；第四部分是杂项研究成果。显然，这是一部法哲学论文集。

5. 让－马克·特里格（Jean-Marc Trigeaud）的《孟德斯鸠民法哲学中的自然的概念》（*Le Concept de nature dans la philosophie du droit civil de Montesquieu*），1975 年出版，共 578 页。此书暗示孟德斯鸠（Charles de Secondat Montesquieu，1689—1755）有一种民法哲学，具体内容不详。

6. 李锡鹤的《民法哲学论稿》。其民法哲学的定义为："民法哲学就是民法学的整体观和方法论。"[2] 从内容来看，该书研究了人格、法律的本质、民法的概念、民法的本位、民法的精神、民事主体、民事客体、民事权利和义务、民事关系和民事法律关系、民事行为和民事法律行为、民法基本原则等问题，基本涵盖民法首尾。

---

① 该条规定：任何人均不得以特别约定违反有关公共秩序与善良风俗之法律。

② 李锡鹤著：《民法哲学论稿》，复旦大学出版社 2000 年版，第 2 页。

7. 奚懿的《民法哲学随笔：从民法外来 到民法中去》。[①] 本书没有给民法哲学下定义，只是探讨了民法哲学的几个问题。

艾伦·沃森认为，相对于普通法系，民法受哲学影响的范围更宽泛一些，这是因为民法法系的体系化。[②]

除了部门法哲学，还有亚部门法哲学，即关于某一部门法的一个分支的哲学。

首先是《家庭法哲学》，主要讲不同人民在不同时代的家庭，如希腊人的家庭、罗马人的家庭等；然后讲夫妻合伙、父系社会等问题。[③]

其次是知识产权哲学，同名著作的作者为德莱豪斯，该书以财产权制度的产生、发展和相关理论为脉络，通过论述、剖析三位最重要的关于财产的思想家洛克（John Locke，1632—1704）、黑格尔、马克思（1818—1883）的作品，探讨知识产权作为在“抽象客体”（Abstract object）上设立的权利的特点，提出要用工具主义的哲学态度来指导建立跨学科的方法和知识产权理论。该书作者自己承认未提出全面综合的知识产权理论。[④] 另外有两本中国人写的，第一本是冯晓青的《知识产权法哲学》，它以劳动理论、人格理论、激励理论和平衡理论为角度研究知识产权的基本制度。[⑤] 第二本是龙文懋的《知识产权法哲学初论》（人民出版社 2003 年版）。

---

① 奚懿著：《民法哲学随笔：从民法外来 到民法中去》，江西人民出版社 2007 年版。

② 参见韩伟：《私法自治的历史演变与民法体系的完善》，复旦大学 2009 年博士学位论文，第 22 页。

③ Cfr. Attilio Taddei, *Storia Legislazione e Filosofia del Diritto di Famiglia*, Stabilimento Tipografico di Edoardo Perino, Roma, 1885. Francesco D'Agostino, *Linee di una filosofia della famiglia nella prospettiva della filosofia del diritto*, Giuffrè, Milano, 1991.

④ See Peter Drahos, *A Philosophy of Intellectual Property*, Dartmouth Publishing, 1996, pp. 1s.

⑤ 参见冯晓青著：《知识产权法哲学》，中国人民公安大学出版社 2003 年版，第 304 页。

再次是戴维·欧文（David G. Owen）编了一本《侵权法的哲学基础》，其中也未给侵权法哲学下定义，该书讨论了多元主义、补偿性、功利主义等侵权法的基本问题。[①] 格瑞尔德·J. 波斯特马主编了一本《哲学与侵权行为法》[②]，研究了意外事故侵权法的社会契约观念基础、侵权法与矫正正义的关系等问题，没有明显的体系性和强烈的哲学意味。

最后是夏勇于2004年出版的《中国民权哲学》，这应该是人权哲学的一个分支。其目录如下：

序　我这十年的权利思考

第一章　民本与民权

第二章　权利与德性

第三章　和女士及其与德、赛先生之关系

第四章　人权与中国传统

第五章　权利发展与中国社会进步

第六章　公法权利生长的理论模型

第七章　中国乡民公法权利的生成过程

第八章　酷刑与功利主义

第九章　权利哲学的基本问题

重要内容索引

重要人名索引

跋　出书为何

此书的内容也不系统，似乎是个论文集。

---

① See David G. Owen (editor), *Philosophical Foundations of Tort Law*, Clarendon Press, Oxford, 1995.

② 参见［美］格瑞尔德·J. 波斯特马主编：《哲学与侵权行为法》，陈敏、云建芳译，北京大学出版社2005年版。

四、部门法哲学的主观性

通过以上观察，我们可以发现，对某部门法哲学下定义很困难，往往人见人殊，具有很大的主观性（有刑法哲学研究者把这种主观性称为私人性[①]）。即使是已给出的部门法哲学的定义，我认为也存在很大的方法论缺陷：把自己的哲学性观察等同于哲学本身。我认为，哲学是一种宏观的观察视角或面对问题的一种态度，至于带着何种主观性去观察对象或对问题达成了何种处理，那是另一个问题。举例来说，说“黑格尔哲学”，不过说明了黑格尔具有宏观看待问题的素质，并不能揭示黑格尔哲学的内容，加上“客观唯心主义”的定语，这样的内容就出来了，由此我们获得了对一种哲学思想的正确描述。因此，以某部门法之名冠在哲学的后缀上，形成某部门法哲学，是不正确的，至少是不确切的，它假定每个人只要从宏观的角度出发，都会做同样的观察，会得出同样的结论，起码这样的假定就违背上面描述的事实。因此，正确的部门法哲学的命名应该由三个部分构成，除了某部门法和哲学的构成成分，必定还要在它们之前加某某主义的构成成分。我的民法哲学的全称就是新人文主义的民法哲学，与之相反的是物文主义的民法哲学（可惜属于这一方面的学者没有做过什么像样的理论建构，有点亏负“哲学”这个名号）。如此才能解释哲学流派问题，如此才没有唯我独尊的偏激。

正因为部门法哲学的这种主观性，使它表现出不全面的特征，它不会是一个从首至尾的体系，而是谈论作者的独特经历决定了他认为重要的问题。因此，除非就同样的问题展开争鸣，否则张三的民法哲学必定不同于李四的民法哲学。

---

① 参见赵秉志、魏昌东：《中国刑法哲学的发展方向》，载孙育玮、齐延平、姚建宗主编：《法理学与部门法哲学理论研究》，上海人民出版社 2008 年版，第 265 页。

五、什么是民法哲学

由于其主观性或私人性，以及由此而来的主题不确定性，我倾向于把民法哲学定义为“对民法的一种宏观观察和观察者建构的独特的价值体系”或“某个学者的独特经历和学术背景决定的他对民法的某些基本问题的哲学化研究”。

说明了民法哲学是什么，还可以从反面说明民法哲学不是什么。尽管民法在法学学科体系中在整体上具有实践法学（相对于理论法学）的性质，相当于所谓的“工科”，但在局部上它具有理论性很强的构成成分，这一部分具有“理科”的性质，民法哲学即属于这一部分。

作为一个法学中的“理科”学者，我不否定“工科”学者的价值，但我却经常面临“工科”倾向者的挑战，他们对我的理论有以下评论：“玄而又玄”“与其是为了解决问题，不如说是为了满足自己的审美趣味”“法学的使命是解决问题，谈那么多多余的东西干什么。”我把反对我的理论倾向理解为实证主义，即强调感觉经验，排斥形而上学的主张。对于这些诘难，我想说的是，民法哲学虽然不解决具体的操作问题，但解决元问题或根本问题，训练人们更好地解决问题的思维。而且，相较于“工科”，它对研究者具有更大的挑战性。正因为这样，载入法学史的多半是这方面的研究者。“工科”学者要想进法学史，比骆驼穿过针眼还难。所以，有成就的“工科”学者多有想转行搞“理科”的，很少有相反的人才流动。

在《民法典》出台之前，我国有5个民法典草案，其中，只有我主持的《绿色民法典草案》明确声明有哲学基础，在这方面的内容最为丰富，原因就在于我有自己的民法哲学研究成果作为起草的底子。尽管如此，我们为起草民法典准备的哲学基础仍然不足，表现为只在一些宏观的问题上有哲学思考，在一些中观和微观的问题上没有这种思考，因此，许多部分满足于成为世界各国民法典有关制度的综述，但对19世纪制度和20世纪制度的精神的根本不同，仍然关注不够。

六、什么是新人文主义的民法哲学

人文主义是强调人是世界的中心的主张①，它产生于文艺复兴时期的意大利，是对中世纪的以神为中心的世界观的否定。在这种意义上，我们不妨把“人文主义”一词中的“文”理解为“中心”的意思，把它最初反对的那种主义称为“神文主义”，请看两种主义的价值对照表。

人文主义与神文主义价值对照表

神文主义	人文主义
文艺复兴前	文艺复兴后
禁欲	纵欲
来世	现世
神的权威	人的权威
接受教条	自由思考
人的智慧是何等无力	绝对主义
先有普遍性，后有个性	人的个性解放
迷信	科学
崇尚体力劳动	恢复古代的传统，崇尚闲暇
财富仅仅是维持生存的手段而不是生活的目的	经济人假说
浪费	节俭

① 但在法学领域，人文主义有时是对古典文化的强调或对原始文献的尊重的意思，法国民法史上的人文主义学派就是如此。参见何勤华著：《西方法学史》，中国政法大学出版社1996年版，第109页。

续表

神文主义	人文主义
关系网	可计算的商品关系
英雄式的游手好闲	统治阶级的劳动化
经济学作为神学的附庸	经济学获得独立①

正是由于人文主义的价值观念取得了优势地位，在文艺复兴后的欧洲，精神领域也发生了一系列变化。例如，法的原因由神过渡到人，社会契约论得到张扬，意图取代神授说的法律和国家的起源论；理性主义勃兴，在民法领域，人由此被设想成理性的存在和载体，整个主体制度依此重构，过去隐而不显的行为能力问题逐渐制度化，权利能力制度被虚化，法律行为制度得以诞生，它与主观权利的概念一起，成了统摄全部民法制度的枢纽范畴；婚姻从一种被理解为神事与人事的结合的制度逐渐世俗化，最终民事婚姻成为主流……这场革命的结果只要看近代和现代的人们说到法的时候，通常仅指世俗法就足够了，因为不论是罗马人还是中世纪的人，一旦说到法，就要同时提到圣法与市民法或教会法与市民法。

但人文主义很快被异化，演变为唯物主义。我们必须注意到，唯物主义是作为反对神文主义的一个流派出现的。例如，古罗马的唯物主义哲学家硫善就是极为否定神的存在及其权威的。因此，唯物主义本身就是人文主义的一种形式。当神学的世界解释终结后，人们开始寻找其他的解释。达尔文找到了进化论的解释；孟德斯鸠找到了地理气候；马克思（1818—1883）和恩格斯（1820—1895）根据尼布尔的罗马史研究，进一步找到了经济因素作为种种人文现象的原因，并反过来用于解释一切人文现象。由此人们相信，尽管表面上人是这个世界的中心和主

① 这张价值对照表参考了［苏］A. 古列维奇著：《中世纪文化范畴》，庞玉洁、李学智译，浙江人民出版社1992年版；［瑞］布克哈特著：《意大利文艺复兴时期的文化》，何新译，商务印书馆1979年版。

宰，实际上人本身也受着冥冥中存在的物质力量的驱策，不过处在玩偶的地位，所以最终主宰世界的力量还是物质。这种信念是对希腊式的宿命论的回归，它导致了对物质的崇拜，结果人文主义被自己放出来的物质恶魔吞没了，被唯物主义所取代。

唯物主义在民法中的表现为物文主义。它基于以物为世界之中心的观点，强调民法的首要功能是调整市场经济关系，把民法解释成经济法，忽略民法的社会组织功能，并且要把民法一切与财产法无关的内容都排斥出去，形成了一场世界性的民法的财产法化运动。[①] 它在意大利、俄罗斯、伊斯兰国家都存在，在中国表现为商品经济的民法观。此说把民法的一切制度都释为以商品为核心的存在，如主体是商品所有人，客体是商品所有权，行为是商品交换。为此，它要把不能以商品解释的制度——如亲属法和继承法——排除出民法。即使实现了它谋求的这种“排除”，它仍不能解释不作为之债等问题，因此它是一种“跛脚”的理论，应该以正确的理论取代它。为此，我于2001年写了《两种民法典起草思路：新人文主义对物文主义》[②] 一文，提出了新人文主义的民法哲学。

新人文主义的民法观还是总结我国立法—司法实践得来的。在立法上，我国已接受了婚姻法应该回归民法的观念，这促使我们更新过去排除了婚姻法得出的民法观念。另外，立法者广泛运用消费者的身份，司法者也广泛运用了失权人的消极身份作为法律处置手段。这些实践都使人法变得比过去重要，民法基础理论必须对此作出反映。

这种民法观还是为了完成我国民法典的结构设计而提出来的。根据它，我把全部民法的材料分解为人身关系法和财产关系法两个部分，

---

① 关于民法的这一转折，Véase Eugenio Llamas Pompo，*Orientaciónes sobre el Concepto y el Metodo del Derecho Civil*，Rubinzal – Culzoni Editores，Buenos Aires，2002，p. 107。

② 载梁慧星主编：《民商法论丛》第21卷，金桥文化出版（香港）有限公司2001年版。

关于这两部分的关系，我确认人身关系法是财产关系法的基础，有两个理由：其一，人身关系法中的人格确认的是原权，它是人格权、积极身份权、财产权的基础，后三者都是派生权，当然应被后置于原权；其二，由于人身关系法的基本逻辑不同于财产关系法，应将两部分内容集中规定，形成两大规范群，由此，人身关系法的其他内容“沾”人格的“光”，也被前置于财产关系法。根据这种思路，我在1998年设计了以人身关系法和财产关系法为两编制的《绿色民法典草案》的结构，成功地把全部民法内容安置在这个框架中，对它们做了不同于物文主义的民法典草案的编排。这是中国第一部人文主义的、包含拉丁因素的民法典草案。

我的新人文主义的民法哲学包括以下十论：名称论、对象论、平等论、能力论、生死论、认识论、人性论、时间论、价值论、生态论。名称论研究民法的演变史；对象论研究民法对象问题；平等论研究平等原则的归属问题及其适用范围问题；能力论研究权利能力制度和行为能力制度的法哲学意义；生死论研究与生死相关的前沿民法问题；认识论研究立法权与司法权的关系问题；人性论解决市民法主体的行为标准问题；时间论研究时间对权利的衰减和对身份的加强效应；价值论解决公平之标准问题；生态论阐述民法在解决生态危机中可能发挥的作用。这些内容分为两组，前五论的哲学色彩不强，后五论的哲学色彩要强一些。

在这十论中，包含以下基本观点：

1. 新人文主义的民法观主张人与物的二元世界，认为这两个要素的对立是我们思考一切问题的基础，反对“世界是我的表象”的唯意志论和“人是物的特殊形式”的唯物质论。由于人是世界的中心为客观的、一时无法摆脱的现实，主张人对于物的优越地位，张扬两者间的目的与手段的关系。

2. 新人文主义的民法观认为人是谦卑的世界中心，因为其认识能力有限，而且可以利用的资源有限。因此，人必须谦抑地保持与自然和其他生灵的和谐关系，以达到人类的可持续生存，为此要采用绿色原则。这是它与老人文主义的区别，这样的绿色原则体现在人们的排放垃圾的方式中、对使用一次性物品的态度中。

3. 新人文主义的民法观基于世界的二元性把民法看成二元的：人身关系法和财产关系法，或曰主体法和客体法，基于重人轻物的理念，把前一种法看得优先于后一种法。把前一种法理解为市民社会组织法，身份为组织这样的社会的工具，公民的身份被用于社会的宏观组织。家庭的身份被用于社会的微观组织；把后一种法理解为资源分配法。对两种法的严格区分是进行严格的科学研究的基础。

4. 新人文主义的民法观认为在大陆法系中存在两种民法传统，一种是以德国法及其追随者为代表的物文主义民法传统；另一种是以拉丁法族国家的民法为代表的人文主义民法传统。前者在大陆法系的范围内导致了民法的财产关系法化，如曾经兼用于人身关系法和财产关系法的取得时效制度就被改造成了单纯的财产关系法的制度，该制度在人身关系法中的存在史仅体现为身份占有制度的残片。当然，德国物文主义民法观有追求公私法分明的技术的原因。由于民法中的人格法是公法，德国学者为了把民法塑造成完全的私法，往往把这部分内容排除，造成物文主义的外观。人文主义的拉丁法族民法从技术上看，不过是接受公私法界限的含糊状态而已。我国由于清末继受大陆法系时选择了德国法为母法，导致我们多数民法学者长期对拉丁法族的民法不够了解，难以汲取其人文主义营养，因此，我国民法学界的重要任务之一就是加强与拉丁法族国家的沟通，从独尊德法到兼收并蓄。

我自提出新人文主义的民法哲学起，19 年来，取得了丰硕的成果：第一，搞臭了物文主义，以至于中国没有一个人宣称自己是物文主义者。我创立的物文主义概念流传开来，在目前（2020 年 6 月 15 日）的 google 上，有 70800000 项查询结果。运用这个词的不仅有法学学者，而且有哲学学者。可以说，我推广这个词的努力成功了。而且，商品经济的民法观销声匿迹了，名声不好了，过去主张它的人现在怕丑不敢主张了，即使主张也要采用另外的旗号了，大家都宣称自己是人文主义者，在这一旗号下商量怎样理解或体现人文主义的问题。由于主张人文主义的民法观成了一种荣誉，人们开始关注这一理论的首次提出者的问题。在悼念谢怀栻老师的活动中，至少有两个知名民法学者披露是谢老师在法学所院内的一次散步中提出了人文主义的民法观，只可惜没有付诸文字。西塞罗在其《地方论》第92节中讲了三种辩护的方法，可以套用于贬低论敌认为有价值的东西：方法一，论敌认为重要的东西不曾存在；方法二，尽管存在但是别人干的；方法三，尽管存在但其意义并非论敌理解的那样。[①] 我的感觉是，我的辩论对手们先前是用第一种方法对付我，否认存在什么物文主义；但由于人文主义民法观的茁壮成长，后来他们不得不改用第二种方法对付我，把这种主义的发明人说成别人。

第二，人文主义民法理论的成果被学者或明或暗地接受。梁慧星教授在他主编的《中华人民共和国民法典草案》（学者建议稿）中，仍坚持其在《民法典草案大纲》中关于法律关系部分先规定物后规定人的顺序，但在12年后的2015年，在重启民法典编纂计划后各民法研究团队竞相在“法学创新网”公布自己的《民法总则》草案的热潮中，梁慧星教授领导的团队自觉地把“物前人后”改成了“人前物后”，回归了先规定人后规定物的传统顺序。[②] 此外，王利明、杨立新、张新宝三位教授于2004年合编的《民法学》，在其民法对象理论部分也吸收了新人文主义民法哲学的观点，讲民法调整人身关系和财

---

① Cfr. Marco Tullio Cicerone, *I Topici*, A Cura di G. Galeazzo Tissoni, Arnoldo Mondadori Editore, Milano, 1973, p. 257.

② 参见中国民法典立法研究课题组：《中国民法典草案建议稿》，法律出版社2003年版，第3页及以次。

产关系。[①] 最后，王利明主编的《中国民法典草案建议稿及说明》第二条也规定："中华人民共和国民法调整平等主体的自然人、法人和其他组织之间的人身关系和财产关系。"在对本条的说明中，作者谓："……将'人身关系'置于'财产关系'之前。之所以如此，是为了体现民法的人本主义精神……《民法通则》将'财产关系'置于'人身关系'之前，被批评为'物头人身的'，是'物文主义'的。"[②]

第三，得到了立法的接受。首先是对象论中的民法应先调整人身关系后调整财产关系的主张（可简称为"人前物后"主张）为2017年颁布的《民法总则》第2条采用，改变了1986年的《民法通则》第2条"物前人后"的规定方式。此外，《民法总则》第五章还在民事权利的列举上改变了《民法通则》第五章采用的先列举财产权，后列举人身权的做法，改为先列举人身权，后列举财产权，以图落实对象条款的精神。其次是生态论中提出的绿色原则为《民法典》第9条采用，只是舍弃了"尊重其他动物权利"的成分。

第四，研究从宏观向微观的推进。由于相对专业的研究队伍的形成以及关注的加强，一些过去模糊的问题现在搞清楚了。例如，人格与人格权的区分，人格与身份的关系，人格的公法性，著作权中的所谓身份权到底是否名副其实，纵向的身份与横向的身份的区分，亲子关系的屈从性，诚信"小三"与恶信"小三"的区分，等等。

七、民法哲学的特殊地位

在2007年8月24日至25日于上海师范大学举行的"法理学与部门法哲学"研讨会上，我带有调侃意味地提出了民法哲学应比其他部门法哲学高半级的观点，此说符合我国历来关于民法地位的话语传

---

① 参见王利明主编：《民法学》，复旦大学出版社2004年版，第11页及以次。

② 参见王利明主编：《中国民法典草案建议稿及说明》，中国法制出版社2004年版，第291页。

统——民法是仅次于宪法的二级大法，言下之意是其他部门法是三级大法，与此相应，民法哲学就是高于其他部门法哲学的仅次于宪法哲学的二级法哲学。我们可以注意到，在这一架构中，居于民法哲学上位的并非法哲学而是宪法哲学，法哲学的这种沉沦源于它没有一个部门法作为自己的依托。

我曾为民法哲学的提法失笑，那是我在读博期间在中国政法大学的食堂就餐时听到该校的出版社想邀请我写一本《民法哲学》时，因为我一度认为西方法哲学就是民法哲学，黑格尔的《法哲学原理》如此，凯尔森的《法与国家的一般理论》和《纯粹法学》也是如此。这些著作的关键词是财产、契约、婚姻、侵权行为等民法术语，与我国法理学著作中的关键词是暴力、镇压、阶级等形成对照。前一种是民法型的法哲学，后一种是刑法型的法哲学，两者的对比，犹如西方的民法传统与中国的刑法传统的对比。

我后来成为一名民法哲学作者，创立了包含名称论、对象论、能力论、生死论、认识论、人性论、时间论、价值论、平等论、生态论、契约论的民法哲学体系，是因为我认识到了民法哲学与法哲学之间存在的差异，前者尽管是后者的主体，但后者毕竟包括一些非前者的内容。例如，凯尔森的《纯粹法学》在大谈主体、法律行为、法律关系后要谈国际法问题，而民法哲学的作者就不必如此，相反，他们可以专门研究一下民法特有的问题，如民法的调整对象问题，由此可以形成民法哲学与法哲学表面上的双轨制、实际上的包含制。

这不过是说，法哲学必须以部门法，尤其是民法为依托，否则会成为无源之水。中国当代的法哲学似乎就处在此境，它依托的不是部门法，而是恩格斯的《家庭、私有制和国家的起源》这类的著作，这种局面是不合理的。

那么，法哲学能否依托整个的实在法呢？从理论上讲可以，我们现在的法哲学学术体制就是这样设计的，但从实际上讲不可能，因为超越了个人的认识能力。如果追求这样的目标，会形成样样通、样样松的局面，我们现在的法哲学学者对部门法自认的陌生就是对这种失败状况的证明。

如何改变？建议法哲学教授兼教一个部门法，尤其是民法的课，形成虚实结合的知识结构。法哲学的研究生也要精研部门法，尤其是民法。如此就要打破画地为牢的教研室体制和学科壁垒。这在美国不成问题，所以该国的法哲学有浓厚的民法取向。

部门法哲学，尤其是民法哲学的崛起构成打破了部门法与法哲学之间隔阂的中介，它既是部门法的，又是法哲学的。经过一段时间的发展，民法哲学要更多地与法哲学混合，排除后者多余的刑法成分，成为后者的主体，扩大视野成为一种普遍的法哲学。为此，法哲学家不妨先成为民法哲学家。不久的将来，我们将看到法哲学出身的民法哲学研究者和民法出身的民法哲学研究者并肩工作。一句话，民法哲学的长足发展是未来中国法哲学发展的希望。

目　录

第一章　名称论

第二章　对象论

第三章　平等论

第四章　能力论

第五章　生死论之生论

第六章　生死论之死论

第七章　认识论

第八章 人性论

第九章　时间论

第十章　价值论

第十一章　生态论

第一章

名称论

第一节 民法学者面临的四大问题

民法学者经常为以下四个问题困惑：第一，为何民法的命名方法不同于其他部门法，其他部门法都以调整人类行为的类型作为自己的名称，如行政法、劳动法等，只有民法等少数例外，民法的名称并未告诉我们它调整何类人类行为，而是告诉了我们一个可以实施所有类型的行为主体——民，由此造成民法的名称不易为人理解。第二，为何民法的包容量远远超过其他部门法？我们把民法理解为由总则、物权、知识产权、债、亲属、继承六个部分构成，无疑，这每一个部分的包容量都相当于一个部门法，甚至更多。第三，为何在一些民法典中，尤其在伊比利亚—拉丁美洲的民法典中，以及在许多民法理论著作中，都规定和讨论法的一般问题？例如，《秘鲁民法典》第1条第1款规定："法律只由另外的法律废除"。这是关于废除法律程序的规定，讲的是立法机关制定的法律不得由其他机关废除，以贯彻西方三权分立原则。这一原则显然不限适用于民法，而是适用于所有的法。第四，为何中国译者在翻译外国学术著作时，经常感到遇到的外文的"民法"一词具有不同于我们通常所理解的意思，不得不以注释说明外国作者谈论的民法不同于我们所理解的。例如，沈叔平先生在翻译康德的《法的形而上学原理》时遇到了这样的表达："问题发生在这里，一次规定服从的真实契约，原来就订立在公民政府成立之前，此事是否属实；或者，是否这个权力产生在先，而法律只是以后才有的，后者可能是这样的顺序。由于人民事实上已经生活在公民的（或文明的）法律之中，这类问题或许完全是无目的的，或者是对国家充满微妙危险的。"① 康德在这里讲对社会契约论的探究会导致对现有政府权力的怀疑，这些可能的探究者已经生活在"Bürgerliche Gesetze"下。从上下文来看，这个"Bürgerliche Gesetze"应该是各种法的通称，但在人们熟悉的话语系统中，"Bürgerliche Gesetze"又是作为法的一个分支的民法的意思，如果说人们仅仅生活在民法下，显然于理不通，译者陷入了困惑，不得不以"公民的（或文明的）法律"翻译这个"Bürgerliche Gesetze"，并加上一个注，说明"Bürgerliche Gesetze"也可译为民法，但不大合康德的原意。② 这表明，康德并非在"Bürgerliche Gesetze"的现代意义上运用它，而是用其更古老的意思，这种意思对多数现代人而言是陌生的，但值得探究。

对以上 4 个问题的回答构成本章的内容。

第二节　民法词源考

一、市民法的词源及其同源词

古罗马的 Ius civile 是现代民法的词源，它由名词 Ius 和形容词 civile

---

① 参见［德］康德著：《法的形而上学原理——权利的科学》，沈叔平译，商务印书馆 1991 年版，第 147 页。

② 参见［德］康德著：《法的形而上学原理——权利的科学》，沈叔平译，商务印书馆 1991 年版，第 146 页注 1。

构成。Civile 是 Civis 的形容词，它由动词 Ciere（意思是“召集”“发动”）的直陈式完成时形式 Civi 派生而来，其意思是“被征召者”，为“军人”之意。在远古罗马，实行民兵制，全民皆兵，所有的市民都是军人，Civis 是对市民的军人属性的描述；Civis 的集合构成 Civitas（城邦或市民社会），它是“许多战士集合起来所组成的军队或战斗团体”，即市民的共同体。① 我们看到，Civis 、Civitas、Ius Civile 这三个带 C 的同根词彼此具有密切的联系：单个的 Civis 通过一定的程序联合成了 Civitas，它的法就是 Ius Civile。这样的 Ius Civile 是一个 Civitas 的全部的法，而不是法之整体的一个部门，因为当时人们还没有部门法的观念。正如意大利罗马法学家马里奥·布雷托内所说的：“我们逐字翻译为‘民法’的市民法，指的是其城市的法律规范的整体（至少指那些调整个人之间的关系的规范）。”②

三个带 C 的同根词在中文中的正确表达是市民、市民社会和市民法。如果不恰当地把市民法译为“民法”，则它与其余二者的联系就被掩盖了，因此，我提倡把民法称作“市民法”。

二、不属于市民法的古代法律门类

（一）圣法

在我们说市民法是一个市民社会的法的整体时，我们必须把圣法排除在外。地中海世界的古人持两个世界的观念，相信在人的世界之外还有一个神的世界的存在，两个世界互相影响，市民法是人的世界

---

① 参见吴寿彭为其翻译的亚里士多德的《政治学》第 110 页所作的注释 1，载［古希腊］亚里士多德著：《政治学》，吴寿彭译，商务印书馆 1965 年版；以及谢大任主编：《拉丁语汉语词典》，商务印书馆 1988 年版，第 95 页。Civis 是“受征召者”的意思，引申为“市民”“战士”。具有讽刺意味的是，Civis 的形容词 Civilis 后来演变得完全没有军人气，意思是“温柔的、有礼貌的”，成了一个与“军事的”相关的词的反义词。

② Cfr. Mario Bretone，*Storia del diritto romano*，Laterza，Roma－Bari，1987，p. 52.

的法，它调整人与人之间的关系，与这样的市民法平行，存在一种圣法，它调整人与神之间的关系。

（二）国际法

城邦或市民社会是伯罗奔尼撒半岛和亚平宁半岛的独特文化的产物，这两个半岛的共同特征在于：在工业化之前就实现了城市化。人们通常认为城市化是工业化的结果，它们对这种说明是两个例外。在这两个半岛上，城市林立，每一个城市都是一个城邦，它们享有自己的规范创制权，一个城邦的规范不同于另一个城邦。在这样的环境中，存在着两种类型的规范，一种是各个城邦自己的，另一种是调整各城邦彼此间关系的，后一种规范可称之为跨民族法，有随军祭司法、战争法等形式，略近于现代的国际法。用现代的概念来说，市民法类似于内国法。

（三）市民法的相对近代性

最后要说明的是，Ius Civile 并不是从来就有的，它是一定的社会结构的产物，在它诞生之前，存在一种奎里蒂法①，它是调整团体（氏族和家族）之间的关系的法，而市民法是调整人际关系的。

三、市民法与西方主流历史解释模式

（一）市民法的社会契约论基础

前文中提到的 Civitas 不是从来就有的，那么，从什么时候开始，通过什么途径，它就存在了呢？优士丁尼《法学阶梯》为我们提供了这一问题的答案，其 2，1，11 写道：“而显然，自然法更为古老，它是与人类本身同时，自然传授的事务。事实上，市民法则在城邦开始被建立、长官开始被创立、法律开始被写成文字时，才开始存在。”②

---

① 关于奎里蒂法的详细说明，参见徐国栋：《奎里蒂法研究》，载易继明主编：《私法》第七卷，北京大学出版社 2004 年版。

② Cfr. Nardi Enzo, *Istituzioni di diritto romano* (*testi* 2), Giuffrè, Milano, 1986, pp. 42s.

在这一法言中，优士丁尼昭示了两个历史阶段的嬗变：在第一个时期，人们没有建立城邦、创立长官、把法律写成文字；而在第二个时期，上述三者都出现了，于是出现了市民法，它构成自然法的对立面，因此，市民法的名称隐含着一种公权力的存在。不难看出，按照恩格斯的术语体系，我们正在谈论的是国家与法的产生问题！那么，“三无”状态或自然状态是怎样被“三有”状态或文明状态取代的呢？西塞罗对此提供了解释。他在《论法律》中说，城邦产生的原因在于“人类不好单一和孤独的天性”，因此，他们经联合成为城邦。[①] 它是人类摆脱自然状态后进入的一个社会阶段，它意味着人类抛弃了彼此孤立的状态进入了相互合作的状态。这是对国家产生原因的契约论解释，它不同于马克思主义的阶级斗争解释。恰恰是这种契约论的解释，代表了西方思想史的主流，为许多经典思想家所遵循。

然而，西塞罗所说的“联合”需要进一步的界定。从西塞罗的写作背景来看，“联合”意味着一定的协商行为和协商结果的文字表达，这一过程就是社会契约的订立。因此，意大利法学家路易吉·拉布鲁纳正确地断定，在国家的起源问题上，西塞罗采用的是契约主义的观点。[②] 它来源于伊壁鸠鲁学说，社会契约论思想是其特征之一。

（二）社会契约论与竞争性理论的比较

社会契约是从自然状态到城邦或市民社会的中间环节。它十分简单，不过是说明公共权力之合法性来源的一种方式，它是人民主权说的间接表达，它告诉我们，公共权力作用于人们的依据是人们已事先对此作出同意。与它完全对立的观点是君权神授说和征服说等，它们都是一些糟糕的观点，要么是非人文的，要么是残暴的，不具有社会

① 参见［古罗马］西塞罗著：《论共和国·论法律》，王焕生译，中国政法大学出版社1997年版，第39页。

② 这种观点认为市民社会乃是某个大智大勇的最早的立法者或一种原初的“社会契约”所构建的，这种认为世界之所以能够创建一新，完全是因为那些明智之士聚集起来经详思细考而达成社会契约所致的观点，可能是那些设计理论的最具特色的产物。

契约论那样的民主精神和人文精神。对法律的社会契约论解释是罗马文明和罗马法对人类精神世界的伟大贡献！

显然，在自然状态—社会契约—市民社会的历史解释模式中，市民法是结束了自然状态后公共权力发挥作用的产物，它是市民社会的世俗法的整体。

第三节　优士丁尼《市民法大全》体系中的市民法

一、概说

我已提出市民法是一个市民社会的世俗法的整体命题，我可以找到许多实例来证明这一命题，限于篇幅，我只分析最著名的实例——优士丁尼的《市民法大全》（*Corporis Iuris Civilis*）。

众所周知，优士丁尼编纂罗马法，以《法典》开始，以《学说汇纂》居中，以《法学阶梯》收尾，整部作品，优士丁尼称之为“法典”。因此，他用的“法典”一语，狭义上指他编纂的三部作品中的一部——收集历代皇帝敕令的那一部，严格说来，这本书应该被译作《敕令汇编》，因为它收集的仅仅是敕令；广义上指全部上述三部作品。优士丁尼在死前，除上述三部立法文件外，另颁布了 168 条敕令①，死后被人辑为一集，名为《新律》。优士丁尼生前并没有给他的上述四部立

① 关于《新律》所包含的敕令的数目，各种文献有不同的说法，这乃是因为《新律》本身有不同的版本，各版本所包含的敕令数目不一。《尤里安摘要》（*Epitome Juliani*）包含 122 条敕令；《确本》（*Authenticum*）包含 137 条敕令；《168 条新律汇编》（*Collectio CLXVIII Novellarum*）如其题目所表明的，包含 168 条敕令，其中有两条是优士丁二世颁布的，两条是提贝留二世颁布的，他们都是紧接着优士丁尼继位的皇帝。这一版本最晚近、最全面，所收录的敕令也最接近其原来颁布的形式。参见［意］阿尔多·贝特鲁奇：《〈巴西尔法律全书〉的特色和在拜占庭法和欧洲法律传统中的地位》，徐国栋译，载徐国栋主编：《罗马法与现代民法》第 1 卷，中国法制出版社 2000 年版，第 11 页。

法文件一个总的名称，这一工作是后人完成的。16 世纪末，法国法学家狄奥尼修 · 虢多弗雷多（Dionisio Gotofreddo，1549—1622，法文名为 Denis Godeffroy）将这四部作品合称为《市民法大全》[①]，与刚刚产生的《教会法大全》相对。因此，《市民法大全》的命名，代表了 16 世纪的法学家对“市民法”一词的通常理解。通过对优士丁尼这一作品的内容进行分析，可以验证当时人们理解的市民法是否与我们现在理解的市民法等同。

首先必须说明的是优士丁尼编纂广义的法典的意图，他在关于批准《学说汇纂》的 Tanta 敕令[②]和关于编纂《学说汇纂》的 Deo Auctore 敕令中说，他打算编纂的是“从建城（公元前 753 年）至朕的帝国的时代的罗马人的法令”[③]，“全部经过将近 1400 年的时间历程被弄乱了的……古法”。[④] 可见，优士丁尼编纂的是罗马人的全部法令，而不是其中的一部分。

二、《法典》

《法典》的基本内容为：第 1 卷为法的渊源和教务法——调整国家与教会间关系的法；第 2—8 卷为私法；第 9 卷为刑法；第 10—12 卷

---

① Cfr. Federico del Giudice, *Dizionario giuridico romano*, Napoli, Edizione Simone, 1995, p. 133. 也有人主张这 4 本书是由 12 世纪的前期注释法学派的法学家辑为一书，并冠以《国法大全》的名称的。参见《法学词典》编委会编:《法学词典》（增订版），上海辞书出版社 1984 年版，第 528 页。《国法大全》是《市民法大全》的别译。

② 参见《Tanta 敕令》，陈虹译，载梁慧星主编:《民商法论丛》第 10 卷，法律出版社 1998 年版，第 826—829 页。

③ Tanta, pr. 中译文:《优士丁尼组织编订并颁布〈学说汇纂〉和〈法学阶梯〉的四个敕令》，见徐国栋等译，载梁慧星主编:《民商法论丛》第 10 卷，法律出版社 1998 年版，第 824 页。

④ Deo Auctore, 5, 中译文见:《优士丁尼组织编订并颁布〈学说汇纂〉和〈法学阶梯〉的四个敕令》，徐国栋等译，载梁慧星主编:《民商法论丛》第 10 卷，法律出版社 1998 年版，第 839 页。

为行政法。[①] 显然，此书中超出现代民法范围的东西甚多。

三、《学说汇纂》

《学说汇纂》分为50卷，根据Tanta敕令提供的说明，其内容包括七大块，其中以民法为主，兼涉他法，尤其是头编和第七单元的规定，前者多涉及法的一般问题，后者多涉及刑法和行政法。[②]

四、《法学阶梯》

《法学阶梯》的基本内容为人们所熟知，它共4卷，98题，包括人、物、诉讼三个部分。在内容上，可以把它看作《学说汇纂》的缩写本。因此，除民法外，它也包含法的一般理论、刑法，但专门的诉讼法的规定很少。

五、《新律》

《新律》包括168条敕令，此书未分卷，内容以公法和宗教法居多，但也有关于婚姻和继承的规定。[③]

六、小结

从Tanta敕令和Deo Auctore敕令提供的优士丁尼的立法意图和对上列四部书内容的分析可知，它们包罗的是当时罗马帝国的全部现行有效的世俗法律，即世俗法的整体。“在《市民法大全》的理解中，市民法就是所有关系到市民生活的法的意思。”[④] 16世纪的法国法学家

---

① 参见周枏著:《罗马法原论》(上册)，商务印书馆1994年版，第68—70页。

② 关于《学说汇纂》的基本内容的说明，参见［意］桑德罗·斯奇巴尼选编，徐国栋译:《民法大全选译·法律行为》一书中的附录二“优士丁尼《学说汇纂》总目录”。

③ 参见周枏著:《罗马法原论》(上册)，商务印书馆1994年版，第71页及以次。

④ Cfr. Corrado Pecorella, Consolidazione e Codificazione in una Esperienza Brasiliana, In Sandro Schipani (A cura di), *Augusto Teixeira de Freitas e il Diritto Latinoamericano*, CEDAM, Podova, p. 228.

把这部合编定名为《市民法大全》，证明当时的人们也是在世俗法的整体意义上理解市民法一词的。由于在中国介绍这部书的时期，市民法的含义已经不是法的整体而是整体的一个分支，所以，后来不知名的智慧的中国学者将优士丁尼的法典编纂总成的名称意译为《国法大全》，是有道理的。

至此可见，市民法一词有三方面的含义：第一，它存在于社会契约论的历史解释模式中，是完成从自然状态到文明状态的过渡的成果。第二，它存在于世俗法—圣法（或曰教会法）的法律分类方法中，由于当今世界的高度世俗化，圣法的类别隐而不显。人们关注的是对世俗法进行详细的分类，只有在必要时才会把圣法“挖掘”出来谈论。第三，与第二相联系，它是一种立法方法的表现，把世俗法和圣法两个部门法汇集成两个大法典。用今天的部门法眼光看，调整世俗法的那部大法典可以称为总法典，即分类的“把手”[①] 很高的法典。说它的“把手”很高是相对而言的，现代的《六法全书》相当于那时的世俗法大法典，现代人要在这一“把手”之下再区分宪法、民法、民事诉讼法、商法、刑法和刑事诉讼法等若干法律部门，因此，它设定的“把手”低得多。在这个意义上可以说，虢多弗雷多认为的市民法与总法典的立法方法相关联。因此，对市民法一词含义的流变，也可以从立法的角度考察，也就是从总法典观念到部门法法典观念的转变的角度考察。

优士丁尼的法典编纂是编纂总法典的代表，即把一国之世俗法的整体汇编成一部法典的做法。它不同于近代的法典编纂，即对法律进行分门别类的编纂的做法。这种总法典思路对后世产生了不小的影响。以下即从总法典的名称到总法典下的一个部门法的名称的角度论述民法一词含义的变迁。

---

① “把手”指所涉论题的逻辑层次。例如，“法”是一个高的“把手”，“民法”是一个较低的“把手”，“合同法”是一个更低的“把手”。

第四节 《市民法大全》的总法典模式在东方、西方和其他地区的流播

一、东欧

在欧洲东部，即拜占庭帝国，优士丁尼法典编纂的成果一直被作为该帝国自己的法律保持效力。但由于这一帝国属于希腊文化区，基本上都用拉丁文写成的《市民法大全》给它的学习和适用造成了困难。为了帮助学生克服这种困难，教授们不得不分两个阶段进行自己的工作：第一，他们口授拉丁语课文的希腊语意译本，这一阶段被称之为“指南”；第二，从语言和法律的角度评论拉丁文的课文本身，这一阶段被称之为“释义”，这一过程兼有使这些课文符合当时的社会实际的作用。在这些“释义”的过程中进行的创新，逐渐使拜占庭法获得了自己的性质。最终表现为由巴西尔一世（867—886）开始着手，由其儿子智者利奥六世（886—912）完成的《巴西尔法律全书》。以今天的眼光看，它的制定是所谓的重订法典。它分为60卷，各卷的基本内容有如下列：

第一部分是跨法律部门的基本规定，包括第1—6卷。第二部分是关于民事诉讼法和民法的规定，包括第7—52卷。第三部分是海商法，包括第53卷。第四部分是行政法，包括第54—59卷。第五部分是刑法，包括第60卷。①

如果读者熟悉《学说汇纂》和《法典》的编目，可以发现《巴西尔法律全书》与它们的相似之处。如果前两者是总法典，那么后者也是如此。可以得出的唯一结论是，在经过了300多年的岁月后，优士

① 参见［意］阿尔多·贝特鲁奇著：《〈巴西尔法律全书〉的特色和在拜占庭法和欧洲法律传统中的地位》，徐国栋译，载徐国栋主编：《罗马法与现代民法》第1卷，中国法制出版社2000年版，第38页及以次。

丁尼的总法典模式在东方得到了保留，拜占庭人从未从结构的角度考虑改进这一模式。

二、西欧与拉美

（一）西班牙

该国于1265年完成，于1348年由阿尔卡拉敕令赋予法律效力的《七章律》也是一部总法典。其基本结构为：第一章，“习惯、宗教和教会法”；第二章，“国王与人民的权利和义务”；第三章，“审判与民事诉讼”；第四章，“婚姻与人”；第五章，“买卖、赠与、保证和借贷”；第六章，“继承法”；第七章，“刑法”。这七章中每章的调整范围都相当于一个部门法，但立法者没有把它们分为七个法典，而是收罗在一个法典中，这表明当时的立法技术尚未进化到部门法典阶段。这样的总法典由此具有民刑不分、公私合一的不足。

（二）普鲁士

1779年起草、1789—1792年公布、1794年生效的1.9万多条的《为普鲁士国家制定的普通邦法》（*Allgemeines Landrecht für die preussischen Staaten*）是总法典思路的继承者，该法典的公布规则宣称：“全部法律将按照一定的条理层次，用民族语言来制定。”① 因此，它打算收集的是“全部法律”，而不是作为一个法律门类的“民法”。事实上，“这部法典包罗了一切法律，刑法、公法、商法和私法。”② 该法典的核心起草者是舒瓦兹（Karl Gottlieb Schwarz，1746—1796），他于1763—1764年在达尔耶斯的学校学习，受到其总法典思想的影响。达尔耶斯（Joachim Georg Darjes，1714—1791）是沃尔夫的弟子，写作了

① 参见［美］艾伦·沃森著：《民法法系的演变及形成》，李静冰、姚新华译，中国政法大学出版社1992年版，第132页。

② 参见［美］艾伦·沃森著：《民法法系的演变及形成》，李静冰、姚新华译，中国政法大学出版社1992年版，第138页。

《经重整的法的大全》(*Corpus juris reconcinnatum*),从这一标题就可以看出他受到了莱布尼兹的影响,因为后者于1668年发表了《以理性改正的法的大全》(*Ratio corporis iuris reconcinnandi*)。在1748年出版的《罗马法—日耳曼法理学阶梯》(*Institutiones Jurisprudentiae Romano – Germanica*)中,他提出了德国的总法典的草案。[①] 就这样,他的总法典思想通过其弟子的实务活动变成了立法成果。

由于普鲁士邦法打算用民族语言来制定,因此,这一法典名称中的"邦法"(Landrecht),是对法律之整体意义上的"市民法"的意译。如果普鲁士是一个国家而不是一个"邦",那么该词就应该译作"国法",因为德文中的Land就是"国家"的意思。[②] 意大利人把Landrecht翻译成"地域法"(ordinamento territoriale)[③],表达了与我相近的认识。德国人之所以不像奥地利人那样直接引进外来语,把Ius civile翻译成Zivil Recht,而是用自己的民族语言Bürgerliche Recht表示它,是因为这个民族排斥外来语的态度。据报道,德国统一后,曾实行国语纯化运动,悬赏征集各种民族词汇取代德语中的外来语。例如,为觅一词取代Zigarre(烟草),有400人应召,提出替代词200多条,以Ranchroll一词当选。[④] 尽管此事发生在《普鲁士普通邦法》之后,但它仍能说明德意志民族的民族自觉性,可作为他们为何不把自己的法典叫作普鲁士市民法,而叫作普鲁士国法的证据。当然,在一定的意义上,市民法就是国法。

---

① Cfr. Franz Wieacker, *Storia del diritto privato moderno* (Volume primo), Traduzione italiana di Umberto Santarelli e Sandro – A. Fusco, Giuffrè, Milano, 1980, pp. 490s.

② 事实上,穗积陈重的《法律进化论》的中译者就根据Landrecht一词的使用环境,有时把它译作"地域法"(种族分立法时代);有时译作"国法"(在国民的统一时代)。参见[日]穗积陈重著:《法律进化论》,黄尊三等译,中国政法大学出版社1997年版,第246、250页。

③ Cfr. Franz Wieacker, *Storia del diritto privato moderno* (Volume primo), Traduzione italiana di Umberto Santarelli e Sandro – A. Fusco, Giuffrè, Milano, 1980, p. 506.

④ 参见[日]穗积陈重著:《法律进化论》,黄尊三等译,中国政法大学出版社1997年版,第263页。

（三）意大利

1819 年，两西西里的波旁（Borbone）王国废除了拿破仑统治意大利时带来的法国诸法典，代之以一部共有 5 个部分的新法典，它们是民法、刑法、民事诉讼法、刑事诉讼法和商法。[①] 这是以总法典取代部门法典的倒退。

（四）哥斯达黎加

这个国家于 1841 年颁布了一部法典，由于它包括了民法、刑法以及诉讼程序等多方面的内容，后来被称为“总法典”，它一直适用到 1888 年 1 月 18 日该国部门法性质的民法典开始实施为止。[②] 1841 年，已是部门法性质的《法国民法典》颁布 37 年后，哥斯达黎加的总法典的制定证明这时部门法思想尚未取得一统天下的地位，存在一个部门法思想与总法典思想进行拉锯战的时期。

第五节　综合的市民法的部门法化

与总法典思想对立的是部门法思想，它主张把市民法包含的诸多内容分离出来，形成由诸部门法构成的世俗法的整体。

我们知道，现代大陆法系诸国对本国法律之整体进行整理的最基本方法是六法分类法，所谓的“六法”，指宪法、民法、商法、刑法、刑诉法和民诉法六个法律部门。这种分类法导致了作为部门法的民法的出现。六法的本质，在于它是一种简化寻法活动的编排法律方式。因此，六法分类法的出现与民法观念的演变关系重大，考证其出现的

---

① Cfr. Antonio Gambaro & Rodolfo Sacco, *Sistemi Giuridici Comparati*, UTET, Torino, 1996, p. 371.

② 参见《各国宪政制度和民商法要览·美洲大洋洲分册》，上海社会科学院法学研究所编译室编译，法律出版社 1986 年版，第 112 页。

时间，就可以得到市民法的外延被缩减的时间。从历史上看，“六法”观念的出现经历了漫长的过程。

一、简化寻法方法的探索

随着民族国家的兴起和欧洲诸国中央权力的加强，以及共同法的民族化，立法活动增多，作为其成果的法令繁多，令人难以学习和适用，产生了把法的整体分门别类的需要。在历史的演进过程中，产生了诸多的分类法。

（一）年代分类法

即把法律按颁布的年代顺序分类，这方面的例子有438年的16卷的《狄奥多西法典》，其每卷以法律产生的时间为序编排皇帝们的敕令。1679年，意大利萨沃依公国的律师伽师巴勒·巴利（Gaspare Bally）编辑的《萨沃依公国告示总成》（*Recueil des édits des ducs de la royale. Maison de Savoye*）也采用这种编排方式。[①] 显然，这种方法为法的运用者提供的便利是有限的，因为涉及相同主题的规范可能被置于不同年份的标题下，使人们不能迅捷地找到关于同一主题的全部规范。

（二）立法主体分类法

即在有多种立法主体制定法律的情况下，把法的整体按颁布它们的主体进行分类。这方面的例子有14世纪由档案馆馆长贾科摩·贝尔塔尔多（Giacomo Bertaldo）编成的《光辉的威内托城邦习惯法》（*Splendor Venetorum civitas consuetudinum*），它把威尼斯的全部法律按大参议会、元老院、民事和刑事的四十人法院、十人委员会等立法主体的标准进行分类。这种分类方法提供的便利同样是有限的[②]，因为不

① Cfr. Adiriano Cavanna, *Storia del diritto moderno in Europa*, Vol. 1, Giuffrè, Milano, 1982, p. 261.

② Cfr. Adiriano Cavanna, *Storia del diritto moderno in Europa*, Vol. 1, Giuffrè, Milano, 1982, p. 262.

同的立法主体可能就同一主题制定法律，这些法律被归入不同的立法机关的名头，让人们不能在同一个地方找到它们。

（三）字母顺序排列法

即把汇编的所有法律按所涉问题之标题的字母顺序进行整理。这样的例子有由弗朗切斯科·安东尼奥·冯·瓜连特（Francesco Antonio von Guarient）编成的1704年的《奥地利法典》（*Codex Austriacus*）。[①] 这种方法尽管提供了检索的便利，但它会把属于同一主题的法律放在法律汇编的不同地方，影响了对它们的参照利用。

（四）主题分类法

即把法律的整体按照诸法所涉的主题进行分类。实际上是为所有的法律制作一个索引。这方面的例子有1751年的《威内托领土的刑事法律》（*Leggi criminali serenissimo Dominio veneto*）和1780年的《威尼斯共和国封建法典》（*Codice feudale della Serenissima Repubblica di Venezia*）。[②] 较古的例子有534年的《优士丁尼法典》第二版，其内容在卷和题的层次上按主题分类，在题以下的诸规定按颁布的年代顺序排列。这实际上是结合使用主题分类法和年代分类法。这种分类法已经向六法分类法大大地靠近了。

二、六法的产生条件

（一）商法的产生

商法起源于中世纪沿海的自治城市，从某种意义上可以把它看作有独立来源的法律部门。法国和西欧大陆的德、意、西班牙都在11世纪到12世纪之间形成了商法。13世纪法国出现了一部著名的海事法

① Cfr. Adiriano Cavanna, *Storia del diritto moderno in Europa*, Vol. 1, Giuffrè, Milano, 1982, p. 269.

② Cfr. Adiriano Cavanna, *Storia del diritto moderno in Europa*, Vol. 1, Giuffrè, Milano, 1982, pp. 262s.

典，称为《奥内隆法典》，它包括了许多12世纪的判例，因此亦称为《海事判例集》。17世纪王国政府设立了一个研究和编纂法律的委员会，集中法国国内和国外的海商规范（包括国王的敕令），编纂了1673年的《商法典》和1681年的《海事法典》。[①] 商法是六法的一个分支，不能为传统的市民法所包容，因此，它的出现意味着撕破传统的体系，要求建立新的体系。

（二）法院的分工

法院内部的分工也是导致六法产生的重要因素。在罗马法中，法院就有初步的民刑的分工。至近代，这种法院分工的情况继续保持。就法国而言，13世纪，路易九世进行司法改革，逐步取消了领主的司法权，把该权力集中在国王法院的管辖之下。在这一时期，在巴黎建立了最高法院，它有三个院，第一院、第二两院审理民事案件，第三院审理刑事案件。[②] 民刑的审判分工导致法官的专业化，民事法官只以寻找民法规范为满足，刑事法官亦然。诸法合体的法律汇编已不能满足他们的职业活动要求。

（三）理论进步

多诺（Hugues Doneau，1527—1591）、莱布尼兹和沃尔夫（Christian Wolf，1679—1754）的理论贡献，对六法的产生提供了巨大的动力。

（1）多诺。他把权利分为以主体自身为客体的和非以自身为客体的两类，又将后者分为对物的权利（物权）和对他人的权利（债权）两类。[③] 这一分类为根据权利的不同类型编纂现代民法典打下了基础。多诺还第一次实现了实体法与程序法的区分，这一成就为六法观念的产生奠定了一块重要的基石，因为六法的划分，从某种意义上说，是

---

① 参见陈盛清主编：《外国法制史》，北京大学出版社1982年版，第93—94页。

② 参见陈盛清主编：《外国法制史》，北京大学出版社1982年版，第95页。

③ Cfr. Hugonis Donelli, *Opera omnia*, *Tomus Primus I*, Roma, Typis Josephi Salviuggi, 1828, p. 229.

以实体法和程序法的划分为基础的。

（2）莱布尼兹。他于1667年发表了《法学发展和教学的新方法》（*Nova methodus discendae docendaeque jurisprudentiae*）一书，以数学的方法处理法学问题，由此形成了"几何学法学"（More geometrico），他建立了法条的语法结构理论，认为每个法条都应该是一条真理的宣示，而这条真理可以精确地从一条现有的规则中推导出来，因此，法律规范应该被简练地设计为一个命题，该命题应该表现为主体通过系词与表语（权利或义务）的联系。由于这样的安排，每一个规范都可以容易地从出发点的定理中推导出来。莱布尼兹由此确立了现代法典的原子性规范单位——规范，在此之前的法律很少以规范的形式表述，它们或是一段课文，或是一个案例，是编纂优士丁尼法典的"砖瓦"；第二次法典编纂运动就以规范为自己的"砖瓦"了。规范的表达方式当然比课文、案例的表达方式精要，故莱布尼兹在1668年出版的著名的《以理性重整的法律大全》（*Ratio corporis iuris reconcinnandi*）中宣称："用完全新的、从未见过的方法，整个的罗马法可以被缩减为仅仅一张纸篇幅的一般规则。"[①] 尽管莱布尼兹没有一句话提到六法，但其理论却是六法的实践基础。这是显而易见的。边沁（Jeremy Bentham，1748—1832）说，普鲁士法典几乎全部由说明性内容构成，缺少命令性内容。古罗马法是一堆混淆不清、自相矛盾的庞然杂物，命令性内容乃至命令性内容的所有痕迹，似乎最终都被掩盖在说明性内容中。《十二表法》不是这样的，但到了后来，esto（意为"让……吧！"表示命令）变成了 videtur（意为"看起来似乎如此"，表示意见）。甚至绝顶专制的君主也这么说。到了蛮族手中，法律恢复了命令性语言。

---

① Cfr. Adiriano Cavanna，Storia del diritto moderno in Europa，Vol. 1，Giuffrè，Milano，1982，pp. 343 – 347.

有了简洁的好处。①

（3）沃尔夫是一位数学家兼哲学家，“客串”法学家。他在法学上的首要贡献是第一次提出了“主体”的范畴，他把主体理解为权利的主体，而不是受制约的人。他与其门徒进行的体系化工作的一个重要成果是阐释了包含具体适用于分则的细节性规范的范畴、定义、基本原则的“总则”。② 它是以几何学方法分析法律的一个必然的结果。“主体”和“总则”是后人用来建构现代法典的两个工具。

由于多诺、莱布尼兹和沃尔夫的科学工作，现代法典具有了全新的基本范畴、表达手段，以及可以依傍的世俗法内部的基本划分方法，运用它们的水到渠成的结果就是现代六法的形成。

三、六法的正式形成

历史似乎已告诉我们，六法的实践是法国人完成的。路易十三统治时期颁布了1614年的《马里拉克法典》（*Code Marillac*），又称《米霄法典》（*Code Michau*）。它并不是把法律规范简单地堆积起来，而是试图重组法律规范，把它们分为公法、民法、刑法和海商法等部门法③。

路易十四继续了其先祖已经进行的上述把法律的整体部门法化的工作。1665年，其臣下对他提出了《司法改革备忘录》，由此导致了由他本人主持的“司法改革总委员会”的设立。该委员会的主要工作

① 参见［英］边沁著：《道德与立法原理导论》，时殷弘译，商务印书馆2000年版，第376页。

② Cfr. Adiriano Cavanna, *Storia del diritto moderno in Europa*, Vol. 1, Giuffrè, Milano, 1982, p. 349。但也有人认为，总则的思想是普芬道夫（Sammuel Pufendof，1632—1694）提出来的［参见何勤华主编：《德国法律发达史》，法律出版社2000年版，第80页。另参见 Franz Wieacker, *Storia del diritto privato moderno* (Volume primo), Traduzione italiana di Umberto Santarelli e Sandro - A. Fusco, Giuffrè, Milano, 1980, p. 472.］，并且认为普芬道夫受笛卡儿的哲学训练导致他创立总则理论。

③ Cfr. Adiriano Cavanna, *Storia del diritto moderno in Europa*, Vol. 1, Giuffrè, Milano, 1982, p. 266.

就是把法国的法律重组为一系列的条例。条例是国王的一种立法方法，它包括常常是非常不同的主题材料的整体，与“告示”“宣言”和“特许状”的立法方式形成对立。[①] 1667 年颁布的《为了司法改革而制定的民事条例》对后世的《拿破仑民事诉讼法典》产生了很大的影响。1670 年，法国颁布了《刑事条例》；1673 年颁布了《商事条例》（也被称为《萨瓦里商人法典》），它后来成为编订《法国商法典》的指南；1681 年颁布了《海事条例》。[②] 这些条例已基本构成了现代的“六法”，只是诉讼法还没有从实体法中分离出来，宪法尚未获得独立。而且，关于民法的一般“条例”很少。这是因为，法国国王怀疑自己是否有宣告与行省习俗的规则的权力。到了 18 世纪，法国国王才在其顾问、法学家达居瑟（Henri François D'Aguesseau，1868—1751）的鼓动下制定了四个民法方面的“条例”。[③] 它们分别是 1734 年的《赠与条例》、1735 年的《遗嘱条例》、1747 年的《替补继承条例》、1749 年的《农奴条例》。[④] 上述条例奠定了拿破仑的六法的基础。六法观念的产生，标志着市民法脱离了法之整体的形象，而成为部门法之一。

第一部部门法意义上的民法典是 1756 年的《马克西米连—巴伐利亚民法典》，它是由选帝侯马克斯·约瑟夫三世（Max Joseph III）主持制定的。他是沃尔夫的学生的学生，其老师伊克施塔特（Johann Adam von Ickstatt，1702—1776）是沃尔夫的学生，因此他赞成沃尔夫的一些想法，认为把实在法编成法典对君主和臣民都有利。当然，这一工作

---

① Véase Georges Ripert, Jean Boulanger, *Tratado de Derecho Civil*, Tomo I, Parte General, Traducción de Della Garcia Daireaux, La Ley, Buenos Aires, 1988, p. 61.

② Cfr. Adiriano Cavanna, *Storia del diritto moderno in Europa*, Vol. 1, Giuffrè, Milano, 1982, p. 271. 参见［法］伏尔泰著：《路易十四时代》，吴模信、沈怀洁、梁守锵译，商务印书馆 1982 年版，第 428 页。

③ Véase Georges Ripert, Jean Boulanger, *Tratado de Derecho Civil*, Tomo I, Parte General, Traducción de Della Garcia Daireaux, La Ley, Buenos Aires, 1988, p. 62.

④ Voir Marcel Planiol, *Traite Elementaire de Droit Civil*, Tome Premier, Libraire Generale de Droit & de Jurisprudence, Paris, 1928, p. 61.

也受到了普鲁士的法典编纂运动的影响。约瑟夫三世指示其总理克莱特玛伊尔（W. A. F. Kreittmayr，1704—1790）参与的法典委员会改善法律的编排，解决争议，并把法律调试得符合时代的需要。① 为此，法典委员会于1751年颁布了刑法典，1753年颁布了诉讼法典，1756年颁布了民法典。该民法典成了潘德克吞体系中的巴伐利亚式的奠定者，其结构为四编，第一编是法规范之一般与人法；第二编是物法；第三编为继承法；第四编为合同和其他的债。这种结构及其反映的内容是基本符合现代民法的概念的。②

至此，部门法意义的民法终于形成，它基本不再规定刑法和行政法的问题，而把它们交给专门的部门法调整。尽管后来有过一些反复，但部门法意义上的民法取代世俗法整体意义上的民法后，民法的含义就再没有倒退回去过。

第六节　经典作者对民法一词的用法

上面从立法的角度讲了民法从法的整体到部门法的演变过程，它告诉我们，民法既有作为法的整体的历史，也有作为部门法的历史，这就导致许多作家在不同的意义上使用民法一词，造成了民法一词的含义古今混杂、变动不居的局面，在此，试以各个语言区的作家为例说明之。由于篇幅有限，我只介绍最简单直接地论述了自己对市民法的理解的作家的用法。

---

① See O. F. Robinson, etc., *European Legal History*, Butterworth, London, 1994, p. 249.

② 《巴伐利亚民法典》除关于采邑法的规定外，符合现代民法典的一切标准。关于其内容，参见［美］艾伦·沃森著：《民法法系的演变及形成》，李静冰、姚新华译，中国政法大学出版社1992年版，第136页。

一、拉丁语系作家的用法

使用拉丁语系语言的民族是罗马文化传统的第一顺序继承人。这些民族的古典作家从小更便利地受到了拉丁文献的熏陶，他们的思想材料往往直接采自李维、塔西陀编写的罗马史及《西塞罗全集》等。因此，罗马人关于市民法的法律经验对他们产生了更大的影响。

（一）曼佐尼的用法

在其小说《约婚夫妇》中，意大利作家亚历山德罗·曼佐尼（1785—1873）有这样的表达："所有的教士，不管是世间教士还是修会的教士，都不受民法管辖，不宁唯是，连同他们居住的地方也享有豁免权。"[①] 按这一表达，所有的法律被分为教会法和民法两个部分，前者是灵界的，后者是世俗的，教士受教会法而不受世俗的民法管辖。

（二）利玛窦的用法

在利玛窦（1552—1610）时代的传教士的信中，人们这样提到中国的民法问题："他们特别研究他们法律中的民法和他们的治理形式。"[②] 显然，这个地方的民法并非部门法意义上的民法，而是世俗法之整体意义上的民法。

（三）霍尔巴赫的用法

我们正在考察的市民法，也许由于翻译的原因，在霍尔巴赫（1723—1789）的《自然政治论》的中译本中被称作"公民法"。在霍尔巴赫看来，所谓的公民法就是制定法，因此他把两者当作同义词来使用。他认为，公民法是自然法应用到社会利益、社会需要和社会条件下的形式，它规定社会成员的权利和义务。[③] 显然，这里的"公民

---

① 参见［意］曼佐尼著：《约婚夫妇》，张世华译，译林出版社 1998 年版，第 312 页。

② 参见［法］裴化行著：《利玛窦神父传》（上册），管震湖译，商务印书馆 1998 年版，第 68 页。

③ 参见［法］霍尔巴赫著：《自然政治论》，陈太先、睦茂译，商务印书馆 1994 年版，第 23 页及以次。

法”具有广泛的性质，不局限于法的一个门类，可以理解为一个社会的法之整体。

（四）摩莱里的用法

摩莱里（生卒年月不详）在其1755年出版的《自然法典》一书中，用“民法”指一个国家所有的内部法律，如梭伦制定的法律、莱库古制定的法律。民法是国际公法的对称。因此，摩莱里意指的民法就是一个国家的全部内国法。① 《自然法典》诞生于1755年，早于1804年的《法国民法典》。可见，在《法国民法典》诞生的半个世纪前，部门法意义上的民法的观念还没有得到普遍的接受。

二、德语语系作家的用法

（一）康德的用法

从康德（1724—1804）的生卒年月可以看出，在康德的时代，《普鲁士普通邦法》和《巴伐利亚民法典》皆已产生，他有可能在德语“民法”一词的两种含义中加以选择。应该说，《巴伐利亚民法典》的用法更加现代，但康德仍然使用了《普鲁士普通邦法》的用法。

康德继承了自希腊罗马以来的西方人类历史演进说明图式，把人类的发展解释为自然状态与文明状态两个阶段。他认为，当人们生活在一种普遍的、外在的、公共立法状态之下，而且还存在权威和权力时，便有文明状态。② 被文明状态取代的自然状态是“粗野的无法律的状态”。③ 关于从自然状态向文明状态的过渡，他说，如果众人的意志确实地并普遍地联合在一个立法中，那么，这个事实就构成文明的

---

① 参见［法］摩莱里著：《自然法典》，黄建华、姜亚洲译，商务印书馆1982年版，第53页。

② 参见［德］康德著：《法的形而上学原理——权利的科学》，沈叔平译，商务印书馆1991年版，第68页。

③ 参见［德］康德著：《法的形而上学原理——权利的科学》，沈叔平译，商务印书馆1991年版，第143页。

社会状态。[①] 人民根据一项法规把自己组成一个国家，这项法规叫作原始契约。[②] 这个社会中适用的法律，就是市民法。[③] 这个市民法显然指适用于一个社会的全部的法而非其中的一个部门。

为什么康德没有选择《巴伐利亚民法典》对民法一词的用法而选择了《普鲁士普通邦法》的用法？我认为，原因在于康德要利用后一种用法所包含的历史解释模式，这是一种值得加以利用的历史传统和理论资源。如果采用《巴伐利亚民法典》的用法，这一资源就无法利用了，从理论建构的角度来看，这是一种无益的浪费。

（二）费希特的用法

费希特（Johann Gottlieb Fichte，1762—1814）活着时的立法环境与康德差不多，不同的是，在他生活的时代，《法国民法典》已经诞生并随着拿破仑的兵锋在欧洲各国广泛传播，费希特为此还发表过呼吁人们抵抗法国侵略的文章。他去世的那年，正好是蒂堡发表其在德国制定一部民法典的号召的那年。新的法律环境显然影响了费希特对民法的理解。

费希特在他的法学著作《以知识学为原则的自然法权基础》一书中，多次使用民法一词。在自然状态、社会契约、文明状态的历史解释模式上，他接受康德的理论。[④] 在全书中，他把所有的法律分为宪法、民法、刑法、警察法、家庭法、国际法等门类。这种分类受到了孟德斯鸠的影响，尤其是在家庭法独立于民法的问题上。[⑤] 上述分类

---

① 参见［德］康德著：《法的形而上学原理——权利的科学》，沈叔平译，商务印书馆 1991 年版，第 79 页及以次。

② 参见［德］康德著：《法的形而上学原理——权利的科学》，沈叔平译，商务印书馆 1991 年版，第 143 页。

③ 参见［德］康德著：《法的形而上学原理——权利的科学》，沈叔平译，商务印书馆 1991 年版，第 147 页及译者注。

④ 参见［德］费希特著：《以知识学为原则的自然法权基础》，谢地坤、程志民译，载梁志学主编：《费希特著作选集》第 2 卷，商务印书馆 1994 年版，第 269 页。

⑤ 参见［德］费希特著：《以知识学为原则的自然法权基础》，谢地坤、程志民译，载梁志学主编：《费希特著作选集》第 2 卷，商务印书馆 1994 年版，第 583 页。

已经非常接近于现代大陆法系国家的六法分类了。费希特对民法与家庭法的区分并不是重要的，因为他认为，尽管有家庭法的概念，但不必有家庭法律的现实，就夫妻关系而言，“国家根本没有必要制定关于夫妻的相互关系的法律，因为他们的全部关系根本不是法律的关系，而是一种自然的、道德的心灵关系”①；就亲子关系而言，他也认为国家没有就这种关系制定法律的必要，因为“在仍然受教育的孩子和父母之间不可能发生法律争端”②。由于费希特理解的家庭法属于道德的范畴，他对家庭法的这种处理，也代表了一种把家庭法独立于民法的趋向。

我们关心的是费希特怎样理解民法。他的《以知识学为原则的自然法权基础》一书中“国家法学说”第二节的标题就是“论民法”。在这一节中，费希特没有给民法下定义，他研究了财产契约、各种类型的财产、确定公民财产的方式、住宅权和名誉权、人身安全和不可侵犯的权利、财产的获取与放弃等问题。上述问题尽管与现代民法的范围基本一致，但费希特把它们统统归入了财产契约的范畴，而按照现代民法的理解，费希特所提到的“住宅权和名誉权”“人身安全和不可侵犯的权利”，是应该归入人身关系的范畴的。这种不一致乃是因为费希特对财产作了不同的理解。在他看来，“财产不只是表示对不动产之类的东西的占有，而且也表示对感性世界中的自由行动的权利。”③ 因此，他理解的财产是“最广义的”，自由权当然属于财产之一种。我们认为是人身权的生存权，他也认为是财产权，因为“能够

---

① 参见［德］费希特著：《以知识学为原则的自然法权基础》，谢地坤、程志民译，载梁志学主编：《费希特著作选集》第2卷，商务印书馆1994年版，第585页。

② 参见［德］费希特著：《以知识学为原则的自然法权基础》，谢地坤、程志民译，载梁志学主编：《费希特著作选集》第2卷，商务印书馆1994年版，第625页。

③ 参见［德］费希特著：《以知识学为原则的自然法权基础》，谢地坤、程志民译，载梁志学主编：《费希特著作选集》第2卷，商务印书馆1994年版，第454页。

生存是一切人的绝对的、不可转让的财产”[①]。从费希特对民法的上述外延的列举式说明，我们可以推知他所理解的民法是调整主体之间的财产关系和人身关系的法律，这与现代民法一致。从论述的顺序来看，费希特的顺序是先财产后人身，与罗马法对同一问题的处理不同。后来德国民法典在这一问题上的不良做法，可以在他的著作中找到起源。

费希特还在另外的意义上使用民法一词。要理解费希特对“民法”的其他用法，了解他的国家公民契约理论是必不可少的。古典思想家手里的社会契约，被费希特分解为三个契约。

其一，公民财产契约。当然，这里的“财产”一词，仍然取其最广义的用法。该契约是一个人与所有的其他人订立的契约，其内容为社会成员间相互承认对方对他占有的财产的权利要求，每个人都把其全部财产作为他不愿意损害所有其他人的财产的抵押。在这个契约中，人们具有的规定了个人自由的界限的意志，是狭义的民法，它构成了国家在财产、收益、自由和特权方面所能制定的一切法律的基础，并且是不可侵犯的。[②] 因此，狭义的民法只是个人关于就财产问题明确与他人的利益界限的个人意志，它是当事人之间的法，而不是国家的法——后者要以前者为基础制定出来。费希特对狭义民法的这种理解，与罗马法上的“渊源私法说”比较接近。按照此说，私法除了承认来自法律的法是其一部分，还承认私人行为（遗嘱、要式口约）的产物是其一部分。[③] 费希特的狭义民法，当是私人行为的产物。

其二，保护契约。它是实现第一个契约的保证，其内容为社会的全体成员相互保证彼此保护得到承认的财产。如果说第一个契约的内

---

① 参见［德］费希特著：《以知识学为原则的自然法权基础》，谢地坤、程志民译，载梁志学主编：《费希特著作选集》第2卷，商务印书馆1994年版，第472页。

② 参见［德］费希特著：《以知识学为原则的自然法权基础》，谢地坤、程志民译，载梁志学主编：《费希特著作选集》第2卷，商务印书馆1994年版，第454—456页。

③ Cfr. Danilo Dalla, *Note minime di un lettore delle istituzioni di Giustiniano* (Libro I), Giappichelli, Torino, 1998, p. 35.

容仅仅是“承认”，是放弃自己主张权利的可能性而承认他人的权利，那么第二个契约的内容则是把这种承认变成一种实际的行动，承担相应的保护义务。但如何履行这种保护义务呢？以自己的手来解决一切问题，已经被历史证明为一种不合时宜的方式，最好的方式是通过国家契约，组建一支公共的保卫力量来达到上述目的，为此就有了第三种契约。其三，结合契约。根据这种契约，个人成为一个有机整体的一部分，与这个整体融合在一起，以保障财产契约和保护契约的履行。[①] 刑法是保障上述公民契约之履行的手段。由于“国家权力机构的目的无非是一切人与一切人之间的法权关系的相互保障”[②]，因此，宪法是“一种规定应该如何执行法律的法律”[③]，它规定国家当为之事和不当为之事。所谓的不当为之事，就是私人的领域。

在这种理论背景下，费希特在不同的意义上使用民法一词。首先，民法是与刑法相对立的概念。民法是规定每个人的权利范围的法律；刑法是规定破坏民法的人应受何种惩罚的法律。或者说，民法是赋予权利的肯定法，刑法是民法的保障法。[④] 显然，肯定法不以民法为限，至少还包括宪法，费希特所理解的民法的外延大于现代民法的外延。

其次，费希特在法律的整体的意义上使用民法一词。他说：“民法的内容至少来自这样一个简单的前提：这许多特定的人在这个特定的

---

① 参见［德］费希特著：《以知识学为原则的自然法权基础》，谢地坤、程志民译，载梁志学主编：《费希特著作选集》第 2 卷，商务印书馆 1994 年版，第 457—464 页。

② 参见［德］费希特著：《以知识学为原则的自然法权基础》，谢地坤、程志民译，载梁志学主编：《费希特著作选集》第 2 卷，商务印书馆 1994 年版，第 520—521 页。

③ 参见［德］费希特著：《以知识学为原则的自然法权基础》，谢地坤、程志民译，载梁志学主编：《费希特著作选集》第 2 卷，商务印书馆 1994 年版，第 272 页。

④ “在这种共同意志中部分地规定了每个人的法权应当发展到什么程度，就此而言，立法是确立民法（Legislatio civilis）；在这个共同意志中也部分地规定了任何以这种或那种方式破坏立法的人应受何种惩罚，就此而言，立法是确立刑法。”参见［德］费希特著：《以知识学为原则的自然法权基础》，谢地坤、程志民译，载梁志学主编：《费希特著作选集》第 2 卷，商务印书馆 1994 年版，第 415 页。

地方愿意合法地生活在一起……从而服从于这个国家所能制定的一切公正的法律。"① 按这样的理解，刑法当然包括在民法之内。由于民法与刑法的这种关系，他甚至使用了"民事刑罚"② 的概念。（能与之对立的概念只能是神事刑罚！）因此，他说："民法禁止的是那些本身就侵害他人权利的行为，如偷盗、抢劫以及侵犯他人的身体和生命等""谋杀是被民法禁止的。"③ 正因为民法是法的整体，费希特把它与道德规律相提并论。④

（三）威廉·冯·洪堡的用法

洪堡（1767—1835）生活在《法国民法典》已颁布并广泛发生影响、《德国民法典》开始酝酿的时代。无疑，他不可能对这种现实无动于衷。在1792年写成的《论国家的作用》一书中，他使用了"民法"一词。在他的术语体系中，民法是与警察法、诉讼法和刑法相对立的概念。显然，洪堡已不在一个国家的法律之整体的意义上使用民法一词。那么，什么是洪堡所理解的民法呢？他的《论国家的作用》一书第11章的标题就是"国家通过民法法律对安全的关心"，这是专门探讨民法的作用的一章。在此章中，洪堡并未给民法下定义，但通过他的论述，可以看出他理解的民法包括侵权行为法、表意行为法（他在这一部分大谈意思表示，主要的内容涉及契约）及继承法

---

① 参见［德］费希特著：《以知识学为原则的自然法权基础》，谢地坤、程志民译，载梁志学主编：《费希特著作选集》第2卷，商务印书馆1994年版，第423页。

② 参见［德］费希特著：《以知识学为原则的自然法权基础》，谢地坤、程志民译，载梁志学主编：《费希特著作选集》第2卷，商务印书馆1994年版，第525页。

③ 参见［德］费希特著：《以知识学为原则的自然法权基础》，谢地坤、程志民译，载梁志学主编：《费希特著作选集》第2卷，商务印书馆1994年版，第554—555页。

④ "国家不能制定反对嫖娼和通奸的法律，也不能处罚这些行为……这种过失并不违反民法，而是违反道德规律。"参见［德］费希特著：《以知识学为原则的自然法权基础》，谢地坤、程志民译，载梁志学主编：《费希特著作选集》第2卷，商务印书馆1994年版，第591页。

三个部分。[1] 显然，洪堡理解的民法体系尽管并不与《德国民法典》的体系相重合，但两者之间是比较接近的，换言之，都是部门法性质的。

三、英语世界中的用法

在对“民法”一词的用法的考察中，英语世界属于一个特殊的文化区域，因为在这个世界中，从来不存在一个叫作“民法”的法律部门，因此缺乏立法文件作为学说上对“民法”一词用法之考察的参照。但有关的法律辞书解决了这一问题。《布莱克法律词典》正确地指出，市民法是每个特定民族、共同体或城市特别地为自己制定的法律的整体，更确切的名称是国内法（Municipal law），它区别于自然法和国际法。[2] 此外，《牛津法律指南》列举了 Civil law 的十种含义，其中的几种含义耐人寻味：（3）随着市民法（Ius civile）特权的扩展和古代世界中越来越多的人被授予罗马市民资格，Ius civile 逐渐意味着整个罗马法、罗马世界的法和各地罗马市民的法；（4）Civil Law 这一术语从指罗马城邦的法律扩展到指任何国家为本国设定的法律；（5）Civil law 是与教会法相对的法律，包括所有世俗的法律；（6）Civil law 是与商法相对的法律；（9）Civil law 相对于军事法律而言，包括所有军事法典内未予规定的民事和刑事规则；（10）Civil law 有时指相对于国际公法的国内法。[3] 上述法律辞书对市民法所作的界定，代表了英语世界中对“民法”一词的一般理解，其中有法的整体的理解，也有部门法的理解。

---

① 参见［德］威廉·冯·洪堡著：《论国家的作用》，林荣远、冯兴元译，中国社会科学出版社 1998 年版，第 11 章。

② See Henry Campbell Black, *Black's Law Dictionary*, West Publishing Co., 1979, p. 223.

③ 参考王宏林：《谈谈 Civil law 的涵义》，载《中外法学》1992 年第 5 期。

第七节　对民法变迁史的总结

至此，我们可以得出一些结论。

一、部门法意义上的民法的产生时间

我们看到，作为部门法的民法，在立法上，直到1756年的《巴伐利亚民法典》才实现；在理论上，直到1792年左右，在洪堡的作品中才实现。由此可见，我们习以为常的民法与其他部门法现在的这种关系并非从来就有，而是在18世纪下半叶才形成的。

二、当前流行的挂衣钩式的法律体系观的短暂历史

从第一点结论出发，可以推出当前流行的挂衣钩式的法律体系观的历史短暂的结论。按照这种法律体系观，法律可以分为三个或更多的层次。宪法是第一层次的法律；第二层次的法律从宪法派生，它们构成各种部门法，如民法、刑法、行政法、税法、劳动法；第三层次的法律由部门法派生，被称为特别法。就民法而言，它的特别法有公司法、票据法、海商法、保险法、破产法等。这些同层次和不同层次的法律按挂衣钩式的方式彼此联系。宪法是这个挂衣钩上的钉子；各部门法是平行排列的一系列钉子，每个这样的钉子上都挂着一个部门法；特别法相当于领带、帽子之类的，在第二层次的钉子上挂不下，它们被人们掖在各个部门法的衣袋里。这样的格局，可谓对称美观，井井有条，殊不知它是一种逻辑的、理性的法律体系观，它不能回答本章开头提出的问题，也并非从来就有。

三、民法与其他部门法的真实关系

实际上，民法与其他部门法的真实关系是这样的：按西方理论传

统中流行的对国家与法的产生过程的解释，最古的民法，就是人类步入国家时代的法的整体，它是一棵大树的根。随着时间的流逝，各种各样的法从民法中分发出来，首先是宪法，其次是诉讼法，最后是刑法、行政法等，直到最近，环境法还正在从民法的侵权行为法中分发出来。国籍法也是从市民法中分离出来的，因此，较早的《法国民法典》规定了法国人的资格，较晚的《德国民法典》就未这样做，而是在民法典之外另行制定国籍法了。而在现行《意大利民法典》的起草过程中，对这一问题的认识处在摇摆中，有人认为人格的赋予严格说来不属于现代意义之民法的规范，因此不应在民法典中包括它们。①经过反复的分发后，民法维持了自身，但此“民法”非彼“民法”，它是彼民法经分离后的剩余物。正因为如此，桑托斯·西福恩特斯（Santos Cifuentes）这样给民法下定义：“民法包括其他法律部门从其内容完全分离出来后（自罗马市民法以来）留下或剩余的东西，这些法律部门有公法、商法、诉讼法、农业法、矿业法、劳动法等。”② 他接着说：“由于从起源的角度看，国家曾把所有的这些法律部门囊括在一个单一的规范整体中，随着时间的流逝，这些法律部门脱离出来，人们把民法（作为剩余物的）说成是共同的主干或共同法。这个意义上的民法现在通常还作为一个规范体，在实在法的其他部门内部缺少专门的解决方案时补充它们，同时转化为原则的一个共同基础，这些原则因此具有补充适用的功用。” ③

四、对民法学者面临的四大难题的解答

得出上述结论后，可以解决本章开头提出的困惑民法学者的四个

---

① Cfr. Guido Alpa, *Status e Capacità: la costruzione giuridica delle differenze individuali*, Laterza, Bari – Roma, 1993, p. 139.

② Véase Santos Cifuentes, *Elementos de Derecho civil*, Astrea, Buenos Aires, 1999, p. 3.

③ Véase Santos Cifuentes, *Elementos de Derecho civil*, Astrea, Buenos Aires, 1999, p. 3.

问题了。

首先是民法的命名方法为何与其他部门法不一致的问题。从民法分离的诸法，是在人类智识大开的时代独立的，因此它们都经过了逻辑化的处理，而民法本身并未经过这种处理，造成民法的命名标准与其他部门法的命名标准不一致。民法是以特定的历史解释模式为依据命名的。

其次是民法的“块头”为何大于其他部门法的问题。由于被分离的诸法都曾经是民法的一部分，它们的“体积”当然与民法不能等量齐观。

再次是民法为何总是关注法的一般问题的问题。作为一场绵延甚久的分离运动的剩余物的民法，其价值无非是“生命、自由、财产”，由于这些价值的至高无上性，从它分离的诸法，当然是为了保障这些价值而存在的。借用刑法学者黄风的话来说，“民法是一切部门法的基础，其他各种法可以说都是从不同的侧面对民事法律关系和基本原则的保护、充实和发展，或者为它们的完满实现创造必要的法制条件和环境。”① 这种对市民法的理解由于极为强调民法的地位，被同行称为民法帝国主义。由于民法的这种万法之源的地位，在一些民法典及许多民法理论著作中，都规定和讨论法的一般问题，是毫不奇怪的。

最后为市民法一词的译者经常发现该词具有不同于我们现在理解的意思的问题。由于在西方文献中，民法一词既在其古老的含义上使用，又在其近代的含义上使用，当然会使中国译者在翻译外国学术著作时，经常感到遇到的外文的“民法”一词具有不同于我们通常所理解的意思。

---

① 黄风在他翻译的彼德罗·彭梵得的《罗马法教科书》的译后记中如是说。该书由中国政法大学出版社 1992 年出版。边沁也说，刑法典主要由惩罚性的法律构成，包括全部民法的命令性内容。参见［英］边沁著：《道德与立法原理导论》，时殷弘译，商务印书馆 2000 年版，第 375 页。

五、并非现代所有的部门法都从民法分发出来

最后我要说明的是，有些新产生的法律部门，可以被理解为不是从民法中派生出来的。前面已经讲到了商法，实际上，还可以把经济法列入这一范畴。我不赞成把任何现代事物的祖先都追溯到古代，如果这样做，经济法在古罗马法中也有其来源了，因为戴克里先（Gaius Aurelius Valerius Diocletianus，约243—313）的《销售物价格告示》令也会被理解为古代的经济法规定。

认识过去是为了更好地理解现在，本章的写作目的，仅仅是告诉人们民法辉煌的过去，并无意改变现状，以民法取代宪法。因此，其他部门法的学者尽可以放宽心，不必担心自己的饭碗被民法吃掉。我对其他部门法的政策是维持现状，不搞扩张、侵略。

第二章

对象论

第一节 引 言

读者可注意到，传统的“民法调整对象”问题，在本书中变成了“民法对象问题”，因为在我看来，民法的工作不仅有“调整”，而且有“确定”，后一工作让民法具有公法性。如果说过去的所谓“民法调整对象”理论基于民法的私法性假设进行，我的“民法对象”理论就是基于民法的公私法混合法假设进行的了。所幸的是，这样的改变并非无据，德文中有私法的对象（Gegenstand des Privatrechts）或民法的对象（Gegenstand des bürgerliche Rechts）之术语。[①] 法文中亦如是，有民法的对象（objet du droit civil）术语，[②] 可能是从德文翻译过来的。此外，罗马尼亚语中有民法典的对象（Obiectul Codului civil）之表达。[③] 最后，俄文中也讲“民法的对象”而非“调整对象”。[④] 在这四个例子中，都只讲民法（典）的对象，不讲民法（典）的调整对象。

---

① Vgl. Bernhard Windscheid, *Lehrbuch des Pandektenrechts*, Düsseldorf, 1862, Seit 36.

② Voir Karl Salomo Zachariä, *Cours de droit civil français*, Tomo I, traduit par Aubry et Rau, F. Lagier, Libraire – Editeur, Strasbourg, 1843, p. 36.

③ Vedea *Codul civil* (*Legea nr.* 287/2009), Editura C. H. Beck, Bucaresti, 2009, p. 55.

④ 参见［俄］E. A. 苏哈诺夫主编：《民法》（第1卷），黄道秀译，中国政法大学出版社2011年版，第23页。

第二节　物文主义民法观的产生和影响

一、什么是物文主义的民法观

物文主义是一种民法对象理论和立法实践。作为一种理论，它基于以物为世界之中心的观点，强调民法的首要功能是调整市场经济关系，把民法解释成经济法，忽略民法的社会组织功能，并且要把民法的一切与财产法无关的内容都排斥出去。它在意大利、俄罗斯、伊斯兰国家都存在，在中国表现为商品经济的民法观，此说把民法的一切制度都解释为以商品为核心的存在，如主体是商品所有人、客体是商品所有权、行为是商品交换，为此，它要把不能以商品解释的制度——如亲属法和继承法——排除出民法。作为一种立法实践，它把民法调整的两大关系中的财产关系置于人身关系之前，即采用所谓“物头人身”的民法对象定义，典型的例子是《民法通则》第 2 条[①]：“中华人民共和国民法调整平等主体的公民之间、法人之间、公民和法人之间的财产关系和人身关系。”

过去，我把物文主义的起源仅仅追溯到 19 世纪的德国潘德克吞学派，经进一步的研究，我发现物文主义民法观的最早的系统提出者是西塞罗。

二、西塞罗的市民法定义及其财产状况和政治活动

（一）西塞罗的市民法定义

西塞罗在其《地方论》第 9 节中说：“市民法是为属于同一城邦

① 2021 年 1 月 1 日起施行的《民法典》第 2 条改为“民法调整平等主体的自然人、法人和非法人组织之间的人身关系和财产关系”。《民法通则》同时废止。——编者注

的人确立的公平，以保护他们的财产……”[①] 按现代意大利学者朱里亚诺·克里佛教授的观点，这个定义出自嘎鲁斯·阿奎流斯（Gallus Aquilius）。[②] 阿奎流斯大约生活在公元前100年至公元前44年，是西塞罗的朋友，他在对法律的阐述中强调公平，发明了阿奎流斯要式口约。[③] 这一定义反映了西塞罗的政府目的论。他认为，建立立宪国家和自治政府的主要目的在于保护个人的财产权，因为，由于“自然”的指引，人们聚集在一起而形成社会，他们寻求城市的保护则是希望自己的财产不受侵掠。[④] 他还说正是为了维护私有财产，才建立了国家和公民社会。破坏私有财产有两种方式，其一是平均主义，其二是国家的税收。[⑤]

这一定义包括三个关键词：“同一城邦的人”“公平”“财产”。前者讲市民法的主体必须是市民，由此把市民法与万民法区分开来。中者讲市民法的功能：分配，隐含“分给每人属于他的”（suum cuique tribuere）之罗马法原则。分配的客体有两种，首先是私法性的财产，对它的正当的分配谓之实现了交换的正义；其次是公法性的赏罚，对它的正当的分配谓之实现了矫正的正义。市民法是否兼管这两种分配，是后者（“财产”）要解决的问题。这个后者告诉我们，市民法只负责财产的分配，由此，把市民法限定为私法。

总之，西塞罗的这个定义把市民法界定为以保护财产为目的的法，颇有物文主义的味道，舍弃了市民法中的人法，即主体资格法，但若

---

① Cfr. Cicerone, *Topica*, Arnoldo Mondadori Editore, Milano, 1973, p. 203.

② Cfr. Giuliano Crifò, *Per una lettura giuridica dei Topica*, In *Annali dell'Istituto Italiano per gli studi storici*, I (1967/1968), Napoli, p. 140.

③ 这是一种将其他口头契约转变为要式口约，以便通过要式口约的正式免除程序消灭的要式口约。

④ 参见［古罗马］西塞罗著：《论老年、论友谊、论责任》，徐奕春译，商务印书馆1998年版，第202页。

⑤ 参见［古罗马］西塞罗著：《论义务》，王焕生译，中国政法大学出版社1999年版，第231页。

不做这一舍弃，就不可能把对财产的保护与公平连接起来，因为主体资格法把人依出生和表现分为三六九等，恰恰是不讲公平的。由于这种舍弃，西塞罗理解的市民法范围较窄，这正是西塞罗追求的。他说："必须把我们称为的市民法限制在一个不大的、狭小的范围内。"①

在其他著作中，西塞罗对市民法有类似的描述："……市民法需要确定这样的目标：应该保持市民在财产和诉讼中基于法律和习俗的公平。"（《论演说家》1，42，188）② 西塞罗还说："……市民法调整私人事务……"③（《论演说的分部》）由这些可见，西塞罗的物文主义市民法观是一贯的，他在《地方论》第 9 节中发表的那个市民法定义并非他的一时心血来潮。由于他对财产的这种态度，西塞罗被其研究者认为是第一个如此强调私有财产的概念并把它作为其社会结构和政治思想的中心因素的重要思想家。④ 这是个非常重要的学术地位，因为人类思想史上的共产主义思想主线产生较早，由柏拉图（Plato，公元前 427—公元前 347）开道，其基本理路是人人生而能力不同，如果自由竞争，则造成不平等，由此造成争斗；如果均平，则可避免这些问题。这实际上是以贫制恶论，对人性的看法很悲观。它的实践效果很糟，目前已为人类社会所扬弃。强调保护私有财产的思潮产生较晚，并表现出强大的生命力。饮水思源，我们要铭记这种思想的开创人。亚里士多德说："所有公民之间财产的平均分配有助于国内的安宁，但就在这一方面而论，利益也未必很大。有才能的人对于这种制度将有

---

① 参见［古罗马］西塞罗著：《论演说家》，王焕生译，中国政法大学出版社 2003 年版，第 189 页。

② 参见［古罗马］西塞罗著：《论演说家》，王焕生译，中国政法大学出版社 2003 年版，第 133 页。

③ Cfr. Cicero，De partitione oratio，100. On http：//www.thelatinlibrary.com/cicero/partitione.shtml，2008 年 9 月 28 日访问。

④ See Neal Wood，*Cicero's Social and Political Thoughts*，University of California Press，Berkley，Los Angeles，Oxford，1991，p. 105.

所抱憾，他们感觉自己应该比一般公民多得一些，却竟然被限制了。实际上，这些人就常常因为胸中不平，以致激起一国的内乱。”①

西塞罗的上述市民法定义必须结合其公法定义才能较好理解。西塞罗在其《论演说家》1，201 中说，公法是关于城邦和谕令权的法②，换言之，是关于国家的治理和长官的谕令权的法③。这是一个采“权力说”④ 的公法定义，没有乌尔比安的公法定义⑤的宗教色彩，从世俗的角度看待罗马公法内容，比较接近现代人对公法的理解。把西塞罗的上述两个定义互参考察就可知道他的市民法定义为何不包括人格法了：因为人格的予夺属于城邦，并且是谕令权的行使方式。

这里有一个问题：西塞罗的市民法是否包括亲属法？我以为否，理由如下：1. 家父对家属的权力为纵向的，体现为“监禁之、殴打之、使作苦役，甚至出卖之或杀死之”⑥，不存在公平。西塞罗说的被确立公平的“市民”只包括家父，不包括妇女和儿童。⑦ 2. 彭梵得提出的罗马的家庭是一个政治单位的观点⑧倾向于否定亲属法属于私法

---

① ［古希腊］亚里士多德著：《政治学》，吴寿彭译，商务印书馆 1965 年版，第 73 页。

② 参见［古罗马］西塞罗著：《论演说家》，王焕生译，中国政法大学出版社 2003 年版，第 145 页。

③ Cfr. Leonid Kofanov, Varrone, “Antiquitates rerum humanarum et divinarum” e il sistema del diritto pubblico romano, p. 3. Relazione del covegno internazionale di “Diritto Romano pubblico e privato: l'esperienza plurisecolare dello sviluppo del diritto europeo” (25—30 giugno 2006, Mosca, Ivanovo e Suzdal).

④ 关于“权力说”的含义，参见江平编著：《西方国家民商法概要》，法律出版社 1984 年版，第 4 页。

⑤ 他在 D. 1，1，1，2 中说：“公法是有关罗马人的宪法的法律；私法是涉及个人利益的法律：事实上，有的事情涉及公共利益；有的事情涉及私人利益。公法见之于宗教事务、宗教机构和长官的设立。”

⑥ Voir Textes de droit romain, Publiés et Annotés *par Paul Frederic Girard et Felix Senn*, Tome I, Dalloz, Paris, 1967, p. 557.

⑦ See Neal Wood, *Cicero's Social and Political Thoughts*, University of California Press, Berkley, Los Angeles, Oxford, 1991, p. 127.

⑧ 参见［意］彭梵得著：《罗马法教科书》，黄风译，中国政法大学出版社 1992 年版，斯奇巴尼的序言。

性的市民法，因为罗马无现代的多层次的官僚体系，以少数官员治理众多的人口，力有不逮，所以，政府赋予家父很大的权力，实际上承担国家基层政权的功能，完成国家微观治理的任务。3. 西塞罗在其著作中列举的市民法的内容不包括亲属法。西塞罗在其《论法律》中提到了市民法的典型内容：檐滴的承受、墙权、要式口约、程式诉讼等。[①] 西塞罗在其《论义务》中揭示市民法包含买卖法："我们的市民法关于出售不动产规定，在出售它们时应说明卖主知道的一切缺陷。"[②] 这样的买卖法尤其关涉卖方的瑕疵告知义务。"出卖奴隶时，应该不应该说明奴隶的缺点？不是指那些如果不说明它们，已出卖的奴隶便可能按市民法被退回的缺点，而是指撒谎、赌博、偷窃、喝酒。"[③] 这些内容都涉及财产，但不涉及亲属关系。

那么，西塞罗的市民法是否就是私法？我认为市民法就是西塞罗理解的私法，因为它不包括人格法，反映了西塞罗追求公私法分立的意图，但它包括诉讼法这样的在现代人看来的公法[④]，所以它只是西塞罗理解的私法。无论如何，西塞罗的狭义市民法概念与现代民法的概念最接近。

（二）西塞罗的市民法见解与其自身的财产状况

按唯物主义的观点，经济基础决定上层建筑，这一规律可适用于

---

① 参见［古罗马］西塞罗著：《论演说家》，王焕生译，中国政法大学出版社2003年版，第187页。这四项市民法的内容的名称，与王焕生先生的译本不一致，我根据的是拉丁原文。

② 参见［古罗马］西塞罗著：《论义务》，王焕生译，中国政法大学出版社1999年版，第303页。

③ 参见［古罗马］西塞罗著：《论义务》，王焕生译，中国政法大学出版社1999年版，第333页。

④ 西塞罗说："我们的市民法这样规定：不以适当的方式提起其诉讼的人败诉。" Cfr. Cicero, De Inventione, II, 57. On http: //scrineum. unipv. it/wight/invs2. htm # 2. 62, 2008年9月28日访问。

西塞罗。他之所以提出财产法的市民法观，乃是因为他拥有众多的财产，并对保全它们十分注意。他在罗马的相当于北京天安门广场的帕拉丁诺山上有一幢价值 87.5 万塞斯特斯的豪宅。在图斯库鲁姆有一栋别墅。此外，他还在安丘姆（Antium）、库马（Cumae）、佛尔米厄（Formiae）、阿斯杜拉（Astura）、普特利（Putoeli）、庞贝（Pompeii）购有住宅，在阿那尼纳（Anagnina）和辛内莎（Sinnessa）购有旅馆，在福路西诺（Frusino）购有农场。① 统计一下，西塞罗总共拥有十二处不动产，算得上大地主了。他如此购买房地产，乃是因为在无适当的银行和制度性的信用体制的条件下，购买不动产是罗马的绅士阶级进行资本投资的主要形式，也是他们名望和社会身份的标志。② 用于购买这些不动产的金钱，主要由西塞罗担任律师的间接酬劳（通过接受遗赠，终其一生，西塞罗在这方面获得了 5000 万塞斯特斯）以及放贷而来。

（二）西塞罗的财产理论以及相关的政治实践

由于西塞罗处在有产阶级的地位，因而他处处采取维护私有财产制的立场。在公元前 111 年的格拉古时代，罗马人尚无现代人的土地所有权观念，只有占有公地的观念，尽管这种占有可以继承，继承人还可把它转让给第三人，但它仍然是占有的移转。希腊斯多亚哲学家巴内修（Panaetius of Rhodes，约公元前 180—公元前 110）把土地所有权的观念带到罗马，并把保卫此等所有权当作国家的首要义务，且把土地所有权问题作为学术和文化讨论的中心问题。③ 西塞罗受巴内修

---

① See Neal Wood, *Cicero's Social and Political Thoughts*, University of California Press, Berkley, Los Angeles, Oxford, 1991, pp. 107s.

② See Neal Wood, *Cicero's Social and Political Thoughts*, University of California Press, Berkley, Los Angeles, Oxford, 1991, p. 106.

③ Cfr. Osvaldo Sacchi, Le Nozioni di Stato e di Proprietà in Panezio e L'Influenza della Dottrina Stoica sulla Giurisprudenza Romana nell'Epoca Scipionico - Cesariana, In *Revue Internationale des droits de l'Antiquité*, Vol. 52 (2005), pp. 338s.

这一观点的影响，把包括土地财产在内的私有财产理论化，认为在原初状态，所有的东西都是一切人共有的物，每个人为自己及其家人取用它们。由于每个人生来能力不同，故每个人取用的数额不同，因此，一旦取用，就要保证取用者的权利，如此才能让人们有进取心，奋发向上。他认为，生活就是自利的人们之间的一场竞争，每个人都要精力充沛地和有意地追求胜利。[①] 所以，西塞罗不赞成财产的均等化，认为财产方面的不平等是自然的，平等反而是不自然的。[②] 把这里西塞罗对平等的否定与前文介绍的西塞罗的市民法定义联系起来看，可发现西塞罗讲的公平只是机会的公平。

在实务上，西塞罗反对一切破坏私有财产的立法动议。这样的动议主要有二。第一是废除债务。罗马和其他地方一样，阶级斗争表现为债务人与债权人的斗争。公元前63年，西塞罗的政治竞争对手卡提林纳再次竞选执政官，继承格拉古兄弟的路线，提出了取消债务、法律不保护富人等口号，得到了全体平民的拥护，[③] 但元老院和富人们却因此把他看成了危险人物，接受出身不高的西塞罗当选执政官[④]，因为西塞罗提出了保护私有财产的政治主张。西塞罗作为有产阶级的代表，对卡提林纳的“均贫富”主张深恶痛绝，故后来要不遗余力地置之于死地。事实上，当西塞罗与卡提林纳派较量时，有产者是站在旁边保护西塞罗的安全的，西塞罗杀死卡提林纳留在罗马的党人后，富人们大为高兴，因为他们的财产被西塞罗拯救了。[⑤]

---

① See Neal Wood, *Cicero's Social and Political Thoughts*, University of California Press, Berkley, Los Angeles, Oxford, 1991, p. 114.

② See Neal Wood, *Cicero's Social and Political Thoughts*, University of California Press, Berkley, Los Angeles, Oxford, 1991, p. 112.

③ 参见［古罗马］撒路斯提乌斯著：《喀提林阴谋·朱古达战争》，王以铸、崔妙因译，商务印书馆1995年版，第123页。

④ 参见［古罗马］撒路斯提乌斯著：《喀提林阴谋·朱古达战争》，王以铸、崔妙因译，商务印书馆1995年版，译者的说明，第25页。

⑤ See H. J. Haskell, *This was Cicero*, Alfred A. Knopf, New York, 1942, p. 199.

第二是反对土地法。公元前65年，保民官塞尔维尤斯·卢鲁斯(Servius Rullus)提出一个新的土地法案，拟设立一个十人委员会分配罗马的几乎全部公地，西塞罗发表《论土地法》演说三篇反对之，表面的理由是该十人委员会会成为十个暴君，成为十个王。[①] 实际上，对公地的重新分配都是剥夺豪强的过多占有，安排均平式的占有，这对无产者有利，却不怎么利于有产者。

总之，西塞罗的上述言论反映了当时人们的民法观，用孟德斯鸠的话来说，这种法放弃一切美丽的观念，它只是一种财政的法律。[②] 但晚近民法的发展史，就是不断吸收“美丽的观念”(如人格权的观念)于民法中的历史。

三、西塞罗的物文主义民法观的影响

(一) 对边沁的影响

边沁是英国伟大的法学家，距离西塞罗1600多年。他于1802年出版了《完整法典概论》(*A General View of a Complete Code of Law*)一书[又名《立法理论》(*Theory of Legislation*)]，其第一部分是立法原理，第二部分是民法典原理，第三部分是刑法原理。[③] 其中的民法典原理实际上是一部民法典大纲，采用如下的结构：

第一编　总则

　第一分编　民法基本原则

　第二分编　所有权之一般

---

① See William Forsyth, *Life of Marcus Tullius Cicero*, Vol. I, Charles Scribner and Company, New York, 1865, Vol. I, p. 124.

② 参见[法]孟德斯鸠著：《论法的精神》(下)，张雁深译，商务印书馆1963年版，第291页。

③ 该部分已有李贵方等的中译本，由中国人民公安大学出版社于2004年出版。其中的第二部分已有孙力等的中译单行本，以《立法理论——刑法典原理》的书名由中国人民公安大学出版社于1993年出版。

第二编　物法

　第一分编　所有权的取得方式

　第二分编　合同法

　……行为能力

　……

　第三分编　继承法

第三编　家法

　第一分编　主仆关系

　第二分编　主奴关系

　第三分编　监护关系

　第四分编　亲子关系

　第五分编　婚姻关系

这一结构代表了一种对民法的财产法理解，即物文主义的民法观，把民法主要看作调整财产关系的法。表现为它比现代民法典少了一个人格法，即主体资格法。没有关于自然人的规定，也没有关于法人的规定。从中找不到关于权利能力的规定。关于行为能力的规定被缩减在合同法中。边沁的《民法典原理》的编者艾迪安·迪蒙（Étienne Dumont）在为此书写的导言中更明确指出：民法处理财产关系和家庭关系。[①] 这是一种典型的后文要讲到的温得沙伊得式的民法对象表达。欧洲的18世纪是西塞罗的世纪。[②] 边沁3岁多一点开始学拉丁文，能背诵西塞罗的许多作品，[③] 可以设想他的这种民法观来自西塞罗。人格法在边沁草案中的阙如很奇怪，因为现代立法者回避人格法的理由

① 参见［英］边沁著：《立法理论》，李贵方等译，中国人民公安大学出版社2004年版，第113页。

② See Neal Wood, *Cicero's Social and Political Thoughts*, University of California Press, Berkley, Los Angeles, Oxford, 1991, p. 3.

③ 参见［英］边沁著：《政府片论·编者导言》，沈叔平等译，商务印书馆1995年版，第3页及以次。

是它的公法性，由此很自然地设想边沁会把这部分内容规定在其宪法典草案里，但在这一草案中却找不到关于人格法的规定，看来，他对这一法的分支的忽略很可能是基于自然法思想，认为主体资格是天赋的，不需要立法者规定。

尽管如此，边沁的草案还是比西塞罗的市民法定义多了一个家法——调整家庭成员与准家庭成员（仆人、学徒和奴隶）关系的法律，证明这个法律门类相比于西塞罗的时代已经私法化，法律关系的参加者之间的地位已趋向于平等。边沁的民法典草案保留家庭法的存在空间，排除人格法。相对于法学阶梯体系的人身关系法和财产关系法的整齐对仗，这里的财产关系法的线条长，人身关系法的线条短，两条线不对称，故称不对称平行线式民法对象定义。

然而，在边沁草案的基本原则部分，边沁最忠实地重复了西塞罗的以所有权为中心的法律观。边沁认为民法有如下四个目标或基本原则：生计、富裕、平等、安全。生计是基本的生存条件；富裕是对生计的超越；平等是社会成员有同样的机会达成自己愿望的目标；安全是财产的保障。民法要提供生计，确保富裕，有助于公平，维持安全。所谓安全，是对人们能占用和享用自己的劳动成果的保障，它是文明社会区别于野蛮社会和无政府状态的标志。只有在安全的保障下，生产才可能进行，因为人们享有生产成果的期望有保障。所以边沁讲的安全，实际上就是所有权的安全。它是法律的核心，其他原则都要为它服务，发生矛盾时要让位于它。

（二）对威廉·亚历山大·汉特的影响

汉特（William Alexander Hunter，1844—1898）为苏格兰法学家和政治家，从 1869 年起担任伦敦大学学院的罗马法教授，在 1897 年出版了《按一部法典的顺序系统和历史地阐述的罗马法》（*A Systematic and Historical Exposition of Roman Law in the Order of a Code*）。此书给作者带来名望。书名中的“法典”，就是优士丁尼的《学说汇纂》和

《法典》。该书分为四编：第一编为对物权，包括对自己人格的对物权、对其他人的对物权（奴隶制、家父权等）、对动物和物的对物权等内容；第二编为对人权，包括债法的内容；第三编为遗产与遗赠；第四编为民事诉讼。[①] 此书中无丝毫关于主体资格的说明。看来，作者是为了把自己的著作变成一部专门的私法著作而这么做的。民事诉讼被认为是私法的一部分。汉特与边沁彼此呼应，证明物文主义的民法观在英国并不孤立，但也并非一手遮天，因为较早的布莱克斯通（1723—1780）的著名的《英国法释义》采取相反的方略。该书同样分为四编，第一编为对人权，第二编为对物权，第三编为私罪，第四编为公罪。看来，布莱克斯通并不忌讳对主体资格问题作出规定，而满足于公私法的混合状态。

（三）对马克思和恩格斯的影响

马克思说："民法不过是所有制发展的一定阶段，即生产发展的一定阶段的表现。"[②] 恩格斯则说，民法的作用，"在本质上就是确认各人与各人之间的现存的，即在一定情况下是正常的经济关系"。[③] 尽管两位经典作家的表达有所不同，但他们对民法的理解在本质上与西塞罗的理解一致。具有讽刺意味的是，西塞罗和边沁都基于有产阶级的立场张扬物文主义的民法观，而马克思基本一贫如洗，却张扬同样的立场。人类思想史大致是所有权神圣派与所有权否定派或曰共产主义派的斗争史，两派坚持一个共同观念的时候非常难得，现在我们就看到了这种共振。

---

① See William Alexander Hunter, *A Systematic and Historical Exposition of Roman Law in the Order of a Code*, Sweet & Maxwell, London, 1897, pp. VIIss.

② ［德］马克思：《哲学的贫困》，载《马克思恩格斯全集》第 4 卷，人民出版社 1958 年版，第 87 页。

③ ［德］恩格斯：《费尔巴哈与德国古典哲学的终结》，人民出版社 1959 年版，第 43 页。

（三）对戴维·菲尔德的影响

戴维·菲尔德（1805—1894）是1865年《纽约州民法典草案》的主要作者，他认为“法律是主权者规定的财产和行为规则”①，这显然是一个物文主义的法律调整对象定义。这一定义体现在《纽约州民法典草案》中。它采用如下结构：

第一编　人

　第一分编　人

　第二分编　人格权

　第三分编　人身关系

　　第一题　婚姻

　　　第一章　结婚

　　　第二章　离婚

　　第二题　父母和子女

　　第三题　主和仆

　　第四题　监护人和被监护人

第二编　财产

第三编　债

第四编　一般规定②

与边沁的草案比较起来，《纽约民法典草案》还有人编，但第一分编并非人格法，而是行为能力法，把边沁放到合同法的这部分内容上调了，并且把整个的人身关系法的位置都前调了，但基本的内容还是可看出边沁的痕迹。菲尔德在其民法典草案中排除人格法的理由只有两种可能：要么出于自然法观念，要么出于公私法划分理论。我认为是后者。

---

① See David Dudley Field, First Project of an International Code, In *Speeches, Arguments, and Miscellaneous Papers of David Dudley Field* (ed. By A. P. Sprague), 1884, p. 385.

② 参见［美］戴维·达德利·菲尔德著：《纽约州民法典草案》，田甜译，中国大百科全书出版社2007年版目录。

（四）对温得沙伊得的影响

伯恩哈德·温得沙伊得（1817—1892）认为："所有的私法，要做的事情，有两个对象：1. 财产关系；2. 家庭关系。因此，私法的主要划分是财产法与家庭法的划分。"① 这又是一个人格法阙如的民法描述，不过，已比边沁进步，继《纽约州民法典草案》之余绪，把家庭法包括在民法中了。事实上，潘德克吞法的内容中有人格法——权利能力制度，温得沙伊得承认民法中有许多公法性的东西，他在描述作为一个私法部门的民法时，不打算把这些公法的东西列入。这样，就形成了人格法的客观存在与对它的描述阙如的矛盾。

西塞罗的物文主义的民法观对温得沙伊得产生的影响富有意义：一位大陆法系的先贤的观点回到本法系产生影响了。

但是，即使按照同时代的德国学者萨维尼的看法，温得沙伊得的上述物文主义民法观也是反自然的。萨维尼认为，私法体系的"自然顺序"是纯粹家庭法、物法、债、实用家庭法和继承法。其中物法和债构成财产法的主要内容，纯粹家庭法处理婚姻、父权、亲属和监护等方面的内容，而实用家庭法则处理婚姻家庭关系和一般财产关系互相联系后所产生的内容。这样，"实用家庭法"在本质上就是财产法的一部分。萨维尼在这里做了一个人文主义的民法对象表述，但旋即又说如果将家庭本身与其对于财产的影响直接联系起来，那么，就有绝对的必要将这个家庭法置于财产法之后，由此，法律制度的最为简单和最为合理的安排应该是：1. 物法；2. 债；3. 家庭法（纯粹家庭法和实用家庭法）；4. 继承法。② 无疑，这样的顺序是不自然的，是重物轻人的。

---

① Cfr. Bernardo Windscheid, *Diritto delle pandette* (Vol. I), trad. it. di Carlo Fadda e Paolo Emilio Bensa, UTET, Torino, 1925, p. 41.

② 参见［德］萨维尼著：《当代罗马法体系 I》，朱虎译，中国法制出版社 2010 年版，第 301—302 页。

（五）对日本学说的影响

在温得沙伊得上述理论的基础上，在继受德国法的日本产生了类似的民法对象定义。平凡社的《世界大百科事典》的“民法”词条给出的民法调整身份关系和财产关系的定义。[①] 这一定义基本上是温得沙伊得的民法对象定义的翻版，但把身份关系与财产关系的位置又调了一个个，相当于菲尔德把边沁对财产关系和家庭关系的排序调了一个个。在上述民法对象定义中，尽管身份关系被前置于财产关系，但人格问题完全不见了。因此，这一体系的消极方面也是明显的：它把人法缩减成了身份法。

这样的缩减体现了以渡边洋三为代表的日本学界的商品经济的民法观。他说：“历来，也包含我本人在内，一般都把市民法理解成商品交换的法。”[②]

（六）对埃及学说的影响

埃及尽管无继受德国法的记录，但该国学者提供的民法对象定义具有德国色彩：

> 民法是一组这样的规则，它关系到个人作为个人的生活和作为家庭成员的生活，不考虑职业和该个人对家庭以外的任何社会团体的从属。
>
> 埃及民法包括两组规则：其一调整个人的经济活动，它们被称为物的法则（Real statute）；其二调整个人与其家庭的关系，诸如结婚和离婚，它们被称为人的法则（Personal statute）。[③]

---

① 参见《民法》，上海社会科学院法学研究所编译，知识出版社 1981 年版，第 6—18 页。

② 参见［日］渡边洋三著：《近代市民法的基本原理》，宋海彬译，载程波主编：《湘江法律评论》第 13 卷，湘潭大学出版社 2015 年版，第 61 页。

③ See Nathalie Bernard – Maugiron and Baudouin Dupret（eds），*Egypt and its Laws*，Kluwer Law International，London · Hague · New York，2000，pp. 3s.

这个定义的第一段把民法界定为调整一切人的生活关系的法，其中提到“不考虑……个人对家庭以外的任何社会团体的从属”，讲的是个人不从属于教会，力图表明对民法规定的事项适用民法而非沙里亚法。第二段展开上述生活关系的内容，遵循的是先物的法则后人的法则的顺序，符合德国民法对象理论的特征，因而埃及采用的本质上还是一个物文主义的民法对象定义。

（七）对阿尔瓦罗·多勒斯的影响

阿尔瓦罗·多勒斯（Alvaro D'Ors，1915—2004）是西班牙的著名罗马法学者，其《罗马私法》的体系和内容体现了西塞罗的市民法理解。它包括如下内容：

> II. 制度。包括：第一部分，所有权；第二部分，继承，下分为家庭、遗产继承、监护、慷慨行为（再分为遗赠与遗产信托、赠与、基金会、嫁资）；第三部分，债。①

这一结构跟边沁的民法典草案的结构颇为类似，都把私法或民法基本当作财产法，家庭法分支被作为继承法的前提部分得到谈论。完全不包括人格法，从反面解释，这一法的分支属于公法。这种安排体现了财产法的私法观。确实，多勒斯说，私法是解决人们间就物的私人利用发生的冲突的法。② 这个定义与西塞罗的市民法定义何其相似乃尔！

（八）对苏联民法对象理论的影响

具有讽刺意味的是，西塞罗的资产阶级市民法定义对无产阶级建立的社会主义国家的民法理论也产生了影响。20 世纪 50 年代，坚金

---

① Véase Alvaro D'Ors, *Derecho privado romano*, Ediciónes Uinversidad de Navarra, Pamplona, 1986, pp. 13ss.

② Véase Alvaro D'Ors, *Derecho privado romano*, Ediciónes Uinversidad de Navarra, Pamplona, 1986, p. 27.

（Dmitry M. Genkin，Дмитрий М. Генкин，1884—1966）主编的《苏维埃民法》谓：“苏维埃民法的对象是社会主义社会的财产关系。”[①] 它与西塞罗市民法定义的关联显然可见，尽管它可能并非直接取法西塞罗，而是通过德国的学说这样做，并且也可能经过了马克思和恩格斯对上述观点的中介。

（九）对中国的民法对象定义的影响

我国《民法通则》第2条规定：“中华人民共和国民法调整平等主体的公民之间、法人之间、公民和法人之间的财产关系和人身关系。”其物文主义倾向显然间接来自西塞罗。不过，其论证已从富人的变成穷人的：穷汉无人格，穷人需要财产支撑起自己的人格，所以财产重要。[②]

四、小结

从阶级基础来看，西塞罗的唯财产法的市民法定义产生于阶级斗争的血雨腥风中，代表了有产阶级的利益，但从技术的角度来看，从西塞罗以来，这一定义基于公私法的严格划分，试图把人格法甚至亲属法都排除出民法。这两个原因酿成的物文主义的民法思潮绵绵不绝，对英语国家和大陆法系国家都有影响，但在历史的长河中得到增加亲属法的改进。它对民法对象理论的影响是形成了不对称平行线说，即承认民法既调整财产关系，又调整身份关系，以前者为重、以后者为轻的民法观。富有意味的是，西塞罗代表富人立场的市民法观点后来被代表穷人的政治家或学者接受，并得到从另一角度出发作出的论证，由此，西塞罗的市民法观终于跨出了阶级的界线。尽管有这种跨阶级的推广，物文主义的民法观仍属于支流，大部分民法典和民法学说都

① 参见［苏］坚金主编：《苏维埃民法》（上），中国人民大学民法教研室译，中国人民大学出版社1956年版，第4页。

② 参见梁慧星：《当前关于民法典编纂的三条思路》，载《中外法学》2000年第1期。

包括人格法，甚至西塞罗的某些追随者也只是闭眼不看存在于民法中的人格法而已。这种现象反证了人格法是公法，民法由于包括它（并由于包括其他公法因素）成为公私混合法。

物文主义的民法思潮并非出于愚昧，而是出于过于执着、较真，实际上，它更有科学性追求。但它追求的“科学”是否必要，换言之，公私法的严格划分是否必要与可行，是另一个问题。

第三节　法学阶梯体系和潘德克吞体系与现代民法对象理论

一、对人物讼体系的解读

（一）目前的民法对象理论的来源

民法调整主体间的人身关系和财产关系，渐成学界共识。这种对民法材料的二分制处理是如何来的？答曰它来自盖尤斯创立的人物讼的三分制的法学阶梯体系。这一体系起源于古罗马修辞理论中的地方论。从修辞的角度言，为了使论述脉络清楚，有必要对可以利用的地方进行分类，最简单的分类就是主体与客体的分类，因此公元前1世纪的西塞罗说：“为了理解词并为了写作，没有什么比把词划分为两个属更有用和更令人愉快的练习了：一个属是关于物的，另一个属是关于人的。”① 很遗憾，西塞罗对世界的这两个基本要素作了物文主义的排列，但他提供的这种认识框架确实影响了法学家对论述材料的整理。作为修辞学校法学老师的盖尤斯即为受其影响者。

在盖尤斯体系中，人法相当于人身关系法，物法相当于财产关系法。两者的不同在于现代的民法对象理论去掉了法学阶梯体系中的“讼”，因此可以说，法学阶梯体系的基础是实体法与程序法的不分，

---

① Véase Ciceron, *De la Invencion*, In Nicolas Estevanez edi. *Obras Escogidas*, Casa Editorial Canier Hermanos, Tomo Primero, Paris, s/a, p. 228.

而现代民法的调整对象理论是以实体法和程序法的严格划分为基础的。

（二）法学阶梯体系的意义

1. 人文主义。这是法学阶梯体系的首要意义。它把人置于物之前规定，因而确立了人的中心地位，反映了古代的人文主义。必须说，罗马人具有浓厚的宗教情绪，以至于把法学理解成研究神事和人事的学问，但他们在生活态度上仍然是人文的。在我看来，对宗教的注重并不与人文主义矛盾，凡是注重此岸生活的人民，尽管笃信宗教，仍然是人文的，只有既注重彼岸生活又笃信宗教的人民才是神文的。而罗马人没有系统的彼岸概念。正如海德格尔所说："在罗马，我们碰到了第一个人本主义，所以人本主义本质上始终是一种特殊的罗马现象，这种现象产生于罗马人与晚期希腊教化的相遇。"① 此后，在文艺复兴时期，罗马的人文主义被复兴，影响了近代的人文主义。

2. 公私法混合主义。我们知道，物文主义的民法观追求民法的私法性，故割舍公法性的人法。盖尤斯体系纳入人法，表明其作者不在意公私法的混合。

3. 悲观主义。三编制体系是对世界的一种悲观解释。人与物的关系是作为欲望主体的人与满足这种欲望的手段物的关系。从法学阶梯体系来看，人与物的关系的结果是"讼"。这种推理的结果告诉我们，根据这一体系的逻辑，一方面，物是不能充分地满足人的，否则不会发生"讼"，即"争"的公力救济形式，这显然是对人—物关系的一种悲观主义的看法。另一方面，尽管物不能充分地满足人，但如果人人毫无利己之心，彼此谦让，也不会发生"讼"。但是，"讼"毕竟发生了，这种推理的结果也包含着对人性的悲观主义看法。上述两个推理结果代表着典型的法学家的世界观，这里是毫无理想主义可言的。

4. 揭示了民法对象问题与哲学上的主体与客体关系问题的关联。

---

① 参见［德］海德格尔著：《路标》，孙周兴译，商务印书馆2000版，第375页。

《法学阶梯》采用的人—物的体系，体现了主体、客体二分的哲学观念，但法学阶梯体系中的物，与哲学上的可被意识感知的一切客观实在意义上的物相比范围要小，只是这种物中的有价值的和可被人控制的部分。

二、潘德克吞体系的民法对象理论

潘德克吞体系的潜台词是民法调整人格和人格权关系（它们是总则的核心内容）、物权关系、债权关系、亲属关系和继承关系。它是对过于缺乏分析性的以法学阶梯体系为基础的民法对象理论的取代。事实上，萨维尼已以间接的方式说明了以潘德克吞体系为基础的民法对象理论：法律调整人本身和法律关系，后者包括物权关系、债的关系、继承关系和家庭关系。[①] 这样的表述已经把家庭关系看作财产关系了，如果把家庭关系两分为人身关系和财产关系，则人身关系性的家庭法可以调到民法对象的前部。所以萨维尼又说，当代罗马法体系应当包括：1. 由婚姻、夫权、亲属和监护组成的纯粹家庭法；2. 物法，或者所有权和他物权；3. 债；4. 实用家庭法（家庭法对财产法起反作用的部分；5. 继承法。[②] 再者，我国的民事法律关系客体理论实际上也是新型的民法对象理论，它认为民事法律关系的客体包括物、行为和知识产品三者[③]，这就是在承认物权、债权和知识产权为同位阶的权利的前提下考察它们各自的客体了。把这一客体理论套用到民法对象理论上，可以得出民法调整人身关系（这是客体理论不能涉及的关于主体的事项，所以需要我补上）、物权关系、知识产权关系（以知识产品为客体的关系）、债权关系（以行为为客体的关系）的结论。这当然是一种更好的理论。

---

① 参见［德］萨维尼著：《法律冲突与法律规则的地域和时间范围》，李双元等译，法律出版社 1999 年版，第 6 页。

② 参见［德］萨维尼著：《当代罗马法体系 I》，朱虎译，中国法制出版社 2010 年版，第 294 页。

③ 参见郑立、王作堂主编：《民法学》，北京大学出版社 1983 年版，第 49 页。

第四节　民法对象理论比较研究

民法对象问题古老、普遍、现实。说它古老，是因为至少自公元前 44 年西塞罗的《地方论》诞生以来它就存在，至今至少已有 2000 多年的历史；说它普遍，是因为它得到大陆法系国家以及英美法系国家学者的普遍关注，是一个国际性的话题；说它现实，是因为它在中国是两次全国性的大讨论（1951—1957 和 1980—1986）的主题，并对认识民法为何物，从而制定民法的有关规定意义重大。为了主题的这些属性，我广泛收集了四大洲几十个国家和地区的学者提出的几十种民法对象定义加以研究，归纳为平行线说、十字架说和折扇骨说三个主流类型，外加一个杂说类型，分为西方国家的和苏—俄密切联系国分开论述，并指出我国《民法通则》第 2 条的民法对象定义所处的类属及其不足，为在我国建立符合时代精神的民法对象理论提供意见。

第一分节　西方国家的民法对象理论

一、平行线说

最早的平行线说是盖尤斯开创的。其《法学阶梯》把民法的材料整理成“人法”“物法”和“诉讼法”。“人法”就是我们今天所讲的“人身关系法”。它包括两项内容，第一是人格法，就是关于民事主体的规定；第二是身份法，就是关于家庭法的规定。“物法”就是我们今天所讲的财产关系法，包括物权、债、继承等。可以看出，盖尤斯是以教科书体例设计的方式表达自己对民法对象问题的见解，开创了现代的民法调整人身关系和财产关系的民法内涵描述模式。这种学说在现代以各种变形的形式被重申，有时还被变造。

重申者有如下列：

1. 意大利学者比良齐·杰里（L. Bigliazzi Geri）等人的《民法：主体规范与法律关系》中的民法对象定义："所有可以在民法的名号下包括的东西，简言之，包括以下方面：首先，是更直接地关系到主体的存在的规则；其次，上述主体参与享用和利用经济资源的一般规则。"① 这是一个继承盖尤斯学说的定义。其中，"关于主体的存在的规则"无疑是对盖尤斯的"人法"的重申；"上述主体参与享用和利用经济资源的一般规则"是对盖尤斯的"物法"的重申。这一定义用"存在"和"享用"的术语把人法和物法的使命分别简化为存在（to be）的问题和拥有（to have）的问题，也即两个助动词的关系问题，在所有使用助动词的语言中，be 总是排在 have 的前面，这代表了一种自然的语法。从逻辑上讲，也是要先存在，才能享有。由于它对这种逻辑的尊重，所以说它是一个人文主义的定义。

2. 意大利学者菲德里科·德尔·朱狄奇（Federico del Giudice）的民法对象定义。在其《新法律辞典》中，他把民法定义为"调整主体际关系的法……包括所有关系到主体的存在、其能力的规范，以及上述主体在参与对经济资源的享有和利用的各个方面的规则……"② 这一定义也是先讲民法对主体的调整或确定，然后才讲资源分配，但对两个方面的内容有所列举。

变造分为两种类型：其一为阿根廷式变造，其二为巴西式变造。前者表现为调换民法调整的两大对象原来的顺位，但把人身法细化为纵向的和横向的；后者把民法调整的两大对象转化为法律关系的两个关联因素，不讲民法调整它们，只讲民法调整涉及它们的权利义务。

---

① Cfr. L. Bigliazzi Geri et. al., *Diritto Civile*, *1*, *Norme soggetti e rapporto giuridico*, UTET, Torino, 1987, p. 13.

② Federico del Giudice, *Nuovo Dizionario Giuridico*, Edizione Simone, Napoli, 1998, p. 430.

1. 阿根廷式变造。前文已述阿根廷式变造的内容，此处提供实例。第一，可看霍尔赫·香比雅斯（Jorge Llambias，1911—1981）教授的民法对象定义。他在其权威民法教材中这样定义民法：“不考虑其业务和职业地调整在其自身关系和与国家的关系中的人，而这些关系以满足人性的需要为目的。”① 首先，这一定义揭示了民法对象的两个类型：“人身关系”（“在其自身关系和与国家的关系中的人”）和需要关系（“以满足人的需要为目的”的关系，这种关系比财产关系更广，包括了精神需要关系，完全可以容纳知识产权在民法中的存在和地位），在这一点上遵循了盖尤斯的路线。其次，它采用了人身关系优先于财产关系的立场，故有人文主义倾向。这一定义最引人注目的地方是它不讲调整“人身关系”，而是直接讲调整“人”，因为“关系”容易被理解为横向关系，说调整人，就可以把人格问题的纵向性质凸显出来。最后，它进一步揭示了民法调整的人身关系的两个维度：横向的人身关系（“在其自身关系中的人”）和纵向的人身关系（“在与国家的关系中的人”，换言之，国家对主体资格的赋予）。“不考虑其业务和职业地”的状语意在揭示民法与商法的区别，表明民法调整个人、非商人。

第二，可看古列莫·波尔达（Guillermo A. Borda，1914—2002）教授的民法对象定义。他的民法对象定义与香比雅斯教授的定义相似又不完全相同：“民法调整作为人的人，不考虑其业务或特殊职业，调整他们与其同类的关系，以及与以单纯的法人资格活动②的国家的关系，这些关系以满足人类的一般性质的需要为目的。”不同主要在于说明了民法调整的主体与国家的关系并非只有公法关系，即人格赋予关系，

---

① Véase Jorge Joaquín Llambías, *Tratado de Drecho Civil*, Parte General, Tomo I, Editorial Perrot, Buenos Aires, 1997, p. 40.

② Véase Santos Cifuentes, *Elementos de Derecho civil*, Astrea, Buenos Aires, 1999, p. 3.

而且还包括私法关系，即他们与作为私法人的国家之间的关系，如买卖国库券的关系。在其他方面，这一定义与香比雅斯教授的民法对象定义相同。

阿根廷式变造的根本特征在于承认了民法中的人身法的纵横交错性，这点与十字架说相同，故我把对阿根廷式变造的说明安排在紧接着十字架说的地方。

2. 巴西式变造。1916 年《巴西民法典》第 1 条规定："本法典调整私法范围内的涉及人、财产及两者关系的权利和义务。"① 这一定义无非讲的是民法调整权利义务，这不过是民法调整法律关系的另一种表达，因为众所周知，权利义务是法律关系的内容。而法律关系是有标的的，这一定义列举了人、财产以及人与财产的互动为这样的标的，但标的只是人的一种可能的属性，更重要的是，人是法律关系的主体，为了避免抹煞这一点，这一定义采取了"涉及人……的权利义务"的两可表达，通过这样的安排，人既可为法律关系的主体，也可为这样的关系的客体。无论如何，这一定义承认民法通过调整法律关系间接地调整人和财产，还是在平行线说的圈子里打转转。

二、十字架说

十字架说是抛开盖尤斯的人身关系和财产关系的平行结构，采用纵向关系和横向关系的交叉结构说明民法对象的学说，由于两种关系的交叉构成一个十字架，故称为十字架说。它由萨维尼草创，由 1867 年《葡萄牙民法典》立法化，由《魁北克民法典》精致化，由《俄罗斯联邦民法典》而蔚为大观。如下分述这些十字架说的学说例和立法例。

1. 萨维尼的法律的调整对象定义。萨维尼认为，法律（不光是民法！——作者按）调整人本身和法律关系，后者包括物权关系、债的

---

① Ver *Codigo civil e legislacção civil em vigor*, Editora Revista dos Tribunais, São Paulo, 1991, p. 35.

关系、继承关系和家庭关系。[①] 在这一定义中，“人”就是人格，“法律关系”就是财产关系（这是对物权关系、债的关系、继承关系的总说明）和身份关系。可注意到这一定义的突出特点：不讲人格关系而只讲“人”，并把人提到与全部的财产法和家庭法的总和相提并论的地位。我们不难看出阿根廷式变造与萨维尼的上述论述的关联，萨维尼无疑为阿根廷人提供了启示。萨维尼作出上述安排，是为了避免像法学阶梯体系一样把人看作法律的一个调整对象，力图张扬人的主体地位，在这个意义上，可以说萨维尼是天字第一号的人文主义者。

我们看到，萨维尼的法律的调整对象理论与前述之温得沙伊得的私法的调整对象理论极为类似，唯一的不同是后者未提到对“人本身”的调整。差异的原因不难找到：萨维尼谈的是法律的调整对象，不以私法为限；温得沙伊得谈的是私法的调整对象。逻辑的比较结论是，温得沙伊得把对“人本身”的调整理解为一个公法问题，因为这是国家对自然人和法人的权利能力之授予，故把该问题从私法的调整对象中排除出去了。[②]

2. 1867 年《葡萄牙民法典》的民法对象定义。其第 3 条规定：“如果权利和义务限于公民本身之间的相互关系，或在所有权和纯粹个人的权利问题上在公民与国家之间的相互关系，这些权利和义务构成公民的民事能力，被称之为民事权利和义务，并由包含在民法典中的私法调整，由特别法调整的部分除外。”[③] 本条承认作为私法的民法调

---

① 参见［德］萨维尼著：《法律冲突与法律规则的地域和时间范围》，李双元等译，法律出版社 1999 年版，第 6 页。

② 温得沙伊得认为民法中，尤其是民法总则中包含许多公法规定。这一观点是对我们习惯的民法私法说的挑战。我认为除在合同法和遗嘱法领域外，民法的多数规范都是公法性的。试问，关于成年年龄的规定，关于物权法定的规定，怎么可能是私法性的呢？Cfr. Bernardo Windscheid，*Diritto delle pandette*（Vol. I），trad. it. di Carlo Fadda e Paolo Emilio Bensa，UTET，Torino，1925，p. 41.

③ Ver *Codigo Civil Portugues*，Coimbra，1934，p. 14.

整的关系有纵向的和横向的两类，把所有权关系和个人权利（人格问题）看作纵向关系，但又把纵向关系和横向关系都处理成私法关系。把所有权关系看成纵向关系的观点有其中国同道，张里安教授就认为所有权制度的价值和功能不是民法决定的，而是宪法决定的，它是一个国家的根本抉择，具有宪法的意义。[①] 把纵向关系处理成私法关系也有其缘由。按现代学者的研究，公法不同于公律（Leges publicae），后者既可以关系到罗马国家的结构，也可以关系到私人利益之保护。[②] 所以，调整纵向关系的法律规范如果是为保护私人利益制定的，它们就还是私法。显然，老《葡萄牙民法典》的作者在民法的范围内采用萨维尼的法律的调整对象理论，为此要面对民法调整的纵向关系的性质问题。他做了此等关系是私法关系的回答，这显然不同于温得沙伊得认为此等关系属于公法的"潜回答"，正是基于此等回答，温得沙伊得把这一关系驱逐出了民法的调整对象定义，而不顾此等关系仍然存在于民法中的现实。这种鸵鸟战术为老《葡萄牙民法典》的作者不满，他遂直面现实，力图把民法中存在的这一关系反映在民法对象理论上，并对之做了私法性的界定。当然，这是可争议的界定。

3.《魁北克民法典》的民法对象定义。其预备性规定这样规定民法的调整对象："《魁北克民法典》根据人权和自由权宪章以及法的一般原则，调整人、人之间的关系和财产。"[③] 这一定义中"调整人"的表述显然来自萨维尼，由此可证这种调整的纵向性质。不过，魁北克立法者在萨维尼理论的基础上有所发展，增加了"调整物"的要素，这种调整当然也是纵向性的。由于这种"增加"，我说《魁北克民法典》把萨维尼的理论精致化了。这一定义使用"民法调整人和调整

---

① 参见张里安：《所有权制度的功能与所有权的立法》，载孟勤国、黄莺主编：《中国物权法的理论探索》，武汉大学出版社2004年版，第170页。

② Cfr. Antonio Guarino, *Diritto privato romano*, Jovene, Napoli, 1994, p. 156.

③ See *Civil Code of Quebec*, Baudouin · Renaud, 2002—2003, p. 21.

物”的表达，不采用调整人身关系和财产关系的表达，以强调民法从纵向的角度对主体和客体的调整。故这种人—物二元结构形似而神异于盖尤斯的理论。然后它提到了民法调整人之间的关系，这是一个对物权、知识产权、债权、亲属、继承方面的平等性主体际关系的新概括，试图超越人身关系和财产关系的旧概括。显然，这一定义把人放在非常显要的地位，是一个人文主义的定义。

三、折扇骨说

折扇骨说避免给民法下内涵概括式定义，而是采用外延描述的方式给民法下定义，被描述的诸外延呈放射状展开，犹如折扇骨，论者不在它们之上进行进一步的属性概括。如果说平行线说是法学阶梯体系的产物，那么折扇骨说则是潘德克吞体系的产物。如果承认民法教科书的结构是作者说明自己的民法对象理论的一种方式，那么最早的折扇骨说则是在昆图斯·穆丘斯·谢沃拉（Quintus Mucius Scaevola，公元前140—公元前82）的《论市民法》中提出来的。这是一个包括继承法、人法、物法、债法的四分制体系。① 它是现代的潘德克吞体系的雏形。将这一结构换算成民法对象话语，它无非说的是民法调整继承关系、人法关系（包括主体资格确定法和家庭法）、物法关系和债法关系。但到此为止，不再将继承关系、物法关系和债法关系概括为财产关系，如此一可避免人—物二分法的不周延性。例如，按照优士丁尼罗马法的意见，动物与人分享自然法，因而是这种法的主体而非客体②；又如，按照《德国民法典》第90a条的意见，动物也是这两个极端之间的中介。二可保持民法对象理论对新事物的开放性。例

---

① Cfr. Fritz Schulz, *Storia della giurisprudenza romana*, traduzione italiana di Guglielmo Nocera, Sansoni, Firenze, 1968, pp. 172s.

② 参见［古罗马］优士丁尼著：《法学阶梯》（第二版），徐国栋译，中国政法大学出版社2005年版，第13页。

如，知识产权可很容易地为折扇骨说接受，无非多加一骨而已。而由于著作权兼含人身关系和财产关系，平行线说接纳它就要麻烦得多，苏联话语体系中的“与财产有关的人身非财产关系”的拗口表达就是人—物二分法的包容力不足逼出来的。

1807年，谢沃拉体系在德国学者阿诺尔德·海赛的《为了潘德克吞之讲授目的的普通民法体系的基础》一书中复活，并被改造为包含一般的学说（相当于总则）、物权、债、物权性的对人权①、继承权的五编制体系，这也是对一种折扇骨式的民法对象理论的宣示。在海赛之后，潘德克吞体系成为一种流行的民法典和民法教科书编制方式，民法对象的定义者们也不得不在潘德克吞体系的框架下进行自己的工作。前文提到的萨维尼的法的调整对象定义就表现出这一点：法律调整人本身和法律关系，后者包括物权关系、债的关系、继承关系和家庭关系。② 其中，“法律关系”的子项目不过是潘德克吞体系的各单元，它们像折扇骨一样呈放射状展开。前文已把萨维尼的这种观点划入十字架说，这是考虑到萨维尼把纵向的“人本身”与横向的“法律关系”并列处理，如果考虑到他对法律关系的诸子项目不进行进一步概括，而让它们放射展开的安排，那么说萨维尼的上述定义也包含折扇骨说的因子，不算夸张。

折扇骨说开启了以量的方式定义民法对象的途径，即不采用内涵概括而采用外延列举的方式为民法对象下定义的方式。这种途径的运用的例子，一有阿根廷学者卡洛斯·阿尔贝尔托·格尔西（Carlos Alberto Ghersi）的定义：“民法……调整在其相互关系中的人类的各个方面，其范围从法律人格的赋予——把这种人格赋予实体或观念中的

---

① 相当于亲属法。按父权主义的家庭观，物权性的对人权“是像占有一个物一样地占有一个人，但不把他当作物来使用的权利”。参见［德］康德著：《法的形而上学原理——权利的科学》，沈叔平译，商务印书馆1991年版，第73页。

② 参见［德］萨维尼著：《法律冲突与法律规则的地域和时间范围》，李双元等译，法律出版社1999年版，第6页。

人——公司、财团、夫妻生活的规制——婚姻、亲权、扶养、财产关系等——合同、财产权，到法律人格之存在的终结，包括财产的传续形式如继承权等。”[①] 二有法国的著名民法教科书作者乔治·希贝尔（Georges Ripert，1880—1958）和让·布兰日（Jean Boulanger，1900—1966）的定义：“民法是普通法，包括涉及私法制度、行为和法律关系的规则之整体。它调整家庭、财产、合同、继承。民法的原则适用于私法的所有部分。”[②] 这两个定义列举民法外延的诸项不尽同于潘德克吞体系的列举，但基本思路与其一致。

四、杂说

除上述“大宗”性的三类民法对象理论外，还有一些“小宗”的民法对象理论。说它们是“小宗”，是因为它们往往为孤立的观点，未形成持论者群落。它们都处于主流之外的共性使我把它们通称为杂说。有如下列：

1. 消极的量的民法对象定义。说民法包括哪些外延的，为积极的量的定义，说民法不包括哪些外延（未被排除的都是民法的外延）的，为消极的量的定义。对于积极的量的定义的说明，已见于前述，消极的量的定义有如阿根廷学者桑托斯·西福恩特斯（Santos Cifuentes）所下的：“民法包括其他法律部门从其内容完全分离出来后（自罗马市民法以来）留下或剩余的材料，这些法律部门有公法、商法、诉讼法、农业法、矿业法、劳动法，等等。”[③] 这个定义不说明民法是什么，只说明民法不是什么，不在那些被排除者范围内的东西都属于民

---

① Véase Carlos Alberto Ghersi, *Derecho civil*, *Parte General*, Astrea, Buenos Aires, 2002, p. 31.

② Véase Georges Ripert, Jean Boulanger, *Tratado de Derecho Civil*, Tomo I, Parte General, Traducción de delia Garcia Daireaux, La Ley, Buenos Aires, 1988, p. 48.

③ Véase Santos Cifuentes, *Elementos de Derecho civil*, Astrea, Buenos Aires, 1999, p. 3.

法。这是一个符合民法发展史的定义[①]，但缺乏对民法本身的界定。

2. 异类的民法对象定义。研究法国民法的德国学者、海德堡大学教授扎恰利亚（K. S. Zachariä von Lingenthal，1769—1843）对法国的民法对象（objet du droit civil）下了一个这样的定义："一般的民法的调整对象是规定行使每个个人的天然自由要承受的必要限制，以便使它们能与其他人的天然自由兼容。"[②] 这显然不是部门法意义上的民法的调整对象定义，它来自卢梭社会契约的说明，其大意为，根据这个契约，每个人放弃了自己天然的自由获得约定的自由。[③] 我们知道，社会契约是自然状态与政治社会之间的过渡环节，过渡的结果是形成了一般的市民法，这个市民法是一切世俗法的总称。因此，扎恰利亚的定义对象不是作为部门法的民法，而是作为世俗法的整体的民法，此民法非彼民法也，故其定义为异类。

五、小结

小结很简单，平行线说已垂垂老矣！即使不放弃它的学者，也有嫌弃它的不全面，从而对它进行种种的变造，他们要么因为它对公法性的人格法的包含影响民法的纯粹私法性，而把人身关系缩减为身份关系，从而追求民法的纯粹私法性；要么满足于此说意味的对民法的公私混合法的定位，干脆把过去的公私兼备的人身法分解为公法性的人格法和私法性的身份法，张扬人身法的纵横交错性。但一些学者不满意于这种修修补补，干脆另起炉灶创立十字架说，从而赤裸裸地抛弃对民法的私法定性，把民法的工作一分为二：一部分是公法性的"确立"，另一部分是私法性的"调整"。另一些学者则走折扇骨说的

---

① 参见徐国栋：《"民法"变迁史考》，载《中国政法大学学报》2007 年第 2 期，第 47 页。

② Voir Karl Salomo Zachariä, *Cours de droit civil français*, Tomo I, traduit par Aubry et Rau, F. Lagier, Libraire – Editeur, Strasbourg, 1843, p. 36.

③ 参见［法］卢梭著：《社会契约论》，何兆武译，商务印书馆 1980 年版，第 23 页。

第三条道路。他们要么与十字架说合流，在把民法的工作对象分为纵横两部分的前提下对“横”的部分进行折扇骨式的梳理；要么干脆不以十字架说为前提，自行以折扇骨的方式罗列民法的内容，放弃对其内涵的概括，因为民法的剩余法性质以及由此而来的极端复杂性，这样的放弃是对人的认识困境的迁就；等等。

第二分节　苏—俄及其密切联系国的民法对象理论

一、“苏—俄密切联系国”一语的含义

在本分节中，“苏—俄密切联系国”指三类国家。第一类是14个苏联加盟共和国，它们是乌克兰、白俄罗斯、摩尔多瓦、格鲁吉亚、亚美尼亚、阿塞拜疆、立陶宛、爱沙尼亚、拉脱维亚、哈萨克斯坦、吉尔吉斯斯坦、土库曼斯坦、塔吉克斯坦、乌兹别克斯坦。第二类是所有的《华沙条约》成员国，它们是捷克斯洛伐克（后来分裂为捷克和斯洛伐克）、匈牙利、波兰、罗马尼亚、阿尔巴尼亚、保加利亚、东德。第三类是苏联的传统意识形态同盟者，它们是越南、朝鲜、古巴、中国、塞尔维亚。① 这一国别清单告诉我们，我是在前社会主义国家和现行的社会主义国家的范围内考察民法对象定义的流变问题，与前一分节中对西方国家的民法对象理论的考察形成对应。

二、苏联—俄罗斯自身民法对象理论的变迁

十月革命后至今，苏联—俄罗斯共产生过三个民法对象理论。

第一是不对称平行线说。苏联民法对象理论的历史开始于1922年

① 南斯拉夫在解体后分裂为塞尔维亚、克罗地亚、斯洛文尼亚、马其顿、波黑、黑山、科索沃等国家，对它们的有关状况一一进行考察超越了我的能力。我把塞尔维亚当作它们的代表，只考察这个国家的有关情况。

的《苏俄民法典》，但它无关于民法对象的正面规定，其第3条仅从反面规定民法对象，声言“土地关系、由雇佣劳动所产生的关系、家庭关系，都由专门法典调整”，换言之，形式意义上的民法不调整土地关系、劳动关系和家庭关系。[①] 这是通过德国学说的中介达成的对西塞罗开创的物文主义民法对象理论的接受。

《苏俄民法典》为何排除土地关系、劳动关系和家庭关系？就土地关系而言，1917年十月革命胜利后苏维埃政权就颁布了《土地法令》，宣布土地国有。[②] 此后，土地使用采用行政划拨制，土地不再是商品，因此，它的法律调整问题从民法转归行政法。就劳动关系而言，它被排除出民法的理由差不多：劳动力在社会主义条件下不再被认为是商品。[③] 就家庭关系而言，首先要说的是，十月革命后的俄国人否定婚姻制度，认为它是对妇女进行私人占有的形式，要予以废除，1917年萨拉托夫州苏维埃人民委员会发布法令，宣布“自1918年1月1日起17—30岁未婚的妇女都是人民财富”，所有的无产阶级的男子都可以在交纳一定的人民教育基金后每周不超过四次获得对妇女的“使用权”。在弗拉基米尔州也有类似法令，宣布未婚的18岁以上妇女都是国家财富，且必须到自由爱情局登记，19—50岁的男子都可以不依赖于妇女的意愿为自己挑选女性，在维特州也有类似的法律，宣布“所有拒绝承认和执行本法令的人都是人民公敌和反革命分子”。[④] 必须注意，杯水主义的主张就是在那时候出现的。但到了20世纪50年代，苏联人对婚姻的看法由否定转为神圣化。按布拉

① 事实上，苏联于1922年颁布了《土地法典》，同年颁布了《劳动法典》，1926年颁布了《婚姻家庭和监护法典》。

② 参见曹玉霞：《所有权的否定之否定——纵论制度变迁中的俄罗斯土地制度》，载《农业经济问题》2004年第5期，第71页。

③ 参见［苏］B. T. 斯米尔诺夫等著：《苏联民法》，黄良平、丁文琪译，中国人民大学出版社1987年版，第19页。

④ 根据张建文博士在2008年3月4日给我的电子邮件中提供的资料。

都西（S. N. Bratus，Сергей Никитич Братусь，1904—1997）的说法，家庭关系被排除于民法对象之外是因为它相对于资产阶级民法的特殊性，这种民法把婚姻家庭关系从属于金钱，把婚姻看作交易，把子女看作家长权的客体，而苏维埃家庭关系不具有这些属性，而且它还贯彻国家巩固家庭、保护母性及儿童的政策。① 因此，把家庭法单立之后，它就免受民法的铜臭味之害了。总之，三大关系的共性是非商品关系。排除它们后，《苏俄民法典》就只调整涉及商品的关系了。确实，这一法典就是放弃战时共产主义政策，实行新经济政策的结果。所谓的新经济政策，就是搞市场经济的政策。而战时共产主义是排斥任何法律的，不独民法。

到了20世纪50年代，苏联民法学界开始正面讨论民法对象问题，得出的结论体现为布拉都西和坚金分别主编的《苏维埃民法》的典型表述，前者谓："苏维埃民法调整社会主义社会中一定范围的财产关系和与此相关系着的人身非财产关系。"② 后者谓："苏维埃民法的对象是社会主义社会的财产关系"，不过也"调整某些人身的、非财产的关系"。此说有两个特点。其一，在盖尤斯学说的基础上把人身关系与财产关系换位，"财"前"人"后；其二，把人身关系"小化"和"转化"。"小化"，指去掉人格法和身份法，只包括人格权和创作权。坚金的定义甚至把人身关系排除在民法对象定义的正式表述之外。"转化"，指把人身关系改叫"与财产关系有关的人身非财产关系"，这种改名具有实质的意义，因为盖尤斯所言人法或人身关系法指主体法和家庭法，而人身非财产关系不包括主体法和家庭法，只包括两个人格权法。就不包括主体法而言，俄国有其传统，1832年的《俄国法律汇

① 参见［苏］斯·恩·布拉都西主编：《苏维埃民法》（上），中国人民大学民法教研室译，中国人民大学出版社1954年版，第7页及以次。

② 参见［苏］斯·恩·布拉都西主编：《苏维埃民法》（上），中国人民大学民法教研室译，中国人民大学出版社1954年版，第3页。

编》第10卷就是如此。这样的安排把人身关系又斩去一截，使两条平行线更不对称。就该定义承认的两个人格权而言，第一个人格权是自然人对其自身精神要素享有的权利，如姓名权；第二个人格权是所谓的作者人格权，这两者与盖尤斯所言人法风马牛不相及。不独此也，这两种人格权还要以与财产关系相关为条件才能作为民法的调整对象。何谓与“与财产关系相关”？创作权的行使会引起财产收益是也！从逻辑上推演，其行使不导致财产问题的人身非财产关系是不归民法调整的，由此进一步限缩了人身关系的范围。通过上述种种举措，苏联完成了对平行线说的本土变造。

第二是商品经济说。1961 年的《苏联民事立法纲要》第 1 条规定：“苏维埃民事立法调整在共产主义建设中由于利用商品货币形式而引起的财产关系，以及与财产关系有关的人身非财产关系。”① 相较于以前的民法对象理论，这一定义不过是把不对称平行线说中涉及的财产关系加上了“利用商品货币形式而引起的”定语。实际上，这个定语无甚新意，因为《苏俄民法典》排除三种关系的理由无非它们并非商品货币关系，反言之，被民法调整的都是商品货币关系。尽管如此，“利用商品货币形式而引起的”这一定语的添加还是有意义的，按苏联学者的说法，它强调的是民法调整的财产关系受到价值规律的影响，表现为交换的有偿性②。这一定义产生在赫鲁晓夫执政时期，没有史料告诉我们当时的苏联想取消计划经济进入商品经济，而且，“利用商品货币形式而引起的”这一定语与“在共产主义建设中”的定语矛盾，因为共产主义的实现意味着消灭商品货币。所以，这个定语颇为费解。按中国的话语体系，商品经济是计划经济的对立物，这种经济

① 中国人民大学苏联东欧研究所编译：《苏联和各加盟共和国立法纲要汇编》，法律出版社 1982 年版，第 4 页。

② 参见［苏］格里巴诺夫等主编：《苏联民法》（上册），中国社会科学院民法经济法室译，法律出版社 1984 年版，第 8 页及以次。

的核心理念就是按价值规律办事。事实上，后来的中国学者正是接受了《苏联民事立法纲要》第1条的启示，把民法的调整对象解释成商品经济，清算了计划经济性质的民法理论，为市场经济的民法理论开辟了道路。[①] 但从技术上说，给财产关系加上“利用商品货币形式而引起的”这一定语是一个退步，因为这样限缩了财产关系的范围——不加这一定语的财产关系当然大于加了这一定语的财产关系——矮化了民法。

第三是十字架说。此说由萨维尼提出，由《魁北克民法典》精致化，在《俄罗斯联邦民法典》第2条第1款和第3款中达到高潮。其曰：“1. 民事立法确定民事流转的参加者的法律地位；所有权和其他物权以及因智力活动产生的专有权利（智力财产）的发生根据和实现的程序；调整合同和其他的债以及其他财产关系和与财产有关的人身非财产关系，这些关系以其参加者的平等、意思自治和财产自治为基础”“3. 人的不可转让的权利和自由及其他非物质性利益，除非从这些非物质利益的实质中得出不同结论，均受民事立法的保护。”[②] 首先，这一定义的第1款把传统的民法对象理论改造为“民法的确定和调整对象理论”。“确定”适用于静态的民法事项，即民事主体的法律地位——人格，以及所有的绝对权的发生依据和实现程序，所有这些都属于纵向关系。“调整”适用于民法的动态事项，即合同关系和其他相对权关系。其次，它把确定主体的法律地位作为民法首要的工作任务，这是不对称平行线说不管不顾的内容，因此，这一成分在民法对象理论中的出现不仅改变了苏联式民法对象理论的“财”前“人”后的格局，而且也部分地改变了同一理论的“财”大“人”小的格局。第3款涉及的是苏联民法理论讲的不由民法调整的与财产无关的人身非财产关系，现在它承认民法调整这一方面，进一步改变了

① 参见徐国栋：《商品经济的民法观源流考》，载《法学》2001年第10期。

② See *Civil Code of the Russian Federation* (part one), White & Case, London, 1994, pp. 1s. 并参见《俄罗斯联邦民法典》，黄道秀译，北京大学出版社2007年版，第35页。

"财"大"人"小的格局，过去不对称的两条平行线，现在变得比较对称了，但还没有完全对称，因为基于民法典与家庭法分立的当代俄罗斯立法现实[①]，上述定义在列举民法的内容时没有列举家庭关系，所以，在这个定义中，"财"与"人"两个要素的比例仍未达到均衡的状态。

这一定义的创新性不容置疑，但它也有缺陷，那就是给"调整"的关系加上了"以其参加者的平等、意思自治和财产自治为基础"的定语。首先，在我看来，"调整"的所有关系并不见得都是横向的，如债，合同之债当然涉及的是横向关系，而侵权之债、无因管理之债和不当得利之债（三者可通称为责任之债）涉及的都是国家对被扭曲的社会关系的恢复，因此，承认责任之债归属于民法，就是承认了民法调整纵向关系[②]，所以，上述定义后部的"这些关系以其参加者的平等、意思自治和财产自治为基础"不能作为所有的被"调整"的关系的修饰语。其次，《俄罗斯联邦民法典》第1条第1款已作为民事立法的基本原则规定"确认民事立法所调整的关系的参加者一律平等，财产不受侵犯，合同自由……"[③]，这些内容与"以其参加者的平等、意思自治和财产自治为基础"的定语同义，在基本原则和调整对象中规定同样的内容，未免不美。《俄罗斯联邦民法典》第2条第1款的继受者多数放弃了"以其参加者的平等、意思自治和财产自治为基础"的定语，有的可能出于对第一个缺陷的认知，作出放弃以承认民法的公私混合法性质；有的可能出于对第二个缺陷的认知，去掉重复的文字以追求立法的简洁。

十字架说对苏联时期的民法对象理论突破很大，在"调整"系列之前平添了一个"确定"的系列，原因者何？我国的俄罗斯民法专家

---

① 与民法典并立，1995年诞生了《俄罗斯联邦家庭法典》。

② 参见徐国栋著：《民法总论》，高等教育出版社2007年版，第72页及以次。

③ 参见《俄罗斯联邦民法典》，黄道秀译，北京大学出版社2007年版，第35页。

鄢一美教授认为，在“确定”的系列中，就涉及所有权的部分而言，表达了起草者对土地在新时期的俄罗斯已被作为商品，人们从而认为土地关系应回归民法的认识，这些被纳入的部分具有公法性。[①] 确实，经过近10年的争论，2002年6月26日，俄罗斯国家杜马通过了《农用土地流通法》，允许买卖农用土地。[②] 至于“确定”系列中涉及主体资格的部分的来源，似乎应到外国寻找。前文已述，《魁北克民法典》的民法对象定义与《俄罗斯联邦民法典》第2条第1款和第3款的规定十分类似，后者不过把前者“对人和物的调整”的表达改为对人和物的确定，把人之间的关系具体化为债的关系、其他财产关系和与财产有关的人身非财产关系而已。考虑到魁北克法学家参与了《俄罗斯联邦民法典》的制定[③]，我非常有理由相信《俄罗斯联邦民法典》的民法对象定义借鉴了魁北克的上述定义。[④]

总之，作为蓝本的苏—俄民法对象定义经历了从重“财”轻“人”到“人”“财”并重，从仅承认调整横向关系到承认兼调整纵向关系和横向关系的过程，两种转化都体现了俄国人对民法认识的进步。到现在，俄罗斯立法中所言的人身关系尽管仍不包括家庭关系，但已包括了人格关系和人格权关系，从而跟大陆法系民法意义上的人身关系已基本一致了。

由于俄罗斯在其密切联系国中所处的范式提供者的地位，它在各阶段的民法对象定义都对依赖其民法思想的国家产生了影响。

---

① 参见鄢一美：《俄罗斯民法第三次民法法典化——写在俄罗斯联邦新民法典中译本出版之际》，载《比较法研究》2000年第1期，第59页。

② 参见单方：《俄开启农田私有化大门：十月革命后土地政策的最大变动》，载《厦门晚报》2002年6月28日第7版。

③ 参见长孙子筱：《法国民法典两百周年记》，载 http：//www.civillaw.com.cn/weizhang/default.asp？id＝15898，2004年11月4日访问。

④ 截止到2009年，《魁北克民法典》只有两个外文译本，首先是俄文本，其次是中文本。

三、苏—俄密切联系国在东欧剧变前后关于民法对象的规定

1989年东欧剧变，1991年12月苏联解体，分裂为15个独立的主权国家。同年，华沙条约组织解散，过去的成员国甚至加入欧盟和北约，如波兰、保加利亚和罗马尼亚等国。这两大事件使过去在民法对象理论上有义务追随苏联的国家获得了建立自己的民法理论的自由。然而，它们建立新的理论却必不可免地要以苏联及其政治继承人俄罗斯联邦留下的相应理论遗产为基础。因此，它们中的许多由于各种原因放弃这种自由，而选择在小修的基础上继受苏—俄留下的三种民法对象理论的一种。当然，也有一些国家选择了另外的途径。以下分别说明之。在东欧剧变稍前，一些国家已继受了不对称平行线说并加以改造，这里一并论述它们的有关情况。

（一）继受十字架说并加以改造的国家

十字架说作为苏—俄民法对象理论传统中的最新成果受到了最多的苏—俄密切联系国的仿效。1994年，它被独联体成员国议会际大会通过为《独联体国家示范民法典》的第1条。但由于这一定义存在缺陷，这些国家除了少有的例外，在继受新平行线时都消除了其不合理的部分。以下按时间顺序介绍这些国家的作为。

1. 蒙古。1994年的新《蒙古民法典》第1条第1款规定："本民法典确定民事活动参加者的法律地位，并根据平等、意思与财产的自治原则调整他们之间的财产关系和与之有关的人身非财产关系。"① 这一定义去掉了蓝本中有的对物的确定，把"平等、意思与财产的自治原则"的修饰对象适用于所有被调整的财产关系和人身关系，具有与《俄罗斯联邦民法典》第2条第1款相同的缺陷。

2. 越南。1995年版的《越南民法典》第1条第2款规定："民法

① 参见《蒙古国民法典》，海棠、吴振平译，中国法制出版社·金桥文化出版（香港）有限公司2002年版，第5页。

典规定个人、法人和其他主体的法律地位，规定财产关系中各主体的权利义务，规定民事往来中的人身关系，为参加民事关系的主体确立行为的法律标准。”① 此条删去了其母本关于“这些关系以其参加者的平等、意思自治和财产自治为基础”的规定。2005 年版的《越南民法典》第 1 条第 1 款规定：“民法典规定个人、法人及其他主体之民事行为的法律地位和法律准则；规定各民事主体在民事、婚姻家庭、经营、商业贸易以及劳动关系（以下统称为民事关系）中的人身和财产方面的权利和义务。”② 此条也对其母本的不良规定做了同样的删除，并颠倒了母本中“财”与“人”两个要素的顺位，不排除这是受到了我的学说的影响。

3. 吉尔吉斯斯坦。1997 年的《吉尔吉斯斯坦民法典》第 1 条第 1 款规定：“民事立法确定民事流转的参加者的法律地位；财产权的发生根据和行使的方式；调整合同之债和其他性质的债以及其他财产关系和与财产有关的人身非财产关系。”③ 此条也删去了其母本关于“这些关系以其参加者的平等、意思自治和财产自治为基础”的规定。

4. 白俄罗斯。1998 年的《白俄罗斯民法典》第 1 条第 1 款④同上。

5. 乌兹别克斯坦。1999 年的《乌兹别克斯坦民法典》第 2 条第 1 款⑤同上。

---

① 参见《越南社会主义共和国民法典》，吴尚芝译，中国法制出版社 · 金桥文化出版（香港）有限公司 2002 年版，第 7 页。

② 参见《越南社会主义共和国民法典》（2005 年版），吴远富译，厦门大学出版社 2007 年版，第 1 页。

③ See *Civil Code of the Kyrgyz Republic*, On http://www.libertas-institut.com/de/Mittel-Osteuropa/Civil%20 Code%20part%20I.pdf，2015 年 1 月 3 日访问。

④ See *Civil Code of the Republic of Belarus*, Edited and Translated by William E. Butler, Simonds & Hill Publishing LTD. Kluwer Law International, The Hague · London · Boston, 2000, p. 1.

⑤ See *Civil Code of the Republic Uzbekistan*, Third Edition, Trans. By W. E. Butler, Simmonds & Hill Publishing LTD. Kluwer Law International, Hague, London, Boston, 1999, p. 3.

6. 土库曼斯坦。1999 年的《土库曼斯坦民法典》第 2 条第 1 款[①]同上。

7. 阿塞拜疆。2000 年的《阿塞拜疆民法典》第 2 条第 2 款基本同上，不过删去了母本中的“以及因智力活动产生的专有权利（智力财产）”。[②]

8. 摩尔多瓦。2002 年的《摩尔多瓦民法典》第 2 条第 1 款[③]同上。

9. 塞尔维亚。诺维萨德大学法律系的杜尚·尼可立奇教授在 2004 年于诺维萨德出版的《民法体系导论》一书中说：“民法规范调整（1）自然人和法人的法律地位；（2）财产关系和非财产关系。”[④] 这一定义属于新派的塞尔维亚民法学者，不难看出它与《俄罗斯联邦民法典》第 2 条第 1 款的承续关系。不过，老派的南斯拉夫民法学者采用更老旧的苏联式民法对象定义，认为民法调整商品关系。[⑤] 显然这一观点已被超越。塞尔维亚的案例告诉我们，塞尔维亚尽管与苏联在政治上保持距离，但在民法学说上却相当依赖苏联—俄罗斯。

看来，对《俄罗斯联邦民法典》第 2 条第 1 款把民法的调整对象设定为平等主体之间的做法不满的国家不止一个，它们以删除《俄罗斯联邦民法典》民法对象定义中不合理部分的方式表达了对民法私法说的放弃，比较接近我对民法的公私混合法性质的看法。[⑥]

---

① See *Civil Code of Turkmenistan Sapurmurat Turkmenbashi*, On http: //www. cis – legal – reform. org/civil – code /tajikistan/civ – taj – 1 – rus. htm, 2007 年 12 月 20 日访问。

② Гражданский кодекс Азербайджанской Республики, на http: //www. cis – legal – reform. org/civil – code /azerbaijan /civil – code – azerbaijan – index. ru. html, 2008 年 3 月 5 日访问。感谢赵一潞、张建文、魏磊杰为翻译这一俄文条文提供的帮助。

③ Vedea Codul Civil al Republicii Moldova, Tiparit la comanda S. C. 2003, Chisinau, p. 3.

④ Dušan Nikolić, Uvod u sistem građanskog prava, Novi Sad 2004, p. 60.

⑤ Andrija Gams, Uvod u građansko pravo, Opšti deo, Beograd 1974, p. 34. 感谢诺维萨德大学法律系的安东·马雷尼察教授提供并翻译前述关于塞尔维亚的民法对象定义的资料。

⑥ 参见徐国栋著：《民法总论》，高等教育出版社 2007 年版，第 88 页及以次。

但也有个别国家未做这样的删除，它是塔吉克斯坦。1999年的《塔吉克斯坦民法典》第1条第1款①完全照抄《俄罗斯联邦民法典》第2条第1款的规定，一字不差。这样安排的原因可能是立法者未看出蓝本的错误。

（二）维持并修正不对称平行线说的国家

东欧剧变之后，意识形态发生沧海桑田之变，故没有一个苏—俄密切联系国在自己的民事立法中完全保持不对称平行线说，它们在没有力量创立新的民法对象理论的情况下也对苏联的这方面遗产做了或大或小的修整。以下按时间顺序分述各国的情况。

1. 中国。1986年的《民法通则》第2条规定："中华人民共和国民法调整平等主体的公民之间、法人之间、公民和法人之间的财产关系和人身关系。"这一定义采用不对称平行线说的基本格局，但把人身非财产关系的拗口表达变更为人身关系的表达，并且不要求民法调整的人身关系与财产关系有关，从而极大地扩展了民法调整的人身关系的范围。尽管如此，该定义尚未完成对人身关系与财产关系的颠倒的再颠倒。

2. 古巴。1987年新《古巴民法典》第1条规定："民法典调整平等的人之间的财产关系和与财产关系相关的非财产关系，目的在于满足人的物质和精神需要。"② 这一定义脱胎于苏式民法对象定义，但增加了财产关系的目的是满足人的物质和精神需要的说明，并把人身非财产关系的拗口表达变更为非财产关系的表达，但这样的非财产关系仍不包括家庭关系，因为该国于1975年制定了独立的《家庭法典》。

3. 朝鲜。1990年的《朝鲜民法典》第2条规定："朝鲜民主主义

① Гражданский Кодекс Республики Таджикистан，на http：//www. cis – legal – reform. org/civil – code/tajikistan /civ – taj – 1 – rus. htm，2007年12月20日访问。

② Véase Codigo Civil de Republica de Cuba，Ley No. 59，Divulgacíón Ministerio de Justicia，s/a.，Sobre http：//www. gacetaoficial. cu/codigo_ civil. htm，2008年3月12日访问。

人民共和国民法调整机关、企业、团体、公民之间在相互同等地位上形成的财产关系。国家保障机关、企业、团体、公民在民事法律关系中作为当事人的独立地位。”① 这个定义去掉了苏联定义中“与财产相关的人身非财产关系”的成分，但它说到的“国家保障机关、企业、团体、公民在民事法律关系中作为当事人的独立地位”应指关于人格的规定，所以，这个定义中“人”的成分还是有的，“身”的成分则体现在1990年的《家族法》中，这是一个包含家庭、监护、后见（即成年人监护）、继承诸制度的法典。②

4. 亚美尼亚。1998年新《亚美尼亚民法典》第1条第3款规定：“民事立法和其他立法文件调整从事或参与企业活动的人之间的关系。”第4款规定：“家庭和劳动关系，因使用自然资源发生的关系，因保护环境发生的关系，除了家庭法、劳动法、土地法、自然保护法或其他特别法有不同规定的情形外下，也由民事立法和其他立法文件调整。”第5款规定：“与人的不可转让的自由权和其他非物质价值的行使和保护有关的关系，除非有违这些关系的事理之性质，由民事立法和其他立法文件调整。”③

这一规定的特点有三：第一，把苏联式的财产关系改写为人之间的关系，又通过“从事或参与企业活动的”定语把它还原为财产关系。第二，对1922年《苏俄民法典》提出的三大被排除的关系（外加了自然资源的利用和环保关系）做了折中处理，一方面，把这三种关系仍然留给民法典外的特别法调整；另一方面，又承认民法对它们的统摄作用。所以，尽管亚美尼亚的家庭法仍在民法典之外，但已不再

① 参见［韩］崔达昆：《北朝鲜の民法·家族法》，日本加除出版株式会社2001年版，第331页。感谢浙江大学法学院的周江洪教授为我收集并翻译这一资料。

② 参见［韩］崔达昆：《北朝鲜の民法·家族法》，日本加除出版株式会社2001年版，第351页。

③ See *Civil Code of the Republic of Armenia*, p. 1, On http://www.parliament.am/law_docs/050504HO239 eng. doc? lang = eng，2008年3月5日访问。

认为把这个法的分支看作民法的一部分会使它受铜臭污染。第三，明确了对人格权的保护，放弃了人身非财产关系的拗口表达。尽管如此，这一定义还是遗漏了对人格的规定，加之该国另立了单独的家庭法典，必然的结果是“财”大“人”小，所以，其基本的格局还是“财”前“人”后。

5. 立陶宛。2000 年的新《立陶宛民法典》第 1 条第 1 款规定：“立陶宛共和国民法典调整财产关系和与财产关系有关的人身非财产关系，以及家庭关系。在法律有规定的情形，其他人身非财产关系也由本法典调整。”① 相较于苏—俄的定义，首先，这一定义没有在民法调整的社会关系前加“以其参加者的平等、意思自治和财产自治为基础”的定语，这意味着它承认了民法的公私混合法的性质。其次，增加了对家庭关系的调整，事实上，立陶宛实现了民法典与家庭法典的合一，民法典的第三编就是家庭法，这说明，在新的千年，把家庭法纳入民法典不意味着撕下笼罩在家庭关系上的温情脉脉的面纱了。最后，增加了在法律有规定的情形下对其他人身非财产关系的调整，这是一个机动条款，为特别法调整其他人身非财产关系留下余地，以图拓展民法调整的人身关系的范围。由于这两项增加，人身关系的比重大大增加了，但立陶宛立法者仍然没有感到有必要把人身关系列为民法的首要调整对象，把被苏联人颠倒过的两者的关系颠倒回来，这是令人遗憾的。

6. 格鲁吉亚。2001 年的《格鲁吉亚民法典》第 1 条规定：“民法基于人之间的平等调整私法性的财产、家庭和人格关系。”② 这一定义采用“财”前“人”后的格局，从而在精神上跟与它形似的《魁北克民法典》预备性规定完全相反，而与布拉都西的定义相同，不过，它

① See *Civil Code of the Republic of Lithuania*, p. 1, On http: //www. tm. lt/getfile. aspx? dokid = d9ee4535 - 0e1f - 4f99 - a3ed - a0f0e832a47c, 2008 年 3 月 4 日访问。

② See *Civil code of Georgia*, IRIS, Georgia, 2001, p. 9.

将人身关系分解为身份关系（家庭关系）和人格关系，并抛弃了人身非财产关系的拗口苏联式用语，有所进步。

7. 罗马尼亚。1864 年《罗马尼亚民法典》由于具有不同的话语传统不规定民法对象问题，但它包括家庭法。“二战”后，在社会主义时期的 1954 年，罗马尼亚在民法典之外另立了《家庭法典》以迎合苏联模式①，如此必然造成该国学说上对民法对象定义的改变，2009 年颁布的《罗马尼亚新民法典》第 1 条仍使用苏式民法对象定义：民法调整财产关系和人身非财产关系。②

8. 波兰。该国 1964 年民法典第 1 条第 1 款规定：“本法典调整社会主义化的经济单位之间、自然人之间、社会主义化的经济单位与自然人之间的民事法律关系。”③ 该定义用“民事法律关系”的用语涵摄人身关系和财产关系，但考虑到它只允许经济单位作为法人类的民事主体，以及它在苏联的政治压力下对家庭法的割除——1964 年《波兰民法典》本来是包括家庭编的，后来迫于苏联强大的政治压力，愣是把其中的家庭法编剥离出来单独搞了一个法典④——这种“民事法律关系”主要为财产关系，当无疑问。东欧剧变后，波兰民法学界的民法对象定义仍相当苏式：民法调整民事主体之间基于平等地位的财产权（诸如所有权、永久用益权和有限所有权）和其他权利（包括家庭

---

① 参见［罗］T. 桑布里安著：《罗马法传统：罗马尼亚民法典长寿的主要原因》，徐国栋译，载《比较法研究》2005 年第 3 期。

② Vedea *Codul civil* (*Legea nr. 287/2009*), Editura C. H. Beck, Bucaresti, 2009, p. 55. 感谢罗马尼亚克拉约瓦大学的 T. 桑布里安教授提供并翻译这些罗马尼亚文的资料。

③ See *Polish Civil Code*, Edited by D. Lasok, Translated by Z. Negbi, A. W. SIJTHOFF - LEYDEN, 1975, p. 3.

④ See Zbigniew Radwanski (Edited by): *Green Paper*, *An Optimal Vision of Civil Code of Republic of Poland*, Warsaw, 2006, p. 21. On http: //www. ejcl. org/112/greenbookfinal - 2. pdf, 2008 年 3 月 5 日访问。

法和知识产权法)。[①] 唯一不那么苏式的是包括了家庭法。看来，尽管波兰的身体挣脱了苏联的束缚，但其头脑并未完全做到这样，尤其要考虑到波兰作为欧盟、北约、《申根条约》成员国的现状。这一说明也适用于排在稍前的罗马尼亚。

9. 匈牙利。1959 年《匈牙利民法典》第 1 条第 1 款规定了一个不对称平行线式的民法对象定义："本法调整公民、国家、地方政府、经济和社会组织与其他人之间的金融关系和某些人身关系。"[②] 1998 年，匈牙利决定起草一部新的民法典，并于 2013 年完成了这一工作。它给民法对象下的定义没有什么革新："本法根据独立原则和平等原则调整人之间的财产关系和人身关系。"[③] 尽管如此，新民法典包括家庭法(第四编)，而 1959 年民法典是不包括这一部分的，此举增加了人身关系的所占比重。

(三) 颠覆不对称平行线说的国家

"颠覆不对称平行线说"是把被苏联学者颠倒了的人身关系和财产关系的顺序颠倒回来的学说，为以下国家所持。

1. 捷克。2001 年最后修订的新《捷克民法典》第 1 条规定："(1)民事法律关系的调整应有助于实现民事权利和自由，尤其是保护人格和所有权的不可侵犯。(2) 民法典调整个人间和法人间的财产关系，这些人与国家间的财产关系，以及由于保护人产生的关系，这

① See E. Skowrońska – Bocian, Prawo cywilne. Część ogólna. Zarys wykladu, Warszawa 2005; A. Wolter, J. Ignatowicz, K. Stefaniuk, Prawo cywilne. Zarys częsci ogólnej, Warszawa 1996. 感谢波兰斯特凡·维辛斯基红衣主教大学的杨·扎布洛斯基教授提供并将这一定义翻译为英文。

② See Act IV of 1959 on the Civil Code of the Republic of Hungary, On http://www.angelfire.com/mn2/reformclub/hunc1.html, 2008 年 3 月 5 日访问。

③ See Act V of 2013 on the Civil Code, On https://tdziegler.files.wordpress.com/2014/06/civil_code.pdf, 2015 年 6 月 10 日访问。

些关系由特别法调整的除外。”① 在该定义中，第1款采取“人”头“财”身的安排，颠倒了布拉都西的“财”头“人”身的安排。第2款采取相反的安排，沿袭了布拉都西定义的先“财”后“人”的格局，显得矛盾。但从总体上讲，《捷克民法典》的上述规定是对苏联过去的民法对象理论的物文主义立场的反拨，第1款和第2款的不同立场反映了立法者调和新旧的愿望。沿着这一路线，2007年12月的《捷克民法典草案》第9条规定：“1. 民法典调整自然人和法人的人法身份（Personal status）；2. 人身和财产性质的私权和义务在它们不归其他法律调整的范围内由民法典调整……”② 如果说2001年的规定的颠覆性还不明显，那么，2007年的规定的这一性质就极为明显了。它回到了平行线说，但把人身关系纵横二分，第1款规定纵向的人格关系，第2款中的“人”是横向性的。这样安排的理路与《俄罗斯联邦民法典》第2条的理路一致。2012年12月的《捷克民法典》第9条规定：“1. 民法典调整人和人的身份；2. 人身和财产性质的私权和义务在它们不归其他法律调整的范围内由民法典调整……”

2. 乌克兰。2003年的新《乌克兰民法典》第1条规定：“民事立法调整基于其参与人的法律上的平等、意思自治和财产独立的人身非财产关系和财产关系（民事关系）。”③ 这一定义先讲人身非财产关系，后讲财产关系，把苏联式的“财”前“人”后改成了现在的“人”前“财”后。这种改变与在中国发生的相应改变差不多④，我有理由相信

---

① See ACT of the Czech Republic No. 40/1964 Sb. Civil Code, On http://mujweb.cz/www/vaske/obcan1.htm，2008年3月5日访问。

② Vidět NÁVRH Občanského Zákoníku, Ministerstvo spravedlnosti České republiky, p. 13.

③ See *Abstract*: *Civil Code of Ucraine*, On http://zakon.rada.gov.ua/cgi-bin/laws/anot.cgi?nreg=435-15，2008年3月5日访问。

④ 在20世纪90年代初期的中国，我力倡“人”前“财”后的人文主义民法对象理论，引起了普遍的讨论和接受，越来越多的民法教材和民法典草案都把《民法通则》第2条设定的财产关系和人身关系的先后调了个。

它受到了中国的影响。因为1996年8月的《乌克兰民法典草案》第1条仍规定："民事关系是基于其参与人的法律上的平等、意思自治和财产独立的财产关系和人身非财产关系，包括在企业领域确立的关系。"[①] 这是一个物文主义的定义，但在2003年的民法典定稿中，该定义转化为人文主义的，这期间发生了中国的介入。在2000年10月于海参崴召开的《第八届中东欧国家和意大利罗马法学者研讨会》上，我提交了题为《〈中南政法学院民法典草案〉的基本结构与盖尤斯〈法学阶梯〉》的论文[②]，反对"财"前"人"后的民法对象定义，该会有乌克兰学者V. 朱巴尔（Vladimir Zubar，属奥德萨科学院）出席，他与我有着密切接触，不排除他把我的观点传播到了乌克兰并使人接受的可能。

尽管如此，《乌克兰民法典》中的"人身非财产关系"并不能等同于我们理解的"人身关系"。"人身非财产关系"就是人格权关系。由此可见，《乌克兰民法典》尽管将人身关系前置，但拒绝把人格包括在这样的人身关系的内涵中。而且，《乌克兰民法典》在苏联影响的惯性作用下不包括家庭法典，该国于2002年制定了单独的《家庭法典》。[③] 因此，在乌克兰，尽管不对称平行线说被颠倒了，但产生的还是另一种形式的不对称平行线说。

（四）维持并修正商品经济说的国家

前文已述，南斯拉夫曾经如此，目前只有哈萨克斯坦如此，其1994年民法典第1条规定："1. 民事立法调整以参与人的平等为基础的商品货币关系，以及其他与财产关系有关的人身非财产关系……2. 与财产关系无关的人身非财产关系，在立法文件未作相反规定的范

① 根据朱巴尔教授2000年于海参崴会议后通过电子邮件发给我的该草案的电子文本。

② 关于这一报告的主要内容，参见徐国栋：《民法典草案的基本结构》，载《法学研究》2000年第1期。

③ 该法典的英文本可在 http：//www. mfa. gov. ua/data/upload/publication/usa/en/7148/family_ kideks_ engl. pdf 找到，2008年3月7日访问。

围内，或不能从此等人身非财产关系的实质产生出相反规定的范围内，由民事立法调整。”① 这一规定把1961年的《苏联民事立法纲要》第1条中的“利用商品货币形式而引起的”由形容词转化为中心词，把这一定语修饰的财产关系改为商品货币关系，这是它对蓝本的修正一，前文已述，这是一个退步；修正二为增加了对与财产关系无关的人身非财产关系的调整，由此扩大了1961年的《苏联民事立法纲要》第1条所指的人身关系的范围，这是一个进步。《哈萨克斯坦民法典》关于民法对象的定义与苏联时期的定义差别不大，可能因为这一民法典制定的时间离苏联解体的时间太近，哈萨克斯坦尚未得到充分的时间酝酿自己的新理论的缘故。

（五）用外延列举法谈民法对象的国家

1. 拉脱维亚。1992年复活的1937年《拉脱维亚民法典》第2条第1款规定：“本法适用于其文本或解释涉及的所有法律问题。”② 它涉及哪些法律问题呢?《拉脱维亚民法典》分为家庭、继承、物权、债权四编，它们显然都是这一民法典的调整对象。因此，不妨认为拉脱维亚是用外延展示法说明民法对象问题的。

2. 爱沙尼亚。2002年的爱沙尼亚《民法典总则法》第1条规定：“本法规定民法的一般原则。”③ 该总则法适用于该国1994年的《物权法》《家庭法》、1996年的《继承法》、2002年的《债法》，以及1995年的《爱沙尼亚商法典》。所以，此条以并非明示的方式申明了它对家庭、继承、债、财产和商事的效力，这些事项都是民法的外延。把家庭列入这一外延，是对苏式民法对象定义的反拨。

---

① See *Civil Code of the Republic of Kazakhstan of December* 27, 1994, In Parker School of Foreign and Comparative Law, Columbia University: Legal Materials, Juris Publishing Inc. USA., p. 23.

② See *Civil Code of Latvia*, Translation and Terminology Centre, 2001, p. 39.

③ See General Part of the Civil Code Act, On http://www.legaltext.ee/en/andmebaas/ava.asp? m=022, 2008年4月1日访问。

（六）根本不谈民法对象问题的国家

1. 阿尔巴尼亚。1994 年新《阿尔巴尼亚民法典》第 1 条劈头规定自然人的权利能力①，不规定民法的调整对象。这样安排的可能的原因一是，它由意大利人简玛利亚·阿雅尼（Gianmaria Ajani）起草，该作者不受苏式民法话语传统约束；可能的原因二是，遵循把教科书的给教科书，把民法典的给民法典的原则，因为在有些人看来，民法对象规定既非行为规范，亦非裁判规范，是一个教科书的问题。②

2. 东德。1976 年的《德意志民主共和国民法典》第 1 条第 2 款对民法对象做了在苏—俄密切联系国中鹤立鸡群的规定："民法调整公民与企业之间及公民相互之间为满足物质和文化需要而发生的关系，保护社会主义财产，保护公民的人身权利和个人财产。"③ 其优点首先在于不仅承认民法与人民的物质需要的关联，而且承认它与人民的文化需要的关联；其次在于在保护公民民事权利的范围内，把人身权安排得优先于财产权，具有难得的人文主义色彩；最后在于它没有在民法调整的关系前设置"平等主体之间的"之类的定语，承认了民事法律关系的参与者之间地位的不平等性。由于这些优点，上述定义是我见到的社会主义性质的民法对象定义中最优的。但东德于 1990 年与西德合并，它应该转而采用德国式的民法对象理论。该理论认为民法调整身份关系和财产关系。④ 这种理论是不对称平行线说的滥觞，后来演变成苏联的相应民法对象理论。

---

① See *Civil Code of the Republic of Albania*, On http://unpan1.un.org/intradoc/groups/public/documents/UNTC/UNPAN014893.pdf，2008 年 3 月 5 日访问。

② Voir P. – A. Crepeau, Reflexions sur la Codification du Droit Prive, In Osgoode Hall Law Journal, 38, 2000.

③ 参见《德意志民主共和国民法典》，费宗祎译，法律出版社 1982 年版，第 3 页。

④ 参见徐国栋著：《民法总论》，高等教育出版社 2007 年版，第 57 页。

四、小结

苏联和俄罗斯作为一个文化连续体贡献了三个民法对象理论，即不对称平行线说、商品经济说和十字架说。前两者都或明或暗地证成商品经济与民法的关联，这显得与多数时期都实行高度集中的计划经济的苏联现实矛盾。三个民法对象理论都对苏—俄密切联系国产生了影响。这些国家的立法实践证明，在苏—俄密切联系国的范围内，民法对象原则上是绝大多数民法典都要以这样或那样的方式规定的，外延列举式的规定不如内涵概括式的规定好，因此，我国《民法典》以内涵概括的方式规定这一问题，这还因为规定民法对象问题已成了我国的立法传统，“不规定论”可以休矣！①

接下来的问题是如何规定？我们可以说不对称平行线说是夕阳理论，十字架说是朝阳理论。其中最朝气蓬勃的是“颠覆论”，它的持论者虽暂时还少，但由于路线正确，可以指望会不断增多。我国《民法通则》第2条追随的是夕阳理论，《民法典》的起草者终于放弃它，十分可喜。商品经济说曾统治我国民法学界十几年，我国目前已放弃之，所以没有必要考虑此说。

说这些与我国何干？干系大得很呢！看看我国体现在《民法通则》第2条中的民法对象定义：“中华人民共和国民法调整平等主体的公民之间、法人之间、公民和法人之间的财产关系和人身关系。”稍微查查其家谱，就会发现它来自苏联的民法对象理论。现在，它的母国俄罗斯已对之放弃，转采旗帜鲜明地承认民法的公法性的十字架说，由此产生了“老师”改换门庭后“学生”是否要跟进的问题。凡此种种，都要求对我国的民法对象理论加以变革。接下来的问题是如何变革？

---

① 关于“不规定论”，可参见厦门大学法学院民商法教研室：《民法典草案修改意见稿》（上），2003年6月27日打印稿，第4页及以次。也参见谢惠加：《论我国民法典不宜规定民法对象——对民法对象的再认识》，载《河北法学》2006年第6期。

答案是遵循世界大势变革。这种大势首先体现为要承认民法具有公法性的成分，它对于主体和客体的确认都是公法性的，以十字架说取代平行线说势在必行，为此要去掉“平等主体”的限制语，从民法私法论的迷梦中惊醒过来。但在“调整”的维度内，又不宜采取温得沙伊得式的身份关系和财产关系的二分式概括，这不仅因为这种概括缺乏对未来新事物的开放性，而且因为它不能涵盖许多东西，如服务关系，这种关系的客体不是财产而是行为，因此不是财产关系；而且财产关系的概括忽略了现代民法满足人们的精神需要的功能，故应该采用折扇骨的方式对这一维度内的民法工作对象作出说明，目前它们有亲属关系、继承关系、物权关系、知识产权关系、债的关系等。基于此，我把民法对象定义为“民法确定人、财产并调整人之间的关系。此等人之间的关系包括亲属关系、继承关系、物权关系、知识产权关系、债权关系”。

第五节　民法的确定对象

民法的确定针对主体和客体两者。容分述之。

一、民法对主体的确定

民法对主体的确定分为赋予人格和确定身份两个途径。容分述之。

（一）人格之赋予

1. 人格的定义。人格即国家赋予自然人、社会组织或目的性财产充当民事主体的资格。尽管都是国家赋予的，但古今人格很不同。在罗马法中，人格制度是生物人与法律人之间的分拣机，只有同时具备自由、市民、家父、名誉、宗教等身份的生物人才能成为法律人，拥有人格，因此，当时的人格是制造不平等的工具。

在现代，只有少数国家或地区的民法继续使用人格的概念，如葡萄牙、魁北克和中国澳门地区[①]。人格在这些地方与权利能力的概念并用，前者是每个国民都有的、平等的、不可剥夺的，后者也是每个国民都有的，但由于可以被剥夺或限制，受剥夺或限制者的权利能力就不可能与未受此等剥夺或限制者的权利能力相同。所以，人格在现代具有了与其古代对应物完全不同的形象，成了平等的象征。

承受人格之授予的民事主体有自然人和法人。由于人格为自然人社会化生存的必要，所以从他们出生时起法律自动授予他们人格。法人没有“出生”，通过国家的核准登记程序就是它们的“出生”，国家在它们完成设立程序之时授予其人格。

在社会经济生活中，合伙企业、企业分支机构、个人独资企业等非法人团体，对外签订合同、参与民事活动，享有权利和承担义务的情况越来越普遍。法律也授予它们一定的人格，承认它们属于民事主体。

人们经常说国家是特殊的民事主体，这等于说国家授予自身人格，这是不合逻辑的，也是危险的，因此，国家应设立一些独立于自己人格的机构从事民事活动，以避免这样的不合逻辑和矛盾。代表国家进行民事活动的主要是国库，我认为把国库说成民事主体比说国家是特殊的民事主体要科学。

2. 人格的性质。（1）由于人格是国家授予的，这一概念表达的是纵向关系，因此，人格是民法的确定事项而非调整事项；（2）人格属于基础权利，这是与具体权利相对立的概念，也就是作为行使权利之条件的权利。基础权利和具体权利的二分来自康德的天赋权利与获得的权利的两分法，但天赋权利显然不符合人格的纵向赋予性质，所以我将之改成基础权利。那么，区别基础权利与具体权利有何区别呢？区别在于前者是不可放弃、不可转让、不可交易、不因时效消灭的，

---

① 《葡萄牙民法典》第 66 条第 1 款规定：“人格始于完全出生且有生命之时。”《魁北克民法典》第 1 条规定：“任何人均拥有法律人格，充分享有民事权利。”《澳门民法典》第 63 条第 1 条款规定：“人格始于完全出生且有生命之时。”

而后者可以。[1]

3. 相关概念。（1）权利能力。与人格相似的概念有权利能力，它指人适合于充当权利和义务的拥有者的状态。除少数国家和地区的民法典同时规定人格和权利能力外，多数国家的民法典只规定权利能力，把它当作人格的同义词，我国就是这样的。所以，上面关于人格的说明，都可适用于这些国家的权利能力制度。不过，权利能力的一元制留下了缺乏平等标示的缺憾，尽管人们尝试以“权利能力人人平等”的口号来弥补，但失权制度——剥夺和限制权利能力制度——的存在明确证明了这一口号的虚假性。（2）主体资格（Soggettività）。许多学者认为主体资格与权利能力同义，也有学者把权利能力看作像人格一样不可剥夺或限制，但认为可对主体资格施加这样的剥夺和限制。[2]（3）人格权。人格权是自然人、法人对其自身精神要素享有的权利。自然人的生命健康权、姓名权、肖像权、名誉权、荣誉权，法人的名称权、名誉权、荣誉权等，是这两种民事主体拥有的基本人格权。人格与人格权不同。人格本身也是一种权利，是一种前提性的权利，其他权利都要以它为依据取得，所以是派生的权利，人格权即为这些派生的权利的一种。人格是国家赋予的资格，表现了国家与民事主体之间的纵向关系；而人格权主要体现了民事主体之间自由空间的划分，属于横向关系。因此，在阿根廷西班牙语中，把前者叫作 derecho personale 或 personalidad，把后者叫作 Derecho personalismo，以图区别两者。

4. 人格的财产基础问题。人格与财产两个要素的关系是引起广泛讨论的问题。在国内，梁慧星教授提出了“穷汉无人格说”[3]，大意是没有财产的人没有法律人格；在国外，法国学者夏尔·奥布里和夏尔·

---

① Cfr. Anna Scotti et. al. *Diritto Civile*, *Istituzioni di Diritto Privato*, Edizione Simone, 1993, p. 39.

② Cfr. L. Bigliazzi Geri et. al., *Diritto Civile*, 1, Norme soggetti e rapporto giuridico, UTET, Torino, 1987, p. 102.

③ 参见梁慧星：《当前关于民法典编纂的三条思路》，载《中外法学》2001 年第 1 期。

劳提出了“财团是人格的流露”（le patrimoine est une émanation de la personnalité）的反向理论。[①] 前者认为积极财产是法律人格的基础；后者认为包括积极财产和消极财产的财团是法律人格的基础。两者有所不同，共性是把民事主体看作单纯的财产活动的从事者，代表了物文主义的民法观，是错误的。

“穷汉无人格说”的错误首先在于不适用于自然人，如《德国民法典》第1条规定：“人的权利能力始于出生，终于死亡。”该条中的“权利能力”就是人格。第1条告诉我们此等人格由自然人当然获得，并未附加具有一定财产的条件。如果附加这样的条件，会破坏平等原则，造成穷人无人格，富人有人格，在富人中，财产多的人人格大，财产少的人人格小的不幸局面。

“穷汉无人格说”中的“汉”字就说明持论者的考虑范围没有超出自然人，但“穷汉无人格说”适用于企业法人却是可行的，因为这类法人有最低资本额要求。就企业法人的设立而言，确实是无财产即无人格，但它们一经设立，也不能对它们适用“财产多者人格大”的衍生命题。而且对于事业法人，由于无设立最低资本额的要求，“穷汉无人格说”不能适用。

“财团是人格的流露说”的错误在于把人理解成了单纯的经济动物，同时把民法理解成了单纯的财产法。它与“穷汉无人格说”的关系依财团中积极财产与消极财产的比例不同而不同。当积极财产大于消极财产时，两种物文主义观点形成共振；当消极财产大于积极财产或为零时，法国人的上述学说可转化为与“穷汉无人格说”对立的命题——“无财产亦有人格”。一种理论具有如此对立的解释空间，这本身就说明它极为糟糕。

---

① 参见［法］雅克·盖斯旦等著：《法国民法总论》，陈鹏等译，法律出版社2004年版，第152页。

（二）身份之确定

1. 身份的定义。身份是影响主体人格和其他权利或客体的移转自由度的立法者安排。身份是一个兼用于主体和客体的概念。就主体的身份而言，它具有对偶性和分配性，换言之，身份总是成对地设置的，其中一个给主体带来利益，谓之正身份；另一个给主体带来不利益，谓之负身份，立法者正是通过确定这正负两种因素的归属来实现身份的分配性的。因此，身份对人格的影响分为积极的和消极的。起前种作用的身份如国民，反之，起后种作用的身份就是外国人了。在所有的国家，外国人在民事方面可以受到合法的歧视，因为民法的事理之性质还是一国国民的法，尚不存在一种以所有国家的国民为主体的民法。

2. 主体的身份的功能。主体的身份是立法者在主体开展民事活动前对他们的定位，以实现社会组织。自由人与奴隶、市民与外国人、家父与家子是三对古老的身份。前两者关系到社会的宏观组织，表征阶级关系和内外关系，后者关系到社会的微观组织，表征家庭关系。两类身份的存在表明了身份一词含义的混杂：公法因素和私法因素兼有，宏观因素和微观因素兼有。到了近代，自由身份随奴隶制的消灭而不具有法律意义；市民的身份随着部门法运动的完成逐渐主要成为国籍法的内容，只有家族的身份保留下来并经受了平等化改造，于是，家族的身份一度成为近代民法中唯一的一种身份，潘德克吞学者谈论的作为民法对象之一的身份关系就是家庭关系。实际上，在家庭法之外的民法内容中也存在身份，如未成年人的身份和消费者的身份，这两种身份的对立身份是成年人身份和生产者身份，它们都是强者的身份，与它们对立的都是弱者的身份。对于未成年人，立法者赋予他们“不倒翁”地位，交易对他们有利则有效，不利则无效，对于消费者也是如此，在生产者起草的合同条款可能存在多种解释时，做有利于消费者的解释。总之，在当代，亲属法外的身份正日益频繁地成为立法者运用的调整社会关系的工具。

3. 身份的分类。《法国民法典》的奠定者之一让·多马（Jean Domat，1625—1696）认为，身份有自然资格（Qualità）与民事资格之分。前者如性别、出生、年龄、家父或家子的地位、婚生子女和非婚生子女的地位等；后者如拥有自由权的状态、受奴役的状态、诸种社会的和职业的身份等级、臣民的地位、外国人的地位等。自然资格与私法有关；人为的或武断的资格与公法有关。[①] 这样的技术选择把涉及人的人为资格的规范从自然的私法中排除出去，表达了对罗马法中公私混杂的身份制度安排的不满，把部门法运动推进到人法领域，导致现代民法中的身份基本上就是自然的资格。

（三）人格与身份的关系

关于这一问题，有如下学说：

1. 身份为人格要素说。此说为优士丁尼罗马法所持。在这种法中，主要有自由人、市民、家族、名誉、宗教五种身份，自由人身份把生物人区分为自由人和奴隶；城邦的身份把生物人区分为市民、拉丁人、外邦人；家族的身份把人区分为家父和家子；名誉的身份区分好人和坏人；宗教的身份区分正教、正统与异教、异端。自由人身份和市民身份的丧失导致人格大减等，即主体资格的完全丧失；市民身份的丧失导致人格中减等，引起前市民被拟制为外邦人的后果，换言之，变成有限的权利能力拥有者；自权人被出养或养子被解放，造成人格小减等，它使过去的完全权利能力者变成无能力者或相反。名誉身份的减损导致公私法能力的降低；宗教身份的不正导致受排斥。由此可见，同时具有上述五种身份者，才具有人格，即完全的主体资格或法律能力。丧失五种身份的任意一种，都引起主体资格完全或部分丧失的结果。身份是人格的基础，人格的大小以身份是否完全

---

① Cfr. Adriano Cavanna, *Storia del diritto moderno in Europa*, Vol. 1, Giuffrè, Milano, 1982, p. 363.

为转移。[1]

2. 同一说。著名德国法学家卡尔·萨洛莫·扎恰利亚就持此种观点，在其《法国民法教程》(1843 年) 中，他给身份下了这样的定义："身份由一个生物人的人格构成。""身份是未受民事死亡的人享有的权利能力。"[2]"身份是一种权利能力，个人依此可约束他人服从自己并约束自己服从他人。"[3] 他的前一个定义声明了身份与人格的同一性，后一个定义声明了身份与其现代形式权利能力的同一性。之所以这样，是因为扎恰利亚理解的身份就是我们理解的人格。这种对身份的独特理解不具有普遍性，以之为基础建构的理论意义不大。

3. 互相独立说。该说认为身份是在人格之外的对人格进行限定的因素。在这里，身份被理解为给主体带来高出或低于社会平均水平的待遇的地位，它与人格的关系是这样的：人格反映着普通的权利能力；而身份反映着权利能力的超出（特权）或受到贬损（受歧视）的状态。因此，"身份只是人格本身受到限制的领域"。[4] 英国法学家维斯特雷克（John Westlake，1828—1913）把身份定义为："人的特别的状况，由此法律把赋予普通公民的权力不赋予该人。"[5] 这种学说实际上只有在把身份限缩为负身份时才能成立。

4. 基本无关说。这是身份为人格要素说的改良版。认为人格与身份在现代法中已基本没有关系。这是我的私见。人格之所以与身份基

---

① 参见［古罗马］优士丁尼著：《法学阶梯》，徐国栋译，中国政法大学出版社 1999 年版，第 71—73 页。

② Voir Karl Salomo Zachariä, *Cours de droit civil français*, traduit par Aubry et Rau, F. Lagier, Libraire - Editeur, Strasbourg, 1843, p. 129.

③ Voir Karl Salomo Zachariä, *Cours de droit civil français*, Tomo I, traduit par Aubry et Rau, F. Lagier, Libraire - Editeur, Strasbourg, 1843, pp. 128s.

④ Cfr. Guido Alpa, *Status e Capacità*, *la costruzione giuridica delle differenze individuali*, Laterza, Bari - Roma, 1993, p. 138.

⑤ See T. E. Holland, *Jurisprudence*, Eleven Edition, Oxford University Press, 1910, p. 135.

本已无关，乃是因为在现代民法中它已经被虚化，变成一个人人都有的东西，外国人除外，其过去的功能被权利能力制度取代，因此，现代的身份只影响权利能力，不影响人格。由于权利能力是人格的现代衍生物，它仍然受到身份的影响，尤其受到公民身份的影响，因此说人格只是基本与身份无关。

二、民法对客体的确定

（一）物的身份概述

民法对客体的确定是通过赋予不同的物不同的身份来实现的。对于我国学者来说，物的身份是个崭新的表达，实际上，这个概念十分古老，因为它产生于530年的优士丁尼《学说汇纂》第1卷第8题的标题“物的分类和身份”（de divisione rerum et qualitate），如题所示，其中规定了各种物的分类及其身份。该题昭示了物的分类与对它们的身份赋予的同步性，至少就人法物和神法物的分类而言，这本身就意味着不同处遇的身份划分，侵犯神法物中的神护物（城墙和城门等）的，要遭到死刑的制裁。而且，我国立法者一直利用物的身份划分来达到自己的调控目的。所以，从实质来看，我在这里提出来的物的身份的概念不过是对现实的总结。

像人的身份划分是对主体进行法律调整的前提一样，物的身份划分是对客体进行法律调整的前提。物的分类都具有身份划分的意义，如动产与不动产的身份划分就在于重要性不同，根据这种不同设定难易不同的移转程序。这样的身份划分太普通，这里只讲五种常见的物的身份划分。

（二）主要的物的身份

1. 国家财产、集体财产和私人财产。这种物的身份划分从主体的角度看就是全民所有制企业法人、集体所有制企业法人、私有制企业法人的区分。这个例子让我们看到了客体的身份划分与主体的身份划分之间的关联。在我国的历史上是优待国家财产，平待集体财产，歧视私人财产。当然，这种情况目前改善了不少。上述区别对待雄辩地说明了立法者作出身份划分并非出于体育锻炼的目的，而具有切实的分配目的。

2. 国库财产与一般财产。前者受特殊保护，后者受普通保护。故优士丁尼《法学阶梯》2,6,9 规定，国库的物不能以时效取得。这一法言说明优先保护国家财产的原则自古有之，并非苏联法的创造。优先权的赋予是任何立法者都可运用的调整手段。这种做法无可厚非，问题在于利益与不利益的分配是否合理。

3. 赃物和一般物。《十二表法》第八表第 17 条规定：盗窃物不能以时效取得。立法者把赃物设定为一种劣后的财产，以此打击盗窃犯罪。

4. 奴隶劳动产品与自由劳动产品。在国际贸易中，出于维护人权的目的，前种产品遭到抵制，后种产品则可自由流通。

5. 适用财产规则的物、适用责任规则的物和适用不可转让规则的物。耶鲁大学教授圭多·加拉布雷西（Guido Calabresi）和道格拉斯·梅拉梅德（A. Douglas Melamed）律师提出了这种物的划分。适用于不同财产的规则的差异在于对财产的国家干预的程度和转让财产时的价格确定方式。财产规则是要求相对人获得财产必须向所有人偿付其主观评定的价值的规则，在财产规则运作的情形之下，国家只限于确定所有人对财产的初始所有权，对转让财产的价格不作干预。责任规则是在所有人不愿出售的情况下也可以通过偿付某些外在确定的价金（所谓的市场价）取得财产的规则，在责任规则运作的情形之下，国家不仅可以决定财产的归属，而且可以决定其价格。① 适用财产规则

① See Guido Calabresi and A. Douglas Melamed, Property Rules, Liability Rules, and Inalienability: One View of the Cathedral, In *Harvard Law Review*, 85, 1972. See also Michael I. Krauss, Property Rules vs. Liability Rules. On http: //encyclo. findlaw. com/3800book. pdf, 2005 年 4 月 21 日访问。

的是重要的财产，适用责任规则的是相对次要的财产，不可转让规则涉及的可以是重要文物或武器毒品。所以，三种规则针对具有不同身份的物适用，以身份定保护的方法和保护力度。

（三）立法者对客体身份的赋予根据时代的条件而改变

自由的财货与财产是客体的一对重要的身份。在资源—环境状况较好的时期，立法者可以把更多的客体留在自由的财货的范畴中，在相反的条件下，就会把一些过去的自由的财货纳入财产的范畴。近年来，在美国发生了“自由的财货的财产化”运动，把一些过去看来不能被拥有的有体世界中的弥漫资源或公共物变成了财产。从 1990 年起，美国把空气本身作为国家财产，以控制污染性地使用空气。① 澳大利亚和新西兰则把海洋渔业资源确定为国民财产，捕鱼者必须购买配额。② 这些都是立法者对客体身份的赋予根据时代的条件而改变的例子，从侧面印证了客体的身份关系的纵向性。

第六节　民法的调整对象

如前所述，民法的调整对象是“人之间的关系”，主要包括亲属关系、继承关系、物权关系、知识产权关系、债权关系。对这五类关系，基本上可以分为身份关系和财产关系。亲属关系是公认的身份关系；物权关系、知识产权关系、债权关系是公认的财产关系；继承关系的地位比较复杂。如果把继承看作主要在亲属之间进行的，则可以把继承关系看作身份关系与财产关系的交错，即基于身份关系发生的

---

① See Carol M. Rose, The Public Domain: Romans, Roads, and Romantic Creators: Traditions of Public Property in the Information Age, In *Law and Contemporary Problems*, 66, 2003.

② See Carol M. Rose, The Public Domain: Romans, Roads, and Romantic Creators: Traditions of Public Property in the Information Age, In *Law and Contemporary Problems*, 66, 2003.

财产关系；如果把继承看作可以超出亲属关系的范围广泛进行的，则可能倾向于把继承关系看作纯粹的财产关系。由于继承关系兼具身份关系和财产关系的属性，讲清楚了什么是身份关系和财产关系，继承关系就清楚了，故本节对它存而不论，只论身份关系和财产关系。

一、身份关系

（一）身份关系概述

1. 身份关系的定义。此处所讲的身份关系指人类因组织家庭、繁衍子孙发生的社会关系，包括夫妻关系、血亲关系和姻亲关系。是为狭义的身份关系，属于横向关系。广义的身份关系指国家因对主体和客体进行确定而与他们或它们发生的关系，属于纵向关系，不属于本节而属于上节的研究对象。

2. 身份关系的特点。(1) 保护性。在一家之内，男性和女性、长者和幼者存在着事实上的力量差距，强者要保护弱者是当然之理。通常男主人是家庭中的强者，但有的家庭是女主人居强，而且强弱在变动之中。盛年的男主人在衰老后就从强者变成了弱者，软弱的儿童在成年后就从弱者变成了强者，无论哪种情况，强者都要尽到自己的职责。(2) 与财产关系的关联性。纯粹的身份关系是人对人的支配关系，不包含财产内容，但既然身份关系存在于组织家庭和繁衍后代的人类活动中，而家庭是人口再生产的单位，这种生产需要一定的物质条件的支持，所以，身份关系与财产关系密切关联。在夫妻关系中有夫妻财产制问题，在家庭关系中有家庭财产制问题。

3. 身份关系的类型。(1) 夫妻关系。即丈夫与妻子之间彼此的支配和请求关系。一旦结婚，配偶双方即丧失婚前的性自由而对对方负同居义务、贞操义务。当然，夫妻之间为了维持家庭生活的需要也彼此发生财产关系，但它属于夫妻关系的附属关系而非夫妻关系本身的内容。(2) 血亲关系。即彼此具有血缘关系的亲属之间的关系，包括直系血亲关系、旁系血亲关系以及收养关系（准血亲关系）。前者是己身所从出和从己身所出的人之间的关系；中者是具有同源直系血亲的亲属间的关系；后者是通过拟制的方式形成的亲属关系，被收养人与养亲及其家人发生直系的或旁系的亲属关系，这种亲属关系具有与自然的血亲关系完全相同的效力。直系血亲关系科加给关系人的义务重于旁系血亲关系科加给其关系人的义务。直系和旁系血亲关系不可解除，但收养关系可以解除。(3) 姻亲关系。即因结婚配偶一方与对方配偶的亲属间发生的关系。姻亲关系因导致此等关系发生的配偶的离婚而解除。一定亲等的姻亲间也存在扶养义务。

（二）身份权

1. 身份权的定义。身份权是身份关系中的核心内容，它是自然人由法律确认的对其亲属人身的控制权。

2. 控制权。控制权具体表现为亲权和配偶权，其内容为父母对子女人身的占有（如子女通常必须以其父母的住所为自己的住所）、配偶相互对对方人身的占有（如夫妻互负同居义务、一方捐肾给自己的亲人①或陌生人要取得他方②的同意，因为这会影响到家庭的健康和财务状况）。诱拐他人子女为对前一种身份权的侵犯；引诱配偶一方与自己或他人发生性关系为对后一种身份权的侵犯，这些侵权行为都导致权利人的损害赔偿请求权。由于身份权的这种支配性，它曾被康德称为物权性的对人权。③

对身份权有别解。指自然人对属于其自身的身份信息和资料拥有的权利。对此等权利的典型侵害形式是冒用他人的身份资料上学，如

---

① 参见王宜墨：《妻子瞒丈夫捐肾救兄，丈夫告医院侵犯知情权》，载 http://gongyi.sohu.com/20090106/n261593746.shtml，2009 年 2 月 2 日访问。

② 参见 2008 年 11 月 19 日的《今日说法》节目“一肾两命”关于妻子因为丈夫捐肾给朋友责骂后者的报道。

③ 参见［德］康德著：《法的形而上学原理——权利的科学》，沈叔平译，商务印书馆 1991 年版，第 73 页。

齐玉玲案。[①] 胡玉鸿教授也大致持这种观点，认为姓名权是身份权。[②]

二、财产关系

（一）财产关系概述

1. 财产关系的定义。财产关系是以财产、行为和知识产品为客体的，具有相互性的主体际关系、主体与客体的关系。这是一个创新但写实的财产关系定义。“创新”，说的是它与以前的财产关系定义都不同，如与“以财产为媒介发生的社会关系”[③]的定义不同；“写实”，说的是它描述了当今我国的有关社会经济现实，并反映了次级理论（如物权法理论）的现实。

财产不是物而是一束权利。从本质上说，财产权是一种自由权：财产权在每个私人和组织的活动旁边画了一个圈。在圈内，所有人拥有较之在没有这个圈的情况下更大的自由。在圈外，他必须解释或证明其行为的正当性，并证明其权威。在圈内，他是主人，国家必须解释并证明干涉的正当性。因此，财产……创造了一个在其内多数人必须服从所有人的空间。[④] 财产权的这些属性都为私生活权分享，但两者有所不同。像有关的财产概念一样，私生活确定了一个他人未经本人同意或没有其他充足的正当理由不得侵入的个人主权的领域。但不同于财产的传统形式，它不是对物件的主权——个人在其上至少享有排除权的身体空间——而是对自身的主权。它确定了一个自我控制的空间，一个对自身事项的决策权领域，在该空间内个人当然能排除他

---

① 参见杨康乐：《试论身份权的立法保护》，载《法治研究》2008 年第 8 期，第 77 页。

② 参见胡玉鸿：《〈个人〉的法哲学叙述》，山东人民出版社 2008 年版，第 377 页。

③ 参见徐国栋：《公平与价格——价值理论》，载《中国社会科学》1993 年第 6 期。

④ See Charles A. Reich, The New Property, In Vol. 73 (1964), *Yale L. J.* p. 733.

人干涉。[1]

2. 财产关系的特征。（1）财产关系的客体不以财产为限。在上述定义中，不仅财产，而且行为和知识产品都是财产关系的客体，这一客体描述符合现代的社会经济现实。由于客体的多元性，财产关系的提法本身似乎就需要改变，应该叫客体关系。在美国学说中存在这一概念，指以商业目的为内容的关系。[2] 不过，俄国学者以物质利益性来涵摄财产、服务和知识产品，解决了财产关系的客体不以财产为限的矛盾。[3]（2）以财产为媒介产生的关系不见得是财产关系。上述定义为财产关系的构成设定了相互性的要求。相互性指法律行为的当事人相互提供利益的状态，只有一方当事人提供利益，他方单纯承受此等利益的法律行为，不具有相互性。按这一标准，有些关系尽管涉及财产，但不见得是财产关系，如赠与、借用、无偿委任、保证（普通保证是提供服务，是情谊行为，专业保证例外）等。这就导致了在身份关系和财产关系之外存在第三类民事关系的可能。为了避免民法的这种“分裂”，俄国学者提出了“价值性”的解决，认为它是无偿关系与商品关系的共性，民法基于这种共性一并调整它们，但是，应把财产关系改称财产—价值关系。[4]（3）财产关系也是人与物之间的关系。上述定义不仅把财产关系理解为人与人之间的关系，而且理解为人与物的关系。财产关系的这一特性在物权关系和知识产权关系中表

---

① See Daniel R. Ortiz, Privacy, Autonomy, and Consent, In Vol. 12（1989）, *Harvard Journal Law & Public Policy*, p. 92.

② See Radhika Rao, Property, Privacy, and the Human Body, In Vol. 80（2000）, *Boston University Law Review*.

③ Комментарий к Гражданскому кодексу Российской Федерации. Часть первая（постатейный）А. К. Тубаева и др; под ред Н. Д. Егоров, А. П. Сергеева. – М: ТК Велби. Изд – во Проспект, 2005. с. 8—11.

④ Комментарий к Гражданскому кодексу Российской Федерации. Часть первая（постатейный）А. К. Тубаева и др; под ред Н. Д. Егоров, А. П. Сергеева. – М: ТК Велби. Изд – во Проспект, 2005. с. 8—11.

现得最为明显。

2. 财产关系的类型。财产关系包括物权关系、知识产权关系和债权关系。下面分别论述它们。

（二）物权关系

1. 物权关系的定义。物权关系是民事主体为了占有、使用、收益和处分财产在彼此间以及在他们与有关的财产之间发生的关系。物权关系分为对人关系和对物关系两个方面。前者是绝对权关系。物权人可不经他人协助行使自己的物权，其他人只负不加干预的消极义务。后者是物权人对物权客体直接进行支配的关系。

2. 物权关系中的对物关系。（1）关于物权关系是否存在对物关系问题的学说史。在这一方面，最先出现的是“对物关系说”，为法国学者雨果·多诺提出，后为德国学者邓伯格（Heinrich Dernburg，1829—1907）倡导并完善。此说认为，债权是人与人的关系，而物权是人与物的关系。据此，物权被定义为“人们直接就物享受其利益的财产权”，亦即人对物的直接支配权。此说承认物权关系中的对物关系，但不承认其中有对人关系。作为对多诺和邓伯格学说的反拨，德国学者萨维尼与温得沙伊得提出物权关系的“对人关系说”。他们首先主张，法律规定的各种权利，无论其性质如何，涉及的均为人与人之间的关系。然后进一步得出物权与债权均属人与人的关系之结论。萨维尼指出，一切法律关系均为人与人之关系，故物权也为人与人之关系。温得沙伊得则称：权利，系存于人与人之间，而非存于人与物之间。按照这种理论，物权、债权当然均为人与人的关系。二者的不同之处仅在于债权作为对人权仅可对抗特定的人，而物权作为对世权可对抗一般人。据此，物权的定义即应是：物权为具有禁止任何人侵害的消极作用的财产权。上述关于物权本质的“对物关系说”与“对人关系说”，一直被作为两种相互对立的学说。以后又有学者倡导所谓“折中说”，认为物权的本质实际包括对物关系及对人关系两个方面。物权人对物的支配，不仅为事实问题，同时也包含法律关系。但仅有此对物之关系，尚难确保权利之安全，故需使他人对物负担一种不作为的消极义务。二者相辅相成，方可确保物权之效用。民国时期的民法学者刘志扬即采折中说，其《民法物权》上卷第2章第1节写道："盖物权之成立，具有两种要素，一为权利人对于物上具有之支配力（学者谓之积极要素），一为权利人对于社会得对抗一切人之权能（学者谓之消极要素），甲乙两派因之观点不同，甲说遂偏重于物权之积极要素，乙说则反是，然在余辈观之，两者同为物权之内容，固毋庸取舍于其间。"按照折中说，物权应定义为：对物的直接支配，且得对抗一般人之财产权。我国台湾地区学者谢在全认为，"折中说"是现今的通说。①

（2）我国学者对对物关系说的接受。20世纪80年代至90年代初的不少学者支持"对人关系说"而批判"对物关系说"，原因在于马克思在批判普鲁东的财产权理论时说过这样的话："经济学所研究的不是物，而是人和人之间的关系，归根到底是阶级和阶级之间的关系。"这段话常常被用来作为批判"对物关系说"及论证物权是一种人与人之间的关系的最有力的论据。但近几年的学术著作中，大陆学者的观点多与台湾地区学者的观点接轨，倡导"折中说"似为主流。② 所以，我国的物权定义是"对物直接支配并排除他人干涉的权利"。③ 在这一定义中，"对物直接支配"讲的是物权关系中的对物关系内容；"排除

---

① 参见梁慧星：《是制定"物权法"还是制定"财产法"？——郑成思教授的建议引发的思考》，载 http://www.civillaw.com.cn/weizhang/default.asp?id=7696，2007年5月5日访问。

② 参见梁慧星：《是制定"物权法"还是制定"财产法"？——郑成思教授的建议引发的思考》，载 http://www.civillaw.com.cn/weizhang/default.asp?id=7696，2007年5月5日访问。

③ 参见徐开墅主编：《民商法辞典》（增订版），上海人民出版社2004年版，第408页。

他人干涉”讲的是物权关系中的对人关系内容。值得注意的是，这一定义还把对物关系当作物权关系的首要内容。

（3）环境法学者的旁证。物权法包含对物关系的问题不仅关系到民法对象理论的重整，而且关系到作为整体的法的调整对象理论的重整，因为萨维尼和温得沙伊得主张一切权利都只涉及人与人的关系。众所周知，环境法不仅调整人与人之间的关系，而且调整人与环境的关系。[①] 为了给环境法的调整对象理论寻找合法性根据，证明“吾道不孤”，环境法学者也积极证明民法调整人与物的关系。蔡守秋教授认为：“肯定民法调整人与人的关系，并没有明确否定民法能够调整人与物（或自然）的关系。”[②] “民法不是不能调整人与物的关系，而是采取与调整人与人的关系截然不同的方式调整人与物的关系。”[③] 环境法学者的这些论述旁证了物权关系包括对物关系的现实。

3. 物权关系中的物—物关系。物权法也调整物与物之间的关系。对此有如下的例子：其一，地役权关系就是调整不动产之间的关系，其定义就表现了这一点。在罗马人看来，地役权就是为需役地的利益设立的，因此，地役权的主体是供役地，它为了需役地的利益服务[④]，对此可以一些原始文献为证。首先是 D. 8, 4, 12（乌尔比安：《萨宾评注》第 15 卷）：“如果一块土地为另一块土地的利益受制于役权，两者之一被出售时，地役权随所有权转移。如果建筑物为一块土地的利益受制于地役权或相反，适用同样的规则。”此语中明确把土地、建筑

① 参见蔡守秋著：《调整论——对主流法理学的反思与补充》，高等教育出版社 2003 年版，第 28 页。

② 参见蔡守秋著：《调整论——对主流法理学的反思与补充》，高等教育出版社 2003 年版，第 599 页。

③ 参见蔡守秋著：《调整论——对主流法理学的反思与补充》，高等教育出版社 2003 年版，第 601 页。

④ Cfr. Leonid Kofanov, *Il fas come il fondimento del ius naturale classico*, manoscritto ineditto, p. 2.

物当作地役权的主体。其次是 D. 8, 5, 6, 2（乌尔比安：《告示评注》第 17 卷）："我们对支柱役权享有诉权，以便迫使供役地所有人维持支撑，并把其建筑物修复得符合设定役权时规定的状态。"嘎鲁斯认为，不能设立要求对方做某事的役权，只能设立不让他禁止我做某事的役权。事实上，在所有的役权中，维修由役权人承担，而非由役权客体的所有人承担。在此情形中，塞尔维尤斯时期的主导观点是，一个人有权利要求对方修复墙壁，因为这面墙可以支撑他的建筑物的重量。拉贝奥写道，应当负担这个役权的不是人，而是物，因此所有人抛弃此物是合法的。① 可能是在萨维尼创立法律关系理论，把一切法律关系都"人化"以后，地役权才被理解为是为需役地人的利益设立的。② 但正是萨维尼把地役权的真正主体看作一块土地而非一个人③，由此表现出他的矛盾。由于罗马人对地役权的理解更正确，《绿色民法典草案》第 5. 401 条规定："地役权是为一不动产的利益在另一不动产上设立的物权，依此，权利人可使用供役不动产或行使特定的处分权，或者可阻止供役地所有人行使所有权中的某些权利。"这一定义讲到了地役权是为一个不动产的利益科加给另一不动产的负担，法定地役权尤其如此，在这一基础上才有人与人之间的关系。在地役权关系中，一个不动产的合理功用之发挥取决于另一个不动产的配合的事实，要求两个不动产的所有人的变动不影响地役权的内容。另外，从地役权的名称来看，它是与人役权相对立的概念，前者是土地间的关系，为了土地的利益设定；后者是人与物的关系，为了人的利益设定。其二，所有权保留条款也调整的是物—物关系，它表达的原理为：某物因牺

① 参见［意］桑德罗·斯奇巴尼选编：《民法大全选译·物与物权》，范怀俊译，中国政法大学出版社 1993 年版，第 183 页及以次。

② 参见张鹏：《究竟什么是地役权——评〈物权法（草案）〉中的地役权的概念》，载《法律科学》2007 年第 1 期，第 92 页。

③ 参见［德］萨维尼：《债》第一卷，1912，第 296 页。转引自齐云：《不可分之债研究》，厦门大学博士学位论文，2009 年，第 78 页。

牲他物增益自己的，在被牺牲的物得到报偿前自身的处分受到限制。其三，某些优先权调整的也是物—物关系，例如，《意大利民法典》第2762条第1款和第4款规定："以超过3万里拉的价格销售设备的人，即使这些财产被并入或者混入购买者或第三人享有所有权的不动产，但是，销售设备的人，对已售出并交付的设备就未支付的价款有优先权""被授权以设备抵押进行贷款业务，预付给购买者购置设备价金的银行亦享有本条规定的优先权。"《法国民法典》第2102条第3款也规定："为保存物件支出的费用，就该物件有优先权。"这两条的法理同于所有权保留担保的法理。

（三）知识产权关系

1. 知识产权关系的定义。知识产权关系是权利人为了占有、使用、收益和处分知识产品与世界上的其他人发生的权利义务关系。知识产权是对世权，义务人承担不加侵害的消极义务。像物权关系一样，知识产权关系包括对人关系和对物关系两个方面。其对物关系的一面体现为权利人占有、使用、收益和处分知识产品的权利。这里的权利人可以是创造人本人，也可以是从创造人受让知识产品的其他人。

2. 知识产权关系的特点。（1）与物权关系的类似性。知识产品是一种特殊的物，主要特性在于其可被同时分享性。一个知识产品可以由许多人同时使用。在其他方面，知识产品与物并无本质的区别，因此，适用于物权关系的原理可类推适用于知识产权关系。（2）纵横交错性。知识产权是国家按照法定程序授予的，所以，知识产权首先是民法的确定对象。只有知识产权的享有、流通等问题才是民法的调整对象，所以知识产权关系具有混合性。（3）物质与精神的混合性。众所周知，知识产权中，尤其是其中的著作权中，不仅包括财产权利，而且包括精神权利；知识产品不仅满足人们的物质需要，而且满足人们的精神文化需要，因而知识产权关系具有另一种意义上的混合性。在这个意义上，把知识产权关系归入财产关系是牵强的。事实已多次证明，人身关系与财产关系的简单二分法具有极大的主观性，它面对生活事实的复杂性经常表现出解释力不足。所以，如同前文已指出的，阿根廷学者香比雅斯宁愿把财产关系的表达代之以需要关系的表达。(4）特别性。知识产权关系中的权利人与物权关系中的权利人不同，后者人人都是，前者只是进行并完成了创造活动的人，他们占一国之总人口中的少数，故物权法在这个意义上是普通法，知识产权法是特别法。许多国家不在自己的民法典中设知识产权编，而把这一民法的分支作为特别法保持在民法典之外，很大程度上是由于知识产权关系的这一特性。

3. 知识产权关系的重要地位。现在是知识经济的时代，知识产品在财富的创造和流通中占有很大的比重，故Trips协议（即《与贸易有关的知识产权协议》）把财产、服务和知识产权列为国际贸易的三大客体。这种三分式说明传统的以财产为客体的国际贸易格局已经改变，知识产品成为一种与传统的财产相并列的交易对象，逻辑的结果是在民法的调整对象中除传统的财产关系外，还发展出知识产权关系和服务关系。所以，本书把知识产权关系作为财产关系的子项目不仅是牵强的，而且是贬低性的。作出这样的安排，还是由于一时难以摆脱的人身关系和财产关系的民法对象的二分法的影响。

（四）债权关系

1. 债权关系的定义。债权关系是就支配他人的意志进而支配他人的行为发生的权利义务关系。债权一度采取对人权的名称，就是为了强调债权的针对他人意志而非人身的属性。对人身的支配为奴隶制。在奴隶制被禁止后，才需要强调以对意志的支配取代对人身的支配，反推过来，现代意义上的债在废除奴隶制后才得以繁荣，是因为在奴隶制时代，许多在现代需要通过控制意志办的事情通过控制人身就解决了。当然，控制他人意志只是手段，目的是控制由此等意志引导的行为。在这个意义上，债权符合韦伯的统治定义：“将一个人的意志设置于其他人行为的可能性。”① 不妨把债理解为一人对他人在后者同意的情况下进行的局部的、临时的统治。无论如何，债权关系还是以行为为客体。行为包括积极行为和消极行为，两者都是债的客体，尽管以消极行为作客体的债比较少。

在债权关系中，支配他人意志的可以是私人，如在合同之债的情形之下；也可以是国家，如在侵权之债、无因管理和不当得利之债的情形之下。前者可大致称为交换之债，后者可称为责任之债。在前种情形之下，支配他人意志的目的是利益，而且往往是财产性利益；在后种情形之下，支配他人意志的目的是秩序，以求贯彻毋害他人的原则，让被扭曲的利益关系恢复原状。这种债不是私人实现自己目的的工具，而是国家治理的手段。

把债看作一个兼具公私法性质的制度是罗马法系的传统。在这方面，罗马法学家莫特斯丁（约 193—约 235）为我们留下了如下遭受忽视的证据。

《学说汇纂》44, 7, 52pr. 。莫特斯丁《规则集》第 2 编：我们要么以要物方式，要么以口头方式，要么以要物和口头的混合方式，要么以合意方式，或基于法律，或基于荣誉法，或因必然，或因私犯承担债务。

《学说汇纂》44, 7, 52, 5。莫特斯丁《规则集》第 2 编：当我们根据法律的规定做某事，或违反法律的规定做某事时，就是依法承担债务。

《学说汇纂》44, 7, 52, 6。莫特斯丁《规则集》第 2 编：当我们依据永久性告示或裁判官告示的命令或禁令去做某事时，就是基于荣誉法承担债务。②

---

① 参见［德］马克斯 · 韦伯著：《论经济社会中的法律》，张乃根译，中国大百科全书出版社 1998 年版，第 327 页。

② 参见［意］桑德罗 · 斯奇巴尼选编：《契约之债与准契约之债》，丁玫译，中国政法大学出版社 1998 年版，第 5 页及以次。译文有改动。

《学说汇纂》44, 7, 52pr. 。把债的发生根据大别为两类：其一，合同，又分为私法性的和公法性的，根据订立的方式（要物、口头、要物与口头混合、合意）分类的合同都是私法性的。根据规范性文件订立的合同是公法性的，它们可根据规范性文件的制定主体的不同细分为基于法律的债和基于荣誉法的债两类。《学说汇纂》44, 7, 52, 5 和《学说汇纂》44, 7, 52, 6 对它们做了具体说明。其二，非合同，分为必然和私法。“必然”，指法定义务，如必然继承人奉命继承遗产的情形；“私法”，如因为侵犯他人权利要支付一笔款项的情形。实际上，私法产生债也出于法律的规定，是为了纠正扭曲了的社会关系。

莫特斯丁的上述论述并非孤立。盖尤斯在其《论日常事务》(D. 44, 7, 1pr.）中认为，债有三大发生根据，首先是契约，其次是不法行为，最后是开放性的“根据某个特别法规定的各种各样的原因”。[①] 俄国学者科凡诺夫认为，第三类原因中的“根据某个特别法”的表达与莫特斯丁的“基于法律”的表达一致。[②]

保罗在 D. 44, 7, 41pr. 中也说：“每当一项法律采用一种债……”[③] 此语揭示了法律是债的发生依据。

我们聚焦于莫特斯丁所言根据法律订立的债寻找实例以寻求进一步的说服力。实例一，不分遗产的共同体。这是一种合伙，但罗马法把它与其他合伙区别对待，要求它根据裁判官的决定订立，而对其他合伙无此要求，因此，不分遗产的共同体是一种裁判官法上的合同。[④]

---

① 参见［意］桑德罗·斯奇巴尼选编：《契约之债与准契约之债》，丁玫译，中国政法大学出版社 1998 年版，第 3 页。译文有改动。

② Cfr. Leonid Kofanov, Secondo libro dei “Regolae” di Modesitino（D. 44, 7, 52）e le fonti delle obbligazioni sui contratti statali della Repubblica romana, Manoscritto inedito, p. 3.

③ 参见［意］桑德罗·斯奇巴尼选编：《契约之债与准契约之债》，丁玫译，中国政法大学出版社 1998 年版，第 8 页。译文有改动。

④ Cfr. Leonid Kofanov, Secondo libro dei “Regolae” di Modesitino（D. 44, 7, 52）e le fonti delle obbligazioni sui contratti statali della Repubblica romana, Manoscritto inedito, p. 5.

实例二，包税人合伙也与普通合伙区别对待，在共和时期，要由人民的法律确定，在帝政时期，要由元老院决议或皇帝敕令确定。实例三，商人行会（Mercatorum collegium）也是根据人民的命令于公元前495年设立的。实例四，包税合同（Contracta fiscalia）由包税人的头头与罗马人民订立，前者向后者允诺保障国库的利益，并以全体合伙成员的财产作为担保手段。[①] 实例五，监察官合同（Leges censoriae）。监察官负责罗马国有财产的利用和公共工程的发包。著名的罗马大道就是以这种发包的形式或军队修建的方式建成的。每条大道原则上以负责工程的监察官的姓命名。承包人与监察官订立的买卖国有财产的合同和发包公共工程的合同就是监察官合同。在这个时候，国家不会作为一个纯粹的私主体出现。

总之，莫特斯丁的上述法言表现了一种公私法混合的债的观念（甚至有债法与继承法不分的观念），与现代的《埃塞俄比亚民法典》[②]规定行政合同的做法的理路一致。从技术的角度讲，莫特斯丁的债的发生根据理论是多分论，与较前的盖尤斯（161年发表其著名的《法学阶梯》）的合同、私犯的二分论形成对照。但盖尤斯的债的发生根据理论影响更大（被后世的优士丁尼发展为合同、私犯、准合同、准私犯的四分法）且较容易被解释为两种发生根据都是私法性的——例如，没有出现法律本身就是债的发生根据的表达，尽管对私犯的控制实际上包含证明债法具有部分公法内容的因子——所以后世的人们采用了私法的债法观。但从反映罗马的活法的角度看，莫特斯丁的债的发生根据理论是对的，相反，盖尤斯的相应理论是

① Cfr. Leonid Kofanov, Secondo libro dei "Regolae" di Modesitino（D. 44, 7, 52）e le fonti delle obbligazioni sui contratti statali della Repubblica romana, Manoscritto inedito, p. 6.

② 参见《埃塞俄比亚民法典》，薛军译，中国法制出版社2002年版，第572页及以次。

错误的。①

2. 债权关系的特点。（1）不充分的财产性。债权关系通常被看作典型的财产关系，这是无视不作为之债的存在的结果。不作为之债通常无财产内容，如一个要求邻居不得在深夜弹钢琴的不作为之债就是如此。这种债是私人贯彻自己的意志，进而追求自己的利益的工具。所以，如果把这种债考虑进来谈债权关系是否为财产关系，必然得出债权关系多是，但并不总是财产关系的结论。在这里，我们又看到了人身关系和财产关系的二分法的窘境。为了增加理论的解释力，确实必须认真地考虑民法调整的第三类关系问题。（2）公私混合性。这种属性是债不仅是私人支配他人意志的工具，而且是国家支配行为不端者意志的工具的二元性结果。不妨说前一种支配是私的支配——严格说来还是公的支配，因为如果谋求支配他人意志者的目的不法，国家不予支持，他还能顺当地支配他人意志吗？后一种支配是公的支配，在这种情形中，债是矫正某些被扭曲的社会关系的工具。

3. 服务之债的重要地位。前文已述，Trips 协议把财产、服务和知识产权定为国际贸易的三大客体，摆脱了过去单纯把财产作为国际贸易客体的陈旧观念。近年来，对服务的调整成为现代社会中的重要法律现象。首先，新型合同的主要部分就是提供服务的。根据学者的研究，新近制定的民法典比传统民法典中包括的合同种类要多得多，以服务为客体的合同群成为新型合同的增长点，它可以分为以休闲服务为中心的合同群和以金融服务为中心的合同群两个子类。前者包括旅游合同、分时使用度假设施合同、旅馆住宿合同等，后者包括保险合同、融资租赁合同、信用卡合同等。② 其次，以服务业为内容的第三

① 这一观点受到了荷兰阿姆斯特丹大学教授 Hans Ancum 在 2007 年 10 月 25 日—30 日在保加利亚索菲亚和博罗维兹举行的第五届“罗马法与现代性”国际研讨会上对我的《罗马合同法一般理论的形成：4 个法学家的 4 个努力》一文的评论的启发。

② 参见方新军著：《现代社会中的新合同研究》，中国人民大学出版社 2005 年版，第 22 页。

产业成为支柱产业，合同类型中服务合同的增长不过是对这一现实的反映。基于上述改变，财产关系的提法本身就发生了问题，服务绝不可以称为财产，服务是服务方对被服务方实施某种行为使后者得到满足的活动。服务可能涉及财产，如把某一财产作为实施服务的工具，但在服务关系中，该财产不是给付的内容，只有行为才是给付的内容。因此，传统的财产关系的表达遗漏了服务。

服务之所以被遗漏，乃由于无体物的体系建构作用，债法成了物法的一部分。服务当然不是有体物，盖尤斯列举的三种无体物也不包括服务。而在罗马法中，债分为给之债、为之债和供之债。只有给之债的客体是物；为之债的客体是债务人的行为①，服务包括其中；供之债的客体是不履行前两类债导致的责任。② 显然，在三种类型的债中，为之债是服务的"母体"。服务不能被包括在上述法律意义上的物的概念之内，因为罗马法是通过把债法当作物法的一部分，从而把为之债间接地纳入物法的，这样勉强达到了逻辑上的自洽。然而，这样的安排在层次上是混乱的：物权的客体是物，债权本身就是物（无体物），然而，债权本身的客体是什么？罗马法的答案是：有的是物（给之债），有的是行为或行为与物的混合（为之债和供之债）。于是，就出现了债权本身是物，某些债权自己的客体也是物这样的层次混乱。

上述问题已被一些国家的学者和立法者认识并谋求解决。就学者而言，让·多马1722年和1739年的《在其自然秩序中的民法》以债（Engagement）作为立论的基础，把债分为两种：一种是亲属之间的债，它们是通过结婚或出生形成的；第二种是以协议形成的债，人们用它交换财货和服务。③ 这是较早确立服务在民法对象理论中地位的

---

① 参见周枏著：《罗马法原论》（下册），商务印书馆1994年版，第679页。

② Cfr. Ricardo Cardilli, *L'Obligazione di "praestare" e la responsabilità contrattuale in diritto romano* (*II SEC. A. C – II SEC. D. C*), Giuffrè, Milano, 1995, pp. 2s.

③ See Jean Domat, *Civil Laws in Their Natural Order*, Vol. I (Trans. By William Strahan), Fred B. Rothman & Co. Colorado, 1980, p. 11.

尝试。就立法者而言，《俄罗斯联邦民法典》第1条第3款规定商品、服务和资金可以在俄罗斯联邦全境内自由流通①，由此把服务增列为财产关系的客体。在起草新的《波多黎各民法典》的过程中，该法域的学者路易斯·穆尼斯·阿尔格叶斯主张在债的分类中增加“个人之债”的类别。所谓个人之债，就是取决于特定人的个人属性的债，这种增加是为了反映现代合同法从传统的以经济交换为中心到同时以经济交换和服务提供为中心的转变。② 最后，在日本，以有体物和传统买卖方式为基础的民法也面临着服务合同关系扩张的冲击，立法者采取了于民法典外制定有关特别法的方法回应这一挑战。③

第七节　“平等主体”问题

一、“平等主体”限制语的作者问题

《民法通则》第2条对它调整的社会关系加了“平等主体”的限制语。一些人误以为它具有极大的创新性和理论意义，说“除我国外，再没有哪个国家以‘平等主体’之说来定义或阐释民法”，由此使民法对象理论摆脱了苏联时期的“调整财产关系以及与财产关系有关的人身非财产关系”阶段，以及我国在《民法通则》前的“调整一定的财产关系和人身非财产关系”阶段④，遂争夺起这一限制语的著作权

---

① 参见《俄罗斯联邦民法典》，黄道秀、李永军、鄢一美译，中国大百科全书出版社1999年版，第2页。

② Véase Luis Muniz Arguelles, Teoría general de las obligaciónes: Anteproyecto y memorial explicativo; *Teoría general de los contratos: Anteproyecto y memorial explicativo*, Manuscrito inedito.

③ 参见周江洪：《日本民法的历史发展及其最新动向简介》，载徐国栋主编：《罗马法与现代民法》第5卷，中国人民大学出版社2006年版，第168页。

④ 参见樊明亚、赖声利：《民法“平等主体”辨证》，载《上饶师范学院学报》2004年第5期，第36页。

来。中国政法大学的学者认为这是杨振山教授的贡献，说：“他在1983年前后提出的‘平等主体关系说’就成为我国当代民法制度的一个奠基理论。1986年主持《民法通则》起草的佟柔先生被他说服，就关于调整对象的规定，放弃了自己坚持的商品经济关系说，最后采纳的便是他的平等主体关系说。”① 当然，中国人民大学的学者有相反的主张，认为这一限制语是谢怀栻教授的贡献，谓：在20世纪80年代初期，“谢老一直坚持认为，民法应当调整平等主体的人身关系与财产关系。”② 放眼历史看这一限制语的来源，可以发现这两所大学的说法都不确切，因为在西方国家和苏联，早就有学者在1983年之前提出了这一限定。

就西方国家而言，德国学者保罗·拉邦德（1838—1918）早就提出了公私法识别的“平等说”，认为公法是调整隶属性关系的法，私法是调整平等关系的法。③ 换言之，民法是调整平等主体之间关系的法。不幸的是，这一观点出笼不久就遭到了反驳。反对者认为，私法中也有上下服从关系，如双亲和子女的关系；公法中也有对等关系，如两个地方国家机关之间的关系，④ 所以此说的局限明显。当然，这种局限也会带到杨振山式的民法对象理论中来。

就苏联而言，20世纪50年代，布拉都西主编的《苏维埃民法》

---

① 参见龙卫球：《点滴的追忆，无限的怀念——遥祭杨振山老师》，载 http：//www. acriticism. com/article. asp? Newsid = 6965，2009年2月4日访问。杨振山谓：民法是指调整法律地位平等的主体之间的财产关系和人身关系的各种法律规范。也参见佚名：《深切缅怀杨振山教授：思想的足迹——半个世纪的民法沉思》，载 http：//www. lawinnovation. com/html/xwzs/4666259919. shtml，2014年7月25日访问。

② 参见王利明：《怀念谢老——谢怀栻先生的法学思想及其对我国民法事业的贡献》，载 http：//www. civillaw. com. cn/article/default. asp? id = 12755，2009年2月6日访问。

③ 参见王利明著：《民法总则研究》，中国人民大学出版社2003年版，第13页。

④ 参见［德］迪特尔·梅迪库斯著：《德国民法总论》，邵建东译，法律出版社2000年版，第11页及以次。

谓："苏维埃民法调整社会主义社会中一定范围的财产关系和与此相关系着的人身非财产关系。"① 就"一定范围"的解释，是"平等主体之间"的。

无论是保罗·拉邦德的观点还是布拉都西的观点，都比前述杨振山和谢怀栻的说法要早，因此，应该说杨氏和谢氏是受外国学说影响提出的相应理论，尤其要考虑到布拉都西表述上述观点的《苏维埃民法》是一本在中国广为流行的著作，应该说，它影响二者的可能更大。

二、对"平等主体"限制语的证成及批驳

证成的论据，简单来说有二：其一是"从身份到契约"的梅因命题；其二是"商品是天生的平等派"的疑似马克思命题。由于这些证成的论据与证伪的论据各说各话，彼此不搭界，所以我在介绍证成的论据后马上就介绍或提出批驳性的观点。再在下节专门介绍证伪的论据。

先说"其一"。杨振山把"从身份到契约"的运动理解为从不平等身份到平等身份的运动。由于这一运动的完成，具有以"平等主体"为核心的人法是近现代民法的重要标志。表现为废除长子的一切特权，在继承法上废除基于年龄和性别的一切其他区别，规定了子女间或其他法定继承人间对遗产的完全平等的分配。② 由此，不具有平等属性的纵向法律关系中的人就不是民事主体。③ 然而，杨振山对梅因命题的理解是否正确呢？首先要说明的是，在国人中，对于梅因的命题存在多种与杨振山不同的理解。例如，梁治平把它理解为从不自

---

① 参见［苏］斯·恩·布拉都西主编：《苏维埃民法》（上），中国人民大学民法教研室译，中国人民大学出版社 1954 年版，第 3 页。

② 参见杨振山：《平等身份与近现代民法学》，载《法律科学》1998 年第 2 期，第 58 页。

③ 参见杨振山、孙毅：《近代民事主体形成的条件和成因》，载《政法论坛（中国政法大学学报）》2005 年第 4 期，第 110 页。

由到自由的运动。[①] 江山把它理解为“从保护群的立法到保护个人的立法的运动”。[②] 蒋先福把它理解为从传统的非法治社会向近现代法治社会的转化。[③] 其次要说明的是，在西方学者中，对梅因的命题也存在许多不同于杨振山的理解。意大利学者阿尔多·贝特鲁奇认为它表达的是权利能力由少数人享有到大家都享有的过程。[④] 沃尔夫冈·弗里德曼认为，身份指人的状况被固定的情况，契约指人们以协商的方式或自愿的方式达成约束的情况，后一种情况取代了前一种情况，就是从身份到契约的运动。[⑤] 可以看出，在上述解释梅因命题的诸说中，只有贝特鲁奇的权利能力普遍化说具有与杨振山的解释类似的平等色彩，但权利能力的普遍化虽然造就了生物人之间的平等，但并不负责把这种平等维持生物人的终身，而要根据论功行赏、论罪行罚的原则增减具体生物人的权利能力，这一点本书的第四章就要谈到。至于法律普遍性的增加，那是一个限制司法权的措施，与私人之间的平等没有直接的关系，这一点本书的第三章也要谈到。由此我们可以说，杨振山对梅因命题的理解十分特别且孤立，不见得具有真理性。

次说“其二”。钮敏把“商品是天生的平等派”的疑似马克思命题细化为“市场经济得以形成和发展的前提是承认市场主体作为商品生产者和交换者独立平等的地位”的命题。[⑥] 但“商品是天生的平等派”

---

① 参见梁治平：《法辩——中国法的过去、现在与未来》，贵州人民出版社1992年版，第37页。

② 参见江山：《互助与自足——法与经济的历史逻辑通论》，中国政法大学出版社1994年版，第259页；第274页。

③ 参见蒋先福：《契约文明：法治文明的源与流》，上海人民出版社1999年版，第32页。

④ 参见［意］阿尔多·贝特鲁奇著，徐国栋译：《从身份到契约与罗马法中的身份制度》，载《现代法学》1997年第6期，第94页。

⑤ See Wolfgang Friedmann, *Law in a Changing Society*, Steven & Sons Limited, University of California Press, Berkeley and Los Angeles, 1959, p. 488.

⑥ 参见钮敏：《对市场经济条件下主体法律地位平等性的思考》，载《延安大学学报（社会科学版）》1999年第3期，第53页。

是“疑似马克思命题”而非“马克思命题”，马克思的原话是这样的：“商品所有者与商品不同的地方，主要在于：对商品来说，每个别的商品体只是它本身的价值表现形式。商品是天生的平等派和昔尼克派，它随时准备不仅用自己的灵魂而且用自己的肉体去同任何别的商品交换，哪怕这个商品生得比马立托奈斯还丑。商品所缺乏的这种感知其他商品的具体属性的能力，由商品所有者用他自己的五种以上的感官补足了。商品所有者的商品对他没有直接的使用价值……而对别人有使用价值。”① 实际上，这段话的意思很简单：商品是没有感觉的物，在商品交换中，它可以和任何一种商品交换，所以说它是天生的平等派和昔尼克派。昔尼克派又称犬儒学派，它对于财产、荣誉、婚姻、家庭、政治等采取无动于衷的态度，克己节欲，不怕像狗一样过简单的生活。马立托奈斯是莎士比亚文学作品中丑女的典型。说商品是平等派是说它无感觉。而商品所有人则不然，他是人，有五种以上的感官，所以有丰富的感觉。他明确地知道商品对自己没有使用价值，所以才要拿到市场上去出卖；又知道商品对于别人有使用价值，才相信能够卖得出去。遗憾的是，马克思的上述话被许多学者望文生义，做了不着边际的发挥，先是舍弃“和昔尼克派”五个字，然后就大讲商品经济如何平等，又如何要求政治上的平等。② 论者认为，商品经济的平等体现在等价交换上，但等价交换是一个理论的抽象，在现实中很难找到，只存在于个别的场合。在资本主义经济中，商品的价格不再由价值规律决定，而是由生产价格决定。生产价格是成本与平均利润之和。而平均利润是在竞争中形成的，是动态的。非独此也，马克思恰恰反对商品经济是平等的乐园的观点。在《资本论》中，

---

① 参见［德］马克思著：《资本论》，中共中央马克思、恩格斯、列宁、斯大林著作编译局译，人民出版社 2004 年版，第 104 页。

② 参见［德］马克思著：《资本论》，中共中央马克思、恩格斯、列宁、斯大林著作编译局译，人民出版社 2004 年版，第 103 页注 38。

马克思多次讽刺过关于商品经济平等的论调，如讽刺蒲鲁东从与商品生产相适应的法的关系中提取其公平的理想的做法为庸人所为①；又如，讽刺出卖劳动力的工人与资本家之间的平等是卖皮的人与买皮的人之间的关系。② 在实际生活中，存在格式合同的提供者对附随者的凌迫，所以各国才要制定公平交易法，这也证明商品经济并非天然导致平等。

三、对“平等主体”限制语的证伪

如上所述，对“平等主体”限制语的证伪者都不是对证成的论据进行批驳，而是独立思考，从逻辑推演和现实观察出发发现其谬误。这样的证伪者为三篇论文的作者和一些外国立法例，容分述之。

第一篇证伪论文《“平等主体关系说”评判》的作者蔡立东、张临伟对这一限定的质疑如下：首先，从逻辑上看，《民法通则》第2条的民法对象定义假定存在平等者之间的社会关系由民法调整，没有这样的平等者之间的关系民法就无事可干，而自然人之间由于种种原因生来不平等；法人也由于规模、实力的差别存在不平等，所以，《民法通则》第2条的设定是虚幻的。正如科恩所言：“任何企图证明人皆平等的努力，都是应该否定的，要证明人皆平等是不可能的。”③ 其次，“平等主体”的限定不应是对民法调整的社会关系的属性的描述，而应该是对民法的调整方法的描述，换言之，以平等的方法调整本来就不平等的人之间的关系，平等主体间的关系是民法调整的结果而非前

---

① 参见穆霖：《“商品是天生的平等派”原旨——读〈资本论〉第二章》，载《石油政工研究》2003年第3期，第54页。

② 参见［德］马克思著：《资本论》，中共中央马克思、恩格斯、列宁、斯大林著作编译局译，人民出版社2004年版，第205页。

③ 参见［美］卡尔·科恩著：《民主概论》，聂崇信、朱秀贤译，商务印书馆（香港）有限公司1989年版，第273页。

提，所以，“平等主体说”存在倒果为因问题。[①] 一言以蔽之，此说认为“平等主体”不应是一个描述性的概念，而应是一个规范性的概念。显然，这种观点尽管质疑“平等主体间关系”的限制语，但并不否认平等对于民法的价值。

第二篇证伪论文《民法“平等主体”辨证》的作者樊明亚、赖声利也对“平等主体”的限制语提出了批驳。理由一，“平等主体”的所指具有完全性，应该理解为在身份、地位、机会、结果、权利、义务等各个方面的平等主体，而涉及这么广泛范围的平等主体是不存在的。理由二，“平等主体”的限制语不真实。首先，法人作为主体就是不平等的，在我国，企业依国籍不同而待遇不同，也依所有制不同而待遇不同；自然人依出生在城市还是乡村而待遇不同。他们认为，消除以上错误的办法是取消“平等主体”的限制语，把“平等”分别作为民法调整的人身关系和财产关系的限制语。[②] 看来，这两个作者并不觉得在民法对象定义中嵌入“平等”二字有什么不好，只是应该嵌在正确的地方。而他们提出的替代方案恰恰是蔡立东、张临伟批判的。

第三篇证伪论文是尹田的《民法对象之争：从〈民法通则〉到〈物权法〉——改革开放30年中中国民事立法主要障碍之形成、再形成及其克服》，它不像前两篇文章一样专门针对“平等主体”的限制语发难，而是附带地对其进行责难。具体来说，作者认为我国民法调整在多数国家由行政法调整的国家财产关系或公产关系，这决定了它

---

① 参见蔡立东、张临伟：《“平等主体关系说”评判》，载《南京大学法律评论》2005年秋季号（第24期），第82页。

② 参见樊明亚、赖声利：《民法“平等主体”辨证》，载《上饶师范学院学报》2004年第5期，第34页及以次。

调整的这方面法律关系的两端当事人的不平等。① 所以，“平等主体”的限制语不真实。

就外国立法例而言，1976 年的《德意志民主共和国民法典》第 1 条第 2 款规定：“民法调整公民与企业之间及公民相互之间为满足物质和文化需要而发生的关系，保护社会主义财产，保护公民的人身权利和个人财产。”② 这一规定没有在民法调整的关系前设置“平等主体之间的”之类的定语，承认了民事法律关系的参与者之间地位的不平等性。1964 年《波兰民法典》类此，其第 1 条第 1 款规定：“本法典调整社会主义化的经济单位之间、自然人之间、社会主义化的经济单位与自然人之间的民事法律关系。”③ 也没有在民法调整的关系前设置“平等主体之间的”的限制语。

四、小结

看来，“平等主体”的限制语的设置是个错误，问题在于用什么样的限制语替代它，因为它是为了把民法与行政法、税法等公法部门区分开来而设置的，一旦取消，人们本来以为已厘清的民法与行政法、税法的区分又将陷入混沌。对此不利局面有两种可能的处理。其一，增加调整方法的区别因素，前面援引的作者蔡立东、张临伟承认，平等是民法的至少一种调整方法，它面临不平等关系的现实，力图通过自己的作用把它们转化为平等的关系。但这种处理的效力是有限的，因为“确定”的民法事项就不适用平等的调整方法。其二，放弃对部门法进行泾渭分明的区分的无谓尝试，满足于现在的各部门法之间界限的混沌状况。

---

① 参见尹田：《民法对象之争：从〈民法通则〉到〈物权法〉——改革开放 30 年中国民事立法主要障碍之形成、再形成及其克服》，载《法学论坛》2008 年第 5 期，第 14 页及以次。

② 参见《德意志民主共和国民法典》，费宗祎译，法律出版社 1982 年版，第 3 页。

③ See *Polish Civil Code*, Edited by D. Lasok, Translated by Z. Negbi, A. W. SIJTHOFF – LEYDEN, 1975, p. 3.

换言之，回到以“一定范围”作为民法调整的社会关系的限制语的状况。这种处理可能过分悲观，实际上，还有一些其他途径可以帮助我们把各个部门法相对地区分开来，如目的的途径。民法的目的与行政法和税法的目的应该是极为不同的。又如，外延列举的途径。我在本书第83页中的民法对象定义就采用这一途径，在说明民法调整人之间的关系后，列举此等关系的外延是亲属关系、继承关系、物权关系、知识产权关系、债权关系。通过外延列举法解决平等限定阙如的问题。

第三章

平等论

第一节　对平等规定频度和规定领域的比较法考察

一、民事立法的比较

我国《民法典》第14条规定："自然人的民事权利能力一律平等。"此条可被理解为所谓的民法中的平等原则的体现，对它应如何理解呢？

首先，它是一个具有社会主义制度特色的规定，因为在我收藏的外国民法典中，只有《俄罗斯联邦民法典》（第17条）、《土库曼斯坦民法典》（第1条）、《蒙古国民法典》（第8条第2款）、越南老《民法典》（第16条第2款）、越南新《民法典》（第14条第2款）、《立陶宛民法典》（第2条）、《摩尔多瓦民法典》（第1条）、《朝鲜民法典》（第19条）有类似规定。我手头的其他民法典或草案，如《纽约民法典草案》《德国民法典》《意大利民法典》《埃及民法典》《智利民法典》《阿尔及利亚民法典》《埃塞俄比亚民法典》《阿根廷民法典》《巴西新民法典》《泰国民商法典》《路易斯安那民法典》等，都无这样的规定。而且我发现，越是在社会主义或前社会主义国家，民法典中的平等字样越多。例如，我国凡1260条的《民法典》有12处出现

"平等"字样，这还达不到冠军；《越南新民法典》包括其家庭法凡887条，有27处"平等"；凡1015条的《立陶宛民法典》有15处"平等"；凡1318条的《土库曼斯坦民法典》有5处"平等"。反之，凡2046条的《巴西新民法典》一处"平等"字样也没有；凡1755条的《泰国民商法典》只有1处"平等"字样；凡1003条的《阿尔及利亚民法典》没有一处"平等"字样；凡4051条的《阿根廷民法典》正文中只有2处"平等"；凡1044条的《日本民法典》只有2处"平等"；1149条的《埃及民法典》只有3处"平等"，而且集中在关于公共特许合同的第670条；凡2270条的《菲律宾民法典》只有4处"平等"，都是一些细小的平等；凡2524条的《智利民法典》只有1处平等。

其次，它是一个绝对的规定，换言之，它无条件地赋予所有人平等的民事权利能力。有的国家有类似规定，但都是有条件地做这样的赋予。有如下列：

1.《瑞士民法典》第11条第2款："在法律范围内，人人都有平等的权利能力及义务能力。"说它"类似"，一是因为它加了"在法律范围内"的限制语，这一限制意味深长，它把无限的平等限缩成了有限的平等；二是因为它把平等的事项扩及于义务能力，这是它与《民法通则》第10条不同的地方。

2. 1990年《朝鲜民法典》第19条第2款："公民的民事权利能力平等，法律设有限制的除外……"

3. 新《越南民法典》第16条："个人的民事权利能力不受限制，法律另有规定的情形除外。"

以上两条，对权利能力的平等性做了类似于《瑞士民法典》第11条第2款的限定。

4. 1922年《苏俄民法典》第4条："……私法上之权利能力对于未依裁判限制权利之一切人民，均付与之。"该条承认权利能力受法院判决限制的可能，也把无限的平等限缩成了有限的平等。

看来，只有我国《民法典》属于权利能力问题上的绝对平等派，而这种绝对性从来没有经过论证，瑞士、朝鲜、越南和苏俄的立法都是相对平等派，间接地承认了失权制度的存在空间。

二、宪法规定的比较

与上述国家和地区民法中平等原则的阙如形成对照的是这些国家和地区宪法中平等原则的存在。

1. 德国。其宪法第3条规定：一、法律面前人人平等；二、男女享有平等的权利；三、任何人都不得因为性别、门第、种族、语言、籍贯和血统、信仰或宗教或政治观点而受歧视或优待。①

2. 意大利。其宪法第3条第1款规定：全体公民，不问其性别、种族、语言、宗教、政治信仰、个人地位及社会地位如何，均有同等的社会身份，并在法律面前一律平等。②

3. 法国。其宪法附录一《人权与公民权利宣言》第1条规定："人们生来是而且始终在法上是自由平等的。（Les hommes naissent et demeurent libres et égaux en droits.）非基于公共福祉不得建立社会差异。"③

4. 日本。其宪法第14条规定：一、一切国民在法律面前一律平等。在政治、经济以及社会的关系中，不得因人种、信仰、性别、社会身份以及门第不同而有所差别。二、不承认华族及其他贵族制度。……

5. 埃及。其宪法第8条规定：国家保障全体公民的机会平等。④

---

① 参见姜士林、陈玮主编：《世界宪法大全》（上卷），中国广播电视出版社1989年版，第705页。

② 参见姜士林、陈玮主编：《世界宪法大全》（上卷），中国广播电视出版社1989年版，第1111页。

③ 参见王建学主编：《1789年人权和公民权宣言的思想渊源之争》，法律出版社2013年版，第1页。

④ See The Constitution of Arab Republic of Egypt, On http://www.uam.es/otroscentros/medina/egypt/egypolcon.htm，2008年10月3日访问。

6. 智利。其宪法第 1 条第 1 款规定：人生来在尊严和权利上平等。[①]

7. 阿尔及利亚。其宪法第 29 条规定：所有的公民在法律面前平等，不得因所属、种族、性别、意见或任何其他的个人或社会状况实行歧视。[②]

8. 埃塞俄比亚。其宪法第 25 条规定：所有的人在法律面前平等，享有同样的法律保护，不受任何歧视。所有的人都有权获得同等的和适当的保障，不考虑任何区分，诸如种族、民族、国籍、肤色、性别、宗教、政治或社会起源、财产、出生或其他身份。[③]

9. 阿根廷。这是一个有些例外的国家，因为其宪法通常不以平等的措辞表达平等原则，而是采用全称判断的形式。这两种表达的效果是一样的。首先，阿根廷宪法在其第 8 条规定了各省居民的平等，其辞曰："每个省的公民都享有内在包含于其他省的公民身份中的一切权利、特权和豁免权。引渡罪犯为各省间的具有相互性的义务。"此条规定各省公民间在权利享有上的平等。其次，在其第 14 条同样以全称判断的形式列举性地规定了国内居民的权利平等，其辞曰："本国的一切居民都根据调整其行使的法律享有如下权利：即工作和从事合法营业的权利，航行和贸易权，向当局的请愿权，进入、停留、旅行于以及离开阿根廷领土的权利，在不经预先审查的情况下通过媒体出版其思想的权利，使用和处分其财产的权利，为有用目的结社的权利，自由信仰宗教的权利，教学权和学习权。"只是在其第 37 条第 2 款，才用平等的字样规定了男女在选举上的平等：男女担任选举和正当职务的

---

① See The Constitution of Republic of Chile，On http：//confinder. richmond. edu/admin/docs/Chile. pdf，2008 年 10 月 3 日访问。

② See The Algerian Constitution，On http：//www. servat. unibe. ch/law/icl/ag00000_ . html，2008 年 10 月 3 日访问。

③ See The Ethiopian Constitution，On http：//www. africa. upenn. edu/Hornet/Ethiopian_ Constitution. html，2008 年 10 月 3 日访问。

平等将由调整政党和选举制度的积极行动加以保障。[1]

10. 巴西。其宪法第5条第0款规定：所有的人在法律面前平等，不做任何形式的区分。巴西人和居住在巴西的外国人的生命权、自由权、平等权、安全权和财产权的不受侵犯根据如下条件受保障。[2]

11. 泰国。其宪法第23条规定：所有的人在法律上一律平等，并有受法律保护的平等权利。[3]

12. 美国路易斯安那州。该州的宪法第3条规定不得否定任何人受法律的平等保护，任何法律不得因种族、宗教信仰、政治信念和从属关系歧视某人。任何法律不得武断地、任性地和不合理地因出生、年龄、性别、文化、身体状况、政治观念和政治从属关系施加歧视。奴隶制和强制劳役禁止之，为惩罚犯罪科加的强制劳役除外。[4]

以上规定分为两种类型，有的列举人的某些特性并反对把它们作为制造不平等的依据，这些特性有性别、种族、语言、宗教、政治信仰、个人地位及社会地位等；有的不列举这些特性，而是列举力求达成平等的权利类型，如生命权、自由权、平等权、安全权和财产权的不受侵犯性。前一种类型的例子有意大利宪法；后一种类型的例子有巴西宪法。在前一种类型的立法例中我们可发现，除埃塞俄比亚宪法外，其他立法例都没有把贫富作为禁止以之作为不平等依据的特性。没有一个立法例把是否有犯罪前科作为禁止以之作为不平等依据的特性。在后一种类型的立法例中，我们可发现没有一部宪法把财产权当

---

① See The Argentina Constitution, On http://www.servat.unibe.ch/law/icl/ar00000_.html, 2008年10月3日访问。

② See Brazil - Constitution, On http://www.servat.unibe.ch/law/icl/br00000_.html, 2008年10月3日访问。

③ 参见姜士林、陈玮主编：《世界宪法大全》（上卷），中国广播电视出版社1989年版，第414页。

④ See The Constitution of the State of Louisiana, On http://www.harbornet.com/rights/louisana.txt, 2008年10月3日访问。

作力求达成平等的权利类型，顶多把财产权的不受侵犯性做如此处理。分析到这里，我们就大致知道宪法上平等权的路线图了。

三、民法教科书的比较

1. 中国的样本。我自己写作的司法部法学教材编辑部编审的高等政法院校规划教材《民法学》（第六版）[①] 之“民法总论”部分，该部分凡 139 页（16 开本），出现 96 处“平等”，可以说平等之歌高唱入云。

2. 阿根廷的样本。为阿根廷著名民法学家霍尔赫·香比雅斯的《民法论：总则》（第一卷），此书也是 16 开本，凡 727 页，出现 10 处“平等”（Igualdad）。[②] 可以说前者篇幅小，“平等”多；后者篇幅大，“平等”少。从内容来看，前者是弥漫性的平等，后者是小范围的平等，其所涉主要分为两类：第一是夫妻平等；第二是法律面前的平等。[③] 法律面前的平等属于宪法问题，这一点后面将详论。

3. 德国的样本。为迪特尔·梅迪库斯的《德国民法总论》，其中没有讲中国民法教材必讲的“平等原则”（甚至根本没有讲基本原则的部分），而我们知道，西方民法的两大基本原则是诚信原则和公序良俗原则。[④] 在权利能力部分，梅迪库斯未有只言片语提到平等，只对这一制度做了技术性而非价值性的分析。[⑤]

4. 法国的样本。雅克·盖斯旦等人的《法国民法总论》。像梅迪

---

① 参见彭万林主编：《民法学》（第六版），中国政法大学出版社 2007 年版，第1—139 页。

② Véase Jorge Joaquín Llambías, *Tratado de Drecho Civil*, Parte General, Tomo I, Editorial Perrot, Buenos Aires, 1997.

③ Véase Jorge Joaquín Llambías, *Tratado de Drecho Civil*, Parte General, Tomo I, Editorial Perrot, Buenos Aires, 1997. p. 250.

④ 参见徐国栋著：《民法基本原则解释——诚信原则的历史、实务、法理研究》（再造版），北京大学出版社 2013 年版，第 32 页。

⑤ 参见［德］迪特尔·梅迪库斯著：《德国民法总论》，邵建东译，法律出版社 2000 年版，第 781 页及以次。

库斯的书一样，该书没有讲什么平等原则。但当代的法国民法理论似乎已把不平等视为当然并为其提供正当性论证：一旦承认了主观权利这一保留权利人的自由而排斥他人自由的制度，不平等就是必然的，但这种不平等是合法的，因为它不是基于暴力而是法律规则。这种广泛的不平等只有一个例外：人格权，它给予每一个人。不论他的能力如何，表现好坏，而其他主观权利，如所有权，并非以每个人为受体，所以不是平等授予的。在法国人看来，不仅主观权利是平等的障碍，而且公平也是如此，因为每个人的境遇不同，要想维持公平，就必须承认分配的不平等。[①] 盖斯旦等人的这本《民法总论》对平等的忽略和对不平等的证成，似乎揭示了上列西方各国民法典中如此缺乏平等的原因，并给人现代民法中以不平等为常态，平等为例外的印象。

5. 日本的样本。大村敦志的《民法总论》相较于其德国和法国的对应物，提到平等的地方较多，对它的态度较肯定。作者承认平等是民法的基本价值，但这是形式上的平等，如果实质上的平等没有得到保障却主张形式上的平等，会造成弱肉强食的局面。这样，从20世纪六七十年代开始，日本民法开始了保护弱者运动，它基于对社会连带的认知进行，以诚信原则、权利不得滥用原则为工具，作为行动的结果，形式上的平等——即在法律面前的平等——被弱化。[②] 按这种说法，是另一种“平等”掩盖了平等。而传统民法张扬的形式上的平等，所以，平等在日本，还是式微了！

四、宪法教科书的比较

1. 德国。伯阳的《德国公法导论》阐述了德国宪法中存在的一般

① 参见［法］雅克·盖斯旦等著：《法国民法总论》，陈鹏等译，法律出版社2004年版，第145页及以次。

② 参见［日］大村敦志著：《民法总论》，江溯、张立艳译，北京大学出版社2004年版，第43页及以次。

平等原则，把它理解为对立法者设置差别对待的限制。①

2. 法国。莱昂·狄骥的《宪法学教程》中有平等原则之设，并且明确将这一原则的内容解释为“立法者不得制定任何损害个人平等的法律”。② 这就解释了有关民法教材不包括平等原则的原因：平等原则被理解为限制立法者权力的公法原则，当然不宜放在通常被理解为私法的民法中规定。

3. 日本。阿部照哉、池田政章、初宿正典、户松秀典编著的《宪法——基本人权编》也阐述了平等原则，并以立法者拘束说为关于这一原则的首要学说。③ 这也是把平等原则当作宪法原则的一种表达。

五、小结

平等原则到底属于民法还是宪法？看来，我国学者认为这一原则属于民法，至少同时属于民法和宪法，而西方学者多数认为它属于宪法。

离社会主义越远，民法中越缺乏平等。社会主义民法追求平等的目标，非社会主义民法在这方面的追求较弱或没有这方面的追求。社会主义民法规定的是总则平等或宏观平等，非社会主义国家规定的是分则平等或微观平等。这种对比与社会主义国家在主观上对平等的追求强于西方国家有关。④

---

① 参见［德］伯阳著：《德国公法导论》，北京大学出版社2008年版，第123页。

② 参见［法］莱昂·狄骥著：《宪法学教程》，王文利等译，辽海出版社、春风文艺出版社1999年版，第177页。

③ 参见［日］阿部照哉等编著：《宪法——基本人权编》（下册），周宗宪译，中国政法大学出版社2006年版，第108页。

④ 在制定《世界人权宣言》时，中国代表坚持同时规定平等原则和平等权。参见刘连泰著：《〈国际人权宪章〉与我国宪法的比较研究》，法律出版社2006年版，第102页。不过，这些代表如果理解到平等原则是约束立法权的原则，他们可能不会这么做。他们理解的平等，可能是《法学词典》（增订版）理解的平等：人人与之间在政治、经济、文化等各方面处于同等的地位，享有同样的权利。在这样的平等定义中，立法者承担的义务不明显。参见《法学词典》编委会编：《法学词典》（增订版），上海辞书出版社1984年版，第173页。

为了理解中西对平等原则的理解为何有如此的不同，需要研究以下基本理论问题。

第二节　平等观和平等的类型

一、平等观的起源和发展阶段

（一）视不平等为当然的罗马法

平等问题在民法上首先是一个人格问题。人格即国家赋予自然人、社会组织或目的性财产充当民事主体的资格。尽管都是国家赋予的，但古今人格很不同。在罗马法中，人格制度是生物人与法律人之间的过滤器，只有同时具备自由、市民、家父、名誉、宗教等身份的生物人才能成为法律人，拥有人格，因此，当时的人格是制造不平等的工具。

（二）伯里克利命题的含义及其起源

公元前5世纪的希腊政治家伯里克利于公元前431年在雅典阵亡将士国葬典礼上的演说中提出“解决私人争执的时候，每个人在法律上都是平等的”。[①] 对这一著名说法，多的是过度解读、理想化解读，包括我过去的此等解读（把它说成普遍的平等原则的最早表达），现在我有如下现实解读。

1. 这种平等只适用于雅典市民，不包括借住的外邦人。对此可以亚里士多德的遭遇为例。他是斯吉塔拉人，几乎终身住在雅典，虽然为这个城市赢得光荣，但没有获得雅典市民权。

2. 只适用于民事诉讼，换言之，不适用于政治法等领域。这一结论是从伯里克利的“解决私人争执的时候”一语得来的，反言之，在解决涉公争执的时候，人们间可能是不平等的。

---

① 参见［古希腊］修昔底德著：《伯罗奔尼撒战争史》（上），谢德风译，商务印书馆1985年版，第130页。

3. 法律上的平等是与自然的平等对立的，因此，伯里克利的话隐含着对自然的不平等的承认，但法律无视之。这类同于《人权与公民权利宣言》的规定：人们生来是而且始终在法上是自由平等的。

4. “私人”是“人”，即法律主体，所以，伯里克利的话只承认等级内的平等，换言之，奴隶被排除在平等的适用对象之外，因为他们不是“人”，至少不是完全的法律主体。

最后要说的是，此语可能并非伯里克利原创，据说，公元前552年，波斯人欧塔涅斯（Otanes）说：“人民统治的优点，首先在于它是美好的名声，那就是——在法律面前人人平等。”① 欧塔涅斯说此语比伯里克利早100多年，有可能影响了伯里克利。这是颇有讽刺意味的，因为波斯是个君主专制国家，排斥平等，伯里克利作为一个民主国家的领袖，却要到那里去找平等思想。

（三）乌尔比安力图实现生物人与法律人的同一性

英国学者Tony Honoré说乌尔比安是人权先锋②，这是因为乌尔比安讲过一些维护人权的话。例如，他在其《萨宾评注》第43卷中所讲的：“在市民法的范围内，奴隶什么都不是，但根据自然法并非如此，因为在自然法的范围内，所有的生物人都平等。”（Quod attinet ad ius civile，servi pro nullis habentur：non tamen et iure naturali，quia，quod ad ius naturale attinet，omnes homines aequales sunt.）（D. 50, 17, 32）

此语看起来抓住了权利能力问题的本质：实现Homo与Persona的同一性，以求达成所有的生物人的平等。尽管乌尔比安承认市民法中Homo与Persona的背离，但他不认为这是理所当然的，因为在理想的自然法中并不如此。乌尔比安第一次提出自然法、万民法与市民法的

---

① 参见百度百科“欧塔涅斯”词条，载http：//baike. baidu. com/view/2272408. htm，2015年3月8日访问。

② See Tony Honoré，*Ulpian*：*Pioneer of Human Rights*，Second Edition，Oxford University Press，Oxford，2002.

三分法,[①] 而他认为的自然法基本上是万民法的同义词，两者只是在是否承认奴隶制上不同。[②] 不妨认为乌尔比安另立自然法概念就是为了反对奴隶制，因为奴隶制违反人道。作为一个斯多亚哲学家，乌尔比安信仰的哲学认为人都是神的儿女，应该平等。[③]

但是，按照罗马法创立的标准，一个生物人要想成为法律人，必须通过自由身份、国民身份、家族身份、名誉身份、宗教身份的门槛,[④] 上述乌尔比安的法言只谋求拆除横亘在生物人与法律人之间的自由身份门槛，并未谋求拆除其他的门槛。事实上，乌尔比安在其《告示评注》第12卷中主张丧失市民身份者丧失在合同之诉中的诉讼能力（D.4，5，2）。[⑤] 这是对国民的身份门槛的肯认。假设权利能力平等是一座房子，需要五根柱子支撑，乌尔比安确实画出了屋子的蓝图，却只用一根柱子支撑。所以，乌尔比安还是非常接受人人生而不平等的现实的。

（四）平等原则在公私法中的形成

1. 1776年的《弗吉尼亚权利宣言》第1条规定：人人生而同等地自由并独立（That all men are born equally free and independent），并享有某些内在的自然权利……此语确立了人人平等原则，反对人人生来不平等的命题，因为人一生下来就要屈从于自己的父母。

---

① See James Crawford Ledlie, Ulpian, In *Journal of the Society of Comparative Legislation*, New Series, Vol. 5, No. 1 (1903), p. 22.

② I. 1，2，2。参见徐国栋著：《优士丁尼〈法学阶梯〉评注》，北京大学出版社2011年版，第43页。

③ 参见余卫东、费雪莱：《论斯多葛学派平等思想》，载《湖北大学学报（哲学社会科学版）》2013年第3期。

④ 参见徐国栋著：《罗马私法要论》，科学出版社2007年版，第20—41页。通常的罗马法著作只讲前三种身份，如此枉顾了罗马法大量运用后两种身份规训社会成员的现实。

⑤ 参见窦海阳译：《学说汇纂·恢复原状与责任的承担》（第4卷），中国政法大学出版社2012年版，第133页。

2. 1776 年的《独立宣言》宣称所有的人“造而平等”（all men are created equal）。这是杰弗逊设下的一个机关，让大家自己捉摸出人人生而不平等的结论。

3. 1789 年的法国《人权与公民权利宣言》：“人们生来是而且始终在法上是自由平等的。非基于公共福祉不得建立社会差异。”这个规定最有伯利克利味道，因为它把平等的基础建立在“法上”，并承认立法者基于公共福祉制造不平等的权力。如此，承认了自然的不平等。同时，公共福祉的概念具有极大的主观性，通常依据掌握最高权力者的判断确定，由此极大地开放了不平等的空间。

4.《法国民法典》第 8 条将《人权与公民权宣言》规定的上述原则具体化，规定：“一切法国人均享有民事权利。”本条在法国人的范围内谈平等，有量力而行的意味。但要加一个但书——“被判处民事死亡者除外”——才真实。

5. 1811 年的《奥地利普通民法典》第 16 条力图实现乌尔比安的平等观念，规定：“每个生物人（Mensch）都享有与生俱来因而被看作法律人（Person）的权利。奴隶制、奴役以及以奴隶制和奴役为依据的权力行使，禁止之。”此条把成为法律人的机会定性为生物人的一项权利，并从反面说明了奴隶制是实现这一权利的障碍。但此条没有否认名誉身份、宗教身份，甚至市民身份可以作为不平等的理由，因而确立的也是一种有限的平等。

二、平等观的诸类型

平等观念产生后，尤其是世俗的平等观产生后，分化出如下许多类型。

1. 描述性的平等观。它把平等理解为人的能力的同一，分为肉体上的能力和精神上的能力两种。持论者认为，肉体上的平等例外太多，精神上的平等少有例外，它表现为人在肉体上无论强弱，都有同样的感觉、判断能力。[①] 精神平等观历来被作为证明奴隶与自由人之间的平等、男女之间的平等的论据。

2. 规范性的平等观。这方面有两种彼此关联的学说。首先有“同等说”。自亚里士多德以来人们就认为平等就是“同样的人应受同样的对待”[②]，平等的格言是：平等对待那些平等的，不平等对待那些不平等的。[③] 所以，平等本身就包含着不平等的因子。这种平等学说具有浓重的阶级色彩。有意思的是，真的从亚里士多德的这个平等定义中衍生出了歧视定义：“相同的人（事）被不平等地对待或不同的人（事）受到相同的对待。”[④] 尽管如此，我国《民法典》第 14 条表达的平等属于此说，因为它说的是“生物人与法律人的普遍的同一性以及他们法律人格大小的均等性”。在这里，“同样的人”是生物人，“同样的对待”是权利能力的拥有和这种能力大小的均等。可以看出，对“同样”的认定具有主观性，不同时代的不同人有不同的认定结果。但有人认为，同等说太广泛，应限缩为“平等是与利益获得有关的相同性”[⑤]。威斯腾教授对同等说提出了更激烈的批评，认为平等之所以千年不衰，是因为它内容空洞，因为平等原则要有意义，必须纳入某些外在价值去确定什么人和什么待遇是同样的，但一旦找到了这些外在价值，平等原则就多余了。更糟的是，平等还倾向于引起混淆和逻

---

① 参见［英］威廉·葛德文著：《政治正义论》（第一卷），何慕李译，商务印书馆 1991 年版，第 97 页及以次。

② See Peter Westen, The Empty Idea of Equality, In Vol. 95, No. 3 (Jan., 1982), *Harvard Law Review*, p. 539.

③ Véase Karla Pérez Portilla, *Principio de igualdad*: *Alcances y Perspectivas*, UNAM, Mexico, 2005, p. 100.

④ 参见朱振：《论人权公约中的禁止歧视》，载《当代法学》2005 年第 4 期，第 145 页。

⑤ 参见王海明：《平等新论》，载《中国社会科学》1998 年第 5 期，第 52 页。

辑错误，因此，威斯腾教授呼吁抛弃平等的修辞学表达。[①]

其次有“分配说”。该说与“同等说”存在接续关系，认为：“平等是不同的人之间的一种关系，在他们得到资源的同等的供应或同等的快乐时，即有平等之存在。是否有平等或不平等到底有多大，取决于有价值之物的总分配。”[②] 这种平等学说具有浓厚的实质平等色彩，而且属于积极分配说，未涉及对不利事项的分配，在这方面，贝勒斯的理论更全面，他认为平等包括公平地分配负担。[③]

在“分配说”之下有绝对平等说和相对平等说。前者又称“无差别说”，认为所有的人都要受到同样的对待，而不管他们的年龄、健康状况、财产状况、人格、身份、种族、民族等如何。显然，上面列举的各国宪法条文多持此说。后者又称“按比例说”，认为人们应该得到与自己的优点、贡献、需要、身份等相称的待遇。[④] 实现了这一目标的状态，谓之公平，即比例公平。

由上可见，无论哪种含义的规范平等观，都暗含“分配”二字，暗含着居高临下的分配者与等待分配结果者之间的关系，而不涉及等待分配者彼此之间的关系。因此，西方民法中平等寡少，其宪法中却平等充盈，不是偶然的。

3. 形式平等观。又称消极平等观，即认为立法者不做某些事（如制定针对个别人的法律）就可达成的平等的观点。

4. 实质的平等观。又称积极平等观，即认为立法者要积极地做某些事才能达成平等的观点。20 世纪，进入积极国家或福利国家时代

---

① See Peter Westen, The Empty Idea of Equality, In Vol. 95, No. 3 (Jan., 1982), *Harvard Law Review*, p. 537.

② See Dennis McKerlie, Equality, In Vol. 106, No. 2 (Jan., 1996), *Ethics*, p. 274.

③ 参见［美］迈克尔·D. 贝勒斯著：《法律的原则——一个规范的分析》，张文显等译，中国大百科全书出版社 1996 年版，第 12 页及第 422 页。

④ 参见张文显著：《二十世纪西方法哲学思潮研究》，法律出版社 1999 年版，第 452 页。

后，实质的平等观形成。实现实质平等（立法者要积极作为的平等）的领域主要有二：其一，满足基本需要的领域。这种需要有两种，首先是精神上的，如人格权，它是绝对要每人都有，不论其处境如何。即使是死刑犯，由于人格权，受害人的家属也不得在其脸上撒尿，对乞丐也是如此。这是维持人类尊严的底线。所以，在不张扬平等原则的上述法国民法教科书中，仍把人格权当作一个例外。其次是物质上的，即人们对于健康、住房、教育、工作机会等享有的权利，国家负有为人民提供它们的义务，以满足其人民的福利权。时代不断发展，福利权的客体范围日广，品位日高。其二，为了社会的稳定需要拉平的领域。拉平即颠倒行动（affirmative action，有人翻译为"扶弱政策"）或肯定性行动。[①] 这种行动最早在美国展开。"颠倒行动"是美国政治生活中的一个重要概念，指由美国联邦政府倡导并推行的旨在消除对少数族裔和妇女歧视（特别是在教育和就业领域）的各项措施。不妨说，它是以新歧视消除老歧视，由此有一定的有害性，为了对此进行限制，它被设定为具有如下特点：（1）暂时性，弱势群体的低下地位一旦消除，颠倒行动就要取消；（2）原因的透明性和不可更改性；（3）目的与手段的比例性，即必须采取与目的相适应的手段"颠倒"，不得过火，如把法学院150个名额中为黑人保留10个改为150个名额中为白人保留10个。[②] 这种对颠倒行动的限制也说明了过度平等的危害。

三、平等的诸类型

1. 法律面前的平等。这是适用法律的一种方式，在适用中，不能

---

① Véase Karla Pérez Portilla, *Principio de igualdad: Alcances y Perspectivas*, UNAM, Mexico, 2005, p. 211.

② Véase Karla Pérez Portilla, *Principio de igualdad: Alcances y Perspectivas*, UNAM, Mexico, 2005, p. 170.

有法律未事先规定的特权和例外。[①] 至于法律的内容是否平等，非这个原则所问。所以，这个原则看起来是限制司法权滥用的，在《人权与公民权利宣言》中，为了跟对司法权的限制配套，还以普遍性限制立法权。所谓普遍性，是对法律提出的不得为调整特定的、具体的和明确的案件制定，也不得仅仅适用于特定的、明确的人而排除任何其他人的要求。[②] 普通性也称为非个人性（Impersonale）。不具有普遍性的法律，举例来说，某政协委员提出的邢质斌不得再担任新闻联播的播音员的法案就属此类。

限制司法权的法律面前人人平等原则要求先例拘束制度，以避免同事异理的消极后果，先例拘束原则是保障同样事情同样处理的，由此可以达成当事人法律适用上的平等。

法律面前的平等属于形式平等。

2. 法律中的平等。又称法律内容上的平等。该原则科加立法者不颁布基于宪法明定的个人特性的歧视性法律的义务，此等特性有：性别、种族、语言、宗教、政治观点、个人的和社会的状况。[③] 它们分为天生的（如性别）、文化的（如语言）、法律上的（如属于社会状况之一的国籍）和个人决定的（如政治观点）。[④] 这些特性都可以作为分类的依据，一旦在法律中对人或物进行分类，没有别的目的，那就是区别对待。区别对待有两种，要么是歧视，要么是优惠，两者都破坏平等。为了限制这种可能，除非有合理的理由，立法者不得进行分类，

---

① Véase Karla Pérez Portilla, *Principio de igualdad*: *Alcances y Perspectivas*, UNAM, Mexico, 2005, p. 49.

② Véase Karla Pérez Portilla, *Principio de igualdad*: *Alcances y Perspectivas*, UNAM, Mexico, 2005, p. 51.

③ Cfr. Federico del Giudice e Sergio Beltrani, *Dizionario Giuridico Romano*, Edizione Simone, Napoli, 1995, p. 1274.

④ Véase Karla Pérez Portilla, *Principio de igualdad*: *Alcances y Perspectivas*, UNAM, Mexico, 2005, p. 121.

而且法院还要对立法者已作出的分类进行宽严不一的审查。这样，首先要对分类进行分类。美国学界把它分为合理的分类、禁止的分类和可疑的分类三种。合理的分类是立法机关出于合法目的作出的分类，而且此等分类合理地与这一目的相联系。[①] 例如，把人分为有前科的人和没有前科的人，此等分类出于社会治理的需要，虽造成歧视却无可厚非；禁止的分类是基于肤色、信仰、出身、是否携带乙肝病毒、身高、性取向等因素进行的分类，平等主义者认为这些属性是偶然的，立法和司法应对它们采取视而不见的态度[②]，由此避免社会的撕裂；故中国招公务员不许再查乙肝两对半，美国招兵不问性取向（克林顿在任总统时期如此），此后美国对同性恋士兵采取不闻不问的态度。可疑的分类是“对一个种族群体的人权进行限制”的分类，例如，把所有的美国人分为日本裔的非日裔的，对前者的权利进行限制。1993年，夏威夷最高法院在 Baehr v. Miike 和 Baehr v. Anderson 一案中指出，根据《宪法》第1条第5项的规定，性别是种可疑的分类。[③] “可疑”，指这种分类涉嫌违宪。[④] 这种分类要承受违宪推定，接受最严格的审查。那么，什么是最严格的审查？它是美国违宪审查的一种类型，与中间程度的审查和合理审查并列。它是指先推定审查对象违宪，然后看有无合理歧视理由的审查，这些理由包括国家安全或国防、颠倒行

---

① 参见［美］彼得·G. 伦斯特洛姆编：《美国法律辞典》，贺卫方等译，中国政法大学出版社1998年版，第333页。

② See Joseph Tussman and Jacobus tenBroek, The Equal Protection of the Laws, In Vol. 37, No. 3 (Sep., 1949), *California Law Review*, p. 353.

③ 参见熊金才：《同性结合法律认可研究》，厦门大学法学院2009年博士学位论文，第36页。

④ 参见［日］藤仓浩一郎等主编：《英美判例百选》，段匡、杨永庄译，北京大学出版社2005年版，第119页。

动。[①] 这种审查“理论上严格，事实上致命”。[②] 中间程度的审查是针对政府涉及性别和违法活动采取的行动进行的审查，它要求此等行为实质性地关系到政府的重要利益。[③] 此时法院很容易支持导致歧视的立法。合理审查或最小审查涉及基于社会经济因素进行的分类，如基于年龄、性取向、有无乙肝、身体的或精神的残疾进行的分类，它只要求政府行为合理地与其合法利益有关。[④]

由上可见，法律中的平等也是科加立法者限制的，它内在地包含合宪性审查制度的因素，但与普遍性科加的限制不同，不是形式上的，而是实质上的。而且，基于上述特性制定的歧视性立法，也可以具有普遍性。顺便指出，上面的说明透露这样的信息，立法者在上述宪法特列的特性之外制定歧视性的法律，如果有正当的理由，是允许的。

3. 不得歧视的特别命令。歧视是没有合理理由的不平等对待，它基于种族、宗教、政治等方面的原因让个人或集体处于低下地位。[⑤] 也可能基于性别、身高、血型甚至是否携带乙肝病毒、是否有基因病、户口是在直辖市还是普通城乡让个人或集体处于低下地位，尤其在雇佣关系中。歧视分为直接的和间接的，前者是以界定蒙受歧视的人的类型明示实施的不合理不利待遇；后者是不通过法律的规定，而是通过此等规定（它们好像是冷漠的或中立的）的效力或结果达成的不合

① See the Entry of Suspect classification, On http://en.wikipedia.org/wiki/Suspect_classification，2008 年 9 月 7 日访问。

② 参见熊金才：《同性结合法律认可研究》，厦门大学法学院 2009 年博士学位论文，第 36 页。

③ See Harold J. Spaeth, Intermediate Scrutiny, On http://www.answers.com/topic/intermediate-scrutiny，2008 年 9 月 7 日访问。

④ See Harold J. Spaeth, Intermediate Scrutiny, On http://www.answers.com/topic/intermediate-scrutiny，2008 年 9 月 7 日访问。

⑤ Véase Karla Pérez Portilla, *Principio de igualdad: Alcances y Perspectivas*, UNAM, Mexico, 2005, p. 109.

理不利待遇。[①] 不得歧视的特别命令旨在避免有害于人类尊严的不平等，保护处于不利或受歧视地位的群体，以达成实际的平等。[②] 它与平等原则不同，前者关注的是差别待遇的开始时刻，它关注的是此等待遇的终了时刻。[③] 而且，平等原则是限制公权力机关的，而反歧视原则不仅限制公权力机关，而且限制个人彼此间基于人的某些特性进行歧视。[④] 平等原则禁止科加武断的不平等待遇的行为和规则并宣告其无效；反歧视原则不仅要为同样的禁止和宣告无效，而且要补救由此造成的问题[⑤]，如进行赔偿。所以，这个原则才具有私法上的平等的成分。《民法典》第 4 条的规定“民事主体在民事活动中法律的地位一律平等”应属于不得歧视的特别命令。我国《合伙企业法》第 5 条的规定“订立合伙协议，设立合伙企业，应当遵循……平等……”同此。

由上可见，我们常作为民法原则谈论的平等原则的种种表现大多属于宪法，只有少部分与民法相关，至此可以解释为什么西方民法立法和学说如此少谈平等了。

---

① Véase Karla Pérez Portilla, *Principio de igualdad*: *Alcances y Perspectivas*, UNAM, Mexico, 2005, p. 118.

② Véase Karla Pérez Portilla, *Principio de igualdad*: *Alcances y Perspectivas*, UNAM, Mexico, 2005, p. 113.

③ Véase Karla Pérez Portilla, *Principio de igualdad*: *Alcances y Perspectivas*, UNAM, Mexico, 2005, p. 117.

④ Véase Karla Pérez Portilla, *Principio de igualdad*: *Alcances y Perspectivas*, UNAM, Mexico, 2005, p. 129.

⑤ Véase Karla Pérez Portilla, *Principio de igualdad*: *Alcances y Perspectivas*, UNAM, Mexico, 2005, p. 132.

第三节　西方民法不确立权利能力人人平等条款的理由

一、社会治理的需要

权利能力人人平等的前提是人人具有权利能力，这一前提的理论建构由德国学者赫尔曼·乌尔特尤斯（Hermann Vultejus，1565—1634，马堡大学法学教授及校长）于1598年在其《市民法阶梯评注，尤其针对优士丁尼编订的》（*Commentarius in Institutiones Iuris civilis & Justiniano compositas*，马堡）一书中，或于1619年在其《法的共同结论》（*Communes Conclusiones Iuris*，法兰克福）[1]一书中完成了这种同一性论证。他说："奴隶是Homo，但不是Persona。在市民法上，自然意义上的Homo被称为Persona。"[2]此语批判了罗马人法中Homo与Persona相背离的事实，表达了在市民法上两种人应该合一的愿望。其分析理路是亚里士多德式的：作为平等理由的第一个相同是Homo，作为对第一个相同的法律回应是一体地授予Persona。此语无一个字提到权利能力，但表达了权利能力制度的基本观念：以平等为目标的生物人与法律人的合一。

但乌尔特尤斯的观点过分理想化，它否定了论功行赏的社会组织原则。如果废除这一原则，大家会觉得工作没劲了，故萨维尼试图把乌尔特尤斯的理想主义观点与论功行赏的原则结合。他在1840年出版的《当代罗马法体系》第2卷中说："由于固有的精神自由，每种权

---

① Sieh Hermann Vultejus，On http：//203. 208. 35. 101/search？q = cache：3kSimn - bp70J：de. wikipedia. org/wiki/ Hermann_ Vultejus + Hermann + Vultejus&hl = zh - CN&ct = clnk&cd = 1&gl = cn&st_ usg = ALhdy2903k6JiyNGQMRzrydmtS3H - XmcSg，2008年3月19日访问。

② Cfr. Guido Alpa，*Status e Capacità la*：*costruzione giuridica delle differenze individuali*，Laterza，Roma - Bari，1993，p. 63.

利存在于每个人。所以，原初的法律人的概念即权利主体的概念应与生物人的概念一致。对于两个概念的这种原初的同一性可用如下的套语表达：每个单一的生物人，并且仅仅是单一的生物人，可以享有权利。”① 此语采用亚里士多德平等观的思路，首先说明给出必须平等对待的理由：人人都有精神自由。然后，萨维尼给出第二个相同：每种权利存在于每个人，由此从世界主义的角度确认，只要是生物人，就享有权利，因此具有自然的权利能力。但萨维尼只承认在原初状态——每个人出生之时——两种人的合一，这种合一基于人人生而平等的自然法命题，所以萨维尼的权利能力概念前有“自然”的定语。但生物人一旦开始其生命征程，他们就要为自己这样的或那样的劣行承担丧失或被减少法律人格的后果，其观点与《人权与公民权利宣言》第1条的差别是：承认“生来是”平等的，但不承认“始终是”平等的。所以，涵盖上引话语的萨维尼著作的标题就是“自然的权利能力及实在法对它的限制”。在这一标题下，权利能力的分量少，“限制”的分量多。我们还是以统计的方法来说明问题。在我掌握的萨维尼的《当代罗马法体系》的西班牙语译本中，这一标题下关于权利能力本身的说明只有短短的一页（第185页），而关于对它的限制的说明差不多有100页（第186—285页）。② “能力”与“限制”孰轻孰重，何其昭然！此等限制主要基于名誉身份的减损。无论如何，萨维尼文本中的“原初”两字和标题中的“限制”两字已揭示了自然人权利能力人人平等之命题的谬误。

名誉的身份为何？这是一种在罗马法中未被列入正册，但有些法学家谈论过，被后世学者发掘出来的身份。拉丁文形式为 Existimatio，

---

① Sieh Friedrich Carl von Savigny, *System des heutigen römischen Rechts*, Band 2, Berlin, 1840, Seite 2.

② Véase M. F. C. Von Savigny, *Sistema del Derecho Romano Actual*, Comares, Granada, 2005.

是“名誉”的意思，是个人在社会上享有的尊敬或尊重，是法律或习俗认可的尊严未被减少的状态。①

罗马人认为，每个人都在其同胞中拥有通常的名誉。这种名誉本身是一种权利，同时它又是其他权利的基础，因而构成一种身份。②这种身份像前述其他身份一样是人格的支撑体。而立法者和其他社会权威可以出于惩罚目的剥夺之，出于奖励目的赋予之，由此导致受处罚者的人格不完整，受奖励者的人格大于他人。因此，名誉的身份兼有胡萝卜和大棒的性质，立法者若放弃对这种身份的掌控，会成为一个没有资源的老板。但一旦运用了这种身份，平等原则就遭到了破坏，尽管如此，它与自由身份造成的对平等的破坏是不一样的，前者造成“人”与非“人”的分野——一些生物人不能成为法律人；后者只造成“大人”与“小人”的分野——有的人权利能力多，有的人权利能力少，所以，它对人们的心理承受力提出的挑战要小得多。

立法者可以通过对名誉身份的运用剥夺被处罚者的权利能力，对这种处置的专业化描述为失权（Inhabilitación，Inhabilitation，Inabilitazione③），它是民事死亡的缩写版。

利用名誉的身份限制自然人和法人的权利能力从来都是主权者可以运用的治国手段，是他们规训社会成员从而建立和确保社会的共同道德价值的工具，如果弃而不用，无疑是向无政府状态敞开了一扇大门。但如果用了，承受规训的自然人和法人相较于未承受此等规训的同类就成为不完全的法律人或被完全从法律人的队伍中排除，在后种情形中，会出现完全不是法律人的生物人，如此就打破了我国《民法通则》第10条制造的权利能力人人平等的神话。

---

① See Adole Berger, *Encyclopedic Dictionary of Roman Law*, The American Philosophical Society, Philadelphia, 1991, p. 464.

② See Seldon Amos, *The History and Principles of the Civil Law of Rome – an Aid to the Study of Scientific and Comparative Jurisprudence*, Kegan Paul. Trench & Co., London, 1883, p. 111.

③ 《意大利民法典》第415条在准禁治产的意义上使用该词。

下面我们看看一些关于失权的立法例。

法国。其1994年刑法典把剥夺权利、剥夺权利能力或撤销权利作为一种附加刑适用。①

德国。《德国民法典》第43条明确把剥夺权利能力当作制裁法人的不法行为的措施运用②；该条把剥夺能力规定的适用对象从自然人扩大到法人，比罗马法有发展。

意大利。其民法典第350条规定，尚未注销破产登记的破产人无担任监护公职的权利能力。同时不能从事证券交易、不得担任重罪法庭的法官等。③ 这是古老的破产失权。

波兰。《波兰刑法典》第39条把剥夺职业资格当作一种刑罚适用。

中国。根据我的不完全考察，我国立法上失权的立法例很多，兹举经2018年修订的《公司法》第146条的规定为例："有下列情形之一的，不得担任公司的董事、监事、高级管理人员：……（二）因贪污、贿赂、侵占财产、挪用财产罪或者破坏社会主义市场经济秩序，被判处刑罚，执行期满未逾五年，或者因犯罪被剥夺政治权利，执行期满未逾五年；（三）担任破产清算的公司、企业的董事或者厂长、经理，对该公司、企业的破产负有个人责任的，自该公司、企业破产清算完结之日起未逾三年；（四）担任因违法被吊销营业执照、责令关闭的公司、企业的法定代表人，并负有个人责任的，自该公司、企业被吊销营业执照之日起未逾三年；（五）个人所负数额较大的债务到期未清偿。……"

该条第1款第2项是对公司高级管理人员提出的无经济犯罪记录的要求，体现了失权制度的反"在哪里跌倒就在哪里爬起来"说法的

---

① 参见《法国刑法典》，罗结珍译，中国人民公安大学出版社1995年版，第15页。

② 参见《德国民法典》，郑冲、贾红梅译，法律出版社1999年版，第6页。

③ Cfr. La Voce di Capacità di Angelo Falzea, In *Enciclopedia del Diritto*, XI, Giuffrè, Milano, 1962, p. 37.

理路，它根本不给你在跌倒的地方再爬起来的机会，依据的理念似乎是：你在那里跌倒了，如果再去那里，你更容易跌倒，所以就不让你再去那里了。是呀！在涉及个人操守的领域，违法犯罪的人往往是头回生，二回熟，三回做起来眉不皱，格外地顺溜。不让他们有二回，实在是避免风险的明智之举。第 3 项是关于破产失权的规定，与《意大利民法典》第 350 条的规定一致。第 4 项是对他们提出的无因经济违法行为遭受行政处罚的要求，其精神与第 2 项一致，应与该项接续规定在逻辑上才完满。第 5 项是对他们提出的信用良好要求，也涉及交易道德之完满。不具备这些条件的人，有期地失权。

失权问题在刑法中还有另外的表现，即所谓的“敌人刑法”。该概念由德国著名法学家雅科布斯在 1999 年 10 月的一个会议上提出，意思是对于持续性地、原则性地威胁或破坏社会秩序者和根本性的偏离者，要作为敌人对待，不给他们提供公民权名下包含的人权保护。例如，对于公民，实行不可拷打的原则，但对于敌人，就不受这一原则的约束了。这一理论尤其被用于对付即发的恐怖活动的实施者。[①] 这些人只是被视为敌人，在法律上他们还是公民，所以，被这样对待的人是失权了。

失权制度在西方国家和中国的普遍存在及广泛运用，证明权利能力制度中包含的平等观念只涉及人的初始状态，不涉及他们人生的开展状态，否则，主权者何以规训作奸犯科的社会成员？从这个意义上说，自然人的权利能力人人平等的习惯表达可能构成一种对法律受众的误导。它发表了一个富丽堂皇的宣言，然而它管辖的具体民事立法却不顾这个宣言，按自然的逻辑展开。

---

① 参见蔡育岱、谭伟恩：《敌人刑法与安全化理论：国际实践和理论冲突》，载《国立中正大学法学集刊》第 28 期，国立中正大学法律学系出版，2010 年 1 月，第 77 页及以次。也参见刘仁文：《敌人刑法：一个初步的清理》，载《法律科学》2007 年第 6 期，第 54 页及以次。

二、基于难以消弭的贫富差别

贫富造成的不平等尽管是不同意识形态交战的战场，为了防止这种不平等，有人说所有权是可怕的权利①，但不同思想斗争的最终结果是接受这种不平等，如罗尔斯对财富和收入无法做到平等的承认②，又如先追求财富平等的中国后来对“让一部分人先富起来”的观念的接受。这是一种与有些国家（如埃塞俄比亚）的宪法关于平等不受财产状况影响类型的规定不同的处理。为何如此？因为在造成不平等的诸因素如种族、性别、年龄中，财产非常特别，因为前三者都是与当事人意志无关的差别制造因素，换言之，一个少数民族人士、一个女人、一个未成年人，无论怎样努力也不能变成一个汉族人、一个男人或一个成年人。当事人改变不了自己的不利地位，只能把这个任务交给立法者。而且，上述三者都是原因性的，换言之，如果解决不好这方面的平等问题，对当事人在其他方面的地位会有连锁反应式的影响。而财产是深受当事人意志影响的差别制造因素，在通常情况下，当事人只要努力就可致富，因此立法者没有必要通过自己的干预让每个人都成为富人。而且，财产是结果性的，贫困往往是多种主客观因素的结果，只有在不正常的社会状况下，贫困本身才成为贫困的原因。尽管如此，立法者仍采用高额累进税和遗产税减少财富的利用不均造成的不平等，但都不采取直接剥夺富人财富的方略。

至此我们看到，不接受贫富造成的不平等，在这方面追求所谓实质上的平等，是挑战立法者最难驾驭，以至于基本采取无为政策的差别制造因素。如果一定要追求，就会出现历史上有过的“均贫富”的

---

① Cfr. Cesare Beccaria，*Dei delitti e delle pene*，XXII，Su http：//www. classicitaliani. it/varia/beccari3. htm#del22，2008 年 9 月 28 日访问。

② 参见［美］约翰·罗尔斯著：《正义论》，何怀宏、何包钢、廖申白译，中国社会科学出版社 1988 年版，第 57 页。

农民起义悲剧。

至此我们可以说，还有一种影响能力的财产的身份，它是立法者无所作为的领域。在有些领域的平等追求上，立法者确实是非不为也，是不能也。

第四节 夫妻平等如何可能

一、我国《民法典》条文反映的家庭关系的不平等

在核心家庭的时代条件下，家庭关系主要是夫妻关系和亲子关系，这两种关系中是否存在平等？我们不妨来看看我国法律的规定。就夫妻关系而言，法律对此作了肯定的规定。《民法典》第1041条第2款规定："实行……男女平等的婚姻制度。"同法第1043条第2款规定："夫妻应当……维护平等……的婚姻家庭关系。"同法第1055条规定："夫妻在家庭中地位平等。"同法第1062条第2款规定："夫妻对共同财产，有平等的处理权。"这些法条，从一般原则、夫妻人身关系和夫妻财产关系3个方面肯认了夫妻平等原则。但就亲子关系而言，我国法律中无任何关于子女的地位与父母平等的规定，即使是1989年的联合国《儿童权利公约》[①] 也未作出这样的规定。非独此也，各国宪法都罗列立法者不得用来制造不平等的特性（Traits），换言之，凡未被罗列进来的特性，都可以用来作为制造不平等的依据，在我考察的12个国家和地区[②]的

---

① 这一公约的文本，载 http：//baike. baidu. com/view/102405. htm，2010年1月28日访问。

② 它们是：德国、意大利、法国、日本、埃及、智利、阿尔及利亚、埃塞俄比亚、阿根廷、巴西、泰国、路易斯安那。

宪法中，除路易斯安那把年龄作为特性列举[①]外，其他国家和地区的宪法都未这样做。这意味着立法者并不认为存在这种平等。[②]

既然平等主义在亲子关系领域不可行，只好采取保护主义，于是，我国立法机关在《民法典》第1041条第3款规定："保护妇女、未成年人和老年人、残疾人的合法权益。"此款明确把儿童与妇女、老人一起定位为弱者，把国家定位为他们的保护者，借助于国家的力量，妻子可能与丈夫平等、儿童可能与父母平等、老人可能与处在鼎盛期的其他家庭成员平等。此款对子女的这种定位诚然否定了亲子关系"自然"意义上的平等，但擦枪走火，也把《民法典》第1055条确认的夫妻平等打了折，由于把妇女定位为保护关系的消极主体，否定了第1055条规定的夫妻平等的自然性质，补充说它是一种规范性的平等。一句话，《民法典》的上述关于家庭关系的规定透露了这种关系的不平等性质：亲子关系根本是不平等的，需要国家的强力干预才能维持这种关系的平衡。而夫妻关系是在一定程度上平等的，有时需要国家

---

① 把年龄作为特性设定，既有用来保护未成年子女的可能，也有用来保护老年人的可能。在加拿大已取消了退休制度，这是为了让老年人免受歧视。参见无名氏：《加拿大取消65岁强制退休制度》，载http：//www.gsjsw.gov.cn/html/rkbl/09_09_12_199.html，2010年1月28日访问。另外，还有不许60岁或更高龄者取得信用卡的歧视性做法。在我国，中兴、光大、兴业、中信、农商行规定申请人的年龄上限是60岁；工行、交行规定的上限为65岁；建行设定的上限是70岁；农行不设上限，但要求申请人提供收入证明。这样的规定并不考虑申请人的还款能力。参见郭舒晨：《银行不爱银发族，老人难办信用卡》，载《厦门晚报》2013年1月9日，第B1版。另外，按照厦门中行个贷中心资产业务团队的负责人的说法，60周岁以上的市民只能让子女做共同借款人；70周岁以上的市民完全不能进行贷款。参见郭舒晨：《年满60岁，不能独自按揭》，载《厦门晚报》2013年1月9日，第B1版。撇开这样的规定合理与否不谈，它透露出一个信息：权利能力在60岁后因年龄增长而下降，按原子论的观点讲如此。如此揭开了权利能力与经济收入的关联。

② 但在家庭教育领域，有人提出了亲子平等原则。其内容为：孩子和大人一样是独立的人，具有独立思维、独立做事，自己管理自己的权利。他们的发展依赖于成年人，又独立于成年人。参见关颖：《亲子平等——一个重要的家庭教育观念》，载《家庭教育》2003年第7期。

的干预才能维持这种关系的平衡。两种关系中平等的轻重不同，原因主要是父亲—丈夫（母亲在很多时候与孩子共同受到压制），他之所以享有对妻子和未成年子女程度不同的霸权，主要原因是他通常是养家糊口的人。成年前的子女完全归他养活，所以此等子女与他之间不存在自然的平等；不外出上班或虽上班但收入少的妻子部分归他养活，所以此等妻子与他之间不存在完全自然的平等。但他的霸权不是永久的，他也要老去，成为老人，交出家事决定权，让鼎盛期的子女为自己决定，如果说他这时的地位是不平等的，那么这就是一种换位的或轮换的不平等，由此抵消了他曾享有的优越地位的消极意义。古罗马历史学家 Valerius Maximus 讲："父母养育你的事实对于你来说是一种债：那就是总有一天轮到你养育你的孩子。"林语堂说得好，男人开始是养人家，后来由人家养着。① 在前种情形下，他是霸权的行使者，在后种情形下，他是霸权的承受者。这个时候，他要进入保护关系了。这就是《民法典》第 1041 条第 3 款对老年人的提及的意义吧！

二、"平等主体"的谬误与边沁主义的真理性

如果上述分析为真，则《民法通则》第 2 条关于民法调整平等主体之间的财产关系和人身关系的规定又一次被证伪，亲子之间和夫妻之间的人身关系和财产关系在被民法调整前不是平等的。这种证伪同时是对"边沁主义"的证成。此等主义否定以平等模式调整家庭关系的可能。就亲子关系的平等，边沁用归谬法这么说："所有人——也就是所有人类存在——都具有同等的权利，就是说根本没有从属这回事。这样，儿子就会拥有和父亲一样的权利，他拥有他父亲约束和惩罚他的同样的权利，可以同样约束和惩罚他父亲。他在他父亲的家里拥有

① 参见林语堂著：《人生的盛宴》，湖南文艺出版社 1988 年版，第 84 页。

和父亲本人同样多的权利。”① 就夫妻平等，他则说，如果夫妻平等，身体权力在一边，法律权力在另一边，不和谐就永远没完没了。如果在男女之间建立一种平等，这种名义上的平等永远都保持不下去，因为在这两种对立的意志中必须有一方拥有支配权。现存的家庭安排对家庭的和谐是最有利的，因为它使身体权力和法律权力一致发挥作用，有效行动所必需的东西被结合在一起了。② 边沁主义的基础实际上是对家庭关系的特性与西方传统的平等理论矛盾的观察。众所周知，西方最早的且延续到今天的平等理论是亚里士多德开创的。他对平等的解读是“同样的人应受同样的对待”③，平等的格言是：平等对待那些平等的，不平等对待那些不平等的。④ 按这样的平等公式，夫妻有别，在体力上，通常前者强而后者弱，这构成不平等而不是平等的理由。在智力上，人们对男女之别的认识有一个转变过程，简言之，在罗马法代表的古代法中，女性被视为弱智，故需终身受监护；在现代法上，男女智力被认为各有千秋，前者右脑发达，抽象思维能力强，后者左脑发达，形象思维能力强。男女之间体力上的差别不能为他们的平等提供理由，严格说来，他们在智力上的差别也不能提供，只有经过两种思维能力的“折算”，把抽象思维能力和形象思维能力看作理性的不同表现形式，才能为男女平等提供理由。亲子之别雷同于夫妻之别，体力上的比较是一样的。智力上的比较则不同，后者通常是无行为能力人。所以，按亚里士多德的平等理论，夫妻之间的平等依据虽少但

---

① 参见［英］边沁著：《立法理论》，李贵方等译，中国人民公安大学出版社 2004 年版，第 189 页。

② 参见［英］边沁著：《立法理论》，李贵方等译，中国人民公安大学出版社 2004 年版，第 187 页。

③ See Peter Westen, The Empty Idea of Equality, In Vol. 95, No. 3 (Jan., 1982), *Harvard Law Review*, p. 539.

④ Véase Karla Pérez Portilla, *Principio de igualdad: Alcances y Perspectivas*, UNAM, Mexico, 2005, p. 100.

有，而亲子之间的平等依据完全没有，这可能是我国《民法典》的立法者和众多国家民法典的制定者未规定亲子平等的根本理由。亚里士多德的“如果你们同样，我给你们同等”式的平等理论，我称之为自然平等论，它导致了妻子和子女长期以来在法律上的低下地位。“如果你们同样，我给你们同等”原则的反面解释是“如果你们不同样，我给你们不同等”。基于对丈夫与妻子、家父和家子不同样的确信，罗马法在有夫权婚姻中安排了丈夫对妻子、家父对家子的霸权。实际上可总括为家父对家子的霸权，因为在有夫权婚姻中，妻子的地位同于家女。继承罗马法的传统，近现代西方各国民法采用父权制家庭结构。丈夫被设定为家庭的头领，妻子和子女是其臣民。基于此，瑞典法把丈夫设定为其妻子的监护人。在英国普通法上，丈夫是家的头领及其妻子的法定代理人。[①]《法国民法典》第 213 条则规定：“夫应保护其妻，妻应顺从其夫。”第 214 条规定，妻应相随至夫认为适宜居住的地点。[②]《奥地利普通民法典》第 91 条把丈夫定位为“家庭的头领”。[③]《德国民法典》第 1354 条（现已废除）规定丈夫有权决定所有的婚姻生活事项。妻子旅行或取得护照须经过丈夫允许。[④]《瑞士民法典》把丈夫定性为夫妻联合的头领，赋予他选择居住地的权力。[⑤] 总而言之，这些立法基于夫妻之间的自然差别根本不承认夫妻平等，更谈不上承认亲子平等。

---

① See John Quigley, *Soviet Legal Innovations and the Law of the Western World*, Cambridge University Press, Cambridge, New York, etc., 2007, pp. 18ss.

② 参见《拿破仑法典》，李浩培等译，商务印书馆 1979 年版，第 28 页。

③ See Parker School of Foreign and Comparative Law, *The General Civil Code of Austria*, Revised and Annotated by Paul, L, Baeck, Oceana Publications, Inc. New York, 1972, p. 12.

④ See *The Civil Code of Germany Empire*, Translated in English by Chung Hui Wang, Boston & London, 1907, p. 325.

⑤ See John Quigley, *Soviet Legal Innovations and the Law of the Western World*, Cambridge University Press, ambridge, New York, etc., 2007, p. 18.

三、证成成年男性优越地位的两种学说

那么，丈夫—父亲的霸权的正当性何在？对此有“履行义务必要条件说”和“爱说”。容分述之。

“履行义务必要条件说”认为，丈夫—父亲享有的对其妻小的霸权是他履行自己作为强者的保护义务的前提条件。就夫妻关系而言，例如，妻有随夫居住的义务，此乃因为丈夫有义务保护妻子，为此，他要把妻子拢在身边以根据自己的财产状况满足她的一切需要。[①] 当然，丈夫的“汗流满面”会得到妻子以“生产之苦”作出的回报。就父子关系而言，这是一种自愿的牺牲关系，父亲把自己看作孩子的财产。[②] 父亲对孩子享有的权力的基础无他，就是他承担的义务。去掉了此等权力，相应的义务也就去掉了。[③] 这种结果当然对孩子是不利的。那么，父亲为何要履行此等义务？回答这一问题要从前后两头谈。在前头，“人家生我们，我们生人家”[④]，父亲费力养自己的孩子，是报偿他的父亲对自己的抚育。在后头，父亲是要老的人，成为我国《民法典》第 1041 条第 3 款保护的老年人，到了那时候，他就需要自己现在养的子女来养了，于是，他的付出得到了报偿。[⑤] 父亲—子女间这种从长期的时间链条来看的扶养的相互性抑制了父亲在作为扶养的积极主体时的暴虐，因为他种下的暴虐会生出暴虐。

“履行义务必要条件说”法律味太重，不合浪漫主义者的脾胃，

---

① Cfr. Attilio Taddei, *Storia Legislazione e Filosofia del Diritto di Famiglia*, Stabilimento Tipografico, di Edoardo Perino, Roma, 1885, p. 375.

② Voir Adolphe Franck, *Philosophie du droit civil*, Felix Alcan Editeur, Paris, 1886, p. 104.

③ Voir Adolphe Franck, *Philosophie du droit civil*, Felix Alcan Editeur, Paris, 1886, p. 113.

④ 参见林语堂著:《人生的盛宴》，湖南文艺出版社 1988 年版，第 14 页。

⑤ 参见林语堂著:《人生的盛宴》，湖南文艺出版社 1988 年版，第 95 页。

于是他们提出了替代性的“爱说”。其最重要的主张者是黑格尔。他的出发点与“履行义务必要条件说”一样，就是不承认夫妻之间、亲子之间的平等。在他看来，男子是动物性格，女子是植物性格，前者可以从事尖端、高尚的事业，后者只能围着锅台转，因为她们只能按偶然的偏好和意见行事。让她们领导政府，国家将陷入危殆。[①] 至于亲子关系，是一种不对称关系或牺牲关系，因为子女之关怀家庭不及父母，子女之爱父母不及父母爱子女。[②] 尽管如此，由于家庭是社会的出发点，男女还是要缔结婚姻并生育子女的。黑格尔把婚姻理解为一种基于爱的合一。“爱”是婚姻的原因，“合一”是婚姻的结果，因此，“婚姻的客观出发点是当事人双方自愿同意组成为一个人，同意为那个统一体而抛弃自己自然的和单个的人格”。[③] 这个婚姻定义消解了人们要求夫妻平等的冲动，因为平等的前提是两个主体彼此独立，当两个人通过结婚成了一个人后，原先的两个人变成了这个“新人”的构成部分，服务于共同的目的，所以，如果妻子跟丈夫要平等，就跟左手向右手要平等一样荒唐。至于亲子关系，也是爱的体现，因为对子女的爱是夫妇彼此之爱的转化形式。[④]

请注意，在通常的意义上，爱是一种异性之间对容貌或才华的倾慕[⑤]，因此，爱可因容貌或才华的变化而变化，前者如年老色衰，后者如江郎才尽，爱情的基础由此动摇，而婚姻从其本质来讲是一种终

---

① 参见［德］黑格尔著：《法哲学原理》，范扬、张企泰译，商务印书馆 1961 年版，第 183 页。

② 参见吕世伦著：《黑格尔法律思想研究》，中国人民公安大学出版社 1989 年版，第 148 页。

③ 参见［德］黑格尔著：《法哲学原理》，范扬、张企泰译，商务印书馆 1961 年版，第 177 页。

④ 参见［德］黑格尔著：《法哲学原理》，范扬、张企泰译，商务印书馆 1961 年版，第 187 页。

⑤ 李白有“我慕子容艳，子倾我文章”的诗句。人们也用郎才女貌的成语表达这个意思。

身的或至少是长久的安排。如果把爱设定为婚姻的基础，等于宣告了婚姻的暂时性。所以，尽管黑格尔承认离婚制度，但他还是不愿让这样的爱作为婚姻的基础。为此，他首先将爱定义为与他人联合并得到他人承认的愿望。[①]“联合”就是借助于家庭成为社会的一员，由于乱伦禁忌的存在，一个新家庭必须以两个既存的家庭为基础，这两个既存的家庭又以至少四个既存的家庭为基础，以此类推。一旦两个家庭贡献出自己的一个成员组成新家庭，它们彼此之间也形成亲属关系（所谓的姻亲）。因此，缔结一桩婚姻，等于进入一个网络，缔结者从而把自己社会化，而人本身是具有社会性本能的。“得到承认”就是借助于家庭取得自己的身份。所谓身份，是对社会关系网上的一个纽结的描述。作为一个社会性的人，人不仅作为他自己存在，而且作为某人的儿子或女儿、孙子或孙女、丈夫或妻子及兄弟姐妹存在。没有这些社会关系的烘托，人将变成一个空壳。不妨说，“得到承认”是“联合”的结果。“联合”和“得到承认”构成爱的目的。这样的爱是不可变易的，把婚姻建立在这样的爱的基础上，似乎它就变得牢固了。

但夫妻强弱不同，夫强而妻弱，后者因此经常处在被动的地位。因此，正如《圣经》所要求的，强势的丈夫应爱弱势的妻子，后者不见得时时可爱，如当她们变得“按偶然的偏好和意见行事”时，但丈夫要时时爱自己的妻子，不妨把她们当作病人，不与其较真。所以，爱在有的时候变成了怜悯。为何要作此等怜悯？因为丈夫要借助于妻子完成自己的生育使命。[②] 不妨说，结婚生育是对死亡的一种抗争，是害怕死亡的表现，人们通过复制自己克服死亡。在这个意义上，结

---

① 参见［德］黑格尔著：《法哲学原理》，范扬、张企泰译，商务印书馆 1961 年版，第 175 页。

② Voir Adolphe Franck, *Philosophie du droit civil*, Felix Alcan Editeur, Paris, 1886, p. 33.

婚者都是懦夫，拒绝结婚者都是勇者。①

由上可见，"履行义务必要条件说"和"爱说"都以夫妻不平等为出发点，一个在法律关系的界面上做文章，另一个在社会关系的界面上做文章，两者的本质并无大的不同。但它们赖以为基础的妻子的弱势地位很快因生物学革命和一些机构的出现得到了改善。生物学革命的内容是避孕技术的广泛运用带来的性与生殖的分离，妻子由此可从持续不断地怀孕的义务中解放出来②，赢得了身体的自由，赢得了自由的时间。

回到正文上来，利用上述制度条件，妻子可以走出家门工作，获得经济上的完全或相对的独立，并赢得自己的不同于丈夫的社交圈子，妻子的从属者的形象开始改变。

四、夫妻平等的立法史和观念史

夫妻平等的最初提出要归功于共产主义的意识形态。马克思和恩格斯对于资产阶级家庭对妇女的剥削的批判及其金钱味的批判③影响了第一个社会主义国家的家庭立法。苏联建国之初有废除家庭的构想，但很快发现不现实，转而承认家庭。所以，十月革命后，1917 年 12 月 18 日，苏俄颁布了《关于民事婚姻、子女及实施户籍登记簿的法令》，不久又颁布了《关于离婚的法令》。1918 年则颁布了《婚姻、家庭和监护法典》，它是苏联的著名女权主义者、当时的社会保险人民委员阿

---

① Cfr. Francesco D'Agostino, *Linee di una filosofia della famiglia nella prospettiva della filosofia del diritto*, Giuffrè, 1991, Milano, p. 3.

② Cfr. Francesco D'Agostino, *Linee di una filosofia della famiglia nella prospettiva della filosofia del diritto*, Giuffrè, 1991, Milano, pp. 105s.

③ 例如，马克思和恩格斯说："资产阶级撕下了笼罩在家庭关系上的温情脉脉的面纱，把这种关系变成了纯粹的金钱关系。"又说："资产者原是把自己的妻子看作单纯的生产工具的。"参见马克思、恩格斯：《共产党宣言》，载《马克思恩格斯选集》第 1 卷，人民出版社 1972 年版，第 254 页及第 269 页。

勒桑德拉·科伦泰（Alexandra Kollontai，1872—1952）负责起草的。[①] 尽管它未提出夫妻平等原则，但对许多婚姻事项，如姓的选择、婚姻住所的设立、亲权的行使、夫妻财产制等都作出了夫妻平等的安排。[②]

这些社会主义婚姻立法对西方国家的相应立法产生了积极影响。例如，1920 年的瑞典《婚姻法典》就把夫妻双方置于同等的法律地位。发展到现在，包括瑞典在内的北欧地区成为世界上男女最平等的先进地区。1946 年的法国宪法序言中规定了性别平等。1966 年的《关于民事与政治权利的国际公约》呼吁男女在婚姻中的平等。苏联积极推动的《消除一切形式的对妇女的歧视的公约》，可能是受阿勒桑德拉·科伦泰起草的条款中保障夫妻关系中的法律平等相关内容影响的结果。[③]

如上所述，我国《民法典》第 1055 条也规定："夫妻在婚姻家庭中地位平等。"夫妻平等终于法制化，但平等理论的更新并未跟进，还是采用"同样的人同样的对待"的路子，由于男女根本不是同样的人，只能通过把女性男性化或施行"拔高"女性的保护性措施来达到平等的条件。在苏联，通过提高妇女就业率"拔高"妇女。1960 年，女性劳动力已占 47%，但妇女下班了还要做家务，在莫斯科，已婚妇女每天在这方面花 3—3.5 小时，其他城市的已婚妇女花的时间更多，因此，妇女在工作上得到了平等，但在闲暇时间上未得到平等。[④] 在中国，改革开放后，处理男女平等问题的哲学并未根本改变。蒋月等

---

① 参见［法］安德烈·比尔基埃等主编：《家庭史 2》，袁树仁等译，三联书店 1998 年版，第 626 页。

② See John Quigley, *Soviet Legal Innovations and the Law of the Western World*, Cambridge University Press, Cambridge, New York, etc., 2007, p. 20.

③ See John Quigley, *Soviet Legal Innovations and the Law of the Western World*, Cambridge University Press, Cambridge, New York, etc., 2007, pp. 104ss.

④ 参见［法］安德烈·比尔基埃等主编：《家庭史 2》，袁树仁等译，三联书店 1998 年版，第 649 页及以次。

人经调查后认为，从1978年至2010年以来的30余年中，福建妇女地位明显提高，妇女的婚姻家庭权利实现有较大进步，但妇女地位仍未达到与男子平等的状态。①

夫妻平等的新近发展体现为社会性别平等理论。社会性别（Gender）与自然性别（Sex）概念对立。前者反映了社会分配给男人和女人的形象、角色和行为；后者指男女的生物学差异。② 后者不可变而前者可变。例如，女性依附于男性的形象实际上建立在她们从事的家务劳动不体现在国家经济统计数字、国民收入和国民生产总值的基础上。妇女总是从事照料性的工作，是长期的性别文化赋予她们的角色，如果让男性当护士、幼儿园老师并取得成功，就可证明男女的社会性别角色可以互换，从而改变人们过去对女性的看法。③ 人们相信，基于社会性别理论可建立夫妻之间的平等。这种平等理论承认性别差异，但强调女性作为人类的一半与男性有同等的生存价值和独立的人格尊严，因此应在两性关系和家庭生活中拥有平等的地位。④ 至此，夫妻平等终于进入了“虽然你们不同，但也要同等对待”阶段。

相异平等的具体化形式是20世纪80年代产生的关怀伦理学（Ethics of care），哈佛大学教授卡罗尔·吉利根（Carol Gilligan）是其开创者。其代表作为《不同的声音——心理学理论与妇女发展》。其理论以实验心理学为基础，得出成人男女的心理不同的结论。例如，妇女不如男人有公正感，道德判断与移情和同情相联系，并且关系到对现实困境的解决。女性承受生活中重大事件的准备差一些，依据外界期

---

① 参见蒋月等：《福建妇女地位变迁与婚姻家庭权利调查研究（1978—2010）》，载《厦门大学法律评论》第22卷（2013年），厦门大学出版社2013年版，第228页。

② See Charle E. Hurst, *Social Inequality, Forms, Causes, and Consequences*, Allyn and Bacon, Boston, London, tc., 1995, p. 8.

③ 参见王毅平：《社会性别理论：男女平等新视角》，载《东岳论丛》2001年第4期。

④ 参见杨慧：《“男女平等”的不同认识及其成因剖析》，载《安徽大学学报》（哲学社会科学版）2005年第5期，第141页。

待塑造自我，理性弱而直觉、本能强，等等。[①] 但她们是人类生命周期中的养育者、关怀者和帮助者。当妇女承担起关怀的使命时，男人倾向于怠慢和贬低这种关怀。

权利概念向家庭的引入改变了妇女的自我定位。它打造了公正伦理学。它要求男女应得到平等对待，但这种伦理学导致了分离。吉利根的关怀伦理学的前提是没有人应当被伤害，因为两性都不可或缺。这也是一种责任伦理，它建立于同情和关怀之上，认为每个生命都要得到关怀，无分男女。

吉利根并不想打破公正伦理，而是希望以关怀伦理来修正和补充它。[②] 这等于说，要把个人主义的家庭观和有机论的家庭观结合起来。

显然，按关怀伦理学，过去的平等理论中男女理性相同的平等依据被打破了，新的平等依据是男女彼此需要，因此需要互相关怀，这是对个人主义家庭理论的打折，是对爱的家庭理论的部分回归。

但关怀是柔性的，取决于个性的，难以由法律强制执行的，所以还是靠个人的善意来执行，其效果不可能好。所以，这种理论提出来后家暴依然是个全球性的问题。

在实际生活中，我认为妇女有两个选择，要么承认自己为弱者，要求保护；要么主张男女平等，自己吃苦。我以为前者有利于妇女，并符合男女有别的体育比赛规则。

五、夫妻平等的器物史和机构史

（一）器物史

1. 避孕药具的发明。此等发明反映了育龄男女控制自己性行为的

---

① 参见刘慧姝：《女性成长与关怀伦理学》，载《西北师大学报》（社会科学版）2012 年第 3 期，第 25 页及以次。

② 参见刘慧姝：《女性成长与关怀伦理学》，《西北师大学报》（社会科学版）2012 年第 3 期，第 25 页及以次。

生理结果，把性欲满足与生殖分开，从而控制自己的责任范围的愿望，这是一种对自由的渴望。对于女性尤其如此。她们在避孕药具发明前，对于性交没有任何防护措施，结果是能生多少就生多少，直到生不动为止。在能生育的期间，众多的孩子占据了她们的身心，根本无法考虑外出工作，从而赢得自己的收入并建立自己的人际关系圈子。所以，妇女解放的工具应从避孕药具上求得。

多伦多避孕博物馆收藏了人类历史上的600多种避孕工具，堪称是世界上最大的避孕药具博物馆。不过，据该博物馆部门负责人皮特拉·哥德海得称，这些避孕工具并不全都是有效的，有些工具甚至对人体有害，并且产生致命的后果。但是，有几样古代人发明的避孕工具显然被证明非常有效。①

（1）女用避孕法。这些方法表达了女人对于自由和平等的渴望，因为妇女的身体权不同于男性的，她们要为自己的性行为承担十月怀胎的辛劳、分娩的危险、哺乳对身材的破坏等后果，构成其命门。而男性在性交之后就没事了。所以，她们对避孕法更加渴望。

①杀精剂。在一张有着3500年历史的埃及纸草上，用象形文字写着一个古老的避孕处方。谓：用阿拉伯树胶、椰子和蜂蜜浸湿的羊毛绵球植入女性体内能避孕。尽管这个处方非常古老，但实验证明它非常有效。哥德海得说："因为阿拉伯树胶中含有乳酸，这是一种自然界的杀精剂。"② 此外，古代人曾通过喝石墨或水银的方法来避孕，但这种危险的方法极易导致人死亡。

②护身符。在中世纪，许多迷信的方法也被用来防止怀孕，但这些方法显然毫无效果。譬如，一些中世纪的欧洲女人曾将包含着骡子

---

① 参见佚名：《揭秘：古代时期的人们用什么工具避孕》，载 http：//www.junshitx.com/html/lsmw /2013/1209/1418273.html，2015年3月4日访问。

② 参见佚名：《揭秘：古代时期的人们用什么工具避孕》，载 http：//www.junshitx.com/html/lsmw /2013/1209/1418273.html，2015年3月4日访问。

耳屎、黄鼠狼睾丸、黑猫骨头的小袋子制成护身符，在性交时系在身上，以期达到避孕的目的。①

③子宫帽。古希腊人和古罗马人把各种各样的东西塞进女性阴道。比如，块状蜂蜜、雪松树胶，甚至鳄鱼粪。在 20 世纪 30 年代，西方人还发明出了一种六边形小木块——一种类似于“子宫套”的东西——来防止女性怀孕，但这种避孕工具被后人称为“折磨女性的器具”。②

④物理法。性交后蹲下排出精液、打喷嚏、上下蹦跳。古希腊人认为用明矾、酒、海水、杂酚皂液或醋冲洗阴道，也能避孕。③

（2）男用避孕法。这些方法表达了男人逃避责任的欲望，可以说，在性爱的欢愉之后，生育的生理负担全部由女方承担，但通常，经济负担由男方承担或男女双方共同承担。所以，或者由于负担过于沉重，或者由于花心，希望逃避责任的男子依然不少。当然，在现代，这些方法也反映了男子计划生育的愿望，换言之，他们不再希望被动地接受性爱—生育的结果，而希望主动地掌控此等结果。

①避孕套雏形：鱼鳔和羊肠。中国古人用鱼鳔作避孕套。17 世纪，英王查理二世的御医 Condom 医生发明了男用保险套，其原料是小羊的盲肠，最佳产品的薄度可达 0. 038 毫米（现在的乳胶保险套一般为 0. 030 毫米）。这在当时是一件轰动全球的大喜事。Condom 医生就凭这项发明获得了爵位，避孕套尔后以他的名字命名。英国也从中赚取了大量外汇。④

---

① 参见佚名：《揭秘：古代时期的人们用什么工具避孕》，载 http：//www. junshitx. com/html/lsmw /2013/1209/1418273. html，2015 年 3 月 4 日访问。

② 参见佚名：《揭秘：古代时期的人们用什么工具避孕》，载 http：//www. junshitx. com/html/lsmw /2013/1209/1418273. html，2015 年 3 月 4 日访问。

③ 参见佚名：《揭秘：古代时期的人们用什么工具避孕》，载 http：//www. junshitx. com/html/lsmw /2013/1209/1418273. html，2015 年 3 月 4 日访问。

④ 参见佚名：《揭秘：古代时期的人们用什么工具避孕》，载 http：//www. junshitx. com/html/lsmw /2013/1209/1418273. html，2015 年 3 月 4 日访问。

②禁欲法。著有《自然史》的古罗马作家老普林尼（Pliny the Elder）认为，受孕最易在妇女月经的一头一尾发生。[①] 言下之意是，如果在这个时间禁欲，可以避孕。

③白色革命。[②] 口服避孕药的发明是20世纪最伟大的发明之一，1951年，美国人卡尔·杰拉西（Karl J. Djerassi，1923—2015）在墨西哥城首次合成了炔诺酮，这是现代口服避孕药的关键成分。以此为基础，1959年，美国人Gregory Pincus（1903—1967）与张明觉（1908—1991，山西人，后成为旅美华侨）共同发明口服避孕药。目前，全世界有5000万以上的妇女使用口服避孕药，服药的人数仍在不断增长。自避孕药问世以来，曾使用过不同的成分和不同的组合。当下，口服避孕药已形成五大类：复合片、序贯片、双相片、三相片和微量片。近年来对避孕药的改进主要集中在孕激素上，根据避孕药中孕激素的不同，大致可以将避孕药划分为三代。第一代避孕药的孕激素活性较弱，达到避孕效果所需孕激素的剂量较大，这一代孕激素的代表是炔诺酮。第二代避孕药的孕激素活性较强但雄激素活性也较强，副作用仍较大，这一代孕激素的代表是十八甲基炔诺酮，其中起孕激素作用的是左旋十八甲基炔诺酮。第三代避孕药主要以高选择性的孕激素为主，孕激素活性几乎达到天然孕激素的程度，雄激素活性非常低，副作用非常小。这一代孕激素的代表主要是地索高炔酮。[③] 避孕药的发明导致了性革命，从此，性交与生殖脱钩，完全为了快乐，双方都不担心后果与责任，男女在这方面平等了。

---

① See *The Natural History of Pliny*, Translated by John Bostock, Vol. II, London, 1856, p. 153.

② “白色革命”的提法中的“白色”两字来自口服避孕药片的颜色：白色。“革命”两字来自此等药片对于男女性关系的性质的根本改变。注意该词还有“不流血的革命”的意思。

③ 参见翁梨驹、吴尚纯：《口服避孕药的历史和运用现状》，载《实用妇产科杂志》2001年第6期，第315页。

（二）机构史

平等不光体现为一些口号或制度，还要体现为一系列的机构。

1. 幼儿园。欧文于工业革命时代的1816年创办了幼儿学校，显然这是妇女就业的配套设施。最初出现的幼儿教育机构多由一些慈善家、工业家举办，实质上不过是慈善性质的社会福利机构而已，那时的幼儿园叫“性格形成新学园”。①

世界上最有影响的幼儿园是德国教育家福禄培尔（1782—1852）创办的。所以，英语中的幼儿园（Kindergarten）一词采用德语词。1837年，福禄培尔在德国勃兰登堡大胆招收了一批儿童，成立了世界上第一个教育学龄前儿童的组织。在这个组织中，福禄培尔既不对孩子们进行单调的操练，更不体罚。孩子们经常被带到大自然中去，有时他们一起在花园或室内劳动。他注重培养孩子们的动手劳作技能和集体活动的能力。在多年的试验后，福禄培尔提出，这样的学园应叫“幼儿园”，从此幼儿园的名称就被传播开来了。②

可以看出，幼儿园产生在工业革命的时代，是为了满足工业革命对女性工人的需要而产生的。女人摆脱了孩子的拖累上班，有了自己的收入，经济上自立，由此有可能达成与丈夫的平等。

2. 食堂。食堂是集体供餐的方式，本质是吃饭者与做饭者的分离，由此体现分工，尽管不见得一定是男女分工。

柏拉图在其《理想国》中主张，公民除了必需的日用品，不得有任何私有财产，要实行彻底的“共产主义”，人们一律住在共同的房屋中，吃公共食堂，房屋要尽量简陋，吃穿要尽量简朴，金银的使用应当被禁止，这些措施可以有效防止富有和贫穷造成的罪恶。柏拉图

---

① 参见石卉：《欧文幼儿学校及其学前教育思想》，载《当代教育论坛》2005年第6期下半月刊，第107页。

② 参见李薇：《幼儿园由来》，载《师范教育》1993年第3期，第39页。

主张，家庭生活也应当是“共产主义”的。[①] 实际上，柏拉图的食堂思想产生于地中海地区的公共聚餐制度，它的目的一是培养同胞之情，目的二是养成军事素养。

但罗马军队是各人做自己的饭的。在中国古代，似乎也是一人一灶，是故有“添兵减灶”之说，这可能是两人或多人共用一灶的结果，也可能是无灶的人吃干粮的结果。

设立食堂的单位，有修道院、学校、医院、监狱、企业等。[②]

食堂制度在军队外得到使用，首先可能是在修道院中，第一个修道院产生于5世纪。修道院有食堂，它不仅为修士，而且为香客和朝圣者供餐。中国的佛庙类似于修道院，其中也有食堂。

其次可能出现在工厂中，英国学者 Curtis – Bennett 认为，第一个食堂设立在中世纪城堡的内部，其中多工种的工人在一年的特定季节里集中工作，他们得到食堂的供餐。[③]

食堂与女性解放的挂钩可能发生在社会主义国家。恩格斯主张，妇女解放的前提条件是回到公共劳动中去，为此要从家务劳动中解放出来。列宁提出了类似的观点，由此，主张把家务劳动社会化，食堂成为这样的机构。列宁最早在克里姆林宫搞起了食堂。

毛泽东早年搞过共产主义实验，取得全国政权后，大搞食堂。主张，没有食堂，没有托儿所，就没有妇女解放。

食堂对于男性的解放也有意义：消除女性对于男性的讹诈，如果

---

① 参见余纪元著：《〈理想国〉讲演录》，中国人民大学出版社2009年版，第106页及以次。

② Cfr. La voce di Ristorazione，Su http：//it. wikipedia. org/wiki/Ristorazione，2013年10月27日访问。

③ See Noel Curtis – Bennett，*The Food of the People – History of Industrial feeding*，London，1949. Giuliana Bertagnoni，Cibo e lavoro，Una storia della ristorazione aziendale in Italia，Su http：//www. storiaefuturo. com/it/numero_ 13/articoli/1_ cibo – lavoro – storia – ristorazione – aziendale ~ 1054. html，2013年10月27日。

前者罢工，后者可有廉价的就食之道。

3. 托老所。中国古代有孤独园、济众院之设，用来安置老人。在现代老龄化社会，独生子女赡养老人困难，一对夫妇要养四个老人。此等“养”并非出钱了事，而且要出力，即亲力亲为地照顾老人的衣食住行。而社会化养老可解脱年轻人，尤其是解决其中的女性的时间精力有限问题。所以，设立托老所是实现社会化养老的途径之一。

4. 月子中心。月子中心是中国月子文化的产物，所以，产妇不坐月子的国家，不会有月子中心。在产妇坐月子的国家，伺候月子是产妇及其丈夫两方家庭的沉重负担，会导致伺候者不能上班，必须全天候在岗。由此催生了把伺候月子工作社会化的愿望，其实现形式是月子中心，即把许多产妇集中在一起伺候并收取费用的机构。这里的伺候人员可能更专业化，产妇可能得到更专业化的照料。而且可以至少把丈夫解放出来照常上班。此等中心可能是台湾人的发明，因为我第一次见到它的地点就是在中国台湾地区。现在中国大陆也有了这样的机构。

5. 妇女庇护所。即庇护遭遇家庭暴力的妻子的机构。自 1995 年在北京召开世界妇女大会后，在青岛、宁波、昆明、上海等城市分别设立了妇女庇护所。先是由民间慈善人士设立，后来转变为政府设立。河北、吉林、西安、温州等省市都通过地方立法明确了人民政府设立救助遭遇家庭暴力的妇女的场所的义务。

6. 性别平等部。最后讲到但最重要的是性别平等部。此等部在许多国家的设立是为了贯彻 1995 年在北京举行的联合国世界妇女大会《行动纲领》第 201 条和第 202 条。前者规定：提高妇女地位的国家机构是政府内部的中央政策协调单位，其主要任务为支持政府各部门将性别平等的观点纳入所有政策领域的主流。这种国家机构有效运作的必要条件包括：

第一，尽可能地设置在政府最高级别，直属一个内阁部长位置；

第二，组织机制或进程应斟酌情况，促进下放规划、执行和监测权力，以期带动自下而上各非政府组织和社区组织的参与；

第三，预算和专业能力方面具有足够资源；

第四，有机会影响所有政府政策的制定。

后者规定：在处理建立提高妇女地位的机制问题时，各国政府和其他行动者应提倡一项积极鲜明的政策，将性别观点纳入所有政策和方案的主流，以便在作出决定之前分析对妇女和男子各有什么影响。

基于这两条，许多国家设有机会平等部或类似部门，以下分为欧洲、亚洲、非洲、拉丁美洲四个板块介绍设有此等部门的国家和地区。

（1）欧洲。

①丹麦。它是世界上最早设立性别平等部的国家，该国于1975年建立了性别平等部。该部部长的责任是监管政府在整个性别平等领域的活动，协调各部之间的性别平等工作。①

②瑞典。该国于1976年建立了性别平等部。说起来，瑞典曾是个男女不平等的国家，法律曾把丈夫设定为妻子的监护人。据说受苏俄1918年颁布的《婚姻、家庭和监护法典》中男女平等规定的影响，1920年的瑞典《婚姻法》把夫妻双方置于同等的法律地位。1980年，瑞典议会通过了《平等机会法》，基本原则是男女机会均等和同工同酬，同时要求企业主制订保障性别机会平等和同工同酬的计划。并对计划提出了具体要求。由性别平等部负责组织实施《平等机会法》，凡违背该法就会受到惩罚和制裁。从而，使性别政策从选择走向强制，从宏观进入微观，由政府倡导进入企业实施，政府开始主动扭转和调整工作与就业中的性别歧视。政府在推进性别平等中开始发挥主导作用。一直以来，瑞典都是举世公认的在确保男女平等方面最成功的国家。1998年，联合国在一次人文调查中把瑞典选为世界上最平等的国

---

① 相关情况载 https：//baike. baidu. com/item/，2011年10月11日访问。

家，其“参数”主要是在男女平等和穷人富人之间的经济分配两个方面。10 年后，在世界经济论坛公布的各国性别平等排行榜上，排在最前面的依然是瑞典。这个排行榜的主要依据是四个方面：男女薪酬、教育机会差异、政治代表权差异和包括平均寿命在内的健康差异。世界经济论坛对瑞典的评价是：男女劳动力就业和薪酬之间的差距正变得越来越小。2007 年，瑞典的性别平等部改为整合与性别平等部，增加了保护其他方面的弱者的职能。①

③意大利。意大利于 1997 年设立了机会平等部。它分为社会经济援助办公室、各领域机会平等干预办公室、国家反种族歧视办公室三个部门。就男女平等而言，设有男女机会平等委员会、女企业家委员会。主要的理念是颠倒行动，即以矫枉过正的方式还老账。具体措施之一是实施性别预算，即把性别视角纳入公共预算和社会预算的制定过程，评估政府的财政收入和支出对女性和男性产生的不同影响，目的是降低表面上中立的政策对女性的歧视，并推广一些有利于妇女的制度或设施，如幼儿园、护理老人的服务、父母假，让男性分担家务，通过采用灵活的工作方式推动女性就业或母亲再就业，如兼职、远程办公、居家办公、上下班灵活的工作、时间银行，等等。②

④西班牙。2008 年，该国建立了卫生、社会政策与平等部。就其平等职能而言，是消除所有的歧视，包括基于性别的、种族的、宗教的、意识形态的、性取向的，等等。③

---

① 参见佚名：《瑞典国家性别平等机制的特点与模式》，载 http：//www. china. com. cn/xxsb/txt /2006 －01/10/content_ 6088512. htm，2015 年 3 月 20 日访问。

② 参见［意］朱丽娅：《意大利和机会平等》，载徐国栋主编：《罗马法与现代民法》第 7 卷，厦门大学出版社 2010 年版，第 390 页及以次。

③ 相关情况载 http：//es. wikipedia. org/wiki/Ministerio_ de_ Igualdad_ de_ Espa% C3% B1a，2011 年 10 月 26 日访问。

⑤英国。2014 年，该国建立了妇女与平等部。[1]

此外，芬兰于 1972 年在社会事务与卫生部下设了平等委员会；挪威于 1972 年在儿童与家庭事务部下设了平等委员会；比利时于 1999 年在联邦雇佣与劳动部下设了机会平等司。

（2）亚洲。

①日本。该国于2000 年根据《性别平等社会基本法》制定了《基本蓝图》（Basic Plan），并于内阁设立了“性别平等委员会”，由 12 位内阁阁员及 12 位学者共同组成，首相担任主席。整个内阁各部会首长则共同组成“性别平等促进总部”。[2]

②韩国。2001 年，韩国成立性别平等与家庭部直属于总统，并且有专属的年度预算与承办人员，负责性别研究、法案推动、性别意识推广与法案执行评估等工作，已取得初步的成果。[3]

③中国台湾地区。中国台湾地区有人正在倡导设立性别平等部。

（3）非洲。

2004 年，非盟国家在亚的斯亚贝巴发表了《非洲性别平等宣言》。其成员国在宣言的框架下开展性别平等国家机器的设立。

①毛里求斯。该国设有性别平等、儿童发展与家庭福利部。1982 年，该国设立了妇女权利与家庭福利部，该部于 1984 年与社会保障部社保司合并，1995 年增加儿童发展的内容改成这个名字。[4]

②纳米比亚。该国设立了性别平等与儿童福利部。[5]

---

① 相关情况载 https：//www. gov. uk/government/ministers/minister – for – equality，2015 年 3 月 20 日访问。

② 相关情况载 http：//www. ios. sinica. edu. tw/ios/people/personal/ccf/% E6% 80% A7% E5% 88% A5% E5% B9% B3% E7% AD% 89% E9% 83% A8% E8% AA% AA% E5% B8% 96% E7% AC% AC% E5% 85% AD% E7% 89% 88. doc，2011 年 10 月 11 日访问。

③ 相关情况载 http：//english. mogef. go. kr/index. jsp，2015 年 3 月 20 日访问。

④ 相关情况载 http：//www. gov. mu/portal/site/women – site，2011 年 10 月 21 日访问。

⑤ 相关情况载 http：//www. afdevinfo. com/htmlreports/org/org_ 24829. html，2011 年 10 月 11 日访问。

③莱索托。该国设立了性别、青年、运动与娱乐部。[1]

（4）拉丁美洲。

①委内瑞拉。该国设有为了妇女权利与性别平等的人民权力部。[2]

②阿根廷。该国在劳动部下设机会与性别平等委员会。[3]

上述国家和地区可分为两类。第一类设立了专门的平等部，第二类是把实施性别平等的机构与类似的机构并在一个部，搞保护弱者的“大部制”，与性别平等类似的部门无非都是关涉儿童、家庭等事项的。无论何种类型，其基本理念一致：建立落实平等的组织保障，没有这种保障，平等容易沦为空谈甚至欺骗。

当然，在性别平等从口号到制度的演进过程中，北京《行动纲领》只是一个“中途岛”，在它前面，有北欧国家的先例，尤其是丹麦和瑞典的先例，可以认为它们是北京《行动纲领》的“教父”。在它后面，则有亚洲、非洲乃至欧洲的实践者。亚洲的日本和韩国都是在北京《行动纲领》后建立保障性别平等的国家机构的。非洲各国的性别平等行动（包括南非的宪法）及欧洲的意大利、西班牙和英国的性别平等行动都在北京《行动纲领》之后，它们应该是落实纲领的积极实践者。

第五节　结　论

第一，平等主要是宪法问题，是一个控制立法权和司法权的正当行使问题，不是纯粹的民法问题。社会主义国家的学者似乎不注意平等问题的宪法归属性，这要么因为他们对这一问题本身缺乏认识，要么因为他们满足于一种公私混合的民法观。从我个人的经验来看，前一种可能性较大。第二，实施宪法上的平等原则，呼唤合宪性审查制

---

① 相关情况载 http：//www. gov. ls/gender/，2011 年 10 月 11 日访问。

② 相关情况载 http：//www. minmujer. gob. ve/，2015 年 3 月 20 日访问。

③ 相关情况载 http：//www. trabajo. gob. ar/ctio/，2015 年 3 月 20 日访问。

度、判例制度和先例拘束力原则。第三，西方民法中的平等规定少，不仅因为平等问题主要属于宪法，而且由于民法本身就是平等杀手，因为承认私有财产、经济自由和财产权就会带来实质上的不平等，而民法恰恰是承认这些的。所以，社会主义国家对平等的强调有计划经济的原因，在均平政策的作用下，大家确实是平等的，不过是基于贫困的平等。[①] 自由与平等是矛盾的，所谓的意思自治表达的是自由，这是所谓的民法的至高原则，西方民法可能是因为尊重自由而少谈平等。[②] 基本权利是必须平等的，而社会经济权利是可以不平等的，民法管辖的恰恰多为后者，所以，尽管管辖前者的宪法可以大谈平等，但民法可以容忍不平等。[③] 第四，平等始终是支撑民法私法说的基石之一，认识到了平等的有限和不平等的合理性或现实性，可以打破民法私法说，接受民法是公私混合法的观点。第五，通过充分的研究，可以认识到制造合理的不平等是立法者可以运用的治国手段，放任不能克服的自然不平等是立法权有限的表现，一个过度平等的社会是有害的，由此，我们终将像对待自由那样对待平等，像说不是什么都可以自由的那样说不是什么都可以平等的，并给出相应的路线图。第六，尽管《民法典》第 1 条规定颇值商榷，但其实在特别立法中作了不少例外规定。

---

① Véase Karla Pérez Portilla, *Principio de igualdad*: *Alcances y Perspectivas*, UNAM, Mexico, 2005, p. 220.

② 参见张文显著:《二十世纪西方法哲学思潮研究》, 法律出版社 1999 年版，第 452 页。

③ Véase Karla Pérez Portilla, *Principio de igualdad*: *Alcances y Perspectivas*, UNAM, Mexico, 2005, p. 15.

第四章

能力论

在研究完平等论后研究能力论十分合理，因为能力论涉及的权利能力制度，至少从其制度设计的角度来看，是平等观念的十足体现。行为能力更是由每个不具有自然或法律障碍的自然人平等地享有的。

现代民法中有统一的能力制度，其中至少包括权利能力和行为能力，或许还包括责任能力、意思能力、劳动能力。这些制度具有能力的共性，彼此关联，法理精深。有人说权利能力制度是一个法律制度内部的晦暗的密林。① 在本章中，我拟研究它们。先讲权利能力论，然后讲行为能力论。

第一节　权利能力论

一、罗马法中的权利能力制度萌芽

罗马法中当然不可能有现代意义的权利能力制度，在中文中，顾名思义，这是一种充当权利义务主体的能力［在拉丁语族语言中的通常

---

① Cfr. Gianvarlo Frongia, *La Capacità Giuridica* (Tesi di laurea), p. 1, Su http://www.overlex.com/leggiarticolo.asp? id=762，2006 年 11 月 2 日访问。

表达是“法律能力”，但学说对这种能力的解释也是充当权利主体的资格[①],《巴西民法典草案》是一个例外，使用权利能力（Capacidade de direito）的概念[②]，这是追随萨维尼的《当代罗马法体系》的结果，该书像我们一样把这种能力叫作权利能力（Rechtsfähigkeit），其第2卷“法律关系”中大量使用这一概念[③]]，因此，这一制度的出现以主观权利概念的出现为条件，这一条件通过雨果·多诺的贡献，到16世纪才出现。但现代的权利能力制度可追溯到罗马法。在罗马法中，有丰富的表示类似于现代的权利能力概念的词汇，如下词接近地表示现代的权利能力制度的意思，它们本身对于我们理解权利能力制度的公法性也很有帮助。

（一）拉丁文中表示能力的术语以及相应的制度

1. Factio。它是 Facere（做）这个动词的名词。专用于订立遗嘱。Testamenti factio 的符号表示遗嘱能力，直译是“制作遗嘱”。Factio 后来引申出“行动权”的意思，只适用于订立遗嘱的场合。[④] 把 Testamenti factio 说成是“遗嘱能力”，这与其说是翻译，不如说是解释。遗嘱能力有积极的和消极的两种，前者为利用遗嘱处分自己财产的能力，后者是根据他人的遗嘱获得财产的能力。遗嘱能力并不要求有关人永久具有，消极的遗嘱能力只要在遗嘱人死亡时和订立遗嘱之时具备即可。遗嘱能力制度开启了能力方面的许多问题：第一，罗马人的能力制度很原始，就是“做”的意思，尚无抽象一些的表达；第二，能力分为积极的和消极的两方面，这是现代法不分的；第三，能力不要求总是具有，只要在特定时刻具有就行了，这与现代法的对应物也不同。顺便指出，

---

① Cfr. AA. VV. *Istituzioni di diritto romano*, Simone, Napoli, 1990, p. 45.

② Ver A. Teixeira de Freitas, *Esboço do codigo civil*, Volume I, Ministerio de Justicia, Brasilia, 1983, p. 14.

③ Sieh Friedrich Carl von Savigny, *System des heutigen römischen Rechts*, Band 2, Berlin 1840, Seite 1ff.

④ 参见谢大任主编：《拉丁语汉语词典》，商务印书馆1988年版，第218页。

德文 Rechtsfähigkeit 中的 Fähigkeit 词素似乎具有罗马法来源，这点可在蒂堡的《潘德克吞法体系》的第 2 卷中找到证据。该卷有三个标题使用这一术语，分别涉及遗嘱能力（Fähigkeit zum Testiren）、继承能力（Successions－Fähigkeit）和“主体的能力”（Fähigkeit des Subjects，实际上也是讲的订立遗嘱的能力）。[①] 这三种能力制度显然来自罗马法，并且表述它们的语词 Fähigkeit 似乎都来自拉丁词遗嘱能力（Testamenti factio）中表示能力的词素 Factio，因为它们在词形上相似。如果这种推论为真，则德国人不利用罗马人留下的Capacitas 资源而利用其 Factio 资源的做法，堪称奇特。

2. Facultas。该词是能力、可能性、资源、财富的意思。[②] 由 Facul（容易）加 tas 的抽象化后缀构成。在意大利的罗马法著作中不见对这一表示能力的术语的分析，该词在能力制度上的意义是我自己在阅读原始文献的过程中发现的。优士丁尼在《学说汇纂》中，使用 Facultas 一词 50 次。它有如下的意思：

（1）权利。这方面的典型法言有 D. 29, 2, 85。帕比尼安：《问题集》第 30 卷：“如果某人在胁迫下接受了一份遗产，结果会是这样：因为他违心地成为继承人，要授予他拒绝权（abstinendi facultas）。”这一法言表现了权利的纵向授予性。

（2）自然的能力。这方面的典型法言有 D. 45, 1, 137, 4。维诺纽斯《论要式口约》第 1 卷：“应考虑允诺偿付 100 金币的人是立即承担责任，还是债中止到他获得了金钱为止。但如果他既没有钱在家里，也不能找债权人时怎么办？但这一问题不同于自然障碍，而涉及偿付能力（facultas dandi）。这种能力关涉特定人的便利或不便，并不涉及允诺的物。相反的有某人允诺交付斯提古，我们问斯提古何在的情形，

① Sieh Anton Friedrich Justus Thibaut, *System des Pandekten－Rechts Band* 1, Jena, 1803, Seite 136.

② 参见谢大任主编：《拉丁语汉语词典》，商务印书馆 1988 年版，第 218 页。

或在以弗所为交付很有意义的情形，或某人人在罗马，却允诺在以弗所为交付的情形，因为这也涉及交付能力（facultas dandi），因为在偿付金钱和交付奴隶之间有一些共同因素，也就是债务人不能立即履行。一般来说，困难的原因涉及债务人遭遇的未受债权人干预的不便，以免可以这样主张：允诺给付一个属于他人的奴隶的人不能为此等给付，原因是奴隶的主人不愿出售他。”这个法言中的能力是自然的能力，非法律的能力也。而我们平常谈论的能力就是法律上的可能，与物理的不能无关。

（3）消极的法律上的能力。这方面的典型法言有 D. 46, 3, 95, 6。帕比尼安《问题集》第 28 卷：“我订立一个要式口约授予我或蒂丘斯用益权。如果蒂丘斯承受人格减等，并不剥夺对蒂丘斯为清偿的能力（facultas solvendi），因为我们可以这样订立要式口约：‘在蒂丘斯受人格减等的情况下你允诺给我或蒂丘斯吗？’”这一片段中的能力是无法律上的障碍，表现了为处罚某人的过犯剥夺其周围的人与他交往的能力的立法现实。初步涉及了失权问题。没有讲到的是蒂丘斯本人也要因为受人格减等承受失权。

（4）积极的法律上的能力。这方面的典型法言有 D. 46, 7, 3, 5，乌尔比安《告示评注》第 77 卷：“但即使他是监护人，但不作为监护人管理事务（这要么因为他无知，要么是因为其他原因），必须说要式口约无效，因为根据裁判官告示，以监护人行事的能力（tutori agendi facultas）授予那些父亲指定的或多数监护人指定的或有管辖权的人指定的人。”这一法言讲的是监护人与订约代理权的关系问题，在监护人为复数的情形下，只有遗嘱人指定的人、多数监护人推选的人或长官指定的人才有代被监护人订立合同的能力。

（5）能力的诸类型。从原始文献来看，facultas 表示的权利能力具有具体性，分为如下类型：交付（偿付）能力、清偿能力、以监护人行事的能力、制作遗嘱的能力（facultas testamenti faciendi，D. 29, 6, 2pr.）、遗嘱能力（facultas testandi，CTh[①]. 16, 7, 1）、诉讼能力（agendi facultas，D. 31, 76, 8）。可以看出，在 facultas 的用法范围内，没有抽象的能力概念，能力具有具体性。现代民法相反，权利能力总是抽象的，在行为能力领域才有具体化的迹象，如缔约能力的表达。

3．Capacitas。本义为“容积、容量、广阔、宽敞、理解力”[②] 等。在颁布于公元9年的《关于婚姻的帕皮尤斯和波培乌斯法》（*Lex Papia Poppaea Nuptialis*）——该法与公元前18年的《关于等级结婚的优流斯法》（*Lex Iulia de maritandis ordinibus*）一起对婚姻制度实行改革，特别鼓励罗马市民结婚并且多生子女，对独身者采取某些限制其权能的措施——中，被用来指在被指定为继承人时必须具备的一个要件，不具备的人不能根据遗嘱以任何方式取得遗产。这些人有：（1）独身者，男性的年龄在25—60岁，女性的年龄在20—50岁，妇女因此完全失去继承能力。独身者被给予100天的时间结婚，结婚后对他们继承能力的剥夺解除。（2）无子女的夫妇，丧失一半的继承能力。（3）单亲家庭中的父亲。即有前婚中所生的子女但后来未再婚的父亲，其被剥夺继承能力的程度不详。[③] 这种制度与剥夺消极的遗嘱能力不同，它只要求在遗嘱人死亡时具备[④]，而消极的遗嘱能力不仅要求在这个时候具备，而且在遗嘱人订立遗嘱之时也要具备。[⑤] 而且对于独身者来说，允许他们在100天内通过结婚补足这种能力，这种补足是消极的遗嘱能力制度不具有的。总之，这个术语仅指根据死因行为取得的能

① CTh. 为《狄奥多西法典》。

② 参见谢大任主编：《拉丁语汉语词典》，商务印书馆1988年版，第80页。

③ Cfr. Pasquale Voci, *Istituzioni di Diritto Romano*, Giuffrè, Milano, 1994, pp. 574s.

④ Cfr. Matteo Marrone, *Istituzioni di Diritto Romano*, Palumbo, Palermo, 1994, p. 606.

⑤ I. 2, 19, 4.

力[1]，没有现代的权利能力那么广泛的含义。

4. Capax。本义为“宽广的、宽敞的、善于领悟的、能干的”[2] 等，是形容词，表示“能”。Capacitas 是它的名词。凡是被剥夺 Capacitas 的，在表述上就是不 Capax。但它使用的范围更广，用来指取得能力，如取得一笔贷款，也用来指收受能力，如收受一笔偿付的能力；有时也用来指个人体力或心理的能力，如听的能力、过错能力、诈欺能力、侵辱能力、盗窃能力等。[3]

5. Caput 和 Persona。这两个词都可以译为人格，大家比较熟悉它们。前者本义为“头”，后转指市民名册上的一章；后者初指演戏时戴的面具，后转指法律上的人。两者的共同特点是把法律上的人与生物学意义上的人（homo）分开，从后者优选一定的成员作为前者的成员，优选的标准是自由、市民、家族、名誉、宗教等身份之具有。

获选者具有如下的权利能力：

（1）交易权。即缔结财产性的法律行为的能力。

（2）通婚权。即与罗马市民缔结合法婚姻的能力。

（3）遗嘱能力。即以遗嘱处分自己的财产的能力（积极的遗嘱能力），以及根据他人的遗嘱取得遗产的能力（消极的遗嘱能力）。

（4）作证能力。即为他人的法律行为作证并聘请他人为自己的法律行为作证的能力。不妨称前一种能力为积极的作证能力，后一种能力为消极的作证能力。因此，作证能力与遗嘱能力很类似，除了都直接以能力名，还都为消极的能力留下了空间。

（5）投票权。即选举权，共和时期，罗马的大部分长官都是由选举产生的。

---

① Cfr. La Voce di Capacità di Angelo Falzea, *In Enciclopedia del Diritto*, XI, Giuffrè, Milano, 1962, p. 2. p. 1.

② 参见谢大任主编：《拉丁语汉语词典》，商务印书馆 1988 年版，第 80 页。

③ Cfr. Alberto Burdese, *Manuale di diritto privato Romano*, UTET, Torino, 1993, p. 134.

（6）担任公职权。即被选举权①。

（7）向人民的申诉权。市民在遭受长官的死刑或鞭打（这是执行死刑的前奏）判处后要求百人团会议重审的权利。

（8）从军权。② 只有一些阶级被承认享有这一权利，这些阶级构成军队，而只有军队成员才能参加百人团大会，因此，拥有这一权利，等于拥有根据自己的军事级别作为 populus 的一分子的权利。③ 从军权在共和时期以拥有一定的财产为基础，无产阶级就不享有这一权利。因此，拥有从军权，意味着成为主流社会的成员。

人格概念的诞生具有特别的意义，值得单独言说一番。首先，它制造了生物人和法律人的分裂，公开地以不平等为基础型构人法。既然人格是一个分拣机，它当然是由主权者根据各种治理考虑操纵的，这等于是宣示人格制度的纵向性或公法性，因此，人格经常从否定的意义上，即剥夺的意义上规定。其次，人格概念开创了从一个母权利派生出众多子权利的惯例。人格本身是一种权利，但它又派生出八种更加具体的权利，这些权利公私兼备，公的多于私的。人格与其包含的权利的这种关系预示着现代的作为原权的权利能力与其他派生权利的关系格局。

6. 小结。由上可见，首先，罗马法原始文献中已有了比较丰富的表示能力的词汇。对它们进行分析，可得出对能力为何之问题的认识。什么是能力，积极地讲，是可以做一定的事情。消极地讲，是做一定的事情无法律上的障碍，这个定义与霍布斯（Thomas Hobbes，1588—

① Cfr. AA. VV. *Istituzioni di Diritto Romano*，Simone，Napoli，1990，pp. 44s.

② Cfr. La Voce di Capacità di Angelo Falzea，*In Enciclopedia del Diritto*，XI，Giuffrè，Milano，1962，p. 2.

③ Véase la voce de Plebeyos，Sobre http：//www. elalmanaque. com/Agosto/19 – 8 – eti. htm，2006 年 12 月 3 日访问。

1679）的自由的定义暗合："自由指的是没有障碍"①；也与优士丁尼的自由定义相合："自由……确实是每个人做他喜欢做的、不由强力或依法禁止做的事情的自然能力"（I. 1, 3, 1）②。不过，能力概念只与这里的不受法律禁止意义上的自由相关联。因此，能力的本质是自由权，Capax 和 Capacitas 都有"宽广的""容量大"的义项的事实证明了这一点，Facultas 的形容词"容易的"词义也证明了这一点。前者体现了积极的自由，后者体现了消极的自由。

其次，罗马法在能力问题上是采用原子论的。该说为汉斯·凯尔森所创，认为"所谓人格，只不过是一束义务和权利的统一，即规范集合体的统一之拟人的表现"。③ 在法律的层面上，可把生物人分解为生物学上的单元和延续体，把他看作由一系列彼此独立的可分析的行为构成。因此，他的权利能力不能概括地赋予，而是要依个案赋予，每个法律规范赋予有关一类行为的权利能力。④ 凯尔森的这一理论似乎是根据罗马法总结出来的，因为这种法中的能力总是具体的，不存在抽象的、一般的能力。顺便指出，与原子论相反的权利能力学说是有机论。它认为，法律生活被分为两极：一极是人；另一极是全部的法律规范。前者被概括地而非个别地、逐次地被承认为后者的主体。立法者也把这种权利能力平等地赋予一切自然人。我国民事立法基本上采用有机论，但在有些立法内容不自觉地借鉴了失权制度的思想，如关于破产企业的领导人失权的规定，又采用原子论。

---

① 参见［英］霍布斯著：《利维坦》（一），刘胜军、胡婷婷译，中国社会科学出版社 2007 年版，第 337 页。

② Cfr. La Voce di Capacità di Angelo Falzea, *In Enciclopedia del Diritto*, XI, Giuffrè, Milano, 1962, p. 2.

③ 参见［奥］Hans Kelsen 著：《纯粹法学》，刘燕译，中国文化服务社 1946 年印行，第 53 页。

④ Cfr. Giancarlo Frongia, La Capacità Giuridica, Su http: //www. overlex. com/leggiarticolo. asp? id = 762, 2006 年 11 月 2 日访问。

能力与权利的界限很容易混淆。实际上，权利总是意味着比较具体的东西，能力总是意味着比较抽象的东西；权利通常是既定的现象，能力通常是未定的现象。所以，权利经常是面向过去的，而权利能力经常是面向未来的。因此，剥夺权利往往是剥夺现实性，剥夺权利能力只是剥夺可能性。

（二）罗马法中导致无能力或能力缩小的原因

既然能力是主权者操纵的治理工具，自然就可以通过剥夺此等能力达到规训社会成员的目的。按通说，在罗马法中，以下因素影响一个人的权利能力。

1. 被宣告破廉耻。破廉耻是国家有权机关对个人宣告的道德否定评价，以惩罚此等人实施的某些行为或持有的某些生活方式，结果是受罚人在某些公法和私法领域承受失权。①

首先让我们看一下关于这一主题的原始文献。

D. 50, 13, 5, 1（伽里斯特拉杜斯：《论审理》第1卷）：民事名誉是一种由法律和习俗认可的尊严的身份，它可以因为我们的私犯根据法律的权威被减少或消灭。在维持自由权的情况下承受涉及尊严的身份的刑罚的，发生民事名誉的减少，有如某人遭遇《永久告示》列举的破廉耻案件的情形。在人格大减等的情形，即在丧失自由权的情形，发生民事名誉的消灭。

这一法言首先告诉我们，民事名誉（Existimatio）的确立有法律和习俗两种依据，因此，破廉耻不完全是个法律问题，也是一个道德问题。其次告诉我们，民事名誉是一种身份，身份是民事荣誉的属概念。因此，罗马人法上的重要的民事身份不是人们通常认为的三种而是四种。再次告诉我们，民事名誉的减少的案型在《永久告示》中规定，

① See H. J. Greenidge, *Infamia: Its Place in Roman Public and Private Law*, Oxford, Clarendon Press, 1894, p. 37.

这无非是说，破廉耻主要是裁判官法创立的规则。又次告诉我们，民事名誉的不利变化有减少和消灭两种形式，消灭发生在人格大减等的情形，此时人格减等制度与破廉耻制度竞合。最后告诉我们，破廉耻既可以作为主刑，也可作为附加刑适用。

裁判官在《永久告示》中记载下来的破廉耻的案型涉及以下人：被从军队开除者，从事舞台表演或朗诵职业者，妓院老鸨，在刑事诉讼中被判处诬告和通谋者，被判处盗窃、抢劫、侵辱、诈欺、诡计或在这样的案件中为和解者，在合伙、监护、委任或寄托案件中在本诉中而非在反诉中受判处者，在女婿死后把在习惯上的戴孝期中的家女再嫁他人的家父，在知情的情况下非出于家父的强制与此等女儿结婚的家子，允许处在自己权力下的家子与此等妇女结婚的家父，根据自己的意志、不受任何人的命令影响与此等妇女结婚的自权人，以及以处在自己权力下的家子或家女的名义同时订立两个婚约或结婚合同的家父（尤里安：《告示评注》第1卷，D. 3, 2, 1）。① 这就是《永久告示》中规定的民事名誉减少的案型。② 这些案型大多来自监察官规定的破廉耻的案型。③ 后世作者关于破廉耻的事由的描述大多从尤里安的这一法言而来，不过间有误述，例如，周枏先生的《罗马法原论》就把这一法言中的出嫁戴孝期间的家父的破廉耻误述为戴孝妇女未满守孝期即结婚的妇女自身的破廉耻。④ 可以看到，裁判官法上的破廉耻的原因有以下类型：第一，违反市民道德（被从军队开除）；第二，从事贱业（演员或卖淫）；第三，实施特别讨厌的犯罪；第四，自身不

---

① See *The Digest of Justinian*, Volume 1, edited by Mommsen and Alan Watson, University of Pennsylvania Press, Philadelphia, 1985, p. 82.

② Cfr. Otto Lenel, *Das Edictum Perpetuum*, Leipzig, Verlag von Bernhard Tauchnitz, 1927, pp. 77s.

③ See H. J. Greenidge, *Infamia: Its Place in Roman Public and Private Law*, Oxford, Clarendon Press, 1894, p. 45.

④ 参见周枏著：《罗马法原论》上，商务印书馆2001年版，第116页。

诚信的人在诚信诉讼中恶人先告状；第五，不遵守起码的婚姻道德。我们知道，裁判官法是对市民法的补充，如此，则上述行为在市民法中不受处罚或处罚较轻（在不受处罚的情形下此等行为只是道德上的过失而非犯罪），裁判官才利用自己的职权把它们定为犯罪或加大处罚的力度，可以说裁判官的上述规定在某种程度上是把道德法律化的产物。但在这些事项的范围内，裁判官不过是诉讼程序的控制者，他除了在这方面制裁有过犯者，别无其他手段，于是他采取了让这些人不得为他人诉讼的制裁。[1] 也就是排除这些人实施一定行为的可能性，这符合失权的特征。因此，裁判官法上的破廉耻，一开始就是作为一种失权制度被运用的。但失去为他人诉讼的能力，对被判罚者打击不大，因为除非是职业律师，否则人们很少有机会代人诉讼。对于这些跟诉讼保持距离的人来说，裁判官的打击力度是零。

破廉耻的法律后果有：第一，权利能力减等；第二，丧失公共尊敬，如对通奸的妻子不得行使追究权；第三，丧失代替他人进行诉讼的权利、投票权及被选举权。

2. 交易失败者。指被债权人拘押的债务人和债奴（addicti 和 nexi）。前者指《十二表法》第三表第 3 条规定的情形："此时如债务人仍不执行判决，或无人在长官前为他担保，则原告将他押至家中，拴以重量不轻于 15 磅的铁链或脚镣，如果愿意，可以减轻分量"；后者指"一个在能还清自己所负债务之前，像奴隶那样干活的自由民"。前者是被迫的，后者是自愿的，保留赎回自己的权利。这两种人名义上还是自由人，但实际上处在准奴隶的地位，丧失自由人的权利能力。这一制度预示着后世的破产者失权制度。

3. 被雇斗兽者和被同胞从敌方赎回的人。被雇斗兽者应该是下一点所称的从事贱业的人。意大利作者之所以把它挑出来与被同胞从敌

---

① Voir Paul Frederic Girard, *Manuel élémentaire de droit romain*, Dalloz, Paris, 2003, p. 215.

人赎回的人并列，应该是因为两者有共性：从属于他人的意志。两者名义上还是自由人，但前者从属于师傅；后者从属于救赎者，要为其利益提供一定的服务。①

4. 属于特定阶级或阶层。平民一度不能与贵族通婚。解放自由人也不能与元老阶级的成员通婚，也就是在通婚能力上受限制。

5. 从事某些强制性的世袭职业者。在后古典时期（从285年戴克里先即位起，至565年优士丁尼逝世止），对铁匠、消防队员、矿工、织布工、磨坊—面包工等职业实行强制从业制度，已从事此等职业者不得从事他职业，其职业传继给其后代。② 他们职业自由意义上的权利能力受到了限制。另外，佃户处在准奴隶的地位，他们脱离土地的权利能力受到限制。③

6. 信仰异教。④ 异教主要有多纳图派（Donatista）、普里西良派（Priscillianista）和摩尼教。

多纳图派因4世纪迦太基主教多纳图得名，是产生于北非的教派。它主张教会是义人的教会，排斥罪人，而罗马教会容纳罪人，已成为罪人之子。该派曾有300名主教，长期与罗马教会分庭抗礼，多次被罗马教会绝罚，并遭罗马帝国武力镇压，直到7世纪阿拉伯人进入北非后才消失。⑤

普里西良派是西班牙的阿维拉（Avila）主教普里西良（385年?）创立的一个异端教派，它与正统的区分并不明确。⑥

---

① Cfr. AA. VV. *Istituzioni di diritto romano*, Simone, Napoli, 1990, p. 46.

② Cfr. AA. VV. *Istituzioni di diritto romano*, Simone, Napoli, 1990, p. 47.

③ Cfr. AA. VV. *Istituzioni di diritto romano*, Simone, Napoli, 1990, p. 47.

④ Cfr. AA. VV. *Istituzioni di diritto romano*, Simone, Napoli, 1990, pp. 45s.

⑤ 参见罗竹风主编：《中国大百科全书·宗教》，中国大百科全书出版社1988年版，第182页。

⑥ See Paul Lagasse, *Columbia Encyclopedia*, Sixth Edition, Columbia University Press, 2000, p. 2301.

上面提到的宗教属于基督教的不同派别，而摩尼教是基督教以外的一种宗教，由波斯人摩尼创立，在中国称明教。它吸收基督教、诺斯替教、佛教的教义形成，其基本教义为“二宗三际论”，二宗，即光明和黑暗；三际，即过去、现在和未来。该教相信世界是矛盾的，存在轮回。①

对异教徒主要处以剥夺遗嘱能力的处罚：

CTh. 16, 7, 1：格拉提亚努斯皇帝、瓦伦丁尼亚努斯皇帝和狄奥多西皇帝致大区长官埃乌特洛皮尤斯（Eutropius）。要剥夺从基督徒转化为异教徒者的订立遗嘱的能力和权利，若此等人已订立遗嘱，在他死后将被废除。381 年 5 月 2 日发布于君士坦丁堡，其时也，Syagrio 和 Eucherio 担任执政官。

还剥夺异教徒的合同能力：

CTh. 16, 5, 40, 4：阿卡丢和和诺留皇帝致担任市长官的元老们。此外，对于任何被证实为信异教的人，朕要让他们没有赠与的能力、为买受的能力、为出售的能力，总之，无订立合同的能力。（407 年 2 月 22 日）

这是一个展示各种具体的权利能力的段落，包括赠与能力、买的能力、卖的能力等，但最后也把它们稍微做了提升，概括为缔约能力。

上述能力剥夺的基础为何呢？C. 1, 5, 4pr. 规定：朕（阿卡丢和和诺留皇帝）以特别的严厉坚持，男女摩尼教徒和多纳图教徒，在人类中，不论是根据法律还是习俗，他们都无任何地方与其他人相同。

上述文本可以理解为革除异教徒的人类成员资格，这就是丧失人类籍的超级人格减等了。但秘鲁学者门德斯·张（Elvira Mendez Chang）

① 参见罗竹风主编：《中国大百科全书·宗教》，中国大百科全书出版社 1988 年版，第 272 页。

把“其他人”诠释成“同胞”，如此，上述种种剥夺能力不过是丧失市民权的人格中减等的具体后果。[①] 我认为门德斯讲得有理，理由一，开除人类籍无非是把被罚者贬低为畜生，因为罗马人的世界只有人、神和畜生三种存在。显然不能把被革除者说成是变为神，那就不是惩罚，而是抬举他们了。然而，这种主张者却不知道，罗马法中的动物的地位并不像我们曾认为的那么低下。[②] 理由二，作为宗教迫害手段的剥夺权利能力的内容与《法国民法典》上曾有的民事死亡完全相同。在我看来，民事死亡就是从公民名册中勾销，相当于人格中减等。如果这种认识正确，本节应归入人格中减等部分。有所差别的是，在人格中减等制度中，剥夺市民权这种公权是主角，民事能力的剥夺是附带的。而在现在的剥夺权利能力制度中，能力的剥夺是主角，市民权的剥夺处在背景的地位，甚至要通过仔细的分析才能挖掘出来。

二、现代权利能力制度的形成

（一）现代权利能力理论的建立

现代权利能力制度的要旨是生物人与法律人基本上合一，因此隐含着平等的观念，它是对隐含了不平等的人格概念的取代。

既然现代权利能力制度的本质是承认生物人与法律人的合一，我们就必须按这个标准寻找这一制度的缔造者。此处找到的人是德国学者赫尔曼·乌尔特尤斯，他出生于法学世家，曾留学意大利的霸多瓦、锡耶那等大学，后来成为马堡大学法学教授并担任该校校长，著有

---

① 她说：“在这个意义上，异教徒和叛教者在《狄奥多西法典》中，也是外邦人（《狄奥多西法典》16, 5, 40pr.）。”参见［秘］门德斯·张著：《罗马法中外邦人的概念》，肖崇明译，载梁慧星主编：《民商法论丛》第 13 卷，法律出版社 2000 年版，第 403 页。

② Cfr. Pietro Paolo Onida, *Studi sulla condizione degli animali non umani nel sistema giuridico romano*, Su http://www.dirittoestoria.it/dirittoromano/Onida – Animali – parteI – capIII.htm，2009 年 2 月 3 日访问。

《市民法阶梯评注，尤其针对优士丁尼编订的》《法的共同结论》等书。在其著作中，他说："奴隶是Homo，但不是Persona。在市民法上，自然意义上的Homo被称为Persona。"此语揭示了罗马人法中Homo与Persona相背离的事实，并表达了在市民法上两种人应该合一的愿望。其中无一个字提到权利能力，但表达了权利能力制度的基本观念。因此，乌尔特尤斯是现代权利能力制度的缔造者。两种人合一的观念产生在德国不是偶然的，因为日耳曼人自古无奴隶制。① 由于在殖民地的开拓上非常后起，或许没有其他一些欧洲国家有的殖民地奴隶制的包袱，所以德国人倾向于承认一切生物人都是法律人。

萨维尼后来重拾了乌尔特尤斯的观念。在他于1840年出版的《当代罗马法体系》第2卷中，他已在法律关系理论的框架内成规模地谈论作为制度的权利能力并使用了权利能力的术语。他的如下话是对现代的权利能力制度的最早表达："由于固有的精神自由，每种权利存在于每个人。所以，原初的法律人的概念即权利主体的概念应与生物人的概念一致。对于两个概念的这种原初的同一性可用如下的套语表达：每个单一的生物人，并且仅仅是单一的生物人，可以享有权利（ist rechtfähig）。"② 我们不难看出此语与乌尔特尤斯的论述之间的关联，它从世界主义的角度确认，只要是生物人，就享有权利，因此具有自然的权利能力。这样的三段论当然符合现代的权利能力制度的本质，完全达到了超越公民权及于人权的境界。

乌尔特尤斯和萨维尼在17—19世纪提出抛开奴隶制的两种人合一的观念，是奴隶制普遍遭到废除的时代条件的产物。从13世纪初到14世纪，意大利的许多城邦都废除了对基督徒的奴隶制，教皇国是教皇

---

① 参见内蒙古大学历史系世界史研究室编：《世界史研究文集》，内蒙古大学出版社1989年版，第15页。

② Sieh Friedrich Carl von Savigny, *System des heutigen römischen Rechts*, Band 2, Berlin 1840, Seite 2.

亚历山大三世于 1179 年这样做的，同一时期，威尼斯共和国也做了这样的废除。在撒丁王国，卡尔罗·埃曼努埃尔三世于 1762 年这样做了。当时属于奥地利的伦巴迪是由皇帝约瑟夫二世于 1781—1782 年这样做的。对非基督徒的奴隶制是在启蒙观念和法国革命的影响下于 18 世纪下半叶在统一前的意大利各小国被废除的。由此开头，欧洲国家先后废除了奴隶制。①

然而，直到今天，还有奴隶制的残留，所以，联合国把每年的 12 月 2 日定为“废除奴隶制国际日”。全球还有 4030 万人沦为现代奴隶，他们有些是童奴，有些是性奴，有些是家务奴。②

但萨维尼只承认在原初状态——每个人出生之时——两种人的合一，这种合一基于人人生而平等的自然法命题，所以萨维尼的权利能力概念前有“自然”的定语。但生物人一旦开始其生命征程，就要为自己的这样的或那样的劣行承担丧失或被减少法律人格的后果。正如圣格雷高里所说的：“人人生而平等，但因罪而不平等，从而一人应受另一人统治。”③所以，涵盖上引话语的萨维尼著作的标题就是“自然的权利能力及实在法对它的限制”。在这一标题下，权利能力的分量少，“限制”的分量多。对此本书第三章已作出统计分析，此处不赘。此等限制主要基于名誉身份的减损，还有自由身份、国籍身份、家庭身份、宗教身份的低下或阙如。此等限制是对开展状态中两种人的关系的描述吧！生物人这时享有的是民事的权利能力。无论如何，萨维尼文本中的“原初”两字和标题中的“限制”两字已揭示了自然人权

① 参见郭小凌：《古代世界的奴隶制和近现代人的诠释》，载《世界历史》1999 年第 6 期。参见［日］盐野七生著：《罗马人的故事 III：胜者的迷思》，林雪婷译，三民书局 1998 年版，第 144 页。

② 参见佚名：《废除奴隶制国际日》，载 https：//www. un. org/zh/events/slaveryabolitionday/，2020 年 8 月 5 日访问。

③ See ST. Robert Bellarmine，De laicis——Saint Robert Bellarmine's Treaty on Civil Government，On http：// catholicism. org/de – laicis. html/7，2001 年 4 月 12 日访问。

利能力人人平等之命题的谬误。另外值得注意的是，萨维尼的上引表达只考虑到了生物人与权利的关联，未考虑到他们与义务的关联，由此决定了 Rechtsfähigkeit 后来要被翻译为权利能力，并被解释为权义能力。

或问，在萨维尼之后，何人去掉了"自然"的定语，造就了现代的干干净净的（即没有任何定语）权利能力概念？我尚不能回答这一问题，我所能回答的为这一定语无论是否被明示，它根本未被去掉过，无论是欧洲的《德国民法典》第1条还是亚洲中国的《民法典》第13条，都有大意为"自然人的权利能力始于出生终于死亡"的表达，它们都无视有人生于宫殿有人生于茅棚的现实，赋予两种出生状况的人平等的权利能力，这不是基于自然法的假定又是基于什么?! 但最后"自然"的定语不见了，我想是发觉萨维尼的权利能力概念中包含"自然"与"民事"（即"人为"）的矛盾的后人去掉的。"能力"前既然已有了"权利"的定语，再加上"自然"的定语就矛盾了，因为权利不属于自然，而是人为或民事之物。在自然状态中是无权利的。① 所以，"权利"与"自然"是互相排斥的。更何况，在拉丁法族国家中，相当于权利能力的术语是法律能力（Capacità giuridica）。"法律"与"自然"更不能并立，根据西方世界统治性的社会契约论，结束了自然状态后才有法律。于是，"法律"逐渐克掉了"自然"，尽管"自然"的要素仍顽强地保留在权利能力制度设定的一切人生来平等的假定中。

或问，权利能力既然是民法的制度，为何在西方国家，在蒂堡之后无人再给它加上"民事"的定语使其成为"民事权利能力"？我的回答同上：既有"权利"之定语，已说明"能力"是"民事"之物，再加"民事"，岂不画蛇添足？所以，只有在众人不明了"权利"与

---

① 卢梭说："谁第一个把一块土地圈起来并想到说：这是我的，而且找到一些头脑十分简单的人居然相信了他的话，谁就是文明社会的真正的奠基者。"参见［法］卢梭著：《论人类不平等的起源和基础》，李常山译，商务印书馆1962年版，第111页。

"民事"之关联的中国，才会使用"民事权利能力"的奇怪表达。

（二）现代权利能力制度的建立

第一个规定权利能力制度的立法可能是1811年的《奥地利普通民法典》第16条，它把乌尔特尤斯的理论条文化，规定："每个生物人（Mensch）都享有与生俱来因而被看作法律人（Person）的权利。奴隶制、奴役以及以奴隶制和奴役为依据的权力行使，禁止之。"此条把成为法律人的机会定性为生物人的一项权利，并从反面说明了奴隶制是实现这一权利的障碍。1867年的《葡萄牙民法典》紧随《奥地利普通民法典》的上述规定并加以提升，其第1条规定："只有人（homen）可以承担权利和义务。这构成其权利能力或人格。"① 该条有五个要点。其一，采用了权利能力的术语，这是它提升有权利能力制度的实质而无其名称的《奥地利普通民法典》第16条的地方；其二，把权利能力不仅理解为享受权利的资格，而且理解为承担义务的资格；其三，把权利能力与人格等同；其四，只承认生物人（homen）享有权利能力，不承认法人如此；其五，笼统地承认生物人可以承担任何权利和义务，没有把这些权利和义务细化，因而属于有机论式的权利能力规定。我们知道，在拉丁文以来的西方语言传统中，能力享有之肯定不仅可以用名词表示，如Capacitas；也可以用形容词表示，如Capax。1865年的《巴西民法典草案》兼用这两种方式为规定。首先，其第21条以前一种方式规定："……权利能力是每类人一定程度的取得权利、自行或通过他人实施不受法律禁止的行为的能力。"② 其次，其第40条以后一种方式规定："可见存在之人③要么是能的，要么是不能的。

① *Ver Codigo Civil Portugues*, Coimbra, 1934, p. 13.

② Ver A. Teixeira de Freitas, *Esboço do codigo civil*, Volume I, Ministerio de Justicia, Brasilia, 1983, p. 14.

③ 这是自然人的代名词，与法人的代名词"观念存在之人"形成对立。

在本法典的范围内，除非有明示的不能宣告，所有的人视为能的。”[1] 这样的规定排除了权利能力人人平等的可能。在此基础上，《巴西民法典草案》还明确地规定了失权制度，分为丧失权利能力和丧失行为能力。前者见于其第 23 条的规定：“被法律禁止取得某些权利或自行或通过他人实施某些行为的人，在被禁止的权利和行为的范围内，为无权利能力人。”后者见于第 24 条的规定：“由于体力或精神的原因不能工作的人，或受制于必要代理的人，不能实施民事生活中的行为，是无行为能力人。”[2] 这样的对权利能力制度的正反规定非常全面，但确实出自学者而非立法者之手。学者可以坦承事实，官员却要考虑此等坦承是否伤人后才决定是否坦承。评估的结果往往是伤人太多，后果严重，所以作出多做少说或不说的选择。1916 年的《巴西民法典》关于人的能力的规定就平等多了，其第 5 条规定的绝对无能力只拿 16 岁以下的未成年人、所有类型的疯人、不能表达其意思的聋哑人、被宣告失踪人做文章；其第 6 条规定的相对无能力只拿浪费人、森林人——这是对印第安人的别称——等做文章。民法的处罚功能被掩盖。2002 年的新《巴西民法典》对惩罚性剥夺权利能力问题作了同样的沉默处理，不过去掉了对印第安人的侮辱性规定[3]，因为权利能力的普世平等性是一个禁脔。1897 年的《德国民法典》的制定者也不敢触碰。该法典第 1 条规定：“人的权利能力始于出生”，换言之，生物人向法律人的转化因出生的单纯事实无条件完成，由此默默地遵循了权利能力制度的基本理念。《德国民法典》的作者只敢拿法人之间的平等性开刀，其第 43 条明确把剥夺权利能力当作制裁法人的不法行为的

---

① Ver A. Teixeira de Freitas, *Esboço do codigo civil*, Volume I, Ministerio de Justicia, Brasilia, 1983, p. 30.

② Ver A. Teixeira de Freitas, *Esboço do codigo civil*, Volume I, Ministerio de Justicia, Brasilia, 1983, p. 17.

③ Cfr. *Il Nuovo Codice Civile Brasiliano*, Tra. it. di Paolo L. Carbone, Siena, 2005, p. 5.

措施运用[①]，他们寄望于人们通过自然推理达成他们不敢说出的结论：既然法人可以因为犯法被剥夺权利能力，当然可以对犯法的自然人采取同样的措施。

三、现代权利能力制度的空想性

现代权利能力制度是对罗马法中的人格制度进行反拨的产物，换言之，在罗马法中，以自由、市民、家庭、名誉、宗教五种身份作为生物人与法律人之间的分拣器，只允许一定的生物人成为法律人，现代权利能力制度力图废除这些分拣器，让所有的生物人都成为法律人。这一目标设定得太高，有的要滞后很多年才实现，有的无法实现，有的难以实现，有的无必要实现。由此造成现代权利能力制度的目标不能实现的状况。容分述之。

（一）自由身份和宗教身份的废除：滞后很多年才实现

就自由身份的废除而言，在乌尔特尤斯和萨维尼的时代，废奴运动蓬勃开展，但并未实现其目标。实现这一目标需要统一的国际行动。到 1926 年，当时的国联才发起缔结了《关于奴隶制的公约》，它创立了一种国际机制追究实施奴隶制者。1956 年，在联合国的框架内缔结了《关于废除奴隶制、奴隶待遇以及类似于奴隶制的制度和做法的补充公约》。[②] 经过这些努力，奴隶制在国际社会基本绝迹。说“基本”，是因为联合国人权事务官员于 1994 年还报道了苏丹奴隶市场的存在。而且，现实中可能也存在影响某些阶级成员权利能力的现象。

宗教的身份的设立是不宽容的宗教政策的产物，它成为一种与市民的身份相关的身份，因为市民的总和——城邦，被认为是一个价值的共同体。市民的术语包含“其心与我异，故非我族类”的意思。宗

---

① 参见《德国民法典》，郑冲、贾红梅译，法律出版社 1999 年版，第 6 页。

② Véase Karla Pérez Portilla, *Principio de igualdad: Alcances y Perspectivas*, UNAM, Mexico, 2005, p. 184.

教的不宽容有两种表现：第一种是打击异教；第二种是打击异端，即同一宗教内部的非正统派别。在优士丁尼罗马法中，有如下基于宗教身份的歧视：第一，异教徒不能拥有动产和不动产，这些财产要归入国库。如果他们沉湎于遭到禁止的礼拜或传授其教义，要受进一步的惩罚。① 第二，犹太人不能拥有基督教徒作为奴隶，他们不能与基督徒结婚，如违反此禁结合，以通奸论。犹太人的证词不能对抗正统的基督徒；犹太人不能担任具有尊严或荣誉的职位，尤其是长官性质的职位。② 第三，撒玛利亚人的妇女不得享有授予基督教妇女的嫁资返还请求权优先于第一顺序的债权人的特权，不享有对丈夫财产的默示抵押权。摩尼教徒和异端者的妇女也承受这种不利。③ 而在现代民法典中，1811 年的《奥地利普通民法典》第 39 条规定："宗教的差异不影响私权，有法律的特别规定的除外"，这个"除外"意味着在一定的情形信仰一定的宗教会使自已处在不平等的地位。当然，宗教宽容与打击邪教是不矛盾的。邪教的方面是正教，所有的正教都是鼓励人向善的、改善人生的，如果一种宗教鼓励人们做坏事、自杀，它就是邪教，歧视这些宗教的信徒理所应当。

（二）市民身份的废除：无法实现

权利能力制度要求具有 Persona 资格的 Homo 是没有国籍的，按照其作为一个生物学术语的含义，它至少是一个地球人。因此，权利能

---

① See Seldon Amos, *The History and Principles of the Civil Law of Rome – an Aid to the Study of Scientific and Comparative Jurisprudence*, Kegan Paul. Trench & Co., London, 1883, p. 114.

② See Seldon Amos, *The History and Principles of the Civil Law of Rome – an Aid to the Study of Scientific and Comparative Jurisprudence*, Kegan Paul. Trench & Co., London, 1883, pp. 114s.

③ See the *Civil Law including The Twelve Tables*, *The Institutes of Gaius*, *The Rules of Ulpian*, *The Opinions of Paulus*, *The Enactments of Justinian*, and *The Constitution of Leo*, Trans. and edited by S. P. Scott, Cincinnati, The General Trust Company, 1932, Vol. XII, p. 63.

力制度内在地要求打破国家的界限，把市民法变成万民法或人权法。不具有这一精神的类似规定不能称之为权利能力制度。例如，《法国民法典》第 8 条关于“所有的法国人都享有民事权利”的规定，以及 1865 年的《意大利民法典》第 1 条的规定：“每个公民都享有民事权利，但以未因刑事判决剥夺的为限。”① 这两条没有跳出公民的圈子进入生物人的层次，所以，尽管前者比 1811 年的《奥地利普通民法典》第 16 条更早，却不被我看作现代权利能力制度的最早立法表现。但地球人与法律人的合一是一个困难的目标，因为地球人是统一的，但法律人是“分裂”的，法律人只能是特定法域的法律人，不存在世界政府，就不存在全球性的法律人。因为，实现现代权利能力制度的目标，是挑战民法本身的特定人民为自己制定的法的性质。正是基于这种的考虑，《法国民法典》和 1865 年《意大利民法典》的作者才把自己限制在市民身份的范围内规定权利能力问题吧！所以，尽管有欧盟的建立跨国的上位政治体的成功尝试，但地球仍然分裂为众多的民族国家和市民法域，权利能力制度的目标仍然有待实现。当然，不少现代法学家用“人类人”的概念取代“市民”的概念，是在推动这一目标的实现。例如，2014 年 10 月 1 日颁布的阿根廷《国家民商法典》，就采用人类人的用语取代公民的用语，潜台词是把权利能力制度全球化，实现世界主义理想，尽管这一理想导致了许多民事权利的拥有不以国民身份为前提，但它的完全实现还很遥远，这部民法典名称中的“国家”二字与“人类人”之间的紧张关系可证明理想与现实之间的距离。

（三）家庭身份的废除：难以实现

家庭身份的废除包括两个方面：夫妻之间的平等和父母子女间的平等。前者由于男女体力状态的差异很难实现，法律即使承认了两者的平等权，由于身体权力与法定权利的冲突，实现起来也很难。就后

---

① Cfr. Folansa Pepe（a cura di），*Codicc Civile*（*1865*），*Codice di Commercio*（*1882*），Edizione Simone，Napoli，1996，p. 17.

者而言，我们知道，长期以来子女被当作父母的财产，这种状况到不久前才改变，家父权由此变成了亲权。这一转变大概始自卢梭："纵是每个人可以转让其自身，他也不能转让自己的孩子。孩子们生来就是人，并且是自由的；他们的自由属于他们自己，除了他们自己而外，任何别人都无权加以处置。孩子在达到有理智的年龄以前，父亲可以为了他们的生存、为了他们的幸福，用孩子的名义订立某些条件；但是不能无可更改地而且毫无条件地把他们奉送给人，因为这样一种奉送违反了自然的目的，并且超出了父亲的权利。"① 但问题远未解决，因此，1999 年 8 月 4 日至 7 日，在秘鲁的阿雷基巴（Arequipa）举行的"第二届国际民法大会：秘鲁和阿根廷民法典改革委员会聚会。《秘鲁民法典》15 年及其改革进程"会议上，阿根廷、玻利维亚、秘鲁和波多黎各的民法典改革委员会联合制定的《阿雷基巴纲领》还要把保护未成年人的权利当作民法典起草的一个根本出发点。2007 年 11 月 14 日至 19 日，在巴塞罗那召开的第三届全世界男童、女童与青少年权利保护大会进行了同样的努力。看来，把儿童当作权利主体，切实尊重其权利的目标没有完全实现，才需要人们如此多的继续努力。

（四）名誉身份的废除：无必要实现

名誉的身份是立法者掌控的治国手段，废除这种身份，无异于一个武士自废武功，故这种身份在现代民法中仍然保留，其运用分为减少的和增加的，前者为对不名誉者的处罚，属于"大棒"；后者为对名誉行为人的奖励，属于"胡萝卜"。前者为各国民法普遍承认的失权制度，后文将详述。

（五）小结

现代权利能力制度力图完全背离罗马的人格制度，实现普世的平等，但由于这种追求的空想性，这一目标只是部分得到了实现，没有

---

① 参见［法］卢梭著：《社会契约论》，何兆武译，商务印书馆 1980 年版，第 15 页及以次。

完全实现，但这样的目标并未被取消，所以，它构成一种对法律受众的欺骗。该制度带有孕育它的自然法思想时代的理论的基本特征：与其说它表达的是一种现实，不如说它表达的是立论者的愿望。现实是每个生物人都被宣告是法律人了，但他们彼此间的人格大小不一，名号与实质不一。这样的安排远不如罗马法那样的不讲假话的安排来得诚实，来得心直口快。这种愿望与现实的极大背离预示着该制度在未来的危机。而且更根本的问题在于，那样的平等值得追求吗？如果去追求，意味着当局者要放弃一种重要的规训社会成员的手段。这种权利能力制度的不平等运用将在本章的下面部分以及第六章第三节第一分节“民事死亡论”部分讨论。

四、现代权利能力制度的不真实性

现代权利能力制度不仅具有空想性，而且具有不真实性，有如下列：

第一，权利能力始自出生的规定不真实。按意大利于 1978 年 5 月 22 日颁布的《母性社会保护与自愿流产规范》，母亲可出于健康、经济、社会原因（包括怀孕的情形）的考虑对三个月内的胎儿实施人工流产，其他胎龄的胎儿显然享有生命权①，这种生命权以什么权利能力为依托呢？罗马法把胎儿也看作人②，这种处理更加高妙。因此，有学者呼吁“从权利能力到人”，抛弃权利能力制度，改造不平等制造者的人的概念，把它设定为“在法律上先在于实在法，法为之设立的人类现实”。③ 这种做法受到了老《阿根廷民法典》把胎儿叫作“有待出生的人”与“具体存在的人”对立的实践的影响。

---

① See the Entry of Abortion in Italy, On http: //en. wikipedia. org/wiki/Abortion_ in_ Italy，2009 年 1 月 27 日访问。

② Cfr. Giorgio Oppo, *Declino del soggetto e ascesa della persona*, In *Rivista di diritto civile*, a 48, n. 6 (novembre – dicembre 2002), p. 830.

③ Cfr. Giorgio Oppo, *Declino del soggetto e ascesa della persona*, In *Rivista di diritto civile*, a 48, n. 6 (novembre – dicembre 2002), p. 829.

第二，权利能力终于死亡的规定不真实。在世界各国，死者的权利也受到了事实上的延伸保护，例如，著作权在作者死后50年内的保护，还有对死者尊严、遗嘱中体现的意志之尊重和对肖像权的保护。按上述理路解决这一不真实问题，应创立“刚刚离去的人”的概念。可能正是考虑到了上述问题，1942年《意大利民法典》只规定权利能力的开始时间，不规定其终止的时间。

五、失权问题

前面讲到立法者对不平等的有意运用，实际上涉及的是失权制度，它是民事死亡制度的转型形式，这里展开说明此制度。

严格说来，失权制度应被称为“失能”制度，因为统一的能力制度建立后，剥夺权利能力和行为能力的制度被统称为不能（Incapacidade）制度，至少在1865年的《巴西民法典草案》中如此。[①] 不过，剥夺行为能力被认为是对于心智不清和身体不能自主的事实状态的认定，不具有惩罚性，因而，失能制度被限缩化，变成失权制度，即剥夺权利能力制度，但在有的情形中，剥夺权利能力和行为能力的界限难以划清。在这样的场合，我将谈论剥夺行为能力问题。

（一）西方法中的规定

现行《西班牙刑法典》第55条规定：监禁刑达到或超过10年的，当然导致在受判处期间的绝对失权，此等失权已作为有关犯罪的主刑宣告的除外。[②] 本条中的绝对失权与特别失权相对，指剥夺服刑人拥有的荣誉、公职、官吏身份等，并剥夺他们在服刑期间获得上述荣誉或身份的能力（《西班牙刑法典》第41条）。特别失权的剥夺对象与

---

① Ver A. Teixeira de Freitas, *Esboço do codigo civil*, Volume I, Ministerio de Justicia, Brasilia, 1983, p. 17.

② Véase Ley Orgúnica 10/1995, de 23 de noviembre, del Código Penal, Sobre http: //noticias. juridicas. com /base_ datos/Penal/lo10 – 1995. l1t3. html#c1s5, 2006年10月25日访问。

绝对失权相同，不过其科处以法院判决专门列举剥夺事项为条件（《西班牙刑法典》第42条）。同一法典第25条规定：“本法典所称无行为能力人，指患有长期性疾病，不能控制自己及其财产的，已被宣布或者未宣布为无能力的人。”显然，“不能控制自己及其财产的”情形就是受监禁状态。把这一条与第55条勾连起来，可以见证《西班牙刑法典》规定的部分失权所失者为行为能力。

在西班牙刑法中，失权的类型还有吊销驾驶机动车的执照、剥夺拥有武器的权利、剥夺在某地定居或去某地的权利等（第33条，第39条）。

除了刑法上的失权，西班牙法中还有民法上的失权（包括丧失管理财产的资格、丧失证人资格等）、诉讼法上的失权、选举法上的失权、破产法上的失权、职业失权等①，形成了一个跨部门法的成龙配套、自成体系的制度。

《德国刑法典》也规定了系统的失权制度。首先是作为一种附加刑适用的禁驾（第44条）；其次是丧失选举权和被选举权，适用于受1年以上监禁的人（第45条）；最后是禁止执业，适用于滥用职业或行业的情形（第70条）。② 显然，《德国刑法典》规定的失权制度既涉及公法的方面，也涉及私法的方面。

1994年《法国刑法典》同样规定了系统的失权制度。首先，剥夺权利能力被作为一种附加刑适用。其第131－10条规定禁止权利、无能力或撤销权利为附加刑。③“禁止”（Interdict）一词与西班牙文中的Inhabilitación一词等值，因此，禁止权利就是失权。其类型如禁止选举权和被选举权，担任司法职务，出庭作证，作为监护人或财产管理人，禁止居留于某地或禁止外国人居留于法国，禁止签发支票或使用信用

---

① Véase Ley Orgánica 10/1995, de 23 de noviembre, del Código Penal, Sobre http://noticias.juridicas.com/base_datos/Penal/lo10－1995.l1t3.html#c1s5，2006年10月26日访问。

② 参见《德国刑法典》，徐久生、庄敬华译，中国法制出版社2000年版，第55页及第79页。

③ 参见《法国刑法典》，罗结珍译，中国人民公安大学出版社1995年版，第15页。

卡，禁止驾驶。无能力或撤销权利，有如不得从事某种商业职业（如银行业、保险业），不得担任公司的董事和经理、会计监察人、财产评估员等。[①]

1810年的法国旧《刑法典》还规定了剥夺一定的服刑人的行为能力，科加受某些刑罚之判处的人在服刑期间当然承受法定禁治产，这种禁治产人像司法禁治产人一样可以被利害关系人诉请其行为无效。[②]显然，新《刑法典》已废除这样的规定。

《意大利刑法典》有对失权的系统规定，包括不得担任公职、禁止从事某种职业或手艺、禁止担任法人及企业的领导职务等。[③] 第32条有犯罪人在服刑期间被剥夺行为能力的规定，限于服无期徒刑者和服5年以上有期徒刑者和故意犯罪者，他们是所谓的法定禁治产人，此等人无财产方面的行为能力，但有人身和家庭方面的行为能力（所以，意大利法官可以裁决黑手党老大马多尼亚人工采精育子，以保障他成为父亲的权利[④]），其财产由法定代理人管理。[⑤]《意大利民法典》第350条规定尚未注销破产登记的破产人无担任监护公职的权利能力，

---

① 参见［法］卡斯东·斯特凡尼等著：《法国刑法总论精义》，罗结珍译，中国政法大学出版社1998年版，第478页及以次。

② Véase Georges Ripert, Jean Boulanger, *Tratado de Derecho Civil*, Tomo III, Parte General, Traducción de Della Garcia Daireaux, La Ley, Buenos Aires, 1988, p. 445s.

③ 参见［意］杜里奥·帕多瓦尼著：《意大利刑法学原理》，陈忠林译评，中国人民大学出版社2004年版，第312页。

④ 参见《厦门晚报》综合消息：《意大利法官裁决狱中黑手党老大人工采精育子》，载《厦门晚报》2006年7月9日，第6版。

⑤ Cfr. L. Bigliazzi Geri et. al., *Diritto Civile*, 1, Norme soggetti e rapporto giuridico, UTET, Torino, 1987, p. 120. 该条规定的内容为："被判无期徒刑者受法定禁治产。被判无期徒刑也导致受判者丧失亲权。受判不少于5年的监禁者，在服刑期间受法定禁治产。判决还产生在服刑期间中止亲权的后果，法官做了相反处置的除外。一旦受判法定禁治产，就财产的处分和管理以及关于他们的行为的代理，适用民事法律中关于司法禁治产的规范。"

同时不能从事证券交易、不得担任重罪法庭的陪审员等。[①]

有意思的是，意大利法不剥夺被判处5年以上徒刑的人的人身和家庭方面的行为能力的做法未在美国和中国找到同道。2002年，时年42岁的在押犯威廉·格伯（William Gerber）要求一名医生前往狱中采集他的精子，试图以邮寄精子的方式使其妻子怀孕，并说美国宪法给予他生儿育女的权利，但监狱官员拒绝了他的请求。是年5月23日，美国旧金山上诉巡回法庭的法官以6票对5票的投票结果，否决了犯人在押期间的生育权。法官希尔弗曼说，“我们认为，在监狱中，生育的权利与监禁是完全相违背的”，在押期间必须停止各项基本的自由。[②] 在中国有类似的处理。2001年5月29日，罗某因琐事与公司副经理王某发生争执，王某先打了罗某一个耳光，并用榔头打了他一下，罗某后来将王某杀死。8月7日，一审法院以故意杀人罪判罗某死刑。一审判决第二天，罗某向浙江高院提起上诉，而罗某的妻子郑某则向两级法院提出人工授精请求。一审法院当即以此做法无先例为由，拒绝了郑某的请求。理由是罗某一审被判死刑，其人身自由被剥夺，不可能再通过正常的夫妻生活来繁衍后代[③]。但对这种处理，学界有不同意见的争论，赞同郑某请求的人认为，死刑判决并未剥夺罗某的生育权，但此等权利在自然生殖条件下由于罗某被剥夺自由处于不能行

---

① Cfr. La Voce di Capacità di Angelo Falzea, *In Enciclopedia del Diritto*, XI, Giuffrè, Milano, 1962, p. 37.

② 参见周征：《生育权的私权化》，载《中华女子学院学报》2005年第5期。具有讽刺意味的是，美国也有相反的做法。古巴间谍埃尔南德斯于1998年在美国被捕，判刑15年。2014年，美国为了改善与古巴的关系，允许提取埃尔南德斯的精子送到3600公里以外的古巴让其妻子怀孕，由此出现了2014年12月17日，怀孕的妻子佩雷斯在机场欢迎埃尔南德斯的一幕。参见佚名：《古巴间谍在美被囚16年，将精液送回国使妻受孕》，载 http://world.people.com.cn/n/2014/1223/c157278-26259050.html，2015年2月24日访问。

③ 参见张作华、徐小娟：《生育权的性别冲突与男性生育权的实现》，载《法律科学》2007年第2期，第130页。

使的状态（体力无行为能力），而现代人工生殖技术打破了这种不能，所以，既然死刑犯可以向其他人捐献自己的器官，他也可以向自己的妻子捐献精子，以维持一个家庭的稳定。① 有学者提到，中国古代有听妻入狱制度，就是对被判死刑的囚犯，因还没有儿子，上有父母无人侍养的，允许其妻子入狱同居，待妻怀孕生子后再行刑，以遵循“不孝有三，无后为大”的儒家思想。2009 年 11 月 6 日，四川省嘉陵监狱让 7 名服刑人员举行集体婚礼②，这种做法是听妻入狱古制的遗风，目的在于减缓服刑造成的与社会的脱离，有一定的道理。早在 2007 年，罗马尼亚就更改了刑法，允许了这种夫妻探视，并在监狱内建造了卧室，供夫妻共度亲密时光。罗马尼亚赋予囚犯探亲权，已结婚的囚犯每三个月可以有一次两小时的夫妻探视时间，监狱会提供单独的房间。罗马尼亚摄影师 Cosmin Bumbut 拍摄了本国 35 个不同监狱内的夫妻探视房，将这些作品整理发表，名为《亲密之屋》。③ 更有甚者，认为郑某的生育权的实现需要罗某的配合，如果不满足郑某的请求，等于剥夺了毫无过犯的她的生育权。④ 反对郑某请求的人认为，如果满足其请求，会破坏平等，因为既然男囚可以人工方式让狱外的妻子怀孕，女囚也应可以如此，这样，怀孕将成为女囚逃避死刑的工具，监狱将成为她们的保育院。⑤ 另外，如果满足其请求，孩子将出生在一个单亲家庭中，对其成长不利。所以不宜满足此等请求。看来，如果事先有有关的法律规定或法院判决，就不会发生这样的争议了。

---

① 参见付立庆：《满足要求未尝不可》，载《检察日报》2001 年 12 月 12 日，第 6 版。

② 新华社消息：《服刑人员集体婚礼》，载《厦门日报》2009 年 11 月 8 日第 8 版。2010 年 3 月 14 日的《厦门日报》也报道了菲律宾监狱为服刑人员举行集体婚礼的消息。

③ 参见《监狱里的两小时夫妻探视房，竟摆放着这些东西》，载 http://house.ifeng.com/pic/2015_04/11/38865071_0.shtml#p=1，2015 年 4 月 10 日访问。

④ 参见成彪：《假如女囚要怀孕》，载《检察日报》2001 年 12 月 12 日第 6 版。

⑤ 参见成彪：《假如女囚要怀孕》，载《检察日报》2001 年 12 月 12 日第 6 版。

所以，在宣告主刑时一并剥夺受监禁者人身和家庭方面的行为能力，可以避免上述麻烦。在此等场合，只能剥夺他们的这种行为能力，如果剥夺相应的权利能力，会造成他们的婚姻失效，因为权利能力既失，相关的权利就成了无源之水。分析到这里，就可见剥夺行为能力制度之妙。

就剥夺特定服刑人的一定范围的行为能力问题，《阿根廷刑法典》第12条有类似规定："判处3年以上的徒刑本身包括在被判处期间内的绝对失权，而此等失权也可持续3年以上。法院还可根据犯罪的性质判处在服刑期间剥夺亲权、财产管理权和以生前行为处分此等财产的权利。受判处者应服从民法典为无行为能力人设立的保佐。"① 这样，受这种判处的人与未成年人、精神病人、禁治产人、聋哑人一起，构成行为能力受限制者的一种类型。通说认为，这样的安排出于事理之性质，因为被监禁者事实上无法行使上述权利。由此，他们保留并行使他们能行使的行为能力，如订立遗嘱、缔结婚姻、认领私生子等。②

显然，现代西方国家民法中的失权规定与罗马法中的破廉耻制度有明显的渊源，尤其在剥夺出庭作证资格的规定上。但前者毕竟属于现代，故有两个特征：第一，失权已经同某种公法身份的丧失脱钩，被具体化了，就事论事了；第二，失权问题被同新的刑法理论结合起来，其中的一些措施，如禁止居留、禁止从事特定职业，被归结为保安处分③；第三，增加了剥夺行为能力的新类型（但法国采用然后废除了这种类型），并且把这种剥夺归因于事理之性质。于是，能力的剥夺就有了非惩罚的色彩。为了理解对被监禁者剥夺行为能力的定性，

---

① Véase Carlos Alberto Ghersi, *Derecho civil*, Parte General, Astrea, Buenos Aires, 2002, p. 177.

② Véase Santos Cifuentes, *Elementos de Derecho civil*, Astrea, Buenos Aires, 1999, p. 215.

③ 参见［法］卡斯东·斯特凡尼等著：《法国刑法总论精义》，罗结珍译，中国政法大学出版社1998年版，第525页。

必须引入体力行为能力的概念。行为能力包括智力行为能力和体力行为能力两个部分，前者是主体认识自己行为的法律意义的能力，后者是他们以自己的行为追求自己的目的的能力。《巴西民法典草案》第24条最好地表达了这样的观念："由于体力或精神的原因不能工作的人，或受制于必要代理的人，不能实施民事生活中的行为，是无行为能力人。"① 该条把行为能力的体力方面和精神方面都勾勒出来，并且把体力方面置于首要地位。不能以自己的行为为追求有两种可能：第一，自己身体残疾，此时需要代理制度，可把这种情形描述为主观不能；第二，自己身体无残疾，但由于他人的限制不能为追求，可把这种情形描述为客观不能。

失权制度在现代西方法律中的广泛存在证明其对于维护一个社会的正常秩序的必要性。

（二）我国法律中的规定

在我国，《民法典》第14条规定自然人的民事权利能力一律平等，但在立法和司法实践中又基于行为人的过犯限制其权利能力，造成这种能力的不平等，形成理论声明与实践形态的矛盾。

在我的不完全的视野内，我国立法上有如下限制有过犯的行为人的权利能力的例子，兹按它们产生的先后顺序评述之。

1.《会计法》的有关规定。《会计法》第40条规定："因有提供虚假财务会计报告，做假帐，隐匿或者故意销毁会计凭证、会计帐簿、财务会计报告，贪污，挪用公款，职务侵占等与会计职务有关的违法行为被依法追究刑事责任的人员，不得再从事会计工作。"

该条规定的宗旨在于保障会计行业的从业者具有职业操守，因此不得有与会计活动有关的刑事责任记录，否则无期（终身）失权。该规定的特点在于对会计从业者提出职业道德要求。

---

① Ver A. Teixeira de Freitas, *Esboço do codigo civil*, Volume I, Ministerio de Justicia, Brasilia, 1983, p. 17.

2.《公司法》的有关规定。1994 年颁布、2018 年修正的《公司法》第 146 条第 1 款规定：“有下列情形之一的，不得担任公司的董事、监事、高级管理人员：

“……

“（二）因贪污、贿赂、侵占财产、挪用财产或者破坏社会经济秩序，被判处刑罚，执行期满未逾五年，或者因犯罪被剥夺政治权利，执行期满未逾五年；

“（三）担任破产清算的公司、企业的董事或者厂长、经理，对该公司、企业的破产负有个人责任的，自该公司、企业破产清算完结之日起未逾三年；

“（四）担任因违法被吊销营业执照、责令关闭的公司、企业的法定代表人，并负有个人责任的，自该公司、企业被吊销营业执照之日起未逾三年；

“（五）个人所负数额较大的债务到期未清偿。”

该条第 1 款第 2 项是对公司高级管理人员提出的无经济犯罪记录的要求，涉及“德”；第 3 项涉及古老的破产失权，是对此等人员提出的无严重不良经营记录的要求，涉及“能”；第 4 项是对他们提出的无因经济违法行为遭受行政处罚的要求，也涉及“德”，应与第 2 项接续规定在逻辑上才完满；第 5 项是对他们提出的信用良好要求，涉及“贫”，采取的是“人穷志短，马瘦毛长”的理路。不具备这些条件的人，有期地被剥夺担任公司高级管理人员的权利能力。

3.《拍卖法》的有关规定。1996 年颁布、2015 年修正的《拍卖法》第 15 条规定：“拍卖师应当具备下列条件：

“……

“（三）品行良好。

被开除公职或者吊销拍卖师资格证书未满五年的，或者因故意犯罪受过刑事处罚的，不得担任拍卖师。”

吊销拍卖师资格的事由见于同法第 62 条："拍卖人及其工作人员违反本法第二十二条的规定，参与竞买或者委托他人代为竞买的，由工商行政管理部门对拍卖人给予警告，可以处拍卖佣金一倍以上五倍以下的罚款；情节严重的，吊销营业执照。"

该条从正反两个方面规定了对拍卖师的品质要求。正面的要求是"品行良好"，实际上是以一般的而非职业的操守无缺陷作为拍卖师的任职条件。反面的要求分为两个方面，首先是未承受过一般的行政或严重的刑事处罚；其次是未因实施与拍卖相关的欺诈行为承受过行政处罚。简言之，担任拍卖师，首先要品质好，其次要职业品质好。

《拍卖法》规定的失权期间因失权事由的性质而异，因为行政处罚失权的属于有期（5 年）；因故意犯罪失权的属于无期，终身失权。

4.《律师法》的有关规定。1996 年颁布、2019 年修正的《律师法》有两条涉及这一方面。第 7 条规定："申请人有下列情形之一的，不予颁发律师执业证书：

"……

"（二）受过刑事处罚的，但过失犯罪的除外；

"（三）被开除公职或者被吊销律师、公证员执业证书的。"

本条第 2 项要求欲从事律师职业者未因故意犯罪承担过刑事责任，换言之，因故意犯罪承担过刑事责任的人在律师从业资格上构成破廉耻。第 2 项要求欲从事律师职业者未受过开除公职的行政处罚以及吊销律师、公证员执业证书的行政处罚。至于在何种情形之下吊销律师执业证书，第 49 条、第 50 条有如下详细规定：

"第 49 条　律师有下列行为之一的，由设区的市级或者直辖市的区人民政府司法行政部门给予停止执业六个月以上一年以下的处罚，可以处五万元以下的罚款；有违法所得的，没收违法所得；情节严重的，由省、自治区、直辖市人民政府司法行政部门吊销其律师执业证书；构成犯罪的，依法追究刑事责任：

“（一）违反规定会见法官、检察官、仲裁员以及其他有关工作人员，或者以其他不正当方式影响依法办理案件的；

“（二）向法官、检察官、仲裁员以及其他有关工作人员行贿，介绍贿赂或者指使、诱导当事人行贿的；

“（三）向司法行政部门提供虚假材料或者有其他弄虚作假行为的；

“（四）故意提供虚假证据或者威胁、利诱他人提供虚假证据，妨碍对方当事人合法取得证据的；

“（五）接受对方当事人财物或者其他利益，与对方当事人或者第三人恶意串通，侵害委托人权益的；

“（六）扰乱法庭、仲裁庭秩序，干扰诉讼、仲裁活动的正常进行的；

“（七）煽动、教唆当事人采取扰乱公共秩序、危害公共安全等非法手段解决争议的；

“（八）发表危害国家安全、恶意诽谤他人、严重扰乱法庭秩序的言论的；

“（九）泄露国家秘密的。

律师因故意犯罪受到刑事处罚的，由省、自治区、直辖市人民政府司法行政部门吊销其律师执业证书。

“第50条　律师事务所有下列行为之一的，由设区的市级或者直辖市的区人民政府司法行政部门视其情节给予警告、停业整顿一个月以上六个月以下的处罚，可以处十万元以下的罚款；有违法所得的，没收违法所得；情节特别严重的，由省、自治区、直辖市人民政府司法行政部门吊销律师事务所执业证书：

“（一）违反规定接受委托、收取费用的；

“（二）违反法定程序办理变更名称、负责人、章程、合伙协议、住所、合伙人等重大事项的；

“（三）从事法律服务以外的经营活动的；

“（四）以诋毁其他律师事务所、律师或者支付介绍费等不正当手段承揽业务的；

“（五）违反规定接受有利益冲突的案件的；

“（六）拒绝履行法律援助义务的；

“（七）向司法行政部门提供虚假材料或者有其他弄虚作假行为的；

“（八）对本所律师疏于管理，造成严重后果的。

“律师事务所因前款违法行为受到处罚的，对其负责人视情节轻重，给予警告或者处二万元以下的罚款。”

吊销事由，除了泄露国家机密，都是从事了有违律师职业操守，扰乱正常的诉讼秩序的行为。如果说第 7 条基本规定的是一般的品质要求，第 49 条和第 50 条规定的则是特定的品质要求。

5.《道路交通安全法》的有关规定。2003 年颁布、2011 年修正的《道路交通安全法》第 101 条第 2 款规定：“造成交通事故后逃逸的，由公安机关交通管理部门吊销机动车驾驶证，且终生不得重新取得机动车驾驶证。”这就是有名的“一朝逃逸，终身禁驾”规定。

此前所述者，都为剥夺某种脑力劳动职业资格的规定，这里遇到的规定很奇特。有时它剥夺的是一种体力劳动的职业资格，在一个原先的司机因受此等处罚不能再当司机的情形中如此；有时它剥夺的仅仅是一个人对危险的汽车的驾驶资格，在一个私家车的车主因为受此等处罚不能再开自己的车的情形中如此，因为他并非职业的司机。两种情形的共同点在于剥夺直接操纵危险的机器的机会，因为汽车一旦上路，就对周围的人具有一定的危险性，操纵它的人必须具有在造成损害时承担责任的品质，否则，就不配操纵汽车。

禁驾的性质为何？《道路交通安全法》似乎把它理解为附属于吊销驾照的行政处罚的失权。但在一些西方国家的刑法中，禁驾已经是一种刑罚。例如，《法国刑法典》第 131－6 条就把禁驾当作受判监禁者的一种从刑运用。[①]《德国刑法典》第 44 条把禁驾作为一种附加刑科加于因实施与驾驶车辆有关的犯罪受判监禁者。[②]《西班牙刑法典》第 39 条也把剥夺驾驶汽车的权利作为一种剥夺权利刑加以规定。[③]

6. 无锡市人民政府的有关规定。2004 年，江苏省无锡市推出一项非常严厉的食品卫生安全措施："一次违法，终身退市。"即对那些无视人民健康和生命安全，恶意往食品中添加违禁物质以牟取暴利的企业和个人，一经查实就勒令其退出食品市场，并永远不能再从事食品生产经营活动。这一规定以从业者的重大职业过犯为依据终身剥夺此等人从事与过犯有关的职业的资格，是针对生产不安全食品者的"罚了再干，此次翻船下次走运"战略的新对策，极大地增加了过犯实施者的行为成本，应十分有效。它像"一朝逃逸，终身禁驾"的规定一样，具有限制品行不端者的体力劳动职业资格的性质。其新意在于把法人纳入失权的科加对象上来，因为实施食品过犯行为的可能是自然人，也可能是法人，对于后者，当然也要科加"终身退市"的制裁。所以，2008 年 9 月三鹿奶粉事件爆发时，三鹿集团还想通过更换领导班子将来再进行奶粉生产，实在是太天真了！

以失权制裁法人在我国是个新问题，而在《德国民法典》中却是个老问题，其第 43 条明确把剥夺权利能力当作制裁法人的不法行为的措施运用。[④]《德国民法典》把失权的规定的适用对象从自然人扩大到法人，比罗马法有所发展。

以上规定可一一在西方国家的刑法中找到其对应物，它们都属于

---

① 参见《法国刑法典》，罗结珍译，中国人民公安大学出版社 1995 年版，第 13 页。

② 参见《德国刑法典》，徐久生、庄敬华译，中国法制出版社 2000 年版，第 55 页。

③ Véase Ley Orgánica 10/1995, de 23 de noviembre, del Código Penal, Sobre http: //noticias. juridicas. com/ base_ datos/Penal/lo10－1995. l1t3. html#c1s5，2006 年 10 月 26 日访问。

④ 参见《德国民法典》，郑冲、贾红梅译，法律出版社 1999 年版，第 6 页。

限制从事特定职业的资格的种类。在西方国家的刑法典中，它们都作为一种附加刑存在，而它们在我国法律中的属性是不明确的，在我国《刑法》的法定刑种类中（第33条和第34条）找不到它们的名字，这是一个需要改进的状况。

7. 中国人民银行《个人信用信息基础数据库管理暂行办法》的有关规定。2005年，中国人民银行颁布《个人信用信息基础数据库管理暂行办法》，规定个人信用数据库采集、保存个人基本信息、个人信贷交易信息以及反映个人信用状况的其他信息，为商业银行和个人提供信用报告查询服务。出现无能力还贷或拖延还贷等现象的客户将进入全国联网的个人信用黑名单。影响其个人贷款、个人贷记卡、准贷记卡申请、充当担保人等。① 同年，时任中国人民银行营业管理部主任韩平透露，是年底，个人征信系统将在全国各家银行实现联网查询信息共享。②

这一规定的特点在于它设立了一个信用信息共享服务系统而非确立了一种处罚，此等信息可以影响一个人的贷款能力、充当保证人的能力等，间接地导致失权，但这种失权并不来自纵向的权威，而是来自平等者的横向的拒绝。上了黑名单的人构成“无信用”，人人避之唯恐不及。这一规定类似于罗马法中的污名或事实上的破廉耻，因为其他的破廉耻都是权威机关科加的，这种破廉耻是民间科加的，两者一纵一横，表面看来不同，但实际的结果都是影响了受制裁者的权利能力。

8. 佛山市禅城区法院的做法。以上我们谈的都是立法造成的失权，现在转入谈司法造成的失权。先谈广东佛山中级人民法院采用的做法。

2004年5月18日，在执行难、赖债者有钱也不还债问题长期不能解决的社会大背景下，佛山市禅城区法院推出新招：以广东省第一号

① 参见《个人信用信息基础数据库管理暂行办法》，载 http：//www.chinacourt.org/flwk/show1.php？file_ id =104133，2006年10月26日访问。

② 参见《厦门晚报》综合消息：《贷款不良记录将被列入失信黑名单：个人诚信信息将全国共享》，载《厦门晚报》2005年3月8日，第18版。

限制高消费令公布了44名赖债者的名单，限制他们本人及其配偶、子女实施任何形式的高消费行为，诸如购买、新建、扩建、装修房屋，购置生产、生活上的贵重物品，乘坐飞机、豪华客船，驾驶及乘坐小轿车、出租车，外出旅游、度假，在酒店、夜总会、桑拿浴室、歌舞厅、高尔夫球场消费，就读贵族学校、出国留学，投资、兴办新的经济实体等。他们实施此等行为被群众举报的，在佛山市的，执行法官和法警将在30分钟内赶到现场进行相应的处理；在其他城市的，异地法院同样会配合执行禅城区法院的决定。① 新招治老病，效果很不错。第一号令发布将近三个月后，佛山市禅城区法院共接到举报被执行人高消费的电话，并紧急出动执行41次。经查实后司法拘留8人，成功执结案件6件。例如，判决黄某败诉后因难以找到其财产不能落实执行，申请人开始留意黄某的高消费行为，终于发现其在佛山某星级宾馆吃饭，遂电话举报。经承办法官查实，司法拘留黄某15天。黄某在被拘留期间委托其亲人将执行款项全部交给了申请人。又如，余某拖欠陕西咸阳经济技术部贷款30万元，因无可执行的财产，案件已中止10年。限制高消费令出台后，债主开始留意债务人的高消费行为。第一天调查就发现被执行人驾驶一辆高级轿车，立即向法院举报。法院派员赶到现场，当场扣车，迫于此等压力，余某当天还款10万元，另与申请人达成分期偿还其余20万元的协议。②

佛山市禅城区法院采取的上述措施不过是剥夺赖债者一定方面的权利能力。第一号令以赖债者的高消费行为为规制对象，实际上不限于规制此等行为，还规制了赖债者的投资行为（投资、兴办新的经济实体）。因此，上述“一定方面”包括高消费和投资两个领域。这样

---

① 参见《广东省第一号限制高消费令公布，44赖债者不得打的》，载《厦门晚报》2004年5月19日，第19版。

② 据新华社广州2004年8月11日电：《高消费“老赖”被拘留》，载《厦门日报》2004年8月12日，第11版。

的对具体权利能力的剥夺与 CTh. 16, 5, 40, 4 的规定很类似，我们惊讶地发现两个相距遥远的立法基于类似的需要产生的暗合。佛山市禅城区法院的做法的新奇之处是不仅将失权科加于赖债者本人，而且科加给其配偶、子女，这就提出了因为责任的失权者和因为牵连的失权者的界分，当然，牵连者之所以遭受失权，潜在的理由是他们与责任者是一个经济共同体。

9. 厦门中院的做法。2005 年，基于与导致佛山市禅城区法院采取行动的同样理由，厦门中院把拒不执行法院判决的赖账者的名字上网（在网址 www. xmcourt. gov. cn 中的“曝光台”栏目）公布，破坏其商誉。法院希望将这些个案信息全部发布出去，将来与银行的征信系统相连接，借助与工商登记、房地产管理、外资管理、内贸管理、工程招投标管理、出入境管理、车辆管理等部门建立的联动机制，最终形成一种全社会、开放式、网络化的监督环境。只要被执行人进入这个系统，在未还债之前，他们在向金融机构融资、注册新公司、购地置产、承揽工程、经营贸易、出境等方面将受到严格限制，甚至影响到被执行人及其公司高管人员正常的个人消费，让他们寸步难行。[①]

厦门中院的做法与佛山市禅城区法院的做法同属于对赖债者科加失权，但稍有不同，前者侧重于限制赖债者的经营资格，稍微涉及他们的个人消费资格，佛山市禅城区法院的做法是反过来的，而且限制的不是赖债者的个人消费，而是高消费。厦门中院的做法考虑的主要实施对象是法人，它们是责任者；科加失权的后果涉及此等法人的高管人员，他们是卷入的失权者。

10. 福建省建设厅的做法。该厅于 2008 年颁布了《建设市场不良行为记录和信息公布办法》（从 2009 年 1 月 1 日起生效），对建设市场上的不良行为实行“谁负责查处，谁作出记录”的原则，把不良信息

---

① 参见廖桂金、郑金雄：《法院希望与工商、金融、地产等部门联动，让赖账者贷不了款买不了房》，载《厦门晚报》2005 年 6 月 30 日，第 3 版。

统一公布于“福建建设信息网”上。受到刑事追究的不良行为信息，公布期为3年。受到行政处罚的不良行为，公布期为1年。其他不良行为的信息，公布期为6个月。① 建设部、其他省市有类似规定。建设不良行为分为建设单位的、勘查单位的、设计单位的、施工单位的、招标单位的、造假咨询单位的、检测机构的、施工图审查机构的、监理单位的等，为各种类型的不良行为一一设立了认定标准。

11. 国家食药监局的做法。该局于2012年制定了《药品安全“黑名单”管理规定》（试行）。规定将如下药品生产经营者纳入“黑名单”：（1）生产销售假药、劣药被撤销药品批准证明文件或者被吊销《药品生产许可证》《药品经营许可证》或《医疗机构制剂许可证》的；（2）未取得医疗器械产品注册证书生产医疗器械，或者生产不符合国家标准、行业标准的医疗器械情节严重，或者其他生产、销售不符合法定要求医疗器械造成严重后果，被吊销医疗器械产品注册证书、《医疗器械生产企业许可证》《医疗器械经营企业许可证》的；（3）在申请相关行政许可过程中隐瞒有关情况、提供虚假材料的；（4）提供虚假的证明、文件资料样品或者采取其他欺骗、贿赂等不正当手段，取得相关行政许可、批准证明文件或者其他资格的；（5）在行政处罚案件查办过程中，伪造或者故意破坏现场，转移、隐匿、伪造或者销毁有关证据资料，以及拒绝、逃避监督检查或者拒绝提供有关情况和资料，擅自动用查封扣押物品的；（6）因药品、医疗器械违法犯罪行为受到刑事处罚的；（7）其他因违反法定条件、要求生产销售药品、医疗器械，导致发生重大质量安全事件的，或者具有主观故意、情节恶劣、危害严重的药品、医疗器械违法行为。第一种生产经营者，被处10年内的民事禁令（不得从事药品生产、经营活动）的，纳入“黑名单”。

12. 厦门交警队的做法。2011年3月10日，厦门一出租司机车某

---

① 参见张小燕：《省建设厅发布〈建设市场不良行为记录和信息公布办法〉，不良行为明年起要公布》，载《厦门日报》2008年12月22日，第2版。

被发现开车门大口呕吐，交警为其验血，酒精含量高达177mg/100ml，他由此终身失去营运资格。[①]

（三）小结

对上述12种失权处置，我们可作出如下基本分类：第一，可分为立法导致的失权和司法导致的失权，除了佛山市禅城区法院、厦门中院、厦门交警队的做法属于后者，其他的都属于前者；第二，可分为有期的失权和无期的或终身的失权，在我国的经验中，大部分失权都是有期的；第三，可分为剥夺专业技术职业从业资格的失权和剥夺普通职业从业资格的失权；第四，可分为自然人的失权和法人的失权；第五，可分为纵向的失权和横向的失权；第六，可分为责任者的失权和卷入者的失权；等等。

总之，失权问题在我国是实践先行，在没有理论的条件下已发展得蔚为大观，历史上有的、外国有的，我国的立法司法实践中也基本都有了。目前，理论界已把它们总结为联合失信惩戒机制，确定它是在根据原有法律规定对失信者进行制裁的基础之上，在随后的经济和社会活动中对失信者进行约束或限制的制度安排。[②] 主要由行政法学者研究，他们较少注意到问题的民法方面，令人遗憾。

比较一下，我国关于失权的处置的独特之处有三：第一，剥夺权利能力与宗教信仰无关；第二，剥夺权利能力与剥夺国籍无关；第三，只剥夺权利能力，不剥夺行为能力，尽管在关于罗某故意杀人某中，其妻郑某提出人工授精请求是否应予准许的讨论中已涉及剥夺行为能力问题。它们与古代和现代的外国有关规定的共同之处有：其一，剥夺的因果关系是行为人曾有过的特定不当行为导致他在涉及不当行为

① 参见王元辉、黄晓波：《的哥醉驾，营运资格终身被禁》，载《厦门日报》2011年3月10日，第14版。

② 参见沈毅龙：《论失信的联合行政惩戒及其法律控制》，载《法学家》2019年第4期。

领域的从业权利能力受到有期或无期限制。其二，既有对具体的民事权利能力的剥夺，如某些购买权利能力，类似于 CTh. 16, 5, 40, 4，但这样的民法方面的剥夺少，多数的剥夺是行政法上的，即限制受罚人从事特定的职业，相当于《狄奥多西法典》中规定的不得担任公职、从军。因此，我在这里谈论的失权问题是与民法相关的问题而非全然的民法问题。

无论如何，不管是《个人信用信息基础数据库管理暂行办法》的做法，还是佛山市禅城区法院和厦门中院的公布赖债者名单的做法，都涉及牺牲有不良行为者的私生活权实现失权制度的问题，存在私人权利的保护与公共秩序之维护两种利益的冲突。如何协调好两者的关系，是迫切需要解决的问题。

以上规定多是单行法或行政法规的制裁影响民法上的权利能力，形成“小法”对“大法”的影响。而且它们剥夺的都是具体的权利能力，证明我国立法者和司法者骨子里是采用权利能力的原子论的。

（四）失权的公示问题

最早的身份公示是结婚戒指，无名指上戴戒指表示此人已婚，其他人不得追求。这样的安排保证了求偶活动的秩序，又避免了直接问某人是否已婚的尴尬，显然是陌生人社会的产物，因为在一个熟人社会，大家彼此知道是否已婚，不必要采取戴戒指的身份公示方式。我国的一些少数民族也有以一定的头饰表示属主是否结婚的身份公示方式。这些是积极的身份公示，消极的身份公示有如《红字》里的以示众方式对不名誉行为的公示。纳粹德国也对犹太人的身份以六角星的符号和 J 字母进行公示。这些例子证明人们很早就感到了公示身份的必要。

以上失权如不在全国或全球范围内公示，起不到应有的作用，不公示，交易相对人无从知道对方的能力缺陷；不在全国范围内公示，失权者换一个省就取得了在本省被剥夺的权利能力；不在全球范围内公示，失权者换一个国家就取得了在本国已被剥夺的权利能力。当然，在全球范围内公示某种身份客观上要求一个世界性的执法机构，除了国际刑警组织等局部性的刑事司法协助机构，目前尚不具有世界性的执法机构，这使全球公示面临困难，但国际互联网毕竟为这种公示提供了方便的技术手段。2011 年年底，福建省的婚姻登记系统与全国联网，这样，在福建，只要输入被查询人的身份证号，就可查到他的婚姻登记信息，由此可有效地防止重婚、骗婚、违法婚姻登记。①

民法这方面的规定经历了从公示权利到公示身份的演变过程。1804 年《法国民法典》无关于权利公示的结构单位。1853 年制定的《登记法》建立了比较系统的不动产登记制度，1866 年制定的《下加拿大民法典》得以利用这一进步，在其第三编的第十八题中规定了物权的登记。1991 年《魁北克民法典》把物权的登记提升到编的层次，并扩张成权利的公示制度，以反映不仅不动产物权需要公示，而且动产物权和债权也需要公示的现实。在魁北克，放弃继承、遗赠、夫妻共同财产，分割婚后所得或家庭财产以及关于宣告放弃无效的判决，也要求公示（第 2938 条第 2 款）。因此，登记簿就分为土地登记簿、提要登记簿及债权和动产物权登记簿（第 2969 条）。而且从国际的角度看，债权转让尤其是应该公示的事项②。尽管《魁北克民法典》极大地扩展了公示事项的范围，但仍局限于公示权利，其第 328 条规定的董事的失权不在公示的范围内。

1984 年《秘鲁民法典》在这方面做了改进，它分为 10 编。第九编“公共登记簿”是专门规定公示的，其第一题是“一般规定”，第二题是“不动产登记簿”，第三题是“法人登记簿”，第四题是“人身

---

① 本报综合报道：《婚姻登记系统年底全国联网》，载《厦门日报》2011 年 11 月 16 日，第 3 版。

② 参见《联合国国际贸易应收款转让公约》（附件第 1 条），高润恒译，载梁慧星主编：《民商法论丛》第 27 卷，金桥文化出版（香港）有限公司 2003 年版，第 647—667 页。

登记簿”，第五题是“委托与代理权登记簿”，第六题是“遗嘱登记簿”，第七题是“法定继承登记簿”，第八题是“动产登记簿”。这一体例把登记制度从一个过去主要涉及财产法的问题扩展为既涉及财产法，又涉及人身法的问题，是登记制度的一次革命。本编中的第四题与本小节相关。该题根据1996年12月4日颁布的第26589号法律补充，并非1984年民法典颁布时的原始规定，因而反映了最新的现实，吸取了1991年《魁北克民法典》的成败得失。它共6条（从第2030条到第2035条），登记的范围包括宣告某人为无行为能力和限制行为能力的决定；宣告失踪、不在、推定死亡的解除并承认某人的生存宣告；科加失权、民事禁治产或丧失亲权的判决；确定监护或保佐负担的文件，附带不动产清单的编号和担保说明，及其去除、终止、中止和放弃；恢复禁治产人行使民事权利的决定；宣告婚姻无效、离婚、别居及和解的决定；财产分别协议及其减等，非协议的财产分别，相应担保的范围及其中止；支付不能宣告，以及根据有关法律可登记的其他行为和协议（第2030条）。上述登记经法官命令或在有关文件证明有正当理由时可以取消（第2035条）。在以上登记事项中，“科加失权、民事禁治产或丧失亲权的判决”的登记是失权登记。在现代的技术条件下，必须经过网络可以查询这种登记结果才能达到失权制度的制裁目的。

从历史来看，对人身事项的登记并以此公示此等事项并非全然创新。罗马法就有由监察官登记破廉耻的做法，在户口登记中这样做。这种安排进一步昭示了破廉耻与人格（Caput，原意为户口登记簿上的一条）的关系。

顺便指出，在《秘鲁民法典》中，失权构成委任消灭的事由（第1801条）。这是被宣告失权的后发的民事效果。从逻辑上看，失权也应该导致解除监护和保佐这些有任职品质要求的职务。

（五）类似失权的制度：不配

与失权类似的制度有不配（Indignus）。从其拉丁词形来看，是在

dignus 的前面加上否定的前缀 In。dignus 的意思是“应得的”“值得的”，来自动词 Dignor，为“堪当”“相宜”之意。[①] 因此，“不配”的含义是得到某种待遇必须具有某种资质，此谓之“配”，属于正面的说明；没有相应的资质者即不应得相应的待遇，此谓之“不配”，属于反面的说明。不配制度显然属于后一种说明，也就是说，它不负责弄清哪些人应得到某个待遇，而只负责弄清哪些人不应得到某个待遇。申言之，它不负责论功行赏问题，而只负责论罪行罚问题。尽管如此，不配制度仍然是正义原则的体现。

在各国民法典中，大都只把不配当作某人的继承权因一定的原因受影响的制度。例如，《智利民法典》第 961 条规定：“所有未被法律宣告为无能力和不配的人，有继承的能力和资格。”又如《菲律宾民法典》第 1032 条规定，由于不配，下列人员无能力继承：(1) 遗弃其子女或引诱其女儿过一种腐败或不道德的生活，或者企图破坏其贞操的父母；(2) 已被判处犯有企图攻击遗嘱人、遗嘱人的配偶、卑亲属或尊亲属的生命之罪的任一人；(3) 指控遗嘱人犯有法律规定的 6 年或超过 6 年的徒刑之罪，该指控却被证明并无根据的人；(4) 除非当局已经提起诉讼，知悉遗嘱人由暴力所致的死亡却未在 1 个月内将之告知执法官员的任一成年继承人，此项禁止不适用于依法律并无控告义务的情形；(5) 被判犯有与遗嘱人配偶通奸或姘居之罪的任一人；(6) 以诈欺、暴力、恐吓或不当影响将促使遗嘱人订立遗嘱或变更已订立之遗嘱的任一人；(7) 以相同方式阻碍他人订立遗嘱或撤销已订立的遗嘱的任一人，或取代、隐匿或变更他人遗嘱的任一人；(8) 仿造或伪造死者意欲之遗嘱的任一人。该条列举的不配原因很多，一言以蔽之，凡欲继承死者的人，都应未冒犯过他，否则不配继承。不过，《意大利民法典》第 330 条似乎是一个例外，它规定：父母违背或忽略对子女

① 参见谢大任主编：《拉丁语汉语词典》，商务印书馆 1988 年版，第 169 页。

应尽的义务的，或滥用亲权给子女造成损害的，法官可以宣告父亲或母亲丧失亲权[①]。该条未被学说承认为不配制度，也未用“不配”术语，而用“丧失”（Scadenza）术语，但我认为它符合不配制度的原旨，应归入不配制度。

在学说上，学者也大多把不配的范围限于继承，如意大利学者非德里科·德尔·朱狄奇的《新法律辞典》[②]，我国学者费安玲的《罗马继承法研究》[③]。但也有例外，例如，就前引《意大利刑法典》第32条关于犯罪人在服刑期间被剥夺行为能力的规定，有人认为是失权，有人认为是不配。[④]“不配论者”显然是不认为不配制度的适用范围仅以继承为限。

立法和学说上的上述“例外”得到原始文献的支持，其中记载的不配制度规制的适用范围不以继承为限。《学说汇纂》中出现“不配”六十一次，其中D. 34, 9是专讲继承不配的结构单元。排除没有法律意义的用法，我把有法律意义的用法概括为四大不配制度：其一，不配结婚；其二，不配继承；其三，不配某项诉讼权利；其四，不配从军。容分述之。

首先说不配结婚制度。D. 23, 1, 12, 1（乌尔比安：《论订婚》第1卷）说：女儿只有在父亲选择的男子由于道德或污名不配订婚时才可拒绝同意。[⑤] 此处所称“道德”，非专业术语，可望文生义。此处所称

---

① 参见《意大利民法典（2004年）》，费安玲等译，中国政法大学出版社2004年版，第86页。

② Cfr. Federico del Giudice, *Nuovo Dizionario Giuridico*, Edizione Simone, Napoli, 1998, p. 636.

③ 参见费安玲著：《罗马继承法研究》，中国政法大学出版社2000年版，第73页及以次。

④ Cfr. La Voce di Capacità di Angelo Falzea, *In Enciclopedia del Diritto*, XI, Giuffrè, Milano, 1962, p. 37.

⑤ See *The Digest of Justinian*, Vol. 4, edited by Mommsen and Alan Watson, University of Pennsylvania Press, Philadelphia, 1985, p. 657.

“污名”则属于专业术语，指某些人因行为卑劣，处在受人蔑视、不齿的地位。它并非出于法律的规定，也非出于长官的宣告，故又称事实上的破廉耻。后果是限制被罚人的权利能力，不准其担任需要诚信的职务，如监护人、保佐人、证人等。乌尔比安告诉我们，通常由父母包办婚事的女子可反对与有污名者订婚。按不配制度的公式套过来，这一法言说的是有室有家的待遇要求是行为端方。而端方与否的标准是依阶级而异的，故彭波尼说不配低下阶级的人更不配高尚阶级[1]（D. 1, 9, 4，彭波尼：《各种课文汇编》第12卷）。低下阶级有如平民，其行为端方的标准似乎较低，按这样的标准尚且不配的人，更加不可能符合高尚阶级如贵族的行为端方标准了。

其次说不配继承制度。这方面其他著作讲得很多，故从略讲。简单说，对被继承人做过严重不利的事情的人都不配继承此等被继承人。

再次说不配某项诉讼权利制度。主要意思是，要想援引某项权利，当事人自己就要行为正当，否则不得援引。当然，这种安排也有出于公共利益的考虑。

D. 22, 3, 20（尤里安：《学说汇纂》第43卷）：如果某人以暴力抢劫自由人并禁锢之，他不配被授予占有人的利益，因为不能证明在第一个诉讼提起之时该人拥有自由。

此段讲以暴力抢劫自由人者不得利用占有人优先的规则。

D. 11, 5, 1, 1（乌尔比安：《告示评注》第23卷）：如果赌客彼此互抢，不否认他们享有以暴力抢劫财产之诉，因为只有赌场经营者而不是赌客被禁止得到救济，尽管他们也被认为不配如此[2]。

此段讲为恶者不得追求法律救济，但这一主张未得到严格执行，

---

① See *The Digest of Justinian*, Vol. 1, edited by Mommsen and Alan Watson, University of Pennsylvania Press, Philadelphia, 1985, p. 26.

② See *The Digest of Justinian*, Vol. 1, edited by Mommsen and Alan Watson, University of Pennsylvania Press, Philadelphia, 1985, p. 346.

在实际操作中，只对大恶者执行这一主张。

最后说不配从军。因为军队成员为荣誉职，行为不当的人不得担任此职。

D. 37, 15, 1, 3（乌尔比安：《意见集》第1卷）：必须判定那些主张养大他的父母为做坏事者的人不配从军。①

综合上面的原始文献，可以认为不配制度的本旨在于维持良好的风纪和行政秩序，维护高尚阶级的尊严，贬低低下阶级，它提倡一些行为，如为父母复仇，抑制一些行为，如说父母的坏话，举报其犯罪，由此让国家利益服从亲情。

失权制度与不配制度的关系如何？我认为两者相关而不同。相关之处为两者都是对一定的道德风纪的维护。不同之处在于，失权制度基本遵循“在某个领域有过过犯的人不得再进入这个领域”的理路；不配制度则遵循“没有相应的资质者即不应得相应的待遇”的理路。失权制度处罚的是直接侵犯公共利益或间接侵犯私人利益的行为人，不配制度处罚的大多是直接侵犯私人利益或间接侵犯公共利益的行为人；失权制度剥夺的是权利能力，不配制度剥夺的主要是权利。

那么，不配与剥夺继承权制度的关系如何？不配是国家的处置，剥夺继承权是遗嘱人的处置。

六、法人的权利能力问题

法人的出现打破了权利能力设计者预想的两种人的合一的假定，把“生物人 = 法律人”的问题变成了“法律人 = 生物人 + 法律人”的问题，因为法人打从设立起就是法律人，由此带来了烦恼，所以最初遭到顽强的抵制。1810年的《奥地利普通民法典》第16条和1867年

① See *The Digest of Justinian*, Vol. 1, edited by Mommsen and Alan Watson, University of Pennsylvania Press, Philadelphia, 1985, p. 319.

《葡萄牙民法典》第1条在这方面都有所表现。在1862年的《纽约民法典草案》第一编人法中找不到关于法人的规定，在第二编（财产）第三分编（动产或可动物）第三章可以找到它。显然，在这样的框架下，法人不被理解为主体而被理解为客体，成了一种像船舶（第三分编第二章的规定对象）一样的东西，这是我在读过的诸多外国民法典中看到的法人所受的最惨待遇。[①] 直到基尔克（Otto von Gierke，1841—1921）于1868—1913年在其《德国公社法》（*Das deutsche Genossenschaftsrecht*）一书中提出法人实在说后，法人才都被理解有行为能力[②]，成为主体。如果说社团法人被赋予生物人的待遇还可以理解，财团法人被赋予这样的待遇对于有些人来说就不可忍受了。

法人的出现，需要新的术语表现，我猜想，主体资格的概念就是为了这种需要被塑造的，它不触动过去的两种人合一意义上的权利能力概念，被定性为一个兼包自然人和法人的概念，避免完全推翻过去的权利能力理论。

尽管如此，权利能力或主体资格的概念像盖尤斯的无体物概念一样，包罗了太多的性质迥异的东西，导致它撑不住自己。结果可能有二：其一，人们在谈论人的时候心里想的是自然人，顶多想到社团法人，这种状况在人们给人下定义时可以看出来；其二，权利能力的概念缩减，只适用于自然人。

由于没有两种人合一的道德前提，在我看来，法人没有权利能力，只有行为能力。

七、结论

权利能力制度是现代平等精神的产物，它发源于罗马法，但与

---

① See Sheldon Amos, *Codification in England and the State of New York*, London: W. Ridgway, 1867, p. 30.

② 参见龙卫球著：《民法总论》，中国法制出版社2001年版，第365页。

罗马法中张扬不平等的人格制度形神两异。在我看来，人们是为了与人格制度划清界限才创造了权利能力或法律能力的新术语。不过，一旦度过对平等的迷恋期，人们很快发现权利能力制度设定的平等目标无法实现，在有的情形下无必要实现。于是，萨维尼开始淡化权利能力制度的平等诉求，还原它统治者掌握的治国工具的真面目。在这个意义上，权利能力制度部分地回归于人格制度。说“部分”，乃是因为作为奴隶制表征的自由身份是不能回去的，人们也无意回去。

权利能力制度的创立者在设计这一制度时只考虑到了自然人，法人只是到了后来才被增补为权利能力的拥有者，这样做的必要性值得怀疑，所以我主张法人没有权利能力，只有行为能力。

由于权利能力制度的种种内在缺陷，尤其是其在起止点设计上的缺陷，有人提出以人的制度取代它，我认为这是个好主意！我认为可以为这样的建议贯注生态考虑，把权利能力制度内在的服务本代人工具的定位改为既服务本代人之前的人，也服务本代人之后的人的定位，通过实现这一改变，让世界更为和谐。

第二节　行为能力论

一、引言

罗马法中只有相当于现代权利能力制度的人格制度以及关于行为能力的零散规定，我族中心主义和阶级主义的人格制度处于核心地位，行为能力制度处于末微地位，甚至未形成行为能力的概念；在现代民法的人法中，行为能力制度处于核心地位，并从中发展出劳动能力、责任能力、意思能力制度，是最见现代民法之理性主义精神的制度，权利能力制度则处于相对虚化和“逸出”的地位，成为表征平等性的一个单纯符号并转化为奖惩工具。由于上述差别，罗马法的人法以作为人格之构成要素的身份为基础；现代民法的人法以理性为基础。从罗马人法到现代民法的人法，从身份到理性，这一转变是如何完成的，完成后有何发展或变革，为本节要研究的问题。

二、罗马法的以身份为本位的人法

（一）理性在罗马法中的地位

在罗马法中，理性并非彰显的因素，但影响罗马法的希腊哲学却并不忽视理性。苏格拉底（Socrates，公元前469—公元前399）提出了灵魂的本质是理性的观点，成为西方理性主义第一人。[①] 沿袭这条思想路线，柏拉图区分了理论理性和实践理性，前者是“纯粹智力的技艺”，用康德的话来说是涉及认识外在世界的东西（自然律）；后者是“实用的技艺”，用康德的话来说是涉及控制人的行为的善恶两种倾向的东西（道德律）。[②] 以这些前人的工作成果为基础，共和晚期参与西庇阿集团，对罗马著名法学家西塞罗、昆图斯·穆丘斯·谢沃拉、昆图斯·埃流斯·杜贝罗（Quintus Aelius Tubero，公元前123 年的裁判官）等人的思想产生了重要影响的中期斯多亚哲学家巴内修在纯正的“理性”的含义上区分了理论理性和实践理性，并以对实践理性的礼赞鼓励务实的罗马人[③]，打消其文化自卑感。西塞罗的《地方论》也区分了理论理性和实践理性，不过采用了认识问题和行动问题的名称。

（二）拉丁语中表示理性的诸词汇

1. Ratio。无论是在普通拉丁语中，还是在法律拉丁语中，都缺乏一个完全符合现代“理性”一词含义的表达，这或许是由于哲学理论

---

① 参见汪子嵩等著：《希腊哲学史》第二卷，人民出版社 1993 年版，第 410 页。

② 参见王炳书著：《实践理性论》，武汉大学出版社 2002 年版，第 63 页。

③ 参见冯契主编：《哲学大辞典》（上），上海辞书出版社 2001 年版，第 823 页。

向法学理论的渗透需要时间。在普通拉丁语中，现代用来表示“理性”的Ratio一词具有“理由、理智、论断”“计划、决策”“想法、意见”“原因、动机”“事业、商务、关系”“学术、学说”“规则”“账目”“领域”“情况”“程序”等含义，唯独缺乏一个痛痛快快的“理性”的含义。① 在作为罗马法原始文献之样本的优士丁尼《法学阶梯》中，“理性”一词有三种含义：其一，为神，即自然法的制定者。I. 1, 2, 1 谓万民法为“……自然理性在所有的人中制定的法……”I. 1, 2, 11 旋即说与万民法只有承认奴隶制与否之差别的自然法“……是由某种神的先见制定的”，由此说明“自然理性”与“神的先见”可以互换。其二，为“法律”，如 I. 2, 4, 2 说：“……事实上，这些物（即消耗物），不论是根据自然理性还是市民理性，都不接受用益权……”。在这一法言中，“市民理性”就是市民法，“自然理性”就是自然法。其三，指一种人具有而动物缺乏的控制自己行为的能力。I. 4, 9pr. 说：“就没有理性的动物而言，如果它们确实因顽皮、激情或野性致人损害，根据《十二表法》产生损害投偿诉权……”② 在这三种用法中，以第二种使用频率最高，达 6 处（I. 1, 2, 1；I. 2, 1, 12；I. 2, 1, 25；I. 2, 1, 31；I. 2, 1, 35；I. 2, 4, 2）；第一种只有 1 处（I. 1, 2, 1）；第三种有两处（都在 I. 4, 9pr. 中）。值得强调的是，第三种用法并非正面说明人具有上述能力，而是说动物不具有此等能力，让读者自己反推出人具有这种能力，这说明优士丁尼罗马法对于建构人的自控能力意义上的行为能力范畴相当忽视。

2. Intellegentia。该词倒比较符合现代“理性”的含义，它是动词 Intellegere（理解、认识、发现）的名词化，具有“理性”“知识”等

---

① 参见谢大任主编：《拉丁语汉语词典》，商务印书馆 1988 年版，第 464 页。

② 本章中所有 I 的译文，都出自［古罗马］优士丁尼著：《法学阶梯》（第二版），徐国栋译，中国政法大学出版社 2005 年版，第 13 页、第 497 页等。

含义。[①] 在优士丁尼《学说汇纂》中，Intellegentia 的同根词出现了 123 次，但多数都作为动词使用，用来表示“认为、理解”的意思，只有三处做非动词使用（参见 D. 28, 1, 20, 9；D. 39, 1, 11；D. 45, 1, 91, 5），其中只有 D. 39, 1, 11 的用法比较接近现代的含义：“因为通知已送达到任何能理解它的人……”

3. Iudicium。它是“判断”的意思，I. 1, 6, 7 说 17—18 岁的人应有坚定的判断力，理解自己的解放奴隶行为。I. 2, 12, 1 讲未适婚人毫无判断能力。

4. Mens。它是“心神”“理智”“思维”的意思。I. 2, 12, 1 讲精神病人缺乏理智。可以说，在拉丁文中，Mens 的含义像 Iudicium 的含义一样，最接近现代民法中的“理性”一词的含义。以它们为关键词塑造的法律命题为中世纪作家提供了加工后世的行为能力制度的原料，“心神丧失”（Demencia。De = “去掉”；mencia 是 mens 的西班牙语形式）的表达甚至成为无行为能力的同义词（参见《智利民法典》第 262 条、第 342 条、第 355 条、第 456 条等条文）。

（三）罗马法中零星的行为能力规定

上述富有理性意味的词汇在优士丁尼罗马法中不占主导地位，因为这种法中没有系统的行为能力制度——该制度恰恰以第三种意义上的理性为基础，并且是现代民法的主体制度的核心——只有一些零散的关于行为能力的规定，如代人出庭诉讼的能力，I. 1, 6, 7 规定 17—18 岁的人可以为他人起诉；解放奴隶的行为能力，I. 1, 6, 4 规定满 20 岁的人才具有实施解放的行为能力，有正当解放原因，以执仗方式解放的除外；结婚的行为能力，I. 1, 22pr. 规定男 14 岁，女 12 岁适婚；立遗嘱的行为能力，I. 2, 12, 1 规定“……未适婚人不能订立遗嘱，因为他们毫无判断能力。精神病人同样如此，因为他们缺乏理智”

---

① 参见谢大任主编：《拉丁语汉语词典》，商务印书馆 1988 年版，第 296 页。

等等。上述规定中最有意味的是 I. 2, 12, 1，它概括了未成年人和精神病人的共性是缺乏一种心灵的能力，与其他规定只以未成年人为谈论对象不同，奠定了现代的涵盖两种无能力人的行为能力制度的基础。

（四）罗马法中的完全行为能力年龄问题

众所周知，罗马法中的成年年龄是 25 岁。这一行为能力年龄是“较晚”[①] 由裁判官以告示提出的，换言之，是作为对市民法的补遗出现的。我们通过乌尔比安的记述（参见 D. 4, 4, 1, 1）了解到这一告示的内容：“裁判官告示说：‘对于据说是同不满 25 岁的未成年人一起做的事情，我将认真审查其各个方面’。”[②] 这里说的是成年人与 25 岁以下的未成年人交易不利于后者的，后者可提出撤销。意大利当代学者因而把这一年龄称为保护年龄，不承认它是行为能力制度的表现。乌尔比安解释这一法言说：“因为在满这一年龄后就有了成年男子的能力。”（Nam post hoc tempus complieri virilem vigorem——D. 4, 4, 1, 2[③]）尽管在上下文中可以毫不费力地把这一法言解释为现代的行为能力年龄的起源，但这一法言的文句中确实没有一个字涉及“理性”或等值的“认识自己行为的后果”的表达。“成年男子的能力”可以是脑力的，也可以是体力的，这一表达兼含两者，尽管它在体系中的意思指前者。最可恨的是，该法言远远没有现代行为能力年龄制度的漠视主体性别的普适性，而是一个男权主义的跛脚制度。一句话，要把该法言改造为现代民法中的行为能力年龄制度，后世法学家要做的事情太多太多！

---

① 法国著名罗马法学者 Paul Girard 语。Voir Paul Frederic Girard，*Manuel élémentaire de droit romain*，Dalloz，Paris，2003，p. 217.

② 参见［意］桑德罗·斯奇巴尼选编：《民法大全选译·人法》，黄风译，中国政法大学出版社 1995 年版，第 16 页。

③ See *The Digest of Justinian*，Vol. 1，edited by Mommsen and Alan Watson，University of Pennsylvania Press，Philadelphia，1985，p. 125.

裁判官告示提出25岁的成年年龄是一种说法，另一种说法是平民会决议提出这一年龄。申言之，公元前191年，颁布了一个平民保民官马尔库斯·雷托流斯·普兰求斯（Marcus Laetorius Plancius）提议的《关于欺骗青少年的普雷托流斯法》（*Lex Laetoria de circumscriptione adulescentium*）。该法针对以欺骗手段与不满25岁的未成年人（无论是自权人还是他权人）缔结契约的人规定了惩罚措施，允许上述未成年人为维护自己的权益对有关适法行为的有效性提出抗辩。可以诉请追回已交付的物件。如尚未履行给付，他可拒不履行。该法创立了普雷托流斯诉权，这是罚金之诉和破廉耻之诉，可由任何公民行使。① 这种说法中的25岁也是保护年龄，其长处在于说出了这一年龄提出的具体时间。

（五）罗马法中的智力行为能力诸概念

除如上以年龄的形式标准为尺度的行为能力规定外，罗马法中还有以智力的实质标准为尺度的类似行为能力规定。

1. 过错的概念。罗马法中的过错分为“故意”和“过失”，至少按现代作者的分析，前者是“意志的瑕疵”（Vizio della volontà），属于善恶问题，归实践理性管辖；后者是“智力的瑕疵”（Vizio dell'intelletto），即未预见到应预见到的事情，属于认识能力问题，归理论理性管辖。② 经现代棱镜这么一透视，下文将要谈到的现代行为能力制度的两大支点——“智力”和“意志”，已分别定在于古老的“过失”与“故意”之用语中矣！

2. 善良家父的概念。“善良家父”是不具有上述意志瑕疵和智力瑕疵的人，他是社会的一般认识能力和意志力的标杆，就认识能力而言，他应预见行为的一切可能的后果并趋利避害地处置之；就意志力而言，他应照料自己管领的人和物不使其遭受损害，为此在收获季节要不畏蚊虫和夜露睡在打谷场上。

---

① Cfr. Matteo Marrone, *Istituzioni di Diritto Romano*, Palumbo, Palermo, 1994, p. 270.

② 参见丁玫著：《罗马法契约责任》，中国政法大学出版社1998年版，第128页。

3. 注意的概念。达到了善良家父的行为标准的，谓之尽到了“注意”；达不到其行为标准的，谓之有了故意或过失。因此，注意是表征理性之运用程度的概念，它十分具有现代法律理性主义的精神。

上述三个概念可以作为加工现代民法中的行为能力制度的材料。但在古代，它们是侵权法和合同法中的概念，根本没有上升到主体能力制度的层次。

（六）罗马法中的体力行为能力不足者

1. 未适婚女性。值得说明的是，罗马法中零碎的关于行为能力的规定不仅以主体的智力为基础，而且以其体力为基础。体现这一方面的首先是关于女性适婚能力的规定（I. 1, 10pr.），它采用 Viripotens 的表达，意思是“经得起男人”，即能完成性生活。如果说我国现代的对应规定法定婚龄制度涉及的是权利能力，是立法者基于减少人口的政策为欲步入婚姻殿堂者设定的高门槛，与这些人是否能完成性行为的事实无关。那么，在鼓励人口增长的优士丁尼时代的罗马，婚龄问题是一个涉及结婚当事人性行为能力的“体力”问题，它与欲结婚者能否理解结婚行为之意义的能力无关，因此，它涉及的不是智力行为能力，而是体力行为能力。当然，根据 D. 23, 2, 16, 2，精神病患者也不得结婚，因为他们不能做出同意结婚的意思表示。① 这一规则才涉及结婚的智力行为能力问题。所以，就结婚而言，罗马法要求当事人具有体力和智力两方面的行为能力。

2. 患慢性病者和高龄者。I. 1, 23, 4 规定须为患慢性病者指定保佐人，这是体力不支导致行为能力缺陷需要由他人补充此等能力的例子。I. 1, 25, 7 规定，健康不良者被豁免监护；I. 1, 25, 13 规定，70 岁以上的人也可如此。这些法言实际上是认为此等人无实施监护的体力行为能力。

3. 聋哑人。前文引述过的 I. 1, 23, 4 还规定要为聋者和哑者指定保

---

① 参见［意］桑德罗·斯奇巴尼选编：《婚姻·家庭和遗产继承》，费安玲译，中国政法大学出版社 2001 年版，第 31 页。

佐人。这是因为官能缺陷——我把提供此等官能的器官的运作能力看作体力的一种形式——影响人的信息接收和输出能力，从而影响主体智力作出的行为能力补充规定，不妨把它说成是因为体力影响智力的混合性规定。把这些规定与涉及智力的零散行为能力规定结合起来，可以披露罗马人对行为能力基础的不完全等同于现代立法者的理解。

（七）身份在罗马人法中的地位

1. 身份作为分配社会资源的工具。既然以罗马法为代表的古代民法不以理性作为主体制度的基础，那它以什么作为此等制度的基础？答案是以身份作为这样的基础。身份表征着主体对于某一集团的从属以及他由此得到的权利义务分配结果。在罗马法中，存在着自由、市民、家父、宗教和名誉五种身份，前四种分别表征着主体是否从属于自由人集团、市民集团、自权人、正统宗教的信奉者集团。后者表征着主体是否行事正派。这些身份有静态和动态两个方面。从静态看，从属者享有作为集团成员拥有的利益，不从属者则要承担相应的不利益。例如，从属于自由人集团者享有不受他人支配的利益，自由人与奴隶之分是阶级之分，一个是统治阶级，另一个是被统治阶级，两者的斗争构成第二共和国①时期罗马社会的主要矛盾。由此可以确定，自由人的身份作为法律上的存在，肯定发端于第二共和国时期。如果更早，法律要确认并作为权利义务分配依据的就必须是贵族和平民的身份了。这一掌故充分证明了身份制度的阶级性或阶级压迫性。从属于市民集团者就享有公地分配权的利益，以及选举权和被选举权的利益等，外邦人不得享有这些利益，因此，市民身份是我族中心主义的表征。它把本城邦的身份及其拥有者设定为最优，把不具有此等身份

① 两个共和国的区分是意大利著名的罗马法学家 Feliciano Serrao 作出的。Cfr. Feliciano Serrao, *Diritto privato*, *economia e società nella storia di Roma* (1), Jovene, Napoli, 1993, p. 103, p. 127. 第一共和国从公元前 509 年到公元前 264 年，第二共和国从公元前 264 年到公元前 27 年。第一共和国时期罗马社会的主要矛盾是贵族与平民的矛盾；第二共和国时期的主要矛盾是奴隶主与奴隶的矛盾。

的人设定为可以合理歧视的野蛮人。尽管影响罗马最大的希腊哲学派别斯多亚派是宇宙主义[①]的，罗马人吸收它不少，如在万民法的观念上就是如此，但在市民身份的确定上却排斥了宇宙主义而沦为狭隘的地方主义。可以说，宇宙主义与现代的人权概念是相容的，市民的概念顶多可以达到公民权的层次。在罗马人法上，身份从属于家父集团者享有对家子人身和财产的支配权，这是一种奴役和剥削关系，这种关系的这种性质可由现代的家庭关系平等化运动证明。至此不难看出，五种身份无不与歧视、压迫和剥削相关，都是一些人的天堂，一些人的地狱，无所有人的天堂的意味。

2. 身份作为奖惩工具。从动态看，罗马法中的身份的得丧还是立法者掌握的一种奖惩工具。从惩罚的角度来看，拒绝接受财产普查的市民、犯绑架罪的解放自由人丧失自由和市民两种身份；扰乱审判的人丧失市民身份；受放逐海岛刑罚的人（因为宗教异端、妻子遗弃丈夫、引诱妇女、监护人诱奸被监护人等行为）在丧失市民身份之余，还丧失家父身份；[②] 信仰异教或异端的人要被剥夺某些能力；行事不端的人要承受破廉耻的处罚，从而被剥夺某些能力。从奖励的角度看，揭发伪造货币等犯罪的奴隶被奖励自由身份。[③] 这些规定涉及的都是一些刑事或行政措施，表明罗马人法的公法性质。

3. 身份优先于理性的地位。在罗马法中，具有某种身份与否与主体是否具有理性无关。以下是证明这种不相关的罗马法原始文献。D. 1, 5, 20（乌尔比安：《萨宾评注》第 38 卷）说："已发疯的人被认为保留其先前的身份和尊严，以及他的长官和家父身份，如同他

---

① 关于斯多亚派的宇宙主义，参见［英］罗素著：《西方哲学史》（上卷），何兆武、李约瑟译，商务印书馆 1963 年版，第 333 页。

② 参见［古罗马］盖尤斯著：《法学阶梯》，黄风译，中国政法大学出版社 1996 年版，第 48 页。

③ Cfr. Giovanni Lughetti, *La Legislazione Imperiale nelle Istituzioni di Giustiniano*, Giuffrè, Milano, 1996, pp. 8ss.

保留他对其财产的所有权。"[1] 又如，D. 1, 6, 8（乌尔比安：《萨宾评注》第 26 卷）说："虽然某人发疯，其子女仍处在其权力下。确实，处在权力下的子女拥有的一切仍然归尊亲……"[2] 撇开这两段法言中涉及公法的部分不谈，就家父权的维持不因家父的精神病状态受影响的规定而言，它与现代民法中关于精神病状态导致其亲权中止的理性主义规定极为冲突（参见《魁北克民法典》第 200 条[3]、第 606 条[4]；《意大利民法典》第 317 条[5]）。看来，罗马法中的主体对某一集团的从属，只与他们是否通过出生或其他途径迈入了五大集团中的一个或全部的事实有关。这种"身份"性的主体制度揭示的是主体的外在关系属性，与下文将谈到的现代民法主体制度揭示主体的"理性"的内在属性的趋向形成对照。

---

① See *The Digest of Justinian*, Vol. 1, edited by Mommsen and Alan Watson, University of Pennsylvania Press, Philadelphia, 1985, p. 17.

② See *The Digest of Justinian*, Vl. 1, edited by Mommsen and Alan Watson, University of Pennsylvania Press, Philadelphia, 1985, p. 19.

③ 其辞曰："父亲或母亲可以遗嘱，或由于预见到自己将丧失行为能力而订立的委任，或通过向公共保佐人提交旨在指定监护人的申报书，为其未成年子女指定监护人。"此条表明丧失行为能力的父母将丧失亲权，由监护人取而代之。参见《魁北克民法典》，孙建江等译，中国人民大学出版社 2005 年版，第 26 页。

④ 其辞曰："基于重大事由且为子女的利益，经任何利害关系人申请，法院可以宣告剥夺父亲、母亲或他们中的任何一方，或被授予亲权的第三人的亲权。如相关情形不要求上述措施而诉讼仍为必要，法院可以宣告撤销亲权的授予或行使亲权的授予。法院也可以直接审查撤销授予亲权的申请。"本条中的"重大事由"应包括亲权人患精神病。参见《魁北克民法典》，孙建江等译，中国人民大学出版社 2005 年版，第 80 页。

⑤ 其辞曰："父母一方因远离、无行为能力或者其他障碍致使不能行使亲权的，由另一方行使专属亲权。"本条讲到父母一方因丧失行为能力不能行使亲权的，由另一方单独行使。隐含的规定是，如果父母双方都丧失行为能力，亲权将由第三人或家外人行使，这时，被运用的就是监护而非亲权了。参见《意大利民法典（2004 年）》，费安玲等译，中国政法大学出版社 2004 年版，第 82 页。

三、格老修斯和普芬道夫对现代行为能力制度的奠定

（一）从罗马的主体制度到现代民法的主体制度的进化

1. 从外向型到内外二合型。可以说，优士丁尼罗马法的主体制度主要是“外向型”的，关注个人的社会关系状态，现代民法的主体制度是“内外二合型”的。一方面，以行为能力制度表征某人（含法人，这种人格体也被理解为有意思能力的存在）的理智状态，关注人的内在状态；另一方面，以权利能力制度表征某人（含法人，此等人格体也有自己的“国籍”）的所属，权利能力总是某一法律共同体中的，并由该共同体的权力机关赋予的能力，因此，它隐含着国籍（即“市民”）的身份前提。由于从 1179 年开始，意大利带头废除了奴隶制，在一国国民的范围内，权利能力原则上人人皆有，只有在主体发生法定过犯的情况下才受限制或剥夺，谓之“失权”，受罚人丧失接近某些资源的能力。例如，《德国民法典》第 43 条明确规定可以因社团的社员大会决议违法或董事会的行为违法危害公益而剥夺其权利能力。① 这种安排属于行政处罚。由于现代人的部门法思维对古罗马人的诸法合体思维的取代，这种权利能力的剥夺已在理论上“逸出”民法的范围而进入行政法或刑法的领域。无论如何，除了在上述特别的情形，权利能力制度已失去了权利义务分配依据的意义。只有在外国人介入内国的民事法律关系时，它才成为一道真实的门槛。一句话，由于普遍平等的降临，在通常的情形下，权利能力成为一块飘舞在空中的旗帜，行为能力取代了其位置成为主体制度中的中心角色。正因为这样，《格鲁吉亚民法典》和《爱沙尼亚民法典》都把权利能力称为消极的能力，把行为能力称为积极的能力。一方面，罗马法中零碎的行为能力规定被提升为统一的行为能力制度；另一方面，它的考虑

① 参见《德国民法典》：郑冲、贾红梅译，法律出版社 1999 年版，第 6 页。

重心相较于罗马法中的五种身份发生了变化。

2. 从重武断的身份到重自然的身份。罗马人法中的五种身份把社会的全体成员分成优势者和劣势者，力图给予优势者更多的优势，劣势者更多的劣势。此处的“优”“劣”，都是描述主体在社会关系中的资源分配状况。而行为能力制度也把全体社会成员二分，并且分的依据也是身份，但分的结果是“足智者”和“不足智者”。“足智”与“不足智”，表达的是主体对内部智力资源的占有情况的差异。作为划分依据的身份是年龄、性别等自然的身份，与自由、市民、家族、宗教、名誉等武断的身份不同。[①] 这种区分的目的有二：第一，给不足智者更多的保护，让他们在遭受不利于己的交易时享有反悔权或撤销权，前文提到的确定 25 岁成年年龄的裁判官告示或平民会决议就是为此目的发布的。这是问题的个人利益方面。第二，通过限制不足智者参与交易的机会保障社会的交易秩序。这是问题的社会利益方面。撇开“第二”不谈，我们看到，以武断的身份为基础的人格制度是“助强”的制度，以自然的身份为基础的现代行为能力制度是“扶弱”的制度，两者的反差强烈。形象一点说，一个是用来分配进攻性武器的，另一个是用来分配防守性武器的。

（二）现代行为能力制度的创立人问题

1. 引言。如前所述，历史条件的变化造成了权利能力制度的虚化和功能的变换，行为能力制度成为现代民法主体制度的核心。两者的转换是从外部关系考察主体到从内部状态考察主体的转换。这样的从“外”向“内”的转变发生于何时，已不可详考。2004 年 3 月，我曾致信友人比萨大学法律系的阿尔多·贝特鲁奇（Aldo Petrucci）教授询问现代行为能力在何时由何人创立，他认真地为我查了资料，给我如下不确定的答复：“行为能力的概念产生于中世纪法学，很可能是教会

---

① 关于自然身份和武断的身份的区分，Cfr. Adriano Cavanna，*Storia del diritto moderno in Europa*，Vol. 1，Giuffrè，Milano，1982，p. 363.

法作家创立的。”看来，我只能自行寻找行为能力制度的发明人，但在我掌握的意大利文和西班牙文民法体系书中，都一无例外地对行为能力制度语焉不详，更不可能谈及其发明人了。直到最近，我才发现该制度很可能是格老修斯发明，由海德堡大学教授普芬道夫蔚为大观的。

2. 格老修斯的贡献。在其名著《战争与和平法》（1625 年）中，格老修斯探讨了允诺的约束力的依据问题，认为：“理性的运用是构成允诺之债的第一个要件，白痴、精神病患者和幼儿因而不能作出允诺。”[①] 此语是现代的行为能力制度的萌芽，它找到了白痴、精神病患者和幼儿的共性是缺乏理性，由此使建立横跨精神病人和未成年人的行为能力制度成为可能。此语中的“理性的运用是构成允诺之债的第一个要件”的表达与我国《民法典》第 143 条“具备下列条件的民事法律行为有效：（一）行为人具有相应的民事行为能力……”的表达无异。不过令人遗憾的是，格老修斯未把行为能力制度运用于合同之外，使之成为一项普遍的民法制度。值得一提的是，他还发展了意思表示理论，主张内心意思与外在表示的一致，表示的法律效果的原因是在伦理上自主负责的人的意志。[②] 后世学者发展行为能力制度的成果——意思能力概念，可从上述表达中找到自己的渊源。总之，格老修斯是法律理性主义的鼻祖，他的理论贡献并不限于人们通常以为的国际法理论，而且及于民法基础理论乃至法理学。

3. 格老修斯与哲学理性主义。格老修斯是法律理性主义的鼻祖，也是哲学理性主义的开山人物，后者的产生时间晚于前者。在这里我们又一次看到了法学当时的科学领头羊角色。17 世纪的欧洲发生了自然科学进步、宗教改革、对希腊文明和罗马法的继受等重大事件，文明取得了

---

① See Hugo Grotius, *On the Law of War and Peace*, On http://www.gongfa.com/gongfajingdian.htm，2006 年 1 月 27 日访问。

② 参见［德］Franz Wieacker 著：《近代私法史——以德意志的发展为观察重点》，陈爱娥、黄建辉合译，五南图书出版公司 2004 年版，第 273 页。

巨大进步，人类由此获得了成熟的思维框架和学术研究材料，增加了对自身的信心，开始怀疑教会的权威，遂开始了启蒙运动。这不过是“公开地运用自己的理性的运动”①，人类由此步入了理性的时代，过去存在的所有制度都要根据新的时代精神证明自己存在的理由或放弃自己的存在。理性的时代催生出理性主义。它是由17世纪的法国思想家笛卡儿（René Descartes，1596—1650）创立的，把所有的人都理解为具有理性的主体。② 要说明的是，此处的理性指人有知识和按照一般原则行为的本能。③“有知识”，为理论理性；“按原则行为”，为实践理性。

4. 普芬道夫的贡献。他是格老修斯的法律理性主义的直接传人④，是笛卡儿主义者埃哈德·怀格尔（Erhard Weigel）的弟子⑤，可以想象他受到了格老修斯和笛卡儿的双重影响。在其《论人和公民依自然法的义务》（1673年）一书中，他提出了更丰满的行为能力理论。该书的第一章就是“论人类行为”，其中说：“对于人类行为，我们并非仅理解做任何发自人的官能的动作，而是仅指发自造物主赋予在畜生之上的人类的那些官能并受此等官能导引的动作——我指的是以照亮道路的智力加以理解并服从意志的吩咐的动作。”⑥ 此语不区分主体性别

---

① 参见［德］康德著：《历史理性批判文集》，何兆武译，商务印书馆1990年版，第24页。

② Véase Carlos Fuentes López, *El Racionalismo Juridico*, Universidad Nacional Autonoma de Mexico, 2003, p. 262.

③ 参见［美］艾伦·沃森著：《民法法系的演变及形成》，李静冰、姚新华译，中国政法大学出版社1992年版，第132页。

④ Véase Carlos Fuentes López, *El Racionalismo Juridico*, Universidad Nacional Autonoma de Mexico, 2003, pp. 167s.

⑤ Cfr. Franz Wieacker, *Storia del diritto privato moderno* (Volume primo), Giuffrè, Milano, 1980, p. 467.

⑥ See Samuel von Pufendorf, *De Officio Hominis et Civis, Juxta Legem Naturalem Libri Duo*, Volume Two, The Translation by Frank Gardner Moore, Reprinted 1964, Oceana Publications Inc. Wildy & Sons Ltd. New York, U. S. A. London. On http://www.constitution.org/puf/puf-dut.htm, 2006年2月3日访问。

地考察决定人类行为的内在因素，把表意行为与事实行为区分开来，把前者设定为法律的主要考虑对象，以人类区分于其他动物的属性智力和意志作为其基础，由此奠定了现代的行为能力制度的拱心石。普芬道夫接着阐述了前面提到的“智力”的含义：是“理解和判断事物的官能”（1,4），依靠它，人不仅能明白他在这个宇宙中遇到的各种事物，比较它们并就它们形成新观念，而且有能力预见他要做什么，能激励自己完成它们，根据某些规范和目的型构它，并推论出可能的结果，进而判断已做之事是否符合规则（1,3）。可以看出，这个对“智力”的说明不仅包括认识能力，即所谓的理论理性，而且包括道德实践能力——意志，即所谓的实践理性。作为广义理性之一部分的“意志”指某些内在冲动，人们用它们来激励自己行动，选择特别吸引他的东西，拒绝不适合他的东西。由于意志的参与，某人才是其行为的作者（1,9）。一个人为自己的行为承担责任的首要理由是他出于自己的意志实施了这些行为（1,10）。由于强调人的行为包含意志成分，普芬道夫的行为能力范畴天然地要发展出责任能力范畴，后人确实完成了这一工作。[①] 普芬道夫最重要的贡献是用这样的话建立了现代行为能力理论：“在共同生活中，能力在道德意义上被理解为一定程度的、通常被判定为足够的、以可能的理性为基础的智能、精明、谨慎。”（1,20）此语明确了行为能力制度的基础是理性，由此把现代民法奠基在理性主义的基础上，把它与关系主义的古罗马法区分开，并且舍弃了罗马法中零散的行为能力规定中包括的体力方面，民法中的人仅仅在精神载体的意义上被理解，其肉身被抛开，这是一种牺牲，把一种比较全面的认识片面化了。尽管如此，普芬道夫的《论人和公

---

① 例如，德国学者卡尔·拉伦茨就把行为能力分为法律行为能力和不法行为能力，即责任能力。参见［德］卡尔·拉伦茨著：《德国民法通论》（上册），王晓晔等译，法律出版社 2003 年版，第 120 页。

民依自然法的义务》产生了很大的影响，它作为一部哲学著作[①]推动了当时的人们对能力问题的研究。

5. 洛克的贡献。洛克在其于1690年出版的《人类理解论》中专章研究了能力（Power）问题，把它分为自动的能力（Faculty）和被动的能力（Capacity，该词之后用来表示权利能力和行为能力）。前者是能引起变化的，物件和人皆备，物件如火，具有融化金属的能力，人则具有意志和理解两种能力（这是普芬道夫式的表达）；后者是能接受变化的，它往往是自动的能力的对反表达，例如，火有融化金属的能力，反过来讲，金属具有被火融化的能力。既然意志是人的一种能力，它的运动就涉及自由问题，洛克探讨了这一问题，最后得出了“能力属于主体”的民法结论。[②]

6. 莱布尼兹的贡献。他继洛克之后在其《人类理智新论》（1765年）一书中在其先驱者的话语框架内也专章探讨了能力问题，把拉丁词potentia作为主动的能力（Faculty）和被动的能力（Capacity）的属概念，阐述了意志与能力的关系，把意志界定为灵魂的一种属性，进而推进到自由问题，得出了如下最接近现代的行为能力意义的表达：“当一个人有能力按照他自己心灵的偏好或选择来从事思想或不思想，运动或不运动时……他是自由的。”[③] 可以说，从格老修斯开始，到莱布尼兹告一段落，在能力的名目下谈论人的理智、意志与自由的关系，已成为欧洲哲学界的公共话语，它与当时法学界关于行为能力的讨论相辅相成，推动了大陆法系民法主体制度重心的变换。在“能力”的共同名目下分化出权利能力（Capacità Giuridica）和行为

---

① 参见［美］艾伦·沃森著：《民法法系的演变及形成》，李静冰、姚新华译，中国政法大学出版社1992年版，第120页。

② 参见［英］约翰·洛克著：《人类理解论》（上册），关文运译，商务印书馆1959年版，第203页及以次，尤其是第212页。

③ 参见［德］莱布尼兹著：《人类理智新论》，陈修斋译，商务印书馆1982年版，第155页及以次，尤其是第162页。

能力（Capacità di agire）。前者是主体享受权利和承担义务的资格。这种资格的运用能引起法律关系的变化，因而是主动的能力；后者是主体以自己的行为享受权利和承担义务的能力，看起来也是主动的能力，但从体力行为能力的角度看并非完全如此。如前所述，优士丁尼罗马法中女性的适婚能力是一种体力行为能力，意思是“经得起男人”；弱智者、聋者、哑者和患慢性病者也因为体力行为能力的限制不能“经得起”自己的事务，因此须为他们指定保佐人（I. 1, 23, 4），即行为能力补充人。在这两处地方，体力行为能力完全采取了“接受变化”的态势，完全可以理解为被动的能力。确实，一个人对你频频要约，你如果没有能力“接招”，对方的要约对你可能是个沉重的负担呢！

7. 普芬道夫的影响。普芬道夫的《论人和公民依自然法的义务》也在法学界产生了影响，其核心观点成为19世纪德语世界普通法学的重要内容。《奥地利普通民法典》的起草者蔡勒（F. Zeiller，1753—1828）说：“理性的存在，只有在决定自己的目的，并具有自发地予以实现的能力时，才被称为主体。”① 此语已把对主体的考察角度从关系主义转移到理性主义。至此，近代民法中内在的主体适格标准已成熟，可以并立于传统的外在的主体适格标准——权利能力。于是，萨维尼在其《当代罗马法体系》中区分了权利能力和行为能力②，谈论起统一的能力制度。

四、行为能力制度的成文法化及其发展

（一）最早规定行为能力制度的诸法典

1. 《普鲁士普通邦法》。立法者受到的影响终于转化为立法行动。

---

① 参见［日］星野英一著：《私法中的人》，王闯译，载梁慧星主编：《民商法论丛》第8卷，法律出版社1997年版，第162页。

② 参见何勤华著：《西方法学史》，中国政法大学出版社1996年版，第233页。

1794 年生效的 19000 多条的《为普鲁士国家制定的普通邦法》（*Allgemeines Landrecht für die preussischen Staaten*）即采用普芬道夫的《论人和公民依自然法的义务》的结构作为自己的结构。[①]《普鲁士普通邦法》采用两编制，第一编的第三题即为“行为与由此产生的权利”。其中的第 3 条规定：“如果能力（Vermögen）和行为的自由完全阙如，就不发生法律责任。”[②] 这里的能力是什么？第一题“人与有关的权利”设有专题“心灵的识别能力”（第 27—31 条）作出相应的规定，把完全不能运用其理性的人称为狂躁人和精神错乱人（第 27 条），把不能思考其行为后果的人称为痴呆人（第 28 条），把这些人与幼童和未成年人做同样的处理（第 29 条）[③]，由此建立了兼包精神病人和未成年人的行为能力制度，不过不是从正面立论，而是从反面立论，说明不具有行为能力有哪些表现形式。而且没有使用后世通用的行为能力术语 Handlungsfähigkeit，使用的是 Vermögen 这个现代人不怎么用来表示能力，而用来表示财产的术语。这些都表征了行为能力制度在其草创时期的形态。

2.《法国民法典》。1804 年的《法国民法典》第 488 条明确规定了行为能力制度：“满 21 岁为成年；到达此年龄后，除结婚章规定的例外外，有能力为一切民事生活上的行为。”遗憾的是本条仅以年龄作为取得行为能力的条件，忽略了心智健全的条件，没有揭示出行为能力的本质。

---

① Walther Schücking 为普芬道夫的 *De Officio Hominis et Civis* 写的导言。See Samuel von Pufendorf, *De Officio Hominis et Civis, Juxta Legem Naturalem Libri Duo*, Volume Two, The Translation by Frank Gardner Moore, Reprinted 1964, Oceana Publications Inc. Wildy & Sons Ltd. New York, U. S. A. London. On http: //www. constitution. org/puf/puf - dut. htm, 2006 年 2 月 3 日访问。

② Sieh Allgemeines Landrecht für die preussischen Staaten, Auf http: //www. smixx. de/ra/Links_ F - R/PrALR/ PrALR_ I_ 3. pdf, 2009 年 2 月 12 日访问。

③ Sieh Allgemeines Landrecht für die preussischen Staaten, Auf http: //www. smixx. de/ra/Links_ F - R/PrALR /PrALR_ I_ 1. pdf, 2009 年 2 月 12 日访问。

3. 《萨克森王国民法典》。1865 年的《萨克森王国民法典》（*Das Bürgerliche Gesetzbuch für das Königreich Sachsen*）第 81 条和第 89 条，在其第一部分（总则）第四章“论行为”的标题下规定了行为能力制度，前者规定：仅有意思能力的人有行为能力。孩子和因为精神耗弱或临时失去理智的人没有行为能力。其他人是被监护人或按有关规定不许履行某些行为的人，其行为能力受限制。后者规定没有必要行为能力的人所为的法律行为无效。① 前者属于正面规定，揭示了行为能力的本质是意思能力，后者属于反面规定，说明没有行为能力的人所为法律行为无效，正反结合，对行为能力制度形成比较完善的规定。

4. 《巴西民法典草案》。1865 年的《巴西民法典草案》第 22 条规定了行为能力，其辞曰：“行为能力是可见存在之人自行或通过他人实施民事生活中的行为的能力或一定程度的能力。”② 这是对行为能力的正面规定，第 507 条做了反面规定，没有被法律、司法判决宣布为无能力的人都有民事能力，这种能力被理解为实施法律行为的资格。③ 这里的民事能力既包括权利能力，又包括行为能力。从后者的角度看，此条明示了行为能力的可剥夺性。

现代行为能力制度的确立与经济人假设的确立基本同时，它用完全行为能力人的术语表达了强而智的经济人形象，潘德克吞民法学由此与古典经济学形成共振。当然，两者都要在后来经历行为经济学的挑战。

（二）处理权利能力制度与行为能力制度关系的诸体制

1. 分裂制。此制度把关于行为能力制度的条文与关于权利能力制度的条文设定得相隔遥远，给人以不存在统一的能力制度的印象，而

---

① 参见张俊浩主编：《民法学原理》，中国政法大学出版社 1991 年版，第 77 页注释 1。

② Ver A. Teixeira de Freitas, *Esboço do codigo civil*, Volume I, Ministerio de Justicia, Brasilia, 1983, p. 16.

③ Ver A. Teixeira de Freitas, *Esboço do codigo civil*, Volume I, Ministerio de Justicia, Brasilia, 1983, p. 174.

且把由于年龄的无行为能力和由于精神病的无行为能力分开规定。《法国民法典》为其典型。此制至今在拉丁法族国家的许多民法典中维持，例如，1867 年的《葡萄牙民法典》（其第 1 条规定权利能力，第 311 条规定成年意义上的行为能力）；1966 年的《葡萄牙民法典》（其第 67 条规定权利能力，第 122 条规定成年意义上的行为能力）；1857 年的《智利民法典》（其第 55 条规定权利能力，第 297 条规定成年意义上的行为能力）；1865 年的《意大利民法典》（其第 1 条规定了权利能力，第 323 规定了成年意义上的行为能力）。

1811 年的《奥地利普通民法典》消除了分裂制中的行为能力的年龄条件与心智条件不统一规定的缺陷，其第 21 条规定了统一的行为能力制度："由于未成年、心神耗弱或其他原因不能适当照管自己事务的人享有法律的特别保护。属于这类人的有：不到 7 岁的儿童、不满 14 岁的人、不满 21 岁的人，完全被剥夺理性或至少不能理解其行为后果的精神病人、精神错乱人和低能儿；被判处为浪费人并被禁止再管理其财产的人，以及失踪人和市团体。"① 本条分别规定了自然人和法人的行为能力问题。就自然人而言，它又分别规定了智力的和体力的行为能力。就前者而言，它把年龄造成的智力缺陷与精神病造成的同样缺陷合并处理，形成了统一的智力行为能力标准。就后者而言，它以"其他原因"的表达采用了体力行为能力的标准，据此，无行为能力的是失踪人因为脱离对自己事务的控制无体力行为能力。就法人而言，由于立法者采当时流行的法人拟制说，认为法人无意思能力，因而无智力行为能力。② 此外，在相隔很近的第 18 条规定了权利能力制度："任何人都可根据法律规定的条件获得权利。"《奥地利普通民法典》

---

① See Parker School of Foreign and Comparative Law, *The General Civil Code of Austria*, Revised and Annotated by Paul, L. Baeck, Oceana Publications, Inc., New York, 1972, pp. 6ss.

② 关于法人拟制说在《奥地利普通民法典》颁布时代的支配性影响，参见龙卫球著：《民法总论》，中国法制出版社 2001 年版，第 362 页。

的突出贡献是设计了既包括智力行为能力，又包括体力行为能力；既包括自然人的行为能力，又包括法人的行为能力的结构。非独此也，它还把关于权利能力和行为能力的条文安排得相隔较近，给人以能力制度趋向统一的印象。

2. 联合制。联合制是1865年的《巴西民法典草案》奠定的，其第21条创立了民事能力（Capacidade civil）的概念，由权利能力（Capacidade de direito）和行为能力（Capacidade de fato）构成。该条同时规定了权利能力，接下来的第22条规定了行为能力。① 1907年的《瑞士民法典》继承了《巴西民法典草案》开创的路线，其第11条规定了权利能力，紧接着的第12条规定了行为能力。第13条规定“成年且有判断能力的人有行为能力”。“成年”，为取得行为能力的年龄条件；“有判断能力”，为取得行为能力的心智条件。这样，《瑞士民法典》不仅把关于权利能力和行为能力的条文安排得邻近，而且把行为能力的标准设计得能涵盖未成年人和精神病人两种情况。至此，现代民法的完全统一的能力体制终于定型。法国人发现自己的体制与其相比存在缺陷，但只能在国外弥补之，因此，法国人勒内·达维德起草的《埃塞俄比亚民法典》确立了与权利能力制度紧密并列的行为能力制度（第192条和第193条），并且把行为能力的条件由成年扩展为还包括精神健全等。意大利人利用1942年重订自己民法典的机会在国内就弥补了这个缺憾，新民法典第1条和第2条确立了两种整齐的能力的双轨制，甚至在行为能力的基础上发展出劳动能力的范畴（第3条）。

1896年的《德国民法典》近乎联合制。其第1条规定了权利能力的开始问题，未说明权利能力本身是什么；其第2条规定了18岁的成年年龄，这实际上是关于行为能力要件的规定。它把权利能力和行为能力安排在一起规定，这一点同于《巴西民法典草案》创立的体制，

---

① Ver A. Teixeira de Freitas, *Esboço do codigo civil*, *Volume I*, Ministerio de Justicia, Brasilia, 1983, pp. 16s.

但它对于行为能力的取得标准只明确规定了成年一种情况，这点同于《法国民法典》创立的体制。

3. 统一制。2001 年的《格鲁吉亚民法典》和同年的《爱沙尼亚民法典》创立了一种消极能力和积极能力的二元体制，它不是从外在的角度（把两种能力放在一起规定），而是从内在的角度（找出两种能力的共同性）统一两种能力。前者的第 11 条规定了权利能力，同时以括弧表明它就是消极的能力；第 12 条规定了法律能力（Legal Capacity），同时以括弧表明它就是积极的能力。[①] 后者的第 7 条规定了自然人的消极的法律能力，第 8 条规定了自然人的积极的法律能力。[②] 这两部民法典用“消极”和“积极”四字表达了其制定者对权利能力制度和行为能力制度在当代的作用的看法，不见得正确。在我看来，现代权利能力制度由于失权制度的广泛运用仍然很积极。

（三）从唯智的行为能力到灵肉结合的行为能力

上述民法典，除了《奥地利普通民法典》，都把行为能力理解为足龄和心智健全导致的智力和意志的无缺陷状态，不把主体的体力充足当作行为能力的要素，可以说它们实行的都是唯智主义的行为能力制度。尽管如此，它们要么因为罗马法的传统之影响，要么因为事理之性质的力量，也包括一些关于体力行为能力的零散规定。例如，《埃塞俄比亚民法典》第 340 条规定“聋哑人、盲人以及其他因慢性病不能自己照料自己或者管理自己财产的人，可为了自己的利益援引为精神病人提供保护的法律之规定”[③]，承认了体力无行为能力者接受禁治产的可能。该条的条名不正确地把它涉及的人界定为“精神耗弱人”，表明了其立法者不知体力无行为能力问题的状况，因此，这种无能力

---

① See *The Civil code of Georgia*, IRIS, Georgia, 2001, p. 10.

② See General Part of the Civil Code Act, On http: //www. legaltext. ee/en/andmebaas/ava. asp? m = 022，2009 年 2 月 12 日访问。

③ 参见《埃塞俄比亚民法典》，薛军译，中国法制出版社 2002 年版，第 77 页。

不能包括在同一法典第 193 条规定的无行为能力的三大原因，即年龄、精神状况和法院判决中。《瑞士民法典》第 371 条第 1 款规定，被判处 1 年以上徒刑的成年人丧失行为能力，要接受监护[①]，这一规定类似于《奥地利普通民法典》第 21 条关于失踪人无行为能力的规定，都涉及体力无行为能力问题。

不过，《奥地利普通民法典》谈到的是由于非法律的力量（不涉及主观的原因有自然灾害造成的失踪，涉及主观的原因有为了逃债自己失踪）某人被脱离对自己事务的控制权的情形，《瑞士民法典》谈到的是由于法律的力量某人被剥离对自己事务的控制的情形。此时，囚犯尽管智力、意志兼备，自然意义上的体力也不缺，这些能力犹如"矢"，由于法律的制约，它们不能被用来破"的"——他自己的事务，于是只能由他人代劳了。所以，体力的阙如不能完全按照自然的意义理解，必须同时按照拟制的意义理解——一种有劲使不上的状态。这样的拟制的体力上的无行为能力制度为多个国家的刑法典采用。《意大利刑法典》第 32 条有犯罪人在服刑期间被剥夺行为能力的规定，限于服无期徒刑者和服 5 年以上有期徒刑者和故意犯罪者，他们是所谓的法定禁治产人，此等人无财产方面的行为能力，但有人身和家庭方面的行为能力。其财产由法定代理人管理。[②]《阿根廷刑法典》第 12 条规定："判处 3 年以上的徒刑本身包括在被判处期间内的绝对失权，而此等失权也可持续 3 年以上。法院还可根据犯罪的性质判处在服刑期间剥夺亲权、财产管理权和以生前行为处分此等财产的权利。受判处者应服从民法典为无行为能力人设立的保佐。"[③] 这样，受这种判处的人与未成年人、精神病人、禁治产人、聋哑人一起，构成行为能力

---

① 《瑞士民法典》：殷生根、王燕译，中国政法大学出版社 1999 年版，第 102 页。

② Cfr. L. Bigliazzi Geri et. al. , *Diritto Civile*, 1, Norme soggetti e rapporto giuridico, UTET, Torino, 1987, p. 120.

③ Véase Carlos Alberto Ghersi, *Derecho civil*, Parte General, Astrea, Buenos Aires, 2002, p. 177.

受限制者的一种类型。通说认为，这样的安排出于事理之性质，因为被监禁者事实上无法行使上述权利。由此，他们保留并行使他们能行使的权利，如订立遗嘱、缔结婚姻、认领私生子等。[①] 当然，也可以把上述安排理解为立法者以剥夺行为能力之名行剥夺权利能力之实，以避免剥夺权利能力可能引起的沉重的道德责任。

顺便指出，在我国存在保外就医制度，这就引发了在保外就医期间服刑人的权利能力是否仍处在被剥夺状况的问题。这一问题乃有感而生，因为我国发生了著名的牛玉强在保外就医期间结婚生子案。此案的主人公北京人牛玉强在 1983 年“严打”时，因“抢帽子”等行为被以流氓罪判处死缓，后服刑期改至 18 年。1990 年，牛玉强保外就医，期间结婚生子，无任何新罪，2004 年 4 月被收监。[②] 撇开牛玉强案的追诉时效方面不谈[③]，这里仅看该案的能力剥夺方面。保外就医的性质是监外执行，也就是说，监外就医的期间是执行期间，所以，受刑人在执行期间承受的一切能力剥夺在保外就医期间继续维持，也就是说，牛玉强在保外就医期间是不能结婚的。

可惜的是，上述存在于民法典和刑法典中的拟制的体力无行为能力制度并未被整合到行为能力的一般理论中，这种理论仍坚持其理性主义的立场，忽略了再崇高的理性也要通过沉重的肉身来运作自己的事实，造成了一般理论与具体规定的脱节，因此，现在已到了从灵肉结合的角度来理解行为能力的时候。

（四）法人的行为能力问题

以上论述的效力都只及于自然人的行为能力问题。然而，如上所

---

① Véase Santos Cifuentes, *Elementos de Derecho civil*, Astrea, Buenos Aires, 1999, p. 215.

② 参见刘珏欣：《牛玉强：中国最后的“流氓”》，载《南方人物周刊》2010 年第 43 期，第 50 页及以次。

③ 关于牛玉强案的这一方面，参见徐国栋著：《罗马公法要论》，北京大学出版社 2014 年版，第 347 页。

述，《奥地利普通民法典》第21条提出了作为一种法人类型的市团体的行为能力问题并作出了否定的回答。这是一个罗马人法基本不涉及的问题，它困扰着近代法学家们。如果法人也具有行为能力，它的智力何在？意志何在？体力更何在？这些问题确实不好问答，所以，最初探讨法人能力问题的法学家如萨维尼创法人拟制说，得出了法人无意思能力，因而也无行为能力的结论。① 《奥地利普通民法典》第21条对市团体的无行为能力处置显然体现了这一学说。② 而法人在1862年出版的《纽约州民法典草案》中的地位则没有这么幸运，它在该草案的在财产法里得到规定，被看作一种特殊种类的动产，与船舶并列。③ 只是在基尔克（Otto Gierke，1841—1921）等人提出法人实在说以后，法人才被理解为既具有意思能力，又具有“法律肉体”——作为其“体力”之承载者的组织机构——的存在，解决了其行为能力的三大要素之具备的证成问题（意思能力包括“智力”和“意志”两大要素）④。于是，1907年的《瑞士民法典》以其第54条明确规定依法设立、具有必要机关的法人具有行为能力。至此，现代民法中的行为能力制度发展为自然人行为能力和法人行为能力的双轨制，两种行为能力由共同的要素构成。

（五）行为能力制度的诸发展

1. 责任能力。行为能力制度定型后，除了分化出上文提及的劳动能力制度，还分化出责任能力和意思能力制度。责任能力又称不法行

---

① 参见龙卫球著：《民法总论》，中国法制出版社2001年版，第362页。

② 必须说明的是，该民法典的第26条承认适当成立的法人组织通常具有同于个人的身份。See Parker School of Foreign and Comparative Law, *The General Civil Code of Austria*, Revised and Annotated by Paul, L. Baeck, Oceana Publications, Inc., New York, 1972, p. 7. 从这一规定来看，《奥地利普通民法典》似乎承认法人具有自然人的能力，市团体除外。

③ See David Dudley Field, *Draft of a Civil Code for the State of New York*, Weed, Parsons and Company, Printers, Albany, 1862, pp. 81ss.

④ 参见龙卫球著：《民法总论》，中国法制出版社2001年版，第365页。

为能力或过失责任能力，指主体对自己的过失行为承担责任的能力，既适用于实施侵权行为的情形，又适用于违反合同的情形。[①] 在这里，“责任” 并非对义务的担保，而是行为之实施处在行为人有意识的状态导致的可责罚性。申言之，首先，行为人能认识自己行为的后果，这是问题的理论理性方面；其次，行为人以自己的意志选择了恶的行为后果，这是问题的实践理性方面。由此，行为能力制度被一分为二：积极的行为能力是实施合法行为的能力，消极的行为能力是实施不合法行为的能力，它们共同构成一般的行为能力制度。在我看来，这种过度的分化导致了理论上的叠床架屋。如果我们充分了解行为能力制度的演变史会发现，该制度包括的实践理性方面本身就隐含了意志的善恶两种运动方向，朝恶的方向运动当然导致责任，这是行为能力制度的题中之意，不值得单独提出并强调。

2. 意思能力。这是主体理解自己行为的法律含义的能力。[②] 这一概念的主张者把它理解为与行为能力有别的制度，因为行为能力是“单独进行确实有效的法律行为的能力”。[③] 所谓 “单独”，指主体未处于法定的行为能力受限制状态，如监护、保佐等。区分两种能力的意义在于：欠缺意思能力的主体实施的法律行为无效，欠缺行为能力的主体实施的法律行为则仅可撤销。这种二分法的目的在于强调行为能力制度的保护交易安全的功能，它由此成为限制主体行为自由的制度，它过去有的赋予自由的功能则由意思能力制度承担，它起着过去的行为能力制度起的作用。

3. 劳动能力。这是参加劳动关系的能力，不是仅仅从事劳动的能

---

① 参见［德］卡尔・拉伦茨著：《德国民法通论》（上册），王晓晔等译，法律出版社 2003 年版，第 156 页。

② 参见［日］山本敬三著：《民法讲义 I》，解亘译，北京大学出版社 2004 年版，第 28 页。

③ 参见［日］山本敬三著：《民法讲义 I》，解亘译，北京大学出版社 2004 年版，第 29 页。

力（如在家里种自留地）。这种强调的目的首先在于指出劳动能力是进行合法劳动的能力；其次是指出这种能力既涉及权利，也涉及义务。劳动能力有多种属性，它首先是一种体力行为能力，在简单劳动的情况下尤其如此，禁止童工首先考虑的就是劳动能力的这种性质。其次才是一种智力行为能力，在涉及复杂劳动的情况下尤其如此，后一种能力亦称“技术能力”或“职业（Professional）能力”。因此，劳动能力范畴的设立，意味着抛开现代民法行为能力制度的唯智主义基础，建立一种“灵”“肉”兼顾的行为能力制度。最后它还是一种特殊的权利能力，因为它是合法进行劳动的能力。① 所以，劳动能力制度的提出很有意义，它开创了一种制度既是权利能力又是行为能力的先例。然而，权利能力也是一种权利，把劳动能力定性为一种权利能力，引发了失业者的劳动能力如何保障的问题。如果把劳动能力解释成单纯的行为能力，就不会产生如此麻烦。正如其他权利能力取决于一定的身份，劳动能力也是如此，显然，外国人身份就影响一个人在特定法域的劳动能力（这个时候的劳动能力尤其表现为一种劳动权），非经特别许可，外国人不得在内国打工是国际通例，内国以此保护自己的劳动力市场。不仅民事的身份有这种影响，自然的身份也有这种影响。例如，妇女的身份就影响她们从事夜间劳动的能力；儿童的身份影响他们进入劳动。国家以这种立法保护家庭和儿童。与其他能力制度由自然人与法人共享不同，通说认为劳动能力是自然人独有的自然能力。而且通常是从事不需训练的劳动的能力，对于需要执照的劳动，需要的就不是自然人的自然能力而是培训和文凭了。劳动能力的取得年龄要低于行为能力的取得年龄，因为简单劳动的智力要求低于进行全方位的民事活动的智力要求。这种观点已在中国的准治产制度中得到印证。但有机论者只承认一般的权利能力之存

---

① Cfr. La Voce di Capacità di Lavoro di Giuseppe Suppiej, *In Enciclopedia del Diritto*, VI, Giuffrè, Milano, 1960, p. 48.

在，故反对劳动能力的概念。而且，劳动能力与劳动权的关系很含混，把两者等同起来不好，因为两者应该是源流关系，但事实上它们可以等同，而一等同起来，劳动能力的行为能力的方面就没有了，造成了理论混乱。

4. 行为能力要件构成的个别化。另外，出现了行为能力要件构成的个别化趋势。例如，《魁北克民法典》第563条规定："定居于魁北克的人希望收养其住所在魁北克以外的未成年人的，应事先接受根据《青少年保护法》规定的条件实施的心理社会学测试。"此条实际上打破了传统民法关于行为能力要件的大数概率式的规定，运用心理测试技术实现了行为能力要件的个别化还原，以保证被收养儿童得到比较好的家庭人文条件，贯彻了儿童至上原则。传统的行为能力制度不加区分地适用于民法中的人身关系法和财产关系法，实际上，人身关系事项对于人的行为能力相较于财产关系事项有更高的要求，本条即反映了区分民法的两大块内容提出行为能力要求的趋势。①

（六）行为能力制度在现代民法中的地位

由于行为能力制度在现代民法中获得了极大发展和张扬，我国台湾地区学者曾世雄确定有行为本位的民法理论之存在，它"以人类行为为规范之对象。往内追及心灵作用，因此内心之意愿、善意恶意、是否注意，即为衡量行为价值之参考指标；以有无意愿决定行为之是否有效，以善意恶意分别行为之效力，以是否注意定行为之责任"。②确实，民法理论的基本结构曾被德国学者改造法学阶梯体系为主体—客体—行为（这是盖尤斯体系中的"讼"的替代物，在拉丁文中，

---

① 与此相应，厦门市教育管理部门近年来把精神健康当作录用教师的条件之一，不许有严重心理问题的人担任中小学、幼儿园教师。参见吴慧泉：《有精神问题者不许任教》，载《厦门晚报》2004年11月2日，第1版。而且，凡求职苏州大学者，都必须通过心理评估才能入职。

② 参见曾世雄著：《民法总则之现在与未来》，中国政法大学出版社2001年版，第6页。

"行为"和"讼"都用 Actio 表示)的体系。[①] 由此,行为,尤其是法律行为,成为连接主体与客体的中心环节并成为责任的依据,民法理论由此成为一个"行为帝国"。基于这种趋势,王泽鉴先生重新把权利能力制度与行为能力制度分化,将前者放在"权利的主体"部分讲述,将后者放在"权利的变动部分"从属于法律行为讲述。[②] 黄立先生则干脆把行为能力放在"法律行为"的名目下讨论。[③] 民法中曾经统一的能力制度再次分裂。更有甚者,由于理性主义在当代遭到限缩,人类行为的非理性成分受到充分注意,私人自治的民法向家长制的民法转轨,换言之,横向关系型的民法向纵向关系型的民法转换,使得曾世雄先生认为行为能力制度开始变得次要[④],权利能力制度有望重新成为舞台上的主角,因为行为能力制度以主体的理性设定为基础,主体由此可以凭借理性之运用取得自己需要的资源。如果这种设定破灭,主体不能自己取得需要的资源,一切或多数资源不得不由公权力机关分配,则行为能力制度夫复何用?表征身份的权利能力会重新作为分配的依据。可以说,权利能力的虚化以及功能变换和行为能力在近代民法中的勃兴是"从身份到契约"的运动的结果,行为能力的衰退和权利能力的重新强化是"从契约到身份"的运动的结果。由此可以预见,在未来社会里,权利能力很可能恢复其古代的功能,由虚变实,重新成为分配资源的重要依据。

---

① 参见[德]霍尔斯特·海因里希·雅科布斯著:《十九世纪德国民法科学和方法》,王娜译,法律出版社 2003 年版,第 179 页。

② 参见王泽鉴著:《民法总则》(增订版),中国政法大学出版社 2001 年版,第 103 页及以次、第 312 页及以次。

③ 参见黄立著:《民法总则》,中国政法大学出版社 2002 年版,第 208 页及以次。

④ 参见曾世雄著:《民法总则之现在与未来》,中国政法大学出版社 2001 年版,第 141 页。

五、结论

（一）基本的观察

在民法的人法的历史上，发生过一场从未有人注意过的“从身份到理性”的运动，其结果是炸毁了关系主义和我族中心主义的罗马人法，形成了现代的理性本位的民法主体制度。这一运动的成果是现代行为能力制度的形成并取得民法制度的中心地位。该制度又分化为自然人的行为能力制度和法人的行为能力制度两大分支。这一变迁证明从17世纪开始的现代民法的基本出发点是理性人前提，它构成与古罗马法的根本差异。由此我要说罗马法与现代民法具有不同的精神，不能把罗马法等同于现代民法，把罗马法改造成现代民法，是中世纪法学家的贡献。从行为能力制度的起源来看，它包含着“智力”和“意志”两大要素，前者对应着理论理性的范畴；后者对应着实践理性的范畴。因此，行为能力制度尽管诞生于近代，却是源远流长的区分理论理性和实践理性的西方哲学传统的产儿。由此，行为能力内在地包含主体的认识能力问题和善恶选择问题。从后一问题出发，可以逻辑地推出责任能力的概念，所以不必过分夸大责任能力制度的创新意义。如果正确地理解了行为能力制度，在我看来，是否有必要确立单独的责任能力制度，不无疑问。然而，现代行为能力制度牺牲了该问题涉及的主体的自然的和拟制的体力方面，这一缺陷得到了一些“游离”制度（如《埃塞俄比亚民法典》第340条规定的禁治产制度）的矫正，以及《意大利民法典》确立的劳动能力制度的矫正。为了整合这些规定于行为能力制度的一般理论，应扩张行为能力的构成要素，在智力、意志的基础上增加自然的和拟制的体力的要素，如此可使经典的行为能力定义“以自己的行为取得民事权利、承担民事义务的资格”① 中

---

① 参见彭万林主编：《民法学》（修订第3版），中国政法大学出版社2002年版，第69页。

的"以自己的行为"一语取得切实的意义。由此，作为行为能力配套制度的代理制度可获得新的理解，该制度一方面是为了弥补智力行为能力的欠缺而设，表现为代为运用他人不能自己运用的意思能力，可以说，意思能力的用语本身就含有智力行为能力的意思；另一方面是为了弥补体力上的无行为能力而设。当然，并非所有的体力无行为能力都可通过代理补救。例如，不具有劳动能力的人就不能通过代理人劳动补救，一是因为限制一定年龄下的人劳动并非他们根本不能劳动，而是为了不让他们幼小的身体过早受劳动摧残并承受生活的压力，代理劳动的安排违反了劳动能力制度的这一本旨，把父母的负担交给了孩子；二是因为劳动是一种事实行为而非法律行为，因此，体力上的无行为能力，只有在它影响到智力的行为能力之运用时，才有以代理制度补救的必要。

（二）行为能力制度理性人假设的崩毁

行为能力制度产生后，与权利能力制度共同构成统一的现代民法中的能力制度。两种能力制度以不同的身份为基础，服务于不同的目的。权利能力在很大程度上成为一个价值问题，行为能力在很大程度上成为一个事实问题。这种体制形成后，维持了很长的时间，目前面临挑战。从宏观来看，理性主义思潮越来越被非理性主义思潮取代；从微观来看，行为经济学已否定了经济主体"完全的理性"的假定，代之以"有限的理性"的假定，相应地，在政治制度设计上开出了不对称家长制（Asymmetric paternalism）的处方。其基本观点是立法者将更多地代替当事人决策，但条件是此等决策在给犯错误的人带来大的利益的同时对完全理性的人少带来或完全不带来损害。由于同样的代行决策对两种人带来的效果不均等，这种政策安排被认为是"不对称"的。[1] 这种理论已与一些立法呼应，消费者保护法就是这样的立

① See Colin Camerer, Samuel Issacharoff, George Loewenstein, Ted O'Donoghue, and Matthew Rabin, Regulation for Conservatives: Behavioral Economics and the Case for "Asymmetric Paternalism", In 151 (2003) *University of Pennsylvania Law Review*, p. 1212.

法，它不采用传统民法的理性人假定，承认民事主体受心理误区和情绪左右犯错误的极大可能，赋予他们反悔权。这一立法处置导致对未成年人的保护措施向成年人的延伸，由此引发了一场“从父亲到儿子”的运动。敏感的学者已意识到这些青萍之末之风的潜在影响，开始质疑行为能力制度的当代价值，试图在民法范围内激活已在某种意义上“逸出”民法的权利能力制度。凡此种种，都证明了理性主义的民法理论在当代遭遇的危机。以各种当代的思想和现实材料为依据建构符合时代精神的新民法理论，为民法学者的当务之急。

（三）权利能力与行为能力的纠结

还要说的是，存在某种能力既是权利能力，又是行为能力的现象。例如，劳动能力。正如其他权利能力取决于一定的身份，劳动能力也是如此。显然，外国人身份就影响一个人在特定法域的劳动能力（这个时候的劳动能力尤其表现为一种劳动权），非经特别许可，外国人不得在内国打工是国际通例，内国以此保护自己的劳动力市场。由此，劳动能力即有了权利能力的色彩。两种能力的区分不是绝对的。当然还可以举出许多其他这方面的例子。

最后要说的是，有些能力在有些国家、有些时期是权利能力，在另外的时期和另外的国家是行为能力，反之亦然，这方面的例子有结婚能力。在《法国民法典》中，它是行为能力，在我国，它是权利能力。

第五章

生死论之生论

生和死都是重要的法律事实，具有丰富的法律意义，因此值得以专论研究。生死论分为生论和死论两个方面。前者涉及出生与权利—权力冲突、体外受精胚胎的法律地位问题等；后者分为死亡标准问题、植物人问题、安乐死问题、死者的权利能力问题、自杀权问题等。

第一节 自然生殖中的出生与权利—权力冲突

在生物学看来，出生是胎儿脱离母体获得独立存在的过程。胎儿娩出母体，谓之“出”，“出”之后能呼吸——体现为啼哭——谓之“生”。这一过程的主体从一个变为两个的法律意义已得到充分阐述。①未得到充分阐述的是出生的生物学事实与权利—权力冲突的关联。在法律眼中，出生是一系列权利—权力冲突的过程，出生是胎儿的生命权在这一系列权利—权力冲突中胜出的结果。胎儿要战胜如此多的冲突的权利—权力获得出生的机会，证明出生对于他或她是“惊险的一跃”。因此，出生不是一个“自然”，而是一个严格处于法律干预下的“人文”。

① 参见徐国栋著：《民法总论》，高等教育出版社2007年版，第229页及以次。

以下力图完全说明出生过程涉及的种种权利—权力冲突。由于本章涉及的一些问题尚不见于我国，对于这些问题，我将援引许多外国案例说明之。

一、胎儿的生命权与母亲的私生活权的冲突

（一）胎儿的生命权和母亲的私生活权释义

胎儿有生命权？按照《民法典》第 13 条规定，自然人的民事权利能力从出生时开始。权利能力是权利的基础，胎儿尚未出生，所以无权利能力，没有权利能力，自然无生命权。但这样的推理与我国《民法典》个别条文不符，该法第 1155 条规定遗产分割时，应当保留胎儿的继承份额，胎儿娩出时是死体的，保留的份额按法定继承办理。此条承认了胎儿的以活着出生为条件的继承权，暴露出《民法典》第 13 条权利能力起点设置的不当。其实，我国理论界有一个承认胎儿的生命权的趋势。[①] 非独此也，在国外，如意大利，有学者呼吁"从权利能力到人"，抛弃权利能力制度，建立人的制度，参照《阿根廷民法典》的规定，把胎儿叫作"有待出生的人"，与"具体存在的人"对立。[②] 所以，我们不该为谈论胎儿的生命权而惊异。在国外多数国家，由于没有计划生育的国策及其强力推行，承认胎儿生命权的空间更大。这点将从后文的有关论述看出。

尽管天主教伦理把生命看作从受孕开始，相反的学说却把怀孕看作一个把有机体转化为生命体的持续九个月的过程，按照后说，生命

---

① 参见康伟：《罪刑法定原则下故意伤害胎儿行为定性研究——解释论角度的胎儿生命权》，载《法制与社会》2008 年第 7 期，第 76 页及以次。以及崔彩贤：《边缘主体的定位与保护——论胎儿生命健康权的法律保护》，载《法制与社会》2006 年第 8 期，第 223 页及以次。以及赵海萍：《胎儿生命权初探》，载《宿州教育学院学报》2006 年第 5 期，第 24 页及以次。

② Cfr. Giorgio Oppo, Declino del soggetto e ascesa della persona, In *Rivista di diritto civile*, a 48, N. 6 (novembre - dicembre 2002), p. 829.

并非始自受孕，而是始自受孕后的一定时间。“一定时间”如何确定，既有妊娠学方面的考虑，也有自由论方面的考虑：把生命的开始时间定得越晚，无论是母亲还是科学家，都享有更多的处置胎儿的自由。基于前种考虑，Warnock 报告把生命发展过程中物与人的界限定在受孕后的第 14 天，这是准胎胚形成神经冠的时间，在此之前，准胎胚没有痛感，毁灭它们在道义上并不那么可怕。① 基于后种考虑，下文将谈及的 Roe v. Wade 一案把这一界限定在受孕后的第六个月届满，这样的安排允许母亲把 6 个月前的胎儿视为没有生命权的物，以保障她们的私生活权。

这里就触及了胎儿的生命权与母亲的私生活权之间的冲突问题。首先有必要说明什么是私生活权。按美国新近的学说，自然人对于自己身体和一定条件下的生命享有的处分权属于一种私生活权，称之为人身私生活权。② 此等处分有生的和死的两种表现。在妇女怀孕的情形下，前者是母亲是否接受对身体的外来侵入从而改变自己身体形状的权利；后者是母亲在自己落入植物人或脑死亡状态时放弃维持生命治疗的权利。这两种情形中妇女的私生活权都涉及胎儿的生命权。怀孕是对母亲身体的一种侵入并将导致其改变，如果母亲不愿接受此等侵入和改变，选择堕胎，则胎儿的生命权将受侵犯。如果落入植物人状态或脑死亡状态的母亲作出了放弃维持生命治疗的生预嘱（Living will，又称生命意愿书或生物学遗嘱③）且他人执行之，则胎儿的生命权也将受侵犯。所以，出生是胎儿的生命权在与母亲的私生活权的冲突中胜出的结果，尽管如此，法律在不同的情形下对于母子双方权利

---

① Véase Gorki Gonzales Mantilla, *La Consideración Juridica del Embrion in Vitro*, Fondo Editorial, Lima, 1996, p. 34.

② 参见［美］劳笛卡·劳：《财产、私生活和人的身体》，孙建江译，载徐国栋主编：《罗马法与现代民法》，厦门大学出版社 2008 年版，第 272 页。

③ Cfr. Salvatore Patti, *Diritto provato e codificazioni Europee*, Giuffrè, Milano, 2007, p. 301.

的保护力度是不同的。

（二）法律倾斜于母亲的私生活权的情形

这种倾斜体现在美国的著名判例 Roe v. Wade 一案中。

这一案件的原告 Roe 原名为诺尔玛·迈科维（Norma McCorvey）。1979 年，她发现自己怀孕了，孩子的父亲是她的男友，但她谎称自己被强奸了，这样合法堕胎的机会更大些，因为有些国家如英国的法律，允许对因强奸所怀的胎儿实施人工流产，但在当时她所处的得克萨斯州，这样的堕胎也是违法的。《得克萨斯州刑法》第 1196 条规定：除了依照医嘱、为拯救母亲生命进行堕胎，其他一切堕胎均为刑事犯罪。这一规定与当时美国几乎所有的州的规定一致，因为受 1803 年《英国埃伦伯勒法》的影响，1849 年以后的美国多数州实现了堕胎的犯罪化[①]，导致非法堕胎盛行，在 20 世纪 40 年代，非法堕胎每年造成 1500 多名妇女死亡。[②] 为了为自己及其他妇女争取堕胎权，迈科维化名珍妮·罗（Jane Roe）在作为原告向得克萨斯州的联邦地方法院提起集团诉讼，控告得克萨斯州禁止堕胎的法律违宪。其理由为：孕妇有权单独决定在什么时间、以什么方式、为何种理由终止妊娠，这是孕妇的私生活权的体现，得克萨斯州刑法剥夺了她的选择权，因而违反了联邦宪法。被告的代表是达拉斯县地方检察官亨利·韦德（Henry Wade），其理由为：生命始于受孕并存在于整个妊娠期间，因此，在妇女妊娠的全过程，都存在保护生命这一不可抗拒的国家利益。宪法上的“人”（Person）包含胎儿，非经正当法律程序剥夺胎儿生命为宪法第 14 条修正案所禁止。1970 年，联邦地方法院判处罗胜诉，它认为，单身妇女与已婚妇女一样，受宪法第 9 条、第 14 条修正案保护，有选择是否生育的私生活权。得克萨斯州有关堕胎犯罪的法律无效，

① 参见黄贤全：《试析罗诉韦德案及其影响》，载《世界历史》2006 年第 1 期。

② 参见《南风窗》文章：《美国最高法院要掀起“阿里托之战”》，载《厦门晚报》2005 年 12 月 10 日，第 10 版。

因为它有违反联邦宪法的模糊性，并侵犯了原告受宪法第9条修正案保护的权利。该判决未满足原告发布禁止执行得克萨斯州现有的堕胎法的要求。于是，原、被告双方都向美国联邦最高法院提出上诉。1973年1月22日，联邦最高法院宣判罗（Roe，又译罗伊）胜诉，该判决书有三个基点：其一，在孕期的前6个月，是否堕胎属于妇女个人的私生活权。它与避孕、性、婚姻、生殖、分娩等一样，是宪法保障的个人基本权利，任何州不得剥夺。判决书写道："个人自由和限制州的行动的概念"所包含的"私生活权……足以宽到包含一个妇女作出是否终止妊娠的决定"。不过，这6个月又分解为前3个月和后3个月，妇女于其中的私生活权强度不一。在前3个月，妇女的私生活权强，可自己会同医生决定是否堕胎；在后3个月，妇女的私生活权较弱，只能为保护自己的身体堕胎。其二，否认"人的生命始于受孕"说，认为胚胎（Embryo）和胎儿（Fetus）尚未成为完整的人，不受宪法第14条修正案的保护。在孕期的前6个月，母亲的选择权高于胎儿的权利。其三，在怀孕第24—28周时，胎儿可以离开子宫独自存活，妇女的堕胎权应当受到限制。在这一时期，胎儿的生命权高于怀孕妇女的私生活权和选择权。①

Roe v. Wade一案告诉我们，法律对出生的调整，是平衡母亲的私生活权（表现为堕胎权）与胎儿的生命权的过程，该判例为两种权利各自留了一定的地盘。受孕满6个月之前，母亲的权利优先，6个月之后，胎儿的权利优先。怀胎九月而熟，所以，双方实现各自权利的时间机会是6:3，所以，Roe v. Wade一案为母亲的权利留的时间机会多，为胎儿的权利留的时间机会少，这种安排出于Roe v. Wade一案发生时美国妇女争取解放运动如火如荼的背景。

Roe v. Wade一案涉及的权利冲突问题并非孤立的，许多国家有类

① 参见赵梅：《"选择权"与"生命权"——美国有关堕胎问题的论争》，载《美国研究》1997年第4期，第60页。

似规定。就法国而言，在1974年通过将堕胎合法化的《韦伊法》(*Loi Veil*) 之前，堕胎是非法的。《韦伊法》允许堕胎，但条件是在受孕后3个月内进行。换言之，这3个月属于母亲的私生活权的领域，后6个月属于胎儿的生命权的领域。更有人再细分：前3个月属于私生活权；最后3个月属于公权；中间的3个月部分属于私权，部分属于公权。[①] 母亲权利与胎儿权利时间机会的比例是把美国的相应比例颠倒过来，这样对胎儿的生命权更尊重一些。如果要在怀孕满3个月后堕胎，必须有特别的理由，例如，在经两名外科医生证明继续怀孕会永久地危害母亲的身体和心理健康时才可进行。[②] 意大利的标准同于法国，母亲可出于健康、经济、社会原因（包括怀孕的情形）的考虑对3个月内的胎儿实施人工流产，其他时间的胎儿显然享有生命权。[③]

中国这方面的情形与法国和意大利类似又不同，地方立法规定14周以上的胎儿不得出于性别选择的目的流产，但有特殊情形的除外（参看下文的有关说明）。说“类似”，是两个比较对象设定的期限相同，14周就是3个多月；说“不同”，是因为法国和意大利的规定出于保护胎儿生命权的目的，我国的地方立法的规定出于限制父母对子女的性别选择权的目的。所以，在我国，胎儿的生命权是非常缺乏保障的。

（三）法律倾斜于胎儿的生命权的情形

以上是立法者在母亲的私生活权与胎儿的生命权发生冲突的情形兼顾两者甚至偏袒前者的实例，以下是在同样的情形下立法者牺牲前者的两类实例。

第一类实例是为保障胎儿的生命权对孕妇强制治疗。在美国早期

---

① Chicago v. Wilson，75 III，2D 525. 1978.

② See Anonym，Abortion in France，On http：//en. wikipedia. org/wiki/Abortion_ in _ France，2009年1月27日访问。

③ See Anonym，Abortion in Italy，On http：//en. wikipedia. org/wiki/Abortion_ in_ Italy，2009年1月27日访问。

的判例中，法院经常许可强制输血，甚至许可为了抢救胎儿的生命不顾孕妇的反对实施大手术。前者如在 Raleigh Fitkin – Paul Morgan Memorial Hosp. v. Anderson，201 A. 2d 537（D. C. 1964）一案中，为保全胎儿的生命，不顾孕妇基于宗教原因的反对，命令她接受输血；后者如在 In re Jefferson v. Griffin Spalding Cty. Hosp.，274 S. E. 2d 457（Ga. 1981）一案中，全体法官一致确认：在医生证明阴道分娩有 50% 的可能性造成母亲死亡，及 99% 的可能性造成胎儿死亡，相反，通过外科手术两者均有几乎 100% 的存活可能性时，法院可裁决实施强制剖腹产手术。又如，在 Jamaica Hospital，491 N. Y. S. 2d 898（Sup. Ct. 1985）一案中，以及在 In re Madyun，114 Daily Wash. L. Rptr. 2233（D. C. Super. Ct. 1986）一案中，法院都为胎儿的利益命令实施剖宫产手术。尽管法院强调“只有在非常状况中，法院不顾病人的意愿而许可进行大手术的做法可以获得正当性”的观点①，但这些判例采取牺牲孕妇的自由保全胎儿生命的立场，与同时期的 Roe v. Wade 一案的立场不一致，但自有理由，Roe v. Wade 一案中的母亲毫无生命危险，所以其私生活权值得保护；而其他判例中的母亲处于极度的生命危险中，其私生活权不值得保护，甚至被认为已消灭。

但美国存在多个法域，每个法域又存在多个法院，每个法院都根据自己的正义观进行审判，所以，各个法域的判例不一致，乃至于同一个法域内部的不同法院的判例不一致，都是可以预料的。因此，有些判例采取保护母亲的私生活权牺牲胎儿的生命权的立场。例如，在 A. C. 上诉案中，初审法院强制一名怀有 26 周的能存活的胎儿的将死于癌症的孕妇接受剖宫产手术，该手术严重威胁孕妇的健康，但对拯救胎儿极为必要，孕妇不服，上诉至华盛顿特区上诉法院，该院裁决

① 参见［美］劳笛卡·劳：《财产、私生活和人的身体》，孙建江译，载徐国栋主编：《罗马法与现代民法》第 6 卷，厦门大学出版社 2008 年版，第 278 页及以次。

初审法院的决定无效，因为它侵犯了孕妇的身体私生活权。[①] 又如，多（Doe）在伊利诺斯州的上诉案，上诉法院确定："妇女在意识清醒的情况下选择拒绝侵入性的治疗如剖宫产手术的权利必须尊重，尽管处在此等选择可能有害于其胎儿的情形。"法院的论证以普通法上拒绝医疗权和宪法上的私生活权和身体完整权为基础。[②] 由此看来，胎儿尽管有生命权，但这种权利不是自决而是他决的。所以，生，是一个危险的过程。

第二类实例是不顾处于植物状态的孕妇放弃治疗的生预嘱保障胎儿的生命。问题的核心有彼此关联的两个。其一，在母亲死亡时如果其腹中的胎儿仍然存活，是否允许此等胎儿随母亲死去？这个问题似乎是胎儿是母亲的一个脏器还是一个独立的存在——尽管其仍然未脱离母体——的问题。自罗马法以来就采取胎儿独立存在说，故王政时期的法律就允许从死去的母亲身上剖出存活的胎儿。据说，罗马人是通过颁布《恺撒法》（*Lex caesarea*）这样做的，导致后来剖宫产被称为"恺撒式切开"（Caesarian section）。[③] 另外，法律禁止处死孕妇也是因为考虑到胎儿是一个独立的存在。基于这样的传统，德国埃尔兰根（Erlangen）的一家医院收治一名遭受致命事故处于脑死亡的母亲时，发现其已怀孕近3周，决定采取人工手段维持其生命直到胎儿出生，就不是什么奇怪的事情了。[④]"其二"与"其一"相关，既然胎儿是一个独立的存在，母亲对自己生命的合法处分（不是自杀那样的非

---

① 参见［美］劳笛卡·劳：《财产、私生活和人的身体》第6卷，孙建江译，载徐国栋主编：《罗马法与现代民法》，厦门大学出版社2008年版，第279页。

② 参见［美］劳笛卡·劳：《财产、私生活和人的身体》第6卷，孙建江译，载徐国栋主编：《罗马法与现代民法》，厦门大学出版社2008年版，第279页。

③ See Pam England, Rob Horowitz, *Birthing from within: Extra – Ordinary Guide to Childbirth Preparation Reviews*, Partera pr, Albuquerque, New Mexico, 1998, p. 149.

④ Véase Francesco Donato Busnelli, *Bioetica y derecho privado*, Editora Juridica Grijley, Lima, 2003, p. 117.

法处分!)的效力是否及于其腹中的胎儿，就是一个大大的疑问了。这种合法处分的形式是生预嘱，它是预嘱人表达自己对生命延长医疗手段的看法的法律文书，通常列举某些医疗手段并排除其适用于自己。例如，耶和华的见证人教派认为血是极为不洁的，在其随身携带的生预嘱中就表明在任何情况下都拒绝输血治疗，所以在前述 Raleigh Fitkin - Paul Morgan Memorial Hosp. v. Anderson，201 A. 2d 537（D. C. 1964）一案中有为保全胎儿的生命不顾孕妇的意愿为其输血的事情。但这样的强行输血可能导致被输血人起诉输血人，在这方面已在多国发生多起判例。① 又如，我国台湾地区的“安宁和缓医疗条例”第 3 条把心肺复苏术当作病人可以生预嘱排除的延长生命治疗措施。这些妇女处分自己生命的决定不应理解为也是处分她们腹中的胎儿的生命的决定，故美国有 33 个州的立法阻止为处于植物状态的孕妇去除生命维持医疗系统，而不顾该孕妇自己先前在其生预嘱中表达的意愿或她指定的代理决策人的建议。它们被称为怀孕条款，实际上是对妇女的生预嘱设定的法定的解除条件。它们行文如“如果我被诊断为怀孕并且我的医生知道诊断结果，在我怀孕期间这一指示不生效力或不起作用”（这是加利福尼亚州的怀孕条款），由此，在妇女怀孕期间其生预嘱或健康护理指示不生效力，通过中止她们先前作出的终止医疗的指示，这些法律违反孕妇的明示意愿许可延长其生命。② 而且，1989 年的《统一绝症病人权利法》（URTIA）还规定：“只要持续使用生命维持治疗胎儿就可发育到活着出生的程度，主治医生必不得根据个人的声明撤销或解除生命维持治疗。”这样，不但许多州法，而且全美的示范法都否认了处于植物状态的孕妇享有基于私生活权的身体自主权，而“征用”了她们的

① 参见夏芸：《患者自己决定权和医师裁量权的冲突——评“病人基于宗教信仰拒绝接受输血案”》，载《南京大学法律评论》2003 年第 19 期，第 249 页及以次。

② 参见［美］劳笛卡·劳：《财产、私生活和人的身体》，孙建江译，载徐国栋主编：《罗马法与现代民法》第 6 卷，厦门大学出版社 2008 年版，第 294 页及以次。

身体，把它们当作可以为国家孵化胎儿的机器。事实上，宾夕法尼亚州通过支付与继续医疗相联系的医疗费用的形式提供“公正补偿”，默示地承认“征用”处于植物状态的孕妇的身体。这样，征用的传统概念被扩张了，从传统的体外财产扩张到了人的身体，尤其是子宫。

但问题在于如何消解孕妇的私生活权与胎儿的生命权的冲突以避免目前的胎儿取向处置违宪？大学健康服务中心诉皮亚齐（University Health Services v. Piazzi）一案在这方面作出了尝试。该案发生在乔治亚州，其中的孕妇堂娜·皮亚齐（Donna Piazzi）自己没有起草生预嘱来表明她在遭遇脑死亡、植物人状态等情形是否终止生命维持治疗的意愿，胎儿的生父（并非堂娜的丈夫）倾向于继续治疗以拯救胎儿的生命，但堂娜的丈夫和家人反对。尽管如此，基于《乔治亚州自然死亡法》规定的怀孕限制，法院确定：即使堂娜签署了生预嘱，根据州法，在她怀孕期间也无权终止生命维持治疗。法院进一步拒绝了堂娜享有拒绝医疗并终止妊娠的宪法上权利的主张，得出的结论是：这些私生活权随她变成脑死亡人而消灭。[1] 这样，当孕妇变成脑死亡人后，她的私生活权消灭，只剩下胎儿的生命权需要保护，利用母亲的身体延续胎儿的生命的做法就不至于违宪了。

二、配偶一方的生育权与他方的不生育权的冲突

（一）妻子的不生育权与丈夫的生育权的冲突

生育的戏剧性在于它是夫妻双方合作的成果。夫妻双方都享有生育权（我国《人口与计划生育法》第17条），此等权利包括不生育权（我国《妇女权益保障法》第47条）。如果夫妻中的一方从积极的角度行使自己的生育权（生育的权利），他方从消极的角度行使自己的生育权（不生育的权利），则会产生权利冲突。这种权利冲突具有悠

---

① 参见［美］劳笛卡·劳：《财产、私生活和人的身体》，孙建江译，载徐国栋主编：《罗马法与现代民法》第6券，厦门大学出版社2008年版，第297页。

久的历史，公元前8世纪的罗穆鲁斯的王法就规定，妻子背着丈夫流产的，构成丈夫提出离婚的理由。① 这一规定得到以后的各个时代的罗马法的遵循。这一规定揭示了生育过程的一个悖论：尽管生育是夫妻双方合作的事情，但由于事理之性质，与女性承担生育活动的主要负担相适应，她们也处在生育活动的主导方面，对于双方的性行为是否导致怀孕，怀孕的过程进行到了哪个阶段等，妻子处在信息占有人的积极地位，丈夫处在信息受领人的消极地位。妻子如果滥用自己的信息优势，瞒着丈夫流产，就会为一己之利损害双方的合作成果，构成对丈夫的不公，故罗穆鲁斯的王法作出上述规定。就现代法而言，美国宾西法尼亚州的法律也规定了类似的规则，要求妻子在实施某些类型的堕胎之前知会丈夫，以尊重丈夫对于生育活动的贡献，而且这对妻子不构成不合理的负担。但后来的判例为这一规则设定了四个例外：1. 丈夫不是胎儿的父亲；2. 丈夫不在身边且无处寻找；3. 怀孕本身是丈夫对妻子施加暴力的结果；4. 如果告知丈夫妻子将会受到身体伤害。② 第一个例外不值得考虑，因为它涉及的“丈夫”不是生育活动的合作者。第二个例外出于事理之性质，采取的非不为也，是不能也的理路。第三个例外隐含婚内强奸的命题，法律由此赋予妻子的报复权。第四个例外类此。由于这些例外的设定，妻子堕胎须得到丈夫同意的要求得到了缓和，更具有可操作性。法国1980年10月31日发生的一个判例与此不同：妻子到医院流产而未通知丈夫，丈夫控告医院，结果丈夫败诉，因为成年妇女享有自愿终止妊娠的权利。③ 1967年，英国发生了类似判例，妻子偷偷流产，丈夫代表未出生的孩子按照《欧洲人权公

---

① 参见［古罗马］普鲁塔克著：《希腊罗马名人传·罗慕洛传》（上册），黄宏熙主编，吴彭鹏译，商务印书馆1990年版，第69页。

② 参见《南风窗》文章：《美国最高法院要掀起“阿里托之战”》，载《厦门晚报》2005年12月10日，第10版。

③ See Marie - Therese Meulders - Klein, The Status of the Father in European Legislation, In 44 (1996), *American Journal of Comparative Law*, p. 490.

约》主张维护生命权，但败诉，法院的理由是，法律上的 person 只包括已出生的人，妻子的权利优先于丈夫尊重其家庭生活的权利。①

中国在这方面的法律规定有所不同，采取的是妻子的生育权优先于丈夫的生育权的路子。所以，妻子到医院堕胎，没有明文规定需要丈夫签字。判例体现了同样的立场，发生在福建漳州的一个判例就是这样的，其基本情况如下。2003 年 9 月，黄某与戴某经人介绍认识并恋爱，两个月后登记结婚。婚后，夫妻俩常因生活琐事争执不休。2004 年 5 月，妻子黄某起诉要求与丈夫离婚，被法院拒绝。不久，黄某怀孕了，她在矛盾中挣扎了许久，一方面她决心把离婚官司打到底，另一方面她又想生下宝宝。最终，她觉得夫妻关系已无法维持，将孩子带到人世间不利于其成长。于是，她独自将已孕育 7 个多月的胎儿引产。2005 年 8 月，黄某再次向法院起诉离婚，丈夫戴某反诉她侵犯了自己的生育权，要求黄某支付精神损害赔偿费人民币 5000 元。在法庭上，戴某拿出了胎儿的准生证和妻子的孕产妇系统保健卡，提出“孩子是我们共有的，她不能自作主张打掉那么健康的胎儿”。戴某认为，黄某私自引产侵害了他的生育权，因此理应赔偿由此给他造成的精神损害。黄某则认为，生孩子与否是她的自由，丈夫无权干涉。法院认为，夫妻双方都有生育的权利，也有不生育的自由。在原告怀孕以后，胎儿就成为原告身体的组成部分，而被告的生育权只能通过原告来实现；如果双方意见一致，被告的生育权就能实现，如果双方的意见不一致，则只能依照原告的意愿决定，被告的生育权就不能实现。被告虽享有生育权，但其生育权的实现，不得侵害原告不生育的人身自由。② 显然，法院作出了有利于妻子的判决，这一方面是受美国判

① See Marie - Therese Meulders - Klein, The Status of the Father in European Legislation, In 44 (1996), *American Journal of Comparative Law*, p. 491.

② 参见刘丽英、杨友华、王振勇：《妻子私堕胎，丈夫讨生育权》，载《厦门晚报》2006 年 1 月 10 日，第 L4 版。

例影响，采取了妻子私生活权优先于丈夫的生育权的理路；另一方面是参照了2003年福建省的《禁止非医学需要鉴定胎儿性别和选择性别终止妊娠条例》第8条第1款第4项的规定，该项允许因为离异终止妊娠。不过，本案的情形尚未达到“离异”，只是婚姻的一方正在谋求“离异”而已。法院对本案的处理未公正对待丈夫的生育权，遭到学者的普遍质疑。① 另外，该判决采用胎儿为母亲器官说，未承认胎儿的独立存在，此构成缺陷一；缺陷二是允许孕期达七个月的胎儿被引产，超出 Roe v. Wade 一案设定的六个月的限制，过于戕害生命。

无论如何，一个胎儿的出生，是他或她幸运地逃脱了夫妻之间的生育权冲突的结果。

（二）妻子的生育权与丈夫的不生育权的矛盾

在著名的美国判例 Davis v. Davis 一案中，夫妻两人冷冻了的人工受精卵7枚。丈夫向妻子提出离婚后，发生了7枚冷冻胚胎的归属问题。妻子玛丽认为自己是这些胚胎的母亲，他们（她们）是她自己的一部分，希望得到他们（她们）以便在适当的时间将之植入体内。丈夫路易斯则认为自己拥有每个胚胎的一半，为了不让孩子在破碎的家庭中长大，他不希望玛丽将来生下他们共同的孩子，因而拒绝成为父亲，其行为类似于女性拒绝成为母亲而实施流产。双方遂发生诉讼。初审法院首先发布禁令防止玛丽将这些胚胎植入体内。在审理中，为玛丽实施手术的金医生认为摧毁这7枚准胚胎是浪费，主张把他们捐给其他不孕的夫妻。但路易斯认为这样做与遗弃子女无异，拒绝接受其建议。1990年，高等法院作出判决，将准胚胎判给玛丽和路易斯共同管理，承认路易斯有拒绝成为父亲的权利。② 这样，由于夫妻之间

---

① 参见张作华、徐小娟：《生育权的性别冲突与男性生育权的实现》，载《法律科学》2007年第2期，第129页及以次。

② 参见［美］爱伦·艾德曼、卡洛琳·肯尼迪著：《隐私的权利》，吴懿婷译，当代世界出版社2003年版，第74页及以次。

生育权的冲突，这些冷冻胚胎失去了被植入子宫并出生的机会。

以上为以人工生殖为背景的案例——Dubay v. Wells 案（2006）。另外有一个以自然生殖为背景的案例。美国密歇根州男子麦特·达培（Matt Dubay）与女友罗兰·威尔斯（Laurent Wells）谈恋爱时商定不怀孕生子，罗兰违约生子，遭到分手和控告。麦特声称自己有权不当父亲。[①] 麦特当时 25 岁，是一名计算机工程师，他想享受单身生活，无意与任何人共组家庭。然而交往数月后，女友却怀上了他的孩子，并生下一名女婴。突如其来的女儿让麦特倍觉困扰。据麦特称，他目前每个月得付 560 美元作为孩子的生活费，这让他颇为不平。他认为女友当初完全可以堕胎或生下孩子让别人领养，但是依据法律，他必须成为孩子的爸爸，他认为这是很不对的。[②] 在这个案例中，法院判处准妻子的生育权高于准丈夫的不生育权，故不仅不判准妻子赔偿准丈夫的损害，而且判处后者承担所生女婴的抚养费。在此案的基础上，形成了男性流产的概念。[③]

三、国家的生育控制权与父母的生育权和子女性别选择权的冲突

本部分的谈论对象发生了变化。以上两目谈的都是私权的相互作用与胎儿出生的关系，本目谈论的是国家关于生育控制的公权力与私权性质的生育权的相互作用与胎儿出生的关系。国家的生育控制权包括两个方面：其一，对出生婴儿数量的控制权；其二，性别比平衡控制权。前种权力与父母的生育权冲突；后种权力与父母对子女的性别选择权冲突。

先说国家对出生婴儿数量的控制权与夫妻的生育权的冲突。

---

① 参见《美一男子拒绝当父亲，将刚生产完的女友告上法庭》，载《厦门晚报》2006 年 3 月 26 日，第 6 版。

② 参见《男性选择生育权在美引发争议》，载《参考消息》2006 年 3 月 21 日，第 6 版。

③ 维基百科“生殖权”词条。

1985年前，全国都只允许一对夫妇生一个孩子。是年，浙江省允许都是独生子女的夫妻生两个孩子，到2011年，河南省通过了具有同样内容的法律。通过同样法律的省份越来越多，最后形成全国都允许双独二胎的局面。2013年11月5日，《中共中央关于全面深化改革若干重大问题的决定》允许有一方是独生子女的夫妻生两个孩子。到2015年10月，中共中央十八届中央委员会第五次全体会议决定允许任何夫妻都可以生两个孩子，不设条件。这样，过去极为严格的计生政策终于宽松化。尽管如此，还是不允许愿意的夫妇生三个以上孩子，所以，国家对出生婴儿数量的控制权与夫妻的生育权的冲突仍然存在。

次说国家的性别比平衡控制权与父母对子女的性别选择权的关系。性别平衡为维持一个社会的人口安全所必要。如果男女中某一性别的总数大大超过另一性别的总数，会造成过量的“剩男”或“剩女”，他们或她们的结婚生育权从物理上就保障不了，会成为不利于社会稳定的力量，也妨碍本民族的正常人口再生产。正常的性别比是100名女婴对103名至107名男婴。但由于重男轻女的思想影响以及社会保障制度不健全，在只能生一个孩子的条件下，国人普遍愿意生男孩，甚至通过人工干预手段进行性别选择，引起了严峻的性别比失衡的问题。在历次人口普查中显示的性别比分别为：1982，106.3①；1990，114.14；2000，116.86；2005年全国1%人口抽样调查的相应数据为118.58，个别省的数据超过130，呈逐年上升趋势。就湖南省而言，2000年的性别比为126.16。预计到2020年，全省婚龄男性要比婚龄女性多170万至180万。② 在这种情况下，存在父母有无对子女性别的选择权问题。我认为这个权利是在一定范围内存在的，例如，如果父

---

① 参见《中华人民共和国国家统计局关于一九八二年人口普查主要数字的公报》，载 http://www.stats.gov.cn/tjgb/rkpcgb/qgrkpcgb/t20020404_16769.htm，2009年2月2日访问。

② 参见欣悦：《出生性别比失调后果严重，湖南省5部门联手治理》，载 http://news.sina.com.cn/o/2005-03-01/18295236858s.shtml，2009年2月2日访问。

母一方的某种遗传病具有性别选择性传袭的特征，传男不传女或传女不传男，妻子怀孕后，如果通过检测发现所怀的胎儿属于将遗传家族病症的性别，夫妻应有权终止对此等性别的胎儿的妊娠，等待怀上另一性别的胎儿的机会。所以，父母的对胎儿的性别选择权的存在范围仅仅在避免遗传病传袭方面。如果在其他方面进行这种选择，就与国家的性别比平衡权冲突了。

为了运用此等权力，1998 年，山东省颁布了《山东省禁止非医学需要鉴定胎儿性别和选择性别终止妊娠规定》（2005 年修订）。其第 9 条规定，符合法定生育条件的 14 周以上的妊娠不得人工终止，有下列情形之一的除外：胎儿患有严重遗传性疾病的；胎儿有严重缺陷的；因妊娠妇女患有严重疾病，继续妊娠可能危及妊娠妇女生命安全或者严重危害妊娠妇女或者胎儿健康的；经省人民政府人口和计划生育行政部门规定或者批准的其他情形。

此后，该条成为模式，为尔后颁布的其他省市的同类立法完全或在稍加变通的基础上采用。这些省市有：安徽，2000 年，增加“4. 经批准的医疗保健机构鉴定认为需要终止妊娠的”的例外情形；福建，2003 年，增加“4. 离异、丧偶等需要终止妊娠的”的例外情形；贵阳，2004 年；贵州，2005 年；湖南，2005 年，增加“4. 离异、丧偶等要求需要终止妊娠的”的例外情形；南昌，2006 年；河南，2006 年，增加“4. 离异、丧偶要求终止妊娠的”的例外情形；江苏，2006 年；黑龙江，2007 年，变换规定方式为“符合法定再生育条件，并且妊娠十四周以后人工终止妊娠的，再生育按违法生育处理，但因医学需要或者丧偶、离婚、伤残以及其他特殊情况经县级人口和计划生育行政部门批准的除外”；安顺，2007 年；河北，2008 年，增加“ 4. 离异、丧偶要求终止妊娠的”的例外情形；宝鸡，2008 年。以上为我找到的有关的地方理论，遗憾的是，尽管性别比平衡权属于国家的权力，但目前尚无涉及这一主题的全国性立法，不过，根据时任国务院法制办副主任汪永清的声明，国务院2007年的立法计划已将《禁止非医学需要的胎儿性别鉴定和选择性别的人工终止妊娠的规定》作为需要抓紧研究，待时机成熟时提出的立法项目。[①] 2016年3月28日，国家卫生和计划生育委员会、国家工商行政管理总局、国家食品药品监督管理总局终于联合发布了《禁止非医学需要的胎儿性别鉴定和选择性别的人工终止妊娠的规定》，于2016年5月1日开始施行。无论如何，一个胎儿的出生，也是国家的性别比平衡权与父母对子女的性别选择权达成平衡的结果。

四、小结

我国采用的权利能力始于出生的规定以及其他原因导致我国立法对胎儿的生命权极为漠视，造成国外判例处理的一些问题我国法律毫无回应的局面。如果说在其他国家，胎儿的出生都是克服各种私权冲突的惊险一跃，那么在我国胎儿的出生过程更为惊险，因为这不仅是不同的私权的冲突解决过程，而且是一些私权与公权冲突的解决过程。我国的人权状况已取得很大改善，人权的主体是否包括胎儿是一个值得研究的问题。但胎儿的生命权不能是无限的，为了平衡其他方面的权利和利益，应确定一个孕育过程中物与人的时间界限，我认为以3个月为好，这不仅已是我国许多地方立法的规定，而且与法国和意大利等国的立法例相合。本分节还昭示，我国学界对父母的子女性别选择权问题缺乏研究，但立法又在回应着这方面的问题，形成盲人骑瞎马，夜半临深池的局面，应加强这方面的研究，确定父母的这种选择权的可行使的范围。最后要指出的是，一些地方立法把离婚作为堕胎的合法理由不妥，这种安排不考虑各国立法和学说广为承认的胎儿相对于母体的独立性，不仅把他们（她们）作为母亲身体的附属品，而且作为双亲的婚姻的附属品，过分践踏了胎儿的权利。看来，即

---

① 参见佚名：《我国有望立法禁止选择性别堕胎》，载 http：//news. qq. com/a/20070824/000887. htm，2009年2月2日访问。

使作为一个严格实行计划生育国策的国家，我们对于改善胎儿的地位还是有很多的事情可做。

第二节　与人工辅助生殖中的出生有关的法律问题

一、人工辅助生殖技术面面观

（一）人工辅助生殖技术的产生条件

不孕不育症的广泛存在是人工辅助生殖技术产生的第一个条件。在异性夫妻中，有15%的不育症发生率。意大利的这一数据是20%。35%的配偶不育的原因在丈夫，40%的配偶的不育的原因在妻子，25%的配偶不育的原因来自夫妻双方。[①] 就总数而言，根据世界卫生组织2002年的报告，全球有8000万人患不孕症。[②] 为了保障这些不孕不育者的生育权[③]，发明了人工生殖技术。人们首先在兔子、老鼠等动物身上做试验，从1940年起，这种试验开始扩展到人类，很早就完成了试管授精，但都不能维持胚胎的生命到6天以上。在1960年与1961年之交，一名意大利人完成了几枚试管胎胚的培育，其中的一枚存活了将近60天。这一比较成功的试验由于天主教会的干预而终止，天主

---

① Véase Maria del Carmen Cerutti et. al., *Comienzo de la Existencia de la Persona Humana*, En *Libro de Ponencias de XIX Jornadas Nacionales de Derecho Civil*, Rosario, 2003, Tomo I, Rubinzal – Culzoni Editores, p. 93. 当今中国的不孕不育人口比例是10%—15%，比20年前的数值（2%—5%）翻了两番，据说原因是环境污染、社会污染和滥用人流术。与外国不同的是，在我国女方的原因占30%，男方的原因占20%，男女双方的原因的占50%。参见《厦门晚报》综合消息：《不孕不育人群20年翻两番》，载《厦门晚报》2005年6月2日，第20版。

② Véase Sin Autor, *Tecnicas de Reproducción Asistida*, Sobre http: //www. eticacyt. gov. ar/ reproducción_ asistida. pdf，2005年6月1日访问。

③ 关于生育权的概念，On http: //www. eticacyt. gov. ar/reproducción_ asistida. pdf，2005年6月1日访问。

教认为唯一允许的人类生殖形式是夫妻在婚姻内的性交生殖。在生殖中采用人工手段只有在不取代而是帮助夫妻的性行为的范围内才是允许的①，显然，完全与性交脱钩的试管授精生殖不在允许的范围内。意大利的人工辅助生殖技术流产，但后来该技术在英国取得了成功。

基因病的存在以及在受孕阶段进行医学干预可以避免基因病是人工辅助生殖技术产生的第二个条件。基因病之例是线粒体病，其症状包括不同程度的认知障碍及老年痴呆、乳酸中毒、中风、短暂性脑缺血发作、失聪、运动障碍、体重下降、进行性肌阵挛性癫痫、身高较矮、眼外肌麻痹、心脏传导阻滞、感音神经性耳聋、进行性眼肌瘫痪等。其得病机理是：在卵细胞受精时，精子头部颈处的线粒体并不进入卵细胞，精子只提供单倍的核 DNA，合子中的全部线粒体皆来自卵细胞。② 假设母亲方面有线粒体病的基因，尽管父亲是健康的，他们的子女也会得线粒体病。防止的方法只有一个，那就是在精给卵施孕时进行医学干预，去掉母亲卵子中的带线粒体病基因的成分，代之以捐献者提供的此等成分，这样就形成了二母一父的婴儿，他们各自为婴孩提供了遗传基因。先是经过动物实验，2010 年，英国研究人员首次运用这种技术预防线粒体病并获得成功，但带来了合法性问题，因为这样的基因工程技术的干预结果会遗传给未来几代，其副作用未可预料。而且，捐卵会给女性带来很大痛苦，她们能否分享未来婴儿的母亲身份也是个问题。尽管如此，英国下议院于 2015 年 2 月 3 日，以 382 票赞成，128 票反对的结果通过了《人类受精与胚胎学法案 2008 修正案》，承认这项新技术合法。同年 2 月 24 日，英国上议院以 280 票赞成，48 票反对的结果通过了下院的决定。这样，新的决定已成为

---

① Véase Marcial Rubio Correa，*Las Reglas del Amor en Probetas de Laboratorio*，Fondo Editorial，Lima，1996，p. 138s.

② 参见李冬玲：《线粒体病的母系遗传》，载《潍坊学院学报》2006 年第 4 期，第 85 页。

法律。它的意义非常重大，意味着人工辅助生殖技术的突破，此等技术不再限于解决不孕不育问题，也用来解决基因病遗传问题。

（二）人工辅助生殖技术的类型

1. 人工授精，其中又分为同质授精和异质授精，前者的精源是丈夫，后者的精源是其他人。

2. 体外受精或试管授精技术（IVF），主要用来解决妻子原因造成的不孕问题。

3. 人工合成卵子受精技术，即在妻子的卵子受孕前去掉其中的携带线粒体病的基因成分，加上被捐献的健康卵子中的此等成分，再与丈夫的精子结合的技术。它带来了一父两母的结果，得到了英国法律的承认。实际上，“两母”的贡献大小不同，妻子的卵子还是主体，捐卵者的卵子只贡献了4%的基因。

（三）试管授精技术的累计成果

1978年7月25日，在英国诞生了第一位试管婴儿路易丝·布朗（Louis Brown），这标志着人工辅助生殖技术的成熟和商业化运用。①

到1985年，通过体外受精技术出生的婴儿数量还在700人到1000人。② 到1993年，仅在美国和加拿大就有41209个运用这种技术的病例。③ 在21世纪初的欧洲，试管婴儿只占新生儿总数的1%。④ 到2012年7月3日，全球已有500万通过体外受精技术出生的人。在某些欧

---

① Véase Maria del Carmen Cerutti et. al., *Comienzo de la Existencia de la Persona Humana*, *En Libro de Ponencias de XIX Jornadas Nacionales de Derecho Civil*, Rosario, 2003, Tomo I, Rubinzal - Culzoni Editores, p. 95.

② 参见邱仁宗著：《生命伦理学》，上海人民出版社1987年版，第42页。

③ See Kathryn Venturatos Lorio, Successions and Donations: A Symposium: From Cradle to Tomb: Estate Planning Considerations of the New Procreation, In *Louisiana Law Review*, 57, p. 53.

④ 参见佚名：《“生殖医学与辅助生育技术国际研讨会”暨我国大陆首例试管婴儿诞生15周年纪念活动和背景简介》，载 http://www.bysy.edu.cn/bysy/dept/fu/meeting1.htm，2005年5月25日访问。

洲国家，运用这种技术出生的婴儿已占新生儿总数的5%。[①] 在试管授精技术的最早诞生地意大利，到2005年为止已有5万名通过这一技术出生的人。[②]

就我国而言，1988年3月10日，首例试管婴儿郑某在北京大学第三医院诞生。[③] 截至2004年，该院为5000余名不孕患者实施了“体外受精，胚胎移植”助孕技术，已有1000多个健康婴儿出生。[④] 我没有找到全国有多少试管婴儿的统计资料，但截至2016年12月31日，全国具有国家卫健委批准的资质开展不孕症治疗的中心大概有451家。[⑤] 从这一数字可以推算全国试管婴儿的总数应该不少，以至于涉及他们的事项成了一个专门的法律问题。

二、人工辅助生殖中出生的有关法律问题

（一）人工辅助生殖条件下胚胎由物向人过渡的时间

在人工辅助生殖技术充分发展的背景下，英国政府于1985年任命了一个委员会探讨试管婴儿技术的成果与潜在发展的伦理意义并提出有关的政策，其工作成果为Warnock报告。它的影响很大，为许多国

---

① Cfr. Laura Berardi, Procreazione assistita. Sono 5 milioni i bambini nati da fecondazione in vitro, Su http: //www. quotidianosanita. it/scienza – e – farmaci/articolo. php? articolo_ id =9746，2015年6月11日访问。

② Cfr. Opuscolo di spiegazione dei referendum, Su http: //www. lucacosciόni. it/? q = node/2002，2005年6月9日访问。

③ 参见佚名：《“生殖医学与辅助生育技术国际研讨会”暨我国大陆首例试管婴儿诞生15周年纪念活动和背景简介》，载http: //www. bysy. edu. cn/bysy/dept/fu/meeting1. htm，2005年5月25日访问。

④ 参见佚名：《北京大学第三医院成为北京地区首家准予开展常规体外人类辅助生殖技术服务的医院》，载BVwww. bytime. com. cn/meis/news/news08. htm，2005年5月25日访问。

⑤ 《国家卫生计生委关于公布经批准开展人类辅助生殖技术和设置人类精子库的医疗机构名单的公告》，载https: //www. sohu. com/a/134841483_ 120967，2020年8月5日访问。

家的人工辅助生殖立法的参照。其意义很多，其中一个重要的方面是否定了天主教式的生命始于受孕说，确定了人工辅助生殖条件下生命也是由物转化而来的，并确定了完成此等转化的时间点。该报告把非性交生殖条件下出生前的生命发展分为三个阶段：第一是准胚胎阶段（或受精卵阶段）。准胎胚指处于分裂过程中的细胞，它只有1/10毫米大；第二是胎胚阶段；第三是胎儿阶段。第一阶段是完成植入前的阶段，持续大约14天，这是受精卵可以在试管内保存的极限。这一天数具有三个意义：首先，14天后准胎胚会形成神经冠，因此，在形成神经冠之前，准胎胚没有痛感，对操作它们的行为没有感觉；其次，须在这一天数前完成植入；最后，由于胎胚在14天前尚在分裂，如分裂成双胞胎，准胎胚因而不能被视为人类个体。第二阶段从受精卵植入开始至以后的两个半月，其间，发育出脑和心、身体的结构、头、躯干和四肢等。第三阶段从受孕两个半月开始到完成分娩，胎胚具有人的外形和成型的器官保障其在分娩后能够存活。[①] 按 Warnock 报告，14天以前的胎胚是物，此后的胎胚处在发展为人的不同阶段上，基本的理路是，胎胚的发育程度越高，受到的保护越大，从准胎胚（即14天以内的胎胚）到人是一个从物到人的转化。但对此可以提出以下质疑：其一，14天的“一刀切”的标准肯定要牺牲一些个体的特殊情况，就像18岁的行为能力年龄总会遇到一些“不及”的和“过”的例外一样[②]；其二，14天前的胎胚尽管在生物学上还不是一个个体，但在本体论上已是这样了，因为它是一个特别的或存在的单元[③]；其三，正如有限自然人说所坚持的，生命是一个持续不断的过程，不能分为可

① Véase Gorki Gonzales Mantilla, *La Consideración Juridica del Embrion in Vitro*, Fondo Editorial, Lima, 1996, p. 34ss.

② See Sina A. Muscati, *Defining a New Ethical Standard for Human in Vitro Embryos in the Context of Stem Cell Research*, In 2002 Duke L. & Tech. Rev, p. 26.

③ Véase Gorki Gonzales Mantilla, *La Consideración Juridica del Embrion in Vitro*, Fondo Editorial, Lima, 1996, p. 39.

以感到它们具有不同品质的阶段。① 可能因为这些理由，美国取消了曾采用的 Warnock 报告提出的 14 天的标准。② 还有一些国家采用不同的标准，例如，以色列的犹太法采用 40 天的标准③；加拿大《关于人类辅助生殖和有关研究的法律》第 3 条在"胎胚"的定义中采用 56 天的标准。

由上可见，不论人工辅助生殖中胚胎由物转化为人的时间被定为受精后 14 天，还是 40 天或 56 天，它们都比自然生殖中的 3 个月或 6 个月要短，这样就造成了自然生殖和人工辅助生殖中的准胚胎之间的不平等，这也许是因为后一种胚胎前有一个"准"字，它们变成生命的机会更少，因此受到某种忽视。

（二）体外受精胚胎的法律地位

体外受精胚胎处在物与人之间的状态，关于其法律地位，主要有以下学说。

1. 主体说。主体说把受精胎胚看作法律上的人。此说又分为两支，其一把受精胎胚看作有限的自然人；其二将其看作法人。容分述之。

（1）有限自然人说。此说为阿根廷、意大利的立法所采。

1871 年的《阿根廷民法典》第 63 条和第 64 条在"即将出生的人"的标题下规定："孕育于母腹而尚未出生的人，为即将出生的人。""只要即将出生的人能依赠与或遗产继承取得财产，即对他们产生代理。"第 70 条在"出生之前人的生存"的标题下规定："人的生存自孕育于母腹之时开始；人可在其出生之前如同已出生一样地取得

---

① Véase Francesco Donato Busnelli, *Editora Juridica Grijley*, Lima, 2003, p. 119.

② See Linda MacDonald Glenn, Biotechnology at the Margins of Personhood: An Evolving Legal Paradigm, In Vo. 13 (2003), *Journal of Evolution and Technology*, p. 40.

③ See Amos Shapira, The Status of the Extra - Corporeal Embryo, The Status of the Extra - Corporeal Embryo, Country Report: Israel, On http: //www. academy. ac. il/bioethics/new/articles/The_ Status_ of_ the_ Extra - corporel_ Embryo. htm, p. 2. 2005 年 5 月 31 日访问。

权利。如果母腹中的受孕胎儿出生时为活体，则即使是在和母体分离后存活一瞬间，前述权利也视为不可撤销地取得。”① 这三条在世界各国的民法典中被公认为唯一的承认胎儿是人的条文，它们赋予胎儿以无偿名义取得财产的权利；由于他们不能自己行使这些权利，允许他们被代理。这些条文开创了有限自然人说。“有限”表现为两个方面：其一，胎儿只能取得财产权，不能取得其他权利；其二，胎儿取得的权利承受“活着”出生的解除条件。

对于体外受精胎胚的法律地位，阿根廷的学说分裂为着床说和受精说。主张经过了14天的体外受精胎胚是人的学说为着床说，它把体外受精胎胚在母体着床的时间定为胎儿的人格开始的时间。这主要考虑到受精后的胎胚成为婴儿的概率只有10%—30%②，而且这时候的胎胚未产生神经元，不会感受到痛苦，因此，把这个时期的胎胚定位为物不会产生道德问题。受精说认为，孕育的过程是独一的，不能分为各个阶段。如果受精14天以内的胎胚不是生命，那它是什么呢？主张者尤其揭示了采用着床说的西班牙和德国的立法的矛盾。西班牙1988年《关于辅助生殖技术的法律》第14条认为14天以内的受精胎胚并非人类生命，因此可以用于研究或试验，但第3条又规定用于着床的胎胚只能在合理地确保妇女怀胎的数目范围内，2003年对该法的修正案第4条第2款干脆把这一数目设定为3个。学者认为，这样的对14天前的胎胚的保护骨子里还是承认它们为生命。与其这样羞羞答答的，不如干脆承认人的生命开始于受孕来得合理。③ 这一论证十分

① 参见《最新阿根廷共和国民法典》：徐涤宇译注，法律出版社2007年版，第23页及以次。

② Véase Gorki Gonzales Mantilla, *La Consideración Juridica del Embrion in Vitro*, Fondo Editorial, Lima, 1996, p. 64.

③ Véase Javier Barbieri, *Fecundacion in Vitro Trasferencia Embrionaria*, En *Libro de Ponencias de XIX Jornadas Nacionales de Derecho Civil*, Rosario, 2003, Tomo I, p. 62.

有力，因此，阿根廷的马丁内兹草案[1]实际上持受孕说，其第10条规定体外受精的胎胚不得超过3个。这一规定是为了避免施孕过多的胎胚造成剩余胎胚被当作物的问题。

意大利的立法也持有限自然人说。2004年2月19日颁布的法律第1条第1款把受精胎胚当作主体。第8条明确规定上述胎胚具有婚生子女的地位。为了保障受精胎胚的生命权，第13条禁止以任何形式对人类胎胚进行试验、选择。第14条原则上禁止冷冻和摧毁胎胚，规定为植入制作的胎胚不得超过3个。在他们被植入后，原则上不得减胎。[2]这一规定意味着意大利采用的是受精说。

我国学者付翠英也对胎儿的地位持有限自然人说中的植入说，认为胎儿享有健康权、继承权、受遗赠权和受抚养权，认为尚未植入子宫的胎胚不是法律保护的胎儿。[3]

（2）法人说。[4] 这是主体说的另一分支，《路易斯安那民法典》采用此说。其《人类胎胚法》第9：123条规定，在被植入子宫之前，或在取得法律授予胎儿的权利之前，体外受精胎胚作为法人（Juridical person）存在。根据《路易斯安那民法典》第24条第2款第2句的规定："法人是法律赋予人格的实体，有如公司或合伙。"[5] 可见在路易斯安那，所谓的法人就是社团。[6] 我们知道，在一个法典内，同一个

---

① 截至2002年9月；阿根廷有至少3个《医学辅助人类生殖法草案》（Proyecto de Ley de Reproduccion Humana Medicalmente Asistida），即佛科（Foco）小组的草案，马丁内兹（Martinez）小组的草案和奥尔特加（Ortega）小组的草案。2013年6月5日，阿根廷以26.862号法律完成了这方面的立法。

② Cfr. "Norme in materia di procreazione medicalmente assistita", Sul www.parlamento.it/parlam/leggi/040401.htm. 2005年5月25日访问。

③ 参见付翠英：《论胎儿的民事法律地位》，载《广西政法干部管理学院学报》2001年第1期。

④ 《人类胎胚法》的所有条文，都来自 https://www.lexisnexis.com/research/retrieve?_m=dd2574b4fe012b5e917573ceb…，2005年5月9日访问。

⑤ See *Louisiana Civil Code*, 2003 Edition, Vol. I, Thomson & West, p. 7.

⑥ 查《路易斯安那民法典》，未发现有关于财团的规定。

术语的含义必须保持同一。那么，用来指称体外受精胎胚的法人术语与用来指称社团的法人术语有何同一性呢？按照上述《人类胎胚法》的催生者约翰·克伦特尔的说法，受精胎胚是男人的精子与女人的卵子的联合，这种联合与在社团名义下自然人的联合是一样的①。因此，因为“联合”的共同要素，受精胎胚与社团法人取得了同一性。看来，路易斯安那州创造性地发展了法人的概念。

2. 客体说。此说把受精胎胚看作不同权利的客体，又分为财产说和私生活利益说两个分支。

（1）财产说。在此说的大框架下，有人认为受精胎胚是单纯的人体组织，可以由医生任意处理②；有人认为受精胎胚是体源财产（Ex-corporeal property），它受其所有人的意志的控制。③ 财产说受到了批评，批评者的理由如下：其一，从技术上来看，把胎胚看作财产会产生一些违背常理的结果，如果一男一女的配子合成的受精胎胚是财产，此男此女对它形成共有关系，如何划分两者的共有份额呢？其二，既然胎胚是财产，就具有财产的属性，其中最重要的是可转让性，否则就是不完全财产。因此，把胎胚定性为财产暗含着允许其转让的诉求，这会导致人类生命组织的商品化。

（2）私生活利益说。私生活权是某人拥有自己的身体并排除他人（即政府）干预的人格利益的集合。④ 这一定义与物权定义何其相似乃

---

① See John Bologna Krentel, The Louisiana “Human Embryo” Statute Revisited: Reasonable Recognition and Protection for the in Vitro Fertilized Ovum: Reproductive Technology and the in Vitro Fertilized Ovum, In Vol. 45 (1999), *Loyola Law Review*, p. 240; p. 246.

② See John Bologna Krentel, The Louisiana “Human Embryo” Statute Revisited: Reasonable Recognition and Protection for the in Vitro Fertilized Ovum: Reproductive Technology and the in Vitro Fertilized Ovum, In Vol. 45 (1999), *Loyola Law Review*, p. 242.

③ See Kevin U. Stephens, Sr., M. D., Reproductive Capacity: What does the Embryo Get? In Vol. 24 (1997), *Southern University Law Review*, p. 282.

④ See Radhika Rao, Property, Privacy, and the Human Body, In Vol. 80 (2000), *Boston University Law Review*, p. 388.

尔！两者都包括积极方面和消极方面，不过，私生活权的消极方面针对的并非私人而是国家。私生活权包括人身私生活权（Right of Personal Privacy）和关系私生活权（Right of Relationship Privacy）。前者是个人保存自己身体完整的自由利益；后者是保护个人免受国家干预其某些亲密的和自愿的关系的权利，如生殖或养育孩子的权利。[①] 在关系私生活权中包括生育自决权，它包括生育的权利和不生育的权利，与财产说表达的是一种横向的权利，即私法的权利不同，私生活利益说表达的是一种纵横交错的权利，即宪法上的权利。例如，州政府不能以促进本州人口增长的公共利益来凌迫某对夫妇不生育的自决权。

3. 中介说。中介说实际上是折中说。它认为受精胎胚是介于人与物之间的过渡存在，因此应处在既不属于人，也不属于物的“受特别尊敬”的地位。之所以只授予人类胎胚而不授予任何其他人类组织这种地位，是因为前者具有成长为新生儿的能力。[②]

4. 我国的应有选择。我认为应选择中介说。为何要排斥其他学说呢？简单地说，卫生部颁布的《人类辅助生殖技术管理办法》和《人类辅助生殖技术规范》（2003 年 7 月 10 日版）已采用此说。一方面，它们都严格规定可以实施试管授精手术的医疗机构的资质，并且，《人类辅助生殖技术管理办法》第 3 条第 2 款明确规定“禁止以任何形式买卖配子、合子、胚胎”；《人类辅助生殖技术规范》禁止对它们进行以生殖为目的的基因操作，还禁止赠送胎胚，以维持这些可能发展为人的材料的非商业性（排除了它们是物的可能！）并借此维护人的尊严。另一方面，又没有像坚持自然人说的立法那样限制受精胎胚的制作数目、剩余胎胚的用途等，并且《人类辅助生殖技术规范》允许减

---

① See Radhika, Property, Privacy, and the Human Body, In Vol. 80 (2000), *Boston University Law Review*, p. 392.

② See Jeremy L. Fetty, A “Fertile” Question: Are Contracts Regarding the Disposition of frozen Preembryos Worth the Paper upon which They are Written? In Vol. 1001 (2001), *L. Rev. M. S. U. – D. C. L.*, p. 1019.

胎，并把“严格遵守国家人口和计划生育法律法规”作为技术人员的一项行为准则，这是一种典型的中介说立场。如此，可较好地协调对潜在生命的保护与维护妇女健康、促进科学发展三个方面的关系。

基于中介说，如何解决剩余胚胎问题？在我国，这一问题很严重。以厦门174医院为例，该院在2012年就累计有1.2万个冷冻胚胎，有的无主，医院为每组胚胎每月付费70元，而且面临存储空间不足的问题。对于剩余胚胎，是用于科研还是直接销毁，现有的法律未给出明确规定，医院陷入困境，故174医院生殖中心主任任建枝呼吁国家尽快完善相关法律法规，进一步规范对冷冻胚胎的管理。[①] 在未来这方面的立法中，我建议不妨规定销毁的应对措施，如果为科研利用剩余胚胎，如进行生殖性克隆人研究，有伤人的尊严，而且有被滥用（如用来制药）的危险。

---

① 苏奇、姜美廷：《1.2万枚胚胎是去是留，保存费谁买单》，载《厦门晚报》2012年6月19日，第A14版。也参见楚燕、姜美廷：《胚胎冷冻7年，解冻移植获妊娠：174医院累计1.2万个冷冻胚胎，“无主”胚胎是弃是留医院两难》，载《厦门日报》2012年6月19日，第17版。

第六章

生死论之死论

第一节 向死而生与乐生讳死

一、死亡与民法

从悲观的角度看，人的一生是一场向着死亡的行军。因此，死亡对于人生极有意义，对于民法也意义不小。死亡是导致民事法律关系变动的重要法律事实，它可导致继承程序的开启，也可导致合同关系的消灭。而且，死亡有自然的和拟制的，后者即被视为死亡，也就是说，一个人作为生物人继续存在，但他作为法律人已不存在了。反映这种死亡的是民事死亡制度，它把死亡当作一种政策工具运用。相应地，为了执行某种政策，一个自然死亡了的人也可以在法律上被视为未死，这就是拟制的“生”。例如，按罗马法，在罗马有三个、在意大利有四个、在行省有五个生存的子女的人，可豁免监护义务。如果其中一个子女战死，则视为仍然活着，可以充其父亲豁免监护他人子女义务的自己子女之数（I. 1, 25pr.）。[1] 以此优待烈士家属。

[1] 参见［古罗马］优士丁尼著：《法学阶梯》（第二版），徐国栋译，中国政法大学出版社 2005 年版，第 93 页。

二、民法中两种对待死亡的态度

既然民法不可能摆脱与死亡的关联，那么，如何在其中安排死亡的位置是一个要考虑的问题。首先是向死而生的安排，它体现在谢沃拉—萨宾体系中，它以继承法为首编，继之以人法、物法、债法三编（萨宾体系的债法在物法之前）。[①] 继承法中含“死”，人法中含“生”，这显然是一个先死后生的安排，等于告诫人们：不知死，焉知生。这种安排体现了斯多亚哲学。这种哲学认为，自我就是向着死亡呈现出来的生活的终末。要想呈现这个自我，须不断操练生活，或者说操练死亡。生活是死亡显示其在场的处所。操练死亡是通往自我的正确道路，故采取继承法优位主义，从死亡开始进入民法。这是一种死亡练习。斯多亚哲学家塞内加认为：让自己熟悉一下死亡是件好事，因为束缚我们手脚的镣铐仅有一副，那就是我们对生的贪恋，因此，预习死亡就是预习自由。学会了死亡的人也就忘了做奴隶，他会超越于一切政治权力之外，牢房、狱吏、法院算得了什么？[②]

其次是乐生讳死的安排。163 年出版的盖尤斯《法学阶梯》创立的人物讼体系抛弃了继承法优位主义，可能包含忌讳开口就谈死亡的考虑，从此以后，再无继承优位的民法体系出现了。1897 年的《德国民法典》就是乐生讳死。其第 1 条就关乎生——人的权利能力起于出生，只是在最后一编安排继承这一死亡的寄生所。尽管如此，该法典像盖尤斯《法学阶梯》一样，并未回避死亡问题。

本书也不能回避同样的问题，故设死论。“死论”是对能力论中权利能力终止时间问题的展开以及对相关问题的论述，它主要涉及生

---

① Cfr. Fritz Schulz, *Storia della giurisprudenza romana*, traduzione italiana di Guglielmo Nocera, Sansoni, Firenze, 1968, pp. 172s.

② 参见［古罗马］塞涅卡著：《幸福而短促的人生——塞涅卡道德书简》，赵又春、张建军译，上海三联书店 1989 年版，第 60 页。

物人终止后法律人的继续存续问题，以及安乐死、植物人、自杀权问题、民事死亡问题等。

死亡分为自然死亡和法定死亡，既是自然现实又是法律现实，容分述之。

第二节　自然死亡论

一、脑死亡标准问题

（一）死亡的过程性

死亡是构成人的器官和组织的细胞的消灭。[①] 人的生命的消逝是一个过程，每个阶段都体现为某些生命体征的消失。死亡可分为如下三个阶段。

1. 相对死亡阶段。于此阶段，人的高级功能，即呼吸功能、心血管功能和神经功能停止，但这些功能可以自主或借助医疗器械的方式恢复。由于这种可逆性，有人把这一阶段叫作表见死亡。

2. 中期死亡阶段。于此阶段，人的上述三大高级功能不可逆地停止，人不可能复生，但其细胞体仍然存活。此时人的呼吸功能和循环功能完全地、长期地而非暂时地停止，自主地恢复生命绝非可能。

3. 绝对死亡阶段。于此阶段，构成人的器官和组织的细胞完全死亡，人不仅丧失三大高级功能，而且丧失细胞生命。[②]

（二）死亡的诸标准

1. 确定死亡标准的法律意义。把死亡定在哪个阶段，按照传统的

---

① Véase Juan Morales Godo, *Hacia una Concepción Juridica Unitaria de la Muerte*, Ponteficia Universidad Catolica del Perú, Fondo Editorial, Lima, 1997, p. 23.

② Véase Juan Morales Godo, *Hacia una Concepción Juridica Unitaria de la Muerte*, Ponteficia Universidad Catolica del Perú, Fondo Editorial, Lima, 1997, pp. 26s.

权利能力制度，实际上是确定死者的权利能力何时终止的问题。由此引起死者从主体转化为客体，其权利向其他人的移转、其配偶是否重婚的判断、保险公司赔偿责任的发生、著作权作者死后保护期限的起算等法律效果，因而是极具法律意义的一个选择。

2. 自然死亡标准。最早的死亡标准是血液流尽标准，因为原始人看到野兽被打死，血液流尽就死了。[①] 但这是一个不正常死亡的标准，因为正常死亡是不见血的，于是产生了呼吸停止的死亡标准。由于心跳与呼吸的相关性，它发展为心跳呼吸停止的死亡标准。这个标准实际上是中期死亡阶段标准，它被作为临床死亡的标准长期使用，没有遇到过麻烦。

3. 脑死亡标准。它把脑组织的不可逆转的坏死作为死亡标准。它是在心跳呼吸停止的死亡标准不能满足需要的情况下产生的。这种死亡标准的更新是医疗技术进步引发的。从20世纪50年代开始，人工心肺机得到使用，使一个脑死亡的人仍然能维持心跳和呼吸，而这样的人不可能复苏。心肺机使心脏移植技术成为可能，因为一个脑死亡的人的心脏要在心肺机的作用下才能得到供血，维持新鲜，处于可移植的状态。由于条件具备，终于发生了人类历史上第一例成功的心脏移植手术。它是于1967年12月3日，在南非，由克里斯琴·巴纳尔德（Christian Barnard）医生在开普城的格鲁特·舒尔（Groote Schuur）医院实施的。他从供体邓尼斯·达尔瓦尔（Denisse Darvall）身上提取了她的心脏，并把它移植到受捐赠人路易斯·瓦希坎斯基（Luis Washkansky）身上。邓尼斯是一场车祸的受害者，她的脑组织受了重伤，不可能恢复，但按传统的心肺死亡标准她仍是一个活人。尽管如此，其父亲仍捐出了其心脏。她在死亡前1小时45分前被置于手术台上，呼吸机维持着其呼吸，她的心脏自然跳动。过了5分钟，她受到麻醉。

---

① 参见孟宪武著：《人类死亡学》，洪叶文化事业有限公司2006年版，第18页。

医生在接下来的30分钟内打开了她的胸腔。一个小时后，跳动的心脏被取了出来。在这个时候，邓尼斯死去。医院为其开具了死亡证书。①

从法律上来看，巴纳尔德医生是在邓尼斯尚未死亡的情况下取出其心脏，从而杀死了她，达到了拯救瓦希坎斯基的目的，这是一个杀人救人的案件。在当时的法律环境中，他是一个罪犯，但这样给他定性是不合理的，因为大家都知道邓尼斯不可能恢复，而瓦希坎斯基又需要拯救。因此，可能的杀人定性不过说明传统的死亡标准不合理，必须以新的脑死亡标准取代传统的心肺死亡标准。

巴纳尔德医生完成其历史性的手术后不到一个月，于1968年1月2日成功地实施了第二例心脏移植手术。在紧接着的不到10天的时间内，1968年1月6日和9日，在美国，舒姆威（Norman Shumway）教授和康多洛维奇（Adrian Kantrowitz）教授分别实施了同样的手术②，使死亡标准的重新确定成为一个紧迫的问题。脑死亡的标准应运而生。

（三）脑死亡标准的诸类型

1. 哈佛标准。这是第一个脑死亡标准，它是1968年由哈佛大学医学院死亡意义特别审查委员会在澳大利亚悉尼召开的世界第22次医学会上首先提出来的。③ 尔后，其他学术机构继续完善这一标准。导致脑死亡的标准达到30多个，其中有哈佛标准、协作组标准、英联邦皇家学院标准、北欧标准、法国的莫拉雷（Mollaret）标准、日本标准④、高级脑死亡标准等，以前三者比较典型。容分述之。

---

① Véase Juan Morales Godo, *Hacia una Concepción Juridica Unitaria de la Muerte*, Ponteficia Universidad Catolica del Perú, Fondo Editorial, Lima, 1997, pp. 42s.

② Véase Juan Morales Godo, *Hacia una Concepción Juridica Unitaria de la Muerte*, Ponteficia Universidad Catolica del Perú, Fondo Editorial, Lima, 1997, p. 41.

③ 参见孟宪武著：《人类死亡学》，洪叶文化事业有限公司2006年版，第19页。

④ 该标准可能不怎么重视脑干死亡的意义，因为此时脑下垂体仍能继续分泌激素，所以还不能算真正的死亡。参见佚名：《争论中的死亡定义》，载《厦门晚报》2007年7月23日，第4版。

哈佛标准包括如下内容：（1）无反应性，即对刺激，包括对最强烈的疼痛刺激毫无反应；（2）无自发性呼吸，观察至少1小时无自发性呼吸；（3）无反射，包括瞳孔放大、固定、对光反射消失，转动患者头部或向其耳内灌注冰水无眼球运动反应，无眨眼运动，无姿势性活动（去大脑现象），无吞咽、咀嚼、发声，无角膜反射和咽反射，通常无腱反射；（4）平线脑电图，即等电位脑电图，脑电图的技术要求包括5mV/min，对掐、挟或喧哗无反应，记录至少持续10分钟。

所有上述试验在24小时内重复一次。并且排除低体温（32.2℃以下）、中枢神经系统抑制剂如巴比妥酸盐类中毒等情况后，以上结果才有意义。按这一标准诊断为脑死亡者，绝大多数在24小时内心跳停止，其余则在48小时内发生躯体性死亡。

哈佛标准比较可靠、安全，但要求过严，故其适用范围不大。①

哈佛标准引起了一些批评。有人认为它不是死亡标准，而是昏迷何时不可逆的标准。有人认为它未分清死亡实际在何时发生和应在何时发生两个问题。有人认为它鼓励放弃对不可逆昏迷病人的救治，等等，但20世纪60年代以来，英美的医学界都认同这一标准。②

2. 协作组标准。它由美国神经病研究所组织9家医院协商提出，其内容基本与哈佛标准相同，主要差别在于：其一，取消了24小时后重复试验一次的要求，按协作组标准，如果昏迷原因明确（如大块脑外伤），或者借助确证试验，6小时可确定死亡，不似哈佛标准需要24小时得到同样结果；其二，协作组标准不把深部腱反射作为生命体征，因为腱反射是阶段性的，其存在不能否定脑死；其三，协作组标准并不认为瞳孔放大是濒临死亡的征象，相反，认为瞳孔固定才更加是死亡的征象。③

---

① 参见孟宪武著：《人类死亡学》，洪叶文化事业有限公司2006年版，第24页。

② 参见邱仁宗著：《生命伦理学》，上海人民出版社1987年版，第186页。

③ 参见孟宪武著：《人类死亡学》，洪叶文化事业有限公司2006年版，第24页。

3. 英联邦皇家学院标准。它于1976年1月提出，其内容包括盖然性脑死亡的标准和确定的脑死亡的标准。前者运用于以下情形：（1）患者处于深昏迷状态病排除中枢神经系统抑制性药物中毒、原发性低体温、代谢性或内分泌性障碍；（2）患者自行呼吸障碍或缺乏，依赖人工呼吸机维持生命，但排除松弛剂或其他药物中毒所致呼吸衰竭者；（3）脑有明显的结构性破坏，诊断已能肯定病人有导致脑死的疾病。后者运用于以下情形：（1）瞳孔固定，无对光反射；（2）无角膜反射；（3）无前庭反射；（4）给躯体以强刺激，在颅神经分布区无反应；（5）无咀嚼反射，对吸引管插入气管无反射；（6）撤去人工呼吸机，其时间足以使二氧化碳张力上到呼吸刺激阀以上时仍无呼吸运动出现。① 1983年，英国卫生部公布了《遗体器官移植（包括脑死亡诊断的准则）》；1998年，又制定了《脑干死亡诊断之准则：包含确定和管理潜在的器官与组织捐赠者的方针》。这两个规范性文件以脑干死亡标准取代了1976年的全脑死亡标准。全脑包括大脑皮层、丘脑和脑干，前者负责人类思维和行为，中者产生意识并将许多感觉传达到大脑皮层，后者负责维持生命活动的基本机能。② 如此，可使脑死亡的成立更加容易。从此，形成了脑死亡标准上的全脑死亡说和脑干死亡说两大流派。

4. 中国卫健委的标准。2003年，《中华医学杂志》等主要医学杂志刊登了原卫生部脑死亡判定标准起草小组制定的《脑死亡判定标准（成人）（征求意见稿）》和《脑死亡判定技术规范（成人）》。2012年3月，卫计委（原卫生部）批准首都医科大学宣武医院作为国家卫计委的脑损伤质控评价中心。2013年，该中心在十年以来判定脑死亡临床经验与研究的基础上，对上述两个文件进行了修改和完善，形成了上述标准的修正版。它们反映了我国实践中采用的脑死亡标准。该标

① 参见孟宪武著：《人类死亡学》，洪叶文化事业有限公司2006年版，第25页。

② 参见丁春艳：《英国法上“死亡”定义之考察》，载《法律与医学杂志》2006年第3期。

准分为四个部分。第一部分，判定的先决条件。其一，昏迷原因明确；其二，排除了各种原因的可逆性昏迷。第二部分，临床判定。看如下三个体征：其一，深昏迷；其二，脑干反射消失；其三，无自主呼吸。第三部分，确认实验。实验内容包括：其一，短潜伏期体感诱发电位；其二，脑电图；其三，经颅多普勒超声。第四部分，判定时间。要在12小时后重复进行上述实验，所得结果一致才可判定脑死亡。[①] 不难看出，我国卫计委采用的是脑干死亡标准。

5. 采用脑死亡标准的意义。脑死亡的标准本身就是人类对自身的死亡现象认识加深的结果，其采用有很多意义。其中法律性质的有二：其一，可以节约有限的医疗资源，避免无谓的浪费。基于这个理由，我主持的《绿色民法典草案》采用脑死亡标准，并称之为"绿色死亡标准"[②]。其二，有利于取得可移植的器官，从而拯救更多需要拯救的人。事实上，脑死亡的标准也是出于这个需要提出来的。

6. 脑死亡标准与自然死亡标准的兼容性。脑死亡标准仍是一个学术的标准，尚未转化为一个全面的法律死亡标准。目前各国仍多采用心肺死亡定义作为死亡的标准，但接受了脑死亡标准的影响。1970 年，美国堪萨斯州等开始采用两种死亡概念，分别提出心肺死亡定义和脑死亡定义，但不解释它们之间的关系。1976 年，美国律师协会只采用脑死亡定义，后来加利福尼亚州立法机关采用了美国律师协会的方案，但允许医生继续使用"通常的和习惯的"死亡标准。[③] 1980 年的《美国统一死亡判定法》兼采两种死亡标准。1992 年加拿大法律改革委员会起草

---

① 参见国家卫计委脑损伤质控评价中心：《脑死亡判定标准与技术规范（成人质控版）》，载《中华神经医科杂志》2013 年第 9 期，第 637 页。

② 参见徐国栋：《认真地透析〈绿色民法典草案〉中的绿》，载《法商研究》2003 年第 6 期；以及徐国栋主编：《绿色民法典草案》，社科文献出版社 2004 年 3 月版，第 46 页。

③ 参见邱仁宗著：《生命伦理学》，上海人民出版社 1987 年版，第 190 页及以次。

的《任意组织和器官的取得与移植》也采用两种死亡标准。[1] 这可能因为脑死亡是一个偶尔用之的标准，心肺死亡才是一个经常使用的标准。由于两种对死亡的理解并存，在美国引发了相应的诉讼 Tucker v. Lower 案。原告是一名心脏捐赠者的兄弟，被告是实施了世界上第 17 例心脏移植手术的医生。原告认为被告在其兄弟死亡前就取走了其心脏。弗吉尼亚法院采用了被告采用的脑死亡标准，驳回了原告的请求。[2]

7. 脑死亡标准采用的广泛性。脑死亡标准的采用是趋势。据报道，在联合国的 193 个成员国中，有 80 多个国家承认了脑死亡标准。美国、日本等 14 个国家已正式通过了《脑死亡法》。[3] 我国部分医生于 1986 年在南京召开的《心肺复苏座谈会》上提议并草拟了第一个《脑死亡诊断标准（草案)》。1991 年，裘法祖院士等向全国人大提交了脑死亡立法草案。1989 年，我国制定了一个小儿脑死亡诊断标准试用草案。2003 年，诞生了《脑死亡判定标准（成人）征求意见稿》和《脑死亡判断技术规范》。[4] 2003 年 3 月，同济医学院（武汉）公开进行了我国第一例正式的脑死亡判定，为避免不必要的救治，经家属同意摘除了病人使用的人工呼吸机，导致其心脏停跳。之所以有这些举措，乃是因为传统的死亡标准存在内在的缺陷，因为心跳和呼吸停止后复活的例子不少[5]，

---

① 参见丁春艳：《英国法上“死亡”定义之考察》，载《法律与医学杂志》2006 年第 3 期。

② Véase Juan Morales Godo, *Hacia una Concepción Juridica Unitaria de la Muerte*, Ponteficia Universidad Catolica del Perú, Fondo Editorial, Lima, 1997, p. 48.

③ 参见吴翠丹：《浅谈植物人的生命权利》，载《中国医学伦理学》2002 年第 3 期。

④ 参见王继超、刘绍明：《脑死亡的概念及其临床判定》，载《中华神经医学杂志》2006 年第 6 期，以及张玲：《关于我国脑死亡立法的社会学思考》，载《中国医学伦理学》2006 年第 3 期。

⑤ 例如，意大利一位 73 岁的退休工人在心跳停止 35 分钟，被医生宣布死亡后复活。参见《意大利一病人出现生命奇迹，死亡 35 分钟后复活》，载《厦门晚报》2005 年 10 月 17 日，第 15 版。

而脑死亡复活的人罕见。[1] 传统的死亡标准还构成医学发展的障碍。对此，南京因车祸死亡儿童的父亲马照华捐献亡儿龙龙器官案凸现了问题的这一方面。[2] 一方面，医生在从事这样的治病救人活动时缺乏正当性依据，另一方面，大量病人等待他人捐赠的器官救命或恢复官能。我国器官移植数已居世界第二位，仅次于美国，但器官来源仍严重不足，没有相应的立法。[3]

二、植物人问题

（一）植物人的概念

与脑死亡标准问题相关的是植物人问题。这一概念于1972年由杰内特和普拉姆在著名的《柳叶刀》杂志上发表的《脑损伤后持续植物状态：一个有待命名的综合症》一文中首次提出。[4] 植物人在国际医学界通行的名称是持续性植物状态，简称PVS。所谓植物状态是因颅脑外伤或其他原因（如溺水、中风、窒息等）大脑缺血缺氧、神经元退行性改变等导致的长期性意识障碍。按1996年和2001年南京PVS会议上确定的我国植物人诊断标准，植物人状态具有如下征象：1. 认知功能丧失，无意识活动，不能接受指令；2. 保持自主呼吸和血压；3. 有睡眠—觉醒周期；4. 不能理解和表达语言；5. 能自动睁眼或在刺激下睁眼；6. 可有无目的性地眼球跟踪运动；7. 丘脑下部及脑干功能

---

① 唯一的一例报道是：美国妇女维尔玛·托马斯因心脏病突发被送进医院，医生诊断她临床脑死亡17小时后，家人同意撤除维持生命装置。结果在这时维尔玛奇迹复生。参见新华社特稿：《奇迹！脑死亡17小时后生还》，载《厦门日报》2008年5月27日，第12版。

② 参见2006年12月17日《今日说法》节目《新生》。

③ 参见《我国器官移植量世界第二，专家呼吁器官移植立法》，载《厦门晚报》2005年12月6日，第13版。

④ 参见杨立新、张莉：《论植物人的法律人格及补正》，载《法律适用》2006年第8期。

基本保存；8. 以上征象持续一个月以上。[①]

（二）植物人的分类

根据植物状态持续的时间，国际上将植物人分为三类：其一，植物状态，持续1个月的病人如此；其二，持续性植物状态，持续1个月到1年的病人如此；其三，永久植物状态，持续超过1年的病人如此。[②]

（三）植物人与脑死亡人的关联

植物人与脑死亡者不同但有关联。不同者，简言之，植物人是大脑皮层受损，脑干功能保留，故他们有自主呼吸，脉搏、血压、体温可以正常，但无任何语言能力，甚至有意识。科学家估算大约40%被视为植物人状态的人是部分或完全清醒的，只是由于脑部控制动作的区域严重受损导致他们不能与外界沟通[③]，而脑死亡者脑干受到破坏。[④] 关联者，在于按高级脑死亡标准，脑死亡者不可逆地丧失认知能力构成死亡，据此，处于永久植物状态的人可被认定为死亡。[⑤] 由于认知能力的丧失源于大脑皮层受破坏，所以，判定严重状态的植物人死亡，是把脑死亡的标准从脑干坏死扩张到大脑皮层坏死，从而建立起脑死亡的另一种类型。

（四）植物人著名案例

目前，植物人已经成为一个社会问题。我国目前有50万名植物

---

① 参见杨立新、张莉：《论植物人的法律人格及补正》，载《法律适用》2006年第8期。

② 参见杨立新、张莉：《论植物人的法律人格及补正》，载《法律适用》2006年第8期。

③ 参见黄岚：《脑电图测试：植物人是否有意识》，载《广州日报》2014年12月20日。

④ 参见王继超、刘绍明：《脑死亡的概念及其临床判定》，载《中华神经医学杂志》2006年第6期。

⑤ 参见丁春艳：《英国法上"死亡"定义之考察》，载《法律与医学杂志》2006年第3期。

人，每人每天的医疗费用在300元到500元，年费用在10万元以上。美国有1万名左右的植物人，他们每年的医疗费用在10亿美元到70亿美元之间[①]，成为家庭和社会的一个沉重的负担。当然，存在家人锲而不舍唤醒植物人亲属的少许佳话，但在多数情形下，他们的努力并不能得到回报。

由此产生了著名的特里·夏沃（Terri Schiavo）案。这位美国女性于1990年因脑部缺氧造成永久性损害成为植物人。此后15年，她一直依靠进食管获得营养。1998年，夏沃的丈夫迈克尔·夏沃向佛罗里达州法院提出诉讼，要求停止给妻子进食，理由是特里本人不愿意这样毫无意义地“活”下去，因为她生前表示过这样的意思。但特里的父母坚决反对。从此，双方开始了一场旷日持久的官司。根据法院的裁决，特里的进食管曾先后两次被拔除，随后又根据州议会紧急通过的法令两次重新插上。2005年3月18日，根据佛罗里达州法院的最新裁决，特里的进食管再次被拔除。特里的父母随后多次向联邦地方法院、巡回上诉法院和最高法院提出紧急申诉，请求法院同意将他们女儿的进食管重新插上，但这些法院都拒绝推翻佛罗里达州法院此前作出的判决。2005年3月31日，特里在进食管被拔除13天后停止了呼吸。[②]

迈克尔提出拔除进食管的可能理由有四：第一，摆脱沉重的经济负担。据统计，十几年间，特里的医疗费用已达到100万美元左右[③]。第二，“赖活”不符合特里本人的意愿。第三，获得重新结婚的可能。特里死时41岁，迈克尔应该也是40多岁，处在婚娶年龄，特里不在法律上死亡，迈克尔无结婚的权利能力。第四，特里是永久性的植物

---

① 参见杨立新、张莉：《论植物人的法律人格及补正》，载《法律适用》2006年第8期。

② 参见《美国女植物人特里·夏沃去世》，载 http://www.dragontv.cn/detail.php?InfoID=34876，2007年1月5日访问。

③ 参见杨立新、张莉：《论植物人的法律人格及补正》，载《法律适用》2006年第8期。

人，迈克尔已经等待了15年，但未看到任何康复的希望。

法院判处拔除特里的进食管的客观效果是排除了她成为杀人罪的对象的可能，此前存在认定拔除进食管者构成谋杀的案例，由此实际上是否定了特里尚有生命权，我认为该判决实际上采用了高级脑死亡标准。这意味着美国的全脑死标准出现了裂缝。

既然如此，采用脑死亡标准的两大利好——节约医疗资源和促进器官移植——就有可能成为拔除永久性植物人进食管带来的利好。特里案件后，法学界讨论了该案所涉及的法律的各个方面，唯独未谈到在特里生前作出过同意的条件下采集其器官的问题，大概因为这一问题在伦理上太敏感吧！

1990年，美国有一个作出完全相反的决定的判例：Cruzan v. Director, Missouri Dept. of Health。1983年1月，南希·克鲁赞（Nancy Cruzan）因交通事故处于植物人状态。其父母要求停止为她补充营养，遭到医院的反对，为此诉至密苏里州法院，克鲁赞的父母败诉。上诉至最高法院，结论是维持原判。① 从Cruzan v. Director，Missouri Dept. of Health案到特里·夏沃案，表明美国最高法院对于植物人死的权利的立场发生了改变。

特里·夏沃案在美国之外有了新版本。2008年意大利发生了埃鲁阿娜案。当时37岁的埃鲁阿娜·恩格拉罗（Eluana Englaro）在21岁时（1992年1月18日）因车祸成为植物人，其家人一直为她争取死亡权，其父亲贝匹诺·恩格拉罗（Beppino Englaro）为此斗争了10年。2008年11月13日，他拿到了最高法院的最终裁决，授权由其决定是否停止给病人喂食②。贝匹诺作出了停止喂食的决定。但直到2009年2月3日，他才找到愿意为埃鲁阿娜实施安乐死的医院，并在2009年

---

① 参见［日］藤仓浩一郎等主编：《英美判例百选》，段匡、杨永庄译，北京大学出版社2005年版，第174页及以次。

② Cfr. Socci Angelo Matteo，Etica，Eluana，esecuzione ed eversione，Nella Newsletter di DIRITTO. IT，LE NOVITÀ NELLA RIVISTA del 12/02/2009.

2月6日拔掉了她的进食管，预计埃鲁阿娜在15—20天后死亡，结果其3天后即死亡。埃鲁阿娜案与特里·夏沃案的不同是埃鲁阿娜没有留下关于自己的生命维持治疗问题的书面生预嘱，所以，她处于植物人状态后的生死不是她自己决定的，而是作为其监护人的父亲决定的，这涉及重大的伦理学问题。意大利最高法院2008年11月13日的判决实际上授予了监护人在被监护人处于植物人状态时决定其死生的权利。在某种意义上，这是一种可怕的权利，故埃鲁阿娜案在意大利引发了激烈的争论。《前途报》号召反对终结埃鲁阿娜的生命，民主党的龙科尼呼吁出台“拯救埃鲁阿娜生命的紧急法案”。[①] 埃鲁阿娜被拔掉进食管的同一天，时任意大利总理贝卢斯科尼发布了一项紧急行政禁令，其内容为“帮助不能自行饮食和进水的人饮食和进水者，不得中止此等作为生命维持手段的供食和供水”[②]，但时任意大利总统焦尔焦·纳波利塔诺认为贝卢斯科尼的此举干预了司法，拒绝签署之，由此造成总理与总统之间的斗争。为此，贝卢斯科尼于2月6日再度召集内阁起草了一份相关法案来“绕过”总统，阻止安乐死，该法案在2月9日提交议会审议。意大利议会众议院议长表示自己站在总统一边，而参议院议长则表示支持总理，不过两人都表示会尽快分别召开两院会议。贝卢斯科尼称，如果议会不能通过有关法案，他将发动公投，修改宪法。[③] 在这场角力中，如果贝卢斯科尼获胜，法律不过回到了传统，但如果最高法院获胜，则一项危险的权利得到了巩固，人人可能自危。但可怜的埃鲁阿娜的父母尽管由于偶然的原因不必承受维持埃鲁阿娜生命的物质负担——此等负担已由慈善机构接手，但他们要忍受目

---

① 据新华社电：《意大利批准安乐死引争议》，载《厦门日报》2009年2月7日，第7版。

② Cfr. Trabucco Daniele, *A proposito del decreto – legge in merito al caso Englaro*, Nella Newsletter di DIRITTO. IT, LE NOVITÀ NELLA RIVISTA del 12/02/2009.

③ 参见方颖：《意大利女子安乐死事件引发宪政危机》，载 http：//news. sohu. com/20090210/n262141939. shtml，2009年2月10日访问。

睹自己热爱鲜活生存的女儿生不如死的痛苦。这个女儿由一个苗条的美女经过16年的植物人生存已变成一个丑陋的躯壳，没有运动、没有充分的阳光、没有交流导致如此，还有什么比这个让父母更伤心的呢？

三、安乐死问题

（一）安乐死的概念

安乐死的希腊文形式是 Eutahnasia，它告诉我们安乐死是一种优化的死亡状态，而不是一种死亡方式，Eu 的前缀表示的就是“优等”的意思，tahnasia 是“死”的意思，它的对立面是恶死（Distahnasia），即缓慢的、痛苦的死亡方式。[①] 死亡方式分为自然的、人为的等。自然的如老死、病死，人为的如处决。无论何种死亡方式都可优化。例如，痛苦的必死病人可在医生的帮助下较少痛苦或无痛苦地死亡；处决犯人，可以采取增加其痛苦的方式，如以十字架钉死，也可采取减少其痛苦的方式，如用断头台。目前以注射毒药的方式优化死刑的执行方式。死亡方式与死亡状态的关系可以用这样的比喻解释：死亡是“菜”本身，死亡方式是“调料”，后者不能改变前者，但能使前者的形式有所不同。

安乐死与自杀的关系如何呢？由于生预嘱的必要步骤，安乐死本质上是一种凭借他人之手的自我了断，类同于自杀。但我认为，自杀是一种死亡方式，属于非自然死亡方式的范畴，常常为减少生的痛苦而实施，安乐死是一种死亡状态。换言之，自杀可以是“安乐”的，也可以是“恶”的。在自杀中，死并非必然的，人力所及者在于阻止死亡；而在安乐死中，死是必然的，人力所及者为改善死的过程。两者的不同还在于，安乐死借助于他力实施，自杀借助于自力实施。通常的自杀是滥用自己的自治权给家人、社会造成损害，因此经常被人

---

① Véase Juan Morales Godo, *Hacia una Concepción Juridica Unitaria de la Muerte*, Pontificia Universidad Catolica del Perú, Fondo Editorial, Lima, 1997, p. 90.

们以权利不得滥用的理由遏制；安乐死相反，是合理运用自己的自治权避免给家人、社会带来损害，不涉及权利不得滥用原则。但自杀与安乐死存在交叉，例如，被动安乐死既可以自己实施，又可以他人实施。在前种情形下，安乐死与自杀的界限就模糊了。

（二）安乐死的历史发展

安乐死的名称源自希腊文，但这个术语是19世纪后半叶由英国学者威廉姆斯（S. D. Williams）首先提出的，语词的出现意味着相应思想的出现。威廉姆斯坚持在无望和痛苦的情形中，医生的义务是摧毁受苦者的意识、快速无痛地让他死亡，但同时要采取一切措施防止这一处置被滥用。[①] 从此形成了赞成安乐死的学者群体。

1906年，在美国俄亥俄州产生了第一个积极的安乐死法案并被提交议会讨论，但未获通过。[②] 1935年，英国成立了自愿安乐死立法社推动改革有关方面的法律，反对者在上议院以35对14的票数比阻止了有关法律的通过。[③] 该法律要求人们签署一份安乐死申请书，申请者必须超过21岁，患伴有严重疼痛的不可治疗的致命疾病。签署时须有两个证人在场，递交由卫生部任命的"安乐死审查人"审查。[④] 显然，这一法案对安乐死的实施持慎重态度，采取措施防止其滥用。1937年，一个类似的法案在美国内布拉斯加州议会流产。1938年，波特尔（C. Potter）牧师在纽约成立了美国安乐死协会，其工作目标包括

---

① See Thane Josef Messinger, A Gentle and Easy Death: From Ancient Greece to Beyond Cruzan Toward a Reasoned Legal Response to the Societal Dilemma of Euthanasia, In Vol. 71 (1993), *Denver University Law Review*, p. 189.

② See Thane Josef Messinger, A Gentle and Easy Death: From Ancient Greece to Beyond Cruzan Toward a Reasoned Legal Response to the Societal Dilemma of Euthanasia, In Vol. 71 (1993), *Denver University Law Review*, p. 189.

③ See Thane Josef Messinger, A Gentle and Easy Death: From Ancient Greece to Beyond Cruzan Toward a Reasoned Legal Response to the Societal Dilemma of Euthanasia, In Vol. 71 (1993), *Denver University Law Review*, p. 191.

④ 参见邱仁宗著：《生命伦理学》，上海人民出版社1987年版，第209页。

推进以优生为目的地非自愿安乐死。在“二战”期间，纳粹德国大搞优生安乐死，损害了安乐死的名声，把安乐死考虑的重心从人道主义转移到社会利益要求根除那些无用的人，这些人有智障者、身体畸形的儿童和精神病人，导致27.5万人死亡。战后，德国医学界基于这一滥用的教训谴责一切安乐死。① 但这样的态度对美国几乎无影响，美国安乐死协会继续推动有关的立法，教会的态度发生改变，清教开始肯认安乐死与基督教义并不矛盾。1975年，加利福尼亚州的民意调查表明，87%的受调查者赞成消极的安乐死。消极安乐死的实施以病人留下生预嘱为条件，这是人在清醒时作出的在自己患不治之症时拒绝无用的救治的意思表示。到1975年年底，美国有15个州的议会讨论了生预嘱法，但只有加利福尼亚州把它变成了法律②，它是1976年9月30日由州长签署的《自然死亡法》（加利福尼亚健康安全法），它规定，任何成年人都可执行一个指示，旨在临终条件下终止维持生命的措施。该指示就是所谓的生预嘱，其表述为“我的生命不再用人工延长”，条件是“我有不可医治的疾病，有两个医生证明我处于临终状态，使用维持生命的措施只是为了人工延长我的死亡时间，而我的医生确定我的死亡即将到来，不管是否利用维持生命的措施”。这个法令还明确规定，要在处于临终状态14天后执行这种指令，除非病人撤回，医生必须执行此等指令，否则有失职的罪责。③ 这是一个基于病人的自决权承认消极安乐死之合法性的法律。了解了这一法律背景，我们就会理解特里的丈夫的主张：特里留有生预嘱，所以应拔除其作

---

① See Thane Josef Messinger，A Gentle and Easy Death：From Ancient Greece to Beyond Cruzan Toward a Reasoned Legal Response to the Societal Dilemma of Euthanasia，In Vol. 71 (1993)，*Denver University Law Review*，p. 194.

② See Thane Josef Messinger，A Gentle and Easy Death：From Ancient Greece to Beyond Cruzan Toward a Reasoned Legal Response to the Societal Dilemma of Euthanasia，In Vol. 71 (1993)，*Denver University Law Review*，p. 207.

③ 参见邱仁宗著：《生命伦理学》，上海人民出版社1987年版，第211页。

为维持生命措施的进食管。因此，美国人是在安乐死的层面上看待特里案件的，不似我在死亡标准的层面上看待这一案件。

前有模范，后有随者，到目前，美国大多数州都承认了生预嘱，换言之，承认了消极安乐死。安乐死主张者的努力终于产生了成果，人类终于回到了从更理性的角度看待死亡问题的轨道。在荷兰，自愿安乐死协会有会员 24 万人，其中有大约 10 万名会员签署了生预嘱，声明患上致命疾病时授权医生不再用非常的治疗方法维持他们的生命。现在，在欧美 20 多个国家有自愿安乐死团体存在。①

在美国以外，安乐死的合法化也是趋势。在 1976 年于东京召开的国际安乐死研讨会上，澳大利亚、日本、荷兰、美国等国家的代表签署了《关于安乐死的东京宣言》。1980 年，成立了国际死亡权利联合会，其使命之一在于推动安乐死合法化。②

（三）安乐死的法理依据

安乐死的法理依据为何？我认为是人格权中的生命权，其内容是生命受到尊重的权利以及在必要时放弃生命的权利。生命权属于我们对自己的权利的范畴，它不是身体财产权而是生命人格权，因为它是一种精神利益。但有些美国学者认为，安乐死的法理依据是以个人自治为内容的私生活权，此等权利主要基于财产法，某人对自己的物质和精神人格的主权是财产权的最纯粹的例子。③ 这种理论很有美国味，但与我的理论的效果一样。我想，梅辛格讲的财产法是关于自己的东西的法的意思，不然，他的概念就跟我们的相差太大了。

---

① 参见孟宪武著：《人类死亡学》，洪叶文化事业有限公司 2006 年版，第 334 页及以次。

② 参见孟宪武著：《人类死亡学》，洪叶文化事业有限公司 2006 年版，第 334 页及以次。

③ See Thane Josef Messinger, A Gentle and Easy Death: From Ancient Greece to Beyond Cruzan Toward a Reasoned Legal Response to the Societal Dilemma of Euthanasia, In Vol. 71 (1993), *Denver University Law Review*, p. 234.

（四）安乐死的种类

安乐死可以分为许多种类。从对死亡方式施加影响的方法来看，可分为被动安乐死和主动安乐死，前者是拒绝做非常的努力维持生命，后者是采取精心考虑的行动引起死亡。其执行方式又分为两种：其一，直接的安乐死，这种安乐死的本意是要病人死亡，通常讲的安乐死都属于此类；其二，间接的安乐死，这种安乐死的本意是解除病人的痛苦，病人死亡是解除痛苦的附带效果。从道义的角度看，被动安乐死比较好接受，而对主动安乐死的道义非难似乎多些。假设对特里·夏沃一案适用的是脑全死的标准，则拨除其进食管的行为属于为她实施被动的安乐死。当然，如果按一定的标准确认她在被拔除进食管前已经死亡，我们会看到另外的画面。

根据死亡者对安乐死过程的参与程度可又分为自愿的安乐死和非自愿的安乐死，前者为死者请求实施的安乐死，后者为家人或法院出于死者利益决定的安乐死。例如，无脑的初生儿不能表达自己的意愿，只能按后种方式实施安乐死。[①] 在我国，对于无肛的婴儿，有允许实施被动安乐死的做法，但遭到志愿者的抵制，凸显出父母的遗弃权与大众的尊重生命情感的矛盾。[②] 由于这种区分，各国多对成年人的安乐死和儿童，尤其是婴儿的安乐死分别立法。但非自愿安乐死不以儿童—婴儿安乐死为限，也可出于优生的需要实施，纳粹德国就这样做过。死者参与的死亡方式设计是他对自己生命权的一种运用。在通常情况下，基于意思自治的运用是善的，基于意思他治的运用是恶的，因此，自愿安乐死比较容易为世人接受，而非自愿安乐死则容易受到非难。

---

① See Thane Josef Messinger, A Gentle and Easy Death: From Ancient Greece to Beyond Cruzan Toward a Reasoned Legal Response to the Societal Dilemma of Euthanasia, In Vol. 71 (1993), *Denver University Law Review*, p. 181.

② 参见综合《京华时报》《广州日报》报道：《女婴重病家人弃治，志愿者强行抢婴》，载《厦门晚报》2010 年 2 月 6 日，第 20 版。

有人认为存在尊严死或自然死这个安乐死的近义概念。所谓“尊严死”（Death with Dignity），指对于没有恢复希望之末期病患，终止无益之延命医疗，使其具有“人性尊严”以迎接自然死亡之措施。亦有以“自然死”（Natural Death）或“有品位之死”（Dying in Dignity）称之者。[①] 我们很快可看出，这样的尊严死或自然死实际上就是被动安乐死。我们了解这些类似用语有好处，因为加利福尼亚州就颁布了专门的《自然死法》，现在我们就可知道它是调整一种类型的安乐死的立法了。

（五）安乐死在民族国家或地区的合法化

1996 年 5 月 25 日，澳大利亚北领地地区议会通过了《垂危病人权利法》，于 1997 年 7 月 1 日生效，它使安乐死在本地区合法化，但引发争议，后来在不符合人道主义的批评声中夭折。[②]

我国台湾地区于 2000 年 6 月通过了“安宁缓和医疗条例”，该法允许患不治之症者以生预嘱或家属的代为承诺排除心肺复苏术等作为迁延生命手段，实际上是允许消极安乐死。[③] 可以说，消极的安乐死在中国的部分地区已经合法。

比利时在 2002 年允许安乐死，但并未规定安乐死的方法。[④]

瑞士于 1941 年就规定了医生和非医生的帮助自杀行为合法。[⑤]

---

① 参见陈子平：《安乐死与尊严死在刑法上的效应》，载 http：//203. 208. 35. 101/search? q = cache：hZiNmapvCgAJ：www. jlsjcy. gov. cn/default3. aspx% 3Fid% 3D3644 + Dying + in + Dignity&hl = zh – CN&ct = clnk&cd = 2&gl = cn&lr = lang_ zh – CN | lang_ zh – TW&st_ usg = ALhdy29XBYY8m01Szd2V6dNc_ M0cdca4Kg，2009 年 2 月 3 日访问。

② 参见孟宪武著：《人类死亡学》，洪叶文化事业有限公司 2006 年版，第 337 页。

③ 载 http：//gigabyte. fxsh. tyc. edu. tw/net _ university/lesson/chaokshih/LD6 – 5PS1. htm，2009 年 2 月 3 日访问。

④ 参见吕建高：《从禁令到权利：为医助自杀的合法性辩护》，载《法治论坛》2008 年第 6 期，第 83 页。

⑤ 参见吕建高：《从禁令到权利：为医助自杀的合法性辩护》，载《法治论坛》2008 年第 6 期，第 83 页。

2000年10月26日，瑞士苏黎世市政府通过决定，自2001年1月1日起允许为养老院中选择以“安乐死”方式自行结束生命的老人提供协助。由瑞士支持的安乐死组织“Dignitas”（意为“尊严”）开张，每年有200人前来自杀。“尊严”组织被邻里冠以“自杀工厂”的名称，现位于苏黎世附近郊区斯文森巴赫村的商业公园内。该组织拥有一个私人货物升降机，专门用于运送死者的棺材。

“尊严”组织由路德维格·米内利创办于1998年，目的是在医生和护士的帮助下使那些患不治之症和精神疾病的患者脱离苦难。米内利坚持认为：只有那些受利益驱使去自杀的人才应该被控诉，他所创办的自杀组织是帮助那些患有精神疾病和抑郁的人逃离苦难。他还认为，上帝创造带有缺憾的人类本身就是一种错误，他觉得如果人们希望结束自己的生命，他有责任帮他们。瑞士法律认为帮助自杀者的组织是光荣的，并且除了收取基本费用，不会从中获得任何利益。“尊严”组织的自杀费用是5000英镑，它是唯一一家接受外国顾客的组织。

尊严组织的著名顾客是美国裔教授尤尔特，他旅居在英国北约克郡。因患有运动神经细胞疾病导致全身瘫痪，尤尔特要靠呼吸机来呼吸，喉咙也在慢性萎缩，甚至失去吞食的能力。经过与妻子玛丽反复讨论，尤尔特决定，与其成为一座“活墓”，忍受着令人煎熬的、漫长的死亡，倒不如选择安乐死。他们远赴瑞士苏黎世，还支付了3000美元的服务费。尤尔特在诊所饮下致命剂量的镇静剂后，自己调校计时器关闭气喉，不到45分钟，便在妻子玛丽的陪同下去世。尤尔特夫妇授权英国天空电视台录制他们实施自杀计划的全过程，将之拍成纪录片，于2008年12月10日晚以《选择死的权利：自杀游客》的名称播出，引起极大争议。①

---

① 参见新华社电：《全世界看着他吻别妻子结束生命。重病男子同意接受安乐死并拍成纪录片，英电视台播出惹争议》，载《潇湘晨报》2008年12月11日，第14版。

荷兰在2001年4月10日通过了《安乐死法》。在此之前，安乐死在荷兰是不合法的，但是这种做法并没有受到法律追究。这一点可由一个案例证明。20世纪80年代，曼海姆医生为一名以口头和书面形式对他提出请求的95岁的病重老人实施了安乐死，1983年5月，一审法院判他无罪，但上诉法院推翻了这一判决。最后，1984年11月，最高法院又推翻了上诉法院的判决，由此确立了医助自杀或安乐死的合法性。[①] 有关安乐死的讨论在荷兰持续了近25年。从前实施安乐死时，医生必须到国家一级的总检察院进行注册登记，而现在他们只需要到地区一级的委员会进行登记即可，地区一级的委员会有权免去对他们进行司法调查。人们都说荷兰是世界上第一个制定安乐死法的国家，这种说法只有在荷兰是第一个以立法的形式承认积极安乐死的国家的意义上才是正确的，因为在荷兰之前已有一些国家制定了消极的安乐死法。荷兰的这一法律实际上把安乐死限定在医生实施的积极安乐死的范围内。为了限制滥用，它规定了一些条件：实施安乐死的病人必须是病痛达到了“难以忍受”的地步，而且缺乏缓解病痛的治疗方法。在这种情况下，医生必须征求另外一位同事的意见，而且特别要向区一级监督委员会报告。该监督委员会由一名法官、一名医生和一名伦理专家组成。该机构负责宣布实施安乐死的过程是否符合法律规定的各项要求。从理论上讲，如果实施安乐死不按照法律规定的要求进行，那么这种安乐死在刑法上仍然被看作一种犯罪，而且医生有可能被判处12年监禁。

荷兰这个法律的实施状况如何呢？我们看到的是负面的报道：荷兰的许多老人惧怕被亲友实施安乐死而逃往国外，尤其是德国。哥廷根大学的一份调研报告对荷兰出现的7000起安乐死案例进行了分析。调查人员在这些案例中发现了不少医生和亲属联手操纵老年人和病人生命的案

---

① 参见吕建高：《从禁令到权利：为医助自杀的合法性辩护》，载《法治论坛》2008年第6期，第86页。

件。根据调查，在接受安乐死的案例中，41%的死者是由家属提出希望结束患者痛苦后“合法死亡”的。而且，在其中11%的案例中，患者死亡之前仍然神志清醒，而且有能力自己作出决定，但是没有人问他们愿意选择活着还是死去。于是，老年人的出国潮就可以理解了。

英国上议院于2009年7月31日作出裁决，允许多发性硬化症患者黛比接受协助自杀。协助自杀指通过一定方法，如药物或设备，促成可能已无能力实施自杀行为的死亡意愿者达到目的。在此判决前，协助病人自杀者要判刑14年。黛比得到此判决后，与其丈夫在上议院外高兴相拥。①

（六）我国的安乐死问题

如下案例反映了安乐死之承认在我国的紧迫性。

其一，1986年的陕西省汉中市医生浦连升为王明成患绝症的母亲夏素文实施安乐死案。案情如下：59岁的女患者夏素文因患肝硬化腹水，病情恶化之后住进陕西省汉中市传染病医院。6月28日，夏素文的长子王明成找到查房的该院院长询问病情，当从院长口中得知其母已无生还希望时，提出“可否采取点措施，免得再受罪”。该要求在院长处被断然拒绝，但过后，夏的另外两个女儿与王明成一同恳求时任该院肝炎科主任蒲连升为其母实施安乐死措施。在要求提供书面保证的情况下，蒲连升答应了他们的要求，开出了若干毫克“冬眠灵”注射液，并亲自为夏素文注射，然而第一次注射并未导致患者死亡，其后受蒲嘱咐，该院实习护士又于次日向夏注射了若干毫克“冬眠灵”注射液，于是夏素文在凌晨死亡。②

其二，2007年的李燕请求安乐死案。李燕从1岁就得了进行性肌

---

① 参见本报综合消息：《英法官裁定女患者可安乐死》，载《厦门晚报》2009年8月2日，第6版。

② 参见李照林、王金龙：《安乐死：自己选择生死?》，在《中国老年报》2001年5月6日，第2版。

营养不良症，此病被医学界称为“超级癌症”，导致她全身的肌肉萎缩，一半以上的骨骼变形，丧失全部吃、喝、拉、撒、睡的自理能力。她生不如死，想找一位人大代表提交一份允许安乐死的提案。①

其三，2009年的何成龙用安眠药为瘫痪妻子实施安乐死案。1985年，何成龙的妻子徐桂琴患上了类风湿病，疼痛难忍，2009年11月1日，请求何成龙为她实施安乐死，何成龙用安眠药满足了其愿望，由此被判三年徒刑。②

其四，2014年的患病崔老太勒死丈夫轻生案。62岁的崔某是北京怀柔区农民，育有一双儿女。1999年，崔某的丈夫周某患上脑梗塞，虽经住院治疗病情仍不断恶化，最后卧床不起，生活无法自理。案发前两年周某逐渐失去意识，成了植物人。15年来，崔某独自挑起家庭的重担，悉心照顾丈夫，任劳任怨。为了给丈夫治病，崔某省吃俭用，四处奔波、寻医问药。2013年年初，长期过度劳累的崔某也患上了脑梗塞。同时，她还被查出患有极高危的高血压以及严重的腰椎间盘突出等疾病。崔某不但丧失了照顾丈夫的能力，甚至自己也随时有生命危险。考虑到儿女生活负担重、经济困难，崔某担心自己和丈夫会成为儿女的累赘。她多次产生厌世的想法，所幸都被儿女及时发现并劝阻。2014年3月6日早晨，崔某以方便照顾为由，让女儿帮忙把丈夫挪到炕沿。待女儿上班后，崔某找来一根绳子，两头系上重物，挂在了丈夫的脖子上。已是植物人的周某没有丝毫挣扎。检察院拟对崔某提起公诉，但专家有提起公诉和不起诉两种意见。③ 后一种意见显然

---

① 参见佚名：《27年无法自理人生，女孩请求人大代表递交“安乐死”议案》，载 http：//news. xinhuanet. com/ legal/2007 -03/13/content_ 5838037. htm，2015年3月5日访问。

② 参见佚名：《老汉用安眠药为瘫痪妻子实施安乐死被判刑》，载 http：//news. qq. com/a/20101024/000216. htm，2015年3月5日访问。

③ 参见佚名：《老太照顾瘫痪丈夫15年后杀夫》，载 http：//epaper. jinghua. cn/html/2014 -12 /03/content _ 149333. htm，2015年3月5日访问。

采用承认安乐死立场。

其五，2015 年的熊俊怡案。熊俊怡于 2014 年 12 月 1 日被卷入快递公司传送带受伤，尔后一直都没有任何意识。除此之外，他无法吞咽，靠鼻管饲食，全身僵直，攥紧的手都无法伸展，左臂骨折、手腕向内畸形地弯曲着。其父亲熊正青欲对孩子实施安乐死，但医院回答做不了。孩子的父母陷入巨大的经济负担和绝望中，即使孩子治好，也是植物人。①

我国法院对于自发的安乐死态度不一。上述五案有“其一”“其三”“其四”到了法院。“其一”的被告比较幸运，他们被以故意杀人罪告上法庭。1991 年 5 月 17 日，法院裁定蒲连升、王明成不构成犯罪。检察官不服抗诉，1992 年 6 月 25 日，二审法院驳回抗诉。② 此案表明了中国法院支持积极安乐死的立场，引起社会广泛关注，见仁见智。“其三”的被告没有这么幸运，被判刑三年。“其四”的被告是否判刑还在争议中。这些案例都刺激了国人思考安乐死问题。

由于有“其二”和“其五”之类的当事人的强烈要求，在立法上，1993 年 3 月，全国人大代表谭盈科和其他 10 余名代表第一次在全国人大代表会议上提出安乐死议案，卫生部以条件尚不成熟为由予以拒绝；1994 年 3 月，谭盈科等 30 多名人大代表再次提出为安乐死立法的议案，全国人大常委会法制工作委员会答复：“安乐死立法涉及法律、医学和伦理学等各方面的问题，目前世界上也没有取得一致认识，虽然有的国家制定了有关法律，但为数还很少，大多数国家对此持慎重态度。目前可以促请有关部门积极研究这一问题。”以后的人代会也

---

① 参见佚名：《生死两难：安徽男童“安乐死”被拒之后?》，载 http：//news. sohu. com/20150129/n408170918. shtml，2015 年 3 月 5 日访问。

② 参见佚名：《中国安乐死备忘录》，载 http：//www. southcn. com/law/fzzt/fzztgk/200307290641. htm，2009 年 2 月 7 日访问。

不断有代表提出为安乐死立法的问题，但都无结果。[①] 我认为立法应逐步承认安乐死，不妨先从承认消极安乐死入手，然后承认积极安乐死。

四、自杀权问题

（一）自杀权的意义

与安乐死相关的是自杀权问题。应该说，承认安乐死必然承认自杀权，因为两者的共同基础是生命权之运用，具体而言，自杀权体现为“死的权利”。而且，安乐死与自杀的界限难以划分，医助自杀就是安乐死。

自杀是一种古已有之的普遍社会现象，全球可能每年自杀 80 万人[②]，所以，任何社会的法律都必须表明自己对自杀的态度，要么禁止，要么允许。后一种选择必然导致自杀权的概念。

生命属于自己，故有自杀权之成立，但生命也属于家庭和国家，故自杀权要承受权利不得滥用原则之限制。但利他性自杀是否为滥用权利，颇值疑问。

如果自杀出于激情，则它有力地打破了传统民法所持的理性人假设。法律家长制是保护不理性的人的有效形式。完全禁止自杀的规定就属于严厉的家长制，相反，使自杀受制于某些条件——如经过心理咨询的条件——的立法则属于不对称家长制。[③]

（二）自杀权的历史发展

1. 允许与禁止相伴的时期。自杀权是一种古老的权利，它存在于许多民族的生活实践当中，运用于主体面临不利的情况。例如，雅典

---

① 参见张晓华：《安乐死合法化：历史与困境》，载《中国社会导刊》2006 年第 24 期，第 32 页。

② 参见孟宪武著：《人类死亡学》，洪叶文化事业有限公司 2006 年版，第 350 页。

③ See Colin Camerer, Samuel Issacharoff, George Loewenstein, Ted O'Donoghue, and Matthew Rabin, Regulation for Conservatives: Behavioral Economics and the Case for 'Asymmetric Paternalism', In Vol. 151 (2003), *University of Pennsylvania Law Review*, p. 1252.

和开俄斯的一些殖民地的长官为公众备有毒药，任何在元老院面前证明自己有正当理由的人都可申请使用它们。[①] 又如，希腊的开俄斯的习俗要求60岁以上的老人自杀[②]，以避免社会资源的浪费。但斯巴达的法律惩罚自杀，柏拉图据此指出，一个人不是出于官吏的命令，也非为了避免耻辱，而是出于懦弱自杀，应受到惩罚。[③] 而斯多亚哲学赞成自杀，认为不合自然的生命——包括痛苦、重病和畸形等情形——不值得延续。古罗马人认为人是自己身体的主人，有权决定自己的命运，因此，其政府只惩罚无由的自杀，不治之症自杀被认为有正当理由（D. 48, 21, 3, 4）。[④] 当时教育的内容之一是如何面对死亡，如何死得漂亮。[⑤] 不过，当皇帝们对死人的财产越来越感兴趣的时候，就宣布因为罪行自责而自杀也是犯罪，这样，自杀者的财产就不会到其继承人手中而要被皇帝没收了。[⑥]

2. 禁止时期。2—3世纪，基督教兴起，其生命价值观与斯多亚哲学不同，希腊罗马人认为生命的价值取决于生命的质量，而基督教把

---

① See Thane Josef Messinger, A Gentle and Easy Death: From Ancient Greece to Beyond Cruzan Toward a Reasoned Legal Response to the Societal Dilemma of Euthanasia, In Vol. 71 (1993), *Denver University Law Review*, p. 183.

② See Thane Josef Messinger, A Gentle and Easy Death: From Ancient Greece to Beyond Cruzan Toward a Reasoned Legal Response to the Societal Dilemma of Euthanasia, In Vol. 71 (1993), *Denver University Law Review*, p. 183.

③ 参见［法］孟德斯鸠著：《论法的精神》（下），张雁深译，商务印书馆1963年版，第290页。

④ See Thane Josef Messinger, A Gentle and Easy Death: From Ancient Greece to Beyond Cruzan Toward a Reasoned Legal Response to the Societal Dilemma of Euthanasia, In Vol. 71 (1993), *Denver University Law Review*, p. 184.

⑤ 参见［法］安德烈·比尔基埃等主编：《家庭史1》，袁树仁等译，三联书店1998年版，第348页。

⑥ 参见［法］孟德斯鸠著：《论法的精神》（下），张雁深译，商务印书馆1963年版，第291页。

生命本身看作有价值的，并不考虑生命存在的环境决定此等价值[1]，因而开始对自杀持否定态度。英国普通法把自杀定为犯罪，对自杀者处以刑罚。[2] 13世纪的英国法学家亨利·布拉克顿在《论英国的法律和习惯》中说，正如一个人因为谋杀他人而犯下重罪，他也会因为杀害自己而犯罪，他的财产要被充公。布莱克斯通在其《英国法释义》中也说自杀是一种自我谋害行为，是最严重的犯罪之一。他们的这些观点都为普通法接受。[3] 弗吉尼亚的早期法律也规定自杀是可耻的行为，自杀者的个人财产要被君主没收。[4] 教会法规定自杀者得不到基督徒的葬礼。对于自杀者的尸体，英国的传统做法是在夜间将其放置在十字路口并用木棍穿刺而过，此外还用石头压住死者的脸面，以此表示自杀者的耻辱。[5] 世俗法也打击自杀者，没收他们的财产，把遗体葬在公路上，而且要以木桩贯穿。因为生命属于上帝，自己只是个受托人，破坏此等生命违反了上帝的意志。当然，实际的考虑可能是为了壮大基督教的势力，避免信徒的不必要减少。

路易十四于1670年公布的刑法对自杀者采用如下惩罚：将自杀者的尸体头朝下放入樊笼游街示众；把自杀者的财产一律充公；贵族自杀的，全家贬为平民，打碎家族徽章。[6]

3. 复兴时期。但近代以来，自杀权的观念得到复兴。1516年，托

---

① See Thane Josef Messinger, A Gentle and Easy Death: From Ancient Greece to Beyond Cruzan Toward a Reasoned Legal Response to the Societal Dilemma of Euthanasia, In Vol. 71 (1993), *Denver University Law Review*, p. 185.

② 参见［日］藤仓浩一郎等主编：《英美判例百选》，段匡、杨永庄译，北京大学出版社2005年版，第176页。

③ 参见吕建高：《从禁令到权利：为医助自杀的合法性辩护》，载《法治论坛》2008年第6期，第81页及以次。

④ 参见吕建高：《从禁令到权利：为医助自杀的合法性辩护》，载《法治论坛》2008年第6期，第82页。

⑤ 参见黄永锋：《英国法对自杀者的惩罚和宽宥——福柯刑罚政治经济学的一个扩展》，载《暨南学报（哲学社会科学版）》2009年第3期，第69页。

⑥ 参见孟宪武著：《人类死亡学》，洪叶文化事业有限公司2006年版，第349页。

马斯·摩尔在其《乌托邦》一书中张扬了自杀权，认为如果某人得了绝症，而且被病痛折磨得生不如死，当地的教士和官员就会劝告他放弃自己的生命，如果他自愿放弃，他可以找人来帮他解脱，但通常是自行了断，以绝食方式死亡。这样听从劝告而死的人在乌托邦是光荣的。但未听教士和官员的劝告擅自寻死的人会受到得到不安葬、暴尸荒野的惩罚。[①] 弗朗西斯·培根则主张医生应帮助濒死的病人进行有尊严的和安宁的从生到死的过渡。[②] 大卫·休谟在其1783年写就的未发表作品《论自杀》中，针对自杀违反了生死安排的神的秩序的观点进行了讨论，认为神在某些情况下是允许人干扰自然的，例如，为灌溉改变河的流向。神安排的自然秩序既然是为了我们好，那遵循这一秩序就应该产生快乐，如果权衡利弊，自杀能为我们提供更大的快乐，我们自杀怎么就不是遵循神的自然秩序呢？从世俗关系的角度看，休谟认为自杀并不必然违反对他人的义务，当我们的生成为他人的负担时，我们的自杀就不仅是无辜的，而且还是可赞美的。不独此也，自杀也不违反人们对自己的义务，因为我们对死亡的自然恐惧导致我们只有在仔细评估了生的不利前景后才有勇气自杀。所以，自杀应免受犯罪处理和指责。总之，休谟从功利主义的观点批驳了对自杀的种种责难，把自杀看作运用个人自由的一种形式予以认可。[③]

这些启蒙思想家的影响导致反自杀的势力弱化，法律转而对自杀持既不惩罚，也不鼓励的放任态度。放眼历史长河，可以说，法律什么时候不处罚自杀了，自杀就成为一种权利了。

---

① 参见［英］托马斯·莫尔著：《乌托邦：关于未来完美社会的全部设想》，吴磊编译，人民日报出版社2005年版，第83页。

② See Thane Josef Messinger, "A Gentle and Easy Death: From Ancient Greece to Beyond Cruzan Toward a Reasoned Legal Response to the Societal Dilemma of Euthanasia", In Vol. 71 (1993), *Denver University Law Review*, Note, 125.

③ See The Entry of Suicide, In *Stanford Encyclopedia of Philosophy*, 2008.

（三）自杀的分类

上面仅讲了为摆脱不利境况进行的自杀，可称之为利己性自杀。实际上，自杀还有更多的类型，如利他性自杀（如为减轻家庭负担进行的自杀——按植物人的生预嘱切断对他们的营养供应属此[①]）、反常的自杀（如因为破产自杀）等。[②] 因此，针对利己性自杀采取的措施，可能就不能照搬用于其他自杀类型。也许，对于利他性的自杀应该鼓励，反常的自杀作为一种承担责任的方式，也难以找出其替代品。

五、作为符号存在的死者享有的利益

（一）保护死者利益的国内外判例

如下的几个判例证明我国法院和外国的有关立法机关承认死者享有利益，此等享有的前提是他们具有权利能力，由此可以证明《民法典》第 13 条关于人的权利能力终于死亡的规定不确切，所以，我们需要对权利能力的终止时间问题进行改革。

1. 荷花女案。荷花女（本名吉文贞）于 1940 年参加天津“庆云”戏院成立的“兄弟剧团”进行演出，在天津红极一时，1944 年病故，年仅 19 岁。魏锡林是一个作家，自 1986 年开始以“荷花女”为主人公写小说，在 1987 年的《今晚报》上连载，小说虚构了吉文贞从 17 岁到 19 岁病逝的两年间，先后同许扬、小麒麟、于人杰三人恋爱、商谈婚姻，并三次接受对方聘礼之事。其中说于人杰已婚，吉文贞“百分之百地愿意”做其妾。还虚构了吉文贞先后被当时天津帮会头头、大恶霸袁文会和刘广奸污而忍气吞声、不予抗争的情节。最后影射吉

---

① 参见［日］藤仓浩一郎等主编：《英美判例百选》，段匡、杨永庄译，北京大学出版社 2005 年版，第 176 页。

② 参见［法］埃米尔·迪尔凯姆著：《自杀论》，冯韵文译，商务印书馆 1996 年版，第 194 页及以次。

文贞系患性病打错针而死。吉文贞之母陈秀琴状告魏锡林和《今晚报》败坏吉文贞名誉获得胜诉。[①]

2. 海灯法师案。海灯法师以二指禅武功——以两根指头支撑全身做倒立——而闻名。1990 年，记者敬永祥著《对海灯法师武功的不同看法》投稿于新华社《内参选编》，揭露海灯法师的二指禅是借助外力悬挂身体。海灯法师的养子范应莲起诉敬永祥侵犯已故的海灯法师的名誉权，最高人民法院于 1990 年 12 月 28 日对四川省高级人民法院发出复函指示受理此案，此举意味着承认死者的名誉权应受保护。[②]

3. 电影《霍元甲》案。电影描写霍元甲一家因仇杀灭门、霍元甲本人好勇斗狠、有婚外情等，导致霍元甲后裔的不满并起诉。霍元甲的曾孙霍自正为原告。1993 年最高人民法院《关于审理名誉侵权案件的若干问题的解答》明确规定如果死者的名誉受到侵害，他的近亲属有权利提起民事诉讼。但此等近亲属仅仅包括父母、子女、兄弟姐妹，还有祖父母、外祖父母、孙子女和外孙子女。所以，因为是曾孙起诉，差了一辈，霍自正败诉，后来霍家找出霍元甲 81 岁的孙子霍寿金起诉，原告资格适格了，但法院认为电影未败坏霍元甲的名誉，原告败诉。这一判例证明对死者名誉权的保护延及三代，由其一定亲等范围内的家属行使。[③]

4. 韩愈曾患花柳病案。1975 年 10 月 10 日，郭寿华以笔名“干城”在《潮州文献》第 2 卷第 4 期上发表文章，说唐代著名作家韩愈的死因是生活不检点染上风流病。此文引起韩愈第 39 代直系亲属韩思道不满，韩思道于 1976 年 11 日 10 日向台北市地方法院自诉郭寿华诽谤韩愈，认为郭寿华侵犯了他先人的名誉权。法院审理认为：“自诉人

---

① 参见佚名：《陈秀琴诉魏锡林、〈今晚报〉社侵犯名誉权纠纷案》，载 http：//www. chinacourt. org/html/article /200211/04/16817. shtml，2009 年 2 月 7 日访问。

② 参见乐学法：《海灯法师名誉权透视》，载《特区展望》1994 年第 1 期，第 43 页。

③ 参见佚名：《名门之后状告功夫巨星》，载 http：//law. cctv. com/20070112/103912. shtml，2009 年 2 月 7 日访问。

以其祖先韩愈之道德文章，素为世人尊敬，被告竟以涉于私德而与公益无关之事，无中生有，对韩愈自应成立诽谤罪，自诉人为韩氏子孙，因先人名誉受损，而提出自诉，自属正当。”因而判郭寿华诽谤已死之人，处罚金300元。郭寿华不服，提起上诉，经我国台湾地区“高等法院”判决驳回。此案一审、二审结果引起台湾法学界一片反对，学者批评法官对死者名誉权的保护期限过长，正确的做法是“过期作废”。[①] 此案证明，我国台湾地区也保护死者的权利，而且无限期保护。

5. 张女士死后眼球丢失案。1998年10月13日，在北京某出版社工作的张女士因癌症在原北京医科大学附属医院（现北京大学第一医院，本案第一被告）去世。10月19日，举行遗体告别仪式前，她的家属惊异地发现，死者的眼球被人取走了。后证实，死者的眼球是被该医院一位专攻角膜移植的医学博士高伟峰（本案第二被告）取走的。2000年10月16日，死者张女士的丈夫张庆桩和两个孩子将北京大学第一医院和该医生告上法庭。原告在《起诉状》中认为：“两被告未经死者生前书面许可，也未和三原告协商，擅自摘取他人器官、毁损尸体，严重侵害了三原告的合法权益和死者的人格权。”据此，原告提出诉讼请求：第一，判令两被告在有关媒体上向三原告公开赔礼道歉、停止侵害；第二，判令两被告赔偿因侵权给原告张庆桩造成的物质损失计人民币14.53万元；第三，判令两被告赔偿因侵权摘取死者眼球并进行非法角膜移植、毁损死者尸体给三原告造成的经济损失，共计13万元；第四，判令两被告给予三原告精神补偿费25万元；第五，判令两被告承担本案的全部诉讼费用和原告的其他费用。[②]

6. 德米歇尔与亡友埃里克完婚案。35岁的法国女子德米歇尔的未

---

① 参见杨仁寿著：《法学方法论》，中国政法大学出版社1999年版，第4页。

② 参见程刚：《全国首例死者眼球丢失案开庭》，载《中国青年报》2001年2月16日，第4版。

婚夫埃里克是一名警察，2002 年被一名醉酒司机撞死，她十分悲痛，决定与死者完婚，以求两人生死相伴。戴高乐时期采用的《法国民法典》第 171 条（1959 年 12 月 31 日第 59－1583 号法律）规定：如拟结婚的夫妇一方在完成明确同意结婚的正式手续后去世，共和国总统得以重大原因批准举行结婚。[①] 德米歇尔得到了当时的总统希拉克的批准，在尼斯市市政厅与已亡人举行了婚礼。[②] 但为了防止生存者借与亡人结婚敛财，《法国民法典》第 171 条规定此等婚姻不引起健在配偶的任何法定继承权，并且不产生任何夫妻财产制。我国的类似案例往往产生于未亡人希望取得已亡人的交通事故死亡赔偿金的情形[③]，法国可能也出现过这种情况，所以立法者明智地对此做了排除。无论设定了怎样的条件，《法国民法典》第 171 条都创立了一个承认死者的结婚权利能力的立法例。

7. 法国前总统密特朗医疗秘密死后被泄案。密特朗从 1981 年到 1995 年担任法国总统，1996 年 1 月 8 日因前列腺癌逝世。同年 1 月 17 日，他的私人医生克洛德·古布雷（Claude Gubler）出版了《大秘密》（*La Grand Secret*）一书，告诉人们早在 1981 年 11 月密特朗就被查出已患上前列腺癌，而至 1994 年年底，密特朗的健康状况已使他无法正常履行总统的职责。但从 1981 年以来，密特朗一直公开发表其医疗健康公报，其中只字未提他已患上前列腺癌的事实。他对总统府所有的秘书、顾问和政府总理封锁消息，甚至禁止医生告诉其夫人。由此，密特朗患有绝症的机密一直保持了 11 年。这一秘密见光后引起轰动。但

---

① 参见《法国民法典》（上册），罗结珍译，法律出版社 2005 年版，第 172 页。

② 参见《法国总统批准痴情女子与亡友完婚》，载《厦门晚报》2004 年 2 月 12 日，第 23 版。

③ 参见佚名：《女友遇车祸身亡，男子为获车祸赔偿同死人结婚》，载 http：//www.hn110.cn/jibing/p557/J55768505.shtml，2009 年 2 月 6 日访问。并参见黄辉、刘群卫、李青：《为获取死亡赔偿金，江西赣州一男子与死人结婚》，载 http：//news.xinhuanet.com/legal/2005－10/20/content_3653851.htm，2009 年 2 月 6 日访问。

两天后，密特朗的家人要求禁售此书，法官裁定此书构成对私人和家庭私生活的严重侵犯。7月5日，古布雷由于违反《法国刑法典》第226－13条[①]被判刑4个月。10月23日，巴黎高等法院维持禁售《大秘密》的命令，并判处作者向密特朗的家人赔偿34万法郎的利益损害金。此判决得到上诉法院和最高法院的维持。古布雷愤而求诸欧洲人权法院。2004年5月，该院判决法国败诉，认为禁售《大秘密》违反表达自由，而且认定法国总统的任职能力问题并不属于医疗秘密，而是关系到全体人民之生活的问题。此等判决作出后，《大秘密》再版发生（2005年2月）。[②] 这个案例告诉我们，法国保护普通人的医疗秘密，即使死后也不例外，但对于政治家的医疗秘密，由于欧洲人权法院的干预，变得在病人死后不予保护。

（二）保护死者利益的理论基础

上述案例告诉我们，死者作为符号存在（Symbolic existence）享有死后利益（Posthumous interests）。[③] 此等利益有：其一，名誉利益，为第一个至第四个案例所体现，但此等利益要持续多久，是个问题，对于韩愈患花柳病案，尤其如此。韩愈生于768年，死于824年，从这年出发，到案发的1976年，已过去1152年，韩愈的名誉权存续时间如此之长，有无道理？答曰有道理，符号存在即死者在人们记忆中的存在，韩愈是名人，至今为人铭记，所以他的死后名誉权存续的时间长。至于一般的人，死后过两代人就被遗忘了，他们的死后名誉权的存续也就是两代人的时间，按25年一代人算，就是50年的期间。名

---

① 其辞曰：由于地位或职业，或者因职务或临时性任务，受任保管机密性情报资料的人泄露此种情报的，处1年监禁并科处10万法郎罚金。参见《法国刑法典》，罗结珍译，中国人民公安大学出版社1995年版，第91页。

② Voir Voix de Claude Gubler, Sur http: //fr. wikipedia. org/wiki/Claude _ Gubler, 2015年3月10日访问。

③ See Daniel Sperling, *Posthumous Interests*, *Legal and Ethcal Perspectives*, Cambridge University Press, 2008, pp. 40ss.

人与一般人死后名誉权的存续期间不同，这意味着死后名誉权存续时间的个别性。其二，尸体完整利益，为第五个案例所体现。其三，缔结婚姻利益，为第六个案例所体现。这种利益乃是我国为死者办阴婚之习俗的基础。其四，医疗秘密利益，为第七个案例所体现，它也是对2500多年前的《希波克拉底誓言》的以下部分的贯彻："凡我所见所闻，无论有无业务关系，我认为应守秘密者，我愿保守秘密，即使病人死后也一样。"

罗马人就有保护死后利益的观念。此等利益包括遗产按死者的意愿移转、死者的遗体得到妥当的处置①、死者得到适当的祭奠。这些利益往往由将来的死者以遗嘱的方式进行安排。前者以遗产在法定继承人中进行分配、遗赠或遗产信托为之，中者以遗嘱中的遗体处置条款为之，后者以附负担的遗赠为之，如解放奴隶，但命令他们在一年的特定时日到死者坟前上灯。②

另外，罗马人还保护认知记忆保留的死后利益，但它是以除忆诅咒(Damnatio memoriae)刑的否定形式表达出来的。这是一种适用于叛国罪的刑罚，被判处者的名字要从有关文件和纪念碑中取消。③ 此刑显然以某人死后的记忆存在作为惩罚对象，从反面解释，未受过除忆诅咒刑的人都有权让自己在他人的记忆中留存，这构成一种死后人格利益。

但罗马人没有把上述保护死后利益的实践打造成理论。逻辑学家

---

① 在保留下来的古罗马人盖尤斯·龙基努斯·卡斯托的遗嘱中，除了包括遗产分割条款，还包括"我希望我的继承人以关爱和虔诚装殓我的遗体并埋葬之"这样的条款。参见徐国栋著：《罗马私法要论——文本与分析》，科学出版社2007年版，第221页。

② 莫特斯丁在其《解答集》第10卷中报道了这样一个遗嘱：梅维亚临死前遗留给她的奴隶萨库斯、埃乌提基娅以及依内娜以附条件的自由权，她是这样措辞的："令我的奴隶萨库斯以及我的婢女埃乌提基娅、依内娜，全部在这一条件下成为自由人：他们要隔月到我的坟前点灯并对死者分发供品。"(D.40，4，44) 参见［意］桑德罗·斯奇巴尼选编：《民法大全选译·法律行为》，徐国栋译，中国政法大学出版社1998年版，第99页及以次。

③ 参见徐国栋著：《罗马私法要论——文本与分析》，科学出版社年版，第54页。

休·麦科尔（Hugh MacColl，1831—1909）创立的“符号存在”概念为创立此等理论提供了前提。[①] 此处的“符号”，指事物的观念表现形式。符号可以与事物保持对应关系，例如，生物人（homo）是“事物”，法律人（persona）是“符号”。这时的生物人是物理存在。但生物人死亡后，他的法律人的“相”要在一定的时间内继续存在，这种存在就是符号存在。运用符号存在的概念，可以把保护死者利益的各种实践统摄起来，由此说，死者作为符号存在在一定的时间内是受到保护的。用民法术语来说，就是生物人死后并不马上消灭其法律人格，此等人格有一个惯性存续期，这种人格，也就是死者的权利能力。

第三节　法定死亡论

第一分节　民事死亡论

一、民事死亡的概念和分类

民事死亡就是把活着的人拟制为已经死亡，是解除生物人与法律人的合一性，把某些法律人还原为生物人的制度。分为因判罪的、宗教性的和移民的三种。前者因为受重罪判处，中者因为出家，后者因为归化外国。其后果包括丧失公权和丧失私权两种。

在西方话语传统中，“民事的”是“自然的”反义词，自然的死亡是生理死亡，其他的一切死亡都是民事死亡，所以，从词义的边界来看，宣告死亡也是民事死亡，但人们在研究民事死亡时，通常都不考虑宣告死亡。

---

① See Juan Redmond，Symbolic Existence in Hugh MacColl：A Dialogical Approach，In A. Koslow，A. Buchsbaum（eds.），*The Road to Universal Logic*，*Studies in Universal Logic*，Springer International Publishing Switzerland，2005，p. 459.

二、罗马法中的民事死亡

把民事死亡与判罪、出家和移民联系起来的做法，在罗马法中早就有了。

第一，让我们来看判罪作为民事死亡的原因。从刑罚的角度看，受禁绝水火刑判决、受放逐小岛刑判决和罚为奴隶导致民事死亡。容分述之。

禁绝水火刑是放逐刑的别名。受刑者必须在卡皮托尔山（朱庇特神庙的所在地）500 罗马里（1 罗马里等于 1 英里）以外的地方活动，如果在500 罗马里以内的区域被发现，则必须被处死，任何供给他食物和眠床的人都必须受死刑。① 公元前 78 年的《关于暴力罪的普劳求斯法》允许被判刑人选择适用禁绝水火刑以免于死刑②，从此，它成为对死刑的取代，因此可称为假死刑。盖尤斯在其《法学阶梯》1, 128 中说：被禁绝水火的人丧失了罗马市民权，他被以此种方式从罗马市民的行列中开除，如同已经死亡。③ 此语揭示了受禁绝水火者被拟制为死亡，以及丧失市民权与民事死亡之间的关联。非独此也，受禁绝水火者还要丧失全部财产。禁绝水火刑首先适用于如下公罪：伪造罪、贪污罪、渎神罪、公共暴力罪、非法结社罪、杀亲罪等。其次适用于如下私罪：用武力侵夺不动产、在发生火灾时搬走建筑材料之外的物④，等等。

放逐小岛是在图拉真皇帝（Traianus，53—117）之后用来取代禁

---

① See William Forsyth, *Life of Marcus Tullius Cicero*, Vol. I, Charles Scribner and Company, New York, 1865, Vol. I, p. 247.

② 参见齐云、徐国栋：《罗马的法律和元老院决议大全》，载徐国栋主编：《罗马法与现代民法》第八卷，厦门大学出版社 2014 年版，第 219 页。

③ 参见［古罗马］盖尤斯著：《法学阶梯》，黄风译，中国政法大学出版社 1996 年版，第 48 页。

④ 参见《学说汇纂第 48 卷（罗马刑事法）》，薛军译，中国政法大学出版社 2005 年版，第 125 页。

绝水火刑的刑罚。[①] 被判处此刑者要居住于一个小岛上或沙漠中的绿洲（在没有岛的地方，绿洲是对岛的替代）上。这种放逐是无期的。放逐小岛刑适用于宗教异端罪（如摩尼教徒、基督徒改宗犹太教者）[②]、妻子遗弃丈夫罪、通奸罪、监护人侵犯被监护人的贞操罪、侵辱罪、选举舞弊罪、损害公共引水道罪等。

如果说禁绝水火和放逐小岛都只导致受刑者的市民权丧失，发生人格中减等，则罚为奴隶导致受刑人的自由权丧失，由此丧失市民权和家族权，发生人格大减等。被罚作奴隶的犯罪有如下列：拒绝接受国势调查者[③]、奴役自由人暨窃取他人奴隶者，身份高尚的，要罚做矿坑苦役，服矿坑苦役就是当公奴。适用此刑的罪名还有盗墓罪、劫掠牲畜罪等。逃避兵役的人也要降格为奴隶[④]，等等。

上述三种刑罚的一个共同点是剥夺受刑人的市民权，此等权利的剥夺将导致只有具有市民身份的人才能享有的市民法上的权利或能力的丧失，这些权利和能力有：（1）交易权，即从事财产性的法律行为的能力；（2）通婚权，即从事人身性的法律行为的能力；（3）遗嘱能力，即订立遗嘱处分自己财产的能力和根据他人的遗嘱取得财产的能力；（4）作证能力，即自己为他人的法律行为作证并召请他人为自己的法律行为作证的能力；（5）投票权，即选举权；（6）担任公职权，即被选举权；（7）向人民的申诉权，即在市民遭受长官的死刑或鞭打判处后要求百人团会议重审的权利；（8）从军权，即参加罗马军队的权利。这

---

① Cfr. Mario Talamanca（sotto la direzione di），*Lineamenti di Storia del Diritto Romano*，Giuffrè，Milano，1989，p. 466.

② Cfr. Mario Talamanca（sotto la direzione di），*Lineamenti di Storia del Diritto Romano*，Giuffrè，Milano，1989，p. 585.

③ Cfr. Mario Talamanca（sotto la direzione di），*Lineamenti di Storia del Diritto Romano*，Giuffrè，Milano，1989，p. 37.

④ See H. J. Greenidge，*Infamia：Its Place in Roman Public and Private Law*，Oxford，Clarendon Press，1894，p. 5.

八种权利公私兼备，前三种为私法性的，后五种为公法性的。[①] 它们与市民身份形成“毛”与“皮”的关系，遵循“皮之不存，毛将焉附”的法则。

第二，让我们来看出家作为民事死亡的原因。在这一方面，罗马法有两个制度。一是较早的维斯塔贞女脱离家父权并丧失法定继承中的继承权和被继承权的制度。奥卢斯·革利乌斯（约125—180）在其《阿提卡之夜》1,12中告诉我们，这些贞女被取获之后，即被带到维斯塔殿，交给大祭司，从此刻起，她即脱离了家父权管辖，而无须经由解放仪式，也不失去市民权，同时获得立遗嘱之权。在她们无遗嘱死亡的情况下，她们不继承别人，别人也不继承她。[②] 这意味着维斯塔贞女在宗亲关系方面和法定继承方面已民事死亡——而这些是人格小减等的效果。[③] 故近代作者也把僧侣的民事死亡当作人格小减等的效果。[④]

二是较晚的出家人因为出家而离婚并开启夫妻间的继承的制度。它是优士丁尼于535年发布的第22条新律第五章规定的。其辞曰，对于配偶一方因为出家无过错离婚的情形，朕的法律规定：愿意出家的丈夫或妻子可以选择离婚，同时要给被抛弃的配偶某种补偿。然后，作为当事人谈判对象的利益，本来要在死亡的情形下才可收取的，应属于被抛弃的一方，不论他是丈夫还是妻子。因为就婚姻而言，选择另一种生活的人被视为死亡。[⑤] 这段法言首先告诉我们，出家者可以

---

① 参见徐国栋著：《罗马私法要论——文本与分析》，科学出版社2007年版，第40页及以次。

② 参见［古罗马］奥卢斯·革利乌斯著：《阿提卡之夜》（1—5卷），周维明等译，中国法制出版社2014年版，第55页及以次。

③ See Alba Romano, *Capitis Deminutio minima. An Unresolved Problem*, En Cuadernos de Filología Clásica, Estudios Latinos, Madrid, 1992, p. 61.

④ Cfr. Antonius Brugmans, *Dissertatio juridica inauguralis de morte civili*, Lugduni, Batavorum, 1821, p. 18.

⑤ Cfr. Iustiniani Novellae, Su http://droitromain.upmf-grenoble.fr/Corpus/Nov22.htm，2015年2月22日访问。

离婚，其原因类似于死亡。其次告诉我们，出家人的民事死亡可以作为开启被抛弃的配偶继承出家的配偶的原因。

第三，让我们看移民作为民事死亡的原因。在拉丁文中，移民的法律术语是 Exilium。该词在不同时期有不同的含义①，这里只说它作为移民法术语在共和时期的含义。罗马与一些盟国间订有条约，其中包括迁徙自由条款。但此时的罗马不承认双重国籍，所以，移居外邦的人取得当地的市民权的，即丧失罗马市民权；未取得当地市民权的，即成为无国籍人。丧失罗马市民权的人，如果移居的是拉丁城邦，则保留交易权和通婚权，但丧失家父权、法定继承权。② 其权利丧失的范围与维斯塔贞女一样，所以，移民的民事死亡并非完全死亡，而是部分死亡。

顺便指出，罗马人移民前似乎有一个清算程序，即了结在母国的债权债务和其他财产关系的程序。对于未来可能发生的债务，移民要指定保证人代他承担责任，因为他在争议时不可能出庭。③

三、中世纪学者对民事死亡概念的打造

尽管罗马法有具备民事死亡内容的制度，却无民事死亡的专门术语。但罗马人留下了一些包含民事死亡意思的只言片语，它们成为中世纪的法学家打造的专门的民事死亡术语的素材。

盖尤斯除了在其上引《法学阶梯》1, 128 中说过的包含民事死亡意思的话，还在 3, 153 中说："合伙也因人格减等而解散，因为从民事

---

① Cfr. La Voce di Esilio di Giuliano Crifò, In Francesco Calasso（Direzione e coordinamento）, *Enciclopedia del Diritto*, XV, Giuffrè, Milano, 1966, pp. 712ss.

② Cfr. Maria Floriana Cursi, *Struttura del ' Postliminium'nella Repubblica nel Principato*, Jovene, Napoli, 1996, pp. 24s.

③ Cfr. Giuliano Crifò, Exilica causa, quae adversus exulem agitur. Problemi dell'aqua et igni interdictio, In *Du chatiment dans la cité. Supplices corporels et peine de mort dans le monde antique. Table ronde de Rome*（*9—11 novembre 1982*）. Rome: École Française de Rome, *1984*, p. *483*.

的角度看，人格减等等同于死亡。”[①] 这个法言从自然死亡出发谈人格减等的法律效果，让人得出存在一种民事死亡的结论，但离形成民事死亡的概念还差最后一里路。

另外，帕比尼安在其《解答集》第 11 卷中讨论了关于死时要式口约（Stipulatio cum moriar）的规则是否适用于债务人被放逐小岛的情形的问题（D. 45, 1, 121, 2）。“你允诺在你死亡之时偿付吗？如果债务人被放逐小岛，要式口约只有在他死亡时生效。”[②] 死时要式口约是约定在当事人死亡之时给付的要式口约，罗马法自古将这种要式口约定为有效。这样安排，可能是因为考虑到订约人的继承人可以继续合同关系。[③] 但债务人被放逐小岛，能否视为他已死亡，让合同生效呢？帕比尼安作出了否定的回答，原因在于他只承认自然死亡是死亡，但他在上述法言中触碰到了民事死亡问题。

最后，保罗在其《告示评注》第 32 卷中说：“我们已说过合伙也因没收而解散。此语只涉及没收全部财产的情形。如果合伙成员的财产被没收，且某人继承了其地位，他被认为已经死亡。”（D. 17, 2, 65, 12）[④] 根据西班牙学者 Pedro Gómez de la Serna 的研究[⑤]，保罗的这一法言被优士丁尼《法学阶梯》3, 25, 7 采用，形成如下文字：合伙显然也因没收而解散，不消说，这是一个合伙人的概括财产被没收的情况。事实

---

① 参见［古罗马］盖尤斯著：《法学阶梯》，黄风译，中国政法大学出版社 1996 年版，第 252 页。

② See *The Digest of Justinian*, Vol. 4, edited by Mommsen and Alan Watson, University of Pennsylvania Press, Philadelphia, 1985, p. 670.

③ 参见［古罗马］盖尤斯著：《法学阶梯》，黄风译，中国政法大学出版社 1996 年版，第 230 页。

④ See *The Digest of Justinian*, Vol. 2, edited by Mommsen and Alan Watson, University of Pennsylvania Press, Philadelphia, 1985, p. 509.

⑤ Véase Pedro Gómez de la Serna, D. Justiniani Institutionum Libri IV, Tomo II, Libreria de Sanchez, Madrid, 1856, p. 529.

上，由于他人继承了其地位，他被认为已近于死亡。[1] 这一法言采取与帕比尼安不同的立场，承认民事死亡像自然死亡一样具有消灭合伙的效力。

以上是罗马人暗用民事死亡的概念描述受被判处重刑者的法律情势的实践。前引优士丁尼的第22条新律第五章也暗用同样的术语描述皈依之僧侣的法律情势。

以上述法言为基础，中世纪法学家开展了注释。12世纪末左右的注释法学家 Pillius 在其《安息日问题集》一书中针对《解答集》D. 45, 1, 121, 2 发表了这样的评论："这一法言是针对自然死亡而非针对民事死亡作出的。那么，在被杀、被绞死或在其他非自然死亡的情形还会发生什么?"[2] 此语把帕比尼安提到的放逐小岛的情形抽象为与自然死亡对应的民事死亡，并添加了被判死刑等作为导致民事死亡的另一原因，由此设想民事死亡像自然死亡一样对合同条件成就的影响。在这一评论中，民事死亡的概念已呼之欲出了，这是对罗马人留下的思想遗产的发挥和发展。

在 Pillius 工作的基础上，阿佐（Azo，兴盛于1550—1230）进一步努力，在其《金子般的短论集》(*Brocardica Aurea*) 中打造了民事死亡 (Civilis mors) 的术语。该书设有"民事死亡研究"(Civilis mors inspicitur) 一节，其中研究了罗马法原始文献中具有民事死亡意味的情形。其中一个情形是上列优士丁尼《法学阶梯》3, 25, 7 包含的。他如此分析道：对于合伙之诉来说，民事死亡因放逐或人格大减等构成。民事死亡在许多情形都导致自然死亡的结果。在提到死亡的合同和其他文件中，当事人只提到了自然死亡未提到民事死亡的，法律推定他们也

---

① 参见［古罗马］优士丁尼著：《法学阶梯》(第二版)，徐国栋译，中国政法大学出版社2005年版，第395页。

② Vgl. Brigitte Borgmann, Mors civilis, die Bildung des Begriffs im Mittelalter und sein Fortleben im französchen Recht der Neuzeit, In *Ius Commune*, Band IV (1972), Seite 88.

考虑到了民事死亡。[1] 在此语中，阿佐把死亡作为属概念，把自然死亡和民事死亡作为它的两个种，赋予两种死亡以同样的法律效果，并推定只考虑到自然死亡的当事人也考虑到了民事死亡。由此，民事死亡的概念达到成熟。后来，人们不断增加民事死亡的效力，如丧失家父权等。最终，Cinus（1270—1336）对《解答集》D. 45, 1, 121, 2 的适用情形进一步扩张，把出家的情形包括进来，谓：进入修道院的人被视为死亡。[2] 进而，Jacobus de Ravanis 在其《真正的入门》（*Authentica Ingressi*）中对优士丁尼第 22 条新律第五章进行了扩张，谓：进入修道院的人将带入他的全部财产，就算他未明示地这样说过，但他将不再是此等财产的所有人。[3] 由此，在限制出家者的婚姻能力之余，还限制了他们的所有权能力。于此，民事死亡的主要类型达到齐备，只是未涉及因为移民造成的民事死亡。

富有意味的是，中世纪法学家都是从民法的角度研究民事死亡的，考虑的是刑事制裁的民法效果，而非从公法的角度研究这一制度。

四、近现代法中的因判罪的民事死亡

（一）导致民事死亡的罪名

1804 年的《法国民法典》和 1810 年的《法国刑法典》是规定民事死亡的先驱。前者的第 23 条规定：受死刑宣告者，也发生民事死亡。[4] 第 28 条规定：缺席受刑人，在 5 年内，或至其到案或在此期间被捕为止，一律剥夺其民事权利的行使。其财产的管理与其权利的行

---

① Cfr. Azo, Brocardica sive Generalia iuris, Basileae, 1567, p. 591.

② Vgl. Brigitte Borgmann, Mors civilis, die Bildung des Begriffs im Mittelalter und sein Fortleben im französchen Recht der Neuzeit, In *Ius Commune*, Band IV (1972), Seite 116.

③ Vgl. Brigitte Borgmann, Mors civilis, die Bildung des Begriffs im Mittelalter und sein Fortleben im französchen Recht der Neuzeit, In *Ius Commune*, Band IV (1972), Seite 126.

④ 参见《拿破仑法典》：李浩培、吴传颐、孙鸣岗译，商务印书馆 1983 年版，第 4 页。

使与不在人同。[1] 后者的第 18 条规定：判处终身强制劳动、判处放逐，导致民事死亡。[2] 按这一刑法典，帮助越狱的卫兵和司机（第 234 条）、暴力抢劫犯（第 382 条）会被判处终身强制劳动。判处放逐的有向敌人呈交要塞图纸等机密但未谋取利益者或使用诈欺、暴力手段者（第 82 条第 2 款）、军民团体或其首领聚会反对适用法律或拒绝执行政府命令的行为人或煽动者（第 124 条）。由此看来，导致民事死亡的刑罚和罪名都不多，因此，民事死亡的发生机会并不大。但一些军职罪受判的，也可导致民事死亡。[3]

（二）民事死亡的公法效力

民事死亡具有公法上的效力和私法上的效力。关于其公法效力，1810 年的《法国刑法典》无明文规定，但其第 48 条规定：判处矫正刑的法院，在某些情形下，可禁止受刑人行使如下公权（Droit civique）、私权（droit civil）和家庭权：1. 投票表决权；2. 被选举权；3. 被召或被任命为陪审员或其他公职以及受雇于国家机关权；4. 携带武器权；5. 在家庭决定中的投票权；6. 作为监护人或保佐人之权，但可担任自己子女之监护人或保佐人；7. 在诉讼中作为专家证人权和证人权；8. 在审判中提供证言权，单纯的声明除外。[4] 按照学者对民事死亡的公法效果的解释，受判处者被剥夺选举权和被选举权；不得佩戴荣誉标志；不得携带武器；不得参加国民卫队；不得在法国军队服

---

① 参见《拿破仑法典》：李浩培、吴传颐、孙鸣岗译，商务印书馆 1983 年版，第 5 页。

② Voir *Code Penal de 1810*, Sur http://ledroitcriminel.free.fr/la_ legislation_ criminelle /anciens_ textes /code_ penal_ 1810/code_ penal_ 1810_ 1. htm，2015 年 1 月 3 日访问。

③ Voir M. E. De Chaboral – Chameane, *Dictionnaire de Législation Usuelle*, II, Paris, 1833, p. 185.

④ Voir *Code Penal de* 1810, Sur http://ledroitcriminel.free.fr/la_ legislation_ criminelle /anciens_ textes /code_ penal_ 1810/code_ penal_ 1810_ 1. htm，2015 年 2 月 21 日访问。

役；不得开设学校或当老师；不得以教授、老师或督导的资格受雇于任何教育机构；不得担任陪审员、专家证人、仲裁员；不得在诉讼中当证人；不得向法院提供证言；不得参加任何家庭会议；不得担任监护人、保佐人。[①] 比较两者，可认为第 48 条基本上是关于民事死亡的公法效力的规定，但又不完全如此，因为不包括不得开设学校或当老师等权利。

另外，1810 年的《法国刑法典》第 28 条还规定了被判应受刑罚未达到民事死亡程度之罪行者的民事禁止（这是用今天的术语说话）。其辞曰："1. 被判处有期强制劳动者、流放者、牢房监禁者，永远不得担任陪审员、专家证人，不得在诉讼中用作证人，也不得出庭，提供简单情况说明的情形除外；2. 不得担任监护人和保佐人，但可以担任自己子女的监护人并仅通知其家人；3. 剥夺其持有武器权以及在帝国军队服役的权利。"[②] 此条规定的被判处者的法律情势不能用死亡形容，可以用"瘫痪"或"麻痹"形容，也就是一种半死不活的状态。当然，这是我的说法，1810 年的《法国民法典》第 34 条对此的正式定性是公民资格减等（Degradation civique），谓：公权的减等体现为解任或排除受判者担任一切公职并受一切公共雇用，并体现为剥夺第 28 条规定的一切权利。[③] 对比第 48 条的规定，可发现此条少剥夺了受刑人一些权利，如选举权和被选举权。这样，1810 年的《法国刑法典》就留给我们能力剥夺刑的完全剥夺与部分剥夺的双轨制，后者为将来

---

① Voir M. E. De Chaboral - Chameane, *Dictionnaire de Législation Usuelle*, II, Paris, 1833, pp. 185s.

② Voir *Code Penal de* 1810, Sur http://ledroitcriminel. free. fr/la_ legislation_ criminelle /anciens_ textes /code_ penal_ 1810/code_ penal_ 1810_ 1. htm, 2015 年 2 月 21 日访问。

③ Voir *Code Penal de* 1810, Sur http://ledroitcriminel. free. fr/la_ legislation_ criminelle /anciens_ textes /code_ penal_ 1810/code_ penal_ 1810_ 1. htm, 2015 年 2 月 21 日访问。

要废除民事死亡制度的立法者提供了替代品。

（三）民事死亡的私法效力

按《法国民法典》第25条的规定，受刑人：1. 丧失对全部财产的所有权，但此等财产并非被没收，而是由其继承人按法定继承的方式继承；2. 丧失继承他人的能力；3. 丧失以生前赠与或遗嘱的方式处分其全部或部分财产的能力，也不能以赠与或遗赠的名义受领财产，但出于扶养原因的除外；4. 丧失监护方面的能力；5. 丧失作证能力；6. 丧失诉讼能力，不能为诉讼中的原告或被告；7. 丧失缔结婚姻的能力；8. 已有的婚姻消灭。① 但在由教会法调整婚姻关系的国家，民事死亡并不导致婚姻解除。② 显然，法国立法者完全按罗马人的一切民事权利附属于国籍的理路进行了上述规定。

尽管如此，法国立法者允许受民事死亡者保留一切源于自然法和万民法的权利，诸如：有偿购买权、占有权、经商权、破产时的缔结和解协议权、免债权和接受免债权、因时效取得权以及因时效脱责权。③

（四）英美法中的民事死亡

1. 英国。英国法也规定了民事死亡，它指一个人由普通法诉讼程序作出判决被驱逐出境，或进入教会供职。④ 这两种民事死亡的原因与罗马法基本一致，只是去掉了移民外国的原因，这可能因为英国长期以来是个移民输出国，不倾向于打击移出者的政策。

---

① 参见《拿破仑法典》：李浩培、吴传颐、孙鸣岗译，商务印书馆1983年版，第4页。

② Véase Jorge Joaquín Llambías, *Tratado de Drecho Civil*, *Parte General*, Tomo I, Editorial Perrot, Buenos Aires, 1997, p. 585, nota 7.

③ Voir M. E. De Chaboral – Chameane, *Dictionnaire de Législation Usuelle*, II, Paris, 1833, p. 186.

④ 参见［英］威廉·布莱克斯通著：《英国法释义》（第一卷），游云庭、缪苗译，上海人民出版社2006年版，第151页。

第一种民事死亡的原因是叛国罪或重罪。受判者承担三个后果：其一，没收财产；其二，宣告坏血（corruption of blood）；其三，消灭公民权（civil rights）。三者中有两者来源于外国，没收财产是萨克逊人带来的，宣告坏血是诺曼人带来的。① 总之，都是从大陆带来的，也就是从罗马法来的。

没收财产，其对象是犯罪人的一切动产。宣告坏血，就是确认罪人的血已被其犯罪玷污，故剥夺其拥有不动产所有权的能力和积极的遗嘱能力。消灭公民权，其对象是受叛国或重罪判处但逃脱了刑罚的人。三种惩罚的总名称是 attainder，来自法语词 atteindre，意思是打击、控告、判处。② 这种词源从另一个角度证明了英国民事死亡制度的法国来源。英国于 1459 年首次通过了《民事死亡法》（*Bill of Attainder*）。在都铎王朝时期，主要用来打击政治犯罪。1798 年，英国最后一次通过这样的法律打击一个爱尔兰反叛者。③

2. 美国。美国宪法第 1 条第 9 款第 3 目明文禁止国会通过民事死亡法④，但这一规定对各州议会没有效力，所以，美国的部分州追随联邦宪法的立场，但也有部分州作出相反的选择。1937 年，《哈佛法律评论》发表了《民事死亡法规：现代世界的中世纪拟制》一文，对采用和废弃民事死亡制度的州做了一个统计。当时有 18 个州采用了这一制度，它们是：阿拉巴马、阿拉斯加、亚利桑那、加利福尼亚、夏

---

① See Gerald Kennedy, Liliane Weissberg, *Romancing the Shadow*, *Poe and Race*, Oxford University Press, 2001, p. 116.

② See The Entry of attainder, In *Encyclopædia Britannica*, Vol. II, Eleventh Edition, Cambridge University Press, 1910, p. 879.

③ See The Entry of attainder, In *Encyclopædia Britannica*, Vol. II, Eleventh Edition, Cambridge University Press, 1910, p. 879.

④ 《美国宪法》的译本把此目中的 Bill of Attainder 译为《褫夺公权法案》，我认为此译不妥，因为没有揭示出 Attainder 一词包含的剥夺私权的含义。《美国宪法》的译本，参见［美］卡尔威因·帕尔德森著：《美国宪法释义》，徐卫东、吴新平译，华夏出版社 1989 年版，第 106 页。

威夷、爱达荷、堪萨斯、缅因、明尼苏达、密苏里、蒙大拿、纽约、北达科达、俄克拉荷马、俄勒冈、罗德岛、犹他、佛蒙特。① 在这18个州中，又选择了民事死亡的不同效果。有6个州（阿拉巴马、夏威夷、缅因、密苏里、罗德岛、佛蒙特）规定承受民事死亡者的财产要如同他已实际死亡一样进行分配。② 17个州（犹他州例外）中止民事死亡者的起诉权。③ 6个州（亚利桑那、加利福尼亚、爱达荷、蒙大拿、北达科达、犹他）规定民事死亡者无出售与转让财产权。④ 两个州（阿拉巴马、罗德岛）允许民事死亡者订立遗嘱马上分配其遗产。3个州（缅因、密西根、纽约）承认判处民事死亡具有消灭其既有婚姻关系的效力。受判者的配偶可以不经离婚程序再婚。⑤ 这样，民事死亡在这18个州中或多或少地具有自然死亡的效果。

（五）对因判罪的民事死亡制度的批评及其名义上的废除

但到了20世纪80年代，上述州不少废除了民事死亡制度，此时，只有爱达荷州对所有的囚犯都适用这一制度，而纽约、罗德岛，外加维京群岛只对被判无期徒刑者适用这一制度。⑥

之所以废除，是因为因判罪的民事死亡制度遭到了批评。首先有来自公法角度的批评。德国历史学家 Heinrich von Treitschke（1834—

① See Note, Civil Death Statutes. Medieval Fiction in a Modern World, In Vol. 50 (1937), *Harvard Law Review*, pp. 968s. note 1.

② See Note, Civil Death Statutes. Medieval Fiction in a Modern World, In Vol. 50 (1937), *Harvard Law Review*, p. 971.

③ See Note, Civil Death Statutes. Medieval Fiction in a Modern World, In Vol. 50 (1937), *Harvard Law Review*, p. 972.

④ See Note, Civil Death Statutes. Medieval Fiction in a Modern World, In Vol. 50 (1937), *Harvard Law Review*, p. 973.

⑤ See Note, Civil Death Statutes. Medieval Fiction in a Modern World, In Vol. 50 (1937), *Harvard Law Review*, p. 974.

⑥ See Gabriel J. Chin, The New Civil Death, Rethinking Punichment in the Era of Mass Conviction, In Vol. 160 (2012), *University of Pennsylvania Law Review*, p. 1798.

1896）说：宣布一个活人民事死亡与我们的正义观念不符。[1] 1897 年，美国最高法院法官怀特认为，这一制度违背了公民基本权利的概念。[2] 其次有来自私法角度的批评，因为民事死亡伤害了受判者的妻子和孩子。例如，受判者的婚姻关系解除，承受这一处罚的还有完全无辜的受判者的妻子甚至孩子，他们的身份因为失去了其父母的合法婚姻关系的基础成了私生子；而且，立即开启对受判者的继承，让他的家人从一个犯罪中得利，实在不义；另外，国家通过剥夺受判者的财产，僭夺了其继承人的权力。[3] 最后有来自技术角度的批评。如果因判无期徒刑发生民事死亡，此时引起了继承之发生，受刑人的财产已被分割完毕。但尔后他受到赦免，于是他民事复活。那么，已发生的继承要撤销，这样的安排完全不利于民事法律关系的确定性。[4]

（六）民事死亡制度的现代转型

1. 公法效力的转型。然而，由于规训不守规矩的社会成员的需要，完全废除民事死亡制度不现实，问题在于废除多少以及赋予未被废除的部分什么名称以便让人们不那么容易地想到它们是民事死亡制度的衍生物。各国的基本做法是把民事死亡制度一劈两半，赋予它的公法效力部分和私法效力部分不同的名称，在此基础上调整该制度的内容。

---

① See Gabriel J. Chin，The New Civil Death，Rethinking Punishment in the Era of Mass Conviction，In Vol. 160（2012），*University of Pennsylvania Law Review*，p. 1797.

② See Gabriel J. Chin，The New Civil Death，Rethinking Punishment in the Era of Mass Conviction，In Vol. 160（2012），*University of Pennsylvania Law Review*，p. 1796.

③ Voir Catherine Coste，La mort civile et la mort encéphalique：une fiction juridique？，p. 7，Sur http：//nereja. free. fr /files/Mort_ Encephalique_ Mort_ Civile0906. pdf，2015 年 1 月 4 日访问。

④ 巴伐利亚以 1849 年 11 月 18 日的法律废除民事死亡的理由就是这一制度难以与赦免制度协调。Vgl. Martin Löhnig，“Menchen – Ehre” vs. “Büger – Ehre”：Erenstrafen an der Schwelle zur Moderne am Beispiel der Bayerischen Strafrechtsgeschichite，Im *Rechtcultur Wisenschaft*，Band 6，Seite 48.

对于规定民事死亡制度的公法效力部分的制度，各国家和地区赋予它不同的名称。法国称禁止行使公权（L'interdiction des droits civiques，该国刑法典的中译者将之译为“剥夺公权”）、美国称剥夺选举权（disenfranchisment）[①]、西班牙等国家称失权（Inhabilitación）或停权（sospension）、葡萄牙（刑法典第66—68条）和中国澳门地区（刑法典第60—63条）称执行公共职务之禁止（Proibição do exercício de funções públicas）、我国台湾地区称褫夺公权、中国大陆称剥夺政治权利。

法国的上述制度规定在其现行刑法典（1994年3月1日生效）第131-26条中，其主旨是“禁止行使公权、私权与家庭权”，具体而言，它们是：1. 投票表决权；2. 被选举权；3. 履行裁判职务或在法院担任专家之权利，以及出庭代表或协助一方当事人之权利；4. 出庭作证权；5. 作为监护人或保佐人之权利，但可以担任自己子女之监护人或保佐人。[②] 把属于2015年的这一条文与1810年版的规定民事死亡效果的《法国刑法典》第42条比较，可以认为它是对后者的不满血复活：大模样说话，前者只撇下了后者对携带武器权和在家庭决定中的投票权（排除这样的投票权似乎否定了一个恶贯满盈的杀人犯可能是一个好父亲的可能）的排除未规定，既然如此，我们能够说1810年的《法国刑法典》规定的民事死亡已经死亡了吗？答案是否定的，民事死亡像一个被判死刑的犯人被执行机关遗漏了执行，换了个名字又活到如此，偷活了205年！当然，它之所以能活下去，是因为它满足了社会的规训不听话的成员的需要。

美国法上的剥夺选举权是在民事死亡的名头下被谈论的。它是剥

① 该词的基本词素是enfranchisment，意思是赋予选举权，加上表示否定的前缀dis，意思变成了剥夺选举权。但enfranchisment的意思不限于剥夺选举权。

② 参见《法国刑法典》，罗结珍译，中国人民公安大学出版社1995年版，第19页，译文有改动。

夺重刑犯在服刑期间乃至在服刑后的终身期间的投票权的处置。由于被剥夺的公权只有一项，如果说剥夺选举权真的是民事死亡的美国形式，则美国的民事死亡人蛮幸福的。他们的幸福感还因为有很多人为他们说话，引经据典证明他们应享有投票权而增加。① 但人们在“新民事死亡”的名头下谈论在实践中也存在于美国的在其他国家的民事死亡制度中的内容：丧失拥有联邦的或州的职位的权利、不得从事某些职业、不得充当证人、不得担任陪审员、被强制离婚。② 这样一来，美国的民事死亡人比起他们在其他国家的同类，并不幸福多少。

《西班牙刑法典》第39条采用失权（inhabilitación，中译者译为“剥夺权利”，实际上，同一法典还有Penas privatas de derechos的表达，这一短语的意思才是“剥夺权利刑”）和停权（sospensión）的术语规定民事死亡的公法效果（兼及一点私法效果）：1. 绝对失权；2. 特别失权以至于不能受雇于政府部门或担任公务员、从事一定的职业、担任一定的职位、不能从事某种工业或商业、不能行使亲权或监护、看管或保佐、被选举权；3. 暂停受雇于政府部门或担任公务员；4. 剥夺驾驶汽车、摩托车或机动车的执照；5. 剥夺持枪权；6. 剥夺在某地定居或者去往某地的权利，禁止接触一定的人；7. 从事有益于社区的劳

---

① See Alec C. Ewald, “Civil Death”: The Ideological Paradox of Criminal Disenfranchisement Law in The United States, In *Wisconsin Law Review*, March 23 2002; See also Note, The Disenfranchisement of Ex – Felons: Citizenship, Criminality, and The Purity of the Ballot Box, In *Harvard Law Review*, Vol. 102, No. 6 (Apr., 1989), pp. 1300ss. See Eric M. Deadwiley, *Civil Death In New York State: How New York State Utilizes Criminal Conviction Records to impede the Economic Growth of Formerly Convicted People*, Universe, 2010. See also Terry Eyseens, Democracy of the Civil Dead: The Blind Trade in Citizenship, In *Transformation*, 2008, N. 16, On http: //www. transformationsjournal. org/journal/issue_16/article_03. shtml, 2015年2月2日访问。See also Joan Dayan, Legal Slaves and Civil Bodies, In *Nepantla: Views from South*, Vol. 2, Issue, 1, 2001, pp. 3 – 39.

② See Gabriel J. Chin, The New Civil Death, Rethinking Punishment in the Era of Mass Conviction, In *University of Pennsylvania Law Review*, Vol. 160 (2012), p. 1800.

动；8. 剥夺亲权。[1] 在这个清单中，4、6、7 超出了传统的民事死亡的内容，属于西班牙立法者的创新。

葡萄牙和中国澳门地区用执行公共职务之禁止的术语规定民事死亡的公法效果。两者的规定完全一样，因此，介绍中国澳门地区的规定即为已足。该制度的旨趣是禁止在任职期间犯罪并被判 3 年以上徒刑的公务员有期地不得担任同样的职务。[2] 当然，这只是这两个法域的民事死亡制度的一部分，其他部分有停止行使亲权、监护权、保佐权、暂时禁止业务或职业、中止驾照的效力等。

中国大陆以剥夺政治权利的附加刑来体现民事死亡的公法效果。它适用于被判处死刑者和无期徒刑者，也适用于被判处管制者，剥夺政治权利的期间与管制的期间同。对于危害国家安全的犯罪者、杀人者、强奸者、放火者、爆炸者、投毒者、抢劫者，可以附加判处剥夺政治权利。刑法第 54 条规定的剥夺内容是选举权与被选举权，言论，出版，集会，结社，游行，示威权，担任国家机关职务的权利，担任企业、事业单位和人民团体领导职务的权利。[3] 可以看到，担任企业领导职务的权利并非政治权利，而是民事权利，所以，剥夺政治权利与失权一样，都是横跨公私法的。

中国台湾地区以褫夺公权的附加刑来体现民事死亡的公法效果，其内容是禁止担任公务员、公职候选人（中国台湾地区“刑法”第 36 条）。在这个框架内，被褫夺的倒是真正的公权，不包括私权。

魁北克以公民资格减等来体现民事死亡的公法效果。1906 年的《废除民事死亡法》（*Loi abolissant la mort civile*）第 3 条规定：判处死

---

① 参见《西班牙刑法典》，潘灯译，中国政法大学出版社 2004 年版，第 17 页。译文有改动和补充。

② 参见印务局：“刑法典第 1—100 条”，载 http：//bo. io. gov. mo/bo/i/95/46/codpencn/codpen0001. asp，2015 年 2 月 22 日访问。

③ 参见张令杰：《谈剥夺政治权利》，载《法学研究》1981 年第 6 期，第 7 页及以次。

刑或终身刑导致公民资格减等。我们知道，按 1810 年的《法国刑法典》的规定，这两种刑罚导致的是民事死亡，现在改为导致公民资格减等，由此完成了以公民资格减等取代民事死亡的过程。至于公民资格减等的内容，《废除民事死亡法》第 4 条明确规定：受判者卸任或不得担任在本省立法机关控制下的公共机构的官员或职员；剥夺投票表决权和被选举权；不得担任陪审员、在诉讼中担任专家证人和证人；不得出庭，做单纯的声明的情形除外；不得参加任何家庭会议；不得为董事、遗产信托的受托人、遗嘱监护人、保佐人、指定监护人（conseil judiciaire）。[①] 显然，此等权利不仅有公法上的，也有私法上的。

2. 私法效力的转型。因判罪的民事死亡的私法效力也保存于现代法中，不过也采用了其他的名义。在西班牙等国家，采用了民事禁令（interdicción civil）的名义。所谓民事禁令是一种刑罚，是对民事死亡的取代，它是因受判者的重罪剥夺其一定的权利能力。[②] 例如，《意大利刑法典》第 19 条规定的法定禁治产、禁止担任法人和企业的领导职务、剥夺与公共行政部门签约的权能、解除职务或劳动关系、剥夺或停止行使父母权，都属于民事禁令性的规定。它们都属于本书第四章第一节第五目研究的失权的类型，由此可见，失权制度是民事死亡制度的别样形式。把《意大利刑法典》第 19 条的规定与 1804 年版的《法国民法典》第 25 条的规定比较，可发现前者已没有了对所有权的剥夺、对婚姻关系的剥夺、对作证能力和诉讼能力的剥夺，显得更人道。

在中国法中，也不乏民事死亡的私法效力的体现。主要是本书第

---

① 《废除民事死亡法》的条文，载 http：//fr. wikisource. org/wiki/Loi_ abolissant_ la_ mort_ civile，2015 年 2 月 21 日访问。

② Véase Jose Luis Manzanares Samaniego, *La pena di interdicción civil*, Instituto Nacional de estudios juridicos, Madrid, 1979, p. 345.

四章第一节第五目研究过的《会计法》第40条、《公司法》第146条、《拍卖法》第15条、《律师法》第7条中关于有过职务犯罪并被判刑者有期地不得从事犯罪所涉职业或职务的规定。由此可见，民事死亡制度离我们并不遥远。

既然民事死亡的公法效力和私法效力皆存，说民事死亡制度已死亡就变得困难了。严格说来，它并未死亡，而是以另外的方式活在人间。那么，为何这一制度死亡不了？答曰：因为它有用。在任何一个社会，让立法者握有整肃害群之马的手段，总是必要的，民事死亡制度就是这样的手段之一。

五、宗教性的民事死亡

（一）天主教

到了13世纪，天主教神职人员当众宣发“三愿”（贞洁、受贫、服从）成为制度，以此作为入门的条件。“贞洁”的含义是此心不二，一心侍奉天主，为此当然不能结婚。“受贫”的含义是以耶稣为自己的唯一所有，视一切为废物。“服从”的含义是遵从上级神职人员和世俗政权的命令。遵守“三愿”，实际上有助于神职人员实现集体生活，如果他们有私家、有私财、各自听命于自己，则集体生活将不可能。基于“三愿”的制度化，1500年左右，有些君主在法学家的帮助下确定：男女神职人员已经与市民社会脱离，在民事上死亡了。他们不能缔结婚姻合同。对于其他合同，他们也没有合同能力，不能买卖、互易等，他们与奴隶和未成年人无异。他们不能收受财产，通过继承或赠与都不行。① 法国曾采用这种宗教性的民事死亡制度，区分马耳

① Voir Oliver J. Thatcher, La Mort Civile des Religieux dans L'Ancien Droit Francais. Etude historique et critique. Par L'Abbe Ch. Landry, Docteur en Droit Canonique, Alphonse Picard et Fils, editeurs, Paris, 1900. Pp. xii + I74. In *The American Journal of Theology*, Vol. 4, No. 4 (Oct., 1900), p. 861.

他骑士团的成员、耶稣会士、基督教教义的神父、遣使会会员、圣方济各派等类型适用之。以马耳他骑士团为例，由于其成员发了守贫愿，他们不能拥有任何财产，因而也不能立遗嘱，不能为赠与，但可以命令付给其佣人到期的工资，在某些情形下可以遗赠一小笔钱，但这要经过首长的同意，并对遗嘱人的零星积蓄做严格检查后才可实施。①但 1790 年 3 月 19 日的法律废除了这一制度。②

英国法上也有神职人员的民事死亡制度。其理路是天主教教士既然宣称自己不承担世俗生活的各项义务，也不听从世俗官员颁布的命令，他们也不应享受世俗社会的各种利益，所以他们发生民事死亡。这样，他们在进入教会时，应和濒死的人一样立下遗嘱并指定遗嘱执行人。此等执行人可向他的债务人起诉收回别人欠他的债务，同时对他的债权人提出的诉讼要应诉。另外，他缔结的合同因为他进入教会而终止。③ 进入教会后，神职人员不能获取或保有任何土地，违者处每月 10 英镑的罚款。他们也不得从事任何形式的贸易或出售任何商品。这些禁令的依据是教会法。这是他们遭受的私法上的失权。就公法上的失权而言，他们不能加入陪审团，不能被选举为副郡长、地方治安法官或警察，不能参加下议院的会议。④

上述教会法的规定折射到世俗法中。1855 年的《智利民法典》也规定了神职人员的民事死亡制度。第 95 条规定：根据法律，在为天主教会承认的修道院中庄严当众发愿的人，由于民事死亡，同样终结财

---

① Voir Francois Richer, *Traité de la Mort Civile*, Paris, 1755, p. 682.

② Voir M. E. De Chaboral-Chameane, *Dictionnaire de Législation Usuelle*, II, Paris, 1833, p. 185.

③ 参见［英］威廉·布莱克斯通著：《英国法释义》（第一卷），游云庭、缪苗译，上海人民出版社 2006 年版，第 152 页。

④ 参见［英］威廉·布莱克斯通著：《英国法释义》（第一卷），游云庭、缪苗译，上海人民出版社 2006 年版，第 365 页及以次。

产权方面的人格。[①] 第96条规定：获得解除其誓愿的神职人员回到其民事生活，但不得主张回复他在发愿前拥有的财产，也不得主张继承由于其民事死亡而不得接受的遗产。[②] 这些规定不仅规定了宗教性民事死亡的开始，还规定了其终止。

1862年的《阿根廷商法典》第22条规定，因为与其身份不符，如下自然人或法人禁止经商：1. 教会团体；2. 正在执行其职务的任何级别的教士；3. 以永久资格在其行权地或管辖区活动的文官或法官。[③] 按照此条，任何级别的教士在任职期间都不得经商，这等于宣告了他们在这一方面的民事死亡。

1866年的《下加拿大民法典》（下加拿大是现今的魁北克的旧名）第34条也规定了天主教神父的民事死亡。

（二）汉传佛教

众所周知，皈依佛门的人，原则上不得已婚；已婚的，入门前要离婚；未婚的，在还俗前不得结婚，这意味着皈依者丧失结婚的权利能力。这等于说出家人也发了守贞愿。在财产上，根据2006年的佛教协会《全国汉传佛教寺院共住规约通则》第14条的规定：遵照佛制，僧众住寺，常住供养；僧人年衰，常住扶养；僧人疾病，常住医治；僧人圆寂，常住荼毗；僧人遗产，归常住所有。[④] 此条中的"常住"是"常住物"的简称，指寺观及其田产什物等。该条告诉我们，出家僧人实行一种供给制，个人不得有私财，其生老病死由寺院负责。这等于说僧人也发了守贫愿。

以上述规定为依据，可认为法院对洪森鑫诉丁华楷民间借贷纠纷

---

① Voir Henri Prudhomme (traduit), *Code civil Chilien*, Paris, 1904, p. 19.

② Voir Henri Prudhomme (traduit), *Code civil Chilien*, Paris, 1904, p. 19.

③ Véase *Codigo de Comercio de la Republica Argentina*, Edicion 2003, La Ley, Buenos Aires, 2003, p. 13.

④ 参见《全国汉传佛教寺院共住规约通则》，载 http://www.sara.gov.cn/zwgk/zcfg/qgxzjttxgjgzd/6514.htm，2015年1月5日访问。

案［（2014）潮湘法磷民一初字90号］的处理可以质疑。在本案中，原告洪森鑫是僧人，法名昌明，在2014年在分三次向被告贷款33300元。被告无力偿还，被昌明诉至法院并胜诉。本案的问题在于，昌明是否有贷款能力以及民事诉讼能力？换言之，他是否应处在民事死亡的状态？如果对这些问题的回答是肯定的，我认为法院应驳回洪森鑫的诉求，因为他无商事行为能力，其与丁华楷的债务关系应作为自然债务处理。

六、近现代法中的因移民的民事死亡

移民输出国对移民外国者是恨爱交织。恨，是因为他们把技术和资本从母国带走，甚至有的是不辞而别、诈欺了母国（例如，拿着国家的奖学金留学不归）才移民他国，给母国造成了伤害。爱，是因为他们能把母国的文化、技艺甚至价值观带到移入国，从而扩大母国的影响，并在将来充当母国与移入国经济、文化甚至政治交往的桥梁。所以，1804年的《法国民法典》① 《伐累州民法典》② 《两西西里王国民法典》③ 及1865年的《意大利民法典》④ 采取了打击移出母国者的立场，但意大利后来的《国籍法》废除了这样的规定，改采"爱"的立场。1804年版的《法国民法典》对入籍外国者、未经国王允许担任外国公职者、在海外建立事业、无意返国者、法国妇女与外国人结婚者、未经国王许可，服务于外国军队者，也采取"恨"的立场，剥夺此等人的国籍。到最新版的《法国民法典》（第23－8条），对上述人

① 其第17条、第19条、第20条规定如下人丧失法国人资格：入籍外国者、未经国王允许担任外国公职者、在海外建立事业、无意返国者、法国妇女与外国人结婚者，未经国王许可服务于外国军队者。

② 其第16条规定了归化外国的伐累公民被剥夺政治权利和民商事权利。

③ 其第20条规定移民导致的民事死亡，包括未经政府许可归化外国、在外国军队服役等情形。

④ 第11条规定下列人丧失意大利国籍：1. 当着民事身份官员的面放弃住所，将其居所移往外国的人；2. 已获得外国国籍的人；3. 未经政府允许接受外国政府的雇用或进入外国军队服役的人；4. 上述人的妻子和子女。

的恨意并未完全消除，对于在外国军队或外国公共部门任职者、在法国未加入的国际组织任职者，受到法国政府的禁止仍继续工作的，剥夺法国国籍。[①] 按照拿破仑时代的理路，剥夺国籍等于民事死亡，附属于法国人资格的一切公私权利应皆尽丧失。但在当代，公法上权利的享有仍然以国籍为基础，但私权（民事权利）的享有不光以公民权，而且以人权为基础[②]，这意味着剥夺国籍不会给被剥夺者带来严重的民事后果。尽管如此，民事后果还是有的，例如，依据中国法，被剥夺国籍者丧失在母国的工龄积累以及相应的养老金给付，由此，一些大龄移民外国者由于在移入国工龄短，养老金很少，发生了这种人回到中国要求享受母国的养老金的诉请。又如，被剥夺国籍者如回到母国，他们必须按外国人的方式找工作，而各国为了保护本国劳动者，通常会为外国人在本国就业设置一些额外的门槛。这样的限制也适用于因取得外国国籍丧失本国国籍者。如果本国对于被自己剥夺国籍者或取得外国国籍者不加任何民事上的限制，这样的本国也太麻木了（达到了唾面自干的程度），或对安分守己的本国人太不负责任了。所以，法院对罗某江与罗某海返还原物纠纷上诉案［（2010）穗中法民五终字第1372号］的处理可以质疑 。在本案中，原告罗某江已移民定居加拿大多年，在国内却还享有穗郊字第142723号《农村（墟镇）宅基地使用证》记载的宅基地使用权，此等土地上建有43.7平方米的平房。罗某海为罗某江的胞兄，在其弟

① 参见《法国民法典》（上册），罗结珍译，法律出版社2005年版，第108页。

② 《魁北克民法典》的预备性规定谓：“《魁北克民法典》根据人权和自由权宪章以及法的一般原则，调整人人之间的关系和财产。” See *Civil Code of Quebec*, Baudouin · Renaud, 2002—2003, p. 21。2014年10月1日的阿根廷《国家民商法典》第19条及其他多条打破了human（生物人）与persona的对立，改采人类人（persona humana）的概念，这意味着淡化民事权利之享有的国籍基础。Véase *Codigo civil y comercial de la nación*, Ley, Buenos Aires, 2014, p. 7. assim. 要强调的是，人类人的概念尽管在2014年才见诸民法文件，但它是1975年在信理大会（Congregation for the Doctrine of the Faith）上提出的概念，旨在强调性别伦理的一些原则。这一术语从此在天主教国家的民法理论中流行。

弟移民加拿大后将此等平房拆除，另建两栋楼房出租获益。2008 年，罗某江起诉罗某海要求恢复原状并赔偿损失。此案的问题在于，罗某江已是加拿大人，他怎么能享有中国村民才能享有的宅基地使用权？但本案的审理法院根本未考虑这一情况。我认为，罗某江起诉后法院应审查其身份，如果加拿大没有赋予中国公民在当地起诉的权利，则应驳回其起诉。如果情况相反，可受理其起诉，但裁决他无宅基地使用权能力，以这个理由驳回其起诉。此等宅基地因罗某江丧失了村民身份应归相应的农村集体组织所有，其地上物可作为罗某江在归化加拿大前处理的对象。

我国还有归化外国的企业家、演艺人士、运动员、公费留学生应承受的民事死亡问题。我国移民国外的企业家的普遍问题是拿到外国身份后不在该国待着，而是回到中国像中国人一样继续执业，没有一个人格减等的程序，对此，外国不满——因为未为当地经济做贡献，国人遭殃——因为抢夺了他们的机会，所以，应剥夺他们在中国经营企业的能力，对于促进两国交流有益者，可豁免这一禁令。就演艺人士和运动员而言，拿着外国护照不敢在外国开张继续在中国占据舞台和赛场、影视资源的不少，应剥夺他们在中国从事演艺活动的能力（或可简称为出镜权，对叛逃的运动员如胡娜①可类推适用这一规则）或参加体育比赛的能力，特别有益于中国的可由有权机关豁免此禁。对于公费留学不归后来又回国就职者，可规定他们在还清国家的留学经费及其利息外加违约金前民事死亡，并剥夺他们在国内从事学术活动的能力，国家认为有特殊需要的情形除外。如此，可树立正气，打击脚踩两条船者，改变此前的香臭不分的状况。

---

① 2015 年 2 月 8 日晚，我看到胡娜在凤凰卫视《名人面对面》节目接受访谈，听她讲许多国家的运动员都以叛逃的方式得到更好训练的机会，非常愤怒，也痛感我国对此的应对法律阙如。这一经历是促成我在本书的增删版中增加对民事死亡制度的论述的原因之一。

第二分节　宣告死亡论

一、宣告死亡的概念

宣告死亡是自然人下落不明达到一定期限，经利害关系人申请，法院宣告其死亡的法律制度。

宣告死亡是生理死亡的对称。生理死亡是自然现实，宣告死亡是法律现实，它是一种推定，即从自然人下落不明满一定年限的事实，推导出他已死亡的事实。它所确认的不是自然现实而是法律现实，这就是说，被宣告死亡的自然人可能仍在某处生存着，并不见得已在生理上死亡，因为法律现实可能与自然现实一致，也可能不一致。

二、宣告死亡的要件

宣告死亡要有自然人下落不明、利害关系人的申请、法院的宣告达到一定期限三个要件。就最后一个要件，根据我国《民法典》第46条的规定，有普通期限和特别期限两种。

1. 普通期限。为4年，适用于通常情况下自然人的下落不明情况。

2. 特别期限。为2年，适用于因意外事故造成的自然人下落不明的情况。此期限自事故发生之日起计算。普通期限长而特别期限短，是因为在适用后者的情形，自然人死亡的概率更大。

三、宣告死亡的法律效果

与生理死亡相同，被宣告死亡人的婚姻关系解除，其配偶可与他人结婚；其继承人可继承其遗产；他负担的人身性债务消灭。

但被宣告死亡人并不见得已事实上死亡，他在其生存地点所为的法律行为，并不因其被宣告死亡而无效。

四、被宣告死亡人重新出现

由于宣告死亡只是一种推定，可由反证推翻。因此，若被宣告死亡人重新出现或已确知其并未死亡，则宣告死亡的推定被推翻。经本人或利害关系人申请，法院应撤销对他的死亡宣告。其原配偶若未再婚，婚姻关系恢复；若已再婚，不因撤销死亡宣告而影响第二次婚姻的效力。被宣告死亡人之子女在宣告死亡期间被他人合法收养者，收养关系不因撤销死亡宣告而受影响，以维持既已形成的法律关系的稳定。因宣告死亡而获得财产的人，不论取得的根据是继承、遗赠或人寿保险，皆应返还给重新出现人或其他给付者。所返还者应为原物；原物不存在的，应给予重新出现人适当补偿。

第四节　结　论

死亡是一种重要的法律事实，如果把民法描述为一套关系到自然人从出生到死亡的生活的规则体系，民法的死亡规则属于自然人的终曲。所以，民法从不回避和讳言死亡。然而，确定人的生死界限又是一个政策性很强的问题，既关系到对生命的尊重，又关系到节约资源、减轻亲属负担的考虑。自杀权则属于在对自有的处分与利害关系人的权利之间的问题，其中包含个人的自治与社会、国家利益的紧张关系。

死亡是权利能力的终结时刻，但这种终结只是相对的，为了解释人死后仍然享有一定范围的权利的现象，学者打造了“符号存在”的概念作为法律保护死后利益的理由。所以，一个自然人向世界的告别不是在他死亡的一瞬完成的，而是一个逐渐的过程。这个过程有多长，是一个运用之妙在于一心的问题。

死亡包括自然死亡和法定死亡两大类型。在后者中，包括民事死亡和宣告死亡两种类型。罗马人看到了具有惩罚性的民事死亡的决定法律关系变动的功能，但当代的中国民法学界没有看到。这种理论上的缺位导致了一些司法上的失误是由此不能区分被判重刑者与监外自由人司法、不能区分出家者与俗人司法、不能区分归化外国者与留在本国者司法。司法上的失误由立法上的缺位造成，是时候把民事死亡制度理论化、立法化和司法化了。在这一过程中，我们会想到罗马人留下的“人格减等”的概念好用。甚至于我们会思考到一些其他的罗马人未考虑到的人格减等，如一个平民当兵后军人不能经商，一旦他们跨入军营，他们就丧失了作为平民时的一些权利能力。

第七章
认识论

我们已知道，盖尤斯的三编制体系揭示的人与物的关系存在两种类型：一种是主体与客体之间的欲望与满足欲望的手段之间的关系，它表现为市民法中的财产关系问题或所有权问题；另一种是主体与客体间的认识关系，它表现为市民法中的渊源问题、立法权与司法权的配置关系问题以及真实标准问题。本章即欲研究这些问题。本书第八章讲的价值论也是主客体关系的一种，它表达了主体对客体的利用关系。

第一节　认识论与法律

一、认识论与权力量守恒定律

认识论是关于人类认识现实、领悟真理的能力的哲学学说，表示着主体与客体的关系，所回答者为主体能否把握客体的问题。如果认为人的认识具有把握全部真理的能力，即为认识论上的绝对主义，这是一种典型的乐观主义理论，化学元素周期表代表了这种认识论思想。现在多数领域都不再适用这种认识论了；如果认为人不可能彻底认识现实世界，即为认识论上的不可知论（Agnosticism），这是一种典型的悲观主义理论，关乎我们的基本生活，值得突出说明。

不可知论最早由赫胥黎于1869年提出，用来描述一种心灵态度，该种态度认为尝试知道与我们的根本的科学、哲学和宗教观念相对应的现实是徒劳的。在赫胥黎之后，不可知论成了一个哲学术语，用来表示对人知晓某些甚至全部认识客体的怀疑、否定或不信的精神态度。因此有完全的不可知论与不完全的不可知论之分。

部分的不可知论的第一种表现形式是区分现象和物自体定可知与不可知。所谓“现象”，是包括感觉、回忆、想象和判断等一切认知活动的意识形式。[①] 它是可知的，而物自体是不可知的。所谓“物自体”，是存在于人们的感觉和认识以外的客观实体。它为何不可知呢？因为我们认识物自体必须通过自己的感觉、概念等过程，它们本身带有扭曲功能。通过它们进行认识，意味着不能获得正确的认识。

部分的不可知论的第二种形式是区分个人和集体定可知与不可知。例如，德·波纳尔德（De Bonald，1754—1840）就主张个人的理性没有力量，而社会的理性具有力量。下文要讲到的马克思主义的认识论采用了这一途径。

部分的不可知论的第三种形式是区分过去、现在和未来定可知与不可知。认为前者和中者是可知的，后者是不可知的，道理很简单，未来尚未进入存在，而人只能认识已经存在的事物。[②]

部分的不可知论的第四种形式是区分代价是否经济定可知与不可知。这种情景中的不可知是如果人类不惜代价可以达到对对象的认识，由于不经济主体放弃获得这种认识的情况。例如，某人的头发数目、恒河之沙的数目，如果把全世界人民都动员起来，夜以继日地数，它们是可知的，但人们不愿这么做，因此它们是不可知的。又如，通过

---

① 参见冯契主编：《哲学大辞典》（下），上海辞书出版社2001年版，第1635页。

② See Mathias Reimann, The Historical School Against Codification: Savigny, Carter, and the Defeat of the New York Civil Code, In *The American Journal of Comparative Law*, Winter, 1989.

海关的人流和物流是否包含违禁物，具有一定的不可知性。因此要采用宣誓制度和抽检制度。再如，某一诉讼事实可以查清，但如此代价太大而不经济，违反了诉讼的效率原则，因此司法满足于依靠法律技术得到一种近似真实的事实作为裁判的依据。显然可见，对某些事物的不可知属性的承认，蕴含着一种爱惜人力物力的精神，一种从现有的技术条件出发的现实主义精神。如果说我们过去对不可知论只有一种消极的了解，现在我们可以看到它的积极的一面了。另外要指出的是，不可知论还是市场经济、民主自由和判例法的基础。① 实质真实论以可知论或绝对主义为基础，其错误在于绝对主义，不承认有自然的认识不能，也不承认有民事的认识不能，有数清恒河之沙的愚公热情。

那么，人为什么不能认识对象？原因一，有限的理性，如果搜集资料并处理不需要成本，人的资料处理能力是完全的，因为资料齐全才能作出正确的决策，问题在于这种收集需要成本，由于这方面的制约，人们多是在不完全占有资料的情况下为判断，因此总是存在理性的无知，得到的总不是最优选择，而是令人满意的选择，这两种选择的区别可以通过如下比方看出来：不是搜寻一个干草堆找到一枚最尖的针，而是搜寻一个干草堆找到一枚尖得可以缝纫的针。原因二，即使人能够收集全部的资料，人的计算、比较和判断它们的能力有限，毕竟人脑不如电脑。原因三，先入之见的干扰。人的认识总是受到自己的乐观倾向的干扰，人们只愿意接受那些自己愿意接受的东西。原因四，能力缺陷，指人总是歪曲搜寻、加工和权衡资料的途径和场景，导致错误的判断。② 上述四种原因，造成人总是处在一个或大或小的

---

① 关于不可知论对于民主制的意义，参见［英］约翰·密尔著：《论自由》，程崇华译，商务印书馆 1959 年版，第 49 页及以次。

② See Melvin Aron Eisenberg, The Limits of Cognition and the Limits of Contract, In Vol. 47 (1995), *Stanford Law Review*.

认识洞穴中，只能看到对象的局部而不能看到全貌的状态。

与不可知论相对应的是可知论，两者代表了两个极端，一个限缩知识的范围，另一个扩张知识的范围。处在中间的是自然神论，该论主张上帝创造了合理的世界这架机器，规定了其规律和运动的世界理性，此后就不再干预自然界的自我运动，除理性外，别无认识上帝的途径。① 此说认为心灵可以认识任何东西，与绝对主义极为合拍。但也有人对不可知论和可知论做限缩解释，把它们限定为对上帝的存在是否可知的不同态度。②

认为人的认识有所知而有所不知的理论是认识论上的折中论。说实话，我认为折中论就是部分的不可知论，因为这种不可知论者不否认某些认识对象的可知性，例如，他们自己作为认识主体的存在性就是可以认识的。或许可以这么说，两者的分歧除表现在现实的可认识性外，还表现在对未来事物的可认识性的看法上，不可知论完全否认未存在之事物的可认识性，如詹姆斯·卡特（James C. Carter，1827—1905）在下文将要讲述的场合提出的博物学家不可能认识未出现之物的观点；而折中说认为人们依据过去的经验至少可以部分地认识未发生的事物。

认识论与立法的关系至大。立法即为在认识既往人类行为规律性的基础上对未来人类行为加以预见并进行规制的认识活动。立法涉及到过去、现在和未来三个时间点，立法者是站在现在利用对过去人类行为规律性的认识为未来的人类行为制定规则。这是一个决定论的命题，该理论认为时间是一个可以重复的过程，将来的事情是过去的事情的再现或重复，因此，知道了过去发生的事情，就可以知道将来发

---

① 参见冯契主编：《哲学大辞典》（下），上海辞书出版社2001年版，第2061页。

② 《哥伦比亚百科全书》就认为，不可知论是怀疑主义的一种形式，认为上帝的存在不能被逻辑地证明或否证。See Paul Lagasse，*Columbia Encyclopedia*，Sixth Edition，Columbia University Press，2000，p. 36.

生的事情。[①] 它是把自然科学的范式套用在人文科学上的产物，它是不可靠的，因为人文系统具有与自然系统不同的属性，人类行为在某种意义上具有不可重复性。按照历史主义的观点，历史现象在很大程度上是自由心灵创造的，所以不能认为是有规律的自然过程。每一个时代都有自己的个性。因此不能用普遍原则来理解或判断历史现象。[②] 如果说，18—19 世纪的人们可以以决定论作为立法活动的认识论前提，现在的人们则有必要综合决定论和历史主义两者的合理因素作为立法的认识论前提，即承认大部分将来的人类行为是对过去的人类行为的重复，但某些人类行为是新产生的，并非以过去的人类行为为依据，它们表现为不可预料的事件。例如，除了恐怖分子，谁会想到一架民航客机可以作为一枚巨大的炸弹呢！

除立法必以一定的认识论作指导外，订立合同也要以一定的认识论为指导，因为两者具有以对过去的知识为依据控制未来的共性。因此，在涉及大型交易的合同中，都承认总费用的不可精确预见，因而保留一笔不可预见费用作此用。基于不可知论，才有情势变更原则以及订约后调整合同的理论和保险业。如果一切都可预料到，那还要保险干什么？合同订立者的这一认识局限性证明他们并非在任何时候都是自己利益的最佳判断者，由此证明了经济人假说的局限。

立法者对自己的认识能力如何估价，直接决定权力量守恒定律发生作用的结果。依这一定律，立法权与司法权此消彼长，法律规定的数量与法官权力成反比；法律的模糊度与法官的权力成正比。必须说明的是，在这一定律中，“法官”一语采用其扩张的意思，指一切法的执行者，既包括法官，又包括行政官，因为这两类官员的性质都是执行，与立法者的规则创制者的性质形成对照。按照这样的划分，在整

---

① 参见陈宣良著：《理性主义》，四川人民出版社 1988 年版，第 278 页及以次。

② 参见张汝伦著：《意义的探究——当代西方释义学》，辽宁人民出版社 1986 年版，第 34 页及以次。

个权力活动过程中，存在的并不是立法权、行政权和司法权三权分立，而是创制权与执行权的两权分立。还须说明的是，这一定律基于这样的确信：社会生活总是需要调整的，国家的调整是理想的调整，如果这种调整阙如，就会出现社会的调整甚至是黑社会的调整。为了得到一种单纯的背景，我在分析这一定律时只考虑国家调整，把其他来源的调整忽略不计。

在这一背景下，按照上述定律，立法者若对自己的认识能力抱极大的信心，必然努力制定预料未来一切社会关系的法典，由此使司法者补充和变通适用法律条文的活动成为不必要并不允许。既然立法者已预见一切，司法者所能做到即为“依法审判”。唯有于立法者认识有所不逮之时，司法者之拾遗补阙方为必要。因此，绝对主义必定导致立法至上或绝对的严格规则主义。反之，若立法者对自己的认识能力持怀疑态度，就会避免采用预料未来一切人类行为的法典法的立法方式，而将发展完善法律之工作主要交给法官。换言之，不可知论必定导致司法至上或自由裁量主义。立法者若持认识论上的折中态度，就会力图将已有把握认识的人类未来行为加以规定，而将无把握认识的人类未来行为交给法官处理，以明示或默示的方式授权法官制定补充规则，换言之，折中主义的认识论必定取二元的立法体制，实行严格规则与自由裁量的结合。

对于上述文字描述，也可以图式表示：

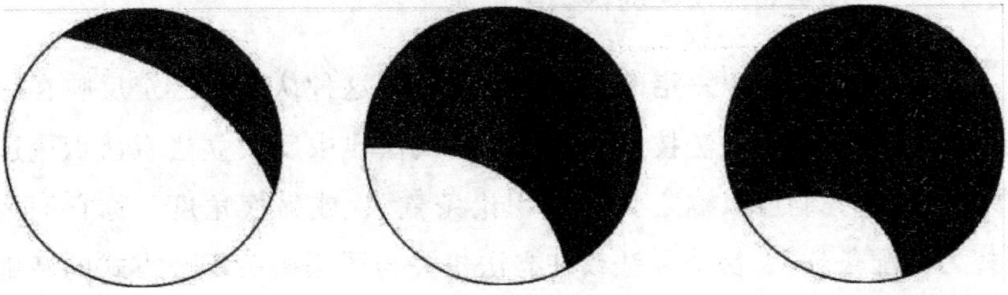

图一　　图二　　图三

在以上三幅图中，整个的圆都表示社会生活，圆中的涂黑部分表示社会生活中已被法律涵盖的领域。显然，在图一中，这一领域很小，表现的是不可知论或自由裁量主义的运作效果，处于这样状态的国家基本上没有法治可言，可将之称为三级法治国家。在图二中，法律对社会生活的涵盖面非常大，留下的空白很少，表现的是折中说或严格规则与自由裁量相结合主义的运作效果，采用这种主张的国家的成文法程度高，法律的确定性很强，可称之为二级法治国家。图三表现的是绝对主义或严格规则主义的运作效果，法律对社会生活的涵盖面接近于全部，法律漏洞很少，可将之称为一级法治国家。但由于认识论的原因，这种国家还是未做到使法律调整范围的曲面与社会生活的曲面完全重合，事实上，只有实现了这样的重合，才能做到三权分立或两权分立，即实现了创制权与执行权的完全分离。这样的重合之不可能导致三权分立理论无法实现，因此，权力的分立只能是一种大致的状况。在这个意义上，根据认识论的原因，三权分立理论早已破产！事实上，英美法系国家给予法官高待遇，正是认识到这种破产的结果，因为法官立法既然不可避免，就应该以良好的物质待遇促使他们公正立法。而在相信三权分立可以实现的背景下，由于法官的作用极为次要，法官的待遇必然低下。从某种意义上可以说，法官的高待遇是对权力量守恒定律加以认识的结果。

二、三部著名民法典的认识论轨迹

每部民法典都以一定的认识论为基础，这种认识论必定反映在一定的条文或一定的立法技术中。对于各民法典中反映立法者认识论选择的条文，我们可以称之为“认识论条款”；或另换角度，称它们为“权力分配条款”，因为立法权在立法机关与司法机关配置方式的基础是立法者对自己认识能力的估价。

《法国民法典》第5条为该法典的认识论条款。它规定：“审判员对于其审理的案件，不得用创立规则的方式进行判决。”此条反映了《法国民法典》的认识论基础为绝对主义，立法者受拉普拉斯决定论的影响，认为“只要知道了宇宙的各质量的瞬间构形与速度，一个头脑精细的人就可以算出整个过去与未来的历史”。[①] 因而自信“仅用理性的力量，人们能够发现一个理想的法律体系”。[②] 因此他们力图系统地规划出各种各样的自然法的规则和原则，并将它们全部纳入一部法典之中，形成了包罗万象的法典，并以第 5 条断然拒绝法官对这一法典加以补充和修改。“立法者自认为预见到了一切，因为他们要求法官必须以法律条款为依据作出判决。”“他们认为，法官将面临的所有诉讼问题，立法者已预先将答案交给他们”“他们认为他们所提出的规则是合理的，不可改变的”。[③]《法国民法典》由此形成绝对的严格规则主义的风格。尽管从逻辑上必然得出上述结论，但我们必须承认《法国民法典》的起草者并非不知法律必有漏洞。波塔利斯（Jean - Étienne - Marie Portalis，1746—1807）在以编纂委员会之全体的名义发表的引言中，受命公开承认了自然法的权威并重申了其作用。在列举了提供给法官用以弥补他很坦诚地承认可能发生，甚至经常发生的法律漏洞的所有资源后，他总结道：“当法官得不到任何明确和众所周知的规则之指引时，当他遇到的是一个全新的事实时，他只能回到自然法的原则。”[④] 另外，法国在大革命后首创自由心证制度，把判断证据的权力从法律（法定证据制度）移诸法官，实际上允许法官有一定的

---

① 参见王雨田主编：《控制论、信息论、系统科学与哲学》，中国人民大学出版社 1986 年版，第 27 页。

② ［美］博登海默著：《法理学：法哲学及其方法》，邓正来等译，华夏出版社 1987 年版，第 67 页。

③ ［法］亨利·莱维·布律尔著：《法律社会学》，许均译，上海人民出版社 1987 年版，第 68 页。

④ ［法］阿·布瓦斯泰尔著：《法国民法典与法哲学》，钟继军译，载徐国栋主编：《罗马法与现代民法》（第 2 卷），中国法制出版社 2001 年版，第 290 页。

自由裁量权。[①] 最后还必须提到当时法国有上诉法院，它并不审理案件，而是解决下级法院上报的疑难问题[②]，这也证明法国当时的立法者并不完全认为自己有完全的认识能力。

但《法国民法典》第 4 条又规定："审判员借口没有法律或法律不明确不完备而拒绝受理（案件）者，得以拒绝审判罪追诉之。"从逻辑上看，只有在法典的起草者自认为它们制定的详备法典已使法官失去了以法无明文为由拒绝审判的可能时，才敢于作出这样的规定，否则必将陷法官于第 5 条禁止的以创立规则的方式进行判决或以法无明文为由拒绝审判的境地。因为只有在法典提供的规则的充分性和可适用性使法官能为任何遇到的案件找到解决方案的情况下，这两个条文才不至于互相矛盾。[③] 由于这两条的互克不可避免，目前它们已无用。[④]

在《德国民法典》中找不到明确的认识论条款，但这一法典的第一次草案第 2 条曾经规定："法律未设规定者，应类推其他规定以为适用，其他规定亦无者，应适用由法律精神所得之原则。"[⑤] 此条赋予了法官充分的法律补充权，证明立法者并不认为法典可涵盖一切而法官无用武之地。其中的"精神"的用语，表明了立法者综合规范与艺术、理性与经验两大人类经验形式的尝试。但此条在《德国民法典》第二次草案中被取消，起草者认为，这个问题应交给法学评判。[⑥] 这证明

---

① 参见卞建林、谭世贵主编：《证据法学》，中国政法大学出版社 2000 年版，第 33 页。

② 参见［法］罗伯斯比尔著：《革命法制和审判》，赵涵舆译，商务印书馆 1965 年版，第 27 页。

③ 参见徐国栋著：《民法基本原则解释——诚信原则的历史、实务、法理研究》（再造版），北京大学出版社 2013 年版，第 284 页及以次。

④ Voir J. P. Niboyet, La question d'un nouveau code civil en France, In Vol. 24 (1955), *Tulane Law Review*, pp. 262s.

⑤ 据郑玉波：《民法总则》，三民书局 1979 年版，第 40 页。

⑥ 参见［德］霍尔斯特·海因里希·雅科布斯著：《十九世纪德国民法科学与立法》，王娜译，法律出版社 2003 年版，第 131 页。

了他们承认学说为补充渊源的立场。不排除立法者也屈从于三权分立体制的可能，为了尊重公认的教条，他们只得以另外的方式表达其立场：改以默示的方式授权法官补充立法。法典中大量存在的一般条款“无疑表明了对法院在政策制定方面的立法授权，每一个一般性条款都鼓励建立一个给人以强烈印象的判例法体系。”① 因此，《德国民法典》制定者的认识论选择并不在特定条文中反映，而体现在法典的以模糊规定众多为特色的立法技术中，通过迂回的方式，仍达到了使其法典具有严格规则与自由裁量相结合风格的目的。

《瑞士民法典》沿袭了《德国民法典》以默示方式表达立法者之认识论立场的做法，它“避免在许多问题上作明确具体的规定，其条文往往有意识地规定得不完备，因而条文常常只勾画一个轮廓，在这个范围内由法官运用他认为是恰当的、合理的和公正的准则发挥作用”。② 同时，为了更鲜明地表达立法者的认识论立场，《瑞士民法典》又以明示的方式确立了认识论条款，其第 1 条第 2 款规定：“如本法无相应规定时，法官应依据惯例，如无惯例时，依据自己作为立法人所提出的规则进行裁判。”此款旗帜鲜明地承认了法官立法的合法性，慷慨地把部分立法权交由法官行使，立法者因而勇敢地承认了自己认识能力之不足，由此使其法典具有严格规则与自由裁量相结合的风格。

《德国民法典》和《瑞士民法典》共同的哲学基础为长期统治欧陆思想界的康德哲学。一方面，康德承认“现象世界”是可知的，因而同不可知论划清了界限；另一方面，他又认为“物自体”是不可知的，因而同绝对主义划清了界限。③ 在康德的术语体系中，所谓“物自体”，既指作为感觉源泉的自然界，又指理性不能把握的超感性的对

---

① ［美］埃尔曼著：《比较法律文化》，贺卫方等译，三联书店 1990 年版，第 211 页。

② ［德］康·茨威格特，海·克茨著：《瑞士民法典的制定及其特色》，谢怀栻译，载《法学译丛》1984 年第 3 期。

③ 参见朱德生等著：《西方认识论史纲》，江苏人民出版社 1985 年版，第 9 章。

象，如上帝、灵魂、意志等——它们都是科学所不及的领域，另外还指在实践中应当力求实现而永远不能实现的理想目标。① 因此，康德在认识论上持折中态度。按照其认识论，基于“现象世界”的可知性，法典法的立法形式可以保留，而不必像英美法那样把过大的立法权交给法官。同时，基于“物自体”的不可知性，保留下来的法典法不能是包罗万象的、封闭的，而必须将立法者认识不及的问题交由法官处理。因此，立法权必须在立法者与司法者之间按一定比例配置，严格规则和自由裁量皆不可偏废。

基于康德哲学产生的新康德主义法学，持一种秩序的法律观，换言之，不仅把法律理解为立法，而且把法的实现过程，换言之，司法过程也理解为法的一部分。秩序的法律观不把立法者和司法者的关系看作对立的，而把他们的工作看作一个整体，形成了一个新的图示：立法和司法共同构成的圆是否能与社会生活构成的圆重合？然后，在前一个圆的范围内，以立法多于司法为优，这样，立法与司法成为伙伴关系。这是基于对某些事物的不可知性对立法权与司法权之间僵硬界限的打破。以《瑞士民法典》的作者欧根·胡贝尔（Eugène Huber，1849—1923）为例，他写下了《论立法的实现》《法与法的实现》等法哲学著作，试图阐发他起草的民法典的法哲学意义，尤其是《法与法的实现》一书，被认为具有深刻的新康德主义的倾向。他也接受了萨尼的承认成文法之局限性的观点并将之转化为《瑞士民法典》第1条的规定。② 胡贝尔主张不过分夸大成文法在一个民族的生活中的有限作用，因为成文法的漏洞不可避免，在法的宣示中起根本作用的法院的惯例和判例可起到填补的作用。他还强调道德的作用，认为它是法的首要因素。立法者的任务在于维持和提高公众的道德水准。这种

---

① 参见朱德生等著：《西方认识论史纲》，江苏人民出版社1985年版，第9章。

② See W. Friedman, *Legal Theory*, Columbia University Press, New Nork, 1967, p. 329.

道德能做法律所不能做之事。①

基于立法的总结过去人类行为调整未来人类行为的性质，未来不可知论必定排斥制定民法典。戴维·菲尔德法典编纂计划的激烈的反对者詹姆斯·卡特曾指出："科学仅仅是对事实的整理和分类，具体案件的实际判决就是事实，它们只有在进入存在后才能被观察和分类，如在作出判决后这样做。因此，要求法律科学为未来制定规则，在逻辑上是不可能的。换言之，法学家或法典编纂者不能对未知世界的人类行为进行分类并继而就它们制定法律，正犹如博物学家不能对未知世界的动植物进行分类一样。"② 正是凭借这种不可知的认识论，卡特成功地击败了菲尔德企图对未来人类行为进行规制的法典编纂计划。

经过一个多世纪的考验，立法中的绝对主义和未来不可知论皆已被证伪。法国法官大量的创法已使民法典第5条成为具文。英美法中制定法的大量增长以至于法典（如《统一商法典》和法典性质的法律重述）的出现又使卡特的结论显得可笑。而且即使就卡特举的博物学家的例子而言，也不乏可批之处。达尔文何尝不是一个正宗的博物学家，而他在博物学考察基础上提出的进化论则不仅在于总结过去，而且意图预言未来。门捷烈夫的化学元素周期表是另一类的博物学研究成果，它却告诉我们，凭借对过去的了解，我们可以预见尚未发生的事物。历史在说：《德国民法典》和《瑞士民法典》所持的认识论是对的！③

---

① Voir M. Walter Yung, *Eugène Huber et l'espirit du code civil suisse*, Librairie de L'Université, Georg & Cie S. A., Genève, 1948, pp. 193ss.

② See Mathias Reimann, The Historical School Against Codification: Savigny, Carter, and the Defeat of the New York Civil Code, In *The American Journal of Comparative Law*, Winter.

③ 对这一问题的详细论述，参看徐国栋：《西方立法思想与立法史略》，载《比较法研究》，1992年第1—2期。

三、认识论与我国《民法典》

当前，我国已颁布《民法典》，探讨这部《民法典》的认识论基础，是一项有意义的工作。

马克思主义是我国的指导思想，以辩证唯物主义为重要内容的马克思主义哲学是我国未来民法典的认识论基础。我认为，辩证唯物主义的名称可以作这样的分解：唯物主义是本体论，辩证法是认识论。因为辩证法的名称就揭示了真理是在讨论中经过试错法发现的，它表明了真理的过程性和有限性。

在对人类认识能力进行估价的三种认识论形式中，马克思主义认识论属于折中说，即对认识能力持有所知而有所不知的估价，认为特定时空的个人或集体只能达到相对真理，不能达到绝对真理。辩证唯物主义虽承认世界可知，但并不承认对世界的认识可以一举完成。客观真理之达到必然要经过一个不断探索、认识加深的过程。在每个历史发展阶段，人们只能达到相对真理，即接近事物本质的认识。无数相对真理的总和构成绝对真理，即把握事物绝对本质的认识。不能否认绝对真理之存在可能，因为人类作为一个整体，在与自然界同时开展的无限延续中具有至上的认识能力。承认这一点是为了反对相对主义和不可知论，为一切科学的存在奠定牢固的基础，为人们把握世界的可能性提供信心。同时，人们所达到的客观真理又具有相对性，不能肯定我们现在视之为真理的东西不会被将来的反证推翻。承认这一点是为了反对绝对主义，杜绝特定时空的个人或集体依据把握无限延续发展的世界之本质的幻想，确定真理是一个过程。人类只有在不断的尝试与错误中才能渐次地达到绝对真理，无限地接近绝对真理。

像德·波纳尔德一样，辩证唯物主义把人类作为历史整体的认识能力与特定时空个人或群体的认识能力区别看待，认为人类作为历史的整体，具有把握世界最终本质的能力，其认识能力是至上的；而特定时空的人类个体或群体不具有把握世界最终本质的能力，其认识能力是非至上的，这是因为人生苦短，文艺千秋。我们不妨把辩证唯物主义认识论的图式描述为三条重叠的线，第一条线和第二条线都是射线，它们从一个原点出发射向无尽的未来，第一条代表认识对象；第二条代表作为整体的人类，它们在无限的延续中随影随形，都是无限的；第三条线是一条短线，它代表特定时空中的某一个人，它是有限的。这三条线的关系昭示了特定个人的尴尬的认识地位：无限的认识对象与有限的认识时间的矛盾（且不说无限的认识对象与有限的认识能力的矛盾了）。由于只有特定时空个人或集体的认识能力对解决实际问题有意义。因此，辩证唯物主义对人的认识能力的估价并不十分乐观，但它又对人类作为历史整体的认识能力作了乐观估价，因此我们说这种认识论对人类认识能力的估价为折中的。

可以看出，辩证唯物主义以相对真理与绝对真理关系为内容的认识论，与作为《德国民法典》和《瑞士民法典》基础的康德认识论十分接近，前者明显地脱胎于后者。基于人类认识能力的至上性，应制定尽可能多地预料未来人类行为并加以规制的民法典。同时，基于人类认识能力的非至上性，制定的民法典必须保持开放性结构，合理地授予立法权于司法者，使绵延的司法过程成为短暂的立法过程的逻辑延伸，以司法者的认识能力补立法者的认识能力之不足，形成两者间的伙伴关系。因此，若承认辩证唯物主义为我国未来民法典的认识论基础，民法典的条文规模、法律渊源体制设计等问题之处理就已获得了明确的指针。

我国终于在 2020 年 5 月完成了《民法典》的制定，其条文总数为 1260 条。相比于《法国民法典》的 2283 条、《德国民法典》的 2385 条，它们的涵盖面偏小，由于我国立法者过分主动地否定了自己具有更大的认识、预料未来民事关系的能力，它们未为当事人提供尽可能多的行为规则，也未为法官提供尽可能多的审判规则，因此对当事人相当缺乏事实预测的安全性，对法官缺乏可操作性。当事人在法律中找不到对自己行为的明确答案，于是判断这些行为正当与否的权力就实际上由立法者转移到了法官手中。法官成了具体案件的实际的立法者，他拾得了立法者主动放弃的立法权。由于立法权与司法权之间为此消彼长的关系，法律条文的少即意味着法官权力的多，这种“宜粗不宜细”的立法方式造成了巨大的危险。立法者立法与法官立法极为不同。立法者不是当事人所在社区的成员，他无法接触当事人并受其影响，因此能公正地制定普遍性的规则。在有些国家，为了防止立法者受外界的影响，通常将他们像高考出题者一样关起来，一直到他们制定出有关的法律为止。① 更极端的做法是请外国人立法，因为他们在内国毫无人情关系，因此能公正立法。而法官是当事人所在社区的成员，有充分的机会与当事人接触并受其影响，他就具体案件所制定的规则的公正性是根本无法保障的。假若法官受到当事人的左右，立法权还可能再次移转到当事人自己的手中，当事人成为自己的案件的立法者。这是一种最可怕的但又非常现实的情况。

由于立法机关立法远远优于法官立法，而立法机关怠于立法就会造成司法机关拾得立法权，由此危害人民权利的安全。为了避免这样的结果，必须强调立法机关的义务，违反此等义务构成玩忽职守。如果有关法律问题理论界和实务界已作了广泛的讨论并积累了丰富的审判经验，立法机关仍拒绝将之上升为法律，构成此罪，主事者须承担相应的刑事责任。关于这种过犯，在我国还发生了一个行政法案例。2004 年 11 月 21 日，东航云南分公司的一架小型飞机从包头起飞去往上海，起飞后不久坠毁，47 名乘客和 6 名机组人员全部遇难。依据 1993 年国务院 132 号令《国内航空运输旅客身体损害赔偿暂行规定》的规定，国内空难的受害人只能从航空公司获得 7 万元赔偿，但从

① 柏尔马和皮斯托亚等城市采取的做法，是将编纂者禁闭在一座房子中直至他们完成使命，以免受外界的影响。参见［美］伯尔曼著：《法律与革命》，贺卫方等译，中国大百科全书出版社 1993 年版，第 472 页。

1993年到2003年，我国的GDP增长了4.35倍，民航业的总收入也增加了近6倍，而航空公司对罹难乘客的赔偿限额依旧按照12年前的标准执行，是不合理的。于是，2005年3月4日，包头空难者的遗属提起行政诉讼，告中国民航总局行政立法不作为，遭到败诉。[①] 后来，明显出于包头空难的推动，民航总局修改了空难赔偿标准，从7万元提高到40万元。[②] 这一举措证明包头空难者的遗属实质胜诉，民航总局实质地承认了自己立法迟缓的过犯，但可惜无人对此承担责任并制定相应的程序防止再发生此等过犯。

不难看出，基于法律规定的数量与法官权力成反比的函数关系，尽力预料未来民事关系并加以规制的扩大法律涵盖范围的民法典，是保障人民权利安全并限制法官权力的良好立法方式。事实上，辩证唯物主义认识论对人类认识能力具有至上性一面的估价、对事物相对静止性的估价，已使严格规则主义的法典法成为可能。辩证唯物主义认识论对人类认识能力具有非至上性一面的估价、对事物绝对运动性的估价，又决定了要制定的法典必然是开放性的，自由裁量是严格规则的必要补充。但是，在我国法官的素质和待遇皆不高的条件下，矛盾的主要方面是加强严格规则主义，立法者应竭尽全力扩大民法典的涵盖面。我们要做到的是：由立法者对已有把握认识的民事关系尽可能多地加以规定，不妨作出数千条规定，以增强法律的可预见性、可操作性和当事人行为的安全性，限制法官权力的过分膨胀，使“法典成为人民自由的圣经”。[③] 现实的教训已告诉我们，我国的民事立法再不

---

① 参见《民航总局十年立法不作为：包头空难者家属提请全国人大审查赔偿标准》，载《厦门晚报》2005年12月22日，第15版。

② 参见黄乐欣：《空难赔偿标准上升至40万，不合理赔偿标准获提高》，载http：//www.ycwb.com/gb/content/2006－02/28/content_1077205.htm，2006年6月28日访问。

③ 中共中央马克思恩格斯列宁斯大林著作编译局译：《马克思恩格斯全集》（第1卷），人民出版社1964年版，第71页。

能采取“宜粗不宜细”的立法方式，而必须制定严格规则主义风格的缜密的法典。同时，又必须承认民法典不可能包罗万象，把立法者不能预见的问题交由精心选择的其他有权机关（如高级司法机关）依照严格的程序处理，使民法典同时具有一定的自由裁量主义的风格。

第二节　认识论与民法典的渊源体制

一、绝对主义或不可知论作为建构民法典渊源体制的基础

如果承认制定法不能涵盖一切，民法典的法律渊源问题就出现了，法律渊源问题在哲学上即为认识论问题。

法律渊源指法律的表现形式，民法渊源就是民法的表现形式。在民法渊源问题上存在着一元制与多元制两种主张。所谓一元制，就是只承认制定法为民法渊源的主张。《法国民法典》采用此制，其第5条规定：“审判员对于其审理的案件，不得用创立规则的方式进行判决。”排除了适用制定法之外渊源的可能。按多元制主张，民法的渊源除制定法外，还包括习惯、判例、法理等。持多元制主张的有《瑞士民法典》。其第1条规定：“（1）凡本法在文字上或解释上有相应规定的任何法律问题，一律适用本法；（2）如本法无相应规定时，法官应依据惯例，如无惯例时，依据自己作为立法人所提出的规则裁判；（3）在前款条件下，法官应依据最权威的学说和判例。”① 第1款规定制定法是优先适用的渊源；第2款规定惯例和法官法作为补充渊源；第3款规定法官制作法官法时必须以过去的学说和判例作为依据。该款证明判例并非直接的判决依据，而只是制作法官法的参考材料，否则，判例就要列入第2款规定的补充渊源才合乎逻辑。总之，此条规定了

---

① 参见这一法典的意大利文本的本条，载 http：//www. admin. ch/ch/i/rs/2/210. it. pdf，2015年3月8日访问。

《瑞士民法典》以制定法、习惯、判例（含学说）为内容的多元的法律渊源体制，与《法国民法典》就同一问题所作的规定迥然不同，与《德国民法典》的有关处置也有差别：《德国民法典》是间接地承认法官为立法者，《瑞士民法典》是直接地承认法官为立法者。

在上述《瑞士民法典》的渊源体制中，制定法是民法的直接渊源；习惯、判例为间接渊源。直接渊源和间接渊源的区别在于：前者具有适用上的直接性和优先性，对于诉讼事件，有制定法的明文规定的，必须先直接适用之；后者具有适用上的补充性和间接性。补充性表现为无制定法规定时方可适用；间接性表现为作为补充渊源的规范，只有经过法院选择、认可后才可作为法律适用。①

二、是否承认法律局限性作为建构民法典渊源体制的基础

在民法的渊源问题上是采用一元主义还是多元主义，取决于立法者对两个问题的答案。

第一，立法者是否承认制定法存在局限性，即是否承认制定法存在漏洞。凡不认为制定法有局限性者，必建立制定法完美无缺、不需要以其他渊源补充的信仰，而只承认制定法为唯一的渊源。凡承认制定法有局限性的立法者，必明智地确立其他渊源补充制定法。在《法国民法典》产生的时代，立法者受理性主义影响，认为人类的认识能力是至上的、绝对的，立法者因而作出一元论的选择。

经过历史的进化，人类认识能力具有至上性的信念发生了动摇，而相信人类的认识能力处在有所知而有所不知的地位，立法者只能规定自己已有把握认识的社会关系，对无把握认识的未来可能发生的社会关系，只能授权将来的有权机关处理，因而确立了法律局限性理论。按照这一理论，制定法具有不周延性、不合目的性、滞后性三大缺陷。所谓不周

① 参见王泽鉴著：《民法学说与判例研究》（二），台大法学丛书1979年版，第9页。

延性，指立法者受人类认识能力非至上性的限制，不可能预料未来一切可能发生的社会关系并加以规定，因而制定法必然存在大量的缺漏和盲区需要补充渊源填补。所谓不合目的性，指法律一般只反映社会生活的典型事件，不可能反映社会生活中的特殊事件，因此，适用于典型情况能导致正义的制定法，适用于特殊情况即可能导致非正义，违反了法律的正义目的。所谓滞后性，指法律作为上层建筑相对凝滞，具有稳定性，而经济基础、社会生活不断发展变化，导致法律与已经发生变化的社会生活脱节。[①] 滞后性是演进性的不周延性和不合目的性，是前两个局限性在时间进程中的表现。总之，法律局限性理论的产生，导致了《瑞士民法典》以补充渊源填补制定法漏洞的多元的法律渊源体制。

第二，立法者在设计法律渊源体制是一元还是多元时，需要回答的另一个问题是：立法权与司法权是否要进行严格的划分？因为作为最重要、最经常适用的补充渊源——判例，就是法官立法之产物。《法国民法典》由于奉行严格的三权分立理论，其第 5 条明文禁止法官立法。而是否能禁止得住法官立法，取决于制定法能否做到完美无缺。假若制定法不可能做到这一步，在法官不得以法无明文为由拒绝审判的条件下，不管立法者是否愿意，法官创立规则处理手中的案件都是必然之事。由于法律局限性认识上的突破，近代各国立法逐步舍弃了严格的三权分立观念，而认为议会是一般的立法者；法官是个别的立法者。[②] 前者制定法律之大纲；后者制定法律之细则。由此淡化了立法与司法两大权力之间的严格划分，模糊了二者间的界限，因而普遍承认判例为民法的补充渊源。

---

① 关于法律局限性理论，参见徐国栋著：《民法基本原则解释——诚信原则的历史、实务、法理研究》（再造版），北京大学出版社 2013 年版，第 261 页及以次。

② 参见［法］勒内·达维德著：《当代主要法律体系》，漆竹生译，上海译文出版社 1984 年版，第 49 页。

第三节　认识论与民法典的真实标准

一、不同国家的认识论与真实标准处理

尽管现代民法典实现了诸法的基本分离，仍包含不少程序性的规定，因此，民法典的制定者仍要考虑在此等规定中采用的真实标准问题，这是一个典型的认识论问题。

基于实事求是的一贯训条，我国的诉讼法理论曾长期坚持实质真实论，主张“不能仅仅认定这个案件在法律上是真实的，而且要认定这个案件的实质真实，就是要反映事物的原来面貌，不能加上任何外来的成分”。① 基于这种指导思想，我国《民事诉讼法》第63条第2款规定，对于8种法定证据，“证据必须查证属实，才能作为认定事实的根据”；第64条第3款规定，“人民法院应当按照法定程序，全面地、客观地审查核实证据”。这些都体现了很高的证明标准。此论的基础显然是认为特定时空的个人或集体具有把握绝对真理能力的绝对主义认识论。

相反，西方国家的诉讼法采取一定程度的司法不可知论。在民事诉讼中采用盖然性居上或占优势的证明标准，即可能性比较标准，负有举证责任的人主张的事实的真实性大于其不真实性，足矣；在刑事诉讼中采用排除一切合理怀疑的证明标准。这一标准是美国证据法中的9种证明程度的第二种。第一种是绝对确定，美国人认为由于认识论的限制，这一标准无法达到；第二种是排除合理怀疑，这是诉讼证明的最高标准；第三是清楚和有说服力的证据；第四种是优势证据（Prepondrance of evidence）；第五种是合理根据；第六种是有理由的相

---

① 参见《民事诉讼法讲座》（上）：西南政法学院1983年印行，第18页及以次。

信；第七种是有理由的怀疑；第八种是怀疑；第九种是无线索。[①] 这些证明标准依次递降，换言之，依次放低对案件事实的真实性要求，表明了司法不可知论的立场。

我国采用实质真实论有些奇怪，因为它与辩证唯物主义的认识论相冲突，而且也与我国民事立法中大量运用只追求形式真实的推定和拟制的实践相冲突。更有甚者，与同样作为社会主义国家的苏联的法律要求的证明标准也不一致。在苏联，以西方的自由心证理论为基础，承认内心确信的证明标准，确定法院判决只能以最大盖然性接近于真实。[②] 这一真实标准比我国诉讼法理论主张的标准低得多。

在改革开放后，我国的证明理论有了变化，基本的走向是放弃了实质真实论，接受了形式真实论。事实上，我国以前的立法就使用推定和拟制的技术，它们本身就是反对实质真实论的，不过这一属性未被发现而已。下面让我来证明它们的这一属性。

二、自然现实和法律现实的对立统一

关于真实标准问题，我们可以先确定自然现实和法律现实的概念作为讨论的基础。

自然现实是在物理意义上已发生过的人的行为或自然事件，是客观存在过的人或自然的活动所造成的现象。法律现实是通过立法或诉讼确定的将作为适用法律之根据的人的行为或事实状态，是法律确认或创造的现象。它可能与自然现实相吻合，也可能不相吻合。因为“构成法律现实的东西并不是由直接观察考定的东西，而是我们的思想所玄想的东西。法律现实并不是一种好像物理或生理现象的现实，它

---

① 参见卞建林、谭世贵主编：《证据法学》，中国政法大学出版社 2000 年版，第 356—360 页。

② 参见卞建林、谭世贵主编：《证据法学》，中国政法大学出版社 2000 年版，第 41 页。

是纯知识的，仅仅是一种概念现实，一种驾于实在存在的地位上的思想产品”。[①] 在不相吻合的场合，法律现实仍通过立法或司法的确认（我国司法界习惯称这一过程为“认定”）而具有法律效力。

自然现实与法律现实的区分是判定立法是采取实质真实论还是形式真实论的基础。任何司法程序（实体民法中也包括一些程序性的内容，如宣告死亡、时效等制度）都是查明案件真相据以适用法律的过程。在理论上，司法程序可以分解为查明事实与适用法律两个阶段。就查明事实的阶段而言，它是由法官[②]和当事人（包括当事人之代理人）共同进行的一种纯粹的认识活动，认识的对象是案件事实，认识的目标乃真相的求得。如果将真理理解为与对象的本质相符合的认识，则司法程序的查明事实阶段就是认识真理的过程。因此，任何司法程序的设计者都必须以一定的真理观或认识论作为其哲学基础。如果立法者持绝对主义的认识论，则必然要求法律现实与自然现实相统一，换言之，拟作为适用法律之根据的事实必须是在物理意义上已发生过的事实，这就是实质真实论。如果立法者持不可知的认识论，则必然允许法律现实与自然现实在一定程度上脱离，即承认在某些情况下达不到法律现实与自然现实的合一，而不得不满足于以与自然现实可能存在偏差的法律现实为根据作出裁断，这就是形式真实论。形式真实论中的法律现实是司法主体对诉讼事实的认识结果，是客观因素与主观因素的混合。按照这种诉讼理论，自然现实并不能直接作为判案的依据，必须与司法者的主观因素相作用后才能如此，例如，直接的案件事实只有经过质证后才能作为判案依据。所谓质证，指控、辨双方

---

① 参见吴传颐著：《法国、德国和苏联的民法》，美吉印刷社 1948 年版，第 27 页。

② 但也有人认为，法官作为中立的裁判一方，在诉讼证明活动中只是收受证据的主体。他们不承担证明责任。严格说来，至少在刑事诉讼中，认识活动只发生在侦察阶段。参见卞建林、谭世贵主编：《证据法学》，中国政法大学出版社 2000 年版，第 266 页及以次。

对所举证据进行辩论和质对，对其证明的内容和真实性进行辩论的活动。[①] 这样的质证，就是司法者的主观作用于案件事实的客观的过程，具有很强的技术性。[②]

三、克服不可知的诸手段

形式真实论首先以司法不可知论为基础。在司法程序中活动的人，像在其他领域活动的人一样，其主观方面包括知识、意见和无知三个部分。知识是我们已认识的对象；无知是我们尚未认识的对象。在知识与无知之间，是“意见”的中间状态，即介于知识与无知两者之间的东西，比知识阴暗，比无知明朗。[③] 它是我们对对象的认识的不充分性在我们头脑中的反映。司法活动中的无知和意见的存在，使这一领域的某些方面为不可知论所涵盖。

既然形式真实论首先以司法不可知论为基础，那么，对于不可知的事情怎么办？从古到今，人们设想了各种解决方法。古人承认人的诉讼认识能力有限，采用神判制度解决这一问题。所谓神判，“是人们在搜索不出犯罪证据或迫使犯罪嫌疑犯吐出实情时使用的一种神明判断方法”[④]，因此，神判是在凭借人的力量难以查清案件事实的情况下借助于神的力量查清的司法认识方式，是借助神灵的力量判断或裁决

---

① 参见陶建军：《刑事质证制度之完善》，载《检察日报》2002 年 4 月 22 日，第 3 版。

② 在沈阳市前市长慕绥新的审判过程中，被告对受贿指控否认 4 起，辩护律师却否认 11 起，法院最终采纳 7 起。被告不解，说我自己都承认了，为何律师还要辩？律师说，法律事实和客观事实不同。法定证据基础上形成的是法律事实。法定证据不足无法上升为法律事实就不能认定。这说明律师辩护以法定证据为依据，法院判决也以法定证据为依据。参见《慕绥新律师细说死缓内幕》，载《厦门晚报》2001 年 12 月 4 日，第 3 版。

③ 参见［古希腊］柏拉图著：《理想国》，郭斌和、张竹明译，商务印书馆 1986 年版，第 222 页及以次。

④ 参见师蒂著：《神话与法制——西南民族法文化研究》，云南教育出版社 1992 年版，第 173 页。

各种疑难案件的一种手段，其基础是人力审判的不可知论，因此需借助神的力量完成认识，因为神是无所不能的，对于它们来说，不存在查不清的事实。①

宣誓是另外一种解决方式。从某种意义上可以说，它不过是神明裁判的残留而已。它是以神的认识能力弥补人的认识能力的不足，打破人法和神法的界限查清案件事实。我们可以在罗马法中的信托制度中找到运用宣誓的例子。

信托最早起源于规避法律的行为，由于其违法性，信托人只能寄望于他给予继承人的信任完成自己的心愿。在这样的背景下，有的受托人不辱信任；有的则辜负了信托人的委托，将信托物据为己有。由于受到一些突出的背信弃义事例的刺激，奥古斯都开始承认信托并把它纳入法的轨道。优士丁尼进一步完善了这方面的法制。他规定：如果遗嘱人信托其继承人交付遗产或特定的信托物，而此事不能根据文件或5个证人证明，如果继承人背信弃义拒绝履行信托，否认信托的存在，则信托受益人可就未进行诬赖起誓，然后要求他起誓。受托人必须要么宣誓确认信托不存在；如果他拒绝作此等宣誓，则强制他履行信托，以此保障遗嘱人的最后愿望不落空。② 此例说明了在“死无对证”的死因行为领域，人的认识能力的渺小和借助于神力的必要。宣誓是涉及信仰领域的行为，凡科学所不及的地方，只能委诸信仰。宗教与信仰密切相关。宣誓的意义在于，宣誓人吁请神作为誓言的证人和强制执行人，因为在人所不及的地方，神总是存在的。可以说，一旦在诉讼程序中引入宣誓，就承认了司法上的不可知论。富有意味的是，唯物主义的我国已引入宣誓制度。首先引入于海关报关程序上，解决通关物流巨大与海关检查人员有限造成的民事不可知问题；其次

---

① 参见邓敏文著：《神判论》，贵州人民出版社1991年版，第70页。

② I.2，23，12. 参见［古罗马］优士丁尼著：《法学阶梯》，徐国栋译，中国政法大学出版社2005年版，第265页。

引入于证言制度上。从2001年12月4日开始，在厦门市思明区法院作证的证人须手按宪法宣誓：“我保证如实陈述，毫不隐瞒，如违誓言，愿接受法律的惩罚和道德谴责。”[①] 其后，广西柳州市城中区法院(2002年4月)、大连市甘井子人民法院、四川省法院系统（2003年10月）等也采用了这一制度。

推定是克服司法上的不可知的第三条途径，尤其是克服民事的不可知的途径，另外具有认识者“偷懒”，把认识负担转嫁给他人的意义。推定是从A现象的存在推论出B现象也存在，从而根据B现象适用法律的思维过程。A现象是自然现实，由A现象推论出来的B现象是法律现实。推定表示着某一事实或若干事实与另一事实或若干事实之间盖然的因果关系。因此，推定的逻辑公式是“如果A，那么B”。推定形成的因果关系为盖然的，因反证的出现而解除，因此，推定形成的两事实之间的因果关系不稳定。

推定的基础是我们于生活中取得的因果关系经验，这构成我们认识的前结构。我们常常看到A现象一出现，必然导致B现象出现，于是我们认为，A现象是B现象的原因，B现象是A现象的结果，因而确认AB两现象之间存在因果关系。这种经验使我们确信，A现象出现了，即使我们未看到B现象，我们也能断言B现象迟早要出现，由此使我们不必经历事件的全过程就能知晓其结果。但由于事件往往多因一果，B现象的出现并不必然以A现象为原因，因此，我们习惯性的因果性思维可能导致错误。承认这一可能，就使推定所形成的因果关系只能是盖然的，可以由反证推翻。

推定也是证据规则，它的可推翻性表明了举证责任的移转。对法院来讲，是对认识困难的转嫁，因为推定的利害关系人要自己举证证明推定不成立，若他们不愿或不能这样做，法院就可以安然接受推定

---

① 参见佚名：《如违誓言，我愿接受惩罚：中国大陆首位宣誓证人上午在思明法院出庭》，载《厦门晚报》2001年12月4日，第1版。

的结果。

推定表明了人类的认识手段有限，故满足于一种似真的认识状态，如果认识技术进步，则推定的存在必然减少，甚至有提出“推定的死亡”的口号的空间。

以上讲的是一般的推定。但还有一种不能反证的推定（Conclusive presumption）。如在美国法律，7 岁以下的人被推定为无犯罪能力，它不能被推翻，因此是实体法规则，反映了立法者宽宥 7 岁以下的未成年人的政策。我认为这种所谓的推定就是下文要讲到的拟制。

四、法律现实有意扭曲自然现实的理论与实践

形式真实论还以司法能动论为基础。司法能动论强调司法者在认识案件事实过程中的干预活动，不赞同“白板说”，按此说，人能认识事物而不“加上任何外来的成分”。因此，人的头脑是一面光滑的镜子，能客观地反映外在事物。

“白板说”是以洛克为代表的经验论者提出来的。他们认为，知识起源于感觉经验，人心在获得感觉经验之前是空箱或白板，没有任何观念或字样。这种观点与以莱布尼兹为代表的“心灵是有纹路的大理石”的“天赋观念说”论者展开了一场旷日持久的大论战。至现代，“白板说”已落败。这场胜利是一系列天赋观念者一步步完成的。

首先是柏拉图，其理念说的要点之一就是“知识就是回忆”，因此，人的认识结构、人的认识能力、认识所追求的知识的形态，都是先在的，而所有这些现在的东西都是神创造并赋予的，由此否定了人的认识的经验性。

其次是亚里士多德，他认为，哲学和科学的第一原理即公理是一些不证自明的命题或原则，它们根本不依赖感觉经验，而由心灵在理性直观中直接获得，为心灵所固有。因此也否定了认识的经验性。

最后是培根，他认为心灵像一面不平的镜子，因为存在四假象。

第一种是种族假象，即把人特有的本性强加于客观自然界身上。例如，由于人的活动是有目的的，因而人们也相信宇宙秩序也是有目的地被安排的。第二种是洞穴假象，是个人的性格、爱好、所受教育、所处环境等的影响造成的人的认识的片面性，受其蒙蔽的人处在坐井观天的状态，而每个人都难免受此等蒙蔽。它表明了人的以往的认识经验对将来之认识的制约。第三种是市场假象，指人们在日常交往中使用虚构或含混不清的语词概念造成的谬误，这是语言对思维的限制造成的，前者是后者的不完善的工具，因为思维涉及的事物比语言所能涵盖的要广阔。第四种是剧场假象，指盲目崇拜权威造成的错误。①

培根的四假象实际上就是主体大脑中先于认识并制约认识的既成图式，相当于莱布尼兹讲的“心灵上的纹路”，由此，认识始终是客观的认识材料被主观化的过程。认识总是人的认识，是人用自己的感官和大脑去反映对象，因而必然打上主体的印记。事实上，人往往只接受那些自己愿意接受的东西。

但培根的理论是以否定的方式阐发的，他不承认认识的主观因素具有积极意义，只以此证明人的认识的局限性。

在康德手里发生了认识的主观性的评价转折，开始看到这种主观性的积极方面。他认为知识只能产生于经验和理性的统一。经验即感觉；理性即天赋观念，表现为四类十二个范畴。四类为量、质、关系、样式。范畴有全称的、特称的、单称的、单一性、复多性、总体性、肯定的、否定的、不定的、实在性、否定性、限定性。这些范畴不是经验的产物，而为人脑先天具有。它们能为自然立法。因此，人的认识在某种意义上讲，不是在实践中总结、概括实际经验，反映客观事物发展规律的过程，而是主动地建构和范导经验和客观事物的过程。

海德格尔继续了康德的上述路线，把认识的主观因素概括为理解

---

① 参见朱德生等著：《西方认识论史纲》，江苏人民出版社 1983 年版，第 122 页；另参见余丽嫦著：《培根及其哲学》，人民出版社 1987 年版，第 203 页。

的前结构，即在开始新认识前主体可以利用的认识工具和已有的认识，它包括先有、先见、先知三个环节。所谓先有，指主体生存的文化环境，主体在开始认识前就被它占有和支配着。它相当于培根所说的洞穴假象；所谓先见，指我们思考任何问题都要利用的语言、概念等工具，它们相当于培根所说的市场假象，起着制约或扭曲我们对事物的认识的作用；所谓先知，指认识主体在认识前已具有的观念、前提和假定等，它也相当于培根所说的市场假象，我们是利用它们开始新的认识的，而这些认识前提有可能是错误的。

海德格尔认为，“理解的前结构”必然排斥认识的客观性，认识必然伴随着主体性。①

此外，还有库恩的范式理论、皮亚杰的发生心理学、格式塔心理学，都推翻了认识的客观论。②

至此可以得出的结论是：到目前，学者们已证明了认识具有主体性，并且认为这种主体性并非全然坏事，它们往往是创造性的来源。因此，“白板说”已不能用于立法司法中。在此种理论条件下，我们的任务是谋求立法—司法者的好的理解的前结构，如让他们受好的法学教育，培养公平正义观念等。

在认识的主观论看来，人对客体的认识恰恰如哈哈镜中的映像，映像与本像的一定背离恰恰是法律的调整功能发挥作用的舞台。因此，认识的主观性在立法中有如下适用。

适用之一：拟制。它所表达者为这样一个过程：就自然现实而言，A 现象并非 B 现象，但为了某种需要，立法者把 A 现象视为 B 现象，因而将 A 现象适用为 B 现象制定的法律。在这一过程中，AB 两现象

① 参见梁慧星著：《民法解释学》，中国政法大学出版社 1995 年版，第 123 页及以次。

② 参见周文彰著：《狡黠的心灵——主体认识图式概论》，中国人民大学出版社 1991 年版，第 34 页及以次。

本各为自然现象，将 A 视作 B 后，B 现象就成了 A 现象的法律现实，因此，拟制的逻辑公式是“A 就是 B”。拟制法条的特点在于：“立法者虽然明知其所拟处理的案型与其所拟用来规范该案型之法条用来处理之案型，其法律事实由法律上重要之点论，并不相同，但仍将二者通过拟制赋予同一的法律效果。申言之，通过拟制将不同的案型当成相同，然后据之作相同的处理。”① 由于拟制在立法中常用带“视为”的句子行文，有学者将其作为“视为”研究。② 由于拟制的运用乃为满足立法者之需要，它是立法政策问题。由于拟制涉及法律现实与自然现实的背离，它又是个认识论问题。如果说推定是立法者认识有所不逮而不得不使法律现实与自然现实相背离，拟制则是立法者已认识自然现实，但公然违背自然现实，因此，它也是对实质真实论的背弃。

我国立法中经常使用拟制的立法技术。《民法典》第 18 条第 2 款规定：“十六周岁以上的未成年人，以自己的劳动收入为主要生活来源的，视为完全民事行为能力人。”此款为关于准治产人的规定。从自然现实来看，未达 18 周岁不具备成年条件。但 18 岁的成年年龄的本质是人们通常在这个年龄具备健全的、可以理解自己行为之后果的心智，而第 18 条第 2 款中所涉的人，以能以自己的劳动维持自己生活的状态证明自己已提前具有了这样的心智，因此，法律撇开形式而取实质，赋予此等人以完全的行为能力，把上述自然现实认同为法律现实。

在刑法上也有拟制之适用。我国《刑法》第 236 条为关于强奸罪的规定，其第 1 款规定自然的强奸罪；其第 2 款即规定拟制的强奸幼女罪：“奸淫（请注意！立法者未用“强奸”一词）不满 14 周岁的幼女的，以强奸论，从重处罚。”实际上，从自然现实来看，这一款涉及的是成年男子与幼女的和奸。实际生活中，有不满 14 岁的幼女早熟而

① 参见黄茂荣著：《法学方法与现代民法》，台湾大学法学丛书，1982 年，第 151 页及以次。

② 参见江平：《民法中的视为、推定和举证责任》，载《政法论坛》1987 年第 4 期。

看不出不到 14 岁的情况，以及幼女隐瞒自己不满 14 岁的事实的情况，尽管如此，法律仍不顾有关男子与她们和奸的自然现实，公然把强奸的法律现实强加于他们，以达到保护幼女的立法目的，因为性关系是一种可以产生多种后果的行为，如怀孕、感染性病等，缺乏生活经验的幼女不能充分估计这些后果，因此法律无视她们的自愿状态。

适用之二：优势证据规则。《菲律宾民法典》第 33 条规定："在破坏名誉、诈欺和人身侮辱的案件中，可由受害的当事人提起完全与刑事诉讼分开与分别地要求赔偿损害的民事诉讼。这样的民事诉讼将独立于刑事追究进行，并且只要求优势证据。"所谓优势的证据，指比证明相反事实的证据更有分量和更有说服力的证据，作为一个整体，这样的证据证明待证明事实的发生概率大于不发生的概率。① 因此，在《菲律宾民法典》的这一规定中，法律基于公共政策的考虑，对破坏名誉、诈欺和人身侮辱这些特别恶劣的案件中的受害人提供特别的保护，他们就上述类型的案件提出的证据，以有利于他们的较多为已足，换言之，不要求作出绝对符合事实真相的证明，这样，法官采取证据规则，减轻受害人的证明负担，由此实现保护他们的立法目的。另外，在疑案中，为了诉讼的经济，也可以根据当事人双方的证据优势决案，换言之，在举证状况不均衡的情况下，裁决举证较多、较有力的一方当事人胜诉。② 根据优势证据规则得到的结论是盖然的而非实然的，受到当事人的举证能力等诸多因素的影响，适用这样的证据规则，也意味着对实质真实论的部分放弃。

适用之三：客观主义之采用。根据学者的研究，客观责任也与认识论有关，它来源于意大利法学家斯特凡诺·罗多塔（Stefano Rodotà）所说的"重构人类行为的困难"以及"来源不明的、在统计学上可以

---

① See Henry Campbell Black, *Black's Law Dictionary*, West Publishing Co., 1979, p. 1064.

② 根据 2001 年 1 月 26 日中央电视台《今日说法》节目中范愉教授的观点。

预见的损害的存在”。[1] 此外，由于证明过错困难，立法者干脆把它界定为不当行为，由此导致了侵权行为法从主观到客观的转变。[2]

适用之四：毒树之果规则。按照这一规则，在证明真相与遵守程序发生矛盾时，前者要让位于后者。例如，如果警察在逮捕犯罪嫌疑人时未按米兰达规则（审讯前警告）对其陈述诉讼权利，则后者的口供不得被采用为合法证据。根据证据排除规则，以非法手段采集的证据，尽管合乎事实，在诉讼中亦不得采用。[3] 未经质证提出的证据，尽管很可能符合事实，但却不能作为判案的依据。这些众所周知的司法实践都是背离实质真实论的。

适用之五：废除死刑。正因为诉讼证明的往往只是概率事实，存在发生错误的极大可能，而人死不能复活是众所周知的真理，为了防错，人们倾向于废除死刑。因此，死刑的废除问题，不仅是一个人权问题，而且是一个认识论问题。这一观点有其美国例证。2003 年 1 月 11 日，伊利诺伊州州长乔治·瑞安宣布了他在任的最后一项重要政令：取消全州范围的所有死刑判决。他认为本州的死刑系统存在严重缺陷，3 年前，一死刑犯在行刑 48 小时之前被证明无辜的事件给他很大震撼，而进一步调查又发现了 13 起冤假错案。哥伦比亚大学曾公布一份报告称，1/3 以上的死刑判决都有漏洞，因而在上诉时被上级法院推翻。这份报告形容美国的死刑制度充满错误，检察官拒绝与辩护律师分享重要证据是原因之一。哥伦比亚大学调查了 1973 年到 1995 年的 4578 宗死刑上诉案件，发现大部分都有严重的错误，而且是一再重复出错。无独有偶，

---

① Véase Atilio Anibal Alterini, Informe sobre La Responsabilidad Civil en el Proyecto Argentino de Codigo Civil de 1998, Sobre http://www.alterini.org/fr_tonline.htm，2003 年 3 月 7 日访问。

② 参见胡雪梅：《“过错”的死亡——中英侵权法宏观比较研究及思考》，中国政法大学出版社 2004 年版，第 111 页。

③ 参见［美］道格拉斯·胡萨克著：《刑法哲学》，谢望原等译，中国人民公安大学出版社 1994 年版，第 2 页注 1。

2000年，美国有关部门运用DNA技术重新审核了400名待执行死囚，发现其中86人无辜，占总数的21.5%，比例相当大。[①] 在死刑误判方面，中国也有不少案例，往往都是后来真正的作案人自己招供后才把被误判的人放出来，如聂树斌案[②]，或者是“被杀”的人活着回来才把被误判的人放出来，如著名的佘祥林案。所以，中国也增加了疑案无罪的新的无罪类型，这其中当然包括死刑案件。

与死刑问题相连的是超期羁押问题。我认为绝对主义是这种不良现象的重要原因。由于相信已发生的事实终究可以查清，不妨把一个人关一辈子；相反，如果持相反的认识论立场，就会倾向于把一个在一定时间内查不出问题的嫌疑人放掉。

适用之六：自由心证制度。这是从法官的角度出发表达的司法认识论问题。基于对按常规手段认识案件真相之困难的确信，这一制度允许法官超越形式化的诉讼技术手段凭直觉去认识案件真相并将之作为判决依据的事实。当然，这是一种危险的合理安排。

最后要说两点：其一，人的认识能力的局限性和司法活动的程序性造成的判决依据的事实与实际事实的不一致带来了诉讼诚信问题。当事人不利用相对人和法官的认识“枷锁”为自己谋取不当利益，不利用有利于自己的诉讼技术手段按良心办事的，就遵守了诉讼诚信。其二，实事求是的命题在其他领域的可适用性我不敢妄言，但基于对以上立法—司法实践的说明，它在诉讼法领域的不适用性却是可以断言的。由于法律事务的高度技术性，现在的诉讼现状往往是实事不求是，这是值得司法者高度注意的。

---

① 参见《美国冤假错案太多，伊利诺伊州清空死囚牢房（组图）》，载 http://news.sohu.com/38/45/news 205724538.shtml，2009年2月6日访问。

② 聂树斌案的详情，参见《河北一男子因“强奸杀人”被执行死刑，10年后真凶落网》，载《厦门晚报》2005年3月15日，第18版。

第八章

人性论

第一节　人性与人性论

一、从阶级性到人性

1990 年左右，人性论曾被认为是资产阶级的理论，它排除了人的阶级性考察一般的人性，是对人的阶级性的抹煞，因此遭到拒斥。到今天，中国期刊网上关于人性论的文献已汗牛充栋，关于阶级性的文献倒成凤毛麟角了。回想起来，从阶级性到人性的过渡是通过 20 世纪 80 年代发生的延续 10 年的关于法的社会性的大讨论完成的①，那是一场思想解放运动，人们在不敢使用人性术语的情况下使用“社会性”作为替代品，强调法的超越个别阶级，尤其是统治阶级的利益和意志的属性，为前后相继的不同意识形态的统治者后者可以继承前者的法律遗产，而不必打烂法统提供正当性依据，由此出发，甚至发生了对 1949 年废除民国时期的《六法全书》是否合适的反思。在宪法上，尽

① 参见周凤举、纪祥：《关于 80 年代“法的社会性和阶级性”问题大论战》，载《法学》1999 年第 2 期。

管全民国家的理念未成为条文，但1982年宪法的第1条已变成“中华人民共和国是工人阶级领导的，以工农联盟为基础的人民民主专政的社会主义国家”，无产阶级的阶级性终于被人民性取代，法律的象征物因此发生了变化，在此之前，法律的象征物是刀剑，是战时的武器（“文革”前的西南政法大学图书馆门口有“擎无产阶级专政一把利剑，读马列主义万卷宝书”的对联），而从20世纪80年代后期开始，法律的象征物就变成天平了，天平是和平的交易工具。从刀剑到天平的意义，不亚于从身份到理性，它意味着法律的着眼点从“力”移到了“分”，立法者的心态从战时转向了平时，法律的重点由刑法转向了民法，民法终于成为显学。法学基础理论也发生了变化，阶级性的法律属性描述终于被普遍性的法律属性描述取代。显然，过去的成分划分已经取消，地富子弟于是逐渐不再受各种歧视，包括受教育机会的歧视。

根据关于法律的社会性的讨论，可以得出在人类的范围内人性和阶级性是有差异的结论，因为讨论中的人们是把“社会性”作为人性的替代品使用的。由此发散开来，还可以得出人性与国民性也是有差异的。人性是全人类的共性，国民性是人类的某个民族的个性。当然，民族个性肯定小于人类共性。正是基于这一真理，我们人类的各成员民族才能在联合国、世界贸易组织、奥运会的框架内展开多种形式的合作和交流。如果死抱阶级性的旧脑筋，这一切都不可能。

二、什么是人性

人性的英文表达有三个，第一个是Nature of Human，第二个是Humanity，第三个是Humanness。其他西文类此。

先说第一个。Nature of Human的直译是“人的自然”。在希腊文中，“自然”是Physis（相当于拉丁文中的Natura），它来自动词Phyo，意思是“产生”“成长”，指本性上就有力量成为“如此如此”的东西。其反义词是 Techne，即“人工造成的”。① “自然”的概念经过发展，又成为“本性使然的”意思，与 Nomos（人为约定的）相对立。② 因此，人性的提法本身就假定人有“本性”和“经过教化”两个接续的状态。“本性”无非是人类同于或接近动物性的方面；“经过教化”无非是人类逐步脱离动物界，走向文明社会的方面。人类接近动物的状态是自然状态，逐步脱离动物界的状态是文明状态，因此，Nature of Human 的表达，还是离不开自然状态和市民社会两阶段论的思维框架，不过，这里被考察的“人”既是作为集体的人，又是作为个体的人，这与只把集体的人作为考察对象的自然状态——市民社会理论不同。在人性论的语境中，个人有一个从“初始状态”到“经变动的状态”的发展过程，作为集体的人同样如此，并且这一过程由上述个人的发展过程所决定。因此，上述历史发展变迁理论是一种宏观的理论，而这里的人性论是一种“极端”的理论——兼涉宏观和微观两个极端的理论，并且隐含着问题的微观方面对其宏观方面的决定关系，这颇似个体的人在其胎胚发育过程中要重复整个人类的进化过程的现象。

再说第二个。Humanity 的含义与 Nature of Human 不同，Nature of Human 隐含着人与其他动物的关系；而 Humanity 则隐含着人与神的关系。人性是与神性相对立的概念。③ 按西方的文献传统，两种“性”的区别首先在于死与不死。记着“人生苦短，文艺千秋”的古训，会意识到死与不死对于主体的认识能力的至大影响。人总是要死的，而且死了要得到掩埋，故在前一个意义上，人有自己的别名 Mortal（意

① 参见汪子嵩等著：《希腊哲学史》（第 1 卷），人民出版社 1993 年版，第 610 页。

② 参见汪子嵩等著：《希腊哲学史》（第 2 卷），人民出版社 1993 年版，第 203 页。“自然”在希腊哲学中还有许多在这里不能论及的意思。关于这些意思，参见［英］柯林伍德著：《自然的观念》，吴国盛、柯映红译，华夏出版社 1999 年版，第 86—87 页，以及［古希腊］亚里士多德著：《形而上学》，吴寿彭译，商务印书馆 1959 年版，第 12 页。

③ 参见［德］大卫·弗里德里希·施特劳斯著：《耶稣传》（第 1 卷），吴永泉译，商务印书馆 1981 年版，第 38 页。

为终有一死的）；在后一个意义上，也有自己的正号 Human（意思是死了要埋的[①]）；而神也由于自己与人有别的属性得到了自己的别号 Immortal（不死的）。由于不会死，就没有必须掩埋的烦恼了，而且因此具有了至上的认识能力。当然，神性还有许多其他方面，从形而上学的属性看，具有自存性、统一性、无限性、普遍性、不变性；从道德属性看，有全知、全能、自由、圣洁、公义、善良、慈爱等品性。[②]

不难看出，西文中这两个表示人性的词昭示了人在动物性与神性之间的地位。这代表了西方文化传统长期以来对人的看法：人与其他动物共有肉身，与神共有精神。[③] 这种观念其来有自。普罗泰戈拉（Protagoras，约公元前 484—公元前 411）主张是神向人传授知识导致神人共有精神。他认为，人最初是分散居住各自获取养生资料的，他们没有城邦，所以遭到野兽的袭击，因为他们在各个方面都不如野兽强大。他们由于防卫的需要而聚集在一起，建立了城邦。但当他们聚集在一起的时候，由于缺乏政治的技艺又互相残杀起来，颇类似于鲁迅描述的豪猪，于是再次陷入分裂和毁灭之中。宙斯担心人类会因此覆灭，所以派传递诸神信息的神赫尔墨斯给人类送来 Aido（相互尊重）和 Dike（正义），以便给城邦带来秩序和友好合作的纽带。赫尔墨斯把这样的能力分给了所有的人。[④] 这就使“人有了一份神的属性，首先成为崇拜神灵的唯一动物，因为只有人是与神有亲戚关系的”。[⑤] 根据斯多亚哲学家阿巴马的波希多尼（Posidonius of Apamea，约公元

---

① 参见［古罗马］维吉尔著：《埃涅阿斯纪》，杨周翰译，译林出版社 1999 年版，第 150 页。

② 参见张荣：《论人性的三个基本特征》，载《文史哲》1996 年第 5 期。

③ 参见［古罗马］撒路斯提乌斯著：《喀提林阴谋·朱古达战争》，王以铸、崔妙因译，商务印书馆 1995 年版，第 93 页。

④ 参见汪子嵩等著：《希腊哲学史》（第 1 卷），人民出版社 1993 年版，第 180 页。

⑤ 参见北京大学哲学系编译：《古希腊罗马哲学》，商务印书馆 1961 年版，第 137 页。

前135—公元前51）的思想，人是永恒的世界与有朽的世界之间的中间环节，前者是神界，后者是尘世。在神界中，人是具有肉体的有形物，属于最低等级；在尘世，人是具有灵魂的有形物，在从无机体上升到植物和动物的系列中，又属于最高等级。[①] 按这种“竖井式”的世界图景，人是肉体与精神的混合体，两者当然可能发生冲突。既然如此，人们就有可能把人的好作为归之于其精神的方面，将其坏作为归之于其肉体的方面。

Humanness 指作为人的品质[②]，因此，它既包括 Nature of Human 的含义，又包括 Humanity 的含义。英文用此词翻译儒家的“仁”[③]，它应该更多地指人的社会性。

人性的中文表达是人的“性”。什么叫“性”（Natura）？荀子说：“生之所以然者谓之性。”（《荀子·正名》）“凡性者，天之就也，不可学，不可事。”（《荀子·性恶》）这里还是讲的“性”的本生性，因为“性”字从“生”字而来，因此，“性”一般指生来即有的属性和资质。[④] 至此可知，中文中的“性”与西文中的“自然”差不多，差别在于中文不以“性”的术语隐含个人与集体同途的变迁。但生来即有的属性和资质有什么呢？不同的学者有不同的答案，为图简便，这里只介绍典型作家荀子和孟子的答案。前者认为它们有“好利”“疾恶”[⑤]“耳目之欲”等（《荀子·性恶》），简单地说，它们主要是人的本能，其中多数是人与其他动物共有的东西（只是动物可能没有耳目

---

① 参见翁绍军著：《神性与人性——上帝观的早期演进》，上海人民出版社1999年版，第193页。

② See Anonym, *Humanness*, On http://www.wordreference.com/definition/humanness, 2005年8月4日访问。

③ 参见赵敦华：《中西传统人性论的公度性》，载《北京大学学报》（哲学社会科学版）1996年第2期。

④ 参见杨泽波著：《孟子性善论研究》，中国社会科学出版社1995年版，第29页。

⑤ 即嫉妒和仇恨。参见张以文主编：《荀子全译》，三环出版社1991年版，第445页。

之欲)。后者认为它们分为两种，其一是“命”，即人不能干预的东西，如口之于味的性，目之于色的性；其二是“性”，即人能施加干预的东西，如“仁之于父子”的性，“义之于君臣”的性，人们对之可求可弃，享有意志自由，只有这部分人的天生的属性和资质才是人性论的研究对象。① 简言之，荀子所说的“性”多数是人的生物性即肉体性的表现，隐含对人与其他动物的共性的认同；而孟子所说的“性”是人的社会性的表现，隐含对人兽的区分，说的是人之初即具有荀子认为要经过教化后才有的文明素养。因此，尽管两人都谈“性”，但并非讲的是一回事。荀子所说的“性”不过是孟子所说的“命”。但孟子没有把这种“性”的来源追溯到神性。

综上可知，相比于西方的人性概念，中国的人性概念与其具有把人与动物相比的共性，但没有把人与神相比的倾向，这是中国的人性论的特点，体现了我国传统文化中宗教意识的缺乏。无论是在西方还是在中国，都存在在人与其他动物的共性上寻找人性的路径和仅在人的特性上寻找人性的路径，前一路径体现在如下标准人性定义的“前者”部分中；后一路径体现在其“后者”部分中：

“人性是一切人都具有的属性，分为低级的和高级的，前者是人与其他动物的共同性；后者是使人与其他动物区别开来而为人所特有的属性，如能制造生产工具、具有语言、理性和科学等。”②

值得注意的是，这一定义将其效力范围确定为“一切人”，换言之，不仅包括国人，而且包括南洋、东洋、西洋、北洋之人；不仅包括今人，而且包括古人，因而是一个普遍的人性论定义，它并未说到人性因阶级从属的不同而不同。放在40年前，提出这样定义的人要犯

---

① 参见杨泽波著：《孟子性善论研究》，中国社会科学出版社1995年版，第29页及以次。

② 参见王志义：《人性研究学术观点综述》，载《内蒙古师范大学学报》2004年第3期。

错误的。当时的意识形态认为贾宝玉和焦大不可能有相同的人性。今天的理论也认为抛开了人的性别、年龄、职业来看人性会显得粗率。英国哲学家罗杰·斯太尔对全球200个国家的约6万名志愿者进行道德DNA测试后发现，女性比男性道德更高尚，因为她们通常会根据对他人造成何种影响来做决定，而男性更多根据自己的利益来做决定。而且，老年人比年轻人性善，随着年纪的增长，人们会更多地使用理性，直到快60岁时，人的“智力和道德力量”才会达到峰值。[①]

三、什么是人性论

人性论在西方哲学中是一种相对年轻的理论，这是因为西方哲学是从研究外部自然界开始的，然后再转向对人自身和人性的研究。希腊人很少思考人的本性是善还是恶的问题，他们的伦理学的基础是幸福论而非人性论。[②] 尽管亚里士多德写出了最早的伦理学专著《尼各马科伦理学》，尽管比他晚的斯多亚派、伊壁鸠鲁派都提出了自己的伦理观点，但它们都或多或少是一种关于美德的学说，不怎么涉及人性问题。而且就亚里士多德而言，由于他对美德的强调，他有一种否定人的牟利动机的倾向。尽管如此，希腊人对善恶意义上的人性的思考还是有的，柏拉图提供了这方面的证据。在其早期思想中，他因为持性善论并认识到法律的局限性而坚决主张人治。[③] 到了晚年，他转向性恶论和法治，因为他认识到“人类的本性驱策人寻求拥有更多，先追求自己的利益，逃避痛苦、追求快乐，人们会先考虑这些，然后才

---

① 参见英国《每日电讯报》2012年4月16日报道：《女性比男性道德更高尚?》，载《厦门晚报》2012年4月22日，第16版。

② 参见赵敦华：《中西传统人性论的公度性》，载《北京大学学报》（哲学社会科学版）1996年第2期。

③ Cfr. Platone, *Tutte le Opere*, A cura di Giovanni Pugliese Carratelli, Sansoni Editore, Milano, 1993, p. 308.

考虑到公正和善德，由此把自己笼罩在黑暗中”。[①] 柏拉图构成人性论改变影响对治理社会方式的看法的一个古老实例。

在西方，只是到了文艺复兴后，人们才开始进行规模意义上的人性论研究。在我的阅读范围内，大卫·休谟（David Hume，1711—1776）是第一个专门研究人性问题的西方哲学家，他在1739年出版了其三卷本专著《人性论》。第一卷论知性，讲人性的哲学基础；第二卷论情感，讲人性的道德基础；第三卷道德学，讲人的基本美德。不难看出，休谟理解的人性论与我们现在理解的作为伦理学研究对象的人性论不同，它不仅涉及伦理人性，而且涉及认识人性，因此，它是与动物性相区分的意义上的人性论。通过这一努力，休谟把西方学术研究的重心从自然科学拉到人的科学上来，由此成为“人的科学中的牛顿”。[②]

专门研究善恶问题的人性论，则是在政治学、伦理学、经济学、法学成为独立的学科后才作为它们的前提性部分建立起来的。马基雅维利（Nicolo Machiavelli，1469—1527）被认为是现代政治学的创始人，他在政治学上的地位如同哥白尼在天文学上的地位，因为他为这门科学找到了性恶论的逻辑起点，影响了洛克、霍布斯等现代西方政治制度的奠基者。[③] 他从性恶的角度分析和评估人们的政治行为，说：“关于人类，一般地可以这样说：他们是忘恩负义，容易变心的，是伪装者、冒牌货，是逃避危难，追逐利益的。”[④] 他由此把人性论问题转化成了政治人问题。斯宾诺莎（Bauch Benedict Spinoza，1632—1677）被认为是伦理学向人性论转折的推动者。1675年，他完成了《伦理学》，其中把自我保存的概念作为构筑体系的基础，认为“自利”主

---

① Cfr. Platone, Tutte le Opere, A cura di Giovanni Pugliese Carratelli, Sansoni Editore, Milano, 1993, p. 1136.

② ［美］巴里·斯特德著：《休谟》，刘建荣、周晓亮译，山东人民出版社1992年版，第7页。

③ 参见谭晓梅：《政治学中的人性论》，载《理论学习月刊》1998年第5期。

④ ［意］马基雅维里著：《君主论》，潘汉典译，商务印书馆1985年版，第80页。

宰着人的一切行为。[①] 他说："所以理性所真正要求的，在于每个人都爱他自己，都要自己的利益。"[②] 此语似乎是经济人假设的第一次表达。当然，我是根据既有的尺度说斯宾诺莎的此语表达的是性恶论，但斯宾诺莎并不认为人的被述属性是"恶"的，而是"自然"的，因为他说："我不把激动人心的爱、恨、怒、嫉妒、骄傲、怜悯等情欲看成人的天性中不道德的东西，而是把它们看成人的天性的一些属性……这类的东西虽然予人以不方便，它们却是必有的属性。"[③] 此语表达了一个人性论研究者的价值中立倾向。在斯宾诺莎之后，亚当·斯密（Adam Smith，1723—1790）成为经济学人性论的奠定者，他从两方面看待作为经济分析基础的人性，一方面，他把人理解为经济人，即为自己谋求最大利益的人。在《国富论》中，他如此理解人："我们每天所消费的食品并不是出自屠户、酿酒人或面包师的恩惠，而是出自他们利己的动机，我们不是利用他们的利他主义之心，而是利用他们的利己主义之心来达到自己的目的。"[④] 亚当·斯密由此把性恶论问题转化成了经济人问题。另一方面，在《道德情操论》中，他又把人理解为道德人，尤其在家庭领域，他认为人有利他之心，会以自己父母、孩子、兄弟姐妹的苦乐为自己的苦乐。[⑤] 他的这种矛盾构成所谓"亚当·斯密问题"。[⑥] 尽管如此，他提出的经济人假设比其道德人

---

① 参见［英］罗素著：《西方哲学史》（下卷），马元德译，商务印书馆 1976 年版，第 97 页。

② 参见［荷］斯宾诺莎著：《伦理学》，贺麟译，商务印书馆 1958 年版，第 169 页及以次。

③ 参见姜国柱、朱葵菊著：《论人·人性》，海洋出版社 1988 年版，第 457 页。

④ 转引自［美］加里·斯坦利·贝克尔著：《家庭论》，王献生、王宇译，商务印书馆 1998 年版，第 288 页。

⑤ 参见［美］加里·斯坦利·贝克尔著：《家庭论》，王献生、王宇译，商务印书馆 1998 年版，第 288 页。

⑥ 参见戴茂堂：《试论经济行为与道德行为之悖谬》，载《湖北大学学报》（哲学社会科学版）2001 年第 5 期。

假说影响更大，前者因此成为现代经济分析的基础，但近来遭到了行为经济学的挑战。两种学说的交战过程及其战报，是本章第三节的主要内容。黑格尔是法学人性论的奠定者，他提出了以私人领域为内涵的市民社会理论，把这个领域的主体称为“市民”，区别于在政治国家领域活动的“公民”，前者为自己，与经济人同义；后者为公共，是富于牺牲精神的人，黑格尔由此把人性论问题转化成了民法中的市民问题，本章第二节将专门对此展开论述。

与人性论在西方通常是作为某门学科的基础问题或被作为该学科的一部分得到谈论相反，在中国，人性论是最古老的理论之一，因为中国的哲学一开始就比较忽略对自然的研究，而注重对人和社会的研究，因此人性论发达。① “从中国哲学思想发展史来看，很少有哪一个问题像人性论问题这样源远流长，丰富多彩。”② 而且，中国文化也缺乏宗教意识，因此缺乏把人性与神性相比较的条件。所以，中国的人性论多是从比较人性与兽性着手展开的。因此，中国理论传统中的人性仅仅是伦理学意义上的概念，而非认识论意义上的概念，这构成中国人性论的特点之一。

中国人性论的另一特点是与社会治理模式选择密切相关。儒家采用性善论，主张德治或德刑主辅之治；法家采用性恶论，主张法治。在法家作家中，特别值得一提的是韩非（公元前280—公元前233）的人性论思想，因为他的性恶论表达与上面提到的亚当·斯密的表达极为类似：“医善吮人之伤，含人之血，非骨肉之亲也，利所加也。故舆人成舆，则欲人之富贵；匠人成棺，则欲人之夭死也。非舆人人而匠人贼也……利在人之死也。”（《韩非子·备内》）但与亚当·斯密对人

---

① 参见莫法有：《试论中西哲学史上人性论之差异》，载《复旦学报》（社会科学版）1996年第1期。

② 胡宗健：《“人”与“人性”论析》，载《零陵师范高等专科学校学报》2000年第1期。

的家庭领域利他主义观念不同，他认为家庭关系也是利己关系，说“父母之于子也，犹用计算之心以相待也”（《韩非子·六反》）。总之，韩非认为一切人际关系都是利害关系，故要用法律来调整。

在我的阅读范围内，中外学者有以下关于人性论的定义。

第一，二元论的人性论定义。谓人性论就是关于人的本性或本质的理论。[①] 这一定义建立在区分人性与兽性的基础上，其所言人性，不仅包括了人的伦理属性，而且也包括了其认识属性，故谓二元论的人性论定义。其更精致的形式为分层次人性说，认为人性包括三个方面：其一，自然属性，如饮食男女；其二，自觉能动性，即人们都具有的能动地认识世界和改造世界的能力；其三，社会性。[②]

第二，抽象的人性论定义。谓人性论是“撇开人的社会性和阶级性，离开人的社会发展，抽象地去解释人的共同本质的观点或学说”。[③] 这一定义从批判的角度描述了抽象人性论的立场，张扬具体人性论。抽象人性论着眼于人同动物的区别对人性进行抽象，通过静态的、共时性的比较和归纳，把诸如理性、语言、意志、情欲、利己等人的共性特征抽象化为绝对的、永恒不变的人性[④]，强调人的共性；而具体人性论主张人性受到阶级性的影响，否认超阶级的人性的可能。如前所述，这种人性论在22年前曾支配我国，目前几无人言及矣！原因者何？因为抽象人性论可贵，其意义在于追求“上帝之眼”，超越时间和空间地研究人的一般人性。其合理性显然，因为若无抽象的人性，我们就无法借鉴古代的法律，也不能借鉴邻国的法律，这些借鉴都以人性的普遍性为基础。离开了抽象人性论的前提，我们也甚至不能理

---

① 参见莫法有：《试论中西哲学史上人性论之差异》，载《复旦学报》（社会科学版）1996 年第 1 期。

② 参见戴景平、尹凤林：《漫谈人性与自私》，载《昭乌达蒙族师专学报》1997 年第 2 期。

③ 参见冯契主编：《哲学大辞典》（下），上海辞书出版社 2001 年版，第 1186 页。

④ 参见黄家瑶：《关于人性的哲学思考》，载《学术论坛》2001 年第 3 期。

解古代和外国的文学作品。抽象的人性论定义与二元论的人性论定义并无本质区别，两者都认为人性包括人的认识方面和伦理方面，区别仅在于观察问题的角度稍有差异。抽象人性论明示地不考虑时空条件地考察人性，二元人性论也是如此，不过未明示这种立场。

第三，伦理人性论定义。谓人性论是关于人的初始状态的本性并据以设计人的行为规范的理论。多数论者都从善恶两端描述这种初始状态，分别形成性善论和性恶论。这种人性论只考察人性的伦理学方面，是狭义的，但得到最广泛运用，得到多数人的肯认。市民法主体的行为标准设定问题只与这种人性论有关，因此，本章标题中的“人性论”，仅指这种人性论。

综观东西方，关于伦理人性的学说五花八门、林林总总，但大致有以下三种典型观点。

第一，性恶论。此论认为人的初始状态是自私。对西方法律传统之形成产生了重要影响的思想家，如霍布斯、休谟、德萨米（T. Dezamy，1803—1850），都为性恶论者。霍布斯说：“人对人就像狼一样”[①]“多数人具有恶的品性，一心要用公正的或邪恶的手段来获得自己的利益”[②]“每个人都被看成天性要追求他自己的利益”。[③] 休漠甚至从基因的角度谈论这一问题：“我们承认人们有某种程度的自私，因为我们知道，自私和人性不可分离，并且是我们的组织和结构中所固有的。”[④] 德萨米说：“自爱是我们全部动力的总和，是欲望之树的主干。而各种欲望，可以说仅仅是它的树枝。任何一个人，要使他通常不多想自己而

① 参见张宏生主编：《西方法律思想史》，北京大学出版社1983年版，第171页。

② 参见［英］霍布斯著：《论公民》，应星、冯克利译，贵州人民出版社2003年版，第19页。

③ 参见［英］霍布斯著：《论公民》，应星、冯克利译，贵州人民出版社2003年版，第35页。

④ ［英］休谟著：《人性论》，关文运译，商务印书馆1983年版，第625页。

多想别人，从而不喜爱自己而更喜爱他人，这是不可能的。”[①] 现代英国科学家、《自私的基因》一书的作者理查德·道金斯（Richard Dawkins，1941— ）也说：“假如你和我一样也希望建立一个博爱、利益共享和无私合作的社会，那么你就不会再指望从什么生物属性中得到帮助，因为我们的本性生来就是自私的。”[②] 在中国古代作家中，韩非是最有名的性恶论者，其观点已述于前文，此处不赘。性恶论一般着眼于人的肉体存在，把人的生物学属性作为人性尺度和人的内在本质。[③]

第二，性善论。此论认为人的初始状态是善的。如前所述，一方面，它认为人与其他动物共有本能，此为“命”的因素；另一方面，它承认有把人与禽兽区别开来的因素“性”，即仁、义、礼、智的萌芽，它们谓之“善端”，只要将其发展，就能成为“四德”。其中的“仁”，用郭沫若先生的话来说，是“克己为人的一种利他行为……它要人们除掉一切自私的动机，而养成为大众献身的牺牲精神”[④]；“义”是“行为适当”[⑤]；“礼”的含义很复杂，大致是“经一套行为规则约束实现的等级秩序”的意思[⑥]；“智”是人的认识能力。“性”的这种人兽分际的属性标志出中西人性论的很大差异：西方人并不羞于承认自己也是一个动物，因此，先讲人和其他动物的共性，再讲差异；而中国作者习惯于从人与其他动物的差异的角度出发谈人性。[⑦] 后一种

① ［法］泰·德萨米著：《公有法典》，黄建华、姜亚洲译，商务印书馆 1982 年版，第 106 页。

② 转引自张大勇：《我国“见义勇为”行为匮乏原因的社会学思考》，载《探索》1999 年第 6 期，第 35 页。

③ 参见何中华：《“人性”与“哲学”：一种可能的阐释》，载《文史哲》2000 年第 1 期。

④ 参见郭沫若著：《十批判书》，东方出版社 1996 年版，第 88 页及以次。

⑤ 参见程继松著：《义：照亮历史的道德之光》，广西人民出版社 1996 年版，第 6 页。

⑥ 参见姚伟均著：《礼：传统道德核心谈》，广西人民出版社 1997 年版，第 10 页。

⑦ 参见杨适著：《古希腊哲学探本》，商务印书馆 2003 年版，第 636 页。

贬低其他动物，为迫害它们张目的方法目前正面临挑战，人对其他动物没有“四端”的判断并非出于经验研究，而是出于主观想象，是人类中心主义或人类自大主义的宣泄。现代一些生物学家进行的田野研究得出了更有实证性的结论，它们成为动物保护主义者的理论依据。[①]无论如何，在“性”下辖的“四端”中，前三“端”都是人际关系准则，只有最后一“端”涉及人与外在世界的关系，这种比例充分揭示了中国传统思想的人本主义精神或曰对自然科学的漠视，或曰对实践理性的强调和对理论理性的忽视。总之，由于人人都有这“四端”，“人皆可以为尧舜”（《孟子·告子下》）[②]，“涂之人可以为禹”（《荀子·性恶》）；如不注意培养这些善端，人就会走向恶。在中国，性善论者有孟子等儒家思想家。在西方，有青年柏拉图、傅立叶（Jean Baptiste Joseph Fourier，1768—1830）等。与性恶论不同，性善论着眼于人的精神存在考察人的本性[③]，注意人兽之别，注意人在善恶之间选择的意志自由，是一种有价值的理论。

第三，白板说。“白板”（Tabula rasa）为拉丁文表达，意思是“抹平了的书板”。书板是在人类发明纸之前所用的一种书写材料，由木板覆蜡而成。字写在蜡上，除掉旧字写新字时，就要将书板抹平，所得结果就是“抹平了的书板”。白板说是洛克在与莱布尼兹论战中提出的认识论，认为人脑在开始认识前没有任何先在的东西。莱布尼兹的相反理论主张心灵是有纹路的大理石，否认在开始认识前主体意识上的空洞状态。因此，白板说通常被作为一种认识人性论看待，很少有作者把它当作伦理人性论。但白板说可以很容易地滑向伦理人性论，因为既然主体在开始其初始活动前的状态是一块“白板”，它上

---

① 关于这一问题的说明，参见胡雪梅：《动物到底有没有理性?》，载 http://www.romanlaw.cn/subcivil－169.htm，2006 年 4 月 1 日访问。

② 参见姜国柱、朱葵菊著：《论人·人性》，海洋出版社 1988 年版，第 14 页。

③ 参见何中华：《“人性”与“哲学”：一种可能的阐释》，载《文史哲》2000 年第 1 期。

面当然就既不包括认识工具如范畴之类，也不包括伦理心境如善恶之类，出于后一个“不包括”，也有少数作者把它当作伦理人性论看待。[①] 洛克说：“我们日常所见的人中，他们之所以或好或坏，或有用或无用，十分之九都是他们的教育所决定的。”[②] 此语差不多是一个伦理人性论的白板说表达。中国古代的人性白板说采用“性无善恶论”的名称，主张人性并非天生的，而是人为造成的，是后天教育的结果。战国时的告不害（公元前420—公元前350）、宋代的苏轼（1037—1101）、清代的廖燕（1644—1705）都持这种观点。其代表者告子，即告不害说：“性犹杞柳也，义犹桮棬也；以人性为仁义，犹以杞柳为桮棬。”（《孟子·告子上》）此语说的是人具有高度的可塑性，犹如杞柳，成为杯子的形状，取决于人的型构，因此，“性”在经外部环境作用前只是一张白纸，发展成什么样子，完全是后天环境决定的。当然，这里的“桮棬”可以是道德，可以是法律，也可以是两者的综合作用。总之，无论何种形式的人性白板说，都否定了“性”的生之所以然者的语词本义，都诱导我们相信人的初始状态无所谓善恶，善恶之别都是后天环境，尤其是教育造成的，教育因而被视为重要。所以，白板说实际上弥补了仅从主观方面看待人性，忽视了此等人性随环境变化而变化之可能的性善论和性恶论的缺陷，为人性论向客观方面开放打开了大门。

四、三种典型人性论与人类规范生活

三种典型人性论对人类的规范生活形态的选择发生不同影响。简

---

① 例如，王有亮：《洛克的学生观及其教育史价值》，载《内蒙古师大学报》（哲学社会科学版）1998年第4期。

② ［英］洛克著：《教育漫话》，付任敢译，人民教育出版社1985年版，第24页。但洛克也说过伦理性恶论性质的话：“谁认为绝对权力能纯洁人们的气质和纠正人性的劣根性，只要读一下当代或其他任何时代的历史，就会相信适得其反。”（［英］洛克著：《政府论》（下篇），叶启芳、翟菊农译，商务印书馆1964年版，第56页）这两种表述反映了洛克人性论思想的矛盾性。

言之，性恶论者倾向于法治；性善论者倾向于德治或提高法律规范的人性标准。从其本性来说，白板说对法治或德治都应持开放态度，但其提出者洛克主张法治。

为什么性恶论者倾向于法治呢？道理很简单，性恶论者从悲观主义出发采用次优选择方案。既然我们没有好的人，我们只能寄望于好的制度，荀子因此说："古者圣王以人之性恶，以为偏险而不正，悖乱而不治，是以为之起礼义，制法度，以矫饰人之性情而正之，以扰化人之情性而导之也。"（《荀子·性恶》）制度设计不能寄望于"扬善"，即塑造好人，而只能寄望于"抑恶"，即钳制坏人。它们被设计出来，甚至使坏的统治者也不会造成太大的损害。[①] 休谟因此说："政治作家们已经确立了这样一条原则，即在设计任何政治制度和确定几种宪法的制约和控制时，应把每个人视为无赖——在他的全部行动中，除谋求一己的私利外，别无其他目的。"[②] 基于这种观念，西方文化传统确立了一套西方制度理论。其主要内容为：其一，法治国家的观念，既然人性为恶，就不能依赖人的任性来治理国家，只能用摆脱了个人的缺陷的法律来承担这一任务。其二，权力分离和制衡原则，这尤其是对人性的缺陷的防范，通过循环监督防止滥用权力。其三，程序正当性原则，僵硬的程序被用作防范权力运用者上下其手的手段。[③] 其四，降低法律规范的人性标准。这一问题是本研究的中心，值得专门展开。

在我看来，法律是人们的行为规范，必然依据一定的人性标准制定。民法作为法律的一种，也必须如此。因此，在一个市民法体系中，像存在认识论条款一样，也存在若干人性论条款，它们往往最典型地反映立法者的人性论选择。它们有：其一，私人所有权制度，这是性

---

① 参见［英］卡尔·波普著：《猜想与反驳》，傅季重等译，上海译文出版社1986年版，第500页。

② 转引自杨宏山：《公共政策的人性预设》，载《行政与法》2004年第1期。

③ 参见田薇、胡伟希：《中西德治与法治历史思想的生成及其人性论基础》，载《中州学刊》2002年第1期。

恶论的私有制与性善论的公有制的分水岭。私人所有权是对“你的”和“我的”的明确区分，所以，一提起这种权利，就会有“私气袭人”之感。在牙买加的拉斯塔法（Rastafarian）宗教团体中，人们在日常谈话中用“我和我”（I and I）取代作为主格、宾格和所有格的“我”，以强调个人与团体的其他成员的统一①，有的宗教团体甚至对讲错了的情形规定了罚款处理。② 这一事例揭示了“我的”之表达隐含的个人与他人的紧张关系。其二，拾得物条款，允许拾得人在一定条件下成为其所有人与否以及允许其取得报酬与否，容易表现立法者对人性的基本看法。其三，无因管理制度、监护制度，在这两项制度中，是否允许为他人服务者取得报酬把两种人性论选择区分开来。其四，违约制度，是否允许效益违约把两种人性论选择区别开来。其五，取得时效制度。这是一个被深刻误解的制度，至少在中国，是否容许它出现于立法就是判断立法者的人性论选择的一个尺度。而是否要求诚信（即人们通常所说的“善意”）作为完成取得时效的构成要件更是判断同一个问题的另一个尺度。其六，在刑法以及相关的立法中，是否要求人们见义勇为。其七，如果要求人们见义勇为，是否要求见义勇为者“不顾自身安危”实施救助。根据这些人性论条款，即使不能得到背景性的理论资料，我们也可捕获立法者的人性论选择。

对上述“人性点”，近代西方国家民法多作出性恶论的选择。以《德国民法典》为例，它承认了私人所有权制度（第903条及以次）；允许拾得人在一定条件下成为遗失物的所有人；在他找到了失物人的情况下，允许他从后者取得报酬（第965条及以次）；承认管理人像受托人一样对本人享有费用偿还请求权（第683条），虽未见有明示承认

---

① See Jeffrey L. Harrison, Egoism, Altruism, and Market Illusions: the Limits of Law and Economics, In Vol. 33 (1986) *UCLA Law Review*, p. 1309.

② 误说一下要受6下鞭打。参见［英］吉本著：《罗马帝国衰亡史》（下），黄宜思、黄雨石译，商务印书馆1997年版，第123页，注释2。

管理人的报酬请求权的规定，但管理人有请求报酬的相当可能；承认了职业性地执行监护者的报酬请求权；承认了取得时效制度（第 937 条及以次），但要求主观诚信作为其构成要件；颁布时的《德国民法典》未对民事主体提出见义勇为的要求。但 1871 年的《德国刑法典》第 360 条把拒绝协警定为犯罪①，在狭隘的层面上承认了见义勇为；《德国民法典》及相应法律未提出见义勇为者要不顾自身安危的要求。由此我们似乎可以安全地说，性恶论是西方法律传统的主流，是其立法的根本前提之一。

性恶论只是对主体在一个领域中的行为模式的设定，并非对主体在任何领域的行为模式的设定，因此，我们不能说性恶论者就没有崇高的道德理想，亚当·斯密就是一个这样的例子。前文已述，他在交换领域提倡经济人假设，把主体设想成市民，但他在其他领域提倡道德人人格理想，把主体设想成公民。在我看来，这一所谓的“亚当·斯密问题”并不难解决：它不过是要求在不同的地方（市场之地和教堂之地）适用不同的规范，不同的规范采用不同的人性假说而已。试以 2008 年感动中国十大人物候选人王永庆为例说明此问题。众所周知，王永庆创办台塑集团，是个成功的企业家。他在做企业的时候，赚钱当是毫不含糊的，这是他的经济人方面。但赚了钱后，他此地赚的钱不带走，皆用于此地，包括在此地行慈善，这就是他的道德人方面了。因此，性恶论者必定采取规范分工的立场。在法律领域也有类似的问题，民法中除有贯彻经济人假设的规定外，还有诚信原则这样的规定，它反映了立法者的道德理想，起补充制定法规则不足以及矫正既有的制定法规范的不合正义性的作用。

性善论者为何倾向于德治呢？道理也不复杂，他们从乐观主义出

---

① See Dawson, Rewards for the Rescue of Human Life? In James M. Ratcliffe (Edited by), *The Good Samaritan and the Law*, Doubleday & Company, INC., New York, 1966, p. 67.

发采取最优选择方案。既然我们面对的人是好的，我们就可利用这一资源建立一个良好的社会。从这一目标出发，不得为恶的制度设计标准显然太低了，应采取促人为善的标准。如何促人为善呢？法律是以制裁为后盾（奖励性规范到目前为止还是一个可以忽略不计的因素）的行为规范，其主要功能在于禁止而非倡扬，这就决定了它不是性善论者建立理想社会的好工具。好工具是榜样[①]，即圣贤，相较于法律，榜样是倡扬性的“规范”因素。通过“君子之德风，小人之德草，草上之风必偃”的过程发生作用，导致一个社会迅速走向美德。[②] 当然，这样的设想隐含着君子与小人具有同样的“性”的平等预设。但榜样的规范意义含糊，并不意味着明确的行为标准，而是学习者对榜样的精神风范的体认，如“大公无私”“不近女色”。这种体认必定具有个人性和情境性，这两个属性与法律的普遍性矛盾。因此，性善论具有否认法律存在之必要的天然倾向。如果不得已利用法律，则必然提高法律的人性标准。由于不区分人的活动领域设定不同的人性标准，必定在所有的领域实行同样的规范，导致规范混合论。说白了，性恶论只代表论者对人类在一个领域的行为方式的设定，如果把他们对人类活动的其他领域的行为方式的设定包括进来，他们都是善恶二元论者，他们因此区分法律和道德。相反，性善论者都只是一元论者，不区分法律和道德。

白板说既对法治，又对德治开放的属性，前文已述，此处不赘。

五、小结

现在我们可以看到，人性总是一个存在于比较中的概念。当我们说人性时，总是把人与其他动物做比较，或与神做比较，或同时与二

---

① 性善论导致了如下规范方式：其一，统治者以身作则原则；其二，对培养良好的道德风尚的强调；其三，用人唯德原则。参见田薇、胡伟希：《中西德治与法治历史思想的生成及其人性论基础》，载《中州学刊》2002 年第 1 期。

② 参见胡卫青：《中西人性论的冲突：近代来华传教士与孟子性善论》，载《复旦学报》（社会科学版）2000 年第 3 期。

者做比较，归纳出一些属性。这些属性有认识能力和道德实践能力，前者是认识人性论的对象，后者是伦理人性论的对象——它是人们通常理解的人性论。由于文化传统的不同，中西学者对人性论的关注程度不同，关注的侧重点也不同。可以说，中西的人性论各有千秋，无高低优劣之分，综合两者可创造出新的人性论。但是，西方法律传统以性恶论为据建构法治，中国法律传统以性善论为据建构德治或德主刑辅之治，西方法成功而中国旧法失败，却是不争的事实，为此我们需要研究性恶论与法治的关系，道德与法律的界分及其互补的必要，根据研究成果重构中国的法律制度。当然，这样的研究以承认人性可以讨论为基础。令人遗憾的是，在1949年后的中国历史上，有过一段只能谈阶级性，不能谈人性的时期，经过关于法的社会性和阶级性的大讨论，人性论禁忌终于破除，此乃人类团结精神之大幸。无这种普遍的人性论做基础，比较法研究乃无源之水，无本之木，甚至于我们没有理由能理解古人的文学作品，更遑论法律作品了。有了这种普遍的人性论做支撑，我们就能借鉴外国的法律智慧，开展国际法学交流，使我们取得进行法理学研究所必要的“上帝之眼”或至少是“大鸟之眼”的视野。但是，历来的人性论多过分注重人性的主观性、不变性，这是需要未来的新人性论加以改进的。

第二节　从公民到市民

一、引言

前文已述，性恶的伦理人性论产生后，迅速地向部门学科渗透，衍生出“政治人”“市民”“经济人”等概念。政治人的概念与本研究无关，本节及第三节，我拟研究“市民”和“经济人”的概念的变迁史。它们彼此相关，由于市民法学与经济学前提的共同性，值得把它们放在一起研究。

市民是市民法理论中的最基本而又非常缺乏研究的范畴。市民法中的市民问题，起于正“民法”之名为市民法的研究成果，它意味着研究市民法之主体的属性，说明市民法的主体应该是什么样的人。

我们从意大利作者比良齐·杰里等著的《民法·主体规范与法律关系》知道，“所有可以在民法的名号下包括的东西，包括以下方面：首先是更直接地关系到主体的存在的规则；其次是上述主体参与享用和利用经济资源的一般规则”。[①] 这一定义告诉我们市民法有两项功能：第一，组织一个社会；第二，分配这一社会赖以存在的稀缺资源。与市民法的这两大功能相对应，其主体也有两种可能形式的存在：第一，作为一个共同体的主体与其他主体相互发生人身关系；第二，作为参与稀缺资源的享用和利用的主体与其他主体发生财产关系。在后一个场合，市民的属性问题像市民法中的认识论问题一样，也是在主体与客体的关系中表现出来[②]，从这个意义上说，市民问题是主客体关系问题的另一个方面。这种意义的“市民”，黑格尔以后的市民社会理论都将之界定为“私人”，即以自己为目的，以他人为手段的人。这是一个与公民——即把自己的私人利益服从于公益的人——相对立的概念。从表面看，民法既然是“市民法”，它自然要以经济人意义上的“市民”作为自己的人性标准，但问题恐怕没这么简单，因为市民法中还有一些利他性的规定，如诚信原则、扶养制度、赠与制度、相邻关系制度等。由此发生这样的问题，在一部市民法典中，应否和可否贯彻统一的人性标准？如果答案是肯定的，这样的人性标准应该是“市民”还是“公民”？如果采用市民的标准，我们说一个法律规范的

---

① Cfr. L. Bigliazzi Geri et al., *Diritto Civile*, 1, Norme soggetti e rapporto giuridico, UTET, Torino, 1987, p. 13.

② 关于这一问题，参见徐国栋：《论我国未来民法典的认识论基础》，载《法学研究》1992 年第 6 期。

人性标准较低；如果采用公民的人性标准，我们说一个法律规范的人性标准较高。采取何种标准并非一成不变，我们不妨从西方民法史的角度观察这一问题。

二、罗马史和罗马法中的市民

在拉丁语中，市民是 Civis，它来源于动词 Ciere，意思是“召集”“发动”，从其直陈式完成时形式 Civi 派生了名词 Civis，是“受征召者”的意思。在罗马城邦形成时期的民兵制条件下，是那种平时为民，战时为兵的人，按现代的话说，是“民兵”。由于其双重身份，这种人被称为“市民”“战士”。[①] 这样的“市民”由于具有牺牲性很强的军人性质，与汉语中“斤斤计较”意义层面的“市民”概念毫无关系，因此，在罗马史学界，把 Civis 翻译成市民还是公民，一直是令人难以决定的问题。[②]

实际上，“市民”是从属于社会契约论的一个概念。此论产生于公元前 8 世纪的希腊[③]，西塞罗最系统地把它引入罗马，成为市民概念的理论基础。

按照社会契约论，人类最早生存于自然状态。这种状态中无公共权力，人们以自己的力量解决一切争议，彼此缺乏合作。后来，由于

---

① 参见吴寿彭为其翻译的［古希腊］亚里士多德的《政治学》第 110 页所作的注释 1，以及谢大任主编：《拉丁语汉语词典》，商务印书馆 1988 年版，第 95 页。

② 例如，阿庇安的《罗马史》的译者把这一术语翻译成“公民”。参见［古罗马］阿庇安著：《罗马史》下卷，谢德风译，商务印书馆 1976 年版，第 31 页及多处。但特奥多尔·蒙森的《罗马史》的译者将这一术语译成“市民”。参见［德］特奥多尔·蒙森著：《罗马史》（第 2 卷），李稼年译，商务印书馆 2004 年版，第 126 页、第 168 页及多处。

③ 其时的普罗泰哥拉是最早留下了用契约论解释国家与法的产生之言论的古希腊哲学家。他认为，城邦国家的产生是处于自然状态下的人们为了实现自保的要求而相互约定俗成的结果。传说他写过《论城邦》《论人类的原始状态》的著作。参见汪子嵩等著：《希腊哲学史》（第 2 卷），人民出版社 1993 年版，第 178 页。

"人类不好单一和孤独的天性"和杰出人物的组织，他们通过订立社会契约联合成为城邦（Civitas）或市民社会。[①] 此后，人类就抛弃了彼此孤立的状态而进入相互合作的状态，为此建立了公共权力和法律[②]，至此，从自然状态到市民社会的过渡完成。我们看到，通过社会契约最早建立的是城邦，组成 Civitas 的人是 Civis，因此，"市民"的出现是社会契约论实现的直接结果。但在生活方式上，从现代意义来看，城邦通常不能算作城市，而只是有一个一般为政治和宗教目的筑建起来的城镇中心，其大多数市民也许都居住在乡村。[③] 他们是所谓的"农业市民"[④]，这样的"市民"没有"农村人"作为其对立物。因为城镇在政治和法律方面未成为一个独立的单位，市民不享有一种将他们本身与其在乡村的邻居区分开来的特殊身份或特殊权利。[⑤] 因此，那时的"市民"不是一种居住或生产方式的概念，而是共同体的全权成员的概念，这是需要我们摆脱中国现在的城乡二元社会结构的脑筋去理解的。

罗马从公元前 264 年至公元前 241 年的第一次布匿战争起实行帝国主义扩张政策，领土极大地扩大了。罗马对被征服的地方，有的赋予相当的自治权，自治市的市民，是罗马市民，从属于罗马共同体，同时从属于本自治市。[⑥] 这样，就形成了罗马共同体的某些成员有两

---

① ［古罗马］西塞罗著：《论共和国·论法律》，王焕生译，中国政法大学出版社 1997 年版，第 39 页。

② ［古罗马］西塞罗著：《论义务》，王焕生译，中国政法大学出版社 1999 年版，第 167 页。

③ ［美］戴维·米勒，韦农·波格丹诺主编：《布莱克维尔政治学百科全书》，邓正来等译，中国政法大学出版社 1992 年版，第 118 页。

④ 参见［德］马克斯·韦伯著：《经济与社会》（下册），林荣远译，商务印书馆 1998 年版，第 573 页。

⑤ 参见［美］哈罗德·伯尔曼著：《法律与革命》，贺卫方等译，中国大百科全书出版社 1993 年版，第 435 页。

⑥ Cfr. Francesco De Martino, *Storia della costituzione Romana*, Vol. III, Jovene, Napoli, 1973, p. 362.

种市民身份的局面[①]，罗马共同体只是用共同的法律把不同的人们联系起来。这时的“市民”概念的参照系已从不可能很大的城邦改变为辽阔的地域国家，近似于现代的“国民”的概念。这种格局很像民族国家时代的人们所处的情状。这种类似性使后世作者（如让·博丹，Jean Bodin，1530—1596）采用西塞罗的理论说明民族国家情势下个人与国家的关系成为可能。[②]

我们知道，自第一任王罗慕鲁斯分给每个市民 2 尤格的自有地之后，罗马人就有了私有的概念。2 世纪的法学家乌尔比安在其《法学阶梯》第 1 卷中（参见 D. 1, 1, 1, 2）说：“公法是有关罗马宪法的法律；私法是涉及个人利益的法律。”此论把公私的对立反映到了法律的分类上，深化了罗马人区分公私的历史。那么，市民到底是公共利益的承担者还是私人利益的承担者，换言之，他们应以何种方式进行活动？

罗马法中的“诚实生活、毋害他人，分给各人属于他的”（I. 1, 1, 3）的戒条设定了理想的市民的标准。西塞罗的《论义务》就是为已做了世界主人的罗马人写的行为指南，其中分析到了这三项戒条，我们可从中窥见一些关乎本书主题的因素。

所谓诚实生活，就是基于人对自己同类的一种爱而创造和维持一种社会性的生活，因此，诚实行为的重要方面是为了人类社会的保存，把每个人的都给他，忠实地遵守契约。从应然的角度看，人生在这个世界上，应不仅为自己，而且应为同类，为祖国，为朋友。[③]

---

① 参见西塞罗著：《论共和国·论法律》，王焕生译，中国政法大学出版社 1997 年版，第 214 页及以次。

② 关于这种说明，参见西塞罗的市民社会（Civitas）定义：“市民权、生活在同一法律之下的多种人民的城邦、地区、民族。”Cfr. T. Vallauri e C. Durando，*Dizionario Latino Italiano Latino*，Edizione Polaris，1993，p. 112.

③ Cfr. Cicerone，*Dei Doveri*，A cura di Dario Arfelli，Oscar Mondadori，Bologna，1994，p. 17.

“诚实生活”的戒条为人类科加了作为的义务，“毋害他人”的戒条则科加了不作为的义务。它要求在爱我们的同类的同时，我们还得小心不要伤害他们。

“分给各人所应得的”是对上述两个戒条的实施结果的描述。它要求通过分配的公平实现正义。

这三个戒条一点也未涉及市民本人的个人利益，要求他们考虑的都是他人、社会，显然，这样的“市民”更符合“公民”的属性。

怎样才算实现了上述三个戒条，西塞罗为我们提供了几个实例。

例1：有一个诚实的人从亚历山大运一船粮食去罗得岛，当时那里的人正处在极大的饥荒中。这个粮商知道许多商人已装运粮食上船向罗得岛进发，甚至在其旅途中，他还见到了这些商船正满帆向罗得岛航行。现在问，他是应把真相告诉罗得岛人，还是应保持沉默，把他的粮食卖出一个尽可能高的价钱?[①] 西塞罗认为粮商应透露真相。这是一般的商人做不到的要求。

例2：有一个好人出卖其有缺陷的房子。它不宜于健康，而他人相信它宜于健康。人们都不知道其每个房间里都有老鼠和蛇出没，也不知道它是用不好的建筑材料建造起来的，有倒塌的危险，只有房主知道这些。如果他没有对买主披露任何这些缺陷，而是以比它所值的高得多的价格出售了此房，他是否违反了诚实的正义[②]？西塞罗也认为他有透露真相的义务。

例3：法学家昆图斯·穆丘斯·谢沃拉想买一块土地，请求出卖人很快对他说一个死价。后者这样做了。谢沃拉说，他对土地的估价高于出卖人的估价，因此在后者的开价上加了10万塞斯特斯。所有的

---

① Cfr. Cicerone, *Dei Doveri*, A cura di Dario Arfelli, Oscar Mondadori, Bologna, 1994, p. 243.

② Cfr. Cicerone, *Dei Doveri*, A cura di Dario Arfelli, Oscar Mondadori, Bologna, 1994, p. 247.

人都说这是一个诚实人的行为，但又补充说这不是一个智者的行为。[①]这个例子涉及不得利用他人的无知或疏忽牟利的行为标准。

西塞罗举的这三个实例涉及当事人是否对交易相对人负有披露利好消息的义务，以及不履行此种义务是否构成欺诈之问题，他对这些问题作出了肯定的回答，造成民法规范的人性标准超出了经济人假设的结果。作为对比，不妨看一个美国合同法理论提供的一个类似实例：A拥有一片富含某种矿藏的地产，A对此不知。B是一个非常专业的地质学家，检查该地产发现了矿藏，在没有透露他所了解的情况的条件下，以低于其真实价值的价格向A购买这块土地。A表示同意，后来试图以B没有披露他对该项财产所了解的情况无异于欺诈为由要求解除合同。美国法学家科隆曼认为，法律并不要求知情的买方披露信息，至少在信息是经过他们仔细调查而来的情况下是这样。[②] 比较之下，可见罗马法之道德化。罗马市民被要求按上述三个案例中体现的行为标准生活，因此必须达到很高的道德要求。

以上是罗马市民在私法上要遵循的行为标准。他们在公法上的行为标准更具有牺牲性。普通的市民要承担公役（Munus），它分为人身公役、财产公役和混合公役三种。出体力脑力之“力”的通常是人身公役；只出钱的是财产公役；出力兼出钱的是混合公役。人身公役是维护自己的城邦的公役，如担任公家的律师，担任接受人口和财产普查结果的副省长，担任文书，管理骆驼、担任供粮官以及类似事项，管理公共土地，购买粮食，管理引水渠，供应赛马，维修公共道路、粮食仓库，烧热公共浴池，分派粮食并承担某些类似于此的义务（D. 50, 4, 1, 1）。担任监护人、保佐人也是其中的一种。尤其要指出的是，古罗马的监

---

① Cfr. Cicerone, *Dei Doveri*, A cura di Dario Arfelli, Oscar Mondadori, Bologna, 1994, p. 253.

② 参见［美］安东尼·科隆曼著：《合同法与分配正义》，王建源译，载徐国栋主编：《罗马法与现代民法》（第3卷），中国法制出版社2002年版，第256页。

护人要承担扶养被监护人的义务（I. 1, 26, 9）。财产公役是承担陆路和水路运输（D. 50, 4, 3），为军队提供战马和骡子（D. 50, 4, 21）。混合公役有什夫长和二十夫长这样的职位，通常由富有的市民担任，他首先要出钱招募自己队伍的成员并组织他们，但他尔后可以从集体的其他成员身上捞回损失。至此我们可以看到，罗马的所有的公共事务几乎都由市民们以自己的“力”和“钱”承担起来了。他们像蜡烛，通过燃烧自己造就了罗马的辉煌。罗斯托夫采夫（Michael Ivanovich Rostovtzeff，1870—1952）把这样的市民描述为“不领薪俸的国家官员”。[①] 贡斯当（Benjamin Constan，1767—1830）则评价说，这样的市民“仅仅是机器，它的齿轮与传动装置由法律来规制。……个人以某种方式被国家所吞没，市民被城市所吞没”。[②] 特奥多尔·蒙森（Theodor Mommsen，1817—1903）认为，罗马人的特色为“强迫一个市民在短暂的一生中无休止地劳动，片刻不得休息。国家至高无上，个人为之献身和牺牲”。[③] 安德烈·比尔基埃（Andre Burguiere）认为：“在共和时期的罗马，律法所教给人的最重要的东西，便是为祖国献出生命。”[④] 何以如此？贡斯当认为像罗马那样的共同体以战争立国，因此必须具有牺牲精神，为了民族的自由而受奴役，对个人权利的所有限制都由于对他们社会权力的参与得到了充分的补偿。[⑤] 至此，我们已可以充分看到罗马市民的集体主义的、义务本位的行为方式。

---

① 参见［美］罗斯托夫采夫著：《罗马帝国社会经济史》（下册），马雍、厉以宁译，商务印书馆 1985 年版，第 535 页。

② 参见［法］贡斯当著：《古代人的自由与现代人的自由之比较》，李强译，载刘军宁主编：《公共论丛·自由与社群》，三联书店 1998 年版，第 309 页及以次。

③ 参见［德］特奥多尔·蒙森著：《罗马史》（第 1 卷），李稼年译，商务印书馆 1994 年版，第 22 页，第 27 页及以次。

④ 参见［法］安德烈·比尔基埃等主编：《家庭史 1》，袁树仁等译，三联书店 1998 年版，第 377 页。

⑤ 参见［法］贡斯当著：《古代人的自由与现代人的自由之比较》，李强译，载刘军宁主编：《公共论丛·自由与社群》，三联书店 1998 年版，第 318 页。

前文中我已提出七项人性论条款作为检验某一立法体系采用的人性标准的尺度，现在我们不妨把它试用于分析罗马法。

其一，私人所有权制度。众所周知，罗马法承认这一制度，但作为对这一制度的自利性质的折减，罗马法使这种权利从属于他人役权的繁多限制，由此调和个人权利与社会共存的关系。其二，拾得物条款，罗马法基于较高的人性要求，根本不承认拾得人可以取得拾得物的所有权。“拾得遗失物者，于失主之请求前，负有保管遗失物之义务，不能取得其所有权。”① 现代民法中习见的拾得人可取得拾得物或从失物人取得报酬的规定，是在诞生于《德国民法典》之后②。其三，无因管理制度、监护制度。罗马法中的无因管理人无报酬请求权。前文已述，监护被罗马法定性为一种公役，监护人不仅无酬，而且要承担被监护人的扶养责任。其四，违约制度。罗马法无明确的效益违约制度，但有与此相类似的“择优解除条件”制度，如这样订立合同：“如果在明年1月1日之前没有人提出更好的购买条件，则该块土地为你以100金币买受并转归你所有。”③ 这样的安排兼顾了出卖人的牟利动机和买受人的信赖利益，人性标准设定较低。其五，取得时效制度。罗马法中显然存在这一制度，最初为补救法律行为形式上的缺陷而设，后演变为避免浪费鼓励充分利用闲置资源的制度，把私利与公益结合起来了。这一制度起初并不要求占有人具备主观诚信，只要不以盗窃、抢劫方式占有他人之物即可。共和末期，法学家塑造了这一制度的主

---

① 梁慧星主编：《中国物权法草案建议稿》，社会科学文献出版社2000年版，第380页。

② 在1997年出版的《意大利民法典》译本中，有一个告知这一民法典的条文的罗马法出处的附录（参见《意大利民法典》，费安玲、丁玫译，中国政法大学出版社1997年版，第795页），其中把《意大利民法典》第927条的德国式规定与D. 41, 1, 31pr. 联系起来，这是对罗马法的人性标准的贬低，因为D. 41, 1, 31pr. 是关于发现埋藏物的规定而非关于拾得物的规定。

③ 参见［古罗马］优士丁尼：《民法大全选译·买卖契约》，刘家安译，中国政法大学出版社2001年版，第91页。

观诚信构成要件，由此完成了“毋害他人”之原则与充分利用社会财富原则的调和，人性标准设定也较低。其六，罗马法中无要求见义勇为的规定（详见本章第四节）。其七，在海上救助问题上适用属于万民法的《关于共同海损的罗得法》，其规定是：自愿冒险从海上救人财产的人可从受益人取得利益的比例获得报酬。[①] 冒险的字样使这一规定有了“不顾自身安危”的色彩，但这一行为特性受到“自愿”和“获得报酬”的消减，规则的利他性大大消退。

综上可知，罗马法在大多数人性论条款上都采用了现代意义上的公民的标准，比现代各国私法采取的人性标准要高，尤其在拾得物条款问题上，但在有的问题上人性标准设定较低，使公民的人性标准贯彻得不彻底。

当然，并非所有的罗马市民都达到了上述理想要求，即使这种理想的主张者西塞罗本人也是如此。他是否遵循自己提出的义务理论，值得怀疑。黑格尔对他的评价是：“甚至西塞罗——他在所著的《义务论》和在其他作品中到处说着不知道多少关于 Honestum（诚实，下文根据情境将同一词译为“高尚”——作者按）和 Decorum（礼节，下文根据情境将同一词译为“合适”——作者按）的漂亮话——都作了一番投机，他逐出他的妻子，而用再娶新娘的妆奁来偿还债务。”[②]

另外，作为罗马人的道德化身的老迦图（Cato Maiore，公元前234—公元前149），在其《论农业》中讲了一套庄园的经营术，冷酷地提出了一套利用奴隶的哲学：“与其厚待奴隶，宁可使奴隶劳碌到

---

① See Anonym, Salvage & Recreational Vessels: Modern Concepts & Misconceptions, On http://www.safesea.com/boating_info/salvage/anderson/background.html，2006年2月27日访问。

② 参见［德］黑格尔著：《法哲学原理》，范扬、张企泰译，商务印书馆1961年版，第193页。

死，另买一个新奴隶合算。”[①] 他还以苛重的利率放高利贷。布鲁图斯则以48%的利率放款，曾迫使五个无力还债的元老饿死。[②] 而罗马的骑士阶级放高利贷尤多，由此导致平民与贵族的阶级斗争，破坏罗马的社会团结。

马克思也说："……利己主义的利益在《十二表法》中比在帝国时代的'发达的私法'中表现得还要露骨。"[③]

三、欧洲封建时代的市民

476年日耳曼人占领罗马后，欧洲进入了漫长的中世纪。这种较低文明对较高文明的征服的第一个后果是城市的衰落乃至消失。罗马帝国时期的大量城市只剩下少数的城镇，其中没有一个居民超过几千人。[④] 商业生活因此凋敝，自然经济恢复，中央权力萎缩，由此导致了自然状态的重现。我们不妨把这样的自然状态标号为II，以与西塞罗描述过的自然状态I对应。无论哪种自然状态，都以可以自由抢劫为共同点。

在10世纪下半叶，小贵族仍然把劫掠当作谋生的手段，由于政府的软弱无能和居民缺少维生的职业，在每个国家的路上都充斥着大批路劫者。[⑤] 有些民族以抢劫为生，例如，9—10世纪北欧民族的主要职业就是海上行劫，他们得到的"Viking"的名称就是海盗的意思。[⑥] 一

---

① 参见［美］汤普逊著：《中世纪经济社会史》（下册），耿淡如译，商务印书馆1963年版，第39页。

② 参见［美］汤普逊著：《中世纪经济社会史》（下册），耿淡如译，商务印书馆1963年版，第53页。

③ 参见［德］马克思，恩格斯：《德意志意识形态》，载《马克思恩格斯全集》第3卷，人民出版社1960年版，第364页。

④ 参见［美］哈罗德·伯尔曼著：《法律与革命》，贺卫方等译，中国大百科全书出版社1993年版，第367页。

⑤ 参见［美］汤普逊著：《中世纪经济社会史》（下册），耿淡如译，商务印书馆1963年版，第168页。

⑥ 参见［美］汤普逊著：《中世纪经济社会史》（下册），耿淡如译，商务印书馆1963年版，第182页。

个国家的商业海员变为海盗来劫夺另一国家的船运，有时甚至掠夺自己国家的船运，是一件普通的事情。[①] 宗教间的差异和民族的不同也是抢劫的理由，各国的盗贼基本遵循不抢同胞的规矩，而本邦对抗外邦之抢劫的办法是对自己的臣民抢劫该外邦持放任甚至支持态度。[②] 热那亚、比萨和威尼斯都把容忍海盗行为作为相互的商业斗争的一种武器。[③] 在这种混乱的世道中，人们的道德水平降低了。德语地区制定了“着地法”（Grundruhrrecht），它把偶然从车上落到地面上的载货判给当地封建主。[④] 另外流行起“船难法”，规定所有从遇难船只上漂流来的货物，或在一只搁浅船上的货物，全部或一部成为海岸所有人的财产。为此，农夫在危险山崖上放置灯光来引诱船员发生船难，法国人在做这些事情上最为起劲。[⑤] 这些做法与罗马法的高尚规定适成对照。它认为这两种货物尽管脱离了其占有，但仍不失为所有人的，任何其他占有人都是盗窃犯（参见 I. 2, 1, 48）。当然，罗马法是市民社会的法，而现在是自然状态。

自然状态下的人们需要保护，出门在外的商人们尤其如此，“商人及其商品确是富有诱惑力的掠夺品”[⑥]，他们除随身带剑自卫，把自己变成“民兵”外，还开始把过去的作为宗教和行政中心的城堡作为避难所。时间长了，城堡容纳不了寻求避难的商人，他们就在城堡外面

---

① 参见［美］汤普逊著：《中世纪经济社会史》（下册），耿淡如译，商务印书馆1963年版，第183页。

② 参见［美］汤普逊著：《中世纪经济社会史》（下册），耿淡如译，商务印书馆1963年版，第170页。

③ 参见［美］汤普逊著：《中世纪经济社会史》（下册），耿淡如译，商务印书馆1963年版，第182页。

④ 参见［美］汤普逊著：《中世纪经济社会史》（下册），耿淡如译，商务印书馆1963年版，第171页。

⑤ 参见［美］汤普逊著：《中世纪经济社会史》（下册），耿淡如译，商务印书馆1963年版，第180页。

⑥ 参见［比］亨利·皮朗著：《中世纪欧洲经济社会史》，乐文译，上海人民出版社1964年版，第48页。

建造了外堡。这些外堡成了商人们专门的居住地，称为商埠。商人修了城墙和栅栏来保卫它们。久而久之，新城堡包围了旧城堡，两种城堡里的生活完全不同。由此，过去被称为“商埠人”的外城居民也成了“市民”。最初“商人”与“市民”两个名词是同义语。① Bourgeois（法语，城市居民之意，拉丁语为 Burgens，德语为 Bürger）这个词首次出现在 1007 年的一份法兰西特许状上，不久便转化为其他许多欧洲民族语言中的词汇。② 这个词来自古德文 Burg，意思是“堡”③，住在其中的人是 Bürger，意为“堡民”。Bürger 产生后，与 Civis 并存，后者指一般的老百姓。④ 在意大利语中，也在 citadino 之旁产生了市民一词：borghese，其他西方语言莫不如此。英语的公民是 citizen，市民是 burgher。如果说在古罗马，一个 Civis 一股脑地涵盖了共同体成员的公共角色和私人角色，但现在不同了，“市民”与“公民”在词汇上已区分开来，成为后来的作家们灌注不同的角色内容的基床。

作为设立这样的堡和它们得到发展的结果，城市复兴了。在 11 世纪晚期和 12 世纪，在欧洲涌现了数千个新的城市和城镇。⑤ 这样的城市与罗马时期的城市不同，它们以商业生活为基础；而后者往往是一些行政中心。在这样的新城市中存在复杂的阶级关系。例如，在卢梭的祖国日内瓦，自 16 世纪加尔文时代以来，就把人口分为五等：公民、市民、居民、土著与臣民。其中只有前两等——即公民和

---

① 参见［比］亨利·皮朗著：《中世纪欧洲经济社会史》，乐文译，上海人民出版社 1964 年版，第 38 页及以次及第 45 页。

② 参见［美］泰格、利维著：《法律与资本主义的兴起》，纪琨译，学林出版社 1996 年版，第 81 页及以次。

③ 参见［美］汤普逊著：《中世纪经济社会史》（下册），耿淡如译，商务印书馆 1963 年版，第 412 页。

④ 参见［美］汤普逊著：《中世纪经济社会史》（下册），耿淡如译，商务印书馆 1963 年版，第 414 页。

⑤ 参见［美］哈罗德·伯尔曼著：《法律与革命》，贺卫方等译，中国大百科全书出版社 1993 年版，第 434 页及以次。

市民——有权参加政府和立法。公民享有完全的政治权利，市民可以参与行政但不能担任最高行政官。公民必须是公民或市民之子并生于本城之内。市民是取得了经营各种商业之权利的市民证书的人。居民是买到了市内居住权的异邦人。土著则是生于本城之内的上述居民的子女，他们无经营任何一种商业的权利，而且禁止他们从事许多行业，但纳税的负担主要落在他们身上。臣民则是日内瓦本土上的其余一切人，是否生于该本土之内，在所不问，他们在各方面都毫无地位。①面对如此复杂的说明，我们可以猜想，地位最高的公民是“老城”的居民，市民则是“新城”的居民，他们是商人，也包括出身农奴的人、逃亡者等，经过反复斗争取得了与公民平等的地位。而居民是晚到的“新城”的居民，一时还无法取得完全的权利。这样的格局，很类似于古罗马贵族与平民关系的格局，也类似于我国现在的城市“项链”地带的居民与内城居民关系的格局。

当然，各个城市的阶级状况有所不同。例如，米兰的上层阶级是资本家、武士和公民（Cives）②，只能从它们中产生执政官。威尼斯有绅士、公民和无产者三个阶级。③包罗日内瓦的瑞士有公民、土著（公民的未成年子女）、居民（暂住的外国人）、归化人四种人。④

新生的城市采用 Comune 的名称，它作为形容词的意思是“共同

---

① ［法］卢梭著：《社会契约论》，何兆武译，商务印书馆 1980 年版，第 143 页译注 2。

② 参见［比］亨利·皮朗著：《中世纪的城市》，陈国梁译，商务印书馆 1985 年版，第 108 页；［比］亨利·皮朗著：《中世纪欧洲经济社会史》，乐文译，上海人民出版社 1964 年版，第 48 页。

③ See Jean Bodin, *Six Books of the Commonwealth*, abridged and translated by M. J. Tooley, Basil Blackwell Oxford, printed in Great Britain in the city of Oxford at the Alden Press bound by the Kemp Hall Bindery, Oxford.

④ See De Vattel, *The Law of Nations or Principles of the Law of Nature Applied to the Conduct and Affairs of Nations and Sovereigns.* from the new edition, by Joseph Chitty, ESQ. Barrister at law with additional notes and references, by Edward D. Ingraham, ESQ. Philadelphia: &J. W. Johnson & Co., Lawbooksellers, NO. 535 Chestnutstreet, 1883, 212, 213, 214.

的”；作为名词的意思是“公社”“城市国家”“某一行会的全体手艺人”。它当是英语中的“Commonwealth”的简称（这是一个在“国家”一词产生前用来指称国家的概念，如在霍布斯的《利维坦》中就是这样），后者更明确地说明了“共同”的对象是“福利”。事实上，这样的Comune像Civitas一样，是一群人的集合，即市民社会，它是通过订立社会契约形成的，这已是第二次通过社会契约建立市民社会了。正如哈罗德·伯尔曼（Harold Berman）所言，共同体或明或暗是以一种契约为依据的。“11、12世纪的新城市和城镇都是宗教的结合，它们中有许多是誓约公社（Conjurationes，字面意思是“共同宣誓”，即共同宣誓捍卫特许状），而这些誓约公社又有相当数量是由起义组织建立起来的”。它们也是法律的联合。事实上，大多数欧洲城市和城镇正是通过一种法律行为（通常是特许状）建立的。[①]

回到市民阶级的问题上来。他们的形象如何？根据各种文献，可概括出他们的如下属性：

首先，他们是地道的城市人，住在城市里，不种地，这就与古罗马的农业市民区分开来。马克斯·韦伯说，可以把典型的“市民”看作不靠自己的农田来满足自己的粮食需求的人[②]。因此，他们的生存依赖于交换。他们很多人经商，在北欧国家，商人与市民同义。[③]其次，他们是自由人，为了摆脱奴役和迫害建立或来到城市，城市本身对他们即意味着自由，正如德语谚语所云：“城市的空气使人自由。”因此，他们拒绝服从别人，并防止任何人侵犯其自由。他们制定自己

---

① 参见［美］哈罗德·伯尔曼著：《法律与革命》，贺卫方等译，中国大百科全书出版社1993年版，第439页及以次。

② 参见［德］马克斯·韦伯著：《经济与社会》（下册），林荣远译，商务印书馆1998年版，第573页。

③ 参见［美］汤普逊著：《中世纪经济社会史》（下册），耿淡如译，商务印书馆1963年版，第415页。

的法律并服从之。[1] 他们不仅自己爱好自由，而且希望自己的邻人也是自由人。因此，他们允许非自由人以在城市里居住过 1 年的事实成为自由人，这是以时效取得自由人身份。第三，他们是平等的人。市民社会被理解为由多种多样的形式上平等的公民组成。[2] 第四，他们是好斗的人，为了争取要求的权利不惜暴动。其口号是“如果可能的话以和平手段争取，必要的话就使用暴力争取”。[3] 第五，他们是外来人，是移民。在这一点上他们与古罗马的平民很相似。因此，在他们的旁边，也许存在一个地位比他们高的“贵族”阶级，即公民阶级。第六，他们是民兵。全体市民及全体自由民公社皆得配备某种武器，他们的房屋两边的角上各有一座塔楼作防御之用。因此，全体市民都是士兵，整个城市成为军事单位，这样的市民又回复了远古罗马的“民兵”角色。[4] 第七，他们是团体中的人，因为他们居住的城市是社团而非个人的共同体。因此，个人除作为整体中的一个或更多的从属团体的成员外，并无法律上的存在。[5] 他们组织成行会，同人们相互依靠，并且维持公平价格和产品质量。第八，他们是富于公益精神的人。维特里（Viteri）说：“市民能深思熟虑，对公共事务勤劳而又热心。”[6] 由于城市是其避难所，他们对之充满了爱，缴纳自己的很多收入来修造城墙，每个市民根据自己的财产额承担这项费用，他们还用

---

① 参见［美］汤普逊著：《中世纪经济社会史》（下册），耿淡如译，商务印书馆 1963 年版，第 427 页。

② See Keith Tester, *Civil Society*, Routledge, London and New York, 1992, p. 35.

③ 参见［美］汤普逊著：《中世纪经济社会史》（下册），耿淡如译，商务印书馆 1963 年版，第 425 页。

④ 参见［美］哈罗德·伯尔曼著：《法律与革命》，贺卫方等译，中国大百科全书出版社 1993 年版，第 438 页。［法］基佐著：《欧洲文明史——自罗马帝国败落起到法国革命》，程洪逵、阮芷译，商务印书馆 1998 年版，第 124 页。

⑤ 参见［美］哈罗德·伯尔曼著：《法律与革命》，贺卫方等译，中国大百科全书出版社 1993 年版，第 476 页及以次。

⑥ ［美］汤普逊著：《中世纪经济社会史》（下册），耿淡如译，商务印书馆 1963 年版，第 427 页。

各种艺术品把自己的城市装饰得漂漂亮亮。[1] 现在我们在欧洲看到的所有的美丽的古城，都奠基在市民们的这种公益精神上。

显然，这样的市民不是唯利是图的人，他们一方面谋求公共利益，至少彼此间在灾险中互担救助的义务[2]；另一方面谋求私人利益，介乎现代意义上的“公民”与“市民”之间。由于行会的组织限制和教会的公平价格理论的意识形态限制，他们作为“市民”的活动并不能随心所欲。后人创立了“市民风范”（Civility）一语描述他们的品性，该词是“公共精神”的同义语，表征着个体对社会整体福祉的关怀态度，意味着承认他人至少具有与自己相同的尊严。[3] 相信该词表达的含义是不仅对古罗马的市民，而且是对 11 世纪新生的市民（Burgher）的行为方式的概括。

市民的概念形成后开始泛化。新生的享有自由的、与过去的农奴相对立的农民，也在许多的特许状中被称为市民。在这里，“市民”成了自由的同义词，它表征着城市制度逾越城墙扩散到农村。[4] 这种扩散是后来发生的公民概念逾越城市扩散的先声。

市民社会是法的共同体，所以新生的城市必定有这样的法，它们被称作“城市法”（City law），它首先以习惯为基础，其次才以立法机构颁布的规则为基础。[5] 其主要内容为：第一，关于市民的自由和权

---

① 参见［比］亨利·皮朗著：《中世纪的城市》，陈国梁译，商务印书馆 1985 年版，第 128 页。

② See Aleksander W. Rudzinski, The Duty to Rescue: A Comparative Analysis, In James M. Ratcliffe (Edited by), *The Good Samaritan and the Law*, Doubleday & Company, INC., New York, 1966, p. 92.

③ 参见［美］爱德华·希尔斯著：《市民社会的美德》，李强译，载刘军宁主编：《公共论丛·直接民主与间接民主》，三联书店 1998 年版，第 286 页，第 296 页。

④ 参见［比］亨利·皮朗著：《中世纪的城市》，陈国梁译，商务印书馆 1985 年版，第 133 页。

⑤ 参见［美］哈罗德·伯尔曼著：《法律与革命》，贺卫方等译，中国大百科全书出版社 1993 年版，第 482 页。

利的规定；第二，关于城市机关的规定，这是一个城市宪法的重要部分；第三，关于行会制度的规定；第四，关于城市刑法和诉讼制度的规定；等等。[①] 显然，这样的城市法多调整纵向关系，与现代的主要调整横向关系的市民法很不相同。它们是地域法、属人法，诸法合体，表达了新生的市民阶级的自由愿望，但又保留了中世纪的许多特点。在属人法这一点上，它很像与万民法合流前的罗马古市民法。因此，有些人也把这种城市法叫作“市民法”（Ius civile），例如，在12世纪，科隆的城市法就偶然被这样称呼。[②]

但城市法并非孤立的存在，与之并存的还有许多其他的法。按哈罗德·伯尔曼的归纳，它们有：教会法，这是为神职人员制定的法律。为俗人制定的法律则有：封建法，是调整领主——封臣关系以及与依附性土地占有权相关的权利义务体系的法律[③]；庄园法，是调整领主与农民间的关系以及农业生产关系的法律[④]；商法，是商人阶级为自己制定的法律，故又称“商人法”；王室法，这是在世俗权力加强后，国王们为其设立的中央法院运作制定的法律，它是未来的全国性立法的萌芽，具有取代前面的各种地域性法律的倾向。[⑤] 除王室法外，前述各种法都按属人的方式适用，造成了伏尔泰（François-Marie Arouet Voltaire，1694—1778）所诟病的“换法律如同换驿马”的状况。法律的不统一反映了国家的不统一，这是有全国君主之名而无其实的国王们的一块心病。

---

① 参见何勤华主编：《外国法制史》，法律出版社1997年版，第167页及以次。

② 参见［美］哈罗德·伯尔曼著：《法律与革命》，贺卫方等译，中国大百科全书出版社1993年版，第450页。

③ 参见［美］哈罗德·伯尔曼著：《法律与革命》，贺卫方等译，中国大百科全书出版社1993年版，第360页。

④ 参见［美］哈罗德·伯尔曼著：《法律与革命》，贺卫方等译，中国大百科全书出版社1993年版，第386页。

⑤ 参见［美］哈罗德·伯尔曼著：《法律与革命》，贺卫方等译，中国大百科全书出版社1993年版，第491页。

四、民族国家时代的市民

上述法出多门的现象不过是中央权力不强的体现，在此等权力与法律的最后受规制者之间存在过多的中间环节瓜分权力。于是，中央权力一直以嫉妒的眼光看着其竞争对手，寻找机会将其消灭。

至16世纪，这样的机会来临了。此时，商业经济的发展促进了地区间的联系；领土兼并战争造成了一些较强大的政治中心，出现了西班牙、法兰西和英格兰等民族国家。在它们中，君权得到了强化，中央权力加强。① 建立了常备军；中央性的法院也不断建立，所有这些改革形成了跨城市甚至跨城乡的大型政治经济共同体。过去的小共同体的主体变成了一个大共同体的主体，这样的市民现在要受双重约束。一方面，他们仍要受制于自己过去从属的城市，在那里承担一定的义务；另一方面，他们还要受制于国家，在这里承担另一份义务。因此，过去的“市民”的概念不足以表征这种新型的整体与个人的关系。市民，总是一个跟相对狭小的居住地域相联系的概念，是一个小共同体的概念，现在的情况不一样了，按第一次把国家理论化的让·博丹的描述。现在构成国家（Commonwealth，这一名称使人想起西塞罗“宪法乃人民之事”的话）的 Civis，可以有不同的法律、语言、习俗、宗教和种族，他们居住在城市、村庄或乡村，但他们有一个或更多的统治者的主权，服从同样的法律和习俗。② Civis 成为一个与居住地点无

---

① 参见陈汉文编著：《在国际舞台上》，四川人民出版社1985年版，第34页及以次。

② See Jean Bodin, *Six Books of the Commonwealth*, abridged and translated by M. J. Tooley, Basil Blackwell Oxford, printed in Great Britain in the city of Oxford at the Alden Press bound by the Kemp Hall Bindery, Oxford.

See De Vattel, *The Law of Nations or Principles of the Law of Nature Applied to the Conduct and Affairs of Nations and Sovereigns*. from the new edition, by Joseph Chitty, ESQ. Barrister at law with additional notes and references, by Edward D. Ingraham, ESQ. Philadelphia: &J. W. Johnson & Co., Lawbooksellers, NO. 535 Chestnutstreet, 1883.

关的、与主权有关的概念。于是，在德文中，随着“国家”（Staat）一词的出现，也出现了“公民”（Staatsangehöriger 或 Staatsbürger）一词，第一个词由两部分组成，后一部分是“成员”“属员”的意思；前一部分是“国家”的意思，这种构词法证明它是一个在“国家”一词出现后才出现的词；第二个词不过把过去的“市民”一词加上了“国家”的限制语而已。同时，随着民族国家的建立，过去归共同体管辖的一些事务现在被收服到国家的权力下，于是过去的小“公域”现在变成大“公域”。随着市民依附的共同体由小变大，过去离他们很近的公务现在变得遥远了，他们也就愈加频繁地成为私人。

民族国家既立，人们的政治和经济考虑空间扩大，造成的结果是，无论是 Civis 还是 Burgher，都逐渐脱离了与特定城邦或城市相联系的性质，分别变成一种行为方式的代名词。

让·博丹在其《国家论六卷》（1576 年）中把公民与私民明确区分开来，他说：“当一个家父离开了他主持的家与其他家父联合，讨论关系到共同利益的事情时，他停止了作为领主和主人，而变成一个平等的人与其他人相联系。他撇开了其私人的关切而参与公共事务。在这样做时，他停止是主人而变成一个公民，而公民可被定义为依附于他人之权威的臣民。”① 在这里，博丹把公民与公共事务联系起来，言下之意为市民是与私人事务相联系的。普芬道夫在其于 1673 年出版的《论人和公民依自然法的义务》（*De Officio Hominis et Civis Juxta Legem*

---

① See Jean Bodin, *Six Books of the Commonwealth*, abridged and translated by M. J. Tooley, Basil Blackwell Oxford, printed in Great Britain in the city of Oxford at the Alden Press bound by the Kemp Hall Bindery, Oxford.

See De Vattel, *The Law of Nations or Principles of the Law of Nature Applied to the Conduct and Affairs of Nations and Sovereigns.* from the new edition, by Joseph Chitty, ESQ. Barrister at law with additional notes and references, by Edward D. Ingraham, ESQ. Philadelphia: &J. W. Johnson & Co. , Lawbooksellers, NO. 535 Chestnutstreet, 1883, Concerning the Citizen (Chapter VI and VII).

Naturalem，1673）一书中提出了好公民（Civis）的行为标准：随时服从其主权者的命令，为公共利益竭尽全力，毫不犹豫地让其个人利益服从这一利益。[①] 这样的公民要承担多方面的义务。对君主，他要尊敬；对整个国家，他要把其福利和安全看得重于一切，“为了其保存，要无偿地献出其生命、财产和财富，尽其全心和全力增加其名望和利益”。对其同胞，他要承担友好和平地与之共处的义务。[②] 18 世纪的瑞士作者德·瓦特尔（Emmerich De Vattel，1714—1766）还对公民提出了在精神上为祖国服务的义务：不仅为自己增加好名声，而且要为自己的国家增加好名声。他也认为公民有义务爱国，公民的爱国是自爱的必然结果，因为他个人的快乐是与其国家的快乐联系在一起的。[③] 这些言论中的公民，已不是一个阶级的名称，而是对一种行为方式的概括。他们是如此无私，可作为祖国祭坛上的祭品。

应该说，公民概念和市民概念的使用者往往都使用 Civis 一词。通过观察不同作者赋予该词的含义，才能断定他们用该词指称的是市民还是公民。

霍布斯是一个处在市民（Burgher）现象产生至现代国家产生期间

---

① See Samuel von Pufendorf，*De Officio Hominis et Civis*，*Juxta Legem Naturalem Libri Duo*，Volume Two，The Translation by Frank Gardner Moore，Reprinted 1964，Oceana Publications Inc. Wildy & Sons Ltd. New York，U. S. A. London. On http：//www. constitution. org/puf/puf - dut. htm，2006 年 2 月 3 日访问。

② See Samuel von Pufendorf，*De Officio Hominis et Civis*，*Juxta Legem Naturalem Libri Duo*，Volume Two，The Translation by Frank Gardner Moore，Reprinted 1964，Oceana Publications Inc. Wildy & Sons Ltd. New York，U. S. A. London. On http：//www. constitution. org/puf/puf - dut. htm，2006 年 2 月 3 日访问。

③ See De Vattel，*The Law of Nations or Principles of the Law of Nature Applied to the Conduct and Affairs of Nations and Sovereigns.* from the new edition，by Joseph Chitty，ESQ. Barrister at law with additional notes and references，by Edward D. Ingraham，ESQ. Philadelphia：&J. W. Johnson & Co.，Lawbooksellers，NO. 535 Chestnutstreet，1883，120. 189.

的理论家。他于1642年写成的《论市民》（*De Cive*）[①] 是一部难得的专门论述市民的著作，该文对市民的形成原因和行为方式作了理论总结。

霍布斯承认自然状态的存在。他认为在这种状态中人们彼此平等。因此，任何人对他人都有侵犯权，其相对人都有抵抗权，由此发生了一切人对抗一切人的战争（1,7）。[②] 但由于人天生是一种社会性的动物，他们迟早都会走向市民社会（1,2）。[③] 那么，如何组成呢？当然是通过社会契约的途径，“一群人确实达成协议，并且每一个人都与每一个其他人订立信约……把代表全体人格的权利授予任何个人或一群人组成的集体”，以便“使自己脱离战争的悲惨状况”，“抵御外来侵略和制止相互侵害”。[④] 霍布斯特别强调，人们订立社会契约的动机并非出于对同伴的爱，而是出于对他们的恐惧（1,2）[⑤]，这种恐惧来自他们彼此平等和相互伤害的欲望。而他们之所以希望相互伤害，是因为他们对同一个东西有同样的欲望，而这些东西又不能共享或分割（1,6）[⑥]，因此就要争夺。而一旦发生争夺，就会导致死亡，而死亡是一种恶，出于对死亡的恐惧，人们产生了和平的欲望，基此订立社会契约，以图保存自己的

---

① See Thomas Hobbes, *De Cive*, On http://www.marxists.org/reference/subject/philosophy/works/en/ decive.htm, . 2006年1月12日访问。

② 参见［英］霍布斯著：《论公民》，应星、冯克利译，贵州人民出版社2003年版，第7页及以次。

③ 参见［英］霍布斯著：《论公民》，应星、冯克利译，贵州人民出版社2003年版，第3页及以次。

④ 参见［英］霍布斯著：《利维坦》，黎思复、黎廷弼译，商务印书馆1985年版，第132页。

⑤ 参见［英］霍布斯著：《论公民》，应星、冯克利译，贵州人民出版社2003年版，第4页。

⑥ 参见［英］霍布斯著：《论公民》，应星、冯克利译，贵州人民出版社2003年版，第7页。

生命和财产（1，10－13）。[①] 于是进入了市民社会，其中的人们是不平等的，这个社会的法律谓之市民法（Civil Law，2，13）[②]，它根据财富、力量和血缘关系的高贵赋予不同的人以不同的地位（2，13）。[③] 如果人们发生争议，应提交仲裁解决（3，20）[④]，因为每个人都被推定为当然寻求他自己的利益（3，21）。[⑤] 这是一种自然，我们无法改变它，只能对之因势利导。因此，为免不公，我们不能让任何人裁决他自己的案件（3，21）。

在以上言论中，霍布斯重述了市民社会的建立过程，把它设定为以性恶论为基础。他描述的市民社会的主体——市民，基于被迫开始了彼此的合作，但他们仍保留强烈的自利之心。由此，霍布斯奠定了现代市民概念的性恶论基础，但他尚未把市民提炼为一个理论范畴，而是将之与公民的概念相对立。

较晚的黑格尔则分别使用公民和市民的术语，彻底地把它们改造为两种不同的行为方式的代名词。他改造了市民社会的概念，将之与社会契约论脱钩，并赋予这种“新”市民社会中的人以私人的性质。

他对社会契约论批驳道：“近人很喜欢把国家看作一切人与一切人的契约……这种见解乃是由于人们仅仅肤浅地想到不同意志的统一这一点……”但“契约是从人的任性出发……但就国家而论，情形却完

① 参见［英］霍布斯著：《论公民》，应星、冯克利译，贵州人民出版社2003年版，第10页及以次。

② 参见［英］霍布斯著：《论公民》，应星、冯克利译，贵州人民出版社2003年版，第19页。

③ 参见［英］霍布斯著：《论公民》，应星、冯克利译，贵州人民出版社2003年版，第32页。

④ 参见［英］霍布斯著：《论公民》，应星、冯克利译，贵州人民出版社2003年版，第35页。

⑤ 参见［英］霍布斯著：《论公民》，应星、冯克利译，贵州人民出版社2003年版，第35页。

全不同，因为人生来就已是国家的公民，任何人不得任意脱离国家。”[1] 由此，他主张国家是一种永恒的现象，认为人类只有在国家状态下才能过一种伦理的生活，因此，人类始终与国家现象相伴随。[2] 他把国家理解为一切社会生活现象的决定性基础。[3] 经过他这样的改造，西方的自然状态——社会契约——市民社会的进化论或辩证的历史解释模式遭到了中断，形成了国家—国家的黑氏形而上学解释模式。但黑格尔又不愿抛弃过去的市民社会概念，遂改造而利用之。这样的市民社会当然不同于作为结束自然状态之结果的市民社会，而是一个新事物，因此他说：“市民社会是在现代世界中形成的。”[4]

在其于1821年出版的《法哲学原理》一书中，黑格尔把市民社会界定为充满着个人之间的冲突的私人的自我中心主义的领域。[5] 用他的原话来说，“市民社会是个人私利的战场，是一切人反对一切人的战场，同样，市民社会也是私人利益跟特殊公共事务冲突的舞台，并且是它们二者共同跟国家的最高观点和制度冲突的舞台。”[6] 具有讽刺意味的是，此语中的市民社会类似于霍布斯的自然状态。在黑格尔看来，市民社会是处在家庭和国家之间的差别的阶段。这是一个重要的转折，因为在黑格尔之前的理论体系中，市民社会就是国家，现在市民社会成了国家的一部分，一个私人性质的部分，与之相对立的是公共的部分。黑格尔对西方理论传统的这一重大反叛得到了后世学者的普遍好

---

① 参见［德］黑格尔著：《法哲学原理》，范扬、张企泰译，商务印书馆1961年版，第82页及以次。

② 参见［德］黑格尔著：《法哲学原理》，范扬、张企泰译，商务印书馆1961年版，第253页及以次。

③ 参见侯鸿勋：《论黑格尔的历史哲学》，上海人民出版社1982年版，第115页。

④ 参见［德］黑格尔著：《法哲学原理》，范扬、张企泰译，商务印书馆1961年版，第195页。

⑤ See Keith Tester, *Civil Society*, Routledge, London and New York, 1992, p. 22.

⑥ 参见［德］黑格尔著：《法哲学原理》，范扬、张企泰译，商务印书馆1961年版，第309页。

评，被誉为一个进步："黑格尔法哲学的重要性仅在于，他能够看到市民社会和政治国家的对立，这是一个进步，因为社会契约论把社会的形成看成就是国家的形成，没有进一步区分社会和国家的不同规定性。"① 这被黑格尔视为社会契约论的主要错误。通过黑格尔的学说，市民社会不再与国家相等同，也不与假定的和原始的状况相联系，也不是前国家的或反国家的，而是已经在国家之中的，它是包括在国家之中的辩证过程的一个阶段。② 然而，在我看来，不管是出于有意还是无意，黑格尔实际上进一步展开了社会契约论。社会契约论主张公共权力来自人民的授予，它并未说明被委托公共权力者滥用这种权力时怎么办。黑格尔设计的市民社会与国家的关系蕴含着二者对立的可能，稍加发挥就可以得出市民社会控制国家的结论。市民自由（Civil liberty）的概念是这种市民社会理论的题中之意。往下发展，在受托人不按委托办事的场合，就可以推出"市民的不服从"（Civil disobedience）理论；在受托人不公平地对待委托人的场合，就可以推出"民权运动"（Civil rights）的理论。因此，似乎可以安全地说黑格尔开创了自由主义的政治理论传统。他的这种理论似乎并不孤立，同时代的潘恩（Thomas Paine，1737—1809）也指出：市民社会是各个人根据自己的私人利益自愿结成的社会经济联合，它用积极的方式增进人类的利益；政治国家则是人们为了避免社会的邪恶和混乱而不得不建立的组织形式，它用消极的方式增进人类的福利。尽管如此，黑格尔的这种理论导致许多人对在他之前的另一种市民社会的忽视甚至不知。

黑格尔分别赋予在上述两个领域活动的人以不同的名称。前者为"市民"（Bürger）（在《法哲学原理》中使用了 2 次）；后者为"公民"（Staatsangehöriger）（在同书中使用了 56 次）。

---

① 参见荣剑：《论马克思对近代资产阶级国家理论的批判和继承》，载《马克思主义来源研究论丛》第 10 期，商务印书馆 1988 年版，第 100 页。

② Cfr. Natalino Irti，*Società civile*，Giuffrè，Milano，1992，pp. 94ss.

市民是以自己为目的，以他人为手段的人，换言之，就是私人。他说：“个别的人，作为这种国家的市民来说，就是私人，他们都把本身利益当作自己的目的。”① 应该承认，黑格尔的市民社会理论和市民理论是对以前存在的城市现象和市民活动方式的一个方面的抽象。他理解的“市民社会”就是市场、社会的商业部分②，由此造成了市民法与市民社会涵盖面重合关系的中断，现在，市民法不仅调整市场或社会的商业部分，而且还调整非市场非商业的部分，如婚姻家庭关系，黑格尔并未把这一领域包括在市民社会中，因为市民社会的原则是利己，而家庭的基础婚姻，在黑格尔看来，“是具有法的意义的伦理性的爱”。③ 而所谓的“爱”，是“能够在没有仔细权衡与比较他人和自己需要的情况下满足邻人的需要”。④ 因此，家庭的原则与市民社会的原则不同。通过对市民法的这种二分法处理，黑格尔完成了对经济人假设效力范围的限缩，制造了市民法人性论前提的分裂，呼应了历史学派对经济人假设的批评。

无论如何，作为抽象的结果，黑格尔的市民概念已完全同城市人脱离开来，而成为社会上以一定的方式活动的人，不管他们是居住在城市还是乡村。在他的时代，作为城市人的“市民”，在德文中已有“Städter”的表达，与Bürger相反，它并不意味着一定的行为方式。

国家是控制和协调私人冲突的机构⑤，从属它的人是公民。在黑格尔的用法中，公民是参加国家普遍事务的人，他们作为伦理的实体

---

① 参见［德］黑格尔著：《法哲学原理》，范扬、张企泰译，商务印书馆1961年版，第201页。

② 参见［美］爱德华·希尔斯：《市民社会的美德》，李强译，载刘军宁主编：《公共论丛·直接民主与间接民主》，三联书店1998年版，第289页。

③ 参见［德］黑格尔著：《法哲学原理》，范扬、张企泰译，商务印书馆1961年版，第177页。

④ ［美］莱茵霍尔德·尼布尔著：《道德的人与不道德的社会》，蒋庆等译，贵州人民出版社1998年版，第46页。

⑤ See Keith Tester, *Civil Society*, Routledge, London and New York, 1992, p. 22.

参加普遍活动。[①] 黑格尔甚至提到哈勒的主张：为了偿付国家的开支，普鲁士公民的身体和财产都不再属于他们自己所有。[②] 毫无疑问，这样的公民就是以国家为目的，以自己为手段的人。至此，我们现代熟悉的市民和公民的概念终于定型。

市民与公民的区分，奠基于法律与道德的区分，两者对人的行为要求高下不同。对它们的区分是比黑格尔更早的克里斯琴·托马修斯（Christian Thomasius，1655—1728）完成的，基于提倡宽容和思想自由的目的，他从西塞罗的用语出发区分道德与法律，在他看来，高尚（Honestum）的原则是道德的内容，合适（Decorum）的原则是法律的内容。两者的目的都是个人的幸福，但它们存在区别。道德规范规定的是内在义务，法律规范规定外在的义务，只有外在的义务可以强制执行，内在的义务不得承受政治权力的强制。[③] 由于内在的义务高于外在的义务——这可由论行而非论心定孝的中国式宽容标准证明——托马修斯出于宗教自由的目的把前者非法律化，客观上降低了法律的人性标准。这种区分两种规范的理论范式由许多作者继续，最后在康德（Emanuel Kant，1724—1804）那里达到了高峰。他把行为规则分为法律的法则和伦理的法则，前者只管辖人的行为，后者不仅如此，而且还管辖人的动机。合乎前一种规则，谓之合法，合乎后一种规则，谓之合道德，两者有相重的时候，更多的时候是不相重。法律只应规定前一种规则，后一种规则无法归入其中。[④] 至于法律规则意味的行

---

① 参见［德］黑格尔著：《法哲学原理》，范扬、张企泰译，商务印书馆 1961 年版，第 251 页。

② 参见［德］黑格尔著：《法哲学原理》，范扬、张企泰译，商务印书馆 1961 年版，第 258 页注释 1。

③ Véase Carlos Fuentes López，*El Raciónalismo Juridico*，Universidad Nacional Autonoma de Mexico，2003，p. 198.

④ 参见［德］康德著：《法的形而上学原理——权利的科学》，沈叔平译，商务印书馆 1991 年版，第 19 页及以次。

为标准是什么，我们从康德对“你的”和“我的”之区分的承认以及“慈善行为受到的赞扬与法律无关”① 的表达就可知道是经济人假设。康德由此结束了 17—18 世纪的自然法思想的统治，开创了 19 世纪的法律实证主义的时代。其这种道德—法律区分论对 19 世纪的立法者产生了巨大影响。《奥地利普通民法典》的起草者蔡勒（F. v. Zeiller, 1753—1828）在其作品中贯彻了康德这方面的思想。② 现代民法的诸奠基者如胡果（Gustav Hugo，1764—1844）、费尔巴哈（Paul Johann Anselm Feuerbach，1775—1833）、萨维尼完全接受了康德的上述观点。萨维尼主张法律“不执行伦理戒命”，不为诸如以公益为名的国家经济要求服务。③ 法秩序本身不是伦理，毋宁只是加以促成，它本身有其“独立存在”。④ 《德国民法典》的起草者之一温得沙伊得（Josef Hubert Bernhard Windscheid，1817—1892）则认为：“伦理、政治或国民经济上的考虑均不是作为法律家者所关心的。”⑤ 通过以上伟大的法学家的理论和实践活动，康德的道德—法律区分论成为欧美主要国家的立法实践和民法基础理论。

于是，以康德的道德—法律区分论和黑格尔的新市民概念为基础，新市民法——以 Bürgher 的词根命名的市民法——的人性论条款设立起来了。《德国民法典》正像它的名字 Bürgerlich Gesetzbuch 所昭示的，以市民而非公民作为其人性标准，此点表现在其人性论条款中。1. 私

① 参见［德］康德著：《法的形而上学原理——权利的科学》，沈叔平译，商务印书馆 1991 年版，第 32 页。

② 参见［德］Franz Wieacker 著：《近代私法史——以德意志的发展为观察重点》，陈爱娥、黄建辉合译，五南图书出版公司 2004 年版，第 320 页。

③ 参见［德］Franz Wieacker 著：《近代私法史——以德意志的发展为观察重点》，陈爱娥、黄建辉译，五南图书出版公司 2004 年版，第 351 页。

④ 参见［德］Franz Wieacker 著：《近代私法史——以德意志的发展为观察重点》，陈爱娥、黄建辉译，五南图书出版公司 2004 年版，第 399 页。

⑤ 参见［德］Franz Wieacker 著：《近代私法史——以德意志的发展为观察重点》，陈爱娥、黄建辉译，五南图书出版公司 2004 年版，第 399 页。

人所有权制度，该法典承认了这一制度（第903条及以次）。2. 拾得物条款，该法典允许拾得人在一定条件下成为此种物的所有人，在他找到了失物人的情况下，允许他从后者取得报酬（第965条及以次）。3. 无因管理制度、监护制度。《德国民法典》第677—687条规定了无因管理，承认管理人像受托人一样对本人享有费用偿还请求权（第683条），未见有明示承认管理人的报酬请求权的规定。但《德国民法典》把无因管理理解为委任的一种特殊形式，把它紧接在委任之后规定。而我们知道，在罗马法中，委任都是无偿的，《德国民法典》开有偿委任之先河。因此，从体系解释来看，管理人有相当可能可请求报酬。事实上，对此问题，学者争议不决，否定者不少，但也有人认为，"如果管理人在其职业范围内管理他人事务，如医生救助病患，可认为有间接之财产支出，得请求通常之报酬赔偿"。[①] 此说承认了管理人有限的报酬请求权。此外，在《德国民法典》的监护制度中，监护人已不需承担扶养被监护人的义务。第1836条甚至规定了监护人在一定情况下（职业性地执行监护）的报酬请求权。4. 违约制度。《德国民法典》不承认效益违约[②]，形成了一个人性论要求上的例外，这可能跟其第242条规定的诚信原则有关。5. 取得时效制度。这一制度得到了《德国民法典》的承认（第937条及以次），但要求主观诚信作为其构成要件。6. 见义勇为要求。颁布时的《德国民法典》未对民事主体提出此等要求，但1871年的《德国刑法典》第360条把拒绝协警定为犯罪[③]，在狭隘的层面上承认了见义勇为。7. 不顾自身安危见义勇为要求。《德国民法典》及相应法律未提出此等要求。

---

① 参见李洁：《论我国民法上的无因管理制度》，载《山西大学学报（哲学社会科学版）》2005年第3期，第65页。

② 感谢王轶博士在2004年10月16日给我的电子邮件上对我关于这一问题的解答。

③ See Dawson, Rewards for the Rescue of Human Life? In James M. Ratcliffe (Edited by), *The Good Samaritan and the Law*, Doubleday & Company, INC., New York, 1966, p. 67.

不难看出，作为新市民法代表的《德国民法典》相较于罗马法，降低了对规制对象的道德要求。只有《德国刑法典》中关于拒绝协警罪的规定具有国家主义色彩，在小范围内对主体提出了公民要求。这种立法结果与黑格尔的理论不能说没有关系。马克思因此评论说，在黑格尔的词句里，私法被看作利己主义的征象，而不是圣物的征象。[①]此乃确当之评。

必须指出的是，从罗马法对人性的较高设定到《德国民法典》的较低设定，经过了《法国民法典》的过渡环节。当然，该民法典承认了私人所有权制度（第544条）；也承认了取得时效制度并将诚信作为其构成要件（第2265条），但在遗失物问题上，《法国民法典》却继承了罗马法的规定，不允许拾得人成为其所有人，更谈不上允许他向遗失人取得报酬（第2279条，第2280条）；在无因管理问题上，它也不允许管理人取得报酬[②]；在监护问题上，它未规定监护人享有报酬请求权（但也未规定监护人承担扶养被监护人的义务）；在违约问题上，它至今不承认效益违约，以诚信义务限制当事人的合同自由，对于违反者科加侵权责任[③]；在其颁布时未要求民事主体见义勇为；更谈不上要求主体以“不顾自身安危”的方式见义勇为（参见本章第四节的有关详细说明）。由此可见，《法国民法典》的人性标准在罗马法与《德国民法典》之间，相对于罗马法，不过未科加监护人扶养被监护人的义务。这种现实与在其制定的时代市民理论未成熟有关，这种现实在今天的维持证明了立法者选择人性设定模式的自由。

---

① 参见［德］马克思、恩格斯：《德意志意识形态》，载《马克思恩格斯全集》第3卷，人民出版社1960年版，第364页。

② 参见《法国民法典》（下册），罗结珍译，法律出版社2005年版，第1068页。

③ 参见［德］莱因哈德·齐默曼，［英］西蒙·惠特克主编：《欧洲合同法中的诚信原则》，丁广宇等译，法律出版社2005年版，第167页。

五、小结

至此，我们可以认为，在古罗马时代，市民的概念与公民的概念并无明确划分，这可归因于当时不区分法律与道德的理论实践，尽管当时市民的概念同时涵盖了个人的公共生活和私人生活两个方面，但前种生活的色彩远远浓于后种生活的色彩。在封建时代，产生了新的市民术语，它表征多元阶级社会结构中的一个阶级，但它意味的行为方式，像古罗马时代一样，也是公私不分的。尽管如此，这样的市民已建立起与商业生活的联系，与基本过农业生活的罗马市民形成对照。这样的市民是名副其实的“市”民，因为他们的这种身份依托于特定的城市。这个时期的城市法为现代市民法输入了自由、平等的因子。我们可以发现，现代民法的这些属性并非来自古罗马的市民法——这样的法是公开承认不平等并限制自由的，而是来自中世纪的城市法。这种意义上的市民在民族国家时代得到了重现。在这个时代，经过理论家对人的不同活动领域的界分以及对法律与道德的界分，市民成为自利的行为方式的代名词，与任何居住地点无关。只是到了这一时代，私人领域与公共领域才有了明确的分野，它们分别取得了市民社会和政治国家的名称。正如同这一理论框架内的市民社会不同于结束自然状态后的公共权力生活意义上的市民社会，这样的市民也不同于通过订立社会契约使自己从属于公共权力的市民。当然，这样的市民与公民的区分从属于18世纪完成的部门法运动的背景，该运动把过去大一统的市民法分解为公法和私法两个门类，不同门类的法中的人因此有了不同的角色形象。在诸法合体的时代，这样的安排是难以做到的。

第三节　从经济人到现实人

研究完了“市民”概念的变迁史，现在转入研究“经济人”概念的变迁史。首先需要说明的是，本章第一节中谈到的理论是伦理人性论，它与认识人性论没有关联。但经过行为经济学家的努力，伦理人性论与认识人性论之间的界限被打通，把人性论变成了一个认识论问题。并由此出发，动摇了传统经济学和民法的基本人性假定，把他们从单一的人还原为复合的人，从强而智的人还原为弱而愚的人。

一、行为经济学的兴起及其对经济人假说的批判

行为经济学是利用试验心理学方法研究人类的经济行为，从而获得规律性认识的学科。其基本特点是不满足于一些缺乏试验依据的假设或“拍脑袋”假设，力图把经济学前提建立在可靠的试验方法的基础上。它不满足于传统经济学主要研究人类经济行为的共性的倾向，主张也研究人类经济行为的个性。[①] 它是心理学、经济学和试验方法三者杂交的产儿，诞生于美国。

为何美国这块土地会孕育出行为经济学呢？这要归因于这块土地上产生的实用主义传统。实用主义（Pragmatism）一词来自希腊文的pragma，意思是“行动”。[②] 由此可以说，美国的主流哲学传统本身就包含了行动主义或行为主义的因子。在行为主义产生之前，人的本质被当作“灵魂”“心灵”“身体”或“身心关系”，除了人的身体，“心灵”和“身心关系”都是不可观察的。美国思想家要求把观察人的行为作为研究人的准绳。他们否认存在什么看不见的人性和本质，人被理解为他所做的一切行为的总和。要研究人，就必须观察其行为，于是，人学的对象就被集中在人的行为上。[③] 按这种理路，20世纪初在美国诞生了行为主义的心理学思潮，其代表人物是华生（John Broadus Wat-

---

① 参见李爱梅、凌文辁：《论行为经济学对传统经济理论的挑战》，载《暨南学报》（哲学社会科学版）2005年第1期。

② 参见赵敦华主编：《西方人学观念史》，北京出版社2005年版，第360页。

③ 参见赵敦华主编：《西方人学观念史》，北京出版社2005年版，第359页。

son, 1878—1958)，其特征是用试验的方法研究人的行为，排除主观主义和心灵主义的内省方法。[①] 基本与此同时，哈佛大学教授梅奥(George E. Mayo) 创立了行为科学 (Action Science)，从社会学和心理学角度考察企业中的人际关系，尤其分析工人在生产关系中的行为，否定了工人是单纯的经济人，确认他们还有心理方面的和社会方面的需要，因而是“社会人”。[②]

经济学与心理学的结合开始于美籍匈牙利人乔治·卡通纳(George Katona)，他于1951年出版了《经济行为的心理分析》，研究了消费行为的心理结构[③]，打通了两个领域。而且，从1960年开始，认识心理学得到了长足的发展，它以大脑是信息处理中心的观念取代了传统的大脑是刺激—反应机器的观念，强调了认识的主观性。[④] 按照认知心理学，一个人通常被看作一个系统，以自觉、合理的方式编码、解释现有信息，但其他一些不太能意识到的因素也被认为在以系统化的方式支配人们的行为，知觉、信仰或心智模式、感情、态度等都会影响认识的结果，它们恰恰是行为经济学侧重研究的对象。这些相关学科的发展为行为经济学的进一步成功提供了更多的支持。[⑤]

行为经济学还与20世纪初在西方世界开始流行的非理性主义思潮不无关联。上述“不太能意识到的因素”就是非理性因素，它们恰恰为行为经济学所注重。

该学派是加利福尼亚大学心理学教授丹尼尔·卡尼曼 (Daniel Kahneman, 1934—　) 及其合作者斯坦福大学心理学教授阿莫斯·特

---

① 参见赵敦华主编：《西方人学观念史》，北京出版社2005年版，第369页。

② 参见刘凤岐主编：《当代西方经济学辞典》，山西人民出版社1988年版，第370页。

③ 参见刘骏民、王国忠：《行为经济学的发展》，载《东岳论丛》2004年第1期，第52页。

④ 参见刘骏民、王国忠：《行为经济学的发展》，载《东岳论丛》2004年第1期。

⑤ 参见张燕晖摘译：《行为经济学和试验经济学的基础：丹尼尔·卡尼曼和弗农·史密斯》，载《国外社会科学》2003年第1期，第81页。

维尔斯基（Amos Tversky，1937—1996）共同发展到顶峰的。他们的代表作有《对小数法则的相信》（1971）、《主观概率：代表性直观推断法判断》（1972）、《论语言的心理学》（1973）、《可获得性：启发性判断的频率与概率》（1973）、《不确定下的判断：启发性与偏见》（1974）、《前景理论：风险下的决策分析》（1979）、《代表性直观推断法的判断以及通过代表性直观推断法的判断》（1982）、《理性选择与决策框架》（1986）、《无风险选择中的损失规避：一种参考——依赖的模式》（1991）、《前景理论的进步》（1992）、《选择、价值和框架限制》（2000）、《有限理性的地图：行为经济学的心理学》（2003）。他们的著作侧重于用试验心理学的方法研究人的行为，行为经济学由此获得了自己的名称。作为如下要论及的否定了古典经济学所持的经济主体的“完全的理性”之前提的结果，行为经济学认为应以前景理论取代古典经济学坚持的期望效用理论，后者适合于解释理性行为，前者是关于人们在不确定条件下如何作出选择的纯描述性理论①，更适合描述实际的行为。另外，作为如下要论及的否定了古典经济学所持的经济主体的“完全的自利”之前提的结果，行为经济学认为应以“幸福最大化”取代“财富最大化”作为经济行为的目的论，因为财富仅仅是带来幸福的很小的因素之一，人们从事经济活动还有另外的许多追求②，因而财富效用和心理效用是并列的存在。目前的时代似乎属于行为经济学，2001 年，美国经济学会把重要的克拉克奖章授予行为经济学家马修·拉宾（Mathew Rabin）；2002 年，行为经济学的领袖人物丹尼尔·卡尼曼获得了诺贝尔经济学奖（阿莫斯·特维尔斯基于 1996 年去世，因此无缘诺贝尔经济学奖）。

---

① 参见［美］Sendhi mulainathan，Richard H. Thaler 著：《行为经济学》，吴克坤译，载 http：//jrxy. znufe. edu. cn/kycg /051011w12. doc，2005 年 12 月 18 日访问。

② 参见李爱梅、凌文辁：《论行为经济学对传统经济理论的挑战》，载《暨南学报》（哲学社会科学版）2005 年第 1 期。

古典经济学的演绎前提是经济人假设。这一过于绝对的设定很容易成为行为经济学的靶子，因此，行为经济学的主要观点围绕对经济人假设及其基础性前提展开。

所谓经济人，是在利己心的推动下进行活动、通过此等活动增进社会福利的人。经济人的概念是19世纪末的意大利经济学家帕累托（Vilfredo Pareto，1848—1923）正式提出的，但人们习惯于把经济人假设归因于亚当·斯密于1776年出版的《国富论》。其中他说："由于他管理产业的方式目的在于使其生产物的价值达到最大程度，他所盘算的只是他自己的利益……他追求自己的利益，往往使他能比在真正出于本意的情况下更有效地促进社会的利益。"[①] 此语被认为是经济人假设的理论表述之一。在亚当·斯密之后，经济人假设成为古典经济学的拱心石之一。它奠基于三个前提。第一，经济主体的完全理性，借此他们可以明了自己的利益；第二，经济主体的完全意志力，这是经济主体坚持自己利益的必要条件；第三，经济主体的完全自利，以上两个"完全"都是为这个"完全"服务的。

对经济人假设的批判早就开始了，例如，新历史学派的施莫勒（Gustav von Schmoller，1838—1917）就不完全同意此说。他认为人类的经济生活并不限于满足物质方面的欲望，而还有满足高尚的、完美的伦理道德方面的欲望。[②] 马歇尔（Alfred Marshall，1842—1924）也承认：不能把人们从事经济活动的动机全都归结为利己心，"家庭情感"就是一个例外，它是利他主义的一种纯粹的形式。[③] 从19世纪末开始，人们另换角度，从经济人的认识品性出发展开批判。1899年，

① 参见［英］亚当·斯密著：《国民财富的性质和原因的研究》（下卷），郭大力、王亚南译，商务印书馆1974年版，第27页。

② 参见鲁友章、李宗正主编：《经济学说史》（下册），人民出版社1983年版，第181页。

③ 参见左大培著：《弗莱堡经济学派研究》，湖南教育出版社1988年版，第15页及以次。

美国经济学家凡勃伦（Thorsfein Bund Veblen，1857—1929）在《有闲阶级论》一书中对完全理性的假定提出质疑，指出了炫耀性消费的普遍非理性现象，他把个体行为看成习惯、嫉妒以及其他心理特性所激发的结果，而不是受理性与利己主义的驱动。[①] 赫伯特·西蒙（Herbert Simon，1916—2001）在这方面最系统地展开。他基于经济决策者本身信息的不完全性和计算能力的有限性提出了“有限理性”假定[②]，说：“理性的限度是从这样一个事实看出来的，即人脑不可能考虑一项决策的价值、知识及有关行为的所有方面……人类理性是在心理环境的限度之内起作用的。”[③] 如此，他把经济人问题由一个伦理问题转化为一个认识论问题，产生了深远的影响。由于其杰出的理论贡献，他赢得了1978年的诺贝尔经济学奖。

二、认识者心灵与认识对象的哈哈镜关系诸象

行为经济学派继续了西蒙的理论路线，并把它与对经济人假设研究的传统的伦理方面结合起来，以排炮式的方式对经济人假设发起了攻击。他们通过试验认为，经济人并非现实人，与前者单一的趋利属性相比，后者的属性要丰富得多，因而也更加符合生活现实。行为经济学系统地证明了现实人在上述三个方面的有限性。

行为经济学的第一个命题是人只有有限的理性。理性是一个含义杂多的词。在“理性主义”的术语中，“理性”指一种不依赖于经验的认识能力，是帮助人们达成正确认识的天赋观念。[④] 波斯纳（Rich-

---

① 参见周林彬、黄健梅：《行为法经济学与法经济学——聚焦经济理性》，载《学术研究》2004年第12期。

② 参见张谊浩：《心理学对经济学的影响》，载《经济学家》2004年第1期，第75页。

③ 转引自刘波、戴辉、孙林岩：《行为经济学对传统经济学基本假设的修正和发展》，载《西安交通大学学报（社会科学版）》2004年第3期，第63页。

④ 参见冯契主编：《哲学大辞典》（下），上海辞书出版社2001年版，第1506页。

ard Posner）把理性理解为“选择者选择最好的手段实现其目的”的能力。[①] 希腊哲学家巴内修以及比他更早的希腊哲学家把理性区分为理论理性和实践理性。[②] 理论理性是人的认识能力，解决“真”的问题；实践理性是人的选择善恶的能力，因此往往作为意志自由的同义语使用，它解决“善”的问题。两种理性的关系是：一个是“知”，另一个是“行”，知而行之，则理论理性和实践理性获得了统一。由于行为经济学与认识心理学的关联，此处的“理性”，应指理论理性。行为经济学利用认识心理学的成果证明这种理性的有限：人们存在诸多认识偏见或扭曲。它们有框架效应、心理账户、代表性启发、双曲贴现、现状偏差、损失厌恶、可获得性启发、事后聪明偏差、沉没成本谬误、赋予效应等，容分述之：

1. 框架效应（Framing Effect），又称假确定性效应（Pseudocertainty effect）。指人们在预期的结果是正的时做风险规避的选择，在结果是负的时做风险寻求的选择，在选择项内容一致的情况下，其选择受描述结果的方式影响的趋向。[③] 这一方面的经典例子是“疾病问题”。人们被告知某处流行一种严重的传染病，预计它将威胁600人的生命，被要求在两个不情愿的结果中选择。在“正框定”中给出如下两种选择。（1）肯定可救活200人；（2）有1/3的可能性救活600人，2/3的可能性一个人也救不活。在“负框定”中给出如下两个选择：（3）400人将死亡；（4）有1/3的可能性无人死，2/3的可能性600人都死亡。实际上，（1）和（3），（2）和（4）的结果是一样的，但大多数人都选

① See Richard A. Posner, Rational Choice, Behavioral Economics, and the Law, In Vol. 50 (1998) *Stanford Law Review*. p. 1551.

② 参见冯契主编：《哲学大辞典》上，上海辞书出版社2001年版，第823页。

③ See the Entry of “Pseudocertainty effect”, On http://encyclopedia.thefreedictionary.com/pseudocertainty+effect，2006年1月3日访问。

择了“正框定”中的（1）和“负框定”中的（4）。[①]

2. “心理账户”（Psychological Account）。这是1985年由心理学家理查德·塞勒（Richard. H. Thaler）提出的范畴。指主体都有明确或潜在的心理账户系统。在做经济决策时，这种心理账户系统常常遵循一种与经济学的运算规则相矛盾的潜在心理运算规则，其心理计账方式与经济学或数学的运算方式都不同，因此经常以非预期的方式影响着决策。例如，一对夫妻外出旅游时钓到了好几条大马哈鱼，它们在空运途中被丢失了，航空公司赔了他们300美元，他们用这笔钱在一个豪华饭店“暴搓”了一顿，花了225美元。他们以前从未在饭店花过这么多钱。但如果换一种情况，这对夫妻得到的是他们各自一年的工资增加额150美元，这么奢侈的饭局就不会发生了。尽管航空公司的赔偿额和工资增加额是一样的数目。之所以发生上述结果，是因为金钱没有受到一般的对待，而根据不同来源受不同对待。一个是“来得容易去得快”，另一个是“善财难舍”。[②]

3. 代表性启发（Representativeness heuristic）。是人们在形成判断的过程中常常会受到事物的典型特征的影响的趋向。例如，我们看到某个人蓬头垢面、衣衫褴褛，往往会认为他是乞丐；我们看到某个人衣衫华丽、举止优雅，会判断他是有修养、有学识之人。而这种以貌取人的判断不见得正确。[③]

4. 双曲贴现（Hyperbolic discounting）。即人们在小的盈利相对于大的盈利来得快的情况下会偏好小的盈利，在大小盈利的实现时间都很长且两个时间相近的情况下，人们又会偏好大的盈利的趋向。如此，

① 参见肖经建：《行为经济学和消费经济学》，载《消费经济》2005年第1期，第48页。

② 参见李爱梅、晓胜、凌文铨：《从“心理账户”透视人的非理性经济行为》，载《经济论坛》2004年第11期。

③ 参见赵红军、尹伯成：《经济学发展新方向：心理学对经济学的影响》，载《南开经济研究》2003年第6期。

人们对两件选择项的具体偏好沿着时间维度共同向前推移，然后发生逆转，例如，在今天得到50美元与1年后得到100美元间选择，多数人会选择50美元，但如果选择项是5年后的50美元和6年后的100美元，多数人会选择100美元，而且，如果选择项是今天的50美元和明天的100美元，多数人又会选择100美元。又如，给人两个类似的奖品，人们喜欢那个来得快的，在此等情形下，晚来的奖品的价值被打折了。打折分为指数打折和双曲打折两种，前者的折扣率是恒常的，而双曲折扣的比率随迟延的长度大幅增长。在双曲打折中，对奖品的评价因小的迟延快速打折，但迟延的时间长了后，打折率缓慢下降。

5. 现状偏差（Status quo bias）。即人们采取的“一动不如一静”的心理定势。

6. 损失厌恶（Loss aversion）。即人们宁愿不要有所得也不要有所失的趋向。损失厌恶是沉没成本效应的基础。

7. 可获得性启发（Availability heuristic）。指人们在形成认识的过程中往往会根据可记忆的、明显的、常见的例子和证据为判断，即使是在他们拥有有关信息的情况下也是如此。例如，人们对一个城市、一个国家安全程度的判断往往依赖于他们个人所知道的信息或者最熟悉的有关安全方面的资料。[①] 这种“启发”导致轶事驱动（Anecdote-driven）行为，即已发生了的、引起了人的注意的事件导致了解决，而这些事件往往并非最需要解决的事件。[②] 中国的类似表达是“会哭的孩子有奶吃”。

8. 事后聪明偏差（Hindsight bias）。指拥有某事件最终结果知识的

---

① 参见赵红军、尹伯成：《经济学发展新方向：心理学对经济学的影响》，载《南开经济研究》2003年第6期。

② See Christine Jolls, Cass R. Sunstein, Richard Thaler, A Behavioral Approach to Law and Economics, In 50 (1998) *Stanford Law Review*, p. 1518.

人在很大程度上并不了解该事件的变化情况，在该事情发生以后，他们往往会夸大自己的信念，说这是早就在他们的预料之中的趋向。[①]

9. 沉没成本谬误（Sunk cost fallacy）。即在决策时不考虑决策事项在当时当日的情景，而是考虑为了已在此等事项上投入的成本的心理定势。沉没成本是已经发生不能回复的成本，它是与可变成本相对立的概念。可变成本是会根据提出的行为路径改变的成本。在微观经济学中，只有可变成本对决策有意义。如果让沉没成本影响决策，则不能仅就方案本身的价值对其进行评估，从而走向非理性。[②] 例如，我已花 40 元买了一张电影票，第二天听人说此片评价较低，在不能退票的前提下，我有两个选择：第一，舍不得 40 元的票价去忍受这部电影的煎熬；第二，放弃这 40 元去做自己认为有意义的事情。如果我做第一个选择，我就陷入了沉没成本谬误。又如，我们经常舍不得扔掉过期的或轻微变质的食品，因为我们已就它们花费了金钱，但吃了它们往往适得其反。由于它经常导致因小失大，所以又叫作因小失大谬误。

10. 赋予效应（Endowment effect）。即主体对于其享有所有权的客体的估价高于其不享有所有权的客体的估价的心理定势。这种定势与上文已讲到的损失厌恶和现状偏差有关。它打破了标准经济学的主体为货物付款的意愿（WTP）等于他们为失去此等货物接受补偿的意愿（WTA）的假设，甚至打破了交易中的出卖人对自己的物的估价低于对受让之物的估价的陈说，证明了前者远远大于后者。[③] 赋予效应是主观价值论的基础之一。在美国，有一个证明其存在的法律实例。从

---

① 参见赵红军、尹伯成：《经济学发展新方向：心理学对经济学的影响》，载《南开经济研究》2003 年第 6 期。

② See the Entry of “sunk cost”, On http://encyclopedia.thefreedictionary.com/sunk%20costs，2005 年 12 月 25 日访问。

③ See the Entry of “Endowment effect”, On http://encyclopedia.thefreedictionary.com/Endowment%20effect，2005 年 12 月 25 日访问。

1981 年以来，美国就有所谓的反向抵押（Reverse Mortgages）交易，又称“以房养老”方案，它是当事人进入有收入年龄后通过储蓄存款、按揭贷款等形式购买住房，在 60 岁前还清贷款，取得住房的所有权。在 60 岁后进入退休养老年龄时将此等住房抵押给银行、保险公司等金融机构，此等机构在综合评估房屋所有人年龄、预期寿命、房产现在价值以及预计房屋所有人去世时房屋的价值等因素后，每月给房屋所有人一笔固定的钱，他继续居住其住房直到去世。死亡发生后，金融机构出售住房，用价款来偿还贷款本息，并获得房产的升值利益。① 这相当于房屋所有人将其财产回售给银行换取通常包括一个人寿保险的年金的合同，对于一个不喜欢冒险并希望平静度过余生的人来说，这不失为一种合理的安排，但它很少为人利用，因为房屋所有人过高估计其财产的价值。② 简言之，赋予效应使人们不能对客体价值作出正确的估价，因而影响其作出有利于自己的决策。

另外还有许多认识偏差，首先是决策和行为偏差。其一为从众效应（Bandwagon effect）。即做某事是因为他人也做的趋向。其二为偏差盲点（Bias blind spot）。即人们不调整自己的偏差的趋向。其三为比较效应（Contrast effect）。即人们受比较导致的主观评价支配，从而忽略对该事物作出客观评价的趋向。陪衬人的存在导致的认识偏差是这方面的例子。其四为不确认偏差（Disconfirmation bias）。即人们批评地检视与自己的信念不一致的信息，不批评地检视与自己的信念一致的信息的趋向。其五为小数定律（Law of Small Numbers）。即将小样本均值

---

① 参见年月：《以房养老，看上去很美》，载《厦门日报》2006 年 3 月 20 日，第 9 版。

② See Steffen Huck, Georg Kirchsteiger, Learning to Like What You Have – Explaining the Endowment Effect, On http://ideas. repec. org/a/ecj/econjl/v115y2005i505p689 – 702. html, 2005nian, 2005 年 12 月 25 日访问。

的统计分布等同于大样本均值的统计分布的趋向。[①] 例如，把在国外的中国人多从事厨师职业的观察扩张为所有的中国人都是厨师的推断，从李小龙是个好武士出发推断出全部中国人都是好武士的过度推断。不妨说，小数定律就是以偏概全。其六为控制假相（Illusion of control）。即人们相信他们能控制或影响他们显然不能控制的结果的趋向，如赌徒试图控制骰子筒里的骰子。其七为影响偏差（Impact bias）。即人们过高估计一件事情对将来的感情状态施加影响的时间和强度的趋向。其八为公正世界现象（Just – world phenomenon），又称“公正世界假设”。即人们相信世界是公正的，各人会得其所的趋向。其九为确认偏差（Confirmatory bias）。指在信息模糊和不完全的情况下，人们头脑中的原先保留的偏见会得到强化，从而愈演愈烈。比如，某人早先就被告知说 A 君有点神经质，于是在该人与某君的接触中他会发现更多的与此有关的信息，结果，这些新的信息在客观上强化了他对某君是神经质的偏见。[②] 我国既有的类似表达是“杯弓蛇影”“疑邻盗斧”。其十为单纯露脸效应（Mere exposure effect）。即人们通常喜欢他们熟悉的东西的趋向，最多为广告商所利用。其十一为颜色心理学（Color psychology）。即不同的颜色带给人们不同的正负感觉的现象。例如，从正的方面讲，红色带给人温暖的感觉，从负的方面讲，它带给人危险的感觉。其十二为计划谬误（Planning fallacy）。即人们惯于低估完成计划的时间的趋向，如建造悉尼歌剧院的案例。其十三为玫瑰色回顾（Rosy retrospection）。即人们对过去的事情赋予比现在正发生的事情更多积极意义的趋向。其十四为选择性感知（Selective perception）。即信息接受者会基于个人的需求、动机、经验和人格特质，选择性地

---

① 参见常鑫、殷红梅：《Daniel Kahneman 与行为经济学》，载《心理科学进展》2003 年第 11 期，第 257 页。

② 参见赵红军、尹伯成：《经济学发展新方向：心理学对经济学的影响》，载《南开经济研究》2003 年第 6 期。

看或听接收到的信息，也可能将个人的利益和期望投射到译码过程中的趋向，“情人眼里出西施”是其著例。其十五为信念忠诚（Belief perseverance）。指人们一旦形成某一信念和判断以后，就会表现出对它的忠诚和信任，从而不再关注其他相关的信息，它们暂时被屏蔽，决策者和判断者因此处于信息弱势状态，出现所谓的“驻存现象”（Anchoring，又译“锚定现象”）①。其十六为孤立效应（Isolation effect）。即特立独行的人或物件总是比其他人或物件容易被记住的现象。其十七为柴噶尔尼克效应（Zeigarnik effect）。即人们对于未完成或中断的工作记得比已完成的工作牢的趋向，因其发现者俄国心理学家布鲁马·柴噶尔尼克得名。

其次是概率预见偏差。其一为人类偏差（Anthropic bias）。即由观察者选择效应造成的对证据的扭曲，选择效应由于限制认识主体的资料收集过程引起了偏差。该偏差由于最初从人类在宇宙中的地位问题切入而得名。其二为聚集性假相（Clustering illusion）。即把无规律出现的诸现象看作其中存在某种内在规律的趋向。其三为结合谬误（Conjunction fallacy）。当一个描述是A类人的代表性特征，但不是B类人的时候，人们常常会认为这个人既属于A类，又属于B类，而不是仅仅属于A类的趋向②。其四为赌徒谬误（Gambler's fallacy）。即人们相信如果掷硬币是公平的，那么在出现一系列的正面之后，下一次投掷中出现反面的机会会相对提高，也就是已出现的随机样本会影响尚未出现的样本，但这个信念却严重违反了随机样本间事实上是互为

① 参见赵红军、尹伯成：《经济学发展新方向：心理学对经济学的影响》，载《南开经济研究》2003年第6期。

② 参见张永璟：《心理学与经济学》，载 file：///C：/Documents%20and%20Settings/ibm/Local%20Settings /Temporary%20Internet %20Files/Content. IE5/RJ23VNF7/sfwp2002 – 26%5B1%5D. ppt#270，15，b. 合成效应（Conjunction Effect），2006年1月4日访问。

独立的观念①。其五为相关的错觉（Illusory correlation）。即由于认识者的期待，把两件无关的事情理解为相关，如男性在路上看到前面的车开得慢会说该车为女性所开。其六为观察者预期效应（Observer - expectancy effect）。即研究者为了得到预期的结果无意识地调节试验或曲解资料以便得到这一结果。其七为积极结果偏差（Positive outcome bias）。即在预言中，人们高估他们遭遇的好事情的概率的趋向。其八为近因效应（Recency effect）。即把新近发生的事情记得比更早发生的事情牢的趋向。其九为首因效应（Primacy effect）。即把首先发生的事情记得比后来发生的事情牢的趋向。

最后是社会偏差。其一为巴南效应（Barnum effect）。“巴南”是美国演说家和马戏团大王，这一效应说的是人们相信一段模糊的正面描述都是说的自己的趋向，算命先生最会利用此等效应。其二为自我中心偏差（Egocentric bias）。即对于共同行为的后果人们主张自己要承担比旁人看来要更多的责任的趋向，与自利偏差形成配套。其三为假共识效应（False consensus effect）。即高估他人认同其观点、信念与经验的程度的趋向。其四为基本归因错误（Fundamental attribution error）。即在解释别人的行为表现时强调主观因素，忽略客观因素的趋向。其五为月晕效应（Halo effect）。即以一个人的少数特质来推论其整体特质的倾向。其六为了解不对称假相（Illusion of asymmetric insight）。即人们相信自己对于他人的了解多于他人对自己的了解的心理定势。其七为内群体偏差（Ingroup bias）。即人们给自己圈子内的成员优惠待遇的趋向。其八为乌比冈湖效应（Lake Wobegon effect）。“乌比冈湖”是一部小说的名字，住在这个湖边的孩子每个都有优于平均的表现，因此，这个效应亦称“优于平均效应”。指人们都认为自己的状况优于他人的心理定势。其九为标志偏差（Notational bias）。即人类既有的概

① 参见邱耀初、林舒予：《人类推理行为的偏误现象》，载 http：//book. tngs. tn. edu. tw/database/scientieic /content/1986/00100202/0009. htm，2006 年 1 月 4 日访问。

念工具有限与待描写的生活事实的无限的矛盾造成的偏差。其十为对外在团体的同质性偏见（Outgroup homogeneity bias）。指人们假设外在团体的成员要比内在团体的成员更具有同质性的倾向。团体成员对其他团体成员特性的看法通常极为单纯，且不特别注意成员间的个别特征，但当他们把眼光转向自己的团体时，则多发现内在团体成员间的多样性和复杂性①。其十一为自利偏差（Self - serving bias）。即把成功归因于内因，把失败归因于外因的心理定势②。其十二为品性归属偏差（Trait ascription bias）。即人们普遍把自己的个性、行为、心情看成相对可变的，把别人在不同情境下的品性表现看成相对可预见的趋向。

以上人类认识偏差共计 37 种③，它们就是莱布尼兹所讲的“心灵上的纹路”，培根（Francis Bacon，1561—1626）所说的“假相”；它们是影响人们获得正确认识的理解的前结构。构成对理性主义的反证明。与理性主义把天赋观念当作克服认识障碍的工具相反，它们作为导致人的种种认识局限的“天赋观念”恰恰是达成正确认识的障碍。而且，它们都证明了人的认识并非映照，而是映照加改造，由于主观认识与客观事实背离，我们实际作出的决策并不见得符合我们的最大利益。这些偏差是人类长期形成的本能的遗迹。其中有些并非完全消极，例如，可获得性启发在通常情况下是有用的，运用它在多数情形下都是一种合理的战略，因为我们的脑力和时间都是有限的，所以不能指望我们穷尽对象的所有特征。为了节省认知才能（Cognitive facul-

---

① 参见张明辉：《团体动力学专题研究》，载 http：//web. ed. ntnu. edu. tw/ ~ minfei/groupdynamic（adaptation）-4. doc，2006 年 1 月 4 日访问。

② See the Entry of “Self - serving bias”，On http：//encyclopedia. thefreedictionary. com/self - serving + bias，2006 年 1 月 12 日访问。file：///C：/Documents% 20and% 20Settings/ibm/Local% 20Settings/Temporary% 20Internet% 20Files/Content. IE5/0DEFGT6J/20051149506212%5B1%5D. ppt#273，21，通过知觉对他人作出判断，2006 年 1 月 3 日访问。

③ 以上所有认识偏差，除另有注释说明的外，都参见 http：//encyclopedia. thefr eedictionary. com/list + of + cognitive + biases，2005 年 12 月 25 日访问。

ties）而采用经验法则（Rules of thumb）是“理性的”，但它可能导致系统化的偏见。①

三、有限意志力与有限自私的证成

行为经济学的第二个命题是人只有有限的意志力。“意志力”中的“意志”是人的道德实践能力，属于实践理性。有限的意志力，指在现实生活中，人们即使知道了什么是最好的，有时因为自制的原因也不会采用它的现象。② 这一缺陷可归结为如下原因：其一，嗜好。即对某一物品或活动成瘾导致依赖它们。对物品成瘾有如抽烟、吸毒；对活动成瘾有如在广告的煽动下疯狂购物、购买过多彩票、网瘾等。其二，热望（Cravings）。指过度的身体欲望或社会欲望。③ 前者如贪吃，例如，在吃自助餐时吃得过多，明知这样做有害身体，但出于对价格—实际消费比率的计算仍然多吃；后者如贪财，以此谋求购买权或对他人的控制力。嗜好与热望的区别在于：后者出于人的自然需要，不过此等需要被夸大性地满足，前者完全与人的自然需要无关，是人类过度文明造成的病态。其三，多重自我（Multiple Selves）。即主体被理解为多种自我的总和，这些自我经常彼此斗争的现象。它们包括只想着短期利益的“坏”的自我和想着长期利益的“好”的自我；年轻的自我和老年的自我。“坏”的自我对“好”的自我的战胜是经常的情况，前者的得胜可归因于人的有限的意志力。④ 这三类因素导致行

---

① See Christine Jolls，Cass R. Sunstein，Richard Thaler，Theories and Tropes：A Reply to Posner and Kelman，In Vol. 50（1998），*Stanford Law Review*，p. 1595.

② 参见［美］Sendhi Mulainathan，Richard H. Thaler 著：《行为经济学》，吴克坤译，载 http：//jrxy. znufe. edu. cn/ kycg/051011w12. doc，2005 年 12 月 18 日访问。

③ See Eric A. Posner，New Perspectives and Legal Implications：the Jurisprudence of Greed，In Vol. 151（2003），*University of Pennsylvania Law Review*，p. 1101.

④ See Richard A. Posner，Rational Choice，Behavioral Economics，and the Law，In Vol. 50（1998），*Stanford Law Review*. pp. 1555.

为人无法有效控制自己的整体效用、无法对多重效用目标进行排序，最终令决策偏离效用最大化轨迹。①

行为经济学的第三个命题是人只是有限自利的。自利指人在自己行为的经济效果只能或利于他人或利于自己的情况下为了自我保存作有利于自己的选择的倾向。“有限的自利”指人类在其活动中不完全考虑自利，出于多种原因也考虑他人利益的现象。瑞士与美国的科学家的一项最新研究显示，人类大脑额叶前部外侧皮层中存在一个“自私开关”，能帮助人们在明显不公平的情况下抑制自私冲动，即便这会损害他们自己的既得利益。② 最典型的例子是人人都有可能在一辈子里当几回下节要讲到的好撒马利亚人。加里·贝克尔（Gary S. Becker，1930—2014）等学者的研究表明，个体决策在更多的情况下是受社会规范、道德规范等影响，成为所谓的“制度人”，他们并不完全追求自我利益，而是也追求非自我利益的东西，如“公平”“社会认可”等。③ 例如，多数人在不会再来的餐馆吃饭后都留下小费④，因为他们在行动时除考虑自己的物质利益外，还要考虑自己的名望和自我评价。又如，在美国的伊萨卡（Ithaca）附近的乡村地区流行这样一种做法：农民把新鲜的产品摆在路边的桌子上，桌子上还摆一个固定了的能进不能出的钱箱，顾客可以取走产品，自愿留下价金，结果多数人都未白拿产品，而是留下了适当的价金。⑤ 再如，人们愿意牺牲自己的物

---

① 参见周林彬、黄健梅：《行为法经济学与法经济学——聚焦经济理性》，载《学术研究》2004 年第 12 期。

② 参见佚名：《大脑存在自私开关》，载《厦门晚报》2006 年 10 月 18 日，第 29 版。

③ 参见周林彬、黄健梅：《行为法经济学与法经济学——聚焦经济理性》，载《学术研究》2004 年第 12 期。

④ See Christine Jolls，Cass R. Sunstein，Richard Thaler，A Behavioral Approach to Law and Economics，In Vol. 50（1998），*Stanford Law Review*，p. 1494.

⑤ See Christine Jolls，Cass R. Sunstein，Richard Thaler，A Behavioral Approach to Law and Economics，In Vol. 50（1998），*Stanford Law Review*，p. 1493.

资利益帮助好人或惩罚坏人，后者如抵制日货的情形。[①] 就前者，根据理查德·塞勒等人在1993年作出的统计，73.4%的美国家庭对慈善基金作出了捐助，捐助金额平均占这些家庭总收入的2.1%。同时47.7%的人平均进行了每周4.2小时的义务劳动。[②] 最能用行为经济学的方法证明人的有限的自利的是最后通牒博弈（Ultimatum game）。在这个博弈里，两个实验对象分一元钱，两个人先抽签，抽中的人先决定自己得到的份额，没抽到的人决定接受或拒绝第一个人留下的份额。如果他决定接受，这一元钱就按第一个人的方案进行分配，如果他拒绝，则两个人都得不到一分钱。显然，理性要求第一个人要求获得99分钱，只留一分钱给第二个人；而第二个人也应该接受这一分钱，因为它总比什么都不得好。但是，反复的实验表明，上述理性行为从未发生过。在圣路易斯的华盛顿大学进行的实验表明，日本学生在作为第一个人提出分配方案时几乎总是只要求拿50分钱，留下另外的50分钱给第二个人；中国学生和犹太裔学生的方案则一般自己拿70分钱，留30分钱给第二个人。可见，不同文化背景的人都有兼顾他人利益的倾向。[③] 在法律的层面，社会化原则已打破了经济人假说。社会化原则要求人们行使自己手中的民事权利时不仅要考虑自己的利益，而且要考虑到关系人的利益。这一原则主要体现在遗嘱与合同上。订立遗嘱时，遗嘱人除了要考虑自己的爱恨情仇，还要考虑到自己至亲的需要。缔结合同时，订约人不仅要考虑自己的利益，而且要看缔约相对人的利益和社会利益。

不难看出，上述头两个“有限”正是未成年人和精神病人的属性，

---

① See Christine Jolls, Cass R. Sunstein, Richard Thaler, A Behavioral Approach to Law and Economics, In Vol. 50 (1998), *Stanford Law Review*, p. 1494.

② 参见方草：《爱国主义的行为经济学解释——近代民生公司案例分析》，载《广东商学院学报》2002年第3期，第15页。

③ 参见尘思：《关于制度经济学的一本好书……》，载 http://202.199.160.3/santafe/showthread.php? p=4437，2006年1月7日访问。

经过行为经济学家的工作，它们成了所有人的属性，剩下的法律后果只能是全体人与未成年人和精神病人在法律处遇上的同化，完成一场从“父亲”到“儿子”的运动。在这个表述中，“父亲”指强而智的人；“儿子”指弱而愚的人。因此，这三个“有限”说明了现实人并非新古典经济学想象的强而智的人，而是弱而愚的人，如果可以把一定的利他叫作“愚”或“傻”的话。如此，作为行为经济学出发点的人相较于新古典经济学设定的人更加复杂，更不规则，但也更符合实际。①

四、行为法经济学的产生及其与“理性选择”法经济学者的论战

行为经济学产生后，迅速地法律化，形成了行为法经济学②与已长期存在的理性选择经济分析学派展开争鸣。1998 年，哈佛大学教授焦耳斯（Christine M. Jolls）、芝加哥大学教授香斯坦（Cass R. Sunstein）和康乃尔大学教授理查德·塞勒联名在《斯坦福法律评论》第 50 卷上发表了《法律经济学的行为途径》（*A Behavioral Approach to Law and Economics*），首次提出了“行为法经济学”（Behavioral Law and Economics）的概念③，挑战以波斯纳为代表的主流法律经济学的“人们都是其自身满足的理性的最大化者”的命题，为自己提出了探索实际的而非假设的人类行为对于法律的意义，以“现实人”（Real People）取代“经济人”的任务，论证了“三个有限”（有限的理性、有限的意志力、

① See Christine Jolls, Cass R. Sunstein, Richard Thaler, A Behavioral Approach to Law and Economics, In Vol. 50 (1998), *Stanford Law Review*, pp. 1476ss.

② 值得注意的是，国外和我国也有“行为法学”这样的学术流派，但与行为法经济学无甚关联。与行为经济学主要研究人的经济行为从而试图对其作出预见不同，行为法学是力图打破法律调整关系论，打破部门法的界限一般地研究人的有法律意义的行为的学科，其范围比行为法经济学广得多。关于国外的行为法学的内容，参见张文显著：《二十世纪西方法哲学思潮研究》，法律出版社 1999 年版，第 331 页及以次。关于国内的行为法学的任务，参见李放著：《论行为法学的对象、体系和方法》，载黎国智、马宝善主编：《行为法学在中国的崛起》，法律出版社 1993 年版，第 27 页及以次。

③ 参见周林彬、黄健梅：《行为法经济学与法经济学——聚焦经济理性》，载《学术研究》2004 年第 12 期。

有限的自利)，提出了“三合一”式法律的经济分析的新模式：实在分析（Positive Analyze)，即解释法律的效果和内容；规定分析（Prescriptive Analyze)，即对法律如何能用于实现特定目的进行考察；规范分析(Normative Analyze)，即更广泛地评估法律体系的目的。[①] 可以说，焦耳斯、香斯坦和塞勒的联名论文是行为法经济学的一篇存在宣言。

此文引起了波斯纳的发表在《斯坦福法律评论》同一卷上的回应性论文《理性选择、行为经济学和法律》（*Rational Choice*, *Behavioral Economics*, *and the Law*)。[②] 波斯纳的基本观点是行为经济学没有提出什么新东西，该学派的学者提出的一些观点，如有限的自利的观点，其他学派的学者，包括波斯纳本人在内，早就提过了。确实，波斯纳说过，“经济人并非如同一般所设想的那样是纯粹为金钱动因所驱使的人，而是一个行为完全由各种动因决定的人”。[③] 行为经济学列举的利他行为可以被理性选择理论视为利己行为。按进化论生物学的观点，由于效用的相关性，我可能通过增加你的福利间接地增加我自己的福利。[④] 对于行为法经济学家提出的最后通牒博弈问题，波斯纳认为是同情自己的同类的人类基因遗产的表现。[⑤] 至于“有限理性”的观点，波斯纳认为传统的理性选择理论也不难消化，因为理性并不意味着全知，一个人花费自己的全部时间去获得信息是最不理性的。[⑥] 对于行

---

① See Christine Jolls, Cass R. Sunstein, Richard Thaler, A Behavioral Approach to Law and Economics, In Vol. 50 (1998), *Stanford Law Review*, p. 1476.

② See Richard A. Posner, Rational Choice, Behavioral Economics, and the Law, In Vol. 50 (1998), *Stanford Law Review*, pp. 1551ss.

③ 参见［美］波斯纳著：《法理学问题》，苏力译，中国政法大学出版社 1994 年版，第 479 页。

④ See Richard A. Posner, Rational Choice, Behavioral Economics, and the Law, In Vol. 50 (1998), *Stanford Law Review*, p. 1557.

⑤ See Richard A. Posner, Rational Choice, Behavioral Economics, and the Law, In Vol. 50 (1998), *Stanford Law Review*, p. 1564.

⑥ See Richard A. Posner, Rational Choice, Behavioral Economics, and the Law, In Vol. 50 (1998), *Stanford Law Review*, pp. 1553s.

为经济学家确立的某些人类认识偏差如可获得性启发、赋予效应、沉没成本谬误、双曲贴现等，波斯纳认为不见得是偏差。就可获得性启发而言，一个没有看到过龙虾活着时的样子的人可以满意地吃龙虾片，但他看过海鲜池里的龙虾后可能就没有胃口吃它了。按行为法经济学家的观点，该人的心灵受到了“可获得性启发”的蒙蔽。但实际上，他不过对两种不同的商品有不同的偏好而已：一个是活龙虾，另一个是经烹调的龙虾片，不能认为他对前一种龙虾的不喜欢是非理性的①。就轶事驱动，波斯纳认为人们在没有更好的证据的情况下依赖轶事证据是完全理性的，而且，行为法经济学家把轶事驱动设定为非理性混淆了信息有限与非理性的区别②；就赋予效应而言，波斯纳认为，如果已取得的物是不可替代的，则对它的偏好是理性的。③ 而且，波斯纳认为赋予效应的试验对象是大学生，他们通常充当买受人，没有多少充当出卖人的经验，所以不能信赖他们的出卖行为会在实际的市场上重演。再者，我们在实际出售某物时，都通过中介而非直面最终消费者，而得出赋予效应的试验是买主与卖主直接交易，这种对交易现实的违背导致其结论不可信赖④。对于沉没成本谬误，波斯纳以复仇行为为例说明了它是理性的。此种行为违反了“过去的就让它过去”的理性逻辑，但它威慑他人不敢对有复仇可能的人实施侵犯，尽管复仇的结果可能划不来。如果潜在的受害人宣布放弃复仇的可能，那就是鼓励他人对他实施侵犯了。在这个意义上，复仇是理性的，它是进

---

① See Richard A. Posner, Rational Choice, Behavioral Economics, and the Law, In Vol. 50 (1998), *Stanford Law Review*, p. 1553.

② See Richard A. Posner, Rational Choice, Behavioral Economics, and the Law, In Vol. 50 (1998), *Stanford Law Review*, p. 1573.

③ See Richard A. Posner, Rational Choice, Behavioral Economics, and the Law, In Vol. 50 (1998), *Stanford Law Review*, p. 1565.

④ See Richard A. Posner, Rational Choice, Behavioral Economics, and the Law, In Vol. 50 (1998), *Stanford Law Review*, p. 1566.

化论生物学的遗产[①]；就双曲贴现而言，波斯纳也认为它并非意味着非理性。而且，由于犯罪人多数并非很聪明，因此无必要以他们受双曲贴现支配为出发点设计刑法制度。[②] 对于行为法经济学家为证明"有限的意志"提出的多重自我的观点，波斯纳认为，经济学使用的理性概念并不包含统一的自我的假定，它只是经济分析的多数情形中的一个约定俗成的假定而已。[③] 对于三个"有限"，波斯纳认为行为法经济学家没有在它们间建立起一种逻辑的或其他关联，因为认识扭曲属于认知心理学；意志薄弱属于神经病和其他失范行为的心理学[④]；而公正感属于道德心理学。总而言之，都属于心理学，不属于经济学，波斯纳因而批评行为法经济学家没有自己的经济学理论与理性选择理论对抗。[⑤]

对于行为法经济学，波斯纳有如下总的批评：第一，行为法经济学不具有预见人类行为的能力。他承认经济人假设是对普通人的行为方式进行加工的产物，并不见得完全符合实际，但这是理论建构的代价，作为报偿，按经济人假设，能大致预见人们在特定情势的行为。但行为法经济学家塑造的"行为人"是理性、非理性和冲动的混合物，其行为是不可哪怕是大致地预见的[⑥]，这是因为行为法经济学是

---

① See Richard A. Posner, Rational Choice, Behavioral Economics, and the Law, In Vol. 50 (1998), *Stanford Law Review*, p. 1563.

② See Richard A. Posner, Rational Choice, Behavioral Economics, and the Law, In Vol. 50 (1998), *Stanford Law Review*, p. 1568.

③ See Richard A. Posner, Rational Choice, Behavioral Economics, and the Law, In Vol. 50 (1998), *Stanford Law Review*, p. 1556.

④ 作为行为经济学的一个分支，目前已发展起神经经济学。参见佚名：《什么是神经经济学》，载 http://neuro-economics.org/what/cn，2005 年 12 月 18 日访问。

⑤ See Richard A. Posner, Rational Choice, Behavioral Economics, and the Law, In Vol. 50 (1998), *Stanford Law Review*, p. 1558.

⑥ See Richard A. Posner, Rational Choice, Behavioral Economics, and the Law, In Vol. 50 (1998), *Stanford Law Review*, p. 1559.

一种批判的而非建构的活动，而非一种替代性的理论[①]。第二，行为法经济学缺乏证伪性。所谓证伪性，是一种理论在特定情况下被推翻的可能，按照卡尔·波普（Karl Popper，1902—1994）的说法，不能证伪的理论不是理论，这样的理论能解释一切，这就决定了它什么都不能解释。[②] 行为法经济学家的观点不过是针对理性选择经济学家讲的故事形成的一个“反故事”。第三，行为法经济学家没有回答人的种种认识扭曲是否可以医治的问题，因此，他们建议的法律改革都是规避而非消除这些非理性趋向，而波斯纳认为它们是可以治愈的。[③] 总之，用归谬法说话，波斯纳认为，如果采用行为法经济学家的主张，人们不同寻常的公正感会废止竞争性活动；双曲贴现将会废止金融服务业，等等。[④]

斯坦福大学教授马克·凯尔曼（Mark Kelman）也在《斯坦福法律评论》同一卷上发表论文《作为修辞学二重唱之一部分的行为经济学：答焦耳斯、香斯坦和塞勒》（*Behavioral Economics as Part of a Rhetorical Duet：A Response to Jolls，Sunstein and Thaler*）对行为法经济学家的观点进行商榷。基本观点是：其一，行为法经济学家的观点没有什么新意，他们研究过的有限的意志、赋予效应、事后聪明偏差等，凯尔曼自己早就研究过，不过使用的术语不同而已；对理性选择经济学的批评也并非从他们开始，社会学家和人类学家也做过同样的事情[⑤]。

---

① See Richard A. Posner，Rational Choice，Behavioral Economics，and the Law，In Vol. 50（1998），*Stanford Law Review*，p. 1560.

② See Richard A. Posner，Rational Choice，Behavioral Economics，and the Law，In Vol. 50（1998），*Stanford Law Review*，p. 1560.

③ See Richard A. Posner，Rational Choice，Behavioral Economics，and the Law，In Vol. 50（1998），*Stanford Law Review*，p. 1575.

④ See Richard A. Posner，Rational Choice，Behavioral Economics，and the Law，In Vol. 50（1998），*Stanford Law Review*，p. 1570.

⑤ See Mark Kelman，Behavioral Economics as Part of a Rhetorical Duet：A Response to Jolls，Sunstein and Thaler，In Vol. 50（1998），*Stanford Law Review*，p. 1579.

其二，行为法经济学家认为的非理性现象如可获得性启发，在凯尔曼看来是理性的。其三，即使存在非理性，由于仲裁的存在、多数交易通过专业人士完成的现实以及人们有学习改进机会的现实，它也非决定性的。总之，凯尔曼认为行为经济学指出了理性选择经济学的局限，具有积极意义，但它不能完全证真或证伪，因而基本上是一种解释性的比喻或一种寄生性的或怀疑的理论而非完全的、替代性的、建设性的理论，最好的出路是把理性选择经济学的合理成分整合到自己的体系中，与之形成“二重唱”或“共舞”的格局。例如，理性选择理论把人们以合理的方式实现自己目的的障碍主要理解为外部的，如缺乏信息，而行为法经济学看到了内在的障碍，即人们即使得到了信息也不能正确地处理它们的可能，两者综合，就有可能达到对问题的全面认识。①

上述三位作者又写出答辩论文《理论与比喻：答波斯纳和凯尔曼》（*Theories and Tropes*：*A Reply to Posner and Kelman*）。② 他们认为自己与波斯纳的差别较小，后者已基本接受己方的中心观点，承认存在三个“有限”及其对法律的经济分析的潜在意义，不过把种种他们描述的理性局限解释成理性而已，但波斯纳具有足够偏差（Sufficiency bias）：即把行为法经济学家发现的现象都说成理性选择经济学早就认识到的，从而贬低他人的创新性。③ 但事情真如波斯纳所言吗？三位作者的结论是否能成立。对于波斯纳提出的行为法经济学理论性不足的批评，他们也作出了反驳，列举了自己的理论贡献，如前景理论。关于波普的证伪理论，三位作者指出它向来在科学哲学界受到批评。更谬误的是，波斯纳同时用证伪理论和进化论生物学的观点反驳行为

① See Mark Kelman, Behavioral Economics as Part of a Rhetorical Duet: A Response to Jolls, Sunstein and Thaler, In Vol. 50 (1998), *Stanford Law Review*, pp. 1580s.

② See Christine Jolls, Cass R. Sunstein, Richard Thaler, Theories and Tropes: A Reply to Posner and Kelman, In Vol. 50 (1998), *Stanford Law Review*, pp. 1593ss.

③ See Christine Jolls, Cass R. Sunstein, Richard Thaler, Theories and Tropes: A Reply to Posner and Kelman, In Vol. 50 (1998), *Stanford Law Review*, p. 1595.

法经济学家，却忽略了这两种理论的不兼容性。进化论生物学是波普的批评对象，因为它是一种不能证伪的理论。[①] 对于波斯纳提出的认识扭曲是否可以治愈的问题，三位作者认为教育和心理学家可以帮助克服它们，对于有限的意志力也是如此，但他们不希望有人去治愈有限的自利。[②] 对于凯尔曼，三位作者认为他对行为法经济学相当同情，不过抱怨它不够全面、不够精确而已。[③] 对于凯尔曼提出的行为经济学企图取代传统经济学的指责，三位作者认为不正确，他们承认自己对传统经济学工具的极大依赖，仅企图用包含更现实的人类行为假定的工作成果改善传统经济学。对于波斯纳和凯尔曼共同提出的行为经济学是一种不完全的理论的批评，三位作者表示接受，并有任重道远之感，但不承认自己的理论仅仅是一种“反故事”。[④]

从上述论战来看，行为经济学与传统经济学并无实质的分歧，前者作为一种批评性的理论已被后者不情愿地接受，两者形成互补的关系。在法律领域，传统经济学已施加了足够多的影响，这种经济学在被行为经济学加入后，加入部分对法律的影响还有待实现。

五、行为经济学对传统民法理性人前提及其他前提的破坏

理性人前提是从17世纪开始的现代民法的基本出发点，它构成与古代民法的根本差异。而行为经济学是此等理性人假设的对立物。它首先证明了人的认识能力（理论理性）的局限，其次证明了人的意志

---

① See Christine Jolls, Cass R. Sunstein, Richard Thaler, Theories and Tropes: A Reply to Posner and Kelman, In Vol. 50 (1998), *Stanford Law Review*, p. 1600.

② See Christine Jolls, Cass R. Sunstein, Richard Thaler, Theories and Tropes: A Reply to Posner and Kelman, In Vol. 50 (1998), *Stanford Law Review*, p. 1604.

③ See Christine Jolls, Cass R. Sunstein, Richard Thaler, Theories and Tropes: A Reply to Posner and Kelman, In Vol. 50 (1998), *Stanford Law Review*, p. 1605.

④ See Christine Jolls, Cass R. Sunstein, Richard Thaler, Theories and Tropes: A Reply to Posner and Kelman, In Vol. 50 (1998), *Stanford Law Review*, p. 1608.

力（实践理性）的局限，由此得出的自然结论是，作为传统民法中常态的人也是弱而愚的，由此打破了传统民法设定的两种人的界限。按照这种理路，民法中的人，不问男女、成年与否、患精神病与否，都是弱而愚的，只是“弱”与“愚”的程度有所不同而已，因此他们都需要保护，在这个意义上，他们都成了某些方面的禁治产人。

行为经济学还破坏了民法的私法设定。长期以来，私法被理解为个人自治的法，其灵魂是所谓的意思自治原则。当然，当事人能否实现“意思自治”，取决于他们是否有完全的理性，古典经济学提供了这个前提。现在行为经济学证明人的理性有限，这必然导致国家的家长制决定完全或部分地取代当事人的意思自治，过去自治的“家父”现在要变成被人照管的“儿子”，如此，民法的所谓私法性以及意思自治原则将面临挑战。

最后，行为经济学还动摇了作为传统民法理论之基础的自由主义政治思想。自由主义是在国家与私人间设立屏障的政治主张，强调国家只有在最必要的情况下才能干预私人生活。自由主义的经典作家约翰·密尔（John Stuart Mill，1806—1873）把人的行为分为只关系到他自己的和也关系到他人的，立法者只能干预后一种行为。[①] 之所以如此，是因为“一个人只要保有一些说得过去的数量的常识和经验，他自己规划其存在的方式总是最好的，不是因为这方式本身算最好，而是因为这是他自己的方式”，[②] “对于一个人的福祉，本人是关切最深的人；除在一些私人联系很强的情事上外，任何他人对他的福祉的关怀，和他自己所怀有的关切比较起来，都是微薄而浮浅的”。[③] 这些言

---

① 参见［英］约翰·密尔著：《论自由》，程崇华译，商务印书馆1959年版，第72页。

② 参见［英］约翰·密尔著：《论自由》，程崇华译，商务印书馆1959年版，第72页。

③ 参见［英］约翰·密尔著：《论自由》，程崇华译，商务印书馆1959年版，第82页。

论并未像有些学者分析的那样是提出了“个人是自己利益的最佳判断者”的主张，而是承认个人偏好（哪怕是不正确的偏好）或个性得到尊重的重要性。这点可从密尔的如下话得到证明：“要知道，一个人因为不听劝告和警告而会犯的一切错误，若和他容让他人逼迫自己去做他们认为对他有好处的事这一罪恶相权起来，后者比前者是远远重得多的。”① 这样就分出了个人利益的主观和客观两个层面。以抽烟为例，客观上这是件坏事，但行为人喜欢抽（有偏好），别人就不能干预其抽烟行为，以防社会单一化，公共权力的拥有者把自己的价值观念强加于人。所以，自由主义与意思自治原则有所不同，前者不是个绝对主义的问题而后者是。事实上，自由主义就是以悲观主义的认识论为基础建立起来的。因此，自由主义承认一定的家长制干预，如禁止赌博、自卖为奴等，这种干预以被干预人的行为不仅影响了他自己的利益，而且影响了他人的利益为限。其他的行为，尽管有害于行为人，但未害他人，就不得干预，如在安息日工作。② 我们知道，现在许多欧洲国家如意大利和德国禁止非旅游区的商店在星期天营业以保护家庭关系，这证明密尔的主张在那里已被放弃，立法者的干预已经扩及了密尔理解的个人的只涉及自己的行为，家长制立法的倾向在加强。如此，自由主义的适用空间在缩小；消极的自由，即免于干涉的自由在缩小，这不能不说受到了行为经济学的影响。

六、行为法经济学家提出的新的法律结构

为了在法律上反映对主体的智力属性的认识的上述改变（从三个“无限”到三个“有限”），美国的一些行为法经济学家提出了不对称

---

① 参见［英］约翰·密尔著：《论自由》，程崇华译，商务印书馆 1959 年版，第 83 页。

② 参见［英］约翰·密尔著：《论自由》，程崇华译，商务印书馆 1959 年版，第 98 页。

家长制（Asymmetric paternalism）的方案。其基本观点是立法者将愈加多地代替当事人决策，但条件是此等决策在给犯错误的人带来大的利益的同时对完全理性的人少带来或完全不带来损害。由于同样的代行决策对两种人带来的效果不均等，这种政策安排被认为是“不对称”的。①

这里提到的家长制（Paternalism）是法律家长制（Legal paternalism）的简称。单纯的家长制本来只是对大权独揽的父亲与其毫无自主权的子女之间关系的描述②，后来扩张到描述医生与病人的关系。在医学上，它被称为医主权，意思是“关心式的介入”，也就是具有影响力的相关人基于爱护的理由为当事人决定或安排事情③；法律家长制则是对干预个人自由的国家与承受此等干预的个人之间关系的描述。显然，此处谈论的家长制都只涉及国家举措对当事人自由的影响。

杰拉尔德·德沃金（Gerald Dworkin，1937—2013）是研究法律家长制的巨擘。他认为，家长制是为了某一个人的利益、善、快乐、需要、价值观、福利而削减其自由或其他权利。可以说，家长制是以法律主体弱而愚的假定为基础设计的保护性法律体制。德沃金列举了家长制立法的16个实例：（1）摩托车驾驶者必须戴头盔的规定；（2）只有在救生员的保护下才能去海滩游泳的规定；（3）不得自杀的规定；（4）儿童、妇女不得从事有害身心健康之生产活动的规定；（5）禁止某些性行为的规定；（6）禁止使用某些药品（如麻醉药、摇头丸）的规定；（7）某些行业应有许可证才能经营的规定；（8）强制将部分收入作为退休保险金的规定；（9）禁止赌博的规定；（10）控制最高利息的规

---

① See Colin Camerer, Samuel Issacharoff, George Loewenstein, Ted O'Donoghue, and Matthew Rabin, Regulation for Conservatives: Behavioral Economics and the Case for "Asymmetric Paternalism", In Vol. 151 (2003), *University of Pennsylvania Law Review*, p. 1212.

② 参见［德］马克斯·韦伯著：《经济与社会》（上册），林荣远译，商务印书馆1998年版，第256页及以次。

③ 参见佚名：《医学伦理》，载 http: //www. cmuh. org. tw/HTML/dept/1r00 –1/recognize/recignize_ p. 3. htm，2005年10月4日访问。

定；（11）禁止决斗的规定；（12）管理某些合同（如自卖为奴的合同）的规定；（13）禁止把受害者的同意作为谋杀或攻击的理由的规定；（14）强制为基于一种宗教信仰，在生命垂危之中拒绝输血的病人输血的规定；（15）对精神病人和有毒瘾者实施民事拘押的规定；（16）为社区供水加氟的规定。[①] 埃雅尔·扎米尔（Eyal Zamir）还把强制基础教育等补充为法律家长制的例子。[②] 我还要加上法律禁止燃放烟花爆竹的例子以及法律通常禁止人们在星期天工作以及强制婚检的例子。就我国的强制婚检而言，1994 年颁布的《母婴保健法》确立了这一制度，2003 年，婚检由强制改成自愿，在广西的后果是每年 6 万名缺陷儿诞生，沈阳 1% 的新生儿有缺陷，成为社会和家庭的沉重负担。[③] 在 2004 年开始由政府埋单后，厦门的婚检率仍只有 7.94%。于是，黑龙江等省于 2005 年又恢复强制婚检。婚检立法的变迁表现了自由主义与家长制干预两种主张的斗争过程，结论是后一种主张有利于社会。

值得注意的是，德沃金的家长制定义中的单一内涵与其列举的 16 种立法现象包含的双重内涵的矛盾。在他关于家长制的定义中，其自由受到限制的主体与因此等限制受益的主体是重合的；然而，在他列举的 16 种现象中，自由受限的主体与因此受益的主体并不一致，如“某些行业应有许可证才能经营的规定”就是如此，执行这种规定，自由受限的主体是“游医”，因此受益的主体则是患者。为了精细化，张文显教授把前一种家长制立法称为“纯粹的”，把后一种称为“非纯粹的”。[④] 此乃至当之安排，而且不妨更进一步，把受限主体和他人

---

① 参见张文显著：《二十世纪西方法哲学思潮研究》，法律出版社 1999 年版，第 549 页及以次。

② See Eyal Zamir, The Efficiency of Paternalism, In Vol. 84 (1998), *Virginia Law Review*, p. 231.

③ 参见林小红：《政府买单，为何还不婚检》，载《厦门晚报》2005 年 12 月 22 日第 2 版。

④ 参见张文显著：《二十世纪西方法哲学思潮研究》，法律出版社 1999 年版，第 551 页。

都受益的家长制立法称为“混合的”“不得自杀”的规定就是如此，一方面，它拯救了自杀者的生命；另一方面，此等自杀者的家属也不必承受亲人暴亡的痛苦，还可得到受扶养的好处。

从历史来看，法律家长制并非什么新鲜事物。罗马法中就存在这方面的规定，如对夫妻间赠与的限制、保佐精神病人制度、欺诈、胁迫达成的交易无效的规定、反高利贷立法等。中世纪法也有一些家长制内容，例如，1116 年，法兰德斯伯爵在伊伯尔废除了司法决斗。[①] 近代立法中也存在家长制的关怀性规定，如在 1794 年的《普鲁士普通邦法》中，非纯粹的家长制细到规定父母每周应给孩子讲几次童话的程度。[②] 又如在英国，1571 年由伊丽莎白议会颁布的法律中宣布高利贷为非法[③]；19 世纪 80 年代，英国还制定了在金钱借贷和卖据（Bill of sale）方面保护消费者的立法。[④] 在美国，有 20 世纪 20 年代的禁酒运动，在该运动被取消后，它在驾驶员中仍然存在，而且不限于美国，现代的麻醉品管制法是禁酒法精神的保持者，其基本理念是麻醉品具有把具有正常官能的人变得像未成年人或白痴一样的能力。在英美合同法中，约因制度具有防止倾家式慷慨的家长制干预意义。在其他国家，危险职业的健康和安全规章普遍存在，它们阻止那些为了供养其家人的压力从事此等职业的人承担过大风险。在各国民法典中，普遍存在限制未成年人、精神病人和瘾君子们的行为能力制度；采用不可转让规则的制度，如把某些危险物品列为不流通物的规定、关于人身

---

① 参见［比］亨利·皮朗著:《中世纪欧洲经济社会史》，乐文译，上海人民出版社 1964 年版，第 48 页。

② 根据德国波恩大学罗尔夫·克衄特尔（Rolf Knütel）教授 2005 年 9 月 8 日在墨西哥国立自治大学法学研究所举办的“民法和罗马法国际会议”上的对阿勒杭德罗·库斯曼·布里托（Alejandro Guzman Brito）教授的发言的评论。

③ See Patrick Atiyah, *The Rise and Fall of Freedom of Contract*, Oxford University Press, 1979, p. 66.

④ See Patrick Atiyah, *The Rise and Fall of Freedom of Contract*, Oxford University Press, 1979, p. 590.

权不得转让的规定[①]等。在特别法中也有类似的制度，如1976年《德国一般交易条款规制法》就是对格式合同效力的限制，它们都具有家长制立法之旨趣。总之，“在现代社会，政府的干预是很多的。政府不再将每一个人看成理性的，相反，政府将每一个人看成都是需要照料的，因此，政府在一些领域直接干预社会成员的自由，这种干预不是为了保护他人和社会不受侵害，而目的是保护受干预人自己不受自己不当行为的侵害”。[②]

消费者保护法是非纯粹的家长制立法的突出实例。该法是消费者保护运动的产物。该运动最早产生于美国。1881年，第一个消费者协会在纽约成立，1890年的《谢尔曼法》明确要保护消费者。各国先后制定了自己的消费者保护法。1960年，在美国、英国、澳大利亚、荷兰和比利时5国消费者组织的发起下，国际消费者联盟组织成立。联合国在1985年通过了《保护消费者准则》；欧洲理事会还制定了《消费者保护宪章》。[③] 国际的和内国的消费者保护法的一个共同特征是赋予消费者以撤销权形式行使的反悔权。例如，法国《消费法典》第121—125条规定，在上门推销或在工作场所推销商品的情形下，推销人必须提交书面的合同文本，买受人不得立即支付任何款项，即使他接受了商品也不例外。他享有七天的反悔期，期间他可放弃订立合同而不支付任何费用。此外，根据另外的法律，在电讯购物和取得居住用不动产方面，非职业的当事人也享有反悔权[④]。日本于2001年开始

---

① See Eyal Zamir, The Efficiency of Paternalism, In Vol. 84 (1998), *Virginia Law Review*, p. 231.

② 参见黄建武：《权力限制与自由保障——试论限制政府权力以保障自由的两个法律原则》，载 http://www.jus.cn/include/shownews.asp? newsid=81，2005年12月19日访问。

③ 参见张严方著：《消费者保护法研究》，法律出版社2003年版，第36页、第55页及以次。

④ 参见［法］伊夫·居荣著：《法国商法》（第1卷），罗结珍、赵海峰译，法律出版社2004年版，第999页及以下。

实施的《特定商交易法》分别对“访问销售”（上门推销），“邮购”，“连锁销售”“电话等方式推销”“美容服务、外语培训、考试复习班、家庭教师为特定对象的继续性服务合同”“业务提供引诱方式销售”6种新型的交易方式作了特别规定，为了给予消费者充分的考虑时间和反悔的机会，在上门推销情况下，赋予其无条件的取消权。《消费者合同法》则在一定程度上缓和了合同的拘束力。经营者的一定的劝诱行为，即使还不至于构成民法上的欺诈或强迫，消费者也可以取消其要约或承诺的意思表示。例如，经营者的不实告知、隐瞒告知或者是提供尚未确定的事实或商品性能、功效的结论，以及违反消费者意愿不让其离开的困惑行为等，消费者都可在六个月之内行使其撤销权。① 这些20世纪的规定与19世纪的买者担心（Caveat emptor）规则形成对照，该规则的内容是：“如果某人作出了同意，绝不能说他受了欺骗。”其适用的典型案例是Chandelor v. Lopus：被告以100英镑的价格售给原告一块牛黄，并断言标的物是一块牛黄，原告发现它并非牛黄后起诉被告，获败诉，法院的理由是被告只是断言标的物是牛黄，但未担保它是牛黄。② 按本案判决的理路，每个消费者必须是他购买的每件商品的专家，否则，如果他对标的物判断失误，应自担责任。这样的消费者被不现实地设定为强而智的，实际上，由于个人经验的局限，消费者顶多能通晓几种商品，对于其他商品，他极易受到欺骗。Chandelor v. Lopus一案因此把“家长关怀式的”诚信排斥在合同法之外。③ 消费者主观状态设定的这种对比具有深远的法理学意义，它们证明消费者已不被设定为智而强者，而是与智而强的生产者相对立的弱而愚

---

① 参见周江洪：《日本民法的历史发展及其最新动向简介》，载徐国栋主编：《罗马法与现代民法》（第5卷），中国人民大学出版社2006年版。

② See Patrick Atiyah, *The Rise and Fall of Freedom of Contract*, Oxford University Press, 1979, p. 178.

③ See Patrick Atiyah, *The Rise and Fall of Freedom of Contract*, Oxford University Press, 1979, p. 178.

者。如此，改变了以年龄和性别划分强弱、智愚的传统，确立了以经济力和信息占有能力强弱为转移的划分标准。令人遗憾的是，少有人注意到消费者保护法的理论基础不同于传统民法的理论基础。由于消费者保护法的出现，民法中的人的形象发生了分裂：在传统的法律行为领域，多数主体被设定为强而智的；而在法律行为制度适用的一个具体领域——消费合同领域，多数主体又被设定为弱而愚的。

在民法基础理论上也出现了家长制的主张。曾世雄先生认为，如果实行当事人自治的制度，为保护当事人并保障交易安全，行为能力制度不可或缺。但如果生活资源的分配都由行使公权力之组织统筹办理，行为能力制度即非重要①，权利能力制度有望重新成为舞台上的主角。

行为法经济学家为何不全面推行严厉的家长制？首先因为这种家长制缺乏效率。这种观点不难理解，我们曾经遭受过的计划经济体制就是一种家长制安排，其缺乏效率为我们共同感受。其次因为严厉的家长制扼杀了个人偏好，造成社会的单一化，造成人们缺乏首创精神，长期下去使社会不能进步。再次因为把政府当作必要的恶容忍的传统的西方社会的自由主义传统②，按照其要求，应该是“小政府，大社会”。可以说，不对称的家长制具有向保守主义者妥协的性质，因此，又可称为“有利于保守主义者的家长制”（Asymmetric paternalism for conservatives）。③ 最后因为行为法经济学者对证伪开放的立场：“如果保守主义为正确，则这些政策只科加了最小的成本；如果理性和意志

---

① 参见曾世雄著：《民法总则之现在与未来》，中国政法大学出版社2001年版，第141页。

② 托克维尔说：“从民主的角度看，建立政府并不是一件好事，而是一个必然的灾难。”［法］托克维尔著：《论美国的民主》（上卷），董果良译，商务印书馆1988年版，第231页。

③ See Colin Camerer, Samuel Issacharoff, George Loewenstein, Ted O'Donoghue, and Matthew Rabin, Regulation for Conservatives: Behavioral Economics and the Case for “Asymmetric Paternalism”, In Vol. 151 (2003), *University of Pennsylvania Law Review*, p. 1222.

力像行为经济学家相信的那样是有限的，则这些政策会带来最大的利益。”[①] 另外，他们并不完全排除严厉的家长制（Heavy-handed paternalism），对于许多需要规制的问题，不对称家长制的政策无适用余地，严厉的家长制强于无规制，完全禁止自杀的规定就属于这种家长制，相反，使自杀受制于某些条件——如经过心理咨询的条件——的立法则属于不对称家长制。[②]

但不对称家长制仍然把政府或国家设定为完全理性的，正因为这样，它才可以代替当事人决策。然而，政府也由具体的人组成，一般人具有的有限理性等缺陷在政府的构成员身上也存在。例如，在环境立法问题上，政府的行为就有轶事驱动倾向。[③] 既然如此，政府或国家还有资格为当事人决策吗？对此难题，我只能寄托于民主机制和专家治国体制解决。就民主机制而言，“当事人”被设想为具有一定弱智倾向的个人，而政府或国家被设想为聚集众人智慧缓解个人“弱智”的团体，它由“三个臭皮匠”组成，但其总和是“一个诸葛亮”。就专家治国体制而言，治国的专家可以排除常人遭遇的认识局限，正确认识事物，从而作出正确的决定。

七、小结

国人目前习见的传统民法理论形成于18世纪末19世纪初的潘德克吞学派作家萨维尼和温得沙伊得等人，表现为萨维尼的《当代罗马

---

① See Colin Camerer, Samuel Issacharoff, George Loewenstein, Ted O'Donoghue, and Matthew Rabin, Regulation for Conservatives: Behavioral Economics and the Case for “Asymmetric Paternalism”, In Vol. 151 (2003), *University of Pennsylvania Law Review*, p. 1222.

② See Colin Camerer, Samuel Issacharoff, George Loewenstein, Ted O'Donoghue, and Matthew Rabin, Regulation for Conservatives: Behavioral Economics and the Case for “Asymmetric Paternalism”, In Vol. 151 (2003), *University of Pennsylvania Law Review*, p. 1252.

③ See Colin Camerer, Samuel Issacharoff, George Loewenstein, Ted O'Donoghue, and Matthew Rabin, Regulation for Conservatives: Behavioral Economics and the Case for “Asymmetric Paternalism”, In Vol. 151 (2003), *University of Pennsylvania Law Review*, p. 1518.

法体系》和温得沙伊得的《潘德克吞教科书》等体系性著作，它们区别于罗马私法，汲取了中世纪法学家的研究成果，其思想基础为理性主义、自由主义、普世主义，不同于罗马私法的关系主义、我族中心主义；其制度基点为法典编纂、主观权利理论及权利本位观念、法律关系理论、主体理论及法人理论、法律行为理论、有体物主义、以合同标的的不同划分合同类型的理论等。经过了200余年的社会变迁，传统民法理论基本维持原样，这可以从留学意大利的一些学生仍然把萨维尼的《当代罗马法体系》的意大利文译本当作至宝全书复印带回来的事实得到证明。这一举措毫不奇怪，因为萨维尼的书现在仍极为有用，把萨维尼的书与现在的民法教科书比较，可以发现两者的基本理论框架的一致，改变只发生在局部，如现代民法已经把主仆关系从家庭关系中排除出去，妇女获得了日益与男子平等的法律地位，子女的权利受到远比过去充分的保护，无过错责任和产品责任法的兴起，积极侵害债权制度的形成，对格式合同的规制，劳动法独立于民法等，未形成基本框架和基本思潮的改变，这方面基本上是两百年一贯制。这种理论的稳定性从好的方面说是它比较成熟，凝聚了人类的1500余年的智慧（从公元前450年颁布《十二表法》起算），因此稳如泰山。从坏的方面说，是民法学者比较保守，抱残守缺，革新意识不强，造成古旧理论的今用。

另外，作为民法相邻学科的经济学则活跃得多。按有些经济学者的总结，经济学的发展从其诞生以来经过了如下四个发展阶段。第一阶段从亚当·斯密到马歇尔和瓦尔拉斯（Leon Walras，1834—1910）。在该阶段，经济学主要借助文字和图表对供给、需求、分配、单个和多个市场的交换与价格决定等问题进行研究。第二阶段从希克斯（John R. Hicks，1904—1989）到萨缪尔森（Paul A. Samuelson，1915—2009）。其中，经济学主要运用微积分对消费者理论、生产者理论、不完全竞争理论、一般均衡理论和福利经济学等问题进行研究。第三阶段从肯尼斯·阿罗（Kenneth J. Arrow，1921—2017）到德布鲁因（Gerard Debreu，1921—2005），其间，经济学主要运用集合论和线性模型，在效用函数理论、竞争理论和最优性问题、不确定条件下的均衡、投入产出分析和对策论等方面取得重大成就。第四个阶段到目前，其间，经济学综合运用各种方法，发展了交易费用、产权、非均衡、X效率、寻租、信息、博弈对策论、资产组合等一系列新的理论和方法，大大拓宽了传统经济学的学科边界和应用领域。[①] 这一对亚当·斯密以来250年许经济学的发展描述或许可以叫我们民法学者汗颜。因为1776年，正是萨维尼出生（1779年）的三年前，此公于1840年出版的《当代罗马法体系》第1卷开创的民法理论体系至今基本为包括中国在内的现代各国民法学者沿用，未发生过多少的理论革命，而经济学已四经蜕变了。

最新蜕变出来的行为经济学与其说是一种经济理论，不如说是一种哲学理论，它从外部提供了根本变革传统民法理论的契机，因为它动摇了传统民法所持的理性人假定，以“有限的理性”动摇了理性人的理论理性方面；以“有限的意志力”动摇了理性人的实践理性方面；它还以“有限的自利”动摇了传统民法所持的经济人假设中的行为目的论。它对传统民法理论的破坏作用至大，但它受到我国民法学界的关注甚少或无。它产生后，尽管国内经济学界已有一定的论文对其进行介绍，但在我的视野内，法学界只有两篇介绍论文[②]，它们的作者似乎未意识到这种理论对传统民法理论的根本变革意义。而民法学界似乎完全未意识到这一学派的存在及其深层意义。本节的目的就是介绍行为经济学可能对传统民法理论产生的影响，相信它对推动人

① 参见刘波、戴辉、孙林岩：《行为经济学对传统经济学基本假设的修正和发展》，载《西安交通大学学报（社会科学版）》2004年第3期，第63页。

② 其一是周林彬和黄健梅的《行为法经济学与法经济学——聚焦经济理性》一文，载《学术研究》2004年第12期。其二是魏建的《行为经济学与行为法经济学：一个简单介绍》，载《新制度经济学研究》2003年第2期。

们反思传统民法理论的基础并掀起理论革命具有积极意义。以不对称家长制来取代传统民法理论所持的意思自治原则、打破本来就不符合事实的民法私法说谬见，是未来中国民法理论的必然选择。行为经济学还有助于理解一些新兴的法律制度的深层含义。例如，在各国新兴的消费者保护法，其人性论设定已不同于传统民法的相应设定。传统民法对通常主体的完全行为能力假定至少已经在消费者保护法这一领域倒塌了，它在民法的其他领域仍然维持，对它的打破依赖我们的工作。我们可以看到，在传统民法理论中，矛盾的两个方面——强而智的“人”与弱而愚的“人”自始都存在，不过前者被设定为常态，后者被设定为例外而已。在这个意义上，行为经济学不过是对旧问题的新分析。行为经济学的成功把事情反过来，强而智要变成例外，弱而愚要变成常态。如此，所有的自然人要经历一场人格小变更——从“自权人”到“他权人”的变更。这是一场“从父亲到儿子”的运动，其意义不小于梅因所说的“从身份到契约”的运动。这些“儿子”的监护人将是国家，而如何设定一个“监护权力机关”保障“儿子们”的权利，是一个民法以外的政治学科面临的重要课题。

从表面看，行为经济学是作为一种批判性恶论的理论出现的，那么，在三种通行的人性论中，可以把它归入哪一类呢？我们不妨考察一下这个问题。行为经济学在法律方面的运用结论是需要调整治理模式：从自由主义的模式到自由主义—家长制的模式，这些不过是法治的两种类型，我们一点也看不到行为法经济学家主张德治的言论，这似乎意味着他们接受法治的基本前提——性恶论。因此，行为经济学只是对性恶论在经济学中的表现形式——经济人假设的普遍性进行否证，但并未推翻这一假说。“有限的自利”的表达的中心词仍然是“自利”。我们可以安全地说，行为经济学本质上仍然采用性恶论，不过对从前的性恶论的有效范围做了限定。

第四节 从经济人到好撒马利亚人

经济人假设除受到行为经济学的批判外，还受到了法律道德化思潮的考验，这种思潮的体现之一是把传统的个人对他人生命、健康保持的不作为义务改为作为义务，提倡个人对社会承担的责任。为此，具有不同法律传统的各国以各种方式制定了自己的“好撒马利亚人法”[①] 或见义勇为法，至少试图在局部的法律领域完成人性标准设定从经济人到好撒马利亚人的转变，而这种尝试的成败是非，尚在争议中。

一、德法不分的古代法与好撒马利亚人问题

据学者的研究，古埃及法和印度法中就有惩罚见死不救者的规定。[②] 从古至今的犹太法不仅要求个人，而且要求社区承担援救处在危难状态的人的法律义务，因为这种法不区分法律与道德，法律上的过犯也是宗教上的罪。[③] 上帝在《圣经·利未记》19：16中说：“在你的邻人流血时，你必不得袖手旁观。”[④] 犹太拉比阐释法律的《塔木德》（*Talmud*）一书从解释这一片段出发，确定了救助危难中人的义务。中世纪的犹太智者麦摩尼德斯（Maimonides，1135—1204）及其后继者以《塔木德》中的简短论述为基础，确定了如下详尽的救助义

---

① 有人极好地把这种法的名称意译为“行善人（保护）法”，参见薛波主编：《元照英美法词典》，法律出版社2003年版，第606页。

② See F. J. M. Feldbrugge, Good and Bad Samaritans, A Comparative Survey of Criminal Provisions Concerning Failure to Rescue, In Vol. 14 (1965 - 66), *The American Journal of Comparative Law*, p. 632.

③ See Sheldon Nahmod, The Duty to Rescue and the Exodus Meta - Narrative of Jewish Law, In Vol. 16 (1999), *Arizona Journal of International and Comparative Law*, pp. 754ss.

④ 中国基督教协会、中国基督教三自爱国运动委员会印的《旧新约全书》对此段的译法极为不同。此处采用 *New World Translation of the Holy Scriptures*, New York, 1984, p. 162 的译文。

务规则体系：1. 救助适用于邻人溺水、受强盗或野兽攻击的情形，这样，需要救助的紧急状况就有受害人自己的无知或过错、他人的过错、自然力量三种原因，它们造成的都是紧迫的危险。2. 救助可以本人实施，也可雇人实施。这一规定让救助者实施救助变得容易和安全。3. 如果发现有人图谋伤害邻人或陷害之，举报也是救助，此时，需要救助的并非紧迫的危险。本规定当为后世的协警义务的滥觞。4. 在前述情形下，绥靖了意图的进攻者也是救助，通过声明大义让潜在犯罪人放弃了犯罪计划属此。5. 如果救助者要承担过大、实质的危险，豁免其救助义务。6. 如果实施救助发生了费用，被救助人有义务报销，这一规则和第 5 条规则降低了救助行为的道德位阶。7. 有疏忽的救助人豁免侵权责任，这是为了让潜在的救助人打消顾虑。① 本规定成为后世一些法域的好撒马利亚人立法的核心问题。这些规则塑造了一种为他人服务而不过分损己的救助人形象。

践行《利未记》19：16 中所述规则的典型是《圣经·路加福音》10：30－37 记述的“好撒马利亚人”② 的所为：有一个人从耶路撒冷到耶利哥去，落在强盗手中。他们剥去其衣裳，把他打个半死，丢下他走了。偶然有一个祭司从这条路下来，看见他就从那边过去了。又有一个利未人来到这地方，看见他，也照样从那边过去了。唯有一个撒马利亚人行路来到那里，看见他就动了慈心。他上前用油和酒倒在他的伤处，包裹好了，扶他骑上自己的牲口，带到店里去照应他。第二天他拿出二钱银子（相当于当时一个工人两天的工钱）来，交给店主，说，你且照应他，此所费用的，我回来必还你。③

---

① See Sheldon Nahmod, The Duty to Rescue and the Exodus Meta－Narrative of Jewish Law, In Vol. 16（1999）, *Arizona Journal of International and Comparative Law*, pp. 757ss.

② 撒马利亚人是犹太人的一个支派，至今犹小规模地存在于中东。参见唐裕生：《中东的撒马利亚人》，载《世界民族》1997 年第 1 期。

③ 参见中国基督教协会、中国基督教三自爱国运动委员会印：《旧新约全书》，1988 年南京版，《新约》之第 88 页及以次。

上述故事从法律角度看，是一个撒马利亚人对一个陌生的犯罪被害人的救助，符合前述第1条规则涉及的第二种情形，该撒马利亚人遵守了救助邻人的义务，而在他前面的祭司和利未人未遵守，尽管可能是因为怕天色晚了自己也成为犯罪的牺牲品，但应受到谴责，好撒马利亚人则应成为道德榜样。这一点在后世做到了。从20世纪60年代起，“好撒马利亚人”成为一个法律术语，人们用它来指称帮助他人的人，尤其是在紧急情况中救人的人，略近于我国的见义勇为英雄。美国各法域[①]都制定了自己的《好撒马利亚人法》[②]来鼓励救人行为。但《路加福音》中的“好撒马利亚人”并非与正在作案的犯罪人进行搏斗从而阻止其犯罪的人，这种好撒马利亚人恰恰是从20世纪90年代起中国的一些省市制定的见义勇为立法所鼓励的。因此，对于只救助犯罪或自然灾害受害人的撒马利亚人，我们可称之为消极的好撒马利亚人；对于与罪犯或自然灾害搏斗阻止犯罪或自然灾害蔓延的撒马利亚人，我们可称之为积极的好撒马利亚人。后文将证明这种区分具有重要的人性论意义。

从《路加福音》记述的好撒马利亚人救助行为的后果来看，有两种可能：其一，救助措施得当，救助行为产生了良好的效果，“受害人”痊愈，携酒谢恩人，好撒马利亚人得到社会的广泛赞誉；其二，救助措施不当，例如，“受害人”已被犯罪分子打得骨折，此时较好的救助方法是把他留在原地不动，叫来医生给他打好夹板后再把他抬到医院救治，而好撒马利亚人缺乏这方面的知识，把骨折的受害人架上自己的牲口，导致骨折加重，受害人永久失去了康复的可能。此时，

① 美国的法域（Jurisdiction）包括50个州、哥伦比亚特区和自治领，如波多黎各和维京群岛。

② 曾任美国国务卿的约翰·克里理解的《好撒马利亚人法》含义不一样，它在好撒马利亚人救助事件后制定，因为立法者为有人袭击好撒马利亚人的救助对象惊异，发现他们是由于失业和贫困才这样做的，因此采取立法措施增加他们的就业机会并消除贫困。See Marvin Olasky, John Kerry's samaritan misunderstanding, On http: //www. townhall. com/columnists/marvinolasky/mo20041014. shtml，2006年2月20日访问。

他要求撒马利亚人承担赔偿责任，后者感到十分委屈，到处诉苦，导致人们普遍相信“好人做不得”，影响潜在的见义勇为者的积极性。犯罪分子变得嚣张，更多的受害人因得不到及时救助而死去。于是，人们确立上述规则7预防这种情况。

与上述犹太法相反，同样作为古代法的罗马法却不倾向于见义勇为立法①，法学家在《学说汇纂》中关于可能涉及见义勇为的无因管理制度的论述，除个别地方［D. 3,5,7（8），10（8）］涉及出钱救助属于他人的奴隶的生命外，都只涉及财产之管理。罗马法对无因管理制度的这种处理为继受这一体系的国家留下了把它改造得能适用于拯救生命和健康的任务。无论如何，罗马法在许多问题上的人性高设定与在救助他人生命问题上的人性低设定构成体系违反。原因者何？可能是乌尔比安提出的“毋害他人”（D. 1, 1, 10, 1）的消极待人原则在这一领域得到了运用。与罗马法相反，中世纪的公民承担在大灾如烈火和洪水中采取积极行动拯救生命和财产的义务。②

综上所述，部分古代法和中世纪欧洲法基于法律与道德的不分，于立法中在涉及人的生命和健康的拯救事项上设定了较高的人性标准。

二、德法两分的英美法与好撒马利亚人问题

至近代，经济人假设确立后，情况发生了改变，英美法坚持“各人自扫门前雪，休管他人瓦上霜”（Mind your own business）、“每人都是他自己的一个岛”（Every man an island unto himself）、“人人为己”

---

① See F. J. M. Feldbrugge, Good and Bad Samaritans, A Comparative Survey of Criminal Provisions Concerning Failure to Rescue, In Vol. 14 (1965—66), *The American Journal of Comparative Law*, p. 632.

② See Aleksander W. Rudzinski, The Duty to Rescue: A Comparative Analysis, In James M. Ratcliffe (Edited by), *The Good Samaritan and the Law*, Doubleday & Company, INC., New York, 1966, p. 92.

(Every man for himself) 的行为规则。这种假说也是19世纪曼彻斯特经济自由主义学派的重要内容之一[①]，该学派对英国的政治、法律产生了很大影响。由此，古典英美法向来拒绝把道德义务转化为法律义务。就英国而言，最初的法律不承认不作为能产生责任。因此，站着看一个小孩在一个浅水池里淹死的路人不对不施援救承担责任，尽管他只要冒最小的风险就可以救小孩的命。甚至一个不为交通事故的受害人打电话呼救的坏撒马利亚人也不就其不作为承担责任。[②] 就美国而言，按1897年的新罕布什尔州法院的意见，如果一名男子眼看一个两岁的婴儿在铁轨上，而火车正在驰近；或该婴儿在井沿玩耍，他可以不承受任何危险地把婴儿抱离铁轨或井沿，而他未这样做[③]，甚至掏出摄像机把婴儿遭难的场面拍摄下来，人们可以说他冷血、不道德，但却不能使他承担任何法律责任。[④] 这种救助义务的免除以在遭难者与旁人间不存在亲属关系或特殊关系为条件。就亲属关系而言，夫妻之间互负救助义务，因此，一位眼见自己不会游泳的妻子在游泳池淹死的丈夫要承担杀人罪的责任[⑤]。特殊关系包括监护人与被监护人，医生和病人，登山导游与旅游者，警察、消防队员、救生员和公众，船长、

---

① See Aleksander W. Rudzinski, The Duty to Rescue: A Comparative Analysis, In James M. Ratcliffe (Edited by), *The Good Samaritan and the Law*, Doubleday & Company, INC., New York, 1966, p. 120.

② See Margaret Brazier, John Murphy, *Street on Torts*, Butterworths, London, Edinburg, Dublin, 1999, p. 182.

③ See Patrick J. Long, The Good Samaritan and Admiralty: A Parable of a Statute Lost at Sea, In Vol. 48 (2000), *Buffalo Law Review*, p. 597.

④ See Charles O. Gregory, The Good Samaritan and the Bad: The Anglo – American Law, In James M. Ratcliffe (Edited by), *The Good Samaritan and the Law*, Doubleday & Company, INC., New York, 1966, pp. 25s.

⑤ See Charles O. Gregory, The Good Samaritan and the Bad: The Anglo – American Law, In James M. Ratcliffe (Edited by), *The Good Samaritan and the Law*, Doubleday & Company, INC., New York, 1966, p. 24.

船员与乘客，主人与仆人，主人和客人等之间的关系[1]，因此，一位船长要对生病或遇到危险的乘客承担救助义务。相反，彼此间不存在亲属关系和特殊关系的人都是“陌生人”，人们对他们不承担救助义务。这也出于尊重个人自治的原因。在普通法看来，政府如果科加救助义务于“陌生人”，将未经其同意并违背其意愿迫使他们进入可能的危险或不便，就干预了其自治和个人的自由。[2] 既然政府的义务如此消极，人们将更多地依靠自救，于是，带枪权作为保障自救的条件赋予个人。普通法也不鼓励个人干预他人的事务，违者构成“管闲事”。[3] 不管怎样，这样的立法立场导致了可怕的卡特林娜·杰洛维塞（Catherine Genovese）案件于1964年3月13日凌晨3点在纽约皇后区发生：38个人看着、听着28岁的意大利裔女工卡特林娜·杰洛维塞在他们的住宅楼外被杀，无人干预！无人及时报警![4] 此事在《纽约时报》披露后，社会哗然，被视为美国民族性格中黑暗面的暴露，刺激法学家们再次反思传统的经济人假设在刑法等领域适用的合理性，通过援引《圣经》中的好撒马利亚人角色提出了确立对陌生人的救助义务的法律问题。

事实上，初次的这方面的反思发生得更早。1859年的英国，约翰·密尔就说：“……自私地不肯保护他人免于损害——所有这些都是道德

---

① See Aleksander W. Rudzinski, The Duty to Rescue: A Comparative Analysis, In James M. Ratcliffe (Edited by), *The Good Samaritan and the Law*, Doubleday & Company, INC., New York, 1966, p. 93.

② See Sheldon Nahmod, The Duty to Rescue and the Exodus Meta – Narrative of Jewish Law, In Vol. 16 (1999), *Arizona Journal of International and Comparative Law*, p. 762.

③ See Antony M. Honoré, Law, Morals and Rescue, In James M. Ratcliffe (Edited by), *The Good Samaritan and the Law*, Doubleday & Company, INC., New York, 1966, p. 234.

④ 关于本案的详细过程，See Michael Dorman, The Killing of Kitty Genovese: Her public slaying in Queens becomes a symbol of Americans' failure to get involved. On http: //www. newsday. com/community/guide/lihistory /ny – history – hs818a, 0, 7944135. story, 2006年2月12日访问。

谴责的恰当对象，在严重的情事中也可成为道德报复和道德惩罚的对象。”① 此语揭示了不作为的道德可归责性，打破了英美法中只有作为才有可能归责的陈说。在1908年的美国，詹姆斯·巴尔·阿莫斯（James Barr Ames）教授在《哈佛法律评论》上发表《法律与道德》一文，提出超越特殊关系理论救助受难者的必要。他假设有人走过一座桥，看到有人落水呼救，此时他是否有义务投绳相救？答案是法律不强迫人做好事，此事归良心管辖。但阿莫斯认为，法律是功利主义的，为满足社会的合理需要而存在，因此，如果惩罚自己很少或根本不会遭受不便的见危不救者并让他对受害人承担赔偿责任，人们会感到满足。② 这一当时反潮流的议论天才地提出了后来的积极好撒马利亚人立法包含的所有重大问题：施救者自身不必遭受重大不便（遑论危险!）；见危不救者不仅承担刑事责任，而且承担民事责任。十年后，弗朗西斯·H. 波伦（Francis H. Bohlen）教授在《宾夕法尼亚法律评论》上发表《作为侵权责任基础的救助他人的义务》一文，撇开问题的刑法方面，探讨了不履行救助他人义务者的侵权责任问题。③ 1965年4月9日，在芝加哥大学还专门举行了“好坏撒马利亚人”（The Good Samaritan and Bad）国际会议，其主题是提倡积极好撒马利亚人行为方式，各国与会者对好撒马利亚人立法问题进行了比较法研究，探讨了此等立法的理论基础——法律道德化，并且产生了会议的最终成果：《1966年好撒马利亚人法建议稿》。饶有兴味的是，“好坏撒马利亚人”的会议名称已揭示了会议主题与人性论的联系，因为这个名

① 参见［英］约翰·密尔著：《论自由》，程崇华译，商务印书馆1959年版，第85页。

② See Steven J. Heyman, Foundation of the Duty to Rescue, In Vol. 47 (1994), *Vanderbilt Law Review*, p. 674.

③ See Melody J. Stewart, How Making the Failure to Assist Illegal Fails to Assist: An Observation of Expanding Criminal Omission Liability, In Vol. 25 (1998), *American Journal of Criminal Law*, p. 436.

称也完全可以翻译成“善恶撒马利亚人”。好撒马利亚人当然是证明性善论的；恶撒马利亚人则是证明性恶论的。

学者的呼吁终于转化为立法行动。1959 年，加利福尼亚州制定了美国各州中最早的一部《好撒马利亚人法》，在一个中国人看来，它规定的角度很特别，只涉及犹太法中的救助规则 7，豁免免费服务的专业人士提供医疗服务时就轻过失产生的责任，因为普通法要求好撒马利亚人遵守注意义务，一旦开始救助，就要对由此产生的损害承担责任。① 这样的规定使打算救助的人充满顾虑，并至少导致两个让好撒马利亚人扼腕的判例。其一是哈里斯（Harris）诉美国案（1983），案情如下：哈里斯和另一少年在一个军事基地旁翻车受伤，一个路过的军官停车帮助他们，不久，另一军人及其女友经过这里，军官指挥该军人把两个伤者送往附近的医院。车载伤者高速启动，路上失去控制撞树，司机及两名伤者死，司机女友重伤。死者家属向他们认为应对军人的行为负责的美国政府起诉要求赔偿，遭到驳回。显然，他们并不认为救人者在做好事就能免除他们的疏忽行为造成的损害赔偿责任，因此，见义勇为者可能暴露在诉讼的负担以及费用的负担前，甚至是刑事责任前，就不是什么奇怪的事情②。其二是马丁内斯（Matinez）诉波多黎各海事局（Puerto Rico Marine Management）案（1990），案情如下：迪克森和琼斯都是洪都拉斯渔民，1986 年 3 月 11 日从亚拉巴马的 Bayou La Batre 乘坐 Joan J II 号起航回国，途中遭遇风暴，其船只进水。3 月 13 日，从波多黎各航往新奥尔良的 Ponce 号收到了他们的求救信号并施救。在被救船只沉没之际，施救船对两位遇难者放出救生绳，令他们绑住自己后跳水。他们如此做后被吸入船下，迪克森

① See Patrick J. Long, The Good Samaritan and Admiralty: A Parable of a Statute Lost at Sea, In Vol. 48 (2000), *Buffalo Law Review*, p. 599.

② See Melody J. Stewart, How Making the Failure to Assist Illegal Fails to Assist: An Observation of Expanding Criminal Omission Liability, In Vol. 25 (1998), *American Journal of Criminal Law*, p. 425.

死亡。琼斯被行进中的施救船拖带，最后也死去。其家属向法院起诉要求扶养费，法院判处施救船的所有人赔偿死者的家人 120 万美元。因为按普通法，如果施救行为伤害了被救助者或恶化了其处境，施救人要承担责任。相反，对受难的情形袖手旁观的人，如像好撒马利亚人故事中的祭司和利未人，尽管会受道德谴责，却不会承担任何法律责任。[①] 加利福尼亚的《好撒马利亚人法》就是为打消人们这样的顾虑制定的，尽管如此，以犹太法的尺度看，它是不完全的，只涉及犹太法中七项规则中的一项。无论如何，它还是成为模式，到 1983 年为止，美国各州外加哥伦比亚特区、波多黎各和维京群岛都制定了自己的《好撒马利亚人法》：新罕布什尔是在 1966 年；明尼苏达（首先规定好撒马利亚人的豁免权，经 1983 年的修改，科加了主体积极救助义务[②]）；俄克拉荷马是在 1971 年；纽约是在 1972 年；佛蒙特是在 1973 年；路易斯安那、犹他是在 1974 年；夏威夷、北达科他、罗德岛是在 1976 年；伊利诺伊、南卡罗来纳、怀俄明是在 1977 年；华盛顿是在 1978 年（此时仅规定好撒马利亚人的豁免权）；内布拉斯加、阿肯色、爱达荷是在 1979 年；缅因、堪萨斯是在 1980 年；哥伦比亚特区、内华达、俄亥俄、北卡罗来纳、新墨西哥、俄勒冈是在 1981 年；肯塔基、阿拉斯加、宾夕法尼亚、田纳西是在 1982 年；密苏里、蒙大拿、威斯康星、印第安纳是在 1983 年；佐治亚、密西西比、弗吉尼亚、特拉华、南达科达、马萨诸塞、科罗拉多、新泽西、密歇根、康涅狄格、佛罗里达、西弗吉尼亚、艾奥瓦、亚利桑那、亚拉巴马、得克萨斯、

---

① See Patrick J. Long, The Good Samaritan and Admiralty: A Parable of a Statute Lost at Sea, In Vol. 48 (2000), *Buffalo Law Review*, pp. 618s.

② See Carl V. Nowlin, Note and Comment: Note: Don't Just Stand There, Help Me!: Broadening the Effect of Minnesota's Good Samaritan Immunity through Swenson v. Waseca Mutual Insurance Co., In Vol. 30 (2004), Wm. *Mitchell Law Review*, p. 1012.

波多黎各、马里兰等法域制定自己的《好撒马利亚人法》的时间不详。[①] 这些州法中的绝大多数都只规定消极的好撒马利亚人的民事责任豁免问题，如有的州的这一立法属于民事诉讼法的“民事责任的豁免”部分的一个或数个条款[②]，甚至是捐献食品引起损害的民事责任的豁免问题，如波多黎各的两个好撒马利亚人法中的一个就是如此[③]，其名称就是《保护捐赠食品的好撒马利亚人法》(*Act to Protect the Good Samaritan who Donates Food*)。规定豁免权性质的好撒马利亚人立法的例外是罗德岛、威斯康星、明尼苏达、佛蒙特、夏威夷和华盛顿六个州，它们的好撒马利亚人立法科加人们不同形式的积极救助义务。[④] 前四个州要求主体自己对危险中的受害人提供救助，可以把他们称为“救人的好撒马利亚人”；后两个州只要求主体呼叫救助，可以把他们称为“呼救的好撒马利亚人”。[⑤] 尽管都是要求积极行动，后种模式对行动人的人性要求低得多，他们也安全得多。

华盛顿州制定消极的好撒马利亚人法——前文已写到该州于 1978 年制定了自己的赋予好撒马利亚人豁免权的法律——的过程十分悲怆，其这方面的法律名为《乔伊·列维克法案》(*The Joey Levick Bill*)，它得名于一位未得到拯救的死者的名字乔伊·列维克（Joey Levick）。

---

① 关于美国各州初次制定自己的《好撒马利亚人法》的时间，主要参见 Eric A. Brandt，Comment，Good Samaritan Laws - The Legal Placebo：A Current Analysis，In 17 (1983)，*Akron Law Review*，一文中的“表一”（感谢旅美的友人张颖南提供此文的电子文本以及对本书写作提供的其他文献帮助）。有的州，如加利福尼亚州，制定了几个《好撒马利亚人法》分别规定适用于不同类型的主体的情形，这里只指出该州制定其第一部《好撒马利亚人法》的时间。各州在初次制定这样的法律后往往有多次修订。

② 例如，印第安纳州的《好撒马利亚人法》就是如此。

③ 另一个是关于救治病人的医生的豁免权的。

④ See Barry Sullivan，Some Thoughts on the Constitutionality of Good Samaritan Statutes，In Vol. 8（1982），*Am. J. L. and Med.* p. 29.

⑤ See Melody J. Stewart，How Making the Failure to Assist Illegal Fails to Assist：An Observation of Expanding Criminal Omission Liability，In Vol. 25（1998），*American Journal of Criminal Law*，p. 416.

1994年6月2日，列维克在喝酒跳舞后与两个熟人离开市中心的西雅图俱乐部，路上他们打起架来，三人都倒在公路边的排水沟里。列维克被猛揍和狠踢。两个熟人把他留在排水沟里离去，他在痛苦近了15个小时后被沟里两英寸深的积水淹死。列维克的女友、兄弟、一名攻击者的妻妹和另一名攻击者的母亲被认为应就其见死不救行为承担责任。列维克的父母发动了一场针对州众议院的请愿，要求立法科加人们救助危难中的人的义务。州议会接受了这一请愿，制定了《列维克法案》。起初，把不救助受伤者定为犯罪。① 最后于1997年3月24日通过的文本把不为受到严重身体伤害的人呼叫救助定为犯罪，对违反者处1000美元以下的罚金，90天以下的监禁或两者并处。总之，华盛顿州经历了从只规定一种好撒马利亚人到两种都规定的过程。当然，那些未专门就积极的好撒马利亚人行为方式立法的州不见得就完全没有这方面的法律，例如，从制定法的角度看，所有50个州外加哥伦比亚特区都规定，涉身交通事故的摩托车驾驶员都应留在现场帮助任何受伤者。另外，在特定情形不帮助救火的人要受刑事追究，等等，不过，这些规定对个人自由科加的限制要小一些。② 从判例法的角度看，法院也时常作出努力缓和允许见死不救之普通法规则的严苛性，例如，加利福尼亚最高法院在 Colby v. Schwartz 一案中就判决作为医生的被告有义务治疗所有要求紧急治疗的潜在病人，在这种情况下不适用本州的《好撒马利亚人法》。③ 在其他州也不乏这样的判例。而且，那些未

---

① See Melody J. Stewart, How Making the Failure to Assist Illegal Fails to Assist: An Observation of Expanding Criminal Omission Liability, In Vol. 25 (1998), *American Journal of Criminal Law*, p. 390.

② See Melody J. Stewart, How Making the Failure to Assist Illegal Fails to Assist: An Observation of Expanding Criminal Omission Liability, In Vol. 25 (1998), *American Journal of Criminal Law*, pp. 412s.

③ See Eric A. Brandt, Comment, Good Samaritan Laws - The Legal Placebo: A Current Analysis, In Vol. 17 (1983), *Akron Law Review*, p. 330.

专门就积极的好撒马利亚人行为方式立法的州不见得不以其他社会规范鼓励这样的行为。美国有十几家民间的或政府的机构嘉奖各种各样的救助行为，它们是：美国汽车协会、美国红十字会、铃铛系统（Bell System）、美国童子军、卡内基英雄基金会、伊利诺伊国家爱迪逊（Commonwhealth Edison of Illinois）、联邦政府（包括海岸警卫队、能源部、内务部、劳工部设的专奖）、美国童女军、嘉年华公路英雄（Goodyear Highway Heroes）、海姆利希研究所（Heimlich Institute）、基瓦尼斯基金会（Kiwanis Foundation）、纽约救生慈善协会、全国邮递员协会、州政府、美国航海协会、拯救生命无线撒马利亚人（VITA Wireless Samaritan）等。[①] 它们以道德嘉许和行政嘉奖的方式鼓励了许多其他国家以法律鼓励的行为。在这个名单中有纽约救生慈善协会，它让我回想起自己在曼哈顿的炮台公园渡口码头上见到的一尊奇特雕塑：在一个趸船上塑着一个正从船上弯腰把一个落水的人拉上来的人。雕塑的尺寸和所处的地点给人以真人正在实施救助的印象。美国人以这种沉默的方式宣扬着救人之德！

除各州的好撒马利亚人立法外，在海商法领域，还有联邦性质的这方面立法，它也是背叛普通法允许见死不救的传统产生的。在介绍这样的立法之前，不妨先通过一个典型案例说说允许见死不救的普通法传统在海商法领域的表现。

这就是 Emblem 号纵帆船案。1840 年 3 月 18 日，该船从缅因州的阿巴拉戚科拉（Apalachicola）航往古巴的哈瓦那，上载六名船员和五名乘客。一周后的黎明受到风暴袭击，桅杆折断，船身右倾。船员和乘客抱住桅杆的残桩或舱口以便不被冲下船。如此度过四天，持续受到风暴的抽打，浑身精湿，没吃没喝，力气耗尽的就掉下海

---

① 所有这些组织的名字，均根据 David A. Hyman, Rescue without Law: An Empirical Perspective on the Duty to Rescue, Law and Economics Working Papers of University of Illinois College of Law, 2005, p. 18. 感谢旅美的张颖南先生为本研究提供这一资料。

去，在得救前有六个人这样死去。这艘船航行在陆地上的人可见到的航线上，该航线是美国最繁忙的之一，因此，在 Emblem 号遭难的期间，不断有船从它旁边经过。第一天有五艘，第二天有七艘……总共有二十三艘船经过他们，一些在目力所及的距离内，但都未施救，只是最后 Charles Miller 号来救了他们，而这些未施救的船是没有责任的。①

Emblem 号纵帆船的惨剧给人深刻刺激。1885 年，经比利时政府提议，在安特卫普召开了商法国际会议，这次会议以及相继的 1888 年会议探讨了船舶救助问题。1897 年成立了国际海事委员会。该委员会于 1900 年和 1902 年分别在巴黎和汉堡举办会议起草船舶救助等方面的公约。1910 年 9 月 23 日，在布鲁塞尔完成了经美国代表签字的上述公约的最后文本，其第 11 条规定："每个船长都有义务对任何处在海上损失危险中的人，即使敌人也不例外，提供救助，但以不给其船舶、其船员和乘客带来严重危险者为限。船舶所有人不因违反上述规定承担任何责任。" 1912 年 4 月 18 日，美国根据公约的上述条款制定了《美国救助法》（*The United States Salvage Act*），其第 11 条规定："船长或负责船舶的个人有义务对任何处在海上损失危险中的人提供救助，但以不给其船舶、其船员和乘客带来严重危险者为限。如果他未这样做，一旦得到确认，处以 1000 美元以下的罚款或两年以下的监禁，或两者并处。"② 显然，《美国救助法》把《布鲁塞尔公约》③ 的内容转化为国内法，并增加了罚则方面的内容，但这样的联邦级的好撒马利亚人法只适用于海上救助方面。

---

① See Patrick J. Long, The Good Samaritan and Admiralty: A Parable of a Statute Lost at Sea, In Vol. 48 (2000), *Buffalo Law Review*, pp. 592s.

② See Patrick J. Long, The Good Samaritan and Admiralty: A Parable of a Statute Lost at Sea, In Vol. 48 (2000), *Buffalo Law Review*, pp. 594s.

③ 该公约已被《1989 年国际救助公约》取代。参见王国华著：《海事国际私法研究》，法律出版社 1999 年版，第 164 页及以次。

另外，在食品捐赠领域也有全美的好撒马利亚人法，即1996年10月1日克林顿总统签署的《好撒马利亚人食品捐赠法》（*Good Samaritan Food Donation Act*），该法旨在通过豁免捐赠人对食品引起损害带来的民事和刑事责任鼓励捐赠食品给需要的人。[①] 此种规定中的好撒马利亚人已经脱离犯罪或自然灾害的场景进入“和平”的境地，其更加狭窄，也更加好做，与一般的捐献人无异。富有意味的是，2002年7月意大利议会制定的《为社会团结目的分发食品条例》（*Disciplina della distribuzione dei prodotti alimentari a fini di solidarietà Sociale*）也被称为《好撒马利亚人法》，巴西学者于1996年草拟的《鼓励捐赠法》也被称为《好撒马利亚人法》（*O Estatuto do Bom Samaritano*）[②]，它们都具有同样的狭窄特色。[③]

综观全局可以说，在美国州法的层面上，消极的好撒马利亚人立法已不是一个问题或不是一个紧迫的问题，问题在于应否提倡积极的好撒马利亚人，这也是1964年的卡特林娜·杰洛维塞案件提出的更紧迫的问题——只有六个州回应了这一问题——以及如果积极的好撒马利亚人因实施救助死亡或受伤应如何对他进行补偿的问题。学者提出的《1966年好撒马利亚人法建议稿》的内容与多数州的消极型的《好撒马利亚人法》就颇有差异，它关注的是：（1）人们阻止犯罪、协助警察逮捕罪犯、帮助或救助处在危难中的个人以利于社会的行为。就阻止犯罪而言，带枪权使美国人更容易在这方面有所作为。（2）好撒马利亚人因实施此等行为死亡、受伤或财产受到损害后向国家取得赔偿的权利。（3）好撒马利亚人的行为造成损害时对其责任的限制（第

---

① See The Bill Emerson Good Samaritan Food Donation Act, On http://www.licares.org/General_ Information/Good_ Samaritan_ Act.htm，2006年2月24日访问。

② Ver O Estatuto do Bom Samaritano, Sobre http://www.sescsp.org.br/sesc/mesabrasilsp/biblioteca/Manual_ Estatuto_ Bom_ Samaritano.doc，2006年2月24日访问。

③ Cfr. Marina Demaria, In vigore la legge del “buon samaritano”, Su http://www.studiocataldi.it/seenews_ pag.asp? id=1050，2006年2月24日访问。

2 条)[①]。两相比较，新好撒马利亚人法增加了两项内容，把多数州的好撒马利亚人法的豁免权内容作为积极的好撒马利亚人行为的后果之一规定。其哲学基础是国家鼓励公民履行对同胞的救助义务并就此等鼓励承担由此发生的责任，完全不是国家的消极不干预模式。这样的好撒马利亚人法才是美国法律传统缺少的。从时间的先后关系来看，有理由认为佛蒙特州的独特立法受到了上述“建议稿”的影响。如果积极好撒马利亚人行为方式得到广泛推行，美国法将大大提高自己的人性标准设定。按这种思路的《好撒马利亚人法》的问题域将是：(1) 人们是否对于他人的人身损害和财产损失应承担同样的积极救助义务；(2) 人们对于犯罪造成的损害和事故造成的损害是否要承担同样的救助义务；(3) 潜在的救助者是否仅在不危及自身安全的情况下才承担救助义务；(4) 或他是否在自身遭受的危险小于受害人所遭遇的情况下必须承担救助义务；(5) 是否只在警察和其他执法人员要求他帮助的情况下才承担这种义务；(6) 如果他因履行救助义务遭受了损害，谁来赔偿他，是他自己（即他得不到他人赔偿的情况），还是国家，还是加害人本身；[②] (7) 当然还应该加上如果好撒马利亚人在实施救助过程中对被救助人或第三人造成了损害，是否豁免其责任的问题。不回答这些问题，就无法制定一部良好的（积极的）《好撒马利亚人法》。事实上，《1966 年好撒马利亚人法建议稿》基本上就是围绕着这些问题展开的，对于这些问题中最核心的好撒马利亚人受到包括死亡在内的损害时的赔偿问题，作出了国家赔偿的安排，这表明了国家对于自己鼓励他人见义勇为之行为的责任承担，同时确保了好撒马

---

① See Warren P. Miller and Michael A. Zimmerman, The Good Samaritan Act of 1966, In James M. Ratcliffe (Edited by), *The Good Samaritan and the Law*, Doubleday & Company, INC., New York, 1966, p. 279.

② 这些问题是 James M. Ratcliffe 提出来的，See James M. Ratcliffe, Introduction, In James M. Ratcliffe (Edited by), *The Good Samaritan and the Law*, Doubleday & Company, INC., New York, 1966, p. X。

利亚人能得到赔偿。既然在英国①、澳大利亚②、新西兰、美国、加拿大、奥地利、芬兰、德国、法国、日本③等国，犯罪的受害人都可以首先从国家得到赔偿从而解决急迫的需要，为什么不能给予好撒马利亚人同样的待遇呢?

最后不能忘了介绍英国法对陌生人间施救义务问题立场的变化。④ 1935年，上诉法院首次认为由于自己的疏忽使他人陷入危险的人对施救者因此遭受的损害应予赔偿，由此形成了鼓励和表彰救援他人行为的司法政策，换言之，鼓励好撒马利亚人行为，不仅赔偿他们因救援行为遭受的物质损失，而且赔偿他们的精神损害。⑤ 这是对普通法传统的违反，因为在此之前，普通法是通过限制救助人在侵权诉讼中追偿他们可能遭受的损害实际地积极遏制救助行为的。⑥ 总之，英国的判例法仍然未科加人们救助他人的义务，人们认为这是一种道德责任，但违反普通法传统对救助他人的人实行了优待的政策，以消除他们的后顾之忧，这与美国多数州的做法一致。⑦

---

① 关于英国这方面的情况，See Warren P. Miller and Michael A. Zimmerman, The Good Samaritan Act of 1966, In James M. Ratcliffe (Edited by), *The Good Samaritan and the Law*, Doubleday & Company, INC., New York, 1966, p. 236。

② 关于澳大利亚这方面的情况，参见 Government Crimes Compensation Information/Annual Reports, On http://www.nwjc.org.au/current/crimes_comp.htm#govinfo, 2006年2月11日访问。

③ 关于从新西兰至日本几国这方面的情况，参见章正璋:《见义勇为相关法律问题研究》，载《合肥学院学报(社会科学版)》2004年第3期，第47页。

④ 此段关于英国好撒马利亚人问题的说明援引的资料，全部为胡雪梅博士·教授提供，在此致谢。

⑤ See Margaret Brazier, John Murphy, *Street on Torts*, Butterworths, London, Edinburg, Dublin, 1999, pp. 202ss.

⑥ See David A. Hyman, *Rescue without Law: An Empirical Perspective on the Duty to Rescue*, Law and Economics Working Papers of University of Illinois College of Law, 2005, p. 1.

⑦ See Vivenne Harpwood, *Principles of Torts Law*, Cavendish Publishing Limited, London, 2000, p. 122.

三、大陆法系国家的好撒马利亚人立法

大陆法系国家似乎对消极的好撒马利亚人立法毫无兴趣，主要以刑法科加积极好撒马利亚人义务。

在20世纪之前，可能由于宗教入法以及中世纪传统的残留，大陆法系国家有如下刑法典采用积极的好撒马利亚人模式。1845年《俄国刑法典》，其第998条从宗教义务的角度规定了见死不救罪：“如果一个基督徒冷酷无情，不施行照料，导致孤立无助的人死亡，他将受到其精神当局命令的教会法惩罚。”① 1903年的《俄国刑法典》第491条继承其先驱者，也做了这样的规定②。1853年的意大利的《托斯卡纳刑法典》第97条，1867年的《比利时刑法典》第422条③，1871年的《德国刑法典》第360条，1881年的《荷兰刑法典》第450条从世俗的角度规定了同样的罪名，后者判处行为人3个月的监禁外加300福罗林以内的罚金。1889年的《芬兰刑法典》第21章第15条（1995年增补）④、1889年的《意大利刑法典》第389条都做了类似的规定。以上立法例以刑事制裁贯彻《圣经》戒条，对见危不救者采用霹雳手段。

进入20世纪后，采用这样的积极的好撒马利亚人行为模式的大陆法系国家刑法典越加增多，它们有1902年的《挪威刑法典》（第387条）、1926年的《土耳其刑法典》（第476条）、1930年的《意大利刑

---

① See F. J. M. Feldbrugge, Good and Bad Samaritans, a Comparative Survey of Criminal Provisions Concerning Failure to Rescue, In Vol. 14 (1965—66), *The American Journal of Comparative Law*, p. 684.

② See Aleksander W. Rudzinski, The Duty to Rescue: A Comparative Analysis, In James M. Ratcliffe (Edited by), *The Good Samaritan and the Law*, Doubleday & Company, INC., New York, 1966, p. 128.

③ See F. J. M. Feldbrugge, Good and Bad Samaritans, a Comparative Survey of Criminal Provisions Concerning Failure to Rescue, In Vol. 14 (1965—66), *The American Journal of Comparative Law*, p. 686.

④ 参见《芬兰刑法典》，肖怡译，北京大学出版社2005年版，第70页。

法典》（第593条）、1933年的《波兰刑法典》（第247条）、1930年的《丹麦刑法典》（第253条）①、1936年的《罗马尼亚刑法典》（第489条）、1940年的《冰岛刑法典》（第221条）、1944年的《西班牙刑法典》（第489条）、1950年的《希腊刑法典》（第307条）、1951年的《保加利亚刑法典》（第148条）、1951年的《南斯拉夫刑法典》（第147条）、1952年的《阿尔巴尼亚刑法典》（第157条）、1953年的《德国刑法典》（第330c条）、1957年的《埃塞俄比亚刑法典》（第547条）、1960年的《苏俄刑法典》（第127条）、1960年的《乌克兰刑法典》（第112条）、1961年的《捷克斯洛伐克刑法典》（第207条）、1961年的《匈牙利刑法典》（第259条）②，1999年的《越南刑法典》第102条。③ 在以上刑法典属主的清单中，我们可发现一系列社会主义国家的名字，苏俄、乌克兰、捷克斯洛伐克、阿尔巴尼亚、保加利亚、南斯拉夫、罗马尼亚、波兰、越南，它们的存在使刑法的道德化增加了新原因：社会主义道德。这是一种强调利他主义的团体主义道德。社会主义国家把见死不救犯罪化的时间多在“二战”结束后。从另一个阵营中的国家把见死不救犯罪化的时间来看，以上11个国家多数在20世纪20—50年代这样做，众所周知，这一时期是所谓的法律本位由个人向社会转变的时期，其间，狄骥（Leon Duguit，1859—1928）的社会连带主义法学盛行，强调个人对社会的依赖、合作。否定权利的意义，强调义务的价值。④ 另外，从20世纪50年代起，托马修斯、康德以来

① 参见《丹麦刑法典》，谢望原译，北京大学出版社2005年版，第64页。

② 关于这些国家见死不救立法的情况，除另有注释说明的外，都参见F. J. M. Feldbrugge的文章Good and Bad Samaritans, a Comparative Survey of Criminal Provisions Concerning Failure to Rescue, In Vol. 14 (1965—66), *The American Journal of Comparative Law*，以及Aleksander W. Rudzinski的文章The Duty to Rescue: A Comparative Analysis, In James M. Ratcliffe (Edited by), *The Good Samaritan and the Law*, Doubleday & Company, INC., New York, 1966, pp. 125ss. 的附录。

③ 参见《越南刑法典》，米良译，中国人民公安大学出版社2005年版，第41页。

④ 参见张宏生主编：《西方法律思想史》，北京大学出版社1983年版，第413页及以次。

的严格区分法律与道德的思想遭到了清算，康多洛维奇（Hermann Kantorowicz，1877—1940）认为法律有时不仅要指示外部行为，而且要同时指示内部行为。朗·富勒（Lon Fuller，1902—1978）强调了法律的合道德性。帕特里克·德富林（Patrick Devlin，1905—1992）则提出了道德的法律强制理论，要求以法律推行道德①，等等。这些思潮无疑对推动许多国家把见死不救行为犯罪化起了一定的作用。

法国刑法原无关于见死不救罪的规定，故以下三个案件中的被告都被宣告无罪。其一，一个精神病人的兄弟听任前者由于缺乏照料和食物而死；其二，一个仆人知道其主人的妻子和儿子已试图毒死其主人并且还将投毒，未对其主人提出任何警告；其三，某人的仆人未采取任何措施阻止一个杀手实施犯罪②。"其一"和"其二"显然都违反了犹太法上的第三种救助义务。直到"二战"中法国被德国占领后，贝当傀儡政府于1941年才在德国占领者的压力下把见死不救定为犯罪。③ 这一过程对于法国人颇为悲酸：一名德国军官被抵抗战士击中，躺在街上喊救命，无人理睬直至死去，作为报复，德国人枪杀了事发地点的50名人质，并对维希政府施加立法压力。④ 这一看来良法的痛苦产生过程肯定让法国人反感。而德国自身的1871年《刑法典》第360条已把公民不应警察的要求协助处理紧急情况的不作为犯罪化，纳粹上台后，以1935年的立法极大地扩张了这一条文的适用范围以体

---

① 参见张文显著：《二十世纪西方法哲学思潮研究》，法律出版社1999年版，第398页及以次。

② See André Tunc, The Volunteer and the Good Samaritan, In James M. Ratcliffe (Edited by), *The Good Samaritan and the Law* Doubleday & Company, INC., New York, 1966, p. 45.

③ See John P. Dawson, Rewards for the Rescue of Human Life? In James M. Ratcliffe (Edited by), *The Good Samaritan and the Law*, Doubleday & Company, INC., New York, 1966, p. 71.

④ See Patrick J. Long, The Good Samaritan and Admiralty: A Parable of a Statute Lost at Sea, In Vol. 48 (2000), *Buffalo Law Review*, p. 626.

现其国家社会主义思想即纳粹思想。① 抛开其种族歧视的成分或极为消极的后果，它本身是一种强调国家——社会高于个人的思想②，与狄骥的社会连带主义思想有相似性。正是由于这一因素，法国于1945年从德国获得解放后，仍实质地继承了这一规定。③ 它行文如下："任何故意不救助或不使人救助处于危险中的人的人，如果此等救助可以对他自己或第三人没有危险地实施，处3个月到5年的监禁，并处360法郎到15000法郎的罚款。"④ 这一条文为1994年《法国刑法典》第223－6条继承："任何人能立即采取行动阻止侵犯他人人身之重罪或轻罪发生，这样做对其本人或第三人并无危险，而故意放弃采取此种行动的，处5年监禁并科以50万法郎罚金。任何人对处于危险中的人，能够个人采取行动，或者能唤起救助行动，且对其本人或第三人均无危险，而故意放弃给予救助的，处前款同样之刑罚。"⑤ 可以看出，相较于1945年的规定，新规定对见危不救者加重了刑罚，并且把救助行为的要求场景从单纯的阻止犯罪扩展到了其他危险情形（可以包括事故等，自然灾害情形的救助在第223－7条中规定）。这两个规定都是典型的积极好撒马利亚人刑事立法。

法国刑民法并举地处理好撒马利亚人问题，在1941年和1945年

① See John P. Dawson, Rewards for the Rescue of Human Life? In James M. Ratcliffe (Edited by), *The Good Samaritan and the Law*, Doubleday & Company, INC., New York, 1966, p. 69.

② 参见其《二十五点纲领》。《世界历史词典》编辑委员会编：《世界历史词典》，上海辞书出版社1985年版，第5页。

③ See André Tunc, The Volunteer and the Good Samaritan, In James M. Ratcliffe (Edited by), *The Good Samaritan and the Law*, Doubleday & Company, INC., New York, 1966, p. 45.

④ See F. J. M. Feldbrugge, Good and Bad Samaritans, a Comparative Survey of Criminal Provisions Concerning Failure to Rescue, In Vol. 14 (1965—66), *The American Journal of Comparative Law*, p. 686.

⑤ 参见《法国刑法典》，罗结珍译，中国人民公安大学出版社1995年版，第73页。

的刑法规定问世后，见危不救的人要就其不作为承担民事责任。[1] 1947年，法国的一个判例让一个被岳父拒绝救助的落入冰冻的运河的女婿从前者获得了2.5万法郎的赔偿，并让该岳父另外承受3年的监禁。[2] 2014年，一对法国夫妇因曾经“见死不救”而遭起诉。一名叫文森特的溺水死亡青年的母亲把这对夫妇告上法庭。这对夫妇目击了醉酒青年坠河的情况，但不仅没有出手救他，相反还冲着他笑，用手机拍他，最后离开。[3] 当然，好撒马利亚人问题许多属民事方面，除以上所述外，还有好撒马利亚人因过失让受害人的状况更恶化的问题，即所谓“帮倒忙”问题，法国在这一方面给予好撒马利亚人豁免，但以他达到了通常人尽到的注意为限[4]，以及好撒马利亚人在救助活动中自己受了损害时的赔偿问题，法国以无因管理制度解决之，让被救助人承担赔偿责任。[5] 在理论上，法国的民法教科书作者也把“帮助处在危险中的人”作为债的一种类型。[6]

德国的好撒马利亚人立法可以上溯到1794年的《普鲁士普通邦法》，它规定以现金奖励拯救他人生命者。此等金钱由政府资金和基金

---

① See André Tunc, The Volunteer and the Good Samaritan, In James M. Ratcliffe (Edited by), *The Good Samaritan and the Law*, Doubleday & Company, INC., New York, 1966, p. 49.

② See John P. Dawson, Rewards for the Rescue of Human Life? In James M. Ratcliffe (Edited by), *The Good Samaritan and the Law*, Doubleday & Company, INC., New York, 1966, p. 72.

③ 参见新华社电：《一对法国夫妇因曾经“见死不救”而遭起诉》，载2014年1月6日《厦门晚报》第21版。

④ See André Tunc, The Volunteer and the Good Samaritan, In James M. Ratcliffe (Edited by), *The Good Samaritan and the Law*, Doubleday & Company, INC., New York, 1966, p. 50.

⑤ See André Tunc, The Volunteer and the Good Samaritan, In James M. Ratcliffe (Edited by), *The Good Samaritan and the Law*, Doubleday & Company, INC., New York, 1966, pp. 53s.

⑥ Véase Georges Ripert, Jean Boulanger, *Tratado de Derecho Civil*, Tomo V, Obligación (2 Parte), Traducción de Della Garcia Daireaux, La Ley, Buenos Aires, 2002, p. 229.

会的捐赠而来。①统一后的德国对好撒马利亚人问题的处理依民刑而不同。在民法上，《路加福音》中叙述的消极的好撒马利亚人问题可以毫不困难地由《德国民法典》第677条到第687条规定的无因管理制度调整，因为整个的故事涉及的是管理人管理犯罪受害人的财产性事务的问题。如果好撒马利亚人愿意——这样他就可能不配被称为“好”撒马利亚人了，顶多可以被称为“市民式”的撒马利亚人——他可以在受害人康复后要求报销治伤的油和酒的价值、用牲口驮运的费用，以及留给店家的两钱银子的住店和治疗费用。但积极的好撒马利亚人不在《德国民法典》制定者的考虑范围之内，这可能是德国继受的罗马法传统使然。因此，1909年的德国帝国法院作出了拒绝把无因管理的原理适用于积极的好撒马利亚人行为的判决。判决针对的案情如下：被告是一位小餐馆老板，其右手因风湿残疾。某日，在接近打烊的时间，两个模样粗野的陌生人来了。老板叫两个常客留下来在出麻烦时帮他。老板宣布关门后，陌生人拒绝离开。被告抓住其中一人的肩膀想把两人赶走，受到两人的攻击，耳朵受伤。他喊：“我受伤了，把他们扔出去。”两个常客冲上来帮忙，一个被刀子和啤酒瓶重伤。两个陌生人被判刑不提。受伤的常客要求餐馆老板赔偿其损失，遭到帝国法院的拒绝，理由是餐馆老板无过错，故不应承担普通侵权责任。见义勇为者很容易预见帮助他人的风险，他们是有意识地承担了这样的风险出手的，应自担上述风险。退一步讲，他们是管理被告的事务，但他们的健康或身体完整受到的伤害并非他们按无因管理制度有权要求的“费用”，因为按照委任的规则，费用必须是财产性的和自愿花费的，本案的情形不符合这两项条件。由此导致的荒谬情形是，如果两位常客在与罪犯搏斗时撕破了衣服或折断了一把伞，可以

---

① See Aleksander W. Rudzinski, The Duty to Rescue: A Comparative Analysis, In James M. Ratcliffe (Edited by), *The Good Samaritan and the Law*, Doubleday & Company, INC., New York, 1966, p. 117.

作为“费用”得到赔偿，但他们身体受到的伤害却不可得到赔偿。[①]帝国法院的此等判决造成了英雄流血又流泪的结果以及民法与刑法的不协调。如前所述，1871年的《德国刑法典》第360条已把公民不应警察的要求协助处理紧急情况的不作为定为犯罪。假设公民在履行此等公役的过程中受伤或死亡，按照上述判例，也得不到赔偿。[②] 这样显然不合理，于是，法院的立场逐渐调整，对于协警的行为——包括逮捕罪犯和抓捕患了狂犬病的狗——行为人如果受到了人身伤害，可以认为警察代表其城市与协警人订立了一个委任合同，其中包括赔偿他们一切可预见的损害的条款。如此，实际地扩张了“费用”的外延。到1937年，德国法院进一步把这种拟制的委任关系扩张到私人请求制止犯罪的情形：还是一个餐馆老板请求一个顾客把一个醉汉驱逐到店外，结果醉汉咬掉顾客一根手指。帝国法院判决餐馆老板赔偿该顾客承受的人身损害。至此，德国的好撒马利亚人法终于通过判例形成。[③]
2009年9月12日，发生了一起见死不救案件。这天下午，50多岁的商人多米尼克在火车上制止两名青少年勒索小孩，用手机报警，并要陪四个被勒索者提前下车，由此被两名罪犯在站台上撞倒，殴打十几分钟。警察赶到时，多米尼克已死，头部和身上共有22处伤。有15名旅客目睹了血案，无人援手。法学家鲁伯特·斯库尔兹认为，根据

---

① See John P. Dawson, Rewards for the Rescue of Human Life? In James M. Ratcliffe (Edited by), *The Good Samaritan and the Law*, Doubleday & Company, INC., New York, 1966, pp. 66s.

② See John P. Dawson, Rewards for the Rescue of Human Life? In James M. Ratcliffe (Edited by), *The Good Samaritan and the Law*, Doubleday & Company, INC., New York, 1966, p. 67.

③ See John P. Dawson, Rewards for the Rescue of Human Life? In James M. Ratcliffe (Edited by), *The Good Samaritan and the Law*, Doubleday & Company, INC., New York, 1966, p. 68.

《德国刑法典》第323条[1]，这些目睹者可以援手没有援手的，可被判处罚金甚至最高1年的有期徒刑。[2] 至于好撒马利亚人是否对在实施救助过程中造成的损害承担责任，制定法作出了回答。《德国民法典》第680条规定了“为免除危险而管理事务”的情形，设立了故意或重过失情形除外的豁免。[3] 这条规定完全与美国多数州的好撒马利亚人法接轨。它也让德国的好撒马利亚人可以少些后顾之忧。通过这一举措，德国像法国一样，部分地转向了道德的法律化，尽管除了协警的情形，德国未规定积极的好撒马利亚人义务。

西班牙以刑法手段贯彻好撒马利亚人道德的经历与德国和法国类似，是佛朗哥时期立法的残留。[4] 1995年的《西班牙刑法典》第195条第1款规定：“未履行保护义务而造成应被保护人情况严重危险，且对保护人予以援助对自己或者第三者并无危险的，处3个月至12个月工资的罚金。”[5] 此款规定了以不危及自身及第三者安危为条件的救助他人义务，体现了社会团结的要求。但此款的实施必然导致如下民法问题：其一，不履行上述救助义务的人是否要对受害人承担民事责任？其二，如果救助人在救助过程中对被救助人或其他人造成了损害，是否要承担民事责任？其三，如果救助人在救助过程中遭受了损害，何人对他进行赔偿？关于第一个问题，西班牙最高法院第二庭于1997年

---

① 严格说来是第323c条。其辞曰：“意外事故、公共危险或困境发生时需要急救，根据行为人当时的情况有急救可能，尤其对自己无重大危险且又不违背其他重要义务而不进行急救的，处1年以上自由刑或罚金。”参见《德国刑法典》：徐久生、庄敬华译，中国法制出版社2000年版，第218页。

② 参见《德国商人见义勇为被打死，袖手旁观者将判有期徒刑》，载《厦门晚报》2009年9月17日，第16版。

③ 参见《德国民法典》，郑冲、贾红梅译，法律出版社1999年版，第167页。

④ Véase Ramon Ragues i Valles, Processo al buen samaritano, Acciónes de Salvamento y Responsabilidad por daños, p. 2, Sobre http: //www. indret. com/pdf/049_ es. pdf, 2006年2月24日访问。

⑤ 参见《西班牙刑法典》，潘灯译，中国政法大学出版社2004年版，第75页及以次。

5 月 13 日处理了如下案件：一个迪斯科舞厅的老板及其工人听到舞厅内有枪声，又看到一个顾客手持武器匆忙走出来，另一人摇摇晃晃地留在舞厅内。大家把伤者弄出来把他放在街上躺下，同时打电话给其父母和警察。当这些人把伤者马上弄到医院的时候他已死亡。舞厅老板被控告不履行救助义务。被告辩称，他打电话叫死者的父母和警察就已履行了救助义务，之所以未采取进一步的措施，是因为不了解死者受伤的程度。尽管如此，他仍按刑法第 195 条获刑，但同时追究他的民事责任的请求被驳回，因为最高法院认为他的袖手旁观行为与死亡没有因果关系。[①] 而在法国，科加见危不救者民事责任已不要求致害行为与损害之间存在因果关系。[②] 这一对比说明能否放弃因果关系要件是追究见危不救者民事责任问题的一个关键点。无论如何，上述判例证明西班牙未打算以全方位民刑配套的方式贯彻好撒马利亚人道德，另外也说明西班牙法院掌握的积极好撒马利亚人标准较高，呼救不能达标，自己施救方可。第二个问题是美国多数州的好撒马利亚人法最关注的，西班牙学者认为，完全由救助人承担责任和完全豁免他的责任都不可取，尤其是后一种解决会鼓励不负责任的营救，应该采取折中办法，只豁免有效救助者——即其救助行为产生了减少或消除危险结果的人——的民事责任[③]。第三个问题按《西班牙民法典》第

① Véase Ramon Ragues i Valles, Processo al buen samaritano, Acciónes de Salvamento y Responsabilidad por daños, p. 10, Sobre http://www. indret. com/pdf/049_ es. pdf, 2006 年 2 月 24 日访问。

② See André Tunc, The Volunteer and the Good Samaritan, In James M. Ratcliffe (Edited by), *The Good Samaritan and the Law*, Doubleday & Company, INC., New York, 1966, p. 49.

③ Véase Ramon Ragues i Valles, Processo al buen samaritano, Acciónes de Salvamento y Responsabilidad por daños, p. 6, Sobre http://www. indret. com/pdf/049_ es. pdf, 2006 年 2 月 24 日访问。

1893 条关于无因管理的规定解决。[1] 这是其他欧洲大陆国家也采用的解决办法。无论如何，西班牙结合创新和利用现有资源，形成了刑民结合的好撒马利亚人法体系。

除以刑法手段推行好撒马利亚人道德外，还有一些国家以民法手段这样做，1867 年的《葡萄牙民法典》就是如此。它在“与刑事责任相关的民事责任”题下的第 2368 条中规定了见危不救者的民事责任：“在他人受侵犯时在场的人有义务救助被攻击者，但不得超过正当防卫的限度，并且自身不冒风险。不阻止此等犯罪的人，应就损失和损害承担连带责任。”[2] 该条规定在受害人不能求助于警察的情况下（第 2378 条的规定）的积极的好撒马利亚人的救助义务，但不要求他自己承担风险，并且其救助行为不得过度。由于主题的限制，它未涉及对事故受害人的救助问题，并且未回答救助人自己遭受损害时可否要求被救助者赔偿的问题。尽管如此，该条文对见危不救者只科加民事责任，体现的立法态度要温和得多。这一规定为 1966 年《葡萄牙民法典》第 486 条以不那么明显的方式继承：“基于法律或法律行为有义务实施一项行为而未实施的，如果还符合其他法定要件，单纯的不作为也导致赔偿损害的债。”[3] 与《葡萄牙民法典》相比，《魁北克民法典》也以民事方法处理好撒马利亚人问题，但角度部分是美国式的，也有《德国民法典》第 680 条的影子。其第 1471 条规定：“如一人前来帮助他人，或因非自利的动机为他人利益无偿处置财产，该人被免除对此等处置可能引起的损害的所有责任，但该损害归因于其故意或重过失

---

① Véase Ramon Ragues i Valles, Processo al buen samaritano, Acciónes de Salvamento y Responsabilidad por daños, p. 8, Sobre http: //www. indret. com/pdf/049_ es. pdf, 2006 年 2 月 24 日访问。

② Ver *Codigo Civil Portugues*, Coimbra, 1934, p. 663.

③ Ver Pires de Lima e Antunes Varela, *Codigo Civil Anotado*, Volume I, Coimbra Editora, 1987, p. 487. 该条相当于《澳门民法典》第 479 条。参见赵秉志总编：《澳门民法典》，中国人民大学出版社 1999 年版，第 128 页。

的，不在此限。”[①] 之所以说此条是“部分美国式的”，是因为它仅规定了好撒马利亚人非因故意或重过失造成受救助人或第三人损害时的责任豁免问题，并且产生在北美的环境中，自然要受到美国立法的影响，但魁北克所属的大陆法传统又让它开放受《德国民法典》有关规定影响的可能性。

瑞士也是只以民事手段解决好撒马利亚人问题的国家。考虑到《德国民法典》第683条规定的无因管理人有权请求的“费用”严格说来不能包括管理人遭受的人身损害，更晚（1907年）制定的《瑞士债法典》第422条做了改进，允许无因管理人不仅可请求“费用”，而且可请求“在特定情形中为必要、有用和合理的利益”。[②] 这种“利益”的引进显然旨在包罗管理人可能遭受的人身损害。这一判断得到了一个瑞士案例的证实：被告拥有一个牧场，雇用原告挤奶。一天晚上，被告看到有人偷其树林中的木头，遂召原告陪他追贼，结果为三个贼人所伤，一目受刀伤，因此失明。法院分析本案为独立于原、被告之间雇佣合同的委任合同，援引上述第422条解决了原告的人身损害赔偿问题。[③] 未见关于瑞士科加公民救助陌生人义务的报道，此等义务当然存在于有特殊关系的人之间。例如，《瑞士民法典》第159条第3款就规定：“配偶双方互负……扶助的义务。”这种规定类同于普通法。

上述关于积极的撒马利亚人的立法例，无论是刑事的还是民事的，都基于基督教教义或道德，是宗教法世俗化或法律道德化的表现。

---

① 参见《魁北克民法典》，孙建江等译，中国人民大学出版社2005年版，第185页及以次。

② See Simon L. Goren. *The Swiss Federal Code Of Obligations*，（as amended of January 1. 1984），Fredb. Rothman CO. littleton，Colorado，1987，p. 420.

③ See John P. Dawson，Rewards for the Rescue of Human Life? In James M. Ratcliffe (Edited by)，*The Good Samaritan and the Law*，Doubleday & Company，INC.，New York，1966，p. 79.

四、社会主义国家的好撒马利亚人立法

到了20世纪，社会主义国家的出现导致法律与道德的界限模糊。这种类型的国家的民法从未承认过经济人假设是自己的基础，至少在计划经济时代如此。因此，社会主义合同法的主体是尽一切力量完成国家计划的“公民”，只是在采取物资刺激趋向的体制改革后，才让我们隐隐地感到了经济人的存在。不过，官方的意识形态并不反映这一点，于是，包括刑法在内的各法律部门都以“公民”而非“市民”作为行为标准制定。这导致了1960年《苏俄刑法典》第127条（见危不救）第1款和第2款的如下规定：“不实施处于死亡危险的人所必要，并且显然紧迫要求的救助的，如果此等救助可以由犯罪人提供，并明知这样做对他自己和他人没有严重的危险；或不通知适当的有义务提供救助的机构或个人的，处6个月以下的劳动改造、公开训诫或承受社会制裁方法。”① 作为刑法规范的本条涉及对人的生命的救助问题，对公共或他人财产的救助安排在《苏俄民法典》第472条中，因此产生了抢救社会主义财产之债这样的有特色的规定②，它与合同和不当得利被并列为1964年《苏俄民法典》的三大债的发生依据。《苏俄民法典》排除了无因管理作为债的发生依据，无因管理作为债的发生依据只存在于学说中，属于单方行为之债。③ 抢救社会主义财产之债的新类型来自苏联的司法实践。1949年左右，苏联发生了两个公民因抢救社会主义财产分别丧失劳动能力或死亡的案件，法院运用类推，

---

① 参见《苏俄刑法典》（1978年修订版），曹子丹译，北京政法学院刑法教研室印，1980年，第63页。

② 其第1款曰：“公民在抢救社会主义财产使其脱离危险时所受的损害，应当由受害人抢救的财产的所属组织赔偿。”参见中国社会科学院法学研究所民法研究室编：《苏俄民法典》，中国社会科学出版社1980年版，第148页。

③ 参见［苏］斯米尔诺夫等著：《苏联民法》（上卷），黄良平、丁文琪译，中国人民大学出版社1987年版，第357页。

在法无明文的情况下满足了丧失劳动能力者本人和死者遗孀的赔偿请求。[①] 这显然出于保护好撒马利亚人的目的。它的制定法化带来了这一制度与在学说上存在的无因管理制度的协调问题，苏联学者认为两者并行不悖，因为无因管理涉及的是他人事务，而苏联公民抢救社会主义财产不是管理“他人”事务，而是作为主人公管理自己的事务。[②] 至此，在苏联，刑民并举，建立了自己的好撒马利亚人法体系。东欧剧变后，俄罗斯联邦于1997年颁布了自己的新《刑法典》，其第125条仍然把见危不救定为犯罪，条文内容继承1960年《苏俄刑法典》第127条，不过取消了对救助人行为的“明知这样做对他自己和他人没有严重的危险”的条件，从而加重了主体的救助义务。[③] 两个属于不同意识形态的同一国家的刑法典规定的相同性证明人类团结义务的跨意识形态性。在民事方面，1995年的《俄罗斯联邦民法典》第二部分第50章确立了独立的无因管理制度（称“未受委托为他人利益的行为”），把1964年《苏俄民法典》第472条的规定吸收到这一制度中，其第980条把“防止利害关系人人身或财产受损害”作为无因管理的一种情形[④]，从而也完成了人类团结精神的跨意识形态传承。但由于《俄罗斯联邦民法典》第二部分制定在先，颁布时公民并不承担法定的救助义务，因此如果他们自愿救助他人，将其行为定性为“无因”管理并无不妥，但晚两年的刑法把救助他人定为义务后，救助人的行为就是依法而行，并非“无因”，构成有因管理。处理是让利害关系人

---

① 参见［苏］格里巴诺夫、科尔涅耶夫主编：《苏联民法》（下册），中国社会科学院法学研究所民法经济法研究室译，法律出版社1984年版，第428页注释1。

② 参见［苏］格里巴诺夫、科尔涅耶夫主编：《苏联民法》（下册），中国社会科学院法学研究所民法经济法研究室译，法律出版社1984年版，第430页。

③ 参见《俄罗斯联邦刑法典释义》（上册），黄道秀译，中国政法大学出版社2000年版，第337页。

④ 参见《俄罗斯联邦民法典》，黄道秀等译，中国大百科全书出版社1999年版，第404页。

补偿管理人支出的必要费用和其他实际损失，不合本人意愿的情形除外（第 984 条第 1 款）。管理人在有协议或交易习惯的情形下还可以从利害关系人处获得报酬（第 985 条）。不难看出，第 984 条第 1 款关于“其他实际损失”的规定是对《德国民法典》仅允许管理人求偿“费用”之规定的弊端的补救。第 985 条关于管理人在一定情形下可以获得报酬的规定是对管理人的经济人属性的有限承认。

受领导国家苏联的影响，其他社会主义国家民法在苏联的消除好撒马利亚人后顾之忧式规定的基础上把救助他人定为义务。1964 年的《捷克斯洛伐克民法典》第 415 条先一般规定，“每个人都有义务防止对健康和财产造成损害或者有损于社会或个人而不当得利”；然后于次条展开规定，“1. 关于有发生重大损害的情形向有关机关提出警告的义务，是普遍的义务。为防止损害需要采取紧急措施的时候，除这样做有重大妨碍或者因此会使防止损害的人或他的亲近人遭受严重危险的情形外，应当立即采取这种措施”①。同时，1950 年的《捷克斯洛伐克刑法典》第 227 条第 1 款规定对在不危及自身情况下的见危不救者处 6 个月以下的徒刑。② 这两个条款显然是苏联规定与西方规定的杂糅，因为第一，民法典的规定在行为人自己施救之外，提出了请求强力机构施救的可能；第二，它们允许潜在的施救人不危及自身和亲人时才施救。这两点特征大大淡化了社会主义式立法的英雄主义色彩，暴露出该民法典设定的人的“市民”嘴脸，这种设定属于西方法。1975 年《德意志民主共和国民法典》第 325 条中设定的人也是这样一副嘴脸，它先规定了公民和企业采取必要措施防止危及公民健康和公私财产安全的紧急危险的义务，在立法史上首次提出了企业充当好撒

---

① 参见《捷克斯洛伐克社会主义共和国民法典》，陈汉章译，法律出版社 1981 年版，第 101 页。

② See Aleksander W. Rudzinski, The Duty to Rescue: A Comparative Analysis, In James M. Ratcliffe (Edited by), *The Good Samaritan and the Law*, Doubleday & Company, INC., New York, 1966, p. 132.

马利亚人的要求，然后把主题限缩到自然人：“如果行为人或其他公民的生命健康可能因此受到损害或另有其他重大理由的，可以免除这种义务。”① 此条用另一些“勇敢一些”的社会主义国家的宣传机器的惯用语来说，它体现的是“胆小鬼”的形象。不光把“自身及亲人处于危险”的传统性规定作为免除救助义务的理由，而且还设了一个“其他重大理由”的大口袋，为种种“胆怯”“懦弱”提供救生口。此外，1961 年《匈牙利刑法典》第 259 条把拒绝救助定为犯罪，处 1 年以下的徒刑，造成死亡的，处 3 年以下徒刑。② 该条并未设定行为人不危及自身和家人安全的条件。1951 年的《保加利亚刑法典》第 148 条、1952 年的《阿尔巴尼亚刑法典》第 157 条做了类似的处理。1997 年的《波兰刑法典》第 162 条也把拒绝救助定为犯罪，处 3 年以下的徒刑，但设定了行为人施救不危及自身和他人安全的条件。③ 1951 年《南斯拉夫刑法典》第 147 条做了类似的规定。④

五、中国的好撒马利亚人立法

从道德与法律不分、公法与私法不分的立场出发，中国古代法科加臣民繁多的配合政府司法的义务。典型的例子是《唐律》，可把它当作中国古代法的标本来解剖。首先，它要求臣民承担检举其知情的重大犯罪的义务。其第 340 条规定：“诸知谋反及大逆者，密告附近官

---

① 参见《德意志民主共和国民法典》，费仲祎译，法律出版社 1982 年版，第 112 页及以次。

② See Aleksander W. Rudzinski, The Duty to Rescue: A Comparative Analysis, In James M. Ratcliffe (Edited by), *The Good Samaritan and the Law*, Doubleday & Company, INC., New York, 1966, p. 131.

③ See Polish Penal Code, On http://www.era.int/domains/corpus－juris/public_pdf/polish_penal_code2.pdf，2006 年 2 月 13 日访问。

④ See F. J. M. Feldbrugge, Good and Bad Samaritans, a Comparative Survey of Criminal Provisions Concerning Failure to Rescue, In Vol. 14 (1965—66), *The American Journal of Comparative Law*, pp. 687s.

司，不告者，绞。知谋大逆、谋叛不告者，流二千里。知指斥乘舆及妖言不告者，各减本罪五等……”其次，科加臣民协助抓捕罪犯的义务，其第454条规定：“诸追捕罪人而力不能制，告道路行人，其行人力能助之而不助者，杖八十；势不能得助者，勿论。”此两条相当于德国好撒马利亚人立法要求的协警行为，但允许被要求协警者量力而行，十分少英雄气。再次，科加臣民制止危害公共安全的灾难扩大的义务，其第433条规定：“诸见火起……应救不救，减失火罪二等……”最后，科加臣民邻里互救生命财产的义务，其第456条规定：“诸邻里被强盗及杀人，告而不救者，杖一百；闻而不救助者，减一等。力势不能赴救者，速告附近官司，若不告者，亦以不救助论。”[①] 此条最接近当代中国的见义勇为立法。这四条规定，构成《唐律》中的好撒马利亚人法体系，其特点首先在于科加臣民积极的义务；其次在于以刑事责任处罚违反此等义务的行为。《利未记》中记载的祭司和利未人，在美国只会受到道德谴责，但如果他们生活在中国唐朝，将会按第456条受到杖刑的惩罚。这表明了《唐律》对道德和法律的混同。尽管如此，此条详细规定了“被请求”和“耳闻其事”两种情形不同的救助责任，并区分了依行为人力量而定的“亲自救助”和“呼救”两种救助手段。“呼救”的“力势不能赴救”的前提条件隐含了行为人不必完全不顾自身安危的人性论设定。所以，《唐律》中的上述条款尽管是道德与法律部分的结晶，但两者的结合并非完全无限。

辛亥革命结束了中国的封建法统。1928年的《中华民国刑法》未科加公民协警、见危救助的义务，可能是区分法律与道德的现代立法观念使然。但在1929年《中华民国民法》关于正当防卫和紧急避险的第149条和第150条中，都有豁免为他人防卫或避险之人的民事责任

---

① 上述《唐律》条文，都引自长孙无忌等撰：《唐律疏议》，中华书局1983年版，第427、511、529、530页。

的规定，这实际上为好撒马利亚人留下了行为空间。[①] 1949 年，资本主义法统为社会主义法统取代。迟至 1979 年，社会主义中国才制定出自己的刑法典，令人惊异的是，它摆脱了苏联模式的刑法的影响，未规定见死不救罪，在这一问题上表现出与《中华民国刑法》相当的同一性，似乎是遵循区分道德与法律的道路，但中国的立法者在民法领域又走一条相反的道路，在这一领域报偿自愿的积极的好撒马利亚人。1986 年的《民法通则》第 109 条规定："因防止、制止国家的、集体的财产或者他人的财产、人身遭受侵害而使自己受到损害的，由侵害人承担赔偿责任，受益人也可以给予适当的补偿。"此条扩张了苏联式的抢救社会主义财产之债的范围，包括好撒马利亚人采取的使他人人身免受损害的行为，并把抢救行为的受益人与加害人并列为赔偿义务的承担者，把抢救的财产设定得不以社会主义财产为限，形成了社会主义中国的好撒马利亚人法。不过，本条也未规定见危者的施救义务，只处理偶然的这样的施救行为的后果，与美国式立法消除好撒马利亚人后顾之忧的做法异曲同工。另外，本条与同一《民法通则》第 93 条规定的无因管理制度的关系仍然是问题，由于刑法和《民法通则》并未规定积极的好撒马利亚人义务，实际的好撒马利亚人仍然是"无因"地管理他人"人身"和"财产"事务，由于中国的规定保护的不限于社会主义财产，丧失了以不存在"他人"因素区分本条规定事项与无因管理制度的条件，因此可认为第 93 条与第 109 条是从不同渊源继受实际上是相同的制度造成的重复立法。尽管如此，《民法通则》第 109 条扩张了无因管理制度的适用范围——前文已述，适用于财产性事务——到生命、健康的保全，已做出了自己的理论贡献。

---

① See Aleksander W. Rudzinski, The Duty to Rescue: A Comparative Analysis, In James M. Ratcliffe (Edited by), *The Good Samaritan and the Law*, Doubleday & Company, INC., New York, 1966, p. 129.

经类似杰洛维塞案件[1]的刺激，中国感到有以立法鼓励积极的好撒马利亚人行为的必要。于是，从1991年到2004年，中国有35个省市制定了自己的大致名为《见义勇为表彰条例》之类的地方立法。青岛首开先例，于1991年颁布了《青岛市表彰见义勇为公民的规定》，1997年重新颁布为《青岛市表彰与保护见义勇为公民条例》；辽宁在1991年颁布了《辽宁省奖励和保护维护社会治安见义勇为人员实施办法》，1994年还制定了这方面的省政府规章《辽宁省奖励维护社会治安见义勇为人员暂行办法》；甘肃在1992年颁布了《表彰奖励维护社会治安见义勇为积极分子的规定》，该规章被2001年的《甘肃奖励和保护维护社会治安见义勇为人员条例》的省级地方立法取代；贵州于1994年颁布了《维护社会治安见义勇为公民表彰奖励规定》；河南在1994年颁布了《维护社会治安见义勇为人员保护办法》，该办法于1998年被省政府颁布的《维护社会治安见义勇为人员保护奖励办法》取代；江苏也在1994年颁布了《奖励和保护见义勇为人员条例》（2002年修改）；重庆于1995年颁布了市政府规章《公民见义勇为负伤、致残及死亡后医疗抚恤费用处理意见》，该意见被2000年颁布的省级地方立法《鼓励公民见义勇为条例》取代；淮南、江西在1995年分别制定了《保护和奖励见义勇为人员条例》和《维护社会治安见义勇为奖励保障办法》；太原于1996年颁布了《奖励和保护见义勇为人员条例》；深圳、宁夏在1997年分别颁布了《奖励和保护见义勇为人员条例》和《奖励和保护维护社会治安见义勇为人员条例》；唐山、福建、山西、广州、广东在1998年分别颁布了《奖励和保护公民见义勇为条例》《奖励和保护见义勇为人员条例》《保护和奖励见义勇为人员规定》《奖励和保护见义勇为人员条例》《见义勇为人员奖励和保障

① 记得当时在中国的某个城市发生过众人围观歹徒在大街强剥妇女衣服的案件，被媒体报道后引起社会舆论哗然，人们重启鲁迅开创的“看客”话题。可惜现已无法查到关于此案的资料。

规定》；云南在1999年颁布了《奖励和保护见义勇为公民条例》；浙江、北京、四川、湖北在2000年分别颁布了《见义勇为人员奖励和保障规定》《见义勇为人员奖励和保护条例》《保护和奖励见义勇为条例》《见义勇为人员奖励保护规定》；山东、天津在2001年分别颁布了《见义勇为保护条例》《见义勇为人员奖励和保护条例》；内蒙古、上海、珠海、洛阳、海南在2002年分别颁布了《见义勇为人员奖励和保护条例》《见义勇为人员奖励和保护办法》《见义勇为人员奖励和保障条例》《保护和奖励维护社会治安见义勇为人员条例》《见义勇为人员奖励和保障规定》；银川、南昌、陕西在2003年分别颁布了《奖励和保护见义勇为人员条例》《见义勇为人员奖励和保护条例》《奖励和保护见义勇为人员条例》；南宁、吉林、河北在2004年分别颁布了《奖励和保护见义勇为人员条例》《见义勇为人员奖励和保护条例》《奖励和保护见义勇为人员条例》。[①] 上述见义勇为立法由地方立法机关承担的情形与美国类似，但这方面我国也有全国性的立法。首先是在上文已得到分析的《民法通则》第109条的规定，该条可看作我国的全国性的好撒马利亚人法。其次是最高人民法院于1988年颁布的《关于贯彻执行〈中华人民共和国民法通则〉若干问题的意见》第142条："为维护国家、集体或者他人合法的权益而使自己受到伤害，在侵害人无力赔偿或者没有侵害人的情况下，如果受害人提出要求的，人民法院可以根据受益人受益的多少及其经济情况，责令受益人给予适当补偿。"此条为解决好撒马利亚人的后顾之忧而立。第三是全国人大常委会于1991年通过的《关于加强社会治安综合治理的决定》第6条："……对参与社会治安综合治理工作成绩显著的单位和个人以及与违法犯罪分子斗争的有功人员给予表彰奖励；对与违法犯罪分子斗争中负伤、致残人员要妥善治疗和安置；对与违法犯罪分子斗争中牺牲人员

① 各省市见义勇为立法的情况得自"北大法宝·中国地方法规规章库"，2003年2月11日访问。

的家属给予抚恤……”第四是1992年的《海商法》第174条的规定：“船长在不严重危及本船和船上人员安全的情况下，有义务尽力救助海上人命。”本条显然是对《1989年国际救助公约》第10条第1款的国内法化。[①]与《美国救助法》第11条对《布鲁塞尔公约》同样内容的国内法化相比，我国《海商法》的上述规定未规定罚则，这或许可以证明美国法规定的罚则难以操作和执行，故被晚近的中国立法者抛弃，也被同样是晚近的俄罗斯联邦的立法者抛弃——1960年《苏俄刑法典》第129条专门把“船长对于遭难的人不给予救助”定为犯罪，科加监禁之刑[②]，但1997年的《俄罗斯联邦刑法典》却抛弃了这样的规定。毫无疑问，作为海上见义勇为法之总纲的《海商法》第174条只是个不完全规定。

就上述地方的见义勇为立法而言，其标题有四个关键词，即“见义勇为”“奖励”“保障”和“保护”。所谓“见义勇为”，是见到正当的事情就勇敢地去做的意思。这是望文生义的解释，但它不符合见义勇为一词的实际用法，该用法是在他人处于困境时勇敢地出手施救的意思。这样的解释仍然太宽泛，容我细细地加以限缩。“他人处于困境”有两种可能的方面。其一，人身的方面，如患病、落入陷阱、遭受犯罪分子攻击等；其二，财产的方面，如陷入贫困、货物遭受自然灾害的侵蚀等。根据我使用见义勇为一词的经验，对财产方面的困厄的解救不用见义勇为一词描述；对所有的人身方面的困厄的解救也都不使用见义勇为一词描述，只有遭受犯罪分子攻击的情形是个例外。因此，我们从来不用见义勇为一词描述治好疑难杂症的医生。“他人处于困境”有两种可能的原因。其一，被犯罪分子攻击人身或财产，前

---

① 该款规定：“只要不至于对其船舶及船上人员造成严重危险，每个船长都有义务援救在海上有丧生危险的任何人员。”

② 参见《苏俄刑法典》（1978年修订版），曹子丹译，北京政法学院刑法教研室印，1980年，第64页。

者如杀人、伤害、强奸、非法拘禁，攻击性依次递降，后者如抢劫、抢夺、盗窃、贪污，攻击性依次递降。其二，被人为的或自然的灾难攻击人身或财产，“人为的”，如自动起火的公交车；“自然的”，如洪水；“攻击人身”的，如火烧人、水淹人；“攻击财产”的，如火烧财物、水淹粮食。在日常用法中，人们用见义勇为一词描述制止杀人、伤害、强奸的行为；也用该词描述制止抢劫、抢夺、盗窃的行为，但没有人用该词描述制止非法拘禁、贪污的行为；人们也用该词描述从燃烧的公交车上救人、从洪水中救人、从大火中救财物的行为，但很少用该词描述从水中抢救粮食的行为，为何有这些差别？我认为在人们的潜意识中，越是涉及人身的东西，“义”的色彩就越重；越是短兵相接的东西，“义”的色彩就越重。第一个“越……越”的结构导致有的省市的见义勇为立法只涵盖与犯罪分子作斗争的行为。第二个“越……越”的结构导致制止非法拘禁、贪污的行为不能进入见义勇为行为的行列。这两个“越”字结构说明中国的见义勇为行为必须具有一定的危险性才能构成，它与西方法律传统中的好撒马利亚人行为不完全重合，因为一些不具有危险性的行为，如举报犯罪、绥靖意图的犯罪分子、雇人救助他人等，也可以构成好撒马利亚人行为。

所谓“奖励”，包括精神奖励和物质奖励，前者如荣誉称号，后者如奖金。所谓“保障”，与“保护”同义，指如下内容：1. 保障见义勇为人员在受伤后得到及时有效的救治，惩罚因费用未到位推诿治疗的医院；2. 保障他们及其家属不受犯罪分子打击报复，为此，可满足他们匿名的要求和提供安全保护的要求；3. 保障他们在接受医治期间算出勤；4. 保障他们在伤残后享受因公负伤待遇；5. 保障他们在牺牲的情形下得到烈士待遇和有关的荣誉；6. 保障他们在幸存的情况下在长工资、晋级、农转非、子女就业、就学、入托等方面得到优惠；等等。一句话，就是保障义士们流血不流泪，不至于因见义勇为陷入贫困。这种保障都需要资金，为此，1993 年中国成立了中华见义勇为基金会，各省市也建立了同样的机构募集资金。

上述地方的见义勇为立法的基本特征可概括为：第一，都没有把见义勇为当作公民的义务，因此，当好撒马利亚人只能出于自愿行为，不愿当的听便，但愿意当的可以得到各种荣誉以及物资保障；第二，都规定积极的好撒马利亚人，不涉及消极的好撒马利亚人，这种情形恰恰与美国各州的总况相反；第三，与前一点相对应，它们都丝毫未规定好撒马利亚人因过失造成受害人状况进一步恶化时能否享受豁免权的问题，这与美国多数州的同样性质的立法形成对照。

可以说，积极的好撒马利亚人立法的人性标准高于消极的好撒马利亚人立法的人性标准，在这一问题上，中国的有关省市已作出与美国多数州不同的选择。在积极的好撒马利亚人的范围内，人性标准也可以定得高低不同。要求好撒马利亚人“不顾自身安危”的，为较高的人性标准；要求好撒马利亚人在不危及自身安危甚至不造成重大不便的情况下才出手助人的，为相对低的人性标准。体现立法者采用何种选择项的条文，构成积极的好撒马利亚人立法中的人性论条款。我们已经看到，犹太法，美国各州的好撒马利亚人法，《美国救助法》，《唐律》第454条、第456条，我国《海商法》第174条以及前面引述的前社会主义国家民法典中的有关规定都采用了低标准，暴露了它们的好撒马利亚人身上隐隐的经济人胎记。中国关于见义勇为的地方立法未对这一问题取得一致。采用三种处理。其一，“不顾自身安危”的高标准，13个省市如此，它们是唐山、江西、河北、吉林、珠海、天津、内蒙古、山东、四川、北京、浙江、云南、广东。其二，“挺身而出”的含糊标准，该词的意思相当于“勇敢”①，南宁、洛阳、山西、福建、河南、贵州如此。勇敢的行为不见得是冒生命危险的行为，故我认为“挺身而出”的标准是对“不顾自身安危”的标准的降低。其

① 参见《辞海·语词分册》（上），上海人民出版社1977年版，第681页。

三，区分不同的见义勇为情形采用不同的标准。地方立法的见义勇为主要涉及与犯罪分子作斗争和抢险救灾两种情形（辽宁省是个例外，其规定只涉及与犯罪分子作斗争的情形），江苏、广州、太原的规则对制止犯罪用“挺身而出”的标准，对抢险救灾用“不顾个人安危”的标准（深圳有些独特，对前者保持沉默，对后者用“不顾个人安危”的标准），二元制标准的确定有几分道理，因为与犯罪分子作斗争有专门的受过训练、配备有武器的警察承担这一工作，要求未受过训练、未配备武器的百姓承担专业人士承担的风险，有些牵强。而对于突发的自然灾害，如洪水，并无专业的救助力量，若进行救助必然要承担危险，而只有那些承担了格外的危险的人才能在众多的救助者中成为典型，赢得见义勇为英雄的桂冠。其四，在两种情形下两个标准都采用，重庆、武汉、银川、宁夏、淮南、辽宁（对前者明确提出“冒生命危险”——第6条第1款）如此。这可能是立法者未像我一样意识到“不顾个人安危”和“挺身而出”是两个不同的人性标准所致。其五，不为好撒马利亚人的行为程度设定标准，海南、陕西、南昌、上海、青岛（新规定）如此，这实际上是以消极的方式否定了对见义勇为者提出的过高的人性标准，青岛是支持这种推论的论据，其旧规定采用“挺身而出”的标准，而新规定就对这个问题保持沉默了。这几个省市似乎正在把人们对见义勇为的热情引向“见义巧为”或“见义智为”。

值得注意的是，一些省市有降低自己的积极好撒马利亚人立法的人性论标准的趋势。江苏1995年的规则一概地使用“不顾个人安危、挺身而出”的标准，但如上所述，其新规定已降低至“挺身而出”标准；北京2000年的人大规则一般地要求“不顾个人安危”，但2000年北京市人民政府对上述人大规则的《实施办法》只要求在抢险救灾的情形下“不顾个人安危”，于是，《实施办法》降低了它服务的法律提出的人性标准。当然，也有相反的运动，甘肃的新规定相较于旧规定提高了人性论标准，以“不顾个人安危，挺身而出”取代了单纯的

“挺身而出”。无论如何，这些变迁都表达了立法者在人性论设定问题上的犹豫或徘徊，对要求普通公民手提两个拳头同有时是武装到牙齿的犯罪分子搏斗的正当性的自我怀疑。江苏和北京的“变法”代表着一种“从英雄到智者”的运动，以及保安职责从社会大众普遍承担到主要由专业的保安力量承担的认识转变。事实上，警民比的高低是影响是否向普通百姓提出“不顾个人安危”之要求的立法者决定的环境因素。2006年，发达国家平均警民比是1∶286。按2005年的数字，美国的警民比是1∶343[①]，还算低的，因为按2004年的数字，法国是1∶630；意大利是1∶288；英国是1∶414，日本是1∶148。[②] 我国的警民比约为1∶1360（此为一说。根据公安部2006年披露的数字，中国大陆只有49万名警察[③]，相对于当时的13亿6千万人口，警民比应该是1∶2776。此为另一说），远远低于世界发达国家，甚至低于巴西、印度等发展中国家。[④] 所以，那些警民比[⑤]高的国家有本钱不向好撒马利亚人提出“不顾自身安危”的要求，警民比低的我国整体上讲没有本钱这样做，但各省市的警民比不平衡，北京的警民比是1∶416，上海是1∶580，广东是1∶755，广州是1∶478，深圳是1∶486。[⑥] 从局部来看，

---

① 感谢美国驻华使馆信息资源中心图书管理员王薇女士在2006年3月7日给我的电子邮件中提供的这一数据。本书中所有的美国警民比数据均来自她的帮助。

② 参见姜博、任亚丁：《警力资源配置问题浅析》，载《四川警官高等专科学校学报》2004年第6期，第60页。文章提供的数字经王莹莹帮助，由万分制换算成了现在这样的形式。感谢王莹莹提供的助力。

③ 参见佚名：《公安部透露刑案“侦破成本”追逃费用最低1万》，载http://www.lawbase.com.cn/news%5Cnews_view.asp?op=4&newsType=2&news_id=3863，2006年2月23日访问。

④ 参见王欣：《公安部：目前我国公安机关警力严重不足》，载http://news.163.com/06/0223/11/2AL27S0D0001124L.html，2006年2月23日访问。

⑤ 上文援引的所有关于中国和外国警民比的资料，都由福建省公安高等专科学校的刘方权先生慷慨提供，在此表示衷心感谢。

⑥ 参见佚名：《中国9个最安全的城市（附排名数据依据）》，载http://www.360doc.com/content/14/0912/11/2068001_408869492.shtml，2020年9月25日访问。

相对而言，北京市就有相当的本钱这样做。随着我国警察力量的充实和加强，我国终会达到不要求老百姓拎着脑袋跟穷凶极恶的犯罪分子搏斗，他们打个110也能当好撒马利亚人的那一天！

在学说上，我国学者也进行了见义勇为立法的理论研究。首先，在宪法上增加“国家提倡和保护见义勇为”的规定，相应地，在刑法上建议增设公民不履行救助义务罪，古丽燕和袁德林分别于1994年和1997年著文，以我国宪法规定精神和外国立法例为论据首次提出这一观点。① 范忠信于1997年发表了《国民冷漠、怠责与怯懦的法律治疗——欧美刑法强化精神文明的作法与启示》一文，从道德入法的角度论证了科加公民救助义务以使其对社会承担责任的必要。② 此后，在2000年的“两会”上，有30多位人大代表建议在刑法中增设见危不救罪。次年，王琼雯以道德法律化的必要和外国刑事立法例为论据论证上述建议。③ 不过，也有学者持相反的观点。张民安在其《论不作为过错的侵权责任》一文中在我看来是首次介绍了国外的好撒马利亚人立法问题，但基于维护个人自由的考虑否认有必要超越特殊关系确立陌生人之间的救助义务④；参加过公安部见义勇为法起草的邢捷也认为，处罚见义不为者不符合我国目前的社会条件和国民素质条件，过于超前和缺乏法律依据。⑤

其次，我国学者也从民法的角度研究了见义勇为涉及的各个问题。其基本点有：1. 相对于德国以无因管理制度解决见义勇为带来的赔偿

---

① 参见袁德林：《论我国见义勇为立法的若干问题》，载《江汉论坛》1996年第2期，第26页；古丽燕：《建议增设公民不履行救助义务罪》，载《新疆社会经济》1994年第6期。

② 载《中国法学》1997年第4期。

③ 参见王琼雯：《对见危不救行为的法律矫治》，载《江苏公安专科学校学报》2001年第4期。

④ 参见张民安：《论不作为过错的侵权责任》，载《法制与社会发展》2002年第5期，第88页。

⑤ 参见邢捷：《见义勇为立法探讨》，载《公安研究》1999年第3期，第37页。

问题的模式，提出了见义勇为导致不同于无因管理的紧急救助之债的主张[1]，因为见义勇为与无因管理有以下不同。第一，见义勇为维护的是公共利益，行为人是做了国家公职人员职责内的事情，他们的所为属于准职务行为，无因管理维护的是私人利益；第二，见义勇为人通常要承担危险，无因管理人通常不承担危险；第三，见义勇为法律关系中存在行为人、受益人和加害人三方当事人，无因管理中只存在管理人和受益人；第四，无因管理人一旦开始管理，就不得终止，见义勇为人在自身能力不济或出于同样危险的情形时可以。[2] 由于这些区别，见义勇为制度应该属于公法，无因管理制度则属于私法。[3] 这一论证意味着见义勇为的实施者被定性为“公民”，无因管理的实施者被定性为“市民”。此论在美国亦有人主张。斯蒂芬·海曼（Stephen J. Heyman）就认为，科加私人救助他人的积极义务不符合私法的结构，但从社会契约论的观点出发，公民对共同体及其成员负有救助义务。[4] 确实，按照费希特的观点，社会契约包括三个分契约：（1）公民财产契约。它是一个人与所有其他人订立的契约，其内容为社会成员相互承认对方对占有之财产的权利要求，每个人都把其全部财产作为他不愿损

---

① 参见张海峡、白云飞、黄晓扣：《紧急救助论——见义勇为立法的民法法理依据》，载《河北经贸大学学报》2000 年第 6 期，第 84 页。

② 参见章正璋：《见义勇为相关法律问题研究》，载《合肥学院学报（社会科学版）》2004 年第 3 期，第 46 页。

③ 参见贺光辉：《见义勇为行为民法属性新探》，载《广西社会科学》2002 年第 4 期，第 141 页；以及蒋万庚：《见义勇为立法的思考》，载《广西大学学报（哲学社会科学版）》2002 年第 6 期，第 38 页；关今华、林金桂：《见义勇为行为适用法律之辨析与矫正》，载《福建师范大学学报（哲学社会科学版）》2004 年第 5 期，第 111 页；章正璋：《见义勇为相关法律问题研究》，载《合肥学院学报（社会科学版）》2004 年第 3 期，第 44 页。

④ See Heyman, Foundation of the Duty to Rescue, In Vol. 47 (1994), *Vanderbilt Law Review*, p. 679.

害所有其他人之财产的保证。[①]（2）保护契约，它是实现第一个契约的保证，其内容为社会全体成员相互保证彼此保护得到承认的财产，为此需要组建一支公共的保卫力量。（3）结合契约，它把个人组成为一个有机整体的一部分，保障财产契约和保护契约的履行。[②] 这里的保护契约应被认为是公民对共同体其他成员承担救助义务的依据。但也有学者希望把见义勇为者保留在市民的队伍中，比照拾得物的所有人要给付拾金不昧者酬金的规定，主张受益人要给付好撒马利亚人报酬。[③] 2. 多数学者不承认好撒马利亚人在过度防卫和过度避险情况下的豁免权[④]，只有少数学者承认见义勇为者仅对自身因故意或重大过失引起的损害负责。[⑤] 3. 提出了对遭受损害的见义勇为人实行国家赔偿的主张[⑥]，理由是见义勇为人“基于高尚的品德主动承担了应由国家承担的一些事务”。[⑦] 4. 不满足于由各省市制定自己的见义勇为立法的状况，建议制定全国统一的《中华人民共和国见义勇为公民权益保

---

① 参见［德］费希特著：《以知识学为原则的自然法权基础》，谢地坤、程志民译，载梁志学主编：《费希特著作选集》（第 2 卷），商务印书馆 1994 年版，第 457—464 页。

② 参见［德］费希特著：《以知识学为原则的自然法权基础》，谢地坤、程志民译，载梁志学主编：《费希特著作选集》（第 2 卷），商务印书馆 1994 年版，第 454 页及以次。

③ 参见贾邦俊：《见义勇为行为的民法透视》，载《河北法学》2003 年第 1 期，第 31 页；袁德林：《论我国见义勇为立法的若干问题》，载《江汉论坛》1996 年第 2 期，第 25 页。

④ 参见李微：《审理见义勇为案件问题研究》，载《人民司法》2004 年第 12 期，第 57 页。

⑤ 参见章正璋：《见义勇为相关法律问题研究》，载《合肥学院学报（社会科学版）》2004 年第 3 期，第 47 页。

⑥ 参见章正璋：《见义勇为相关法律问题研究》，载《合肥学院学报（社会科学版）》2004 年第 3 期，第 47 页。

⑦ 参见薛晨皓：《试论应将见义勇为者的损害赔偿纳入国家赔偿范围》，载《甘肃政法成人教育学院学报》2004 年第 3 期，第 124 页。

障法》①，但至今未见有这样的法律问世或列入立法规划。在我看来，最可评论者为第一个基本点，论者把无因管理与见义勇为区分开来的前提是后种行为要承担危险，如果立法不对见义勇为人提出“不顾个人安危”的要求或中国的治安或救灾现实不要求见义勇为人承担危险，则上述主张就成问题了，至少它对于那些不要求见义勇为人“不顾自身安危”的省市的可适用性就成为问题，更不用说对那些也不作同样要求的国家的不适用了。由此可见，对见义勇为与无因管理的学术区分，在很大程度上奠基于对见义勇为人人性标准的拔高，如果放弃此等拔高，两者的区别可能没有想象的那么大！

六、小结

研究了主要英美法国家、欧陆国家和社会主义国家以及我国的好撒马利亚人立法，可以得出的结论是，由于文化传统、意识形态的差异，我们看到中西的撒马利亚人立法是多么不同！首先是构成不同。在美国，好撒马利亚人法包括侵权行为法［包括救助者或食物捐赠者的责任豁免（多数州）和救助义务之科加（少数州）］和海商法两个方面，很少涉及刑事责任问题；在欧陆国家和社会主义国家，好撒马利亚人法多数由刑法规范构成，有些国家辅之以或独立适用相应的民事责任规范。在问题的民事方面，多数国家改造传统的无因管理制度解决救助者自身遭受损害时的责任承担问题；在我国，好撒马利亚人法《民法典》第183条关于紧急救助之债的规定、第184条关于自愿救助他人者免责的规定和地方立法性的见义勇为者保护规范外加海商法中关于救助的规范构成，丝毫不涉及刑法规范，立法的重心在于让见义勇为者无后顾之忧，其方式是让他们得到及时的救治和妥当的安

① 参见袁兆春：《对见义勇为立法的理性思考》，载《齐鲁学刊》2002年第1期，第88页；汪力：《对见义勇为的立法思考》，载《西南师范大学学报（人文社会科学版）》2002年第6期，第7页。

排，与美国的相应立法相比，基本不涉及见义勇为者的责任豁免问题，逻辑的结论是见义勇为者如果把事情弄得更糟可以不承担责任。尽管如此，无论是责任豁免还是得到“勇为”后的物质和精神支持，都意味着见义勇为仅仅受到提倡而非法定义务，因此，中美的见义勇为法除了美国海商法上的没有实际意义的例外，都不规定见危不救者的刑事责任问题，与此相应，见危不救者的民事责任问题也不见提上立法者议事日程。这意味着一种区分道德和法律的安排，换言之，道德主体被设想成具有一定的利他主义倾向，相反，法律的主体仍然被设想成利己主义者。通过这番分析，我们可以发现表面上如此不同的中美两国的见义勇为法的思想基础竟然如此相同。这种共同性奠基于两国文化和意识形态的巨大差别，叫我感到无比惊异！相反，法律传统与我国比较接近的欧陆各国以及前社会主义诸国，刑民并举，对见危不救者科加自己能够科加的责任，完成了道德的法律化，与美国和我国的见义勇为立法构成巨大反差，倒与《唐律》中的有关规定接近。这种“相同”或“反差”似乎不该发生，其原因者何？我不能回答，期待同行们的进一步研究。

根据这两种“本本”上的法，我们能否认为美国人的道德水平低，欧陆和前社会主义国家的人道德水平高呢？恐怕不能这样认为，众所周知，美国人是一个富于志愿精神的民族，换言之，是一个富于利他精神的民族。关于志愿精神的基础，阿列克西·德·托克维尔（Alexis de Tocqueville，1805—1859）认为是美国人的自私比欧洲人少且显得开明。[①] 志愿者的活动主要是为他人提供无偿的服务，当然包括保安服务。对此我有切身经验。从2002年9月到2003年7月，我住在位处纽约曼哈顿119街的哥伦比亚大学研究生宿舍，它邻近哈莱姆黑人区，治安状况的历史记录不好。而且，在这十个月的居留期内我

① See Merle Curti, American Philanthropy and the National Charater, In Brian O'Connell (edited by), *America's Voluntary Spirit*, The Foundation Center, New York, 1983, p. 163.

就两次成为犯罪受害人①。宿舍楼数次发生抢劫案件。为了防止师生成为犯罪牺牲品，尽管按2003—2004年的数字，纽约市的警民比高达1:207②，哥伦比亚大学仍采取了两项措施。其一，建立自愿陪伴者服务制度。不敢独自在危险时段经过危险区域的人可拨打某个公布的自愿者电话要求接听的自愿者陪伴自己通过这样的区域回自己宿舍，由于人多势众，潜在的犯罪人往往不敢下手，由此使好撒马利亚人持刀与犯罪分子搏斗变得没有必要。其二，建立避难所制度。给师生发放一张避难所地图，遇到受袭击等情事可进入指定的处所避难。这些避难所就是校园周围的餐馆、商店等，里面人多，可能的受害人进去后就得到安全了。由于采取这两项措施，哥伦比亚大学校园里数年来未发生过重案。我把这两项措施合称为“照亮工程”，因为场所的照度与犯罪发生率成反比，同样，潜在作案对象的人数与潜在犯罪人的犯罪决心成反比，因此，增加可能遭遇犯罪者周边的人数与增加敏感地点的照度效果一样，起到了预防犯罪的作用，而见义勇为是犯罪发生后进行的干预。当然，像约翰·克里（John Kerry）那样提出消除犯罪产生的条件，如贫困、失业等，那就更高一筹了。当然，那是很难的，需要用力更持久才能做成的事情。提供陪伴或避难所，都是自愿服务，提供者也是积极的好撒马利亚人，他们与那种直接与犯罪分子搏斗的好撒马利亚人之比，是釜底抽薪与扬汤止沸的对比，我看还是釜底抽薪更好。

其次是对好撒马利亚人的行为标准不同。中国各省市的撒马利亚人立法都要求积极的好撒马利亚人，而西方国家的好撒马利亚人立法大多只要求消极的好撒马利亚人；中国各省市的撒马利亚人立法大都

---

① 一次在宿舍楼外差点被飙车逃窜的犯罪分子的汽车碾压；另一次在晚8点的百老汇大街上遭到两名黑人青年的联动袭击，其中一个“锁喉”，另一个扮演解救者的角色向我要求好处费。

② 这一数据由美国驻华使馆信息资源中心图书管理员王薇于2006年3月7日给我的电子邮件提供，在此致谢。

要求好撒马利亚人“不顾个人安危”，这意味着以自己的生命健康利益服从他人的生命健康利益或财产利益，实行利他主义，这一人性标准要比西方国家的多数相应规定采用的人性标准高得多，是典型的公民标准。但《海商法》第174条昭示的中国的海上好撒马利亚人的行为特征是“不严重危及自身安全”才有义务救人，与西方国家相应规定的人性标准一致，低于各省市的好撒马利亚人人性标准。于是，形成了“涉外”的法律与“涉内”的法律，涉及陆上活动的法律与涉及海上活动的法律人性标准设定不同的中国风景。这种不一致似乎并不难以解释。“涉外”的法律以国际公约为基础制定，当然要考虑与国际共同规则接轨。海上活动的风险远远大于陆上的，一旦失误，全船覆没，自身不保，安救他人？而“涉内”法律规定的陆上好撒马利亚人一旦失误，灭亡只是可能性中的一种，还存在许多其他较好的可能，因此，对其提出的人性要求较高，这种较高的要求反映了我国的警力和其他救助力量不足的现实，在某种意义上是不得已之安排。

无论如何，西方国家把刑法和民法中的经济人人性假设提高到好撒马利亚人标准的尝试体现了以法律执行道德的新思路，人们相信，如果以法律执行道德能增进社会福利，那就应该这样做。正如罗斯科·庞德（Roscoe Pound，1870—1964）在分析了美国的好撒马利亚人立法后所言：“那种将法律与道德完全对立，并据此为忽略这种案子的道德面提供理由的做法，我们必须予以驳斥。”① 但西方国家的立法并未要求好撒马利亚人做出牺牲，他只有在不危及自身安全的情况下才施救，施救后可以获得报酬甚至奖励，因此，在我看来，这样的好撒马利亚人仍然是经济人，而非祖国祭坛上的祭品意义上的公民。不过，好撒马利亚人立法的出现，使经济人假设的内容发生了变化，过去是人们的自利行为会间接地增进社会福利的信念（毋害他人），现在则要求经

① ［美］罗斯科·庞德著：《法律与道德》，陈林林译，中国政法大学出版社2003年版，第102页。

济人以自己的直接行为增进社会福利了（帮你的邻人——在他遇到生命危险时），这样，对法律主体的公民性要求增强了。这样的趋势伴随着承认公司的社会责任的趋势。我们知道，即使在我国，企业法人也被定义为以营利为目的的社团，这是典型的经济人定义。从1924年美国学者奥利弗·谢尔顿（Oliver Sheldon）提出公司的社会责任概念以来，法人也被要求至少在一定的时候成为好撒马利亚人①，这些现象共同在民事主体领域构成了全面减少经济人成分的运动。

但这种运动成功吗？撇开公司的社会责任问题不谈，在自然人领域，好撒马利亚人立法令人遗憾地不怎么成功，法国人对法国有关立法适用情况的评估是很少改变人们的行为方式，适用有关条文的案件也很少。② 在美国，许多学者不看好好撒马利亚人立法的价值。学者认为这些试图改变人类行为的法律是“无效的、不必要的、不公平的，并可能是违宪的”③；它们“容易制定，难以执行”。④ 在刑法领域，人们认为这些法律超越了刑事责任的王国进入了一个道德责任的领域⑤，而“在普通人中培养道德英雄主义是家庭、教堂和其他性格养成机构

---

① 参见刘俊海著：《公司的社会责任》，法律出版社1999年版，第2页。

② See André Tunc, The Volunteer and the Good Samaritan, In James M. Ratcliffe (Edited by), *The Good Samaritan and the Law*, Doubleday & Company, INC., New York, 1966, pp. 57s.

③ See Melody J. Stewart, How Making the Failure to Assist Illegal Fails to Assist: An Observation of Expanding Criminal Omission Liability, In Vol. 25 (1998), *American Journal of Criminal Law*, p. 390.

④ See Melody J. Stewart, How Making the Failure to Assist Illegal Fails to Assist: An Observation of Expanding Criminal Omission Liability, In Vol. 25 (1998), *American Journal of Criminal Law*, p. 424.

⑤ See Melody J. Stewart, How Making the Failure to Assist Illegal Fails to Assist: An Observation of Expanding Criminal Omission Liability, In Vol. 25 (1998), *American Journal of Criminal Law*, p. 433.

的工作，而非刑事司法制度的工作”[①]；在海商法领域，法院规避适用《美国救助法》关于见危不救行为的罚则的做法十分普遍，人称“普通法规则的凯旋”[②]；海上救助与偏航导致保险合同失效的矛盾使见死不救行为增加了得到原谅的理由[③]；对好撒马利亚人的不当施救的责任豁免与对其他场合的医疗职业者的不良开业的严厉惩治的矛盾导致了好撒马利亚人立法的合宪性问题[④]，为此，法院以判例法的形式限制制定法赋予好撒马利亚人的豁免权[⑤]；由于有些州的法律也科加加害人自救或呼救被害人的义务，在召唤警察救助的情形下，此等加害人必须透露自己的身份并说明事情的缘由，这可能侵害他不能被要求自证其罪的宪法权利，好撒马利亚人法在这个意义上违宪。[⑥] 由于用法律贯彻道德造成的种种困难，有学者辛辣地把美国的好撒马利亚人立法称为“立法安慰”（Legal placebo）[⑦] 或“无用的法律”（A statute lost at sea）。[⑧] 正因为这样，1965 年问世的美国《侵权法重述第二版》

---

① See Melody J. Stewart, How Making the Failure to Assist Illegal Fails to Assist: An Observation of Expanding Criminal Omission Liability, In Vol. 25 (1998), *American Journal of Criminal Law*, p. 436.

② See Patrick J. Long, The Good Samaritan and Admiralty: A Parable of a Statute Lost at Sea, In Vol. 48 (2000), *Buffalo Law Review*, p. 620.

③ See Patrick J. Long, The Good Samaritan and Admiralty: A Parable of a Statute Lost at Sea, In Vol. 48 (2000), *Buffalo Law Review*, p. 605.

④ See Barry Sullivan, Some Thoughts on the Constitutionality of Good Samaritan Statutes, In Vol. 8 (1982), *Am. J. L. and Med.* p. 35.

⑤ See Carl V. Nowlin, Note and Comment: Note: Don't Just Stand There, Help Me!: Broadening the Effect of Minnesota's Good Samaritan Immunity through Swenson v. Waseca Mutual Insurance Co., In Vol. 30 (2004), *Wm. Mitchell Law Review*, p. 1025.

⑥ See Melody J. Stewart, How Making the Failure to Assist Illegal Fails to Assist: An Observation of Expanding Criminal Omission Liability, In Vol. 25 (1998), *American Journal of Criminal Law*, p. 410.

⑦ See Eric A. Brandt, Comment, Good Samaritan Laws - The Legal Placebo: A Current Analysis, In Vol. 17 (1983), *Akron Law Review*.

⑧ See Patrick J. Long, The Good Samaritan and Admiralty: A Parable of a Statute Lost at Sea, In Vol. 48 (2000), *Buffalo Law Review*.

第314条仍然体现了普通法不要求人在特殊关系之外履行救助义务的原则："行为人意识到或应意识到自己的行为对帮助或保护他人为必要的事实本身并不科加他采取此等行为的义务。"在华盛顿州，积极的好撒马利亚人法为安慰列维克的父母而问世，在其出生的过程中，该州的议会把自己施救的要求改成召唤施救，这样，打个电话就可以做好撒马利亚人了。然而，对列维克案件的调查表明，在列维克死去前，已有两人打了911召唤救助，由于打电话者不愿透露姓名的原因，救护车没有来，列维克还是死去了。① 在这个事实的基础上，列维克的父母要求的是已经有的、无用的东西。凡此种种，可以证明以法律执行道德的不当，因此，法律还是维持经济人假设为好。尽管如此，中国的见义勇为立法使猫怕老鼠的局面大大改观，使人们更加有安全感，却是不争的事实。但如果提高警民比，人们在大街上喊一声"阿Sir"就会有好几个警察闻讯而来援手，老鼠怕猫现象将会获得更加正当和坚实的原因。当然，建立专业化的对抗自然灾害的准军事力量，也是建立一个和谐社会的当务之急。

第五节　从主观人性论到主客观相结合人性论

一、性命境人性论的基本观点

以上介绍了三种人性论与人类规范生活的关系、行为经济学对人性论问题的认识论转化，以及各国通过好撒马利亚人立法提高法律的人性标准的趋势，从而为我提出自己的法律人性论清扫了地基。在我看来，无论是前文所述的伦理人性论意义上的性善论和性恶论，还是

---

① See Melody J. Stewart, How Making the Failure to Assist Illegal Fails to Assist: An Observation of Expanding Criminal Omission Liability, In Vol. 25 (1998), *American Journal of Criminal Law*, pp. 422s.

行为经济学所持的人性论，都只从主观的角度考察了人性论问题，忽略了人性问题的客观方面，所以都是片面的理论。全面的人性论除了要考察人性的主观方面——性，还要考察人性主体所处的客观环境——境，把特定行为的人性效果看作这两个因素交互作用的产物，因此可被称为“主客观相结合人性论”。

著名的“卡那安德斯之板”案是证明我的人性论的好例子。其情形如下：某船失事后，两人落水。他们中只有一块木板，其中强壮者把体弱者推下木板后自用而获生。① 应如何处理幸存者？

可能的答案一：按紧急避险处理。紧急避险是以他人的财产为手段保全自己的生命或财产，要旨是牺牲较小的价值保存较大的价值。他人的财产可以作为自己生命的手段，乃因为财产的价值不及生命的价值，而此案的情况是一人以他人的生命为自己生命的手段，提出了生命之间的价值有无轻重的问题。这是一个讳莫如深的问题。从事理之性质来看，人的生命价值不一，一个受过特殊训练的人的生命价值要高于未受任何训练的人生命的价值，因为任何特殊训练都意味着经济上的耗费，但从伦理底线之维持来看，任何生命的价值必须被设定为同样的，否则，会得出牺牲一个“价值低”的人（“卒”）来拯救一个“价值高”的人（“车”）之处置的正当性，如把前者的器官取出移植在后者身上，这样的安排会伤害多数社会成员，并且面临对一个人价值之高低的判断在客观性上的困难。所以，一个社会的统治者会以两种方式处理这一问题。一方面为了维持伦理底线宣称所有人的生命价值平等，并且在发生空难时把所有遇难者的死亡赔偿金都规定为7万元或40万元，但这样的宣称从来不是真理，而是信仰。在人类生活

① 参见［德］费希特著：《以知识学为原则的自然法权基础》，谢地坤、程志民译，载梁志学主编：《费希特著作选集》第2卷，商务印书馆1994年版，第512页及以次。西塞罗也谈到过这一问题。参见［古罗马］西塞罗著：《论共和国·论法律》，王焕生译，中国政法大学出版社1997年版，第118页。

中，并不总是处处需要真理，这是人生的复杂性之所在；另一方面服从事理之性质，经常作出丢卒保车的安排，尤其在战争等紧急的情境中。当然，这属于一个只做不说或多做少说的主题。

对于上述如此混杂着真理与信仰的问题，西塞罗以迂回的方式肯定地回答之。他认为，正义分为民事的和自然的，前者允许明智但不正义的行为；后者允许正义而不明智的行为。后到的推开弱者得到木板的强者遵循了民事的正义。相反，如果他宁愿死去也不夺人木板，他遵循了自然的正义。① 西塞罗显然考虑到了依据不同的规范可对本案做不同的处理。自然的正义即道德的正义，它要求人们超越欲望与资源的紧张关系行事；民事的正义是法律的正义，它不要求人们超越欲望与资源的紧张关系行事。既然这里涉及的是一个案例，当然要按法律的行为标准处理，如此，能针对他人的生命实施紧急避险就成了逻辑的结论。对此问题采用同样立场的还有意大利刑法学者杜里奥·帕多瓦尼（Tullio Padovani）、法国刑法学者卡斯东·斯特法尼（Gaston Stefani），他们走的是尊重事理之性质的路径，在这里，生命价值的高低与它们的强弱正相关。但德国刑法学者汉斯·海因里希·耶赛克（Hans-Heinrich Jescheck）、托马斯·魏根特（Thomas Weigend）持相反的观点，他们认为生命的价值平等，不能以他人的生命为代价拯救自己的生命。② 这是一种维持伦理底线的学说，它充满对生命和平等的热爱，但其适用结果可能是两个生命“平等地”灭失。

对于上述如此混杂着真理与信仰的问题，普芬道夫以径直的方式肯定地回答之。他说：在海难中，假若我已经抓住一块不能负担两人的木板，如果某人带着和我一起依靠这块木板的目的游上来，我们两个将一

---

① 参见［古罗马］西塞罗著：《论共和国·论法律》，王焕生译，中国政法大学出版社 1997 年版，第 118 页及以次。

② 参见齐汇：《论紧急避险中对生命的法益衡量——由一个案例引发的对各种观点的思考》，载 http：//www. FindLaw. cn，2006 年 1 月 13 日访问。

起毁灭，那么我可能使用巨大的力量阻止他爬上木板。总之，似乎没有这样的自然规则，即一个人应该比珍视自己的生命更珍视他人的生命。[①]

可能的答案二：按杀人罪处理。如此则两人皆不得活，这种结果不值得愿望，尤其在人力资源极为宝贵的情况下。因此，对于与“卡那安德斯之板”案相似的英国案例里贾纳诉达德利和斯蒂芬斯（Regina v. Daudley and Stephens）案[②]，波斯纳评论说：“即使在通常意义上达德利和斯蒂芬斯一案中的交易成本不是很高，大部分人也还认为在某种意义上应有一个人献出自己的生命以使其他人继续生存从而增加社会福利。如果可以证明出航前船员们同意在挽救其他人所必要的条件下由最虚弱者做出牺牲，那么在协议不得不被实施的情况下就将存在允许紧急避险抗辩的经济学理由。”[③] 此语以“同意”为条件承认了“紧急”吃人行为的正当性。对于与“卡那安德斯之板”案相似的唐代郭泰与李膺争桡致李膺殒命案，法官也作出了“推膺在取桡，被溺不因推死，俱缘自命……泰亦无辜”的判决。[④] 对于也与“卡那安德斯之板”案相似的假设的沙漠中的两人只有一瓶水的案件，阿基瓦（Akiva）拉比也提出了占有水的人可以自用，不必让人分享的支配性意见，理由是人们没有义务爱邻人甚于自己。[⑤] 看来，在紧急状态中，僧侣也要让宗教戒条服从实际的需要。

---

① 参见［德］普芬道夫著：《人和公民的义务》，张淑芳译，陕西人民出版社 2009 年版，第 29 页。

② 案情如下：密里欧莱特号失事，3 人在一救生船上漂泊，当他们都濒临死亡的时候，其中两人为了延长生命而杀死另外一人，用其肉充饥。他们提出紧急避险的抗辩为自己辩护，但被否定。但他们的案件因为涉及永恒的问题长久得到讨论。

③ 参见［美］理查德·波斯纳著：《法律的经济分析》（上），蒋兆康译，中国大百科全书出版社 1997 年版，第 315 页。

④ 该案的过程是郭泰和李膺共同乘船经商，因天灾覆舟，郭强李弱，故取后者之桡而活，李膺溺死，其妻告郭，得如上判决。参见杜文忠：《生命的权力——一个紧急避险案例的法理学分析》，载《贵州警官职业学院学报》2003 年第 2 期。

⑤ See Sheldon Nahmod, The Duty to Rescue and the Exodus Meta - Narrative of Jewish Law, In Vol. 16 (1999), *Arizona Journal of International and Comparative Law*, p. 769.

"卡那安德斯之板"案对于刑法的紧急避险理论的意义并非本书关注的焦点，焦点在于该案中的幸存者在道德上可以谴责的条件。无论如何，他回到人群中后难免被人说成是"恶人"①，他是怎样变得如此的呢？他是在欲望与可以满足这种欲望的资源之间的紧张关系中变得如此的。假若两人各可获得一块木板，他根本不会以间接故意的方式伤害其同伴的性命。如果把"恶人"一语中的"恶"看作人性效果，我们可以说，这种"恶"是在该人的求生欲望与救生资源的紧张关系中产生的。求生欲望是问题的主观方面，救生资源的短缺是问题的客观方面。考虑到该人在平常情境下绝无伤人性命的可能，我们必须在主客观相结合的维度上才能理解其"恶"。我把这种考察人性的方法称为"性命境人性论"。人性的主观方面一包括"性"，这是人能施加干预的人的主观方面，它包含孟子讲的那些"善端"；二包括"命"，即人由其生物性决定的欲望，或可称之为"恶端"。人性的客观方面可称"境"，指被考察主体所处的物质和社会环境，尤其指资源供给情况。主、客两种因素相互作用后才会发生特定的人性效果。在资源供给充裕时，"恶端"萎缩，"善端"张扬。在相反的情形下，则"善端"萎缩，"恶端"张扬。因此，人无常性，性随境移。入善境则善扬，入恶境则恶张。显然可见，这种人性论反对龙勃罗梭（Cesare Lombroso，1835—1909）的天生犯罪人理论，因为它否认了部分人人性中的善端。按这种人性论，一方面，治者要以法律圈围人性中恶的一方面，张扬善的一方面是道德的任务；另一方面，要创造好的环境让人无必要为恶，例如，制定约翰·克里式的好撒马利亚人法向贫穷和失业开战。

单纯的主观人性论之所以不可取，除它们脱离客观环境谈人性的缺陷外，还因为它们犯了决定论的错误。性恶论和性善论都是心理决

① 康德说他可以不受惩罚，但难逃谴责。参见［德］康德著：《法的形而上学原理——权利的科学》，沈叔平译，商务印书馆1991年版，第47页。

定论。依照其逻辑，人的行为受人的善恶天性决定。人因而被剥夺了意志自由，成为被某种“性”操纵的机械工具。既然“性”对人的行为有如此大的决定意义，那人就无须对善恶为承担。[1] 我们知道，作为现代民法灵魂的行为能力制度包括“智力”和“意志”两个方面，后者使人成为自由的主体，可以依循善恶两个方向运用其智力。由于他们具有选择的自由，才要对自己的行为承担责任。决定论否定了人具有意志的要素，从而也否定了现代民法的行为能力制度。按照其逻辑，善行也好，恶行也好，奖惩的真正承担者应是“性”或是其制造者而不是行为人本人。众所周知，我们不能因为精神病人致人损害而责难他，同样，我们也不能对精神病人的助人行为加以赞扬，因为他们没有意志自由。可以说，决定论设想的人不过是没有自由意志的精神病人。

性命境人性论的主观方面分为“性”和“命”，后者是欲望。欲望由“本能”而生。本能是人类和动物不学就会的性能，它是人与其他动物共有的东西。众所周知，人类有求生、自卫、繁衍后代的本能。本能的确具有天赋性质，且皆具有向外界索取的属性。求生须向外界索取生存资料；自卫需向外界索取安全；繁衍后代需向外界索取性的对象。就求生的本能而言，韩非子说得最好：“人无毛羽，不衣则不犯寒；上不属天，下不着地，以肠胃为根本，不食则不能活。是以不免于利欲之心。”（《韩非子·解老》）由此，本能往往被作为性恶论的论据，但本能仅是恶的充分条件而非必要条件，假若地球上只有亚当和夏娃，人只有两个而生存资料甚多，不会因欲望的多、生存资料少而发生冲突。自卫无必要，繁衍后代无问题，此时亦不发生恶的问题。况且，本能产生冲动，冲动又可分为占有性冲动与创造性冲动。占有性冲动表现为追求财产、攫取权力、进行掠夺和侵略、占有性的对象。创造性的冲动则表现为对知识、艺术、爱一类的东西的欲求，它能促

---

① ［俄］洛斯基著：《意志自由》，董友译，三联书店1992年版，小末的序。

进人自身的完善，推动社会的进步。[①] 因此，创造性的冲动与恶不相干。只有占有性冲动才与“恶”有可能的联系。所以，本能性恶论至少忽略了本能还有创造性冲动的实现形态，具有以偏概全的缺陷。

当代人的“命”如何呢？就欲望主体而言，地球上的人口已突破72亿大关。由于工业化社会中消费文化的广泛传播，他们的生活愈加追求舒适，换言之，他们的欲望强度在提高，其代价是资源消耗愈加增长，人类正在加速度地趋向于用尽地球上的所有资源。所以，当代人的“命”不容乐观。

性命境人性论的客观方面首先是资源。资源是一切可以满足我们欲望的东西。自然资源和社会资源都在其内。就后者而言，例如，可利用的警察服务就是资源，警察多，导致潜在犯罪人的犯罪冲动降低。甚至夜晚的灯光也是重要资源，灯光亮，也导致潜在犯罪人的犯罪冲动降低。但并非一切资源都是占有性冲动的对象，只有具有稀缺性的资源才如此。对于阳光这样的自由的财货，人们很少有占有的冲动，在特别的情境中除外。所谓稀缺性，不过是欲望众多而供应有限的状态。就“供应有限”，我们必须注意以下现实：第一，不可再生的资源是可以用尽的，如石油。[②] 据2000年10月22日的《厦门日报》报道，全球的资源将于2075年耗尽。第二，以人类现有的能力不可能利用地球的所有资源，我们的钻井技术只能达到30公里的深度，只有这一深度内的资源能为人类所用。第三，地球的质量为常数，即使能利用地球的全部资源，地球本身也有用尽之时。第四，以上讲的都是自然资源的稀缺性，就社会资源而言，如警力资源，也是非常稀缺的。我国有14亿人口，但只有160万名警察，平均一名警察要服务875人，警

---

① 参见［英］罗素著：《伦理学和政治学中的人类社会》，肖巍译，中国社会科学出版社1992年版，第5页。

② 罗马俱乐部著：《增长的极限》，李宝恒译，四川人民出版社1984年版，第62页表4。

力资源相当稀缺！而美国有 3 亿多人口，却有 87 万名警察，平均一名警察只要服务 343 人，警力资源丰富多了。

性命境人性论的客观方面其次是教育。尽管欲望与资源的关系紧张，但欲望主体如果受到很好的教育，“善端”得到充分展开，他也可能约束自己的本能避免为恶。不过，“性”的发扬，主要是道德的任务；而“命”与“境”的关系的协调，则是法律的任务。

试以打车丢东西找回率不足 15% 的例子说明性命境人性论。2011 年，厦门市发生 8071 起失物求助，865 起找回。有关部门统计，最高的年份找回率也不超过 15%。找回率低的原因一，司机素质不高；原因二，乘客马虎，不感恩；原因三，科技不发达，没有装探头，所以无证据，司机和乘客因此各执一词。① 此例说明，有约 15% 的出租车司机是性善的，约 85% 的出租车司机是性恶的。从多数司机性恶出发不能得出全部司机性恶的结论。而且，“境”的方面的改善如装探头、乘客感恩都会提高性善的司机的比例。

回到资源与欲望的关系问题上来。以欲望的状况为分母，以资源的状况为分子，所得的商告诉我们：相较于古代，现代人人均占有的资源在减少，资源更为稀缺，欲望与资源的紧张度在加强，这至少表现为在某些国家发生的自由财货的经济化运动。最近十年来，美国把一些过去看来不能被拥有的有体世界中的弥漫资源或公共物变成了财产。例如，从 1990 年起，把空气本身作为国家财产，以控制污染性地使用空气。② 澳大利亚和新西兰则把过去作为无主物对待的海洋渔业

---

① 王东城：《打车丢东西，找回率不足 15%》，载《厦门晚报》2012 年 3 月 2 日，第 A7 版。

② See Carol M. Rose, The Public Domain: Romans, Roads, and Romantic Creators: Traditions of Public Property in the Information Age, In Vol. 66 (2003), *Law and Contemporary Problems*, p. 94.

资源确定为国民财产，捕鱼者必须购买配额。① 在这种前提下，市民法中的主体必定以基本自利的方式进行活动。对于这种自利，不能说是“恶的”，因为既往的对“恶”的观念，皆是对“为我”的一种批评性评价。既然人们不可能摆脱人与资源的紧张关系的约束，“为我”是否应该非难，就值得怀疑了。因此，对于以自利方式活动的市民，我们应避免用“恶”或“善”去描绘它，而应以理解的姿态，把他们称作“市民”，即受到人与资源紧张关系约束的人，这种人无所谓善恶，而是一种事实的存在，他们的行为模式应被设定为市民法规范运行的条件。事实上，这种人并非全然为己，他们尚有“让人活”的一面。这乃是因为人是生物性与社会性的统一。“自己活”是人的生物性或本能；“让人活”是人的社会性。生物性，即人有受本能和欲望与资源的紧张关系支配的一面；社会性，指人能克制自己一时的欲望，缓和人与资源的紧张关系以及由此而来的人与人的紧张关系的一面。在现代分工社会，任何个人都是社会的个人，不能脱离社会而独立存在，他人的存在是自己的存在条件。因此，对于自己的族类，要常怀关怀之心。基于人的生物性以及人与资源的紧张关系，首先应承认“我”与“私”的地位，承认本能并解决上述紧张关系。“我”与“私”是无法消灭的，完全否定“我”与“私”的传统道德必须否定，事实上，它从来都是虚伪的。其次应承认，法律的使命在于调和人的生物性和社会性的矛盾，既承认人与资源的紧张关系的现实，放弃“人人皆可为尧舜”，“满街都是圣人”的奢望，又试图缓和由资源的稀缺所决定的人与人之间的紧张关系，保障公平正义，维护和平。市民法上的人，就是兼具生物性和社会性的人，就是具有交换型道德的人。

---

① See Carol M. Rose, “The Public Domain: Romans, Roads, and Romantic Creators: Traditions of Public Property in the Information Age”, In Vol. 66 (2003), *Law and Contemporary Problems*, p. 94.

二、性命境人性论的渊源

我的性命境人性论受到了许多中外前人思想的影响，是综合它们形成的。从宏观来看，这种人性论的主观方面来自性恶论和性善论，其客观方面来自白板说。从微观来看，这种人性论中包含的“性”与“命”的概念就来自孟子的性善论。其中的“境”的概念受管仲（约公元前723—公元前645）的人性论观点“仓廪实而知礼节，衣食足而知荣辱”（《管子·牧民》）的影响。此语把人的“知礼节”“知荣辱”等性善表现设计得与其物欲的满足正相关，反推过来，可得出如果人的物欲得不到满足就会有性恶表现的结论。如此，如果物欲属于“恶端”，它并不必然发展为“恶果”，是否如此，取决于人所处的物质环境。但管子似乎未能意识到人性中有“善端”的方面，这是与我的人性论不同的。因此他说：“凡人之情，见利莫能勿就，见害莫能勿避。”（《管子·禁藏》）又说：“民，利之则来，害之则去。民之从利也，如水之走下。”（《管子·形势解》）这些都是单纯的性恶论表达。

就性命境人性论的主观方面而言，它实际上是性善恶相混论，承认人性中有“善端”和“恶端”两个方面。持这种人性论的最早先驱者是战国初期的世硕（生卒年月不详），其观点通过汉人王充的转述才保存下来：“周人世硕，以为人性有善有恶，举人之善性，养而致之则善长；恶性，养而致之则恶长。”（《论衡·本性篇》）此语区分人性的主观方面和客观方面，前者包括人性的善恶两个方面；后者是所谓的“养”，它一包括人所处的物质环境，如仓廪的充实状况、衣食的供应状况。这些状况好则人向善，这些状况差则人趋恶。二包括人所受的教育，即他们所处的精神环境。教育好则人向善，教育差则人趋恶。这种人性论把不变数等式性的人性论改造成了变数等式性的人性论，为人性主体、社会改造者、统治者都留下了极大的活动空间，尤其为人性主体留下了意志自由的空间，至为精巧，也至为符合生活实际，与我的性命境人性论最为吻合。相形之下，不变数等式性的人性论都是或多或少的、正面的或反面的龙勃罗梭主义。

由于性善恶相混论具有合理性，它为汉代的扬雄（公元前53—18）和宋代的司马光（1019—1086）继承和发展。扬雄把人性具体化为人的一些官能以及从它们衍生的行为："学者，所以修性也。视、听、言、貌、思，性所有也。学则正，否则邪。"（《法言·学行》）"视"是眼的官能，其运用为"看"的行为；"听"是耳的官能，其运用为"听"的行为，依此类推。看了该看的，听了该听的，用儒家的话来说，是合礼之看、之听，否则是非礼之看、之听。让人非礼勿视、非礼勿听的途径是"学"，即道德教化。至此可以看出，扬雄的人性是一些人的具体官能，他避免了抽象的、看不见、摸不着的，因而容易引起主观想象的人性概念。此其理论的特点一也。其二，他把世硕的"养"的物质方面和精神方面缩减为只包括精神方面——学，这当然是一种倒退，但此说更与其官能人性论配合，人性的范导由此成为一个单纯的官能正确运用问题。必须注意的是，扬雄列举的人的官能涉及的都是一些"理性"的器官，即满足人的精神需要的器官，不包括满足人的物质需要的器官，如"食"以及用来"食"的嘴，以及"淫"以及用来"淫"的生殖器，可见他是把人设定为单纯的精神存在的。从这个意义上，不妨把扬雄的人性论称之为理性人性论。但我以为他的这种"舍弃"极为不当，所以，我的人性论坚持把"境"既包括精神的方面——教育；又包括物质的方面——资源的供给状况。

司马光对性善恶相混论的发展是善恶的比例不同导致三种人的理论。他说："是故虽圣人不能无恶，虽愚人不能无善，其所受多少之间则殊矣。善至多而恶至少，则为圣人；恶至多而善至少，则为愚人；善恶相半，则为中人。"（《司马温公文集》卷七十二《善恶混辨》）此语否定了圣人的绝对的善，愚人绝对的恶，颇有人性平等主义的色彩。同时也提出了减恶增善的问题，解决的途径还是扬雄的"学"。学习得越多，善越多，越接近于圣人，相反就会堕落。三种人的理论提出了法律以何种人为参照系制定的问题。读者可以发现，司马光的“圣人”“中人”“愚人”三个概念与我在下文将谈到的“上人”“中人”“下人”三个概念具有等值性。我的结论是法律必须以中人为参照系制定。

从西学的角度看，我的性命境人性论还吸收了培根的善恶二元人性论的因子。按照培根的观点，人性中既有天然倾向善的属性，表现为仁爱、利人、爱人，也有恶的属性，表现为暴躁、好斗、嫉妒、幸灾乐祸、落井下石。这两种天性如何发展，取决于教育、习惯等“境”的因素。[①] 习惯是教育的成果，它可以构成人的第二天性。好的习惯可以产生良好的有德行为。[②] 培根的理论不妨称为性境人性论，因为他未把人性的主观方面细分为“性”和“命”。

前文已述，性命境人性论包含善恶相混论的因子。而善恶相混论与行为经济学的基本观点是契合的。行为经济学证明了“有限的自利”的命题，这不过是说，人除了自利的方面之外，还有利他的方面存在。如果可把自利称为“恶”，把利他称为“善”，则“有限的自利”的命题不过是一种善恶相混论的命题，它的逻辑展开应是：第一，在每个人身上，善恶的比例是一样的吗？显然不一样，否则我们怎么会说甲是好人，乙是坏人，丙是过得去的人呢？第二，是什么影响了一个人身上的善恶比例？天性是一种说法，教育是另一种说法。第三，善恶的比例应是对一个个人的内心构成的描述，还是对某个阶级的内心构成的描述？如果是后者，则会形成阶级人性论，如此，人性论就超出了个体描述的界限，变成阶级描述的方法。

善恶相混论也能解释所谓的“亚当·斯密问题”。人的利己的行为体现了其“恶”的方面，利他的行为体现了其“善”的方面，人是

---

① 参见姜国柱、朱葵菊著：《论人·人性》，海洋出版社 1988 年版，第 446 页。

② 参见余丽嫦著：《培根及其哲学》，人民出版社 1987 年版，第 385 页。

善与恶的统一，所谓“一半是天使，一半是野兽”是也。不过，利己是市场之地的行为规则，利他是教堂之地的行为规则，当然两者间有灰色地带，如在教堂里义卖，出卖人把自己的或募集来的物品售予他人，所得价款用于慈善事业。这里的“买卖”（而且最好能卖出大价钱）属于市场之地，“用于慈善事业”则属于教堂之地，两地的规则发生了交错。另外，一个在“此域”利己的人可能在“彼域”利他，而且用的是从“此域”带来的财富。相反，如果一个人在市场之地行善，或在教堂之地牟利或行恶，人们会感到“体系违反”，犹如在繁华商业区看到一个只穿游泳裤的人一样，而该人在海滩上穿游泳裤，人们不会觉得有什么不正常。

总之，我的性命境人性论并非向壁虚构，而是博采前人的精神果实加以酿造形成的新的思想成果。它与前人思想的这种关联性会使它获得更多的支持与认同。

三、性命境人性论与规范分工论

前文说过，我主张的法治以性恶论为基础，而我的性命境人性论的主观方面是善恶相混论，它如何支撑得住法治呢？换言之，我的人性论主张与法治主张是否矛盾呢？按规范分工论，我的两种主张并不矛盾。要分工的规范是道德和法律。这两种规范的关系是法哲学的永恒话题，以往的论者往往把道德作为一个整体设想其与法律的关系。实际上，法律本身不过是一部分道德的完整的体现。古往今来只有三种道德。第一种为利己主义道德，它的格言是“我所考虑的一切就是我自己”，用中国古代法哲学的术语来说，信仰这种道德的人是所谓的“下人”，即不具有起码道德的人，拔一毛利天下而不为的人；第二种为互助论道德或交换型道德，它的格言是“只要我有所取，我就要贡献”，或“自己活，让人活”（Live and let live），信仰这种道德的人是“中人”，即具备最低限度的道德的人；第三种为利他主义的道德，它的格言是“我要奉献，不要任何回报”，信仰这种道德的人是“上人”，即具备了高尚道德的人，他们“宁可天下负我，我忠心不负天下”。因此，谈论道德与法律的关系，实际上谈论的总是法律与“上人”道德或利他主义道德的关系。两者的对立实际上是法律现实性与“上人”道德的超越性之间的对立。是现实的还是超越的，参照系是欲望与资源的紧张关系。

对于法律与道德的关系，还可以作另外角度的考察。我认为前者的主要规制对象应该是“命”，即人的生物性方面，目的在于“抑恶”。后者的主要规制对象应该是“性”，即人具有社会性的方面，目的在于“扬善”；“性”是可变的，因此道德可对之加以型构；“命”是不可变的，因此法律只能对之加以圈围，不能对之加以改造。之所以对两种规范的规制对象都加了“主要”的限制语，就法律而言，是因为现代法律中也有了一些“扬善”性的奖励性规范，在经过了道德法律化运动的洗礼后，尤其如此，如我国有关省市的见义勇为立法中的这种性质的规定。所以“性”有时也成了法律的规制对象；就道德而言，乃因为其规制对象与法律的规制对象有交叉，如“淫”的问题就是法律和道德的共同规制对象。轻微的“淫”违反了万恶淫为首的道德律令；重的“淫”如淫乱，就构成犯罪了。

前文已述，规范分工论是克里斯琴·托马修斯和康德的工作成果，尽管在道德法律化的运动中遭到质疑，但美国一些法域制定过高人性标准的好撒马利亚人法遭遇失败的教训告诉我们，法律与道德的界限仍必须维持，法律不是养成道德英雄主义的地方，那是“家庭、教堂和其他性格养成机构的工作”。

法律、道德和宗教是三大社会规范。从某种意义上讲，它们都是为了处理欲望与资源的紧张关系而存在的，它们的区别除前段讲到的作用的对象不同外，还在于追求的目标不同。道德欲使人成为君子，宗教欲使人进入天国，正如孟德斯鸠所说的：人为法的制定为的是

"好"；宗教为的是"最好"。人们很可以变更法律，因为他们只要人们认为"好"就成了。但是宗教制度却是人们永远认为"最好"的。[①]道德与宗教的共同点是都对人们的行为标准提出高要求，区别在于道德是此岸性的，即为了现世的行为规则；宗教是彼岸性的，即为了来世的行为规则。由于在现代法律体系中，宗教已被高度淡化，所以人们通常只谈法律与道德的关系，本书的前面部分为了避免枝蔓繁多也采取了这种处理。实际上，宗教规范对法律规范的影响即使在现代也是存在的，好撒马利亚人行为规则本来就是宗教规范。在《圣经·路加福音》10：30－37的上下文中，好撒马利亚人并非为了得到现世的奖励，而是为了得到"永生"，即来世的奖励。法律与道德和宗教都不同，它仅企图在各欲望与资源的紧张关系中，使各欲望主体在竞争的程序中得到满足或限制满足，由此保持各欲望主体间的和平。道德和宗教追求绝对的善，是圣人规范；法律只追求相对的善，是常人规范。法律只要求"勿害他人"，而宗教和道德要求"爱你的旁边的下一个人"（Love your next one）。

法律、道德、宗教何以对人提出不同的要求？因为适用的对象不同。法律的适用对象主要是实然的人；道德和宗教的适用对象是应然的人。而且三者的使命不同。一个社会是法律的共同体，所有的人受同一法律的支配。法律是一切人道德的最大公分母，它是社会的绝大多数成员都能接受的最低限度的道德。由于社会的绝大多数成员不可能超出欲望与资源的紧张关系来进行活动，法律所反映的道德、宗教观念，必须是最起码的。由此，法律是团结社会的工具，使不同的道德群落、宗教群落的人能受制于共同的行为规范。但很难说一个社会是道德或宗教的共同体。一个社会可以有很多道德或宗教群落。各个群落的内部行为规则是不一致的，不能说这种不一致不好，应允许进

---

① ［法］孟德斯鸠著：《论法的精神》（下），张雁深译，商务印书馆1963年版，第174页。

行多种行为规范的试验。[①] 若以公分母以外的某一群落的行为入法，就扼杀了其他群落的自由，就会遭到抵制，造成社会的分裂。而且道德和宗教往往要求人们超越欲望与资源的紧张关系行事，这并不是人人都能做到的。若以道德和宗教规范入法，必定要造成法要责众、难以执行的局面。因此，如果说法律是团结社会的工具，则道德和宗教就是保持社会各群落个性的工具。如果说法律是从欲望与资源的紧张关系的现实出发制定的，则道德和宗教就是为超越这种紧张关系而设立的。

既然法律主要以表现为“恶端”的“命”为工作对象，道德主要以表现为“善端”的“性”为工作对象，性命境人性论与法治的性恶论前提就不矛盾了。可以说，这种人性论可作为法律和道德的共同基础，具有更大的包容性。但它不能成为“德治”的基础，因为一个正常社会的道德必定是多元的，“德治”是对统治者的治国手段的描述，统治者只能用统一的手段治国，因此，“以德治国”的提法意味着要用一种统治者相信的道德治国，这就否定了道德的多元性以及作为前提的个人自由，克里斯琴·托马修斯恰恰为了反对这种“否定”才提出规范分工论的。但它可以成为“法治”的基础，因为作为治国手段的一国法律必须基本上统一，此乃法律之事理之性质，当然，特定情形要求的权变也应得到承认，这样才能保障民族地区或类似法域的自治。

第六节　结论和但书

本章第一节回顾了我国传统从不承认一般的人性到承认的转变，概述了关于人性的一般理论以及不同的人性论与社会治理模式的关联。第二节回顾了欧陆国家对法律主体人性设定的演变史，得出目前我们

---

① 参见［英］约翰·密尔著：《论自由》，程崇华译，商务印书馆1959年版，第73页。

习见的经济人假设产生得相当晚近的结论。第三节介绍了行为经济学对经济人假设的挑战以及该学派的社会治理模式设计，其中顺便花费相当笔墨研究了以理性为基础的现代行为能力制度的起源以及家长制政治制度设计的是非。第四节论述了见义勇为问题的法律应对史，试图说明立法者从另一角度对经济人假设作出的修正。通过以上研究，我们可以得出如下结论：在我国，对普遍人性的承认是一个进步，它有利于对人类共同的心灵现象的探询，消除狭隘的阶级压迫主义的法律观。这种普遍的人性是人区别于神和其他动物的属性。它分为认识人性论和伦理人性论，人们通常理解的人性论是后者，但两种人性论是可以贯通的。首先，白板说就是一种由认识人性论和伦理人性论共用的假说；其次，无论是性善论还是性恶论，都以主体对善恶的认识为前提，一旦证明这种认识存在障碍，则这两种人性论都面临崩溃。行为经济学正是利用了这一理论空间动摇了作为性恶论之日常表现形式的经济人假设。其打击点之巧妙，令我拍案惊奇。行为经济学终于推翻了以过分概括的方式界定人性的方法，还原了人性的多样性。不妨用托克维尔的话来说明其工作效果："一般来说，人既不太好，也不太坏，都平平凡凡……人有劣行，有缺点，也有美德，集好、坏、高、低、正、邪于一身。"① 占据西方政治——法律思想主流的性恶论除了遭受行为经济学的打击，而且还遭受了来自我的性命境人性论的打击——当然这种打击也指向性善论。这两种人性论都只考虑到了影响人的行为的主观因素，未考虑到此种因素的可变性以及造成这种改变的外在环境因素，是主观的、固定不变的人性论。我吸收中国古代思想家的有益观点，把"性"描述为可变的，它随自然和社会资源的供给状况而改变，由此确立了无恒善或恒恶之人的观点，形成了变动

① ［英］拉斯基：《拉斯基为〈托克维尔全集〉中之〈论美国的民主〉所作的导言》，载［法］托克维尔著：《论美国的民主》（下卷），董果良译，商务印书馆 1988 年版，第 958 页。

的人性论。相信它更符合人们对人的日常观察，避免了理论家为了求得论述的简洁或方便经常作出的过度舍弃。

从人性论选择对立法的直接影响来看，由于自然法思想的影响，历史上有过一段法律与道德不分或法律道德化的时期。其中，罗马法对人性设定了很高的要求，这种要求甚至维持到《法国民法典》的时代。经过克里斯琴·托马修斯和康德的努力，法律与道德才区分开来。黑格尔基于这一理论成果，把市民与公民区分开来。从此，经济人假设在市民法中获得了牢固的存在。但从19世纪中叶开始，道德法律化的古代传统得到了部分的残留或复活，表现为许多国家制定了涵盖范围或宽或窄的好撒马利亚人法，惩罚见危不救者、豁免见义勇为者的民事责任并为他们提供其他保障，引起了市民和公民的混同问题，法律主体由对不特定人承担消极义务转变为承担一定的积极义务。这样举措的效果引起了广泛的争议，有人认为这样的法律无法实施，有人持相反的看法。无论争论的结果如何，显而易见的事实是，道德与法律明确界分的模式已经动摇，法律已经对一定的道德因素持开放态度。

经济人假设在遭到行为法经济学家的攻击前，一直是传统民法理论的基石之一。如同行为经济学家分析的，经济人假设包含无限的理性、无限的意志力和无限的自利三个前提。如果“无限理性”中的“理性”指人的认识能力，我们可以看到第一个前提中的“理性”和第二个前提中的“意志”都属于希腊哲学家巴内修所用术语意义上的广义的理性，前者属于理论理性，后者属于实践理性而已。罗马人把过失的概念与理论理性的概念相连，把故意的概念与实践理性相连，两种理性由此融汇于过错的鼎炉中。普芬道夫把理论理性（理智）和实践理性（意志）当作人的行为能力的两个要素，在行为能力的鼎炉中融汇了两种理性。两种理性在特定理论建构中的相伴关系绵绵维持于民法理论传统中，甚至越过了民法的界线到达于经济学，其经济人假设是融会理论理性（“理性”）和实践理性（“意志”）的鼎炉，如此我们发现了民法理论与经济理论的共振关系。行为经济学动摇了经济人假设的头两个前提，认为人不仅不具有完全的理论理性，且具有的实践理性也是不完全的。由于经济人假设是民法和经济学共用的前提，它在经济学领域遭到批判后，必然引起民法学家对它在民法领域中的可适用性的反思。

然而，在考察了行为法经济学家对经济人假设的种种诘难后，我的结论却是仍然要坚持经济人假设。因为按照普遍人性论，当今人们的“性”与自古以来的人们没有什么区别，可以变化的是“境”的因素。当然，我们已跨入一个相对丰裕的社会，但我们显然仍生活在一个需要私人所有权的状态中，这证明资源的稀缺性并未消除，因为私人所有权就是一种解决欲望众多与资源稀缺的矛盾的一种制度设计。推翻经济人假设的真正战利品应该是取消“我的”与“你的”的区分，实现完全的公有制，而我们并未走到这一步，我们自己和一些邻国在这方面尝试的失败证明没有必要走到那一步，或曰走到那一步是一场灾难。而且，目前的经济学研究也未放弃稀缺资源的有效配置的前提，这说明人类的一切经济活动仍受到人与资源的紧张关系的约束。从这个角度看，经济人假设尽管遭受种种批判，实际上仍稳如泰山。王选先生的话可作为此论的证明：毫不利己，专门利人，是绝大多数人根本做不到的。对季羡林先生考虑别人比考虑自己稍多一点的好人标准，他主张降低把考虑别人与考虑自己一样多的人定为好人。① 显然，王选先生的这种“好人”，就是有限自利的经济人。不过，经过了行为经济学的洗礼，这样的“新”经济人发生了两大改变。其一，与“旧”经济人相比，他们仍有利己之心，但能否真正利己，取决于他们的认识能力的大小。一些带着“高度近视眼镜”的经济人，可能自以为在追求个人利益的最大化，可能实际上正在做好人好事呢！其二，

① 参见新华社北京 2 月 13 日电：《他带动我们告别“铅与火”：两院院士北大教授北大方正集团开创者王选逝世》，载《厦门日报》2006 年 2 月 14 日，第 10 版。

“旧”经济人是以作为的方式利己，以不作为的方式利人，经过好撒马利亚人法的改造，“新”经济人还是以作为的方式利己不提，却变得也要以作为的方式利人了，呵呵！

实际上，行为经济学不过是批判而非建构的理论，是“挑错”的理论，这些“挑错”并非完全无用，它们让我们理解到经济人假设的有限性，因此，现在的我们应正确理解这一假设，把它看作一种分析工具而非真理，因而不关注人性论学说本身的真理性，而是关注特定人性假定衍生的不同社会后果。① 总之，经济人假设不是真理，而是合用的工具。“先小人后君子”俗语说的是从“人人都是小人”的假定出发带来了“人人都是君子”的积极结果，讲的是从低设定人性设计制度带来的积极效果。反过来，把人人都设定为君子，结果必然是大家都成为小人，这是在我国反复上演的故事！我们至今还可感到这种性善论设定留下的恶果。因此，作为对历史教训的吸取，我们也要坚持经济人假设。

作为研究人性论问题的副产品，本章论证了国家的家长制干预的必要，从而否定了过去人们常说的民法是纯粹私法的说法，自然导向民法是公私混合法的结论，这意味着对民法学者通常津津乐道、作为民法核心的意思自治原则的效力普遍性的破毁。对于刚从计划经济时代走出来、曾深受国家的过多过细的干预之害的国人来说，接受这样的真理并非愉快。但如果他们明了了本章主张的国家干预是“不对称”的，不同于过去他们遭受过的严厉的家长制干预的前景，以及他们自身已经或正在通过消费者保护法领受这种干预的好处的事实，他们的心情可能会变得愉快一些。经济法向来以民法为单纯的私法为基点建构自己的纵横交错的调整对象理论并进而证明自己的存在理由，现在人们可以发现，民法的调整对象本身就是纵横交错的，没有必要

① 参见罗明星：《人性假定：作为工具价值的思考》，载《理论月刊》2003 年第 7 期。

让经济法补充自己没有纵的方面的缺陷。如果这一认识为真，经济法必须为自己寻找新的存在理由。

必须注意行为经济学对民法基本命题的影响。如果说它对经济人假设的动摇不怎么成功，那么，它一点不曾失手地动摇了意思自治原则，该原则以每个人都是自己利益的最佳判断者的绝对主义的命题为基础，行为经济学借助认识心理学研究成果成功地破解了这一命题。意思自治原则动摇，民法的私法性将随之动摇。民法是私法的命题本来反映的就不是一个事实，而是论者的愿望。对民法内容展开实证研究或统计分析就可容易地证明相反的事实。需要指出的是，在我国法学界已有的少量引介行为经济学的论文作者中，似乎尚未有人意识到行为经济学这方面的潜在意义。我呼吁他们注意问题的这一方面，同我一起抛弃我们现在面临的在近200年前产生的民法理论中的陈旧部分，开创符合时代精神的新民法理论。

本章对重要国家好撒马利亚人法的全面研究告诉我们，在不鼓励公民与犯罪分子搏斗的地方不见得不存在这种搏斗，是否作出这种鼓励取决于至少两个因素：第一，警民比，此等比例越高，公民直接与犯罪分子交手的可能性就越小，反之，此等比例越低，公民就越有可能被号召喋血马路。从表面看，“不顾自身安危”的立法者要求是一种人性标准高设定的表现，透过现象看本质，却可能是国家机器运作不良的表现。我们必须注意到，有14亿人口的我国只有160万名警察（而且要考虑到其中有相当数目的人坐在办公室里。巡警在我国是一个从1993年6月起开始存在的相对新的事物，不可能所有的警察都在街上跑）。第二，替代制度。如果说警力不足是一种恒常的现象——因为即使在一个警察很多的国度，在一定的时段、一定的地方，如偏僻的地方，总会发生他们的缺位——以立法鼓励公民不顾自身安危与犯罪分子搏斗只是解决问题的方式之一。设立陪伴制度和避难所制度也是解决问题的方式，它们可以使潜在的犯罪人萌发犯罪动机于内而不得形之于外。当然，这通常是志愿者或市民社会而非国家承担的工作，在美国，它们也承担了多数在中国由政府承担的奖励见义勇为者的工作，因此，解决见义勇为之必要性问题和“勇为”后的奖励问题，需要依靠多种途径。

行文至此，不知不觉地涉及了性命境人性论问题。假如人人都有一定的犯罪倾向，此乃人之“命”，那么，这种倾向是否转化为犯罪行动，首先取决于“境”。在本研究涉及的范围内，它至少包括两个要素：第一，警察的数目。它一方面构成对潜在犯罪人的威慑，督促他们打消犯罪念头，另一方面也破毁潜在犯罪人作案的条件。第二，志愿者的存在。他们也起破毁潜在犯罪人之作案条件的作用。其次取决于“性”，即主体受到的法律、道德教育。受的这种教育越多越成功，他们犯罪的可能越小，反之越大。“性”“命”“境”三个因素相互作用，决定是否产生犯罪。而在“不顾自身安危”成为现实需要之时犯罪已经发生了。我想，设想一种让犯罪不能发生的方法比设想解决已发生的犯罪的方法应更重要，或至少同等重要。

达成上述结论后，应如何把它们体现为立法中的人性论条款？我认为，法律，尤其是市民法，完全以交换型道德为内容，它应以“中人”为标准制定。它当然不能以“下人”为标准制定，否则难免出现“恶棍法典”，社会难以维持起码的秩序。具体而言，我国未来民法典中的人性论条款应如此设计：1. 必须坚持私人所有权制度，把“你的”和“我的”区分开来；2. 宜承认拾物人的报酬请求权，当然，这不妨碍道德水平高的人不取此报酬；3. 应赋予无因管理人、监护人报酬请求权，同样，这不妨碍道德水平高的人不取此报酬；4. 应承认效益违约对优化资源配置的积极作用而设立这一制度；5. 应补设取得时效制度；6. 在无因管理制度的框架内调整见义勇为现象，鼓励而非强制见义勇为；7. 在见义勇为立法中，实行依身份之不同定义务之轻重的原则，对一切公务员和现役军人都作为准警察鼓励他们“不顾自身安危”实施救助，鼓励非公务员和非军人在不危及自身安全的范围内实施救助。尽管如此，我必须根据学术良心承认中国的立法者仍然享有选择的自由，法律与道德界限的相对模糊在许多西方国家仍是实际的立法现象，例如，《法国民法典》就不承认拾物人可以取得拾得物的所有权，更遑论其报酬请求权。

另外，建议制定全国性的《见义勇为者奖励和保障法》，依前段所述统一全国的见义勇为者行为标准，消除目前的有的省市有这方面的立法，有的省市没有的现象，以及有这方面立法的省市对见义勇为者行为标准设定不一的现象。并且，有的省既有见义勇为的全省立法，又有这方面的省城的立法的怪现象，以及更怪的全省立法和省城的同样主题立法就见义勇为者的行为设定不同标准的现象。在这样的全国性的立法中，应规定在国外的好撒马利亚人法中普遍规定，而在以前的见义勇为地方立法中未规定的见义勇为者在实施救助过程中造成损害的民事责任豁免问题，规定他们只就自己的故意或重大过失承担责任，其他情况免责。事实上，司法实践中已提出了这方面的问题，谨以下面的案例加以说明。

2004 年 11 月 12 日晚上 11 点 30 分左右，在海口至三亚东线高速公路上发生了一起交通事故，在车祸发生的瞬间，一辆大货车上的送货员韩某被冲撞到路边护栏上，紧紧地卡在了该护栏和大卡车的脚踏板之间。几分钟后，大货车司机打电话报警。大约 15 分钟后，海南省万宁市交警大队交警和万宁市人民医院 120 急救中心的医护人员先后到达现场施救，其手段是用拯救车将大货车拉开救出卡在中间的韩某，发现无效，于是调一家公司的吊车施救。这一设施在事故发生后的 1 小时 47 分之后到达并将韩某解脱，但此时他已死于挤压伤造成的大出血休克。在先等待拯救车，后等待吊车的过程中，他最初是清醒的，可以打电话向其父亲报平安，后来是脚麻、腰酸头晕、呼吸困难；再后来是生命越来越微弱，喊人救他。对于一个大活人在救助中死亡的结果，死者的单位和家人无法接受，遂起诉万宁市交警大队行政不作为，要求赔偿。实际上是指控被告救助不当，为此提出了如下三个替代救助方案：其一，卸下出事大卡车的脚踏板，12 分钟就可完成这一作业；其二，拆开高速公路护栏，几分钟就可完成这一作业；其三，打 119 呼叫具有重吨位卡车的消防队施救。2005 年 3 月 2 日，万宁市公安局以种种理由否定原告提出的三种替代救助方案，作出不予赔偿的决定。原告不服，起诉于万宁市法院，2005 年 6 月，受案法院以交警队在事故处理过程中有作为为由驳回原告的诉讼请求。原告上诉于海南中级法院，2005 年 12 月，中院将此案发回重审。重审法院于 2006 年 3 月仍以不能认定交警队的行政不作为驳回原告诉求。①

本案的原告以错误的理由——行政不作为——起诉，并由于这一错误败诉，因为被告确实有所作为。实际上，本案属于救助不当案，当然，它涉及的不是见义勇为者实施的救助，而是法定专业救助机构实施的救助，案情类似于本章第四节报道的马丁内斯诉波多黎各海事局案（1990 年）。然而，不论是见义勇为者实施的救助，还是专业救助机构实施的救助，都有救助不当的问题。原告提出的三种替代救助方案都有相当理由，只要遵循人命为先的原则，都可以操作，而万宁市交警队没有实施它们，作为专业的救助机构显然具有重大过失，应当承担赔偿责任。但由于我国现行法律上无救助不当责任的规定，原告不得不勉强将行政不作为当作诉因，实际提出的支持理由却是救助不当，这就造成了论点与论据的不协调。如果我国法律制定了救助者责任承担——豁免的规则，这种情形中的原告将会得到适当的诉因。所以不妨说，韩某单位和家人诉万宁市交警队案的意义之一在于向立法机关提出了制定这样的规则的要求。一旦制定出来，它们当然不仅适用于专业救助机构的救助行为，而且适用于见义勇为者实施的救助

---

① 参见 2006 年 3 月 30 日《今日说法》：《他在等待中离去》，载 http：//www.cctv.com/program/lawtoday/20060403/101769.shtml，2006 年 4 月 4 日访问。

行为。当然，对于这两种人，法律对他们提出的注意要求必然不同，因而其过错的确定标准也必然不同。

还要指出的是，我国的见义勇为立法与国外的好撒马利亚人法的外延并不完全重合，例如，不包括关于食品捐赠的好撒马利亚人法，而包含食品捐赠的“爱心超市”已在我国出现，由此可能引发食品捐赠者提供的食品造成损害的民事责任问题，这一主题不宜包括在现有的《见义勇为者奖励和保障法》的框架内，建议另行制定这方面的法律，规定诚信的食品捐赠者只就其故意或重大过失对提供食品造成的损害负责，在其他情形免责。

最后必须说到的是全书的但书。任何截然的划界都是危险的，事物之间往往存在模糊领域。经济人假设的模糊领域是一些民法制度，它们被有些人说成是利他性的，被另一些人说成是最终利己的。“最终”二字意味着在更长的时间链条中考察主体的利益得失情况，这种思维方法使“利己”或“利他”成了一个似乎说不清楚的问题。在“利己”与“利他”之间徘徊的民法制度有：诚信原则、扶养制度(包括亲子关系)、赠与合同、相邻关系制度等。就诚信原则而言，我认为它是一个引致性规范，在法律出现漏洞时引进人性标准更高的道德适用，因此是一个“利他”的规则①，但布坎南（James Buchanan）认为：遵循诚信原则的行为属于广义的合理的“理性行为”，即为了维持主体长期利益而放弃利用自己目前的优势的行为。② 扶养，尤其是亲子之间的扶养到底是利己还是利他，更是一个聚讼纷纭的问题。本章前文已引述马歇尔关于家庭关系是利他主义的一种纯粹的形式的

---

① 参见徐国栋：《论市民法中的市民》，载《天津社会科学》1994年第6期，第99页。

② 参见［美］布坎南著：《自由、市场和国家》，吴良健等译，北京经济学院出版社1988年版，第35页。

观点，做同样主张的还有亚当·斯密、加里·贝克尔[①]等，但我们都熟知国人的养儿防老理论，以及韩非的亲子关系为利害关系的理论，它们都认为抚育孩子的表面上的利他行为实际上是长远的利己行为。女性主义经济学家谢丽·柏格拉夫（Shirley Burggraf）也认为生殖和养育是父母为自己的未来做的投资，如果这种投资无回报或回报不足，他们就会放弃生育转向保险制度寻求自己未来的保障，这种转折已经为目前西方国家普遍存在的生育率下降所证实。[②] 就赠与合同而言，多数人通过把它界定为一种无对价的合同隐晦地把它归入利他合同，但另一些学者认为，从长期来看，受赠人必定要对赠与人提供的恩惠做出回报，从而否定赠与的利他性。[③] 就相邻关系制度而言，意大利学者阿得里亚诺·德·库比斯（Adriano De Cupis）认为它反映了性善论，因为在相邻关系中，人们要承受某些负担便于邻人[④]，但我认为，相邻关系人提供便利是相互的，例如，我家的墙要承受你家的梁，反过来也一样，故不存在一方单方给予他方利益的问题，谈不上反映了性善论，说它反映了人类社会的社会性倒是非常恰当。

在上述四项"灰色"制度中，前三项的属性都依考察的时间链条的长短而变，从短期来看，它们是"利他"的，从长期来看，它们又可能是利己的，但不必然如此，因为如果时间链条长得超过了施惠一方的寿命，被考察的行为又变成单纯利他的了；因为如果受惠人不遵

---

① 参见［美］加里·斯坦利·贝克尔著：《家庭论》，王献生、王宇译，商务印书馆1998年版，第288页及以次。

② See Amy L. Wax, Is There a Caring Crisis?: The Feminine Economy and Economic Man: Reviving the Role of the Family in the Postindustrial Age, Shirley P. Burggraf Reading, In Vol. 16 (1999), *Yale Journal on Regulation*. pp. 327ss.

③ See Peter M. Blau, *Exchange and Power in Social Life*, John Wiley & Sons Inc. New York, US, 1964, pp. 93ss. 也参见张展为：《赠与合同法理浅析》，载徐国栋主编：《罗马法与现代民法》第3卷，中国法制出版社2003年版，第287页。

④ Cfr. Adriano De Cupis, La solidarietà umana nel diritto civile, In *Rivista di Diritto Civile*, 1985, Padova, pp. 621－624.

守回报的道德义务甚至给予相反的回报——这就是赠与制度中的忘恩负义条款要预防的情形——被考察的行为又变成单纯利他的了。必须注意到这些关系中的回报具有不确定性和非法律强制性，对不特定人所为的赠与相对于两人间的赠与，这两种否定的属性更加强烈——人们容易想到亲子间的扶养是个例外，但我们必须注意到，子女不扶养父母的事例不少，但不见得所有的父母都诉诸了法院，而且英美法明确肯定父母子女间不存在扶养义务①，更何况许多父母不需要子女扶养。非法律强制性使它们落入道德的范畴。由此我们可以发现一种有趣的情形："刺激"，在法律的范畴；"反应"，在或基本在道德的范畴。在通常情况下，法律问题只在法律的范围内考虑，因此，我们只能认定上述三项制度是"利他"的，它们构成民法采用的经济人假设的例外。我们如果做一些努力，还可以找到更多的例外。"原则"与"例外"在一个体系内的并存，反映了性本"灰色"的理论调试自己以反映长绿的生活之树的努力。

---

① See Antony M. Honoré, Law, Morals and Rescue, In James M. Ratcliffe (Edited by), *The Good Samaritan and the Law*, Doubleday & Company, INC., New York, 1966, p. 229.

第九章

时间论

第一节　民法的时间性

一、时间性强的法律制度之例证

什么是时间？时间是物质运动的延续性、间隔性和顺序性。表明一事物与另一事物、一运动过程和另一运动过程的先后顺序，过程之间的间隔长短，事物存在和延续过程的存在久暂。① 从这一定义可以看出，时间是运动或变化的量具，所以，对于认为世界亘古不变或变化很少的哲学家来说，时间是不必要的或必要性不大的。但对于主张万物皆流的哲学家赫拉克力特来说，② 时间就非常重要了。前类哲学家主张形而上学，后类哲学家主张辩证法。幸好，主张辩证法的希腊哲学家占多数并影响了雅典法，所以，雅典法中的时间性很强。但变有两种，其一是变衰，即将时间作为其“生命”参照系的主体或客体的某种属性变弱；其二是变强，即将时间作为其“生命”参照系的主

① 参见冯契主编：《哲学大辞典》（上），上海辞书出版社2001年版，第760页。

② 参见汪子嵩等著：《希腊哲学史》（第1卷），人民出版社1993年版，第440页。

体或客体的某种属性变强。两种变的尺度都是时间。但变化具有相对性。一个变化，对于此主体可能是变衰，而对于彼主体可能是变强。所以，如何掌控法律中的时间尺度，属于立法者的政策考虑范畴。雅典法倾向于让时间衰化主体的权利。例如，梭伦为债权规定的时效期间是5年。① 柏拉图讲的可能是雅典的取得时效制度，比较复杂：如果占有人公开使用他人动产，在城市、广场、神庙如此的，一年后取得其所有权；在乡村如此的，5年后取得其所有权；如果仅在家中如此的，这个家在城市的，占有人在3年后取得其所有权；这个家在乡村的，占有人在10年后取得其所有权。如果仅在外国使用他人的物件，则永远完成不了时效。② 债权人相对于债务人、动产所有人相对于非所有人，都具有优势，让时间衰减强者的权利，有利于弱者。如此可达成社会团结，但团结是同胞之间的事，对于外国人，不追求此等团结，所以他们被时效制度排除在外。当然，一个硬币有两面。时间衰减了债权和所有人，但强化了债务人的不履行和非所有人的占有。时间是把双刃剑，它在衰减一些的同时强化了另一些。

时间造成的衰减和强化，使法律具有了动态性。这种动态性除了有哲学的原因，还有政治体制的原因。简单地说，民主制下的法律更具有动态性。例如，罗马市民法上的诉权，曾经是永久有效的，但裁判官赋予的诉权，只在一年内有效，因为裁判官的任期只有一年。③ 所以，官吏的任期制导致了诉权的有期化，而任期制是民主制的内容。

---

① See Demosthenes. Demosthenes with an English translation by A. T. Murray, Ph. D., LL. D. Cambridge, MA, Harvard University Press; London, William Heinemann Ltd. 1939. on http://www.perseus.tufts.edu/hopper/text? doc = Perseus%3Atext%3A1999.01.0076%3Aspeech%3DD36%3Asection%3DD26，2012年7月18日访问。

② Cfr. Arnardo Biscardi, *Diritto Greco Antico*, Giuffrè, Milano, 1982, p. 197. 也参见［古希腊］柏拉图著：《法律篇》，张智仁、何勤华译，上海人民出版社2002年版，第407页及以次。

③ I. 4, 12pr. 参见徐国栋著：《优士丁尼〈法学阶梯〉评注》，北京大学出版社2011年版，第581页。

反推过来，如果裁判官终身任职，他们创立的诉权就可能在其终身有效或永久有效，由此减少了法律的动态性。

时间造成权利衰减还有宗教原因。还是举雅典的例子。雅典有《大赦法》（κάθαρσις 转写成拉丁字母是 Catharsis，意思是“净化”），它是衰减国家和犯罪受害人的诉权以达成社会团结的制度。它基于这样的观念：天下之人皆为上帝的子女，彼此间是兄弟姐妹，彼此的冒犯也是兄弟姐妹之间的打闹，闹完了该忘的就要忘，“不要让仇恨使你的心灵潮湿”。所以，《大赦法》的精神就是除去责任，重新开始。[①] 不要揪住过去不放。

由此可知，时间通常使权利衰减，达成惩罚或宽恕。惩罚，对于怠于行使债权导致此等权利失效的债权人来说如此。但使身份强化，这点留待后文详述。

以上举的时间性强的法律制度都是雅典法上的。罗马法的时间性也很强，无论是关于主体的制度还是关于客体的制度，都是如此。

在主体方面有强烈时间性的制度如 I. 1，4pr. 对于生来自由人的界定。所谓生来自由人，是其父母一方是生来自由人或解放自由人的人。就母亲的自由人身份而言，她在怀孕时为女奴，在分娩时是自由人，或在怀孕时为自由人，变成女奴后分娩，她生的都是一个生来自由人，只要母亲从受孕至分娩期间的任何一刻有过自由人的身份，其胎儿出生后便成为自由人。[②] 此语把母亲从怀孕到分娩期间的身份设定为可变的，并设想了此等变化对其腹中胎儿的身份的影响，对此做了有利

---

① 据法国学者考证，“大赦”的希腊词由表示否定的前缀 a 和表示“想起”的动词 mimnêskein 构成，意思是“不想起”，换言之，是“遗忘”，所以罗马人把大赦法叫作“忘却法”（Lex Oblivionis）。Voir Jean Danet et al.，Prescription，Amnistie et Grace en France，2006，Sur http：//s224563854. onlinehome. fr/catalogue/PDF/rapports/149 - RF_ Danet - Grunvald_ Prescription. pdf，p. 187.

② 参见徐国栋著：《优士丁尼〈法学阶梯〉评注》，北京大学出版社 2011 年版，第 63 页。

于胎儿成为生来自由人的处理。

客体方面的强烈时间性如 D. 15，1，17（马尔西安:《规则集》第 5 卷）描述的特有产，如同帕比流斯·佛龙多（Papirius Fronto）优雅地所说的：特有产像一个人一样，有出生、成长、萎缩和死亡。[①] 此语以人拟物，形容了特有产始终和数量的以时间为坐标的动态性。

二、无时间性作为一种制度安排

（一）无时效性

然而，有时立法者把无时间性作为一种政策工具运用于对某些问题的处理。这方面的典型例子是加图规则。它规定：“自始无效的遗赠始终无效，即使日后无效的原因消灭，遗赠也不能恢复其效力”。[②] 这一规则否定遗赠的瑕疵因时间流逝的可治愈性，体现了对无效遗赠的订立人的严厉态度，是一种无时间性的制度安排，与大赦制度的精神恰好相反，但它只适用于遗赠的狭隘语境。然而，保罗把它普遍化，谓：一项自始就有缺陷的交易，不能因为经过了一段时间而确认其有效（《萨宾评注》第 8 卷，D. 50，17，29）。[③] 罗马人无法律行为的概念，此语中的“交易”就相当于今日之法律行为了。此语否定了时间的流逝治愈法律行为瑕疵的一切可能性。这样的规则流传到现代法中，但其绝对性已经缓和。例如，《意大利民法典》第 1422 条在合同法的上下文中规定：宣布无效的诉权不受时效限制，已完成取得时效的或要求返还之诉已消灭的除外。[④] 如果脱离合同法的语境，可得出一切

---

① See *The Digest of Justinian*, Vol. 2, edited by Mommsen and Alan Watson, University of Pennsylvania Press, Philadelphia, 1985, p. 447.

② 参见周枏著:《罗马法原论》(下册), 商务印书馆 1994 年版, 第 563 页。

③ See The Digest of Justinian, Vol. 4, edited by Mommsen and Alan Watson, University of Pennsylvania Press, Philadelphia, 1985, p. 958.

④ Cfr. Giuseppe Finocchiaro (a cura di), *Codice civile e leggi complementari*, 2010, Gruppo 24 ore, p. 320.

宣告无效之诉都不受时效限制的结论。显然可见，此条赋予诉权的无时间性已受到相对人的取得时效完成等的限制，换言之，如果权利人迟迟不行使宣告无效请求权，而对方完成了对标的物的取得时效，此方的宣告无效之诉也就消灭了。

无时效性的安排在我国《民法典》中亦有体现。其第196条明确规定："下列请求权不适用诉讼时效的规定：（一）请求停止侵害、排除妨碍、消除危险；（二）不动产物权和登记的动产物权的权利人请求返还财产；（三）请求支付抚养费、赡养费或者扶养费；（四）依法不适用诉讼时效的其他请求权。"此条体现了对所列举权利的特殊保护。其中一些权利是否值得如此保护值得怀疑，如对不动产所有人的原物返还请求权不适用诉讼时效，一方面体现了把诉讼时效的客体单纯地理解为债权请求权的陈旧观点，另一方面体现了我国无取得时效制度的立法现实。本条第4项是个兜底规定，我认为可包括人格权请求权。按照意大利的学说，人格权的保护是不受时效限制的。

（二）纯粹性

纯粹是一个法律术语，用来描述法律行为不设条件和期限的状态。罗马法开创了纯粹行为（拉丁文：Actus legitimi；意大利文：Negozio puro；德文 bedingungsfeindliche Rechtsgeschäft）制度，体现在D.50，17，77（帕比尼安：《问题集》第28卷）中，其辞曰：纯粹行为不允许设立期限或条件。比如，要式买卖、正式免除、承受遗产、挑选奴隶的权利、监护人的选任，都将因附加了期限或条件而出现权利瑕疵。……①这个法言讲得很清楚，纯粹行为，就是不允许设定期限或条件的行为，期限和条件是两种不同的延缓法律行为的生效时间的制度。期限有延缓期限和解除期限。前者延缓法律行为的生效时间，后者先让法律行为生效但到期失效，两者都使法律行为的效力具有不确定性。如果期限

① 参见［意］桑德罗·斯奇巴尼选编：《契约之债与准契约之债》，丁玫译，中国政法大学出版社1998年版，第335页。译文有改动。

是明的限制法律行为效力的偶素，条件则是暗的具有同样性质的偶素。说它“暗”，是因为它没有明确提到时间，但条件的发生或不发生都产生期限届至的同样效果，只是它意味的时间不如期限确定而已。

这个法言中提到五类法定纯粹行为。要式买卖是一种即时的交易，因此不能附条件和期限。正式免除是免除债务人债务的单方行为，属于形成权之行使，所以不能附条件或期限。接受（包括不接受）遗产的行为不能附条件或期限，因为后顺位的继承人要等待前顺位的继承人表态才能得到确定性，如果以犹豫的方式为意思表示，会影响到第三人的利益。挑选奴隶，是在附选择权的遗赠中，让受遗赠人在数个奴隶中选择一个，如果他不以干净利落的方式作出选择，会让被选数奴隶的法律地位处于不确定状态。监护人的选任是适任长官指定官选监护人的行为，他面对的是一个急需有人照管的未成年人，所以不能附延缓条件或期限做出指定。由于担任官选监护人是公役，也不能附解除条件或期限做出这样的指定，犹如一个士兵不能附解除条件或期限地服兵役一样。总之，五类法定纯粹行为，或由于行为本身的无时间性，或由于担心影响到相对人或第三人的法律情势的确定性，都要求不能附加条件或期限。

教皇博尼法丘（Bonifacio）八世于1298年发布了法律规则88条，其中的第50条规则就是继受D. 50，17，77，但把它简化为：纯粹行为不能附条件和期限（actus legitimi conditionem non recipiunt neque diem）。该规则的评注者认为，纯粹行为术语中包含的legitimi一词不能理解为“法律列举的”，如此只有法律直接规定了的纯粹行为才能如此，这样理解范围太窄，应理解为依其性质不允许其效力有面向将来的不确定性的行为。① 这种说法甚有道理，更能适应复杂的生活现实。

---

① Cfr. Johann Georg Reiffenstuel, *Jus canonicum universum: clara methodo juxta titulos quinque librorum decretalium in quaestiones distributum, solidisque responsionibus, et objectionum solutionibus dilucidatum*, 1834, p. 117.

现代民法典规定纯粹行为的所在多有。本章仅以比较完整地继受了罗马法中的纯粹行为制度的《意大利民法典》为例说明。其第108条规定，新婚夫妇愿意互为夫妇的声明不得附加期限和条件，如果附加了期限或条件，则户籍官不得为他们举行婚礼。即使已经完成婚礼，期限或条件视为不曾附加。① 此条是为了保护婚姻相对人的确定性。第475条第2款规定，附条件或者附期限地接受继承的声明无效。第520条规定，附条件附期限放弃继承……的声明无效。② 此两条秉承帕比尼安上述法言对于接受遗产的意思表示的纯粹处理，以无效应对之。

我国《民法典》中也规定了纯粹法律行为。第158条规定，民事法律行为可以附条件，但是根据其性质不得附条件的除外……第160条规定，民事法律行为可以附期限，但是根据其性质不得附期限的除外。以上两条可定了法律行为采取纯粹形态的可能。第568条第2款规定，当事人主张抵销的，应当通知对方。通知自到达对方时生效。抵销不得附条件或者附期限。此款呈现了纯粹法律行为的一种形式：抵消行为。因为该行为属于形成权的行使，必须是纯粹的。

在学说上，得到纯粹认定的法律行为种类更多。不得附条件和期限的有结婚、离婚、收养等身份行为、各种票据行为、行使形成权的行为、非持续性民事法律行为等。③

三、时间性弱的法律之例证

世界各国民法都具有时间性规定，但立法者的时间观强弱有别，弱的，持形而上学的民法观；强的，持辩证的民法观。

---

① 参见《意大利民法典（2004年）》，费安玲等，中国政法大学出版社2004年版，第37页。

② 参见《意大利民法典（2004年）》，费安玲等，中国政法大学出版社2004年版，第123页；第135页。

③ 参见张新宝著：《〈中华人民共和国民法总则〉释义》，中国人民大学出版社2017年版，第338—339页。

试举一例说明两种民法观的强烈不同。形而上学的民法观的例子有我国《民法典》第 14 条的规定：“自然人的权利能力一律平等。”这一规定的反时间性在于：它假定每个自然人从出生到死亡的权利能力恒定不变。这一假定不成立，因为如果一个自然人通过出家放弃结婚、拥有大额财产的能力，或通常当上司局级公务员放弃了经商的权利能力，或由于不履行法院判决被剥夺了实施高消费行为的权利能力，或由于归化外国失去中国国籍，他的权利能力就与其他人不平等了。所以说，我国《民法典》第 14 条没有从变化的角度看待人的权利能力。相反，同一法律中规定的行为能力制度非常具有时间性，按照这种制度，自然人从完全无行为能力起步，通过长大并保持心智健全，可以逐步具有行为能力，又由于衰老或患精神病而全部或部分丧失此等能力，完全是个变化的过程。所以，在《民法典》的框架下，行为能力是个辩证的制度，对应于权力能力这个形而上学的制度。

再举一例说明法律缺乏时间性的恶果。涉及一个最近发生的案例：1992 年，张女士花了 33.2 万元在深圳宝安华天花园购买了一套 144 平方米的房子。她付款之后一直很忙，未办理房产证。28 年后的 2019 年，目标房屋已增值到 600 万元。她按照房屋买卖合同上的地址找上门，发现房子从毛坯房变成了精装修，还住着林先生一家。华天花园物业管理处主任黄伟强表示，只知道房屋管理费一直是现住户在交。而有居民称，现有住户不是业主，是撬开门住进去的。新安湖社区综治办主任刘海燕称，该住户曾拿出一份手写的转让合同，还有一份火化证明，证明当时卖给他的所有者已经去世。如何能证明张女士是所有者呢？华天花园物业管理处所主任黄伟强表示，张女士需拿到房产证才能证明她是业主。她拿到房产证后管理处会协调公安机关，把跟业主没有关系的人员清理出小区。张女士当年全款从开发商手中买下这套房，但时隔 28 年，原开发商早已被其他集团收购。原开发商恒基地产公司的邓经理表示，只剩张女士的房子没做房产证，单位早就拆了。为办理房产证，张女士的弟弟张先生找到了收购恒基地产的宝安集团。工作人员表示，因事情比较久远，需要找到公司留底的合同原件和收据原件。如果发现原件，公司将会核实走访或写纸质证明。住户称其父以现金形式购房。2020年5月19日下午，双方在新安湖社区工作站进行了对话协商。[①] 过程中，现住户林先生声称其父以现金从他人手中购房，花费了20余万元的装修费，却拿不出相关凭证，林先生称购房协议因保险柜被盗灭失。其父当初并不知道这套房产系张女士所有。如果张女士希望收回房产，林先生愿意搬离，但希望张女士能补偿20万元的装修费或按28年前的价格买下涉事房屋。对此，张女士表示，对方主动腾房或可既往不咎，若要返还装修费用则考虑向其追偿租金。协商最后，张女士提出给林先生半个月的缓冲时间，要求其于6月6日前搬离。林先生表示，将于近期另寻住处。最终，林先生一家于6月6日完成搬离。

住户提出的装修补偿是否合理呢？张宗保律师认为，林先生若非通过租赁等合法方式使用涉事房屋，他主张补偿装饰装修残值损失缺乏法律依据。此外，张律师表示，根据我国《物权法》[②] 第37条的规定，侵害物权，造成权利人损害的，权利人可以请求损害赔偿，也可以请求承担其他民事责任。若最终张女士确认为房屋所有人，则林先生在本事件中的行为侵害了张女士对房屋所享有的物权，张女士有权依据前述法律规定向林先生主张有关房屋占用费。对于房屋占用费的计算标准，司法实践中，一般是参照涉案房产同类同地段房屋指导租

---

① 谢煜楠、施丹璐：《一个挑战性的案件》，载 https：//nfplus. southcn. com/nfapp/index. html，2020年6月14日访问。

② 我国《民法典》实施后废止。

金标准进行确定。[①]

上述者为典型的反向占有完成法定期间导致原房主所有权消灭的案件。由于我国法律上没有这一制度，律师在设想对本案的处理时不予考虑没有过错。但原房主存在两大时间问题。其一，购房后28年未办房产证，28年后她还有权办吗？2001年生效的《城市房屋权属登记管理办法》第17条规定了房屋买卖应在90天[②]内申请移转登记。这个90天是除斥期间，期间届满导致权利消灭。另外，2007年生效的《物权法》第9条规定："不动产物权的设立、变更、转让和消灭，经依法登记，发生效力；未经登记，不发生效力，但法律另有规定的除外……"第14条规定："不动产物权的设立、变更、转让和消灭，依照法律规定应当登记的，自记载于不动产登记簿时发生效力。"张女士未在2007年10月1日（《物权法》的生效时间）后完成房屋从开发商之手到自己之手的转让登记，所以，从法律的角度看，她并非目标房产的民法所有人，根本无权驱逐现住户林先生。其二，撇开上述因素，即使假定张女士是目标房产的正当所有人，她主张林先生侵害其物权的请求权可以无限期行使吗？按照我国的错误的通说，物权请求权不适用诉讼时效，[③] 张律师在援引《物权法》第37条时就是这么想的。这个通说造成的严重后果是：对藐视我国房屋管理制度、躺在权利上睡大觉的张女士曲尽温柔，严重破坏相信自己拥有合法房产的林先生及其一家的正常生活！何等不公！下面我们来看张女士房产案落到英美法系国家和地区会如何处理。

---

① 参见金羊君：《"深圳被遗忘28年房产"最新进展，另一方：房产证仍未办妥》，On http：//k. sina. com. cn/article_ 2131593523_ 7f0d893301900s0ja. html，2020年6月14日访问。

② 这是修改后的期限，修改前的期限是30天。

③ 该通说现在已被《民法典》第196条所采，规定：不动产物权人的返还请求权不受时效限制。

第二节 时间怎样使权利衰减

一、反向占有

（一）澳洲的反向占有案例

澳大利亚的道尼房产案与我国的张女士房产案最为类似。1998 年年底，该国悉尼市的房地产开发商格托斯（Bill Gertos）在前往拜访客户的路上，发现位于悉尼郊区 Ashbury 的 Malleny 大街 6 号的后门铰链脱落，摆在一边，他进入该房屋，花 15 万澳元（约合人民币 74 万元）将房子整修后租赁给他人居住，2014 年又花了 15 万澳元进行了二次翻修。原屋主道尼（Henry Thompson Downie）在 1947 年去世，未留下遗嘱。他死时，房子被租给格里姆斯（Grimes）女士。格里姆斯女士定期先后向两家物业中介公司支付租金。她占有目标房屋到 1998 年 4 月后死亡。在她死后，房屋处于空置状态。2017 年，格托斯根据新南威尔士州《不动产法》（*Real Property Act*，1900）第 45 条 D 款第 1 项向登记总署申请登记自己为房屋所处土地的永久产权人。按照该条规定，土地的反向占有人在一定的情形下可申请登记自己为所有人。2017 年 10 月，登记总署通知格托斯其申请被批准。此时，道尼的女儿麦克法兰（MacFarland，第一原告）和两个孙子（第二原告）出现，要求法院颁发中间禁令（Interlocutory injunction），限制登记总署把格托斯登记为有关土地的所有人，并得到了许可。原告认为，自己是目标房地产的受益所有人，对之享有法定继承权，请求法院宣告格托斯无权被登记为所有人。格托斯则主张，原告无权阻止他取得登记，因为自 1998 年以来，他一直对目标房地产实施反向占有。根据新南威尔士州 1969 年颁布的《时效法》（*Limitation Law*，1969）第 65 条第 1 款规定，一旦该法为附表四的第一栏规定的诉因确立的时效期间完成，先前享有对应于附表四第二栏规定的诉因的特定财产的人，其曾可用来对抗对之成立此等诉因的人以及此等人的继承人的所有权消灭。[①] 附表四是新南威尔士州1969年《时效法》的一个附件，其第一栏列举的诉因有：货物的转换或扣押、回复土地、执行针对土地的衡平法上的产业或利益、赎回经抵押的财产、赎回信托财产等。第二栏列举的财产有：货物、土地、衡平法上的财产权或利益、经抵押的财产、信托财产。[②] 按照第65条第1款及有关附件，时效为诉因而设，但时效完成的效果并非消灭诉权，而是有关诉权保护的所有权。具体到麦克法兰诉格托斯一案，原告的诉因是回复土地，与此等诉因对应的权利是土地所有权，一旦完成时效，土地所有权消灭，所以，任何从格托斯恢复土地的主张都不成立。但原告主张，格托斯的占有没有明确的占有意图，而且并非公开，因而不符合完成时效的要件。

经审理，法官达克（Darke）认为，格托斯对目标房地产的占有是公开的，尽管该房地产的邻人或同街的其他居民未见过他或未与之打过交道，但他通过中介出租、维护、修理目标房地产并支付一切税费，这些都不允许说他是秘密占有。而原告的遗产继承请求权，按照新南威尔士州《时效法》第27条第2款，因12年不行使而消灭，也就是在2010年已消灭。而道尼的所有权根据《时效法》第65条第1款已消灭，格托斯的行为则满足了新南威尔士州《不动产法》第45条D（1）b规定的条件，换言之，在登记所有人的所有权因为完成时效消灭的情况下，占有人可申请取得所有权。故判决格托斯有权在登记总署登记自己为目标房地产的所有人。由此，格托斯在官司中打赢了原屋主

---

① See Limitation Law，1969，On https：//legislation. nsw. gov. au/inforce/8524cb60 - 4aa2 - eeec - 8d1c - ee68fbd2c376/1969 - 31. pdf，2019年9月1日访问。

② See Limitation Law，1969，On https：//legislation. nsw. gov. au/inforce/8524cb60 - 4aa2 - eeec - 8d1c - ee68fbd2c376/1969 - 31. pdf，2019年9月1日访问。

的后人，获得了这所价值160万澳元（约793万元人民币）的房屋。[①]

本案典型地属于因反向占有取得被占有标的物所有权的类型。所谓反向占有，又称逆权侵占，指占有人本不享有合法占有权，却如同所有人一样对地产实施事实上的、持续的、公开的与明显的占有，并意图排除包括真正所有人在内的其他一切人的权利。此等占有达到法定时限后，真正所有人的所有权因诉讼时效完成而终止，占有者可以成为地产的新所有人。[②]

从这个定义来看，反向占有制度有允许占有人抢夺他人所有权之嫌。但从上述麦克法兰诉格托斯一案的情况来看，反向占有制度并不怎么丑恶。首先，格托斯拯救了一所废屋。从1998年4月租户格里姆斯去世后，目标房地产处于“无主”状态，道尼的后人到2017年10月才出现要求继承房地产。所以，在1998年年底，格托斯面临的问题是：使用它还是失去它？格托斯选择了前者。这样的选择是绿色的。为此，在这个19年多的期间，他整修了房屋，排除了白蚁的侵害，两次大修，努力保持其宜居状态，将其出租。如果没有格托斯的上述行为，目标房地产可能已朽烂不可用。其次，格托斯在上述期间一直支付了目标房地产的税费（数额不详）。如果他不这样做，目标房地产可能已被税务局强制执行，拍卖抵税，余额提存。由此可以说，格托斯维护房屋并为之缴纳税费的行为构成添附，发生诉讼时的Malleny大街6号，已不仅仅是道尼留下的那所房子，而是道尼的贡献与格托斯的贡献的混合物。案子审结时，该房子价值160万澳元，其中至少包括格托斯的两笔维修费30万澳元以及数额不明的已缴税费额。就自己贡献的部分而言，格托斯不是取得他人财产，而是就自己的付出取得所有人的名义。

---

① See McFarland v Gertos [2018] NSWSC 1629, On https://www.caselaw.nsw.gov.au/decision/5bd64194e4b0a8a74af0a79c，2019年8月8日访问。

② 参见薛波主编：《元照英美法词典》，法律出版社2003年版，第42页。

（二）我国香港地区的反向占有案例

无独有偶，同样属于普通法地区的中国香港也发生过一个类似的反向占有案例。案情如下：土瓜湾马头角 107 号为女业主冯某群于 1959 年以 2 万港币的价格购入，1973 年，冯某群将该单元房以每月 600 港币租给女房客林某，业主按月上门收了 11 年租金，1984 年 7 月之后再未出现，林某在此后的近 26 年里一直负担目标房地产的土地税及大厦维修费用，并积极寻找房主无果。2010 年 8 月 2 日，林某诉诸香港高等法院，要求以反向占有理由承认她是该单元房的业主，高院审理之。Ian Carlson 法官认为，原告及其家人已反向占有涉案单元房 25 年半，且公告寻找房主不获，故宣布冯某群之业主身份已根据《时效条例》第 17 条消灭，宣告原告为她占有的房地产的业主。[①] 上述《时效条例》第 17 条（条名为“所有权于期限届满后终绝”）辞曰：除第 10 条的条文另有规定外，在本条例就任何人提出收回土地的诉讼（包括赎回诉讼）所订明的期限届满时，该人对该土地的所有权即告终绝。[②] 而第 10 条是针对信托持有土地的规定。显然，根据第 17 条，仅消灭原所有人的土地所有权，并不赋予占有人土地所有权。

此案与麦克法兰诉格托斯一案的共同点之一是占有人为目标房产做出了贡献。本案中的林某一直负担此等房地产的土地税和维修费用，已成为房产的部分所有人。不同点在于此案基于租赁关系且原所有人下落不明，而澳洲的案件基于对疑似无主物的附条件先占，说“疑似无主物”，是因为原所有人和承租人皆已死亡，不知原所有人之继承人的有无或所在。说“附条件先占”，意指如果原所有人之继承人在完成时效前出现，格托斯可能把目标房地产交还他们，可惜他们出现时

---

① See HCA486/2010，On https：//legalref. judiciary. hk/lrs/common/search/search_ result_ detail_ frame. jsp？DIS = 72326&QS = %2B&TP = JU，2019 年 8 月 9 日访问。

② 参见电子版香港法例《时效条例》，载 https：//www. elegislation. gov. hk/hk/cap347！sc，2019 年 8 月 9 日访问。

时效已经完成了。澳洲的案例拯救即将被荒废的财产的色彩更浓，中国香港地区的案例明确权属关系的色彩更浓，但两者都揭示了反向占有制度不把宝贵的房地产投闲置散的益处。该制度的另一好处是国家不与民争利，因为如果没有反向占有制度，两案中的财产都可能作为无主财产由国家继承。

此案与麦克法兰诉格托斯一案的另一个共同点是两案看起来都是定房产的归属，但法律和法官的判决确定的都是房下土地的归属，理路似乎是：房屋为土地的从物，一旦确定了土地的归属，房屋的归属也就确定了。

此案与麦克法兰诉格托斯一案的另一个不同点是此案仅援引《时效条例》证明原业主的所有权已消灭，占有人由此当然取得占有房屋的所有权，而麦克法兰诉格托斯一案首先援引《时效法》证明原所有人的所有权消灭，然后援引《不动产法》允许格托斯申请登记自己为所有人。显然，麦克法兰诉格托斯一案的处理路径更有层次、更清晰合理。

把反向占有制度适用于张女士房产案，可谓量身定做。首先，12年的时效已经超额完成，林先生及其前手已占有目标房产28年。其次，像澳洲和香港的案例一样，林先生一家也通过装修为目标房产做出了贡献。时效的完成，阻断了张女士的物权请求权，导致林先生取得房屋的所有权。

二、取得时效

下面我们看张女士房产案落到大陆法系国家会如何处理。大陆法系国家很多，我选择意大利法作为准据法。

该国民法典区分不动产和动产以及占有人是诚信还是恶信定不同的时效期间。本章忽略动产的时效取得问题以集中笔墨。对于不动产而言，《意大利民法典》第1158条允许恶信占有人基于20年占有的时效取得，第 1159 条允许诚信的、其占有有合适的权利依据的占有人基于 10 年的占有时效取得。[①] 对于张女士房产案，显然不能适用第 1159 条，因为目标房产根本无房产证，林先生更无可能把这样的证书作为其占有的权利依据。如此，只能对张女士房产案适用第 1158 条。按照该条，林先生（第三占有人）及其父亲（第二占有人），外加把目标房产卖给林先生父亲的人（第一占有人）已连续占有该房产 28 年，超额 8 年完成了取得时效，林先生可取得目标房产的所有权，完全不必以讨回装修费为前提把房子退给张女士。

以上分析接合计算了林先生、其父、其父的房产出售人的占有期间。这是《意大利民法典》第 1146 条允许的，该条规定：1. 占有自继承开始之时转移给继承人。2. 为完成时效取得，特定物继承人可以将前占有人的占有期间与自己的占有期间合并计算。[②] 林先生可以继承的名义继承其父以及其父的房产出售人的占有期间。

但适用第 1158 条的条件是不存在占有的瑕疵。按照第 1163 条，时效取得不适用于以暴力或者秘密的方式取得的占有，自暴力终止或者公开占有之时开始计算占有期间的情况除外。[③] 暴力占有，即以物质上或精神上的暴力行为，或者以武力威胁而取得的占有；秘密占有，即瞒着有权反对者实施的占有。在张女士房产案中，把房子卖给林先生的父亲的人（第一占有人）据说是撬开房门开始实施其占有的，其占有是秘密的。所以，其占有不导致取得时效的进行。但秘密占有的瑕疵因占有得到公开而涤除。从本意来讲，公开的对象应是张女士，让她知道了占有事宜后，占有就公开了。但意大利最高法院对公开做

---

① 参见《意大利民法典（2004 年）》，费安玲等译，中国政法大学出版社 2004 年版，第 284—285 页。

② 参见《意大利民法典（2004 年）》，费安玲等译，中国政法大学出版社 2004 年版，第 282 页。

③ 参见《意大利民法典（2004 年）》，费安玲等译，中国政法大学出版社 2004 年版，第 286 页。

了扩张解释，认为只要占有变得具有可见性（visibile）就算公开了，不必要求有权反对者知道占有事宜。[①] 第一占有人的秘密占有何时变得具有可见性？是他把目标房屋卖给林先生的父亲（第二占有人）的时间。案件材料未提供这一时间，假设该时间是 1999 年，则林先生完成了对目标房产的时效，可取得其所有权。相信这样的处理比让 28 年不办房产证，不去看自己的房子一眼的张女士赶走诚信占有目标房子的林先生公正得多，有利于维护国家房屋管理秩序得多！

在 2005 年秋于北京举行的第三届“罗马法·中国法与民法法典化”国际研讨会上，意大利帕比亚大学卡布里艾雷·克磊斯皮·雷凯茨教授建议我国《物权法》规定取得时效制度。华东政法学院的高富平教授回应说，在中国，由于土地是国有的，不存在适用取得时效的制度基础，而无主的不动产一般是收归国家所有或者集体所有，其他财产则可以适用善意取得等制度，因而不需要取得时效制度。[②] 高教授的话对于本案是否合适呢？首先，本案不涉及土地，所以，高教授关于土地的说法不适用。其次，本案中的房产属于开发商，据此可排除无主物规则之适用。事实上，双方当事人、房屋管理机构、律师都未把它看作无主物。那么，本案中的房产可否适用《物权法》第 106 条（同《民法典》第 311 条）规定的善意取得制度呢？答曰否，因为按照该条，转让的不动产依照法律规定应已经登记，本案显然不符合这一要求。所以，高教授的话对于本案完全不适用，我国仍有规定取得时效制度的需要。特别的理由还在于，善意取得制度旨在保障交易安全，维护登记的公信力，并无打击长眠于权利之上者的功能。[③]

---

① Cfr. Pietro Trimarchi，*Istituzioni di Diritto private*，Giuffrè，Milano，2011，p. 513.

② 参见刘金林：《外国专家认为认为物权法草案还需审慎探讨》，载 http：//www.npc.gov.cn/zgrdw/npc/oldarchives/zht/zgrdw/common/zw.jsp@ label = wxzlk&id = 342030&pdmc = 1502.htm，2020 年 6 月 14 日访问。

③ 参见耿林：《不动产善意取得制度的法政策研究》，载《清华法学》2017 年第 6 期，第 109 页。

正因为有需要，我国的一些部委立法或司法解释早已规定取得时效制度。例如，1995 年原国家土地管理局制定的《确定土地所有权和使用权的若干规定》第 21 条规定：“农民集体连续使用其他农民集体所有的土地已满二十年的，应视为现使用者所有；连续使用不满二十年，或者虽满二十年但在二十年期满之前所有者曾向现使用者或有关部门提出归还的，由县级以上人民政府根据具体情况确定土地所有权。”第 29 条规定：“因原房屋拆除、改建或自然坍塌等原因，已经变更了实际土地使用者的，经依法审核批准，可将土地使用权确定给实际土地使用者……”第 21 条规定了 20 年的取得时效。第 29 条承认了通过长期占有取得土地使用权的可能性。另外，最高人民法院发布的《关于贯彻执行〈中华人民共和国民法通则〉若干问题的意见（试行)》第 101 条规定：“对于一方所有的或者使用的建筑物范围内历史形成的必经通道，所有权人或者使用权人不得堵塞。因堵塞影响他人生产、生活，他人要求排除妨碍或者恢复原状的，应当予以支持。但有条件另开通道的，也可以另开通道”。该条承认了作为无体物的通行权的时效取得，可惜未规定具体的时效期间，以“历史形成”的用语采用了一个不确定期间。上述部委立法和司法解释对于取得时效制度的肯认，表明该制度对于解决我国权属不明问题的实际价值。

或问，人们通常认为取得时效是一项产生权利的制度，为何我把它认定为一项衰减权利的制度呢？确实，从占有人的角度看，取得时效产生权利，但从原所有人的角度看，取得时效消灭其权利，横看成岭侧成峰而已。我从衰减权利的角度看取得时效，是为了张扬该制度的惩罚性，它是对原权利人长眠于权利之上的惰性的处罚，执行此等处罚，有利于盘活各种资源，物尽其用，让绿色原则落到实处。

三、反向占有与取得时效的比较

周剑通过观看中国香港地区电视剧《法政先锋》了解到反向占有

制度后，著文主张引进此等制度于中国内地，解决大量住房的空置问题，并把这个制度与取得时效制度画等号。[①] 众所周知，取得时效是来源于罗马法的大陆法系的制度，它通常要求占有人诚信，[②] 也就是在占有他人财产时以为占有的是自己的财产，反向占有是英美法的制度，如以上两个案例所示，占有人都是明知财产为他人所有仍占有之，具有恶信的主观状态，所以，不能把反向占有与取得时效画等号。

英美作者在谈到反向占有制度的起源时，并不把它与罗马法挂钩，甚至撇清它与罗马法的关系，[③] 远的把它的起源追溯到《汉谟拉比法典》，[④] 近的把它追溯到1275年的《威斯特敏斯特法》，该法规定原告不得提出过时的权利主张，提出过时的返还不动产的诉讼的，限制之。[⑤] 此语明确告诉我们，反向占有制度依托的是英美式的时效制度，此等制度熔消灭时效和取得时效于一炉，不仅适用于债权请求权，而且适用于物权请求权。不论是澳洲的案例还是中国香港地区的案例，

---

① 参见周剑：《我国应借鉴“逆权侵占”制度》，载 https：//www. chinacourt. org/article/detail/2014/01/id/1193825. shtml，2019 年 8 月 7 日访问。

② 也有的法律允许非诚信者完成取得时效，但要求的时效期间比诚信者需要的时效期间长许多。例如，《意大利民法典》第 1161 条规定，诚信占有人 10 年取得动产，恶信占有人 20 年才可取得。参见《意大利民法典（2004 年）》，费安玲等译，中国政法大学出版社 2004 年版，第 285 页。

③ See J. W. B. , Adverse Possession：Limitation of Actions：Operation of Section 318, Civil Code in Barring Right as Well as Remedy, *California Law Review*, Vol. 17, No. 4 (May, 1929), p. 392.

④ 参见［美］约翰·G. 斯普兰克林著：《美国财产法精解》（第二版），钟书峰译，北京大学出版社 2009 年版，第 435 页。确实，《汉谟拉比法典》第 30 条规定，里都或巴衣鲁因其义务繁重，离弃其田园房屋，其后他人取其田园房屋而代之服役，已届 3 年，倘彼归而要求其田园房屋时，不得交还之。取其田园房屋而代其服役者应担负军役。第 31 条规定，倘彼离去仅 1 年即归，则应交还其田园房屋，由其自服军役。参见法学教材编辑部《外国法制史》编写组：《外国法制史资料选编》（上册），北京大学出版社 1982 年版，第 24 页。这两条规定的并非取得时效，而是反向占有。占有者对其占据的田园房屋亦有所贡献，一如麦克法兰诉格托斯一案的情形。

⑤ 参见［美］约翰·G. 斯普兰克林著：《美国财产法精解》（第二版），钟书峰译，北京大学出版社 2009 年版，第 435 页。

时效完成消灭的都是物权请求权，从而让超过时效的不动产返还诉讼不成立。非独此也，这样的时效制度在适用于土地的情形，消灭的不是原权利人的诉权，而是其实体权利。而大陆法系国家的取得时效基于债权与物权的区分与诉讼时效分工，取得时效针对的是物权请求权，它强调的是诚信占有他人财产者，完成时效的，取得其所有权，相应地，原权利人丧失回复其所有物的权利。诉讼时效针对的是债权请求权，时效完成，债权请求权消灭或引起义务人的抗辩权发生。简言之，反向占有的结果是实体权利的丧失，取得时效的结果是实体权利的取得，两者的路径完全不同，但异曲同工，因为一方实体权利的丧失，可能意味着另一方取得此等实体权利。如果辅之以一定的程序让该方取得权利，反向占有就成了以别样方式表现的取得时效。

然而，《威斯特敏斯特法》未提出明确的时效期限，这个缺陷由1693年的《时效法》弥补了，它规定，返还不动产的诉讼必须在20年内提出。[①] 到了这一步，英国法仍有时效完成后实体权利的归属问题有待解决。1833年的《不动产时效法》解决了这一问题，它不仅阻却原所有人的返还之诉，而且赋予占有人所有权。[②] 这样，反向占有制度臻于完善，它不仅解决了保护所有权的诉权的消灭问题，而且解决了新所有权的取得问题。

英国的上述臻于完善的反向占有制度被英国的前殖民地国家和地区继受。从中国香港地区的实践来看，法官处理林某诉冯某群一案如同英国，仅仅通过《时效条例》同时解决所有权的丧失和新得问题。而从麦克法兰诉格托斯一案可见，在澳大利亚的新南威尔士州，消灭原所有人的所有权仍由《时效法》负责，但新所有权的赋予却是由

① 参见［美］约翰·G. 斯普兰克林著：《美国财产法精解》（第二版），钟书峰译，北京大学出版社2009年版，第435页。

② See J. W. B. , Adverse Possession: Limitation of Actions: Operation of Section 318, Civil Code in Barring Right as Well as Remedy, *California Law Review*, Vol. 17, No. 4 (May, 1929), p. 392.

《不动产法》负责，对英国的做法有所调整。

尽管两者类似，但反向占有制度不同于取得时效制度，兹分别举美国和德国较好的物权法教科书上关于两个制度的要件说明两者的差别。

按照美国的学说，反向占有人的占有是实际的、排他的、公开的、持续的、满法定期限的。[①] 按照德国的学说，取得时效的占有人的占有应是诚信的、有正当原因的、满法定期限的。[②] 显然，美国法关于占有人的状态的要求比较详细，德国法关于占有人的状态的要求比较简单。而且要求不同，美国法通常不要求占有人为诚信，而德国法要求占有人为诚信。两个制度只有在满法定期限这一要件上相同。

美国法为何对占有人的占有状态要求详细？我认为原因在于反向占有制度在美国的适用频率高，而且得到大用，用来解决不动产的归属问题，众多的司法实践导致了详细的规定，而取得时效在德国的适用频率低，以至于该制度在德国的“法律秩序中没有特别的意义”，主要用来解决遗失物的取得、以无行为能力人为积极主体或消极主体的交易的标的物的取得问题。[③] 所以，德国法关于占有人的占有状态的规定粗疏，而且采用道德理想主义的立场，让不诚信者不能取得占有物的所有权，让没有依据正当的原因取得占有者也不能取得占有物的所有权。正当原因的数目有限，如买卖，采用法定主义。没有正当原因的占有不导致取得时效，这就限缩了取得时效制度的适用范围。而反向占有制度通常不要求占有人为诚信，甚至要求此等占有具有对

① 参见［美］约翰·G. 斯普兰克林著：《美国财产法精解》（第二版），钟书峰译，北京大学出版社 2009 年版，第 436 页。

② 参见［德］鲍尔、［德］施蒂尔纳著：《德国物权法》（下册），申卫星、王洪亮译，法律出版社 2006 年版，第 521 页。

③ 参见［德］鲍尔、［德］施蒂尔纳著：《德国物权法》（下册），申卫星、王洪亮译，法律出版社 2006 年版，第 520 页。

抗性或敌对性。[①] 一点道德理想主义都没有，有的是后来的清教徒移民与土著的印第安人争夺生存空间的意味。

更有甚者，反向占有制度仅适用于不动产[②]，而取得时效制度既可适用于不动产，也可适用于动产。不动产中的土地，是反向占有的主要适用对象，这是数量有限的地球表面，是人类基本的生活生产条件，其重要性不可与动产同日而语。

尽管要件规定颇为不同，但在存在理由上，两种制度颇为接近。在大陆法系国家，取得时效无非有四大存在理由：其一，尊重长期存在的事实状况；其二，避免年深月久造成法院审判的举证困难；其三，不保护在权利上睡眠者；其四，弥补法律行为形式上的缺陷。[③] 相应地，美国学者对反向占有制度的存在理由有四种说明模式。效率—人格模式对应于“尊重长期存在的事实状况”。其辞曰：随着时间的推移，反向占有人对目标不动产的感情越来越深，而漫不经心的所有人对该不动产的感情越来越疏远。反向占有人在不动产上享有更高的个人价值。[④] 时效模式对应于“避免年深月久造成法院审判的举证困难”。其辞曰：随着时间的推移，不同权利主张人之间的产权争议的审理会越来越不准确，出错的风险不断增加。[⑤] 开发模式对应于“不保

① 参见［美］约翰·G. 斯普兰克林著：《美国财产法精解》（第二版），钟书峰译，北京大学出版社2009年版，第436页。作者在该书的第441—442页讲到美国有一些州（密西西比、乔治亚、伊利诺伊、威斯康辛）也要求反向占有人诚信。

② 除维基百科的反向占有词条（https：//en. wikipedia. org/wiki/Adverse_ possession，2019年8月11日访问）认为反向占有制度个别地适用于动产外，《牛津法律大辞典》和《元照英美法词典》的反向占有词条都认为反向占有只适用于不动产。参见［英］戴维·W. 沃克著：《牛津法律大辞典》，李双元等译，法律出版社2003年版，第30页。

③ 参见［日］矢泽久纯：《取得时效制度的存在理由》，刘永光译，《苏州大学学报》（法学版）2017年第2期，第129页。

④ 参见［美］约翰·G. 斯普兰克林著：《美国财产法精解》（第二版），钟书峰译，北京大学出版社2009年版，第451页。

⑤ 参见［美］约翰·G. 斯普兰克林著：《美国财产法精解》（第二版），钟书峰译，北京大学出版社2009年版，第450页。

护在权利上睡眠者”。其辞曰：允许反向占有可促进经济发展，避免资源浪费。[①] 管理模式对应于“弥补法律行为形式上的缺陷”。其辞曰：可把反向占有视为弥补微小产权缺陷的有效办法。[②] 例如，如果产权登记有瑕疵，则长期的占有是占有合法的表面证据。要言之，反向占有制度的哲学基础是功利主义，即追求最大多数人的最大幸福的主张，适用这一制度，尽管原所有人或其继承人的利益受到减损，但物由于尽了其用，社会利益的总量得到了增加，多数人的幸福感相应地得到了增加。当然，反向占有制度也宣告了所有权神圣论的破产。尽管有学者声称近代兴起过所有权神圣的理念，[③] 但从历史来看，所有权只有在它得到积极行使时才是神圣的。

第三节　时间怎样使身份强化

一、身份取得时效

（一）绪论

身份是集合一系列权利义务的基床。例如，中国公民就是一种身份，拥有这种身份的人一方面可享受权利，如免费治疗新冠肺炎的权利；另一方面要承担义务，最典型的是纳税义务和兵役义务。此为公法上的身份。又如，配偶也是一种身份，此等身份的拥有者彼此要承担扶养义务，也对对方享有继承权等权利。亲子身份类此，为私法上的身份。两类身份都有允许通过长期的占有时效取得的立法例。

---

① 参见［美］约翰·G. 斯普兰克林著：《美国财产法精解》（第二版），钟书峰译，北京大学出版社2009年版，第450页。

② 参见［美］约翰·G. 斯普兰克林著：《美国财产法精解》（第二版），钟书峰译，北京大学出版社2009年版，第450页。

③ 参见刘美希：《私权神圣的历史沿革考》，载《河南省政法干部管理学院学报》2009年第3期，第52页。

关于公民身份时效取得的例子有法国于1993年7月22日颁布的第93－933号法律，它规定：“出生于马约特（Mayotte）群岛，1994年1月1日已成年的人，如长期享有法国人身份之占有的稳定的外观，其法国国籍因此视为已得到认定”。[①] 马约特是印度洋上的科摩罗群岛的一部分，面积只有374平方千米，人口只有9.7万人。1843年成为法国的占有地（Possession），在科摩罗于1975年独立之时，马约特决定留在法国，并于1976年投票成为法国的一个领土集体（Territorial collectivity）。[②] 按照上述规定，马约特人占有法国人身份18年（1994—1976）的，取得法国人身份。

关于配偶身份和亲子身份占有时效取得的例子可在《智利民法典》中找到。就前者而言，《智利民法典》第310条规定，婚姻身份公开占有的主要构成方式，是假定的配偶在家庭和社会关系中以夫妻名义相待；妻的身份为夫的债务人好朋友及其一般住所的邻居所接受者，夫的身份亦同。第312条规定，欲使民事身份的公开占有采为民事身份的证据，该占有至少应不间断地持续10年以上。[③] 就后者而言，第200条第1款规定：针对特定的人而众所周知地占有子女身份，只要该占有连续地至少持续5年，且通过系列证人和可靠的背景材料或具体情形不容置疑地予以证明，亦足以使法官据以证实亲子关系。[④] 不难看出，第310条和第312条规定了配偶身份以10年的身份占有取得，第200条第1款规定了亲子关系的5年身份占有取得。

---

① 参见《法国民法典》，罗结珍译，中国法制出版社1999年版，第30页，译文根据法典的法文原版有改动。

② See Paul Lagasse, *Columbia Encyclopedia*, Sixth Edition, Columbia University Press, 2000, p. 1792.

③ 参见《智利共和国民法典》，徐涤宇译，北京大学出版社2014年版，第49页。译文有改动。

④ 参见《智利共和国民法典》，徐涤宇译，北京大学出版社2014年版，第33—34页。

本章旨在研究时间对于私法中的身份的强化作用，故对于国籍的时效取得，放过不论。

（二）配偶身份时效取得

配偶身份时效取得制度用来解决事实婚的合法化问题。事实婚即未履行结婚手续的异性长期同居。在我国农村，通常采用摆酒席招待亲友邻居的方式缔结事实婚。而法律要求欲结婚者应到国家婚姻登记机关办理登记。不登记而结婚，一方面逃避了国家对结婚的监管，例如，对于当事人是否达到婚龄、是否符合结婚的卫生条件的监管；另一方面，也让国家的婚姻统计发生遗漏。所以，事实婚的当事人都构成藐视国法，不惩罚不行，不然，婚姻登记制度将形同虚设。惩罚的主要方式是不承认事实婚的效力，使这样的结合不产生亲属法上的权利义务关系。但惩罚一辈子也不行。

取得时效可消解惩罚与承认长期存在的身份现实之间的矛盾。还是用《智利民法典》的有关条文说事。按照该法典，事实婚在缔结后的10年内得不到承认。10年内无效，这是对事实婚当事人的惩罚。10年后有效，这是对现实的承认。10年占有取得身份，换来法律对此等身份的承认，这充分体现了取得时效制度涤清法律行为形式要件瑕疵的功能。《十二表法》规定的取得时效就是起这样的作用的。例如，要式移转物未按要式（如要式买卖）移转的，不移转标的物的所有权，以此惩罚不遵守形式要件者。但为了避免事实与权利的长期不一致，这种惩罚不能持续太久，所以，《十二表法》允许标的物的受让人在2年（当标的物为不动产时）或1年（当标的物为动产时）时取得其所有权。①

或问，在本章第二节，取得时效被界定为使权利衰减的法律制度，为何在本节，取得时效制度又成了使（身份）权利强化的法律制度了呢？在优士丁尼手里，把取得时效制度与长期占有制度合并。长期占

① 参见徐国栋著：《〈十二表法〉研究》，商务印书馆2019年版，第19页。

有制度承认对他人财产实施合乎法律规定的占有导致占有人取得所有权，是一个使原所有人的权利衰减的制度。[①] 两个制度合并后，取得时效同时具有两个来源制度的功能。在人身关系领域，它主要发挥通过涤清身份法行为的形式要件瑕疵以强化身份的功能。

出于对事实婚参与者藐视国法行为进行赦免的必要的承认，许多国家规定了配偶身份时效取得制度，如《法国民法典》《德国民法典》《意大利民法典》《西班牙民法典》《埃塞俄比亚民法典》《危地马拉民法典》等，但大多规定得不像取得时效。例如，《埃塞俄比亚民法典》规定："当二人相互认为是夫妻并以配偶相待，并且其家人和社会也作相同的认为和对待时，此二人拥有配偶身份之占有。"（第 699 条第 2 款）[②] 此款体现了注释法学家和教会法学者为身份占有打造的三个要件。其一，名字（Nomen）。即假想的妻子采用假想的丈夫的姓氏。其二，对待（Tratactus）。即身份占有人被当作家庭成员。其三，名声（Fama）。即身份占有人被公众认为是家庭成员。[③] 但在此款中，无关于身份占有需要经过多长期间才能取得法定效果的规定，使其看起来不像一个取得时效制度。作为一个完整的取得时效制度，应该包括占有，占有的期间，此等期间的中止、中断三个部分。《智利民法典》第 312 条具备这些要素。它规定，欲使民事身份的公开占有采为民事身份的证据，该占有至少应不间断地持续 10 年以上。[④] 它规定了 10 年的占有期间，并且以"不间断"的文句隐含了此等占有期间的中止、中断问题。所以，《智利民法典》构成一个例外。另一个例外是《德国民法典》第 1310 条第 3 款。它规定，配偶双方已表示愿意相互缔结婚

---

① 参见徐国栋著：《优士丁尼〈法学阶梯〉评注》，北京大学出版社 2019 年版，第 225 页。

② 参见《埃塞俄比亚民法典》，薛军译，厦门大学出版社 2013 年版，第 102 页。

③ Véase la Entrada de Posesión de estado，Sobre https：//www. monografias. com/trabajos87/posesion – estado/posesion – estado. shtml，2020 年 6 月 14 日访问。

④ 参见《智利共和国民法典》，徐涤宇译，北京大学出版社 2014 年版，第 49 页。

姻，且配偶双方自那时起已作为夫妻同居 10 年，或到配偶一方死亡时已至少同居 5 年的，有下列情形之一的，婚姻也视为缔结：1. 户籍官员已将婚姻登记于婚姻登记簿的；2. 与做成配偶双方的共同子女的出身证书相关联，户籍官员已将结婚的提示登记于出生登记簿的；3. 户籍官员已受领配偶双方做出的，就其生效而言以现有婚姻为前提的亲属法上的表示，且配偶双方已就此发给法律条文所规定的证书。① 此款规定了 10 年和 5 年的身份占有期间，据此把没有直接登记，但有某种间接登记的事实婚转化为法定婚。对本章下面要讲到的一些中国案例的处理有特别的参考价值。但该款不涉及时效的中止、中断等问题。

（三）我国的配偶身份时效取得问题

在 1994 年 2 月 1 日民政部颁布《婚姻登记管理条例》（已失效）前，我国承认事实婚。我国学界理解的事实婚是“无配偶的男女，未曾履行结婚登记程序而以夫妻名义公开同居，群众也认为他们是夫妻的两性结合”。② 这个定义具备注释法学家和教会法学家创立的身份占有的“对待”和“名声”两个要件，借此揭明了事实婚的公开性和群众认可性两个特征，但漏掉了时间性的特征。试问：一男一女以夫妻名义并被群众认可为夫妻共同生活了一个月就散伙，他们之间构成事实婚吗？《十二表法》对此的回答是否定的，它规定要不间断地共同生活一年才能取得夫妻的身份。③《澳门民法典》对此的答复也是否定的，其第 1472 条规定要同居两年才构成事实婚。④ 两年正好是孕育一个小孩的时间，定这个时间为身份占有的期限，考虑到了家庭作为人口再生产单位的功能。加上时间的因素后，我们可以从时效的角度理

---

① 参见《德国民法典》（第 4 版），陈卫佐译，法律出版社 2015 年版，第 432—433 页。

② 参见徐开墅主编：《民商法词典》（增订版），上海人民出版社 2004 年版，第 364 页。

③ 参见徐国栋著：《〈十二表法〉研究》，商务印书馆 2019 年版，第 194 页。

④ 参见赵秉志总编：《澳门民法典》，中国人民大学出版社 1999 年版，第 371 页。

解事实婚，从一个方面看，它利用时间的流逝涤清了未办理正式结婚手续的行政瑕疵。不办结婚登记是藐视国家婚姻秩序的违法行为，不惩罚不行，惩罚的方式是让这样的结合在两年时间内没有效力：没有夫妻间的、亲子间的权利义务，一切都是事实而非权利。① 所以，从另一方面看，事实婚即配偶身份占有达到法定期间的时效取得。由于我国学说未为配偶身份取得设立明确的时效期间，离配偶双方在互相占有夫妻身份的情况下允许他们依时效取得夫妻地位的观念还比较遥远，从理论上说，当事人只要摆了酒席，利用这个场合向亲友宣告了自己的结合，他们的事实婚当天就可获得法定婚的同样效力。这真是太便宜他们藐视法律的行为了！当然，《澳门民法典》第1472条只在两年后才赋予事实婚以法定婚的效果，既对当事人施加了一定的制裁——至少在这两年内，他们彼此无法定继承权，其子女是非婚生子女——同时又在两年后遵循了事实产生权利的原则，合乎逻辑地给一个具有实质的婚姻披上法律的外衣。这种处理当然比内地的相应处理明智。

从1994年2月至2001年4月，由于事实婚的合法化损害了法律对婚姻必须采用要式的规定的威信，我国除了在重婚问题上，完全不承认事实婚，即使此等婚姻持续几十年也不例外。从理论上说，此等婚姻产生的子女都是非婚生子女，在各种社会关系中处于不利的地位。由此造成了一些荒诞的案例。兹举2014年3月24日江苏省沭阳县法院判决的汪某英诉沈某翠婚姻无效案说明之。案情如下：

宋某汉与汪某英于20世纪50年代结婚，后因感情不合，经亲友调解于1967年私下“解除婚姻关系”。1974年，宋某汉又与沈某翠结婚，同居30年后，双方于2004年12月6日到沭阳县民政部门补办了

---

① 《埃塞俄比亚民法典》规定的惩罚方式比较详细，包括：不产生姻亲关系（第710条）、无生活保持义务（第711条）、不产生共同财产制（第712条）、无继承权（第713条）。参见《埃塞俄比亚民法典》，薛军译，厦门大学出版社2013年版，第104页。

结婚证。2014年年初宋某汉去世，1月10日，汪某英向法院起诉，请求判决宋某汉与沈某翠的婚姻无效。汪某英诉称，她与宋某汉于1967年经亲友协调的私下“离婚”不能作数。沈某翠则辩称，自己与宋某汉一起生活了40年，生育了3个子女，宋某汉年老生病都由她来照顾，且已到民政部门补领了结婚证，自己与宋某汉的婚姻应为有效。法院审理认为，汪某英与宋某汉于20世纪50年代结婚，双方形成了婚姻关系，虽经他人调解分居，但未经法律规定的民政部门或人民法院解除婚姻关系，其婚姻关系一直存在。在此种情形下，宋某汉与沈某翠虽以夫妻名义共同生活了40年，且后来又补办了结婚登记手续，但仍构成重婚，遂判决其婚姻无效。①

我认为此判极错，理由是：在沈某翠与宋某汉的关系中，在2004年两人补办结婚证之前，沈某翠占有了妻子身份30年，远远超过《智利民法典》和《德国民法典》要求的期间，而且具备“对待”和“名声”的身份占有要件，已通过取得时效得到宋某汉妻子的身份。而且，2004年，沈某翠与宋某汉已补办结婚证，沈某翠已成为宋某汉的法定妻子10年。按照《德国民法典》第1310条第3款，沈某翠与宋某汉的事实婚也应该转化为法定婚了。对于这样的不合理处理，学者有“不尊重人伦秩序之事实性而使事实夫妻关系逸出法律调整范围”的批评。② 我认为，现在完全否认事实婚不对，应该经过一定的时效承认其法律效力，我个人的考虑是规定经过10年，这样就遵循了事实产生权利的原则。

（四）亲子身份时效取得

相较于配偶身份的时效取得，承认亲子身份时效取得的立法例更

---

① 参见杜强强：《善意重婚、共同生活与重婚无效规则的再塑》，载《法律适用》2016年第3期，第48页。也参见李金宝：《明媒正娶四十年，不料竟是“第三者”》，载《民主与法制》2014年第11期，第64页。

② 参见吴天月、徐涤宇：《论身份的占有：在事实和法律之间》，载《法商研究》2000年第6期，第68页。

多。原因在于配偶身份时效取得制度除了受到律法主义[①]的挤压，还受到民事结合制度的挤压。所谓的民事结合，是“两个人不论其性别或性取向的自由结合，在义务、权利和福利上与普通夫妇享受同等对待”。[②] 这一制度承认了事实婚的效力，由此使承认配偶身份占有成为不必要。但民事结合不仅包括同性恋婚姻，而且包括异性间的事实婚。配偶身份时效取得制度的功能是把事实婚转化为法定婚，如果立法者赋予事实婚以与法定婚极为近似的效力，这样的转化就不必要了。在许多西方国家都实现了事实婚的法制化。而亲子身份时效取得制度没有受到其他制度的挤压。所以，不规定配偶身份时效取得制度的《魁北克民法典》也规定了亲子身份占有制度，其第130条第2款规定：“……但在申报亲子关系的情形，更改民事身份证书应以子女同意为条件，但以此等子女的年龄在14周岁以上为限，同时应以……不间断的民事身份占有……为条件……”[③]

但像配偶身份时效取得一样，许多国家只按“姓氏”“对待”“名声”三要件规定这一制度，不规定“时间”的要件，导致规定的该制度看起来与取得时效无关。例如，《法国民法典》的规定。其第311－1条第1款：身份占有，应当依据表明一个人同其自称所属家庭之间有亲子关系与亲属关系的充分事实来确立。第311－2条展开规定前款提到的“充分事实”。其一是“姓氏”，即其身份需要确定的子女一直使用其父母的姓氏。其二是“对待”，即其亲子关系有疑问的“亲”待对方如“子”，具体方式是为其提供教育、抚养与居住。“子”待对方如父母。其三是“名声”，分为私家的和公家的。前者是要证明亲子关系得到社会或其他家庭的承认，后者是公共机关的承认。第311－1条

---

① 即严格执行法律规定的婚姻要件而不做任何变通的僵硬主张。

② 参见佚名：《阿根廷：同性恋“夫妇”合法》，载 http：//www. godgive. com/book/knowhow/focus20. html。

③ 参见《魁北克民法典》，孙建江等译，中国人民大学出版社2005年版，第18页。

第1款规定“身份占有应当是持续的”。但未规定应“持续”多久才能完成身份占有，所以不像取得时效规定。1983年，法国最高法院通过判例法补上了这一短板，把这一期限规定为30年。[①]

与《法国民法典》不同，《智利民法典》第200条第1款规定，针对特定的人而众所周知地占有子女身份，只要该占有连续地至少持续5年，且通过一系列证人和可靠的背景材料或具体情形不容置疑地予以证明，亦足以使法官据以证实亲子关系。[②] 该款为身份占有规定了期限，它由此更像一个就人身关系适用取得时效的规定。

更有甚者，《智利民法典》第201条第1款把通过取得时效得来的亲子关系置于优先于生物学上的亲子关系的地位。其辞曰：众所周知地占有子女身份的，一旦适当地被证实，则在其与生物学上的鉴定证据相互冲突时，优于后者。[③] 此款用于解决妻子红杏出墙所得子女的父子女身份确立问题。DNA技术用于父子女关系鉴定导致过去的父子女关系推定可容易推翻。这一技术之运用导致许多父亲去一趟医院后发现自己抚养了别人的孩子，由此导致家庭的灾难，尤其是对孩子，现在他到哪里去找自己的生父？找到了人家会接受他吗？[④] 而且真相的发现对过去假定的父亲也会带来极大的震荡：他从一个有孩子的人变成了没有孩子的人，而此时他可能已经结扎，不能再生育，而且他对过去自己一直抚养的他人的孩子感情深厚。为了避免搅扰已静之水，《智利民法典》第201条第1款在这一问题上建立身份占有时效取得制度，占有父亲身份5年的，尽管没有血缘关系，只要占有人愿意，就取得此等身份。当然，如果占有人不愿意当此等孩子的父亲，而生物

---

① 参见《法国民法典》(上册)，罗结珍译，法律出版社2005年版，第270—271页。

② 参见《智利共和国民法典》，徐涤宇译，北京大学出版社2014年版，第33—34页。

③ 参见《智利共和国民法典》，徐涤宇译，北京大学出版社2014年版，第34页。

④ “……亲子鉴定可能会影响家庭和社会的稳定，受伤害最大的是无辜的孩子。”参见朱旭东、姜帆、楚青：《“亲子鉴定热”折射家庭信任危机》，载《中国老年报》2004年4月9日第2版。

学父亲愿当，而且其他条件（如经济条件）也显示让孩子回归生父符合其最大利益，《智利民法典》第201条第2款允许以生物学证据推翻身份占有。①

当然，生物学父亲可以是其身份被占有的孩子的母亲的丈夫，也可能不是，《智利民法典》第201条完全具备这样的解释空间。所以，这样的条文也可以适用于占有他人子女身份的情形。对此有两个合适的中国案例。

其一，安徽生父与河北养父争子案。安徽阜南县的丁某超和杨某芳夫妇于1997年4月29日生有一子。2000年4月的一天，其3岁多的儿子被工友何某军抱走后丢弃在石家庄火车北站。客运人员捡到后将其送往石家庄社会福利院。该院在监护一段时间后将孩子出养他人。此前办理了催告手续：民政部门按《收养法》第15条的规定先后在2000年8月和10月，分两次在《河北经济日报》和《河北工人日报》刊登公告催告亲生父母认领孩子，在2个月内无人认领，于是办理了收养手续。近4年后，丁某超夫妇找到孩子下落，要求养父母返还。养父母拒绝，辩称一旦收养关系成立，孩子与亲生父母的关系就消除，并声明他们不忍心让孩子再经受一次感情波折。由此发生了自然亲子关系与养亲子关系的效力冲突问题。丁某超夫妇的律师认为，养父母和孩子之间的收养关系是在特定情况和特定背景下建立的，违背了丁某超夫妇的真实意愿，因此，孩子应归亲生父母所有。被邀请评说这一案例的北大教授马忆南认为，此案中的收养关系完全有效。她主张等到孩子满10周岁了自己选择是回到生父母身边还是留在养父母家。②在我看来，本案根据以身份占有取得亲子关系的原理很好解决：养父

---

① 其辞曰：然而，若有重大理由表明适用前款规则并不适合于子女，则以生物学上的证据为准。参见《智利共和国民法典》，徐涤宇译，北京大学出版社2014年版，第34页。

② 参见2004年2月29日中央电视台的《今日说法》节目《寻子路漫漫》。

母办理了一切必要的收养手续，从法律上来看，已建立无可争议的亲子关系，但由于养子是被诱拐才导致收养的，导致上述亲子关系处于可攻击的地位。尽管如此，由于收养程序合法，养父母对被诱拐的孩子享有诚信的父母身份占有，此等占有持续至法定期限届满后就可成立合法的、可以对抗自然父母的亲子关系，如此可以避免孩子经受两次感情波折。遗憾的是，此案中养父母占有子女身份的时间不到4年，似乎短了一些。按照《智利民法典》第200条第1款的规定，应该的期限是5年。① 这是本案中的自然父母唯一可能用之索回孩子的法律点。假设养父母占有子女身份的时间更长，他们的权利无疑就可以击破生父母的权利了。

其二，宝鸡产房抱错孩子案。1977年11月10日，25岁的张某甲在宝鸡一家医院产下一名女婴，取名张某乙。此前一天，与张某甲同病房的另一产妇田某也生下一名女婴。出院后，张某甲夫妇将全部的爱都给了孩子，一家人过着幸福的生活。一晃近10年过去了，1986年的一天，张某甲在给女儿验血型时发现，女儿是AB型，而自己是A型，丈夫是O型，张某甲惊讶不已：难道与我们生活了近10年的女儿不是亲生的？1998年11月，张某甲的母亲在医院看病时巧遇田某及其女儿柳某，老人发现柳某和张某甲年轻时太像了！得知张某乙血型一事后，两家人开始了联系。张某甲深信柳某就是自己的亲生女儿，但找医院交涉未果。2000年1月，有关机构的亲子鉴定结论排除了张某乙与张某甲夫妇的亲子关系。抚养20多年的女儿的确不是亲生的，那么自己的亲生女儿到底在哪，是不是就是柳某？张某甲多次提起诉讼，请求法院确认医院当初错抱了孩子，应对她赔偿，并确认柳某是她的亲生女儿。但法院最终因证据及诉讼时效原因，驳回了张某甲的诉讼请求。2000年10月，经张某甲多方努力，宝鸡市人民检察院委托北京

---

① 1989年版的《智利民法典》规定的期限是10年，2000年版的《智利民法典》改为5年。

市法庭科学技术鉴定研究所，对张某甲夫妇和田某夫妇及其女儿柳某之间的亲子关系进行检验，结论为张某甲的丈夫是柳某的亲生父亲！2002年9月，宝鸡市金台区人民法院判决：确认张某甲夫妇与柳某间的亲子关系。[①] 如此判决，以生物学证据击破了25年的身份占有，如果张某甲夫妇与柳某都愿意，当然没有问题。但如果双方或一方不愿意，则有身份占有时效取得制度的适用空间。在这个方向也有案例。

据英国《每日邮报》报道，40岁的法国母亲索菲（Sophie Serrano）在21年前生下了她的第一个孩子，10年后，她因为一次偶然的基因测试发现现在的女儿竟然不是自己亲生的，而是当年被喝醉酒的护士抱错的。当她与亲生女儿见面后，她决定不认亲生女儿，与养女继续幸福地生活下去。但索菲起诉了该妇产科诊所，涉事两家最终获得40万欧元的赔偿。[②] 这样，索菲就通过身份占有以21年的时效取得了养女母亲的身份。

二、婚姻无效之诉的消灭时效

（一）我国的有关立法及学界意见

我国《民法典》第1051条规定："有下列情形之一的，婚姻无效：（一）重婚；（二）有禁止结婚的亲属关系；（三）未到法定婚龄。"第1052条规定："因胁迫结婚的，受胁迫的一方可以向人民法院请求撤销婚姻。请求撤销婚姻的，应当自胁迫行为终止之日起一年内提出。被非法限制人身自由的当事人请求撤销婚姻的，应当自恢复人身自由之日起一年内提出。"

两个条文，一个规定无效婚姻，另一个规定可撤销婚姻。无效婚

---

① 参见裴亮：《养了二十年才知抱错娃》，载《华商报》2002年12月26日。

② See Anonymous, France Baby - Swap Families awarded about $2 million, On https: //www. cbsnews. com/news/ manon - serrano - france - baby - swap - families - awarded - 2 - million/, 2020年6月14日访问。

姻违反公益要件，社会危害性较大，法律处置严厉，表现为不许治愈，有关的诉权无时效限制。可撤销婚姻违反私益要件，社会危害性较小，法律处置较为温和，允许治愈，对于撤销诉权设定了时效限制。①

实际上，对于《民法典》第1051条规定的三种无效婚姻情形，之前就有学者从学术上探讨，如吴晓芳认为不可一概而论。她认为，重婚是绝对无效，自始、完全、彻底无效，不能得到救济，即使无效理由消失，也不能治愈。早婚、近亲婚是相对无效，可以治愈。

我进一步认为，重婚也可因重婚人的身份取得时效和诉权人的消灭时效两个途径得到治愈。从某种意义来讲，身份消灭时效是与身份占有取得时效的伴侣制度，适用于事实婚的当事人一方或双方有前婚的情形。如果允许这样的当事人完成身份占有时效取得，则身份取得之日，就是前婚配偶的宣告婚姻无效请求权消灭之时。当然，取得时效较长，消灭时效较短，如果不以身份的取得时效期间为宣告无效请求权的消灭时效期间，则在取得时效完成前，消灭时效就完成了。

（二）大陆典型案例

植某宏与鲍某红于1984年相识，1985年3月举行结婚仪式并共同生活，1986年4月生育一子，双方未办理结婚登记手续。在1994年至2014年，因鲍某红离家出走，不尽抚养子女的义务等，植某宏多次向法院起诉离婚，后因种种原因撤回起诉，植某宏与鲍某红之间的婚姻关系一直未解除。

1993年鲍某红离家出走后，与秦某山共同生活，并于1996年9月24日，即在同居生活开始三年后生了女儿秦某倩。2015年9月14日，为给上大学的女儿办理助学贷款的证明需要，秦某山与鲍某红领取了结婚证。

2018年7月21日，鲍某红因遇上交通事故死亡。肇事方司机应付鲍某红亲属死亡赔偿金60万元。植某宏和秦某山都主张自己有权取得

① 参见陈苇：《中国婚姻家庭法立法研究》（第二版），群众出版社2010年版，第149页。

这笔赔偿金。2019 年 1 月 14 日此案诉诸法院，植某宏请求宣告秦某山与鲍某红的婚姻无效，理由是他与鲍某红的婚姻从未解除。论据是 1993 年 3 月 29 日淮阴市中级法院作出的民事调解书，确认植某宏与鲍某红自愿和好。此前，1991 年 12 月 17 日，鲍某红向盱眙法院提起民事诉讼，要求与植某宏离婚，后经调解和好。1992 年 6 月 25 日，鲍某红再次向盱眙法院提起民事诉讼，要求与植某宏离婚。1992 年 10 月 8 日，盱眙法院判决准予二人离婚。后植某宏不服盱眙法院离婚判决，向淮阴市中级人民法院提起上诉，产生上述调解书并成为植某宏证明他和鲍某红的夫妻关系存在的依据。

秦某山的理由是他是在鲍某红与植某宏被盱眙县人民法院判决离婚后才与其领取的结婚证，不知道鲍某红与植某宏并未解除婚姻关系，因为他不知后来有调解书，所以，他与鲍某红领取的结婚证及办理的户籍证明应合法有效。

法院支持植某宏的主张。主要理由是《婚姻法》第 10 条规定：有重婚情形的，婚姻无效。法院的论证是：重婚行为违反一夫一妻制，有悖公序良俗，是法律明令禁止的违法行为，重婚事实一旦发生，当事人的婚姻关系因违反法律禁止性规定而绝对无效，从性质上不应存在阻却事由，产生从违法到合法转化的问题。因此，即使申请时重婚情形已经消失，在后的婚姻也应被宣告无效。[①]

我认为该判有错。撇开它未注意到秦某山和鲍某红彼此占有夫妻身份 25 年的事实以及他们于 2015 年补办了结婚证的事实[②]不谈，本判之错在于未考虑对植某宏的诉权附加时间限制。法院允许植某宏在从 1993 年秦某山和鲍某红开始同居起算的 26 年后提起宣告婚姻无效之

---

① 案例来源于（2019）苏 0830 民初 558 号判决书。感谢苏州大学方新军教授提供这一材料。

② 按照前引《德国民法典》第 1310 条第 3 款第 3 项，秦某山和鲍某红的事实婚可被法定化。

诉，是不合理的。

理由一，刑法和民法对同一事件的处理不应完全相异。众所周知，重婚既是民法问题，也是刑法问题。按照我国《刑法》第258条的规定："有配偶而重婚的，或者明知他人有配偶而与之结婚的，处二年以下有期徒刑或者拘役。"按照《刑法》第87条的规定，法定最高刑不满5年有期徒刑的，追诉时效是5年。之所以要为自诉人的诉权设定时限，是督促他及时行使，否则，其潜在诉追对象的生活会过于不安定，而且会导致其子女的生活过于不安定。婚姻会产生后代，所以，有权不及时行使、突然行使造成的震荡要大于其他的权利不行使行为。刑事诉权都必须及时行使，相应的民事诉权的行使却没有时间限制，这是不可思议的，因为民事诉权的不及时行使同样造成潜在被告及其可能子女生活的不安定。

有人认为，重婚属于继续犯，重婚行为的存在是犯罪行为的继续，故重婚罪的时效自重婚结束之时起算。但也有人认为重婚是即成犯或状态犯。按照即成犯说，重婚一经实施，就构成既遂，其时效从犯罪之日起算。按状态犯说，重婚一旦实施，就构成既遂，但犯罪导致的步伐状态继续存在。其时效也从犯罪之日起算。① 我持重婚为即成犯说，这样，针对重婚的刑民时效就一致了，都是从重婚既遂（事实重婚的既遂要求以夫妻名义同居满两年）开始起算。两者都起督促结束重婚的作用。但如果过了时效两种诉权（重婚罪属于自诉罪）都不行使，重婚就转化为法定婚，民事诉权和刑事诉权尽皆消灭。

理由二，我国《宪法》第49条第1款规定："婚姻、家庭、母亲和儿童受国家的保护。"该款也保护其当事人的法定婚名存实亡，其事实婚长期存续的所谓重婚家庭。这是杜强强对前文研究过的汪某英诉沈某翠婚姻无效案的观察。他说，唯若利害关系人可以在重婚关系持续的任何时间内请

① 参见彭文华主编：《刑法分论》，厦门大学出版社2012年版，第157页。

求宣告后婚无效，而不论重婚者是否为善意，也不论后婚当事人共同生活的长久，则不符合宪法保护婚姻生活稳定的意旨。[①] 保护这样的家庭的理由在于他们也生产并培养下一代，养老育幼，充实并壮大我们的国家。

理由三，法院在重婚当事人鲍某红死亡后仍允许植某宏提起宣告婚姻无效之诉，客观上帮助植某宏取得了鲍某红的死亡赔偿金。为了杜绝这种“秃鹫式”诉讼，[②] 一些国家采取了措施。例如，《挪威婚姻法》第74条第2款规定，后婚之一方死亡者，他方不得以撤销婚姻为目的，提起婚姻撤销之诉。[③] 其人已死，撤销其婚姻了无人身意义，除了图财，夫复何图？这种意图，法院切不可配合。

（三）我国台湾地区典型案例

与中国大陆地区的“因重婚请求宣告婚姻无效之诉不受时效限制”规定相呼应的是中国台湾地区“民法”曾一度对重婚撤销权不设除斥期间，但这一做法遭到了邓某贞重婚案的挑战，案情如下。

邓某贞与陈某香于1940年在福建省龙岩市结为夫妻，生有两个孩子。1949年，邓某贞随国民党军去台，从此两人天各一方，音讯全无。1960年，邓某贞在台湾与吴秀琴结婚，育有三子两孙。陈某香得知邓某贞在台湾再婚后，于1986年8月委托律师向台湾地区台中地方法院诉请撤销邓某贞在台湾的婚姻。台中法院认定邓某贞构成重婚，撤销邓与吴在台婚姻。邓某贞不服，向台中高级分院提出上诉。二审依然维持一审判决。邓某贞又上诉到台湾地区“最高法院”。1988年12月，台湾地区“最高法院”作出终审判决，驳回邓某贞的上诉，维持

① 参见杜强强：《善意重婚、共同生活与重婚无效规则的再塑》，载《法律适用》2016年第3期，第48页

② 秃鹫是一种吃腐尸的猛禽。我国法院受理的秃鹫式请求宣告婚姻无效诉讼并非个例。本章探讨的汪某英诉沈某翠婚姻无效案也在其列。另外还有扎某1、次某1继承纠纷案［（2018）最高法民申5166号］、广西藤县陈某妹（曾用名陈秋梅）诉廖女士案（2016）。

③ 参见史尚宽著：《亲属法论》，荣泰印书馆1970年版，第214页。

原判。邓某贞以本案及类似情形案件适用不设除斥期间的重婚撤销权条文不符合“台湾地区宪制性规定”保障婚姻权与家庭伦理关系的法律精神为由，请求台湾“司法院”解释。该院于1989年6月做出释字第242号解释。谓：于国家遭遇重大变故，在夫妻隔离，相聚无期之情况下发生之重婚事件，与一般重婚事件不同，对于此种有长期实际共同生活事实之后的婚姻关系，如仍适用重婚撤销权规则，与后婚当事人自由及权利之宪法保护相抵触。由此认定了退台人士的重婚具有法律效力。然而，该解释并不认为对重婚撤销权不设除斥期间违宪。但刘铁铮大法官持异议，谓：为保护身份行为安定性，应对重婚撤销权设合理除斥期间，以免破坏长期存在的现存秩序，何况对于重婚罪的刑事追诉还有10年的时效限制呢！① 可以说，邓某贞重婚案的意义之一是提出了重婚撤销权的时间限制问题，该案得到了考虑这一问题的处理。②

第四节　结　论

康德认为，时间是人为自然界立法的工具。实际上，时间更是人为自己的行迹立法的工具。时间性的民法规则可以让权利衰减，以促进及时行使权利；也可以让身份加强，以维持现状，减少纷争；还可以让一些权利的存续不受时间影响，这是一种特权的状态。

时间性强的法律，可谓之动态取向的；时间性弱的法律，可谓之静态取向的。从上文可见，我国民法的动态性有待加强。

许多人认为，取得时效是民法上的财产法制度，是一种取得财产

---

① 参见彭燕：《关于台湾“司法院”释字第242号意见书的分析和思考》，第1页，载https：//wenku. baidu. com/view/70cef9f0f61fb7360b4c650a. html，2019年10月17日访问。

② 参见杨主福：《从三个案例看正确处理去台人员重婚问题》，载《法学》1989年第8期，第29页。

权的方式，本章证明，它是兼跨人身法和财产法的制度，也许由于萨维尼的《论占有》[①] 把占有概念做了物文主义处理，取得时效才被限定为单纯的财产法制度，本章还原了身份时效取得的真面目，希望得到立法的采纳。但《民法典》已立，它未体现上述设想，我只能寄望于未来的司法解释贯彻之。

也有不少人把英美的反向占有与取得时效等同，本章证明，它们是来源不同、要件不同，功能类似的制度，两者都督促人们及时行使权利，否则否定之。

① 该书把财产作为占有的对象，把权利作为准占有的对象，不涉及身份的占有。参见［德］萨维尼：《论占有》，朱虎、刘智慧译，法律出版社 2007 年版。

第十章
价值论

第一节　公平问题与价值论的关联

一、劳动价值论的公平观

价值论也是主客体关系的一种，是关于客体满足主体的可能性的理论。因此，价值论与认识论共同从属于主客体关系的框架。而价值论的重要问题之一是公平问题。

从交易的角度言，公平就是交换物在价值上的一种对比度，因此，公平这一扑朔迷离的问题与价格—价值问题具有密不可分的联系。公平问题，在某种意义上，就是价格问题。在经济思想史上，形成了客观价值论和主观价值论两种学说，分别影响不同时期的公平立法。所谓客观价值论，指认为物品固有一种不受环境或人类估价影响的价值的理论[①]，其古典形式为亚当·斯密、大卫·李嘉图创立的劳动价值论。此论正确地解释了大部分商品的价值来源为劳动这一事实，能很

---

① 参见［美］熊彼特著:《经济分析史》（第1卷），朱泱等译，商务印书馆1991年版，第98页。

好地说明这类商品的价格—价值现象，但却不能解释现代的无线电频道和二氧化硫排放额的拍卖①，因为这些标的物不包含人类的一般劳动。

二、主观价值论的公平观

主观价值论认为，价值是一种心理现象，它反映了“产品与人的福利的关系”②，由于特定产品在不同环境中对不同人提供的满足不同，因而价值是主观的和个人化的，取决于产品在特定情况下的效用和稀缺程度。此论能很好地解释劳动价值论所不能解释的无线电频道和二氧化硫排放额的拍卖等价格现象。两种理论对立法产生不同的影响。立法若采用客观价值论，必要求交换物与被交换物在价值上相当，换言之，不允许价格与价值存在过大的背离。由于把价值归结为客观的存在，必注重对交易的实体内容的干预。反之，立法若采用主观价值论，因为承认价值是一种因时因地而异的个人感觉，必然允许价格与价值存在不论多么大的背离，甚至否定价值之存在而只承认价格，因而对交易的实体内容持自由放任的态度，而只从程序上保障交易之公平，以免影响价值作为心理感觉的自然形成过程。

我国的民法理论长期以劳动价值论为基础，其关于公平的阐释建立在客观价值论的底座上。在向市场经济体制的转换过程中，出现了一些新的价格现象，如吉祥号的高价拍卖，为现有民法理论中的公平观无法说明。本章力图从历史的角度说明罗马法、《法国民法典》、英美法关于公平的规定与其价格—价值理论的关系，阐述市场经济条件

---

① 关于美国的无线电频道拍卖，请参阅［美］罗纳德·哈里·科斯著：《企业、市场和法律》，盛洪、陈郁译，上海三联书店 1990 年版，《联邦通讯委员会》一文。关于美国的二氧化硫排放额的拍卖，请参阅《谁污染多，谁多掏钱》，载《文汇报》1993 年 4 月 1 日，第 4 版。

② 参见鲁友章、李宗正主编：《经济学说史》（下册），人民出版社 1983 年版，第 209 页。

下的公平观以及相应的价格—价值理论，以求对正确解释和适用我国民法中关于公平的规定提供启迪，修正和发展劳动价值论。

第二节　罗马法：从自由定价到限价令

一、早期罗马法的价格放任主义

影响深远的“公平价格”理论虽然以罗马法为滥觞，但在前期罗马法（戴克里先帝之前）中，对买卖合同中的价金问题持自由放任态度，法律只保障价金条款形成过程的公正。对于价格失衡现象，仅以恶意诈欺之诉处理。① 在这里，“恶意”并非指任何欺骗行为，而是指以任何方式不公平地行事。② 西塞罗认为，如果被敌人包围，必须以一漠那的高价买一塞克斯塔利乌斯（约合 0.547 公升）的水，可以必要性来解释这种价格。③ 英国学者对罗马买卖法的研究表明：“价金的充分在罗马法和英国法中皆不必要，毋宁说，两种法律都留给当事人自己去寻找适当的价金，‘各人确定自己公平的界限’，艰难地讨价还价可以导致这种结果。”④ 只要不存在诈欺或胁迫，买卖合同的价金条款“公平”与否，不影响合同的有效。我国学者的研究结论也与此相同，认为在前期罗马法中，“价钱特贱，并不影响买卖契约的成立。所以卖主迫于经济困难，自愿低价卖出的，虽受损失，亦不能解除契约”。因为价金正当与否，为当事人之间的问题，在罗马法私权观念之下，法律非不得已时，绝不加以干涉。⑤

---

① Cfr. Antonio Guarino, *Diritto privato Romano*, Jovene, Napoli, 1994, p. 898.

② Cfr. Matteo Marrone, *Istituzioni di Diritto Romano*, Palumbo, Palermo, 1994, p. 157.

③ 参见［古罗马］西塞罗著：《论义务》，王焕生译，中国政法大学出版社 1999 年版，第 211 页。

④ See Francis de Zulueta, *Roman Law of Sale*, Oxford at Clarendon Press, 1945, p. 19.

⑤ 周枏、吴文翰、谢邦宇编著：《罗马法》，群众出版社 1983 年版，第 234 页。

历史记载表明，是戴克里先皇帝（284—305 在位）制定了对买卖合同的价金条款进行法律干预的“非常损失规则”（the doctrine of laesio enormis）①，但正是他，在创立“非常损失规则”的两敕答的一个中，又很好地说明了前期罗马法不对价金条款进行干预的理由。他写道：“要是你设想一下买卖契约缔结的过程就不难发现，买方总是想以较低的价格买进，而卖方又总是想以较高的价格卖出。但在多次讨价、还价之后，双方终于接受了这一契约：卖方适当地降低了要价，买方也相应地提高了买价，并在某一价格上达成了一致。无疑，你会懂得，不仅是买卖契约依据的诚信不允许，而且也没有任何理由宣告一项无论是立即达成合意还是经过一番讨价还价之后确定了价格并达成了合意的买卖契约无效。”“你想宣告买卖无效，那么就必须证明买方使用诡计和阴谋进行了欺诈，或是揭露买方曾经以死亡相威胁，或曾经使用了肉刑。”② 这段话假设：一切参加交换的人③，都是完全从追求本身的直接利益的最大化的动机出发进行活动的（庞巴维克将此称为价格形成的基本规律④），因此，“买方总是想以较低的价格买进，而卖方又总是想以较高的价格卖出”。无疑，一个只注意自己的直接利益而不顾其他的人将根据下面的原则行动：第一，只有在交换给他带来利益的时候，他才愿意交换；第二，他愿意为较大而不愿为较小的利益进行交换；第三，如果不交换就没有利益可得，他愿意为较小的利益进行交换，而不愿意不交换；第四，当交换不可能有利益的时候，他将奉行“宁可无交换，不可有损失”的原则。因此，若不存在欺诈、

① 对此有不同的说法，由于293 年戴克里先确立“非常损失规则”的敕答前后矛盾，有“被篡改的迹象”，英国学者巴克兰（Buckland）认为该敕答的真正作者是优士丁尼。

② 参见［意］桑德罗·斯奇巴尼编：《民法大全选译·债·契约之债》，丁玫译，中国政法大学出版社 1992 年版，第 38 页。

③ 这里排除了作为非典型买卖的义卖，它是赠与与买卖的混合物，因此不能使用纯粹的买卖规则。

④ 参见［奥］庞巴维克著：《资本实证论》，陈端译，商务印书馆 1964 年版，第 205 页。

胁迫等情事，交易只要达成，它必定会给双方带来利益，只是获利的大小跟他们的主观期望有差别而已。这就是社会分工的好处之所在。

交换之所以必定会给双方带来不同程度的利益，是因为“正是由于交换物价值的不等导致了交换的发生，只是因为交换参加者对拟让渡之物的估价小于对所获之物的估价，人们才买和卖”。① 在市场经济条件下，必然有许多不同的估价，从而有许多的交换机会。这就是说，当每个生产者只生产一种或两种物品而这些物品远远超出他本人的需要时，他对自己的产品掌握得太多，而对其他产品却一无所有。对他来说，自己的产品毫不具有稀缺性，而其他产品却具有极大的稀缺性，因此，他对于自己产品上的主观价值很低而加于其他产品上的价值则较高。同样，其他生产者也对于他们没有的产品估价很高而对于他们掌握得太多的自己的产品估价很低。此时若发生交换，交换者从换进的物品得到的福利比他在换出的物品上失去的大，因为他们都以自己的多余产品换来了必需品。多余产品对于交换者来说，只有很小的效用或没有效用，而换进的必需品对他们却有极大的效用。通过交换，双方皆缓和了某些产品对于自己的稀缺性程度，因而都获得了福利。由于交换双方皆追求自己的利益最大化，所以必定有讨价还价的现象。相反，如果交易双方对交易物品的估价一致，这种情况只说明，交换物的稀缺性或效用对交换双方都是一样的，换言之，对双方皆非多余产品，不会产生交换的动机。这种情况只存在于不实行分工的自然经济中。

那么，为什么在“多次讨价还价之后，卖方适当地降低了要价，买方也相应地提高了买价，并在某一价格上达成了一致”呢？让我们把这一问题带入最简单的“孤立的交换”——即不存在替代供应或替代需求的交换场景中加以说明。设农民 A 需要一匹马，他认为有了一

---

① Von Mises, *Human Action: A Treatise on Economics*, *Fox & Wilkes*, 4th Rev edition, 1966, p. 204. 作者认为对这一点的认识是现代经济学的基础，并认为“价值尺度的观念是虚幻的”。

匹马就同有了30镑一样，他的邻人B有一匹马要出售，他把自己的马估价为10镑。那么，合同价格将在10镑至30镑。如果价格不低于30镑或不高于10镑，由于不存在替代供给或替代需求，AB都将奉行“宁可无交换，不可有损失”的原则放弃交易。但价格将确定在10镑与30镑之间的何点，要看在交易中，是买主还是卖主更灵巧、更狡猾、更顽强、更有说服力或类似的技巧而趋向于上限或下限，在两者之间的任何价格在经济上都可能。倘若双方在交易中具有相同的技巧，价格将确定在中间附近即20镑左右。如此则认为马值30镑的A，赚了10镑；而认为自己的马只值10镑的B，也赚了10镑。A与B对物品主观评价经讨价还价确定的耦合点，称为“边际对偶”，也就是“达成了一致”的价格。市场价格（它是“公平价格”的现代替代物）是由两对边际对偶的主观评价限制和决定的。①

以上是买卖合同的价金条款使双方当事人皆获利的情况。在卖主“迫于经济困难，自愿低价卖出，受有损失”，但不存在欺诈与胁迫情事时，前期罗马法为何不干预呢？当然，尊重当事人的意思自治是原因之一。但是，根据前期罗马法中隐含的价格理论，可作另外的说明。

根据前面的分析，可知前期罗马法实际奉行主观价值论。主观价值是产品与人的福利的关系。效用是主观价值的来源。产品的效用是它满足人的愿望的能力。效用只有在产品具有稀缺性时才转化为价值。② 一个“迫于经济困难”的卖主，与一个不迫于经济困难的卖主，同量的货币对他们的效用并不相等，其情形正如同一杯水对于一个身处水量丰富的泉眼之旁的人和一个在沙漠中断水的人具有不同的效用一样。之所以如此，是因为同量的货币对于两种卖主，具有不同的稀

---

① 参见［奥］庞巴维克著：《资本实证论》，陈端译，商务印书馆1964年版，第209—219页。

② 参见鲁友章、李宗正主编：《经济学说史》（下册），人民出版社1983年版，第210页及以次。

缺程度。所以，如果说100元即能给前者带来一个单位的效用，那么对于后者，则要1000元才能产生同样的效用而发生出售的动机。因此，尽管两种卖主得到的货币数量不同，但他们得到的效用是一样的，因而两种买卖都是“公平的”，法律不加干预。法律只把自己的职责限定为保证在买卖过程中不存在欺诈、胁迫等影响价格机制自由发挥作用的因素，另外打击囤积居奇等人为干预物品供求关系的活动。

我几乎是在照搬奥地利学派的价格理论分析前期罗马法买卖合同中的价金问题，自以为能说得通。因此，前期罗马法中隐含的价格理论与现代西方经济学中奥地利学派的价格理论相当吻合，都是主观价值论，因而在买卖合同价金条款上，法律不以公平为由加以干预，只以保障程序的公平为己任。但在贷款的价格—利息—控制上，罗马法源远流长，《十二表法》第八表第18a条就有利息不得超过8.33%的规定。这可能因为在当时的条件下，借贷关系反映贵族与平民间的阶级关系，具有很强的政治性。

二、非常损失规则与戴克里先时代

但是，后期罗马法中出现了对买卖合同价金条款进行干预的立法。戴克里先皇帝和马克西米安皇帝（为戴帝的共治皇帝）在285年及293年的敕答中规定，如果当事人“商定的价格尚不足订约时被出售物品实际价值的一半，而买方又不愿支付差价”，卖主可解除合同，“把钱退还给买方并在法官的主持下收回售出的土地”。也可以不解除合同，“在买方同意的情况下，支付按实际价值少收的价款部分”。[①]这就是著名的“非常损失规则”，它只适用于土地买卖，而非适用于一切买卖，甚至排除了房屋买卖。只适用于买方，而不适用于卖方。[②]

---

① C. 4, 44, 8, C. 4, 44, 4, 参见［意］桑德罗·斯奇巴尼编：《民法大全选译·债·契约之债》，丁玫译，中国政法大学出版社1992年版，第37页及以次。

② See Francis de Zulueta, *Roman Law of Sale*, Oxford at Clarendon Press, 1945, p. 20；徐炳著：《买卖法》，经济日报出版社1991年版，第20页。

这一点对于理解这一规则的背景十分重要，必须特别说明。我国学者似乎认为这一规则适用于一切买卖。① 实际上，这两个敕答的文字清楚地表明，它们是应大区长官奥雷流斯·卢普斯（Aurelius Lupus）和当事人奥雷利娅·埃乌奥蒂娅（Aurelia Euodia）就土地买卖的询问作出的，前者问的案子是低价出售价值较高的物品应如何处理？后者问的案子是这样的：奥莱利娅·埃乌奥蒂娅的未成年儿子在威胁下以低价出售了一块土地，奥莱利娅·埃乌奥蒂娅希望以胁迫为理由撤销这一交易，当然，另外的撤销理由是土地的卖价低于其实际价值。② 两敕答中皆有"收回售出的土地"，"出售了你的土地"之明文。英国学者认为："并不存在将这一规则扩张适用于土地以外的其他物品买卖或类推适用于保护买受人的逻辑理由。"因此，至少在敕答发布的当时，这一规则的适用范围只限于土地买卖。由于土地是一种极为特殊的交易物，这就大大地缩小了该规则的适用范围。

就在我前面引述的最能说明前期罗马法奉行的价格理论的戴克里先的敕答中，于最后一句话，戴氏笔锋一转，提出了"非常损失规则"，使前后极不协调，自相矛盾，弄得史家大生疑窦，以为该敕答曾被篡改，实际的作者是优士丁尼。我认为，优士丁尼在《法学阶梯》中经常标榜自己把罗马法改造得人道化。③ 从某种意义上讲，这一敕答只能为他增色。倘若他为真正的作者，他绝不会放过进一步标榜自己的机会而将自己的善举诿之于他人，因此，我们只能认定这一敕答的真正作者为戴克里先。那么，戴氏为何要一反传统，作出这一敕答呢？

戴克里先皇帝外号"铁手"，军人出身，官至努麦利安帝的禁卫军长官。284 年，杀死努麦利安帝后被军队拥立为帝。正式建立君主

---

① 参见周枏、吴文翰、谢邦宇著：《罗马法》，群众出版社 1983 年版，第 234 页；另参见梁慧星：《中国民法经济法诸问题》，法律出版社 1991 年版，第 183 页及以次。

② See Serena Connolly, *Lives behind the Laws*: *The World of the Codex Hermogenianus*, Indiana University Press, 2010, p. 116.

③ 例如，在 I. 1, 5, 3；I. 1, 6, 2；I. 1, 6, 7 中对自己的善举的标榜。

制（多米那特制）统治。仿效东方君主朝仪，命其臣民奉之若神明，行跪拜礼。在历史编纂学上，通常定戴帝即位为后期罗马帝国之始。依吉拉尔（Paul Frédéric Girard，1852—1926）的四分法，罗马法由此进入帝政专权时期（283—565）。其时也，皇帝大权独揽，高级官吏由他任免，民会已停止召开，元老院已降为管理城市事务的机关。敕答成为唯一的法律渊源。法学已不被重视。他在位期间，迫害基督教，并进行了一系列的改革。① 史家对其褒贬不一。罗斯托夫采夫认为他"毫无建树革新之才"，他的改革"似可作为他智穷力竭的明证"。② 汤普逊则认为他"大刀阔斧地革新了行政，使帝国延长了寿命"，他的赋税改革是"贤明的、公道的"。③

由于历代皇帝留下的积弊，戴克里先继位时，"继承了3世纪传下来的一堆麻烦极多的遗产"。表现为："物价不断上涨，货币之贬值到了史无前例的程度，古代的税收制度已经紊乱而又没有任何新制度，造成国库空虚。因此，在这个破落的帝国中，到处都充满着最可怕的混乱。"④ 所以，戴克里先改革的重点即在于整顿税收以保障财政。他创立了"轭地制"（由拉丁文"牛轭"一词而来，大约等于一头牛在一天内可犁耕的面积，约合25公亩），按照土地不同的肥沃性、不同的位置、不同的使用方法（如用作果园、葡萄园或草地等），建立各种不同等级的"牛轭"单位作为征收土地税的基准以确保其征收。但一块土地没有劳动力就毫无意义，为了保证土地税能完全收到，戴克里

---

① 参见《世界历史词典》编辑委员会编：《世界历史词典》，上海辞书出版社1985年版，第743页。

② 参见［美］罗斯托夫采夫著：《罗马帝国社会经济史》（下册），马雍、厉以宁译，商务印书馆1985年版，第688页。

③ 参见［美］汤普逊著：《中世纪社会经济史》（上册），耿淡如译，商务印书馆1963年版，第48页。

④ 参见［美］罗斯托夫采夫著：《罗马帝国社会经济史》（下册），马雍、厉以宁译，商务印书馆1985年版，第688页及以次。

先把一切种类的农村居民，包括土地所有者、自由佃农、隶农和奴隶，都牢牢地束缚于土地，对他们课以以实物缴纳的"人头税"。因此，"轭地制"就是使土地税与人头税合二为一，把农民与土地合成一个纳税单位，使其不得自由迁徙，世世代代地固定在其土地和工作上，这样就使农村人口农奴化了。由于横征暴敛和兵连祸结，农民纷纷远走他乡甚至逃入蛮族地区，移居那里的罗马公民最怕的是重新落入罗马统治之下①，造成土地荒芜，影响国家税收。显然，"轭地制"具有限制农耕者逃亡以保证税收的现实目的。为了保证城市税源，戴克里先将帝国的城市居民也固定在其职务和职业上，他成为破坏古罗马人所享有的迁徙自由和职业自由的第一人，罗马人所享有的用脚投票的权利不复存在了。"官吏被固定在自己的公职上，商人被固定在他们的店铺里，手工业者被固定在作坊和同业公会里。"由于种种这些措施，"土地所有权和商业和运输业一样，成了一种不得躲免的世袭负担。"②

"非常损失规则"之创立只是戴克里先对价格机制进行干预的措施之一，另一措施为他于301年颁布的同样有名的《销售物价格告示》。该告示旨在应付恶性通货膨胀带来的物价飞涨，保障政府免受就各种供应品的过高索价，而不是为了保护广大消费者。它规定了一切食品、纺织品、皮革制品、金属制品、马车和其他市场货品的最高价格，以及从事各类劳动的工作者的工资，对抢购者和抬高物价者均处以死刑。③ 在告示的序言部分，戴氏抱怨道："由于垄断者的贪婪，朕

① 参见恩格斯：《家庭私有制和国家的起源》，载《马克思恩格斯选集》第4卷，人民出版社1972年版，第147页。

② 参见［美］汤普逊著：《中世纪社会经济史》（上册），耿淡如译，商务印书馆1963年版，第48页；参见［美］罗斯托夫采夫著：《罗马帝国社会经济史》（下册），马雍、厉以宁译，商务印书馆1985年版，第705页、第711页。另参见［苏］狄雅科夫、［苏］科瓦略夫主编：《古代世界史》（古代罗马部分），祝璜、文运译，高等教育出版社1959年版，第301页。

③ 参见［苏］狄雅科夫、［苏］科瓦略夫主编：《古代世界史》（古代罗马部分），祝璜、文运译，高等教育出版社1959年版，第300页。

对军队的供应，已成为不可能，货物的价格已增加到4倍，甚至8倍于它们的实际价值了。”但他又说：“朕决心规定的，不是这些货品的价格，那会是不公道的，而是这些货品无论如何不准超过的限价。”①在这里，我们又看到了在293年敕答中同样可看到的自相矛盾。一方面，戴氏从合理性上，承认价格应由市场机制形成，不应对此干预，否则“会是不公道的”；另一方面，为了权宜之计（保障对军队的供应），又不得不实行最高限价。

我们知道，当不得不实行限价令的时候，一定是遇到了可怕的经济崩溃，市场已失灵，当局者不得不实行统制经济，搞价格上的“经济立法”。在自由主义经济中，价格以供求关系为基础，以自由形成为前提。但当供求不平衡的现象产生，通过自动的调节作用仍不能回复物价的平衡时，则不得不用人为的方法求得稳定平衡，限价规则就是在这种情况下为控制物价暴跌或高涨采用的一种稳定措施，是经济陷入危机的表现。② 的确，在戴克里先在位的时代，经济发生了深刻的危机。由于蛮族的入侵和各种军事行动，以及波斯人切断了与东方的商路，经济危机笼罩了所有的行省。尽管国家赋税大量增加，国库仍是一贫如洗，税款往往是既征收不到，也解送不来，国家饮鸩止渴，不得不靠大量发行货币过日子，造成了恶性通货膨胀。为避免国家自受通货膨胀之苦，又不得不实行实物税，农人以谷物、酒、油、肉付税，宫臣、官吏、兵士的薪给也以实物支付。③ 在这种条件下产生的价格敕令，只能看作罗马由市场经济向自然经济、由自由经济向统制经济倒退的结果，它与“非常损失规则”如出一辙，一个是最高限价法，另一个是最低限

---

① 参见［美］汤普逊著：《中世纪社会经济史》（上册），耿淡如译，商务印书馆1963年版，第50页。

② 参见［日］金泽良雄著：《经济法概论》，满达人译，甘肃人民出版社1985年版，第396页及以次。

③ 参见［苏］狄雅科夫、［苏］科瓦略夫主编：《古代世界史》（古代罗马部分），祝璜、文运译，高等教育出版社1959年版，第294页、第302页。

价法，目的都是限制要素的自由流动，以满足自然经济和统制经济的要求。从“销售物价格告示”和“非常损失规则”的制定过程来看，它们都是行政立法（或称经济行政法）而非民法规范。

戴克里先是脚踏两个时代的人物，他在两个行政立法中表现的矛盾证明了这一点。一方面，他保留着盛期罗马人具有的市场经济头脑，承认自由定价的合理性；另一方面，为了应付他那个时代的“可怕的混乱”，他又不得不背离自己的信仰，亲手破坏他信仰的原则，制定土地买卖和动产买卖方面的限价法。由此他开创了一个时代，成为后期罗马帝国的第一个皇帝。安东尼朝和塞维鲁朝的繁荣不复可见，市场货币经济由自然经济取代，“逐渐返回到非常原始的经济生活方式，几乎返回到一种纯粹的‘家庭经济’。创造和维持高级经济生活方式的城市逐渐凋零了，其中大多数城市几乎不再存在于地球上了”。①

三、非常损失规则的继受和发展

戴克里先创立的“非常损失规则”为优士丁尼承袭，将其收入《法典》（*Codex*）中作为现行有效法律适用。此后，产生了“公平价格理论”，这一概念最初产生于罗马法和罗马法学家著作中，根据其解释，所谓“公平价格”或“真正价格”，指某个时期内不受市场变动影响的价格，也就是与价值相符的价格。② 后期罗马法因而建立在客观价值论的基础上，不考虑不同的人对于同一物品具有不同的需求强度的因素。313 年，戴克里先的继任者狄奥多西一世将一直受迫害的基督教确立为国教，基督教的因素由此进入了罗马法。按照其博爱观点：“每一宗商品都有一个公平价格。”③ 随着罗马帝国分为东西两部

---

① 参见［美］罗斯托夫采夫著：《罗马帝国社会经济史》（下册），马雍、厉以宁译，商务印书馆 1985 年版，第 723 页。

② 参见鲁友章、李宗正主编：《经济学说史》（上册），人民出版社 1983 年版，第 34 页注 1。

③ ［英］罗宾逊、［英］伊特韦尔著：《现代经济学导论》，陈彪如译，商务印书馆 1982 年版，第 3 页。作者认为，这种宗教观点后来由于商业生活的要求而消失了。

以及西罗马帝国的灭亡，东罗马帝国（拜占庭）日益希腊化，亚里士多德的影响加强了。这位哲人对市场上的获利性行为嗤之以鼻，他的理想秩序是一个自给自足的秩序。在他看来，只有给他人好处的行为才在道德上可以接受，以个人收入为目标的行为是恶的，以收入为目的的生产是不自然的。他的这一思想成为长期存在的反商业态度的本源。由于这些因素的综合影响，在后期罗马法中，价金必须公平（the pretium must be iustum）与价金必须是金钱（以此把买卖与互易区别开来）、必须确定、必须真实（即不能以买卖为名搞赠与）一起，被确定为买卖合同价金条款的有效要件。① 相对于前期罗马法的规定，这一转变是进步还是退步，颇费思索，持不同经济主张的人有不同的答案。

第三节 法国法：两种价值论的并存

一、法国损害规则的思想和经济基础

《法国民法典》是罗马法衣钵的第一继承者，对罗马法中的“非常损失规则”有所继承，亦有所变动。12 世纪，非常损失规则已重现于西欧的《法律大全或市民法简编》（*Corpus Legum sive Brachylogus Iuris Civilis*）中；它被有代表性地扩大适用于各种买卖契约。② 因此，在起草《法国民法典》时，人们对这一罗马法的规则并不陌生，不过对是否继承它曾发生激烈争论。否定此规则的人认为，物并无真实价值、价格可言。物价只有通过买卖中的讨价还价才能显示出来。肯定此规则的人认为，就大多数财物而言，既然是商品，就有商品市场，就可

① See F. de Zulueta, *Roman Law of Sale*, Oxford at Clarendon Press, 1945, pp. 16ss.

② 参见［美］哈罗德·伯尔曼著：《法律与革命》，贺卫方等译，中国大百科全书出版社 1993 年版，第 300 页。

根据当时的市价确定其大致价值。如果合同价过于偏离其价值，应允许当事人撤销合同。双方相争不下，最后拿破仑亲自裁定继承这一规则，但仅在不动产的范围内适用。[1] 因此，《法国民法典》第三编第六题第六章第二节“买卖的取消及解除”中规定了“出卖人受低价的损失而取消买卖”（凡 17 条，自第 1674—1685 条）。第 1674 条规定：“如出卖人因买卖有失公平所受低价损失超过不动产价金 7/12 时，即有取消买卖的请求权；即使出卖人于契约中有抛弃此项请求权的明白表示且已声明赠与此项超过价金的价值者，亦同。”就低价损失是否构成的认定，依第 1675—1678 条的规定，根据买卖时不动产的状态及其价值进行评价，审判上的证据根据由审判员指定的或由买卖当事人选定的 3 名鉴定人的多数意见形成的调查书确定。若低价损失成立，依第 1681 条的规定，买受人可选择：或返还标的物而取回已支付的价金；或在减去正常价金总额 1/10 后，支付正常价金的不足额而保有不动产。另第 1683 条限定买受人不得基于买卖有失公平因此遭受高价损失的理由而请求取消买卖。可见，以买卖不公平达到一定程度为由取消买卖合同，是一项缺乏相互性的规则，利用它是出卖人之特权。

比较罗马法中的“非常损失规则”，可看出《法国民法典》提高了对不动产出卖人的保护水平。依罗马法，土地的价格不到其价值的 50% 时，出卖人才可取消买卖合同；而《法国民法典》只要求不动产的价格低于其价值的 58.3%（7/12 约等于 58.3%），出卖人即可取消买卖。显然，后者对价格与价值背离幅度的要求较低，更有利于不动产所有人。此外，罗马法中的“非常损失规则”只适用于土地买卖；而《法国民法典》的相应规定不仅适用于土地，而且还适用于房屋和其他不动产的买卖，适用范围有所扩大，保护不动产所有人更加充分。最后，《法国民法典》奉行公平优先于意思自治的原则，尽管受低价

① 参见徐炳著：《买卖法》，经济日报出版社 1991 年版，第 190 页。

损失的不动产出卖人已于订约时抛弃了取消请求权，或已明白声明赠与超过价金的价值，它仍不顾这些出卖人的意思强行取消这种合同，表现出一种对不动产所有人利益的异乎寻常的关切。

显然，《法国民法典》中的“损害规则”在论战中产生，法典起草中已有主观价值论与客观价值论的对峙，它是拿破仑的作品，彻头彻尾地贯彻着保护不动产所有人的立法意图。而对动产买卖仍适用前期罗马法的自由定价原则。这就产生了在同一部法典中存在着两种价值论的现象：对于不动产买卖，实行客观价值论，适用“损害规则”；而对于动产买卖，则实行主观价值论，适用自由定价原则，这种矛盾现象应如何解释呢？

之所以在动产买卖中实行自由定价原则，是因为自亚里士多德以来的“公平价格理论”已被动摇。在中世纪，亚里士多德的经济思想由奥古斯丁、阿奎那等教父作家继承下来，但已作了相当变通，阿奎那对于商业的态度已不同于亚里士多德对同一问题的态度。在阿奎那之前，中世纪教会作家对于以赚取利润为目的的商业持否定态度。他们认为商业是一种贱买贵卖的行为，其罪恶甚至超过盗窃。但自 11 世纪中叶以后，商业在封建社会内部逐渐发展起来，于是教会作家不得不改变自己对商业和商业利润的态度。13 世纪的托马斯·阿奎那（Thomas Aquinas，1225—1274）同意早期教父关于商业和赚取利润是一种罪恶的观点，并援引了亚里士多德的见解作为论据。按照这种见解，存在着两种交换：一种是“用物品交换物品，或用物品交换钱币，以满足生活的需要”；另一种是用物品交换货币，但“不是为了满足生活的需要，而是为了获利”。第一种交换值得称赞，“因为它有利于自然的需要”；而第二种交换是商人的事情，“就其本身来说是不光彩的”。但阿奎那的结论不如亚里士多德那样绝对，他断言，赚取利润虽然“并不包含任何诚实的和必要的目标，然而它也并不包含任何有害的或违反道德的事情”。由此他拐弯抹角地承认了商业的合理性。

在阿奎那看来，一个人从事贱买贵卖在两种情况下可以免受道义的谴责。第一，他把收入用于某种必需的或正当的用途，例如，“一个人用他从商业获得的适当利润来维持自己的家庭生活，或者帮助穷人”。第二，他合法地用高于买进的费用来出售一件物品，如果他原来买进时并无转手卖出的意图，而只是后来才希望卖掉它，并且在这个时期内，“他曾对这些物品作了一些改进”，或“由于时间地点的改变而价格有了变动”，或“由于把这件物品从一个地方运到另一个地方时承担了风险”。阿奎那认为从这样一些商品中赚到的利润是一种劳动报酬，是合理的。

由于对商业态度的改变，阿奎那对亚里士多德的“公平价格理论”也作了相应的修正。亚里士多德的“公平价格理论”要求价格与价值完全相符，阿奎那则允许价格与价值存在背离。他通过两个途径建立了自己的不同于前贤的“公平价格理论”。首先，他承认价值的主观性，认为：“‘公平价格’取决于从物品所获得的利益的大小，不是取决于它们在自然界中的地位，而是取决于它们对人的用处。”因此他说：“物品的公平价格不是绝对固定的，而是取决于某种评价”“物品的卖价比它的价值稍微多一点或稍微少一点，并不算是破坏公平所要求的均等。”这是用效用说来解释价值问题的尝试。其次，阿奎那承认供求关系对价格的影响。他写道：“当一个卖主把小麦拿到粮价较高的地方以后，发现还有很多人带来更多的小麦。”因此，由供求关系决定，价格会围绕着价值上下波动。[①] 这是以稀缺说来解释价值问题的尝试。

综上可知，阿奎那的价格理论已不同于亚里士多德的客观价值论，而有相当的主观价值论色彩，承认标的物的价值并非在与任何人的关系中都是绝对同一的，由于需求强度的不同以及供求关系的影响，价格可以背离价值。而“他对价格和价值所作的区分，不是价格与某种

---

① 参见鲁友章、李宗正主编：《经济学说史》（上册），人民出版社 1983 年版，第 51 页及以次、第 47 页及以次。

非价格的价值之间的区分，而是个别交易中支付的价格与估计价格之间的区分，估计价格存在于公众对商品的估价中，指的只不过是正常竞争价格，或指的只不过是存在正常竞争价格的情形下，这种价格意义上的价值”。因此，阿奎那“承认了某物品对卖者的主观价值因素”，由此“他超越了亚里士多德”。这就为承认为客观价值论所否认的某些“不公正交易”提供了可能。在阿奎那之后，许多教会作家放弃了对商业和商业利润的非难态度，后期经院学者甚至“不是把公平价格等同于正常竞争价格，而是等同于任何竞争价格，只要存在这种价格，则不管将给交易双方带来什么样的后果，支付和接受这种价格都是‘公平的’。如果商人支付和接受市场价格而获利，那当然很好。如果因此而亏损，那是运气不好，或是由于无能所受到的惩罚”。[①] 考虑到阿奎那的巨大影响，在起草《法国民法典》时出现了主观价值论的声音，就并不奇怪了。

此外，在民法典产生之前的16—17世纪，法国的工场手工业已有了一定的发展，国内外贸易也发展起来，商业资本有了更大的增长，在这种基础上产生了法国的重商主义。重商主义从人文主义思想出发，抛弃了以神学的观点来观察经济生活的方法，而主张用人的观点，更确切地说，用商人的观点来研究一切事物和社会生活的一切现象。他们反对古代思想家和中世纪经院哲学家维护自然经济和反对货币财富的观点而把自己的注意重心放在论证与商品货币关系发展有关的“世俗利益”上。这一时期法国的重商主义以孟克列钦（A. Montchrétien，1575—1622）和科尔培尔（Jean Baptiste Colbert，1619—1683）为代表。孟克列钦认为商业是国家活动的基础。当时占统治地位的封建贵族蔑视第三等级的利益，孟克列钦则公开宣称这个等级是最值得注意的，而且明确指出在这个等级中最重要的是商人。他把商业看作各种

① 参见［美］熊彼特著：《经济分析史》（第1卷），朱泱等译，商务印书馆1991年版，第154页。

手工业的目的，这是从交换角度考察价值问题的思路。他还为商业利润进行辩护，认为商业利润是正常的，因为如果不是为了追逐利润，谁也不肯出生入死，甘冒海上陆上的各种风险。科尔培尔是路易十四的财政大臣，在他当政的期间，坚决采取和推行了一套完整的重商主义的经济政策，因此，这个时期法国的重商主义又被称为科尔培尔主义。[①] 他于1664年创办了西印度公司，并造成路易十四时代这样的社会风气：做生意似乎并不使人降低身份，失去体面，豪门巨宅也仿效国王，在各家公司入股。[②] 科尔培尔还在1673年和1681年制定了商事条例和海商条例。这些重商主义的立法，成为1807年《法国商法典》的基础性材料。[③]

“公平价格”内容的变化，重商主义的兴起，使1804年的《法国民法典》建立在不同于后期罗马法的观念基础上。由于这些原因，《法国民法典》对动产买卖不适用“损害规则”，这是相对于后期罗马法的一个进步。

二、法国损害规则的保护对象

但是，《法国民法典》为何对不动产买卖仍适用“损害规则”并提高了对不动产出卖人的保护水平，而且将不动产的买受人排除在该规则的适用范围之外呢？在回答这一问题前，我们首先要问：《法国民法典》中的不动产出卖人主要是些什么人，不动产的买受人又主要是些什么人？

众所周知，《法国民法典》是由拿破仑主持制定的，而“损害规则”之确立出于拿破仑的直接干预。拿破仑是由西哀耶斯（Emmanuel - Joseph Sieyès，1748—1836）请出来结束法国革命的将军。在法国革命之

① 参见鲁友章、李宗正主编：《经济学说史》（上册），人民出版社1983年版，第69页、第76页及以次。

② 参见［法］伏尔泰著：《路易十四时代》，吴模信等译，商务印书馆1982年版，第421页及以次。

③ 参见江平编著：《西方国家民商法概要》，法律出版社1984年版，第19页。

前，封建势力的盘踞是社会前进的巨大阻力，因而成为革命爆发的原因。那时的不动产出卖人，主要是封建贵族；不动产的买受人，主要是新兴的第三等级。在当时的社会结构下，“地产总是代代相传而不加以分割，结果，家庭的声望几乎完全以土地体现。家庭代表土地，土地代表家庭。家庭的姓氏、起源、荣誉、势力和德行，依靠土地而永久流传下去。土地既是证明家庭的过去的不朽根据，又是维持其未来的确实保证”。① 因此，地产或不动产，就是贵族据以安身立命的财产，它是封建关系的象征。在法国革命前，由于贵族阶级的好逸恶劳，已陷入贫困的地步。而第三等级由于从事实业，积累了大量的财富。“若干世纪以来，法国贵族不断贫困化，尽管享有特权，贵族每天都在破产、消亡，第三等级却占有财富。”一位贵族于1755年悲伤地这样写道。② 为了改善自己的社会地位，第三等级积极地购买地产，在当时的法国，“下层阶级的所有积蓄，不论是放给个人还是投入公积金，都是为了购买土地”。③ 这一切都被大革命前置身行伍的拿破仑看在眼里，记在心头。

大革命爆发后，“出售了教士的全部土地以及贵族的大部分土地”④，彻底涤荡了封建关系。1789年12月2日，将教会财产收归国有并加以出售。1790年6月20日，废除了贵族爵位。⑤ 1793年6月3日，通过了土地法令，规定将逃亡贵族的土地分成小块，用分期付款

---

① 参见［法］托克维尔著：《论美国的民主》（上卷），董果良译，商务印书馆1991年版，第55页。

② 参见［法］托克维尔著：《旧制度与大革命》，冯棠译，商务印书馆1992年版，第117页。

③ 参见［法］托克维尔：《旧制度与大革命》，冯棠译，商务印书馆1992年版，第66页。

④ 参见［法］托克维尔：《旧制度与大革命》，冯棠译，商务印书馆1992年版，第76页。

⑤ 参见［法］米涅著：《法国革命史》，北京编译社译，商务印书馆1992年版，第117页。

的办法卖给农民。[1]《法国民法典》若制定于这一时期，绝对不可能作出保护不动产所有人（主要是贵族）的规定。事实上，当时采用的分期付款买卖土地的方法有利于买受人。

但拿破仑通过雾月18日的政变上台后，逐步取消了革命时期采取的措施，恢复封建制度。1802年4月6日举行了教务专约的签订仪式，拿破仑作为第一执政，乘坐旧日宫廷的马车，带着旧日君主的扈从和仪仗去参加典礼。“礼炮轰鸣，宣布了旧传统的恢复和集权制度的开始。”戴尔马将军当面对拿破仑评论此事道：“这是一次无聊的宣教仪式，只不过少了一百万人参加，这一百万人牺牲性命去推翻的，就是您今天所恢复的东西。”[2] 1804年12月2日，拿破仑称帝。帝国建立后，亲王、帝国大勋爵、元帅、侍从官和扈从，一一建立起来。[3] 革命前的贵族制度得到恢复，拿破仑将自己的兄弟分封为欧洲各国的君主。与此同时诞生的民法典，特别注意对地产的保护，这实际上是对在大革命中已被摧毁，又由拿破仑恢复的贵族制度的保护，以使帝国的新贵族不至于重蹈革命前旧贵族的覆辙。[4] 拿破仑不过是采用一种古老的方法维持土地特权。这种方法在亚里士多德时代就有了。亚里士多德就说：“同样地，另有些法制禁止人们出售财产：譬如洛克里城就有这样的禁令，本邦人户在未能确实证明他曾经遭受意外的重大损失前，

---

① 北京大学历史系编：《简明世界史》（近代部分），人民出版社1974年版，第84页。

② 参见［法］米涅著：《法国革命史》，北京编译社译，商务印书馆1992年版，第384页。

③ 参见［法］米涅著：《法国革命史》，北京编译社译，商务印书馆1992年版，第355页、第362页。

④ 拿破仑也给里昂科学院写过这样的话：“你们不要接受只是几个人能占据一切的民法；因为，少数公民占有土地，必然导致所有其他公民在政治上处于奴隶地位。凡是发生这种情形的地方，就根本没有公民。在那里，我只看到受压迫的奴隶和压迫人的奴隶，而压迫人的奴隶比受压迫的奴隶更卑鄙……这两种人都拴在铁球上：一个是脖子上套着铁球；另一个是手里拿着锁链！”转引自［法］泰·德萨米著：《公有法典》，黄建华、姜亚洲译，商务印书馆1982年版，第238页及以次。

不准出卖他的产业。又，有些律例，用意就在于维持各家的世业，使不致丧失政治地位。”① 此语乃理解拿破仑的立法举措的极好帮助。

因此，公允地说，《拿破仑法典》具有两面性。一方面，它继承了法国革命的部分成果，成为当时欧洲最先进的私法；但另一方面，它又体现了反对共和民主成就的倾向。② 民法典对不动产的特别保护，就是它具有反动倾向的一面的反映。当然，不动产相对于大部分动产所具有的无可比拟的稀缺性，使其对所有人特别重要，这也是民法典对不动产进行特别保护的原因之一。法国历史学家评论说：“民法典对地产特别注意，因为地产仍然是当时财富的主要形式。”③

三、法国损害规则遭受的批评

尽管《法国民法典》由于受到阿奎那和重商主义价格理论的影响，承认了动产买卖上的自由定价，只对不动产实行客观价值论，但由于价格理论中“边际革命”的发生，主观价值论成了现代西方经济学的主流。因此，当代法学家仍然对《法国民法典》中的“损害规则”提出了严厉的批评：

随着经济生活变得更加活跃和充满变化，随着行会失去其权力，随着社会的流动性增长，价值的感觉日益变得个人化和主观化，按照现代经济分析的理解，市场价格出现并取代了公平价格。一旦价格被看作具有边际效用的功能，只有在合同订立程序存在缺陷的情况下，才发生价金条款的不公平问题，损害客观说的空间不复存在。

---

① 参见［古希腊］亚里士多德著：《政治学》，吴寿彭译，商务印书馆 1965 年版，第 69 页及以次。

② 参见［法］乔治·勒费弗尔著：《拿破仑时代》（上卷），河北师大外语系翻译组译，商务印书馆 1985 年版，第 151 页。

③ 参见［法］乔治·勒费弗尔著：《拿破仑时代》（上卷），河北师大外语系翻译组译，商务印书馆 1985 年版，第 151 页。

价值和价格客观说的衰落与一个成年人应该对他自己的福利负责，为了他自己和社会的利益，承担他所作决定的后果的观点之兴起相同时，这种观点为贝利埃（Théophile Berlier，1761—1844）提供了批评《法国民法典》中“损害规则”的进一步理由。他说：一个成年人并未主张自己受到诈欺或者强迫，而只以他将标的物卖得太便宜为理由撤销他订立的合同，这难道不与理性相矛盾吗？成年人的职责是利用自己的知识订立合同，如果未发生其合同相对人的侵权行为或准侵权行为，法律并不必就他自己的行为为他提供任何保护。[①]

尽管这些论据攻击了“损害规则”的基础，但这一规则仍然保留在《法国民法典》中。

第四节　英美法：程序公平优于实体公平

一、反映英美法中的利息自由原则的两个判例

英美法中的公平问题主要体现在其判例中[②]，下面的两个判例可反映英美法对于公平问题所持的立场。

较早的判例有 Bennet v. Bennet 一案［43，L. T.（N. S.）246（ch. 1876）］原告针对梅杰·贝内特（Major Bennet）的遗产提出了要求，诉因是梅杰·贝内特就借给他的钱开具的期票。该期票的年利率

---

① See Von Mehren，The French Doctrine of Lesion in the Sale of Immovable Property，In Vol. 49（1975），*Tul. L. Rev.* pp. 321，323—26.

② 制定法中也有关于公平的规定，如《统一商法典》第 2302 条规定：“（1）如法院在适用法律时发现合同或合同的某些条文在合同订立时显失公平的，法院可以拒绝强制执行，或只执行没有显失公平条款的合同剩余部分，或者用此种方法限制适用显失公平的条款，以避免显失公平的结果；（2）法院受理关于合同或部分合同条文可能显失公平的案件时，当事人应有合理的机会就商业背景、目的和效果问题提出证据，以帮助法院作出判决。”第 2 款为对第 1 款的限制。

高达60%。法院支持了原告的主张。上诉法院的杰塞尔（Jessel）法官写道：除非遗产管理人能以欺诈或精神错乱为由取消交易，否则“本案是无可争议的”。“如果他选择的话，一个人可以同意支付100%的利息，并不存在一个人为什么不是傻瓜的理由。如果他喜欢，法律允许一个人成为傻瓜。假设梅杰·贝内特在证券交易所或在赌桌上投机，或将他的财产用于放荡生活，做这些事的人也许是蠢货，但法律仍不阻止他成为傻瓜。”① 较晚的判例有巴查基斯（Batsakis）诉德莫特西斯（Demotsis）（Texas Court of civil appeals，1949，226，S. W. 2d. 673）一案。该案的基本情况如下：在纳粹占领的希腊，经济陷入崩溃。身陷困境的德莫特西斯向巴查基斯借得50000希腊德拉克马。在当时，即1945年4月2日，这些希腊通货在国际市场上只值25美元。证词表明，它们只有5听5加仑装的橄榄油的购买力，余额可在黑市上买德莫特西斯一家几天之用的小物件。但在德莫特西斯签署的借据上，有“已收到2000美元的美国现钞，在战后偿还2000美元外加8%的利息”的文句。战后这两个当事人在美国相遇，巴查基斯要求偿还借据上的全部数额，而德莫特西斯提出只支付25美元外加利息。在初审中，陪审团判给巴查基斯750美元外加利息，但他提出了上诉。在二审中，法庭作出改判，判处德莫特西斯向巴查基斯支付2000美元外加自1942年4月2日算起的每年8%的利息，理由为“仅仅约因不足不能使合同无效，被告收到了协定向她交付的东西，而原告并未违反协议”。②

与罗马法的“非常损失规则”和法国法的“损害规则”只处理买卖关系不同，上述两个在英美被反复援引的判例所处理者为借贷关系。无论是买卖还是借贷，都是一种经济交换（有别于社会交换，如请客

① See Hamilton, Rau, Weintraub, *Contract*, *Case and Materials*, West Publishing. Co, 1984, p. 167.

② See Hamilton, Rau, Weintraub, *Contract. Case and Materials.* West Publishing. Co. 1984, pp. 163ss.

送礼和回请回赠）或交易，买卖是以货币为中介的标的物之间的交换；而借贷是以支付的代价（利息）交换款项的支配权。因此，借贷关系中同样存在价格这种市场信号，因而同样存在着基于不同价格理论的公平观。对于信奉客观价值论的人来说，上述两例无疑处理不公。在前例中，被告为一笔借款付出了60%的利息，构成“高利贷”；在后例中，被告为实际借得的25美元要偿还2000美元外加利息，构成“显失公平”。而在主观价值论者看来，由于价值是不同人在不同情势下就同一物对自己的福利关系的主观感觉，只要不存在垄断，通过自由竞争产生的价格必定是公平的价格，因为竞争可以消除任何一方的优势。因此，“法院的职能在于确保程序上的公平竞争，法院是当诈欺事实被主张时的公断人。除此之外，并无任何实体性的功能。确保交易的公平，或考察一方当事人利用对他方的优势的行为，或凭借较有利的交易地位牟取不合理条款的行为，皆非法院所问。任何交易权力的优越问题本身是由市场去矫正的事物”。① 我们的确看到，美国法官在对这两个案件的处理中，审查并确认了两个借贷合同的订立程序不存在问题。在前例中，排除了被告于订约时受到“诈欺”或出于“精神错乱”状态的可能；在后例中，法官根据借据的文句“已收到2000美元的美国现钞”，认定“被告收到了向她交付的东西，而原告并未违反协议”，因而确认合同订立程序不存在问题。但承认在合同的实体内容上，存在“约因（对价）不足”的情况，换言之，存在交换物与被交换物在量上不相当的情况，但法院对此不予考虑，得出了“仅仅约因不足不能使合同无效”的结论。诚然，就订约程序而言，在后例中被告受到了压力，因为她“身处困境”，但在英美法看来，“协议必须是自由而没有压力的情况下达成的这一概念必须加以非常狭窄的解释，因为它必定与市场之地的规则相冲突。在市场之地，压力本身是

① See Patrick Atiyah, *The Rise and Fall of Freedom of Contract*, Oxford University Press, 1979, p. 404.

场景的正常部分。它们不包括这些压力，而只包括非正常的压力”。① 因此，“在就价格问题进行协商时，法律允许交易双方在非常小的范围内威胁对方，一般所允许的主要威胁是退出交易”。② 在后例中，被告所受的压力主要来自崩溃的希腊经济，原告对她所施加的压力并未超出“退出交易”的范围，因而合同订立程序不存在缺陷。

二、英美法的主观价值论基础

上述两个判例，典型地反映出英美法基于主观价值论，只考虑订立合同程序之公平而不考虑合同实体内容之公平的立场。

究其根本，公平为交换中交换物的量之间的关系，由于合同法为调整交换关系的基本法，因此，公平首先为合同法之问题。英美合同法并无大陆合同法那么悠久的历史。在19世纪之前，法学家们把合同法看作“财产法的附庸”，而到此后，有思想的法学家才认识到“合同法在文明的法律规范的体系中具有主要意义”。③ 19世纪，市场经济已相当成熟，法学家们进一步发现了合同法与市场经济的联系，并把合同法建立在市场经济的底座上。据英国法学家阿蒂亚（P. S Atiyah）的研究：“对合同法是市场的法这一观点的强调，至少在英格兰，已于1870年牢固地建立起来，美国稍晚。”④ 英美合同法成熟之晚以及其所依赖的市场经济基础，使其有可能吸收价格—价值理论的最新研究成果，把公平问题建立在一种新的价格理论基础上。

19世纪以来，主观价值论逐渐成为价格理论的主流。19世纪70

---

① See Patrick Atiyah, *The Rise and Fall of Freedom of Contract*, Oxford University Press, 1979, p. 404.

② 参见［美］罗伯特·考特、托马斯·尤伦著：《法和经济学》，张军等译，上海三联书店1991年版，第345页。

③ 参见王家福等著：《合同法》，中国社会科学出版社1986年版，第44页注1。

④ See Patrick Atiyah, *The Rise and Fall of Freedom of Contract*, Oxford University Press, 1979, p. 402.

年代，奥地利人门格尔（Karl Menger，1840—1921）提出了边际效用价值说，由其弟子庞巴维克（Eugen von Bŏhm - Bawerk，1851—1914）和威塞尔（Friedrich von Weiser，1851—1926）加以发挥，形成了奥地利学派，引发了经济学的“边际革命”，即主观价值论取代客观价值论的革命。由此，价值在相当长的一段时间内完全被看作一种心理现象，是完全主观的、个人化的，不存在客观衡量的尺度。整个现代西方经济学即建立在边际分析的基础上。

边际效用的价值论是批判亚当·斯密、大卫·李嘉图（David Ricardo，1772—1823）在发展“公平价格理论”的合理成分基础上产生的劳动价值论的产物。上述古典经济学家把生产商品耗费的劳动看作价值的源泉，把商品交换归结为等量劳动之间的交换，因而价值是可凭一定的尺度（人类抽象劳动）来加以衡量的客观之物。他们区分了价值与价格，认识到价值是价格的基础，价格是价值的货币表现。价格受供求关系的影响围绕价值上下波动，从长期而言，价格和价值必然相等。这些理论深刻地影响了马克思。① 可以说，劳动价值论忽略了特定物品在特定时空下对特定人的效用，以及物的稀缺对其价格形成的影响。它虽承认供求关系对价格的影响，但这种影响以标的物包含人类一般劳动为前提，对于不包含人类劳动的物的供求关系，它就不予置论了，因而不能解决“价值悖论”的难题。所谓“价值悖论”是：许多“很有用的”商品如水，交换价值很低或根本没有交换价值，而一些“用处”很小的商品如钻石，却有很高的交换价值②，由此造成了“越有用的东西越无价值，越无用的东西越有价值”的现象。李嘉图、穆勒（John Miller，1806—1873）把后一类商品确定为“价值由

① 参见伍世安、李雯主编：《现代西方价格学概论》，北京经济学院出版社 1992 年版，第 5 页。

② 参见［美］熊彼特著：《经济分析史》（第 1 卷），朱泱等译，商务印书馆 1991 年版，第 405 页。

它们的稀少性所决定，劳动不能增加它们的数量（例如，在物为稀有的书籍、古钱的情况下），所以它们的价值不能由于供给增加而降低”的商品，认为它们在日常交换的商品总额中只占极少部分而忽略不计，而他们只研究占绝大多数的由劳动获得的人类需求的产品的价值，这类物只要人们愿意投下获得它们需要的劳动，就可以几乎没有定限地增加。① 这种理论撇开了一类重要商品来研究价值问题，不能解释一些不包含人类劳动的物品的拍卖现象，表现出不周延性。对此，边际分析学派的瓦尔拉斯（Leon Walras，1834—1910）批驳说："为什么劳动会有它的价值？为什么它是可以交换的？可以断言，如果劳动是有价值的和可以交换的，那是因为它既有用又数量有限，就是说，因为它是稀少的。劳动以外的事物，只要是稀少的，就同劳动一样地具有价值，一样地可以交换。"② 这一说明是对劳动价值论的重要补充。

奥地利学派③首先将价值区分为主观价值和客观价值。主观价值是产品与人的福利的关系，客观价值是产品与它的机械性或技术性成果的关系。例如，煤的主观价值是烤火者从煤火中得到的享受，它的客观价值是其在燃烧时产生的热量，或是其在交换行为中换取其他产品的能力或购置力。奥地利学派认为，除交换能力和购置力外，其他客观价值不属于经济学的研究范围。而交换能力这一特种的客观价值本身又建立在主观价值基础上。因此，他们认为主观价值的来源及其决定的标准是价值论的根本问题，由此把价值问题完全主观化了。

---

① 参见［法］瓦尔拉斯著：《纯粹经济学要义》，蔡受白译，商务印书馆 1989 年版，第 423 页及以次。

② 参见［法］瓦尔拉斯著：《纯粹经济学要义》，蔡受白译，商务印书馆 1989 年版，第 424 页。

③ 关于奥地利学派的介绍，主要参考鲁友章、李宗正主编：《经济学说史》（下册），人民出版社 1983 年版，第 201 页以次。

在把价值归结为主观价值的基础上，奥地利学派宣称“效用”（Utility）是价值的来源。所谓效用，是产品满足人的愿望的能力，因此，效用是从产品与人的关系中产生的而不是产品内在的因素。产品是否具有价值，取决于人对产品是否具有满足某种欲望之能力的评价，产品有用与否以及用途的大小完全取决于人的主观判断。评判的地点就是市场。花费了劳动而卖不出去的产品是没有效用的，因而是没有价值的；而没有花费劳动或只花费了很少劳动的物品在市场上卖出去了，并且卖出了大价钱，它就是有效用的，而且是有价值的。市场是检验一切劳动和非劳动是否具有效用和价值的试金石。这是一种从交换环节考察价值问题的观点，而劳动价值论偏重于从生产环节对价值问题加以考察。在市场上，物品效用的高低取决于购买者的主观判断。在物品有限而求购者甚多的情况下，假若某一购买者对物品的效用主观评价甚高，他只能用出高价来表达其对物品效用的评价，从而击败其他的竞买者。在这个时候，出价无论高到什么程度，都不会发生不公平的问题。反之，在出卖人方面，由于他支配的资源总是有限的，为了满足一个极强烈的欲望就不得不牺牲另一些较为次要的欲望，例如，为了生存利益而牺牲经济利益，为了必需品而牺牲奢侈品，在“两害相权取其轻”的情况下出售其奢侈品，只要不存在欺诈与胁迫，并且存在产生竞争价格的可能，则无论售价低到何种程度，也不发生不公平的问题。因为在市场上售价的低，反映的是市场对出售物效用的评价，尽管所有人对其效用估价很高，但市场的评价是正确的评价。商品本来就是为市场生产的，市场是其上帝，未获市场承认的商品就是无价值的废物，哪怕它花费了巨量劳动！试问，造价高昂的原子弹若在食品或五金市场出售，将会发生什么呢？对一些人极有价值的物品，对另一些人却是废物，这种情况并不鲜见。因此霍布斯在其名著《利维坦》中说：“一切立约议价的东西，其价值是由立约者的欲求来测量的，因之其公正的价值便是他们满意付予的价值。”[①] 此语表达了英美法对合同价金条款公平与否问题所持的态度。

然而不可将效用与价值混同。效用是较大的概念，价值是较小的概念。一切能满足人的某种欲望的物都有效用，但并非一切有效用的物都有价值，尽管一切有价值的物都有效用。这里必须引入稀缺性的概念来说明问题。所谓稀缺性，“就是某种物品的现有数量同该产品的用途之间的关系”。[②] 单是效用并不足以产生价值，一种物品要具有价值，除有用外，还必须是稀缺的，就是说，并非无限量地存在的。[③] 空气和阳光对人人都有效用，但无价值，因为它们在量上是无限的，人人可以取其所需而不必付出代价。[④] 又如水，它对人是有效用的，但并不总是有价值的。对于一个身处水量丰富的泉眼之旁的人，水对他不具有稀缺性，因而有效用而无价值。相反，对于一个沙漠旅行者，水对该人具有稀缺性，水既有效用又有价值。这样，由于将产品的稀缺性及稀缺程度因素引入了对价值问题的认识，奥地利学派的价值概念不仅已经主观化，而且个人化了。

由于稀缺性因素的引入，“价值悖论”得到了解决。越有用的东西之所以越无价值，是因为这些物品不具有稀缺性；越无用的东西之所以越有价值（如可能是随手拾得的作装饰用的钻石），是因为这些物品具有极大的稀缺性。

---

① 参见［英］霍布斯著：《利维坦》，黎思复、黎廷弼译，商务印书馆 1985 年版，第 114 页。

② 参见［美］熊彼特著：《经济分析史》（第 1 卷），朱泱等译，商务印书馆 1991 年版，第 452 页。

③ 参见［法］瓦尔拉斯著：《纯粹经济学要义》，蔡受白译，商务印书馆 1989 年版，第 424 页。

④ 必须提到最近这方面的改变。从 1990 年起，美国把空气本身作为国家财产，以控制污染性地使用空气。See Carol M. Rose, The Public Domain: Romans, Roads, and Romantic Creators: Traditions of Public Property in the Information Age, In Vol. 66 (2003), *Law and Contemporary Problems*, p. 94.

奥地利学派进一步提出了边际效用的概念。由于大部分物质资料都具有稀缺性，不可能满足人的一切欲望而达到饱和，因此，一个人必须依据自己每种欲望中各具体欲望重要性的相互比较，把一定量的物品作适当的分配以满足各种不同的欲望，排出欲望的序列并定出满足的先后。在这一系列被满足的欲望中，总有一个最后被满足的欲望，它必定是最不重要的欲望。如果物品减少了，它是首先被砍掉而得不到满足的欲望，因而它是处在被满足和不被满足的边沿（Margin）上的欲望或称“边际欲望”，奥地利学派认为，边际效用就是物品满足这边际欲望的能力。边际效用是价值的尺度，产品价值的高低决定于边际效用的大小。庞巴维克因此说：“决定物品价值的不是它的最大效用，也不是它的平均效用，而是它的最小效用。”① 例如，假若我有两个烧饼而无啤酒，而你有两瓶啤酒却无烧饼，交换将给你我带来好处，因为你的第二瓶啤酒带给你的效用不及它能带给我的。反之，我的第二个烧饼的情况也是这样。我们假定：我的第一个烧饼对我值 3 个效用，而第二个对我只值 1 个效用；你的第一瓶啤酒对你值 4 个效用，第二瓶对你只值 2 个效用。这样，我们之间存在 10 个效用。如果我将两个烧饼全部自己消费，我将得到 4 个效用。你若如法炮制，将得到 6 个效用。如果我们交换，我们之间将存在 16 个效用，因而都获得了好处。② 在上例中，作为交换客体的第二个烧饼、第二瓶啤酒的最大效用为 4 和 6，平均效用为 3.5③ 和 3④，最小效用为 1 和 2。烧饼和啤酒的最小效用即为这两种物的边际效用，它们决定了烧饼和啤酒的价值。第一个烧饼和第一瓶啤酒的价值与其第二个、第二瓶的价值是不一样的，决定价格的是第二个、第二瓶的价值。因此，边际效用就是物的所有人

---

① 参见鲁友章、李宗正主编：《经济学说史》（下册），人民出版社 1983 年版，第 213 页。

② See A. Leff, *Swindling and Selling*, Free Press, New York, 1976, p. 14.

③ $(1+6)\div 2=3.5$

④ $(2+4)\div 2=3$

决定是否将物用于交换的“度”，这是所有人的必需品与多余产品之间的分野。只有在分工条件下对交换进行动态分析，才会产生边际效用问题。这是从静态角度对生产环节加以分析的劳动价值论所不及的。

与奥地利学派几乎同时，英国的杰文斯（William Stanley Jevos，1835—1882）在他于1871年出版的《政治经济学理论》一书中独立地提出了主观价值论，得出了与奥地利学派几乎相同的结论。他把其理论应用于全部卖者和买者进行竞争的交换上，否认劳动是价值的源泉，认为劳动在产品中一旦耗费就永远消失了，劳动只是通过影响商品的供应量，从而又影响商品的最后效用程度，才间接地影响价值。① 他的著作的发表时间与英格兰确认合同法是市场的法之时间相同时，他的价格理论遂成为英美合同法所依据的经济理论。

根据主观价值论，英美合同法建立了交易理论作为支撑自己的框架。大陆法强调合同中的“合意”因素，英美法则强调合同是一种交易。合同之所以是一种交易，是因为“人在这个世界上完全以他自己的名义进行活动时，只有很有限的能力改善他的命运。只有与他人交换其劳动产品和剩余财货，与他人合作，才能创造满足自己需要的福利”。② 交易的客观效果当然是社会合作带来的彼此福利的增加，但就其发生过程而言，则是当事人与相对人之间的一场商战。比较大陆法的温情脉脉的“合意”的合同观，英美的交易合同观显得残酷而寡情，但与市场之地的现实场景相吻合。“因而暗暗地支撑着古典合同法的合同理论的模式是市场的模式。”③

三、英美法中的约因和讨价还价制度对公平的保障

交易理论把合同理解为当事人之间的交换，因此必须有约因存

---

① 参见刘凤岐主编：《当代西方经济学辞典》，山西人民出版社1988年版，第444页。

② See Patrick Atiyah, *Promise, Morals and Law*, Oxford University Press, 1981, p. 30.

③ See Patrick Atiyah, *The Rise and Fall of Freedom of Contract*, Oxford University Press, 1979, p. 402.

在，换言之，将欲取之，必先予之。在某种意义上，约因就是标的物的价格。不具有约因的合同不是交易，因而得不到法院的强制执行。甚至在赠与的情况下，英美法也从长期的角度，认为赠与人是在给受赠人提前给予的一个恩惠作出回报，因而也是一种交易。[①] 只要存在约因，合同都可执行，但约因的大小则非所问，哪怕是名义上的约因也是约因。"用我的遗产换一碗汤"的合同是可以执行的，因为"艰难的交易仍然是交易"。亏本交易也是可以强制执行的，"法庭唯一要调查的是有没有对价，而不是它是否足够。对法庭来说，只要合同双方在交易时觉得对价充分就足够了"。[②] 因为"价值尺度的观念是虚幻的"，只有当事人各自的尺度，不存在社会的一般的尺度，局外人无法判断。

在约因理论的基础上，英美法建立了讨价还价（Bargin）原则。所谓讨价还价，实质上就是主观价值或自由价格的发现过程，换言之，是在合同必须有约因的前提下，当事人就约因的大小所进行的战斗。没有经过讨价还价的合同是不能成立的，因为它不具有交易的性质。交叉要约之所以不能成立合同，盖因为未经过讨价还价的过程。这场战斗只要求当事人遵守公认的"游戏规则"——不得欺诈和胁迫。当事人被假定为以对方利益为代价追求自己利益的最大化，每一方都力图在交换中尽可能多得而少失。[③] 此外，当事人还被假定为是他们自己需要和情势的最佳判断者，他们将计算风险和将来相关的偶然性，并把这一切在讨价还价过程中加以考虑，自负自己行为的后果。"由此产生的不公平——价格过高或过低——无关紧要，合同一旦订立，便有约束力。"因此，"合同法基本原则与自由

---

① See Peter M. Blau, *Exchange and Power in Social Life*, John Wiley & Sons Inc. New York, US, 1964, pp. 93ss.

② 参见［美］罗伯特·考特、托马斯·尤伦著：《法和经济学》，张军等译，上海三联书店 1991 年版，第 296、298 页。

③ See A. Leff, *Swindling and Selling*, Free Press, New York, 1976, p. 13.

市场经济之间的等式，导致强调建立个人讨价还价的框架（反欺诈与胁迫的立法），而放弃对实体的正义或公平的兴趣”。[①] 尽管这样做可能违反道德，使法院具有不公正的形象，但法院仍选择尊重个人自主权并强行履行合同。

因此，英美法将公平区分为程序上的和实体上的。实体显失公平指与市场价值根本不相称的价格；程序显失公平指交易过程中违背人们普遍接受的公平准则的情况和程序[②]，至少在英美的古典合同法理论中，是注重程序公平而忽略实体公平的。即使对程序公平的要求也设立了许多限制，例如，将压力区分为正常压力和非正常压力，只对后者加以限制。将威胁区分为允许的威胁（如退出交易）和破坏性的威胁（即造成现有价值破坏的威胁），只对后者加以限制。[③]

价格—价值理论的进一步发展，使客观价值论和主观价值论皆暴露出自身的缺陷。马歇尔（Alfred Marshall，1842—1924）综合二者提出了“均衡价值论”。至此，西方的价格理论基本定型。[④] 由于均衡价值论承认产品的成本，现代的英美合同法也倾向于除维护程序的公平外，同时注重合同内容的公平。[⑤]

---

① See Patrick Atiyah, *The Rise and Fall of Freedom of Contract*, Oxford University Press, 1979, p. 403.

② 参见［美］罗伯特·考特、托马斯·尤伦著：《法和经济学》，张军等译，上海三联书店1991年版，第311页。

③ 参见［美］罗伯特·考特、托马斯·尤伦著：《法和经济学》，张军等译，上海三联书店1991年版，第368页。

④ 参见伍世安、李雯主编：《现代西方价格学概论》，北京经济学院出版社1992年版，第6页。

⑤ 参见［美］罗伯特·考特、托马斯·尤伦著：《法和经济学》，张军等译，上海三联书店1991年版，第308页以次；徐炳著：《买卖法》，经济日报出版社1991年版，第193页以次。

第五节　中国法：价值规律与等价有偿原则

一、改革开放前的中国法对公平概念的排斥

中国的民法理论和民事立法对公平问题所持的立场与中国不同阶段存在的不同的经济体制及相应的经济理论密切相关。

自1956年完成对私营工商业的社会主义改造至1984年以城市为重点的经济体制改革的全面推行，中国的经济体制大体上处在计划经济阶段。[①] 其中，在1978年开始经济体制改革前，经济理论把价值规律视为与社会主义经济不相容的东西，主张以其他规律限制或取代之。[②] 民法理论以民法为公法，强调“保证实现国家经济计划原则”和“个人利益、局部利益和社会公共利益相结合原则”[③]，把交易行为混同于政治行为，甚至认为“民法是阶级斗争的工具”[④]，因而根本不承认法律有实现公平的使命。1964年的民法草案对公平、等价有偿未作任何规定。经济体制改革后，价值规律得到重视，因而1980年的民法草案规定了等价有偿原则，1981年的经济合同法亦规定了这一原则。等价有偿原则的内容可以分解为“等价”与“有偿”两个部分，后者要求取得他人财产原则上应偿付代价（赠与关系除外），相当于英美法中的“约因”的要求；前者为对后者的限定，指代价要与获得物的价值大体相当。

---

① 须说明的是，虽然1978年开始经济体制改革，但改革的目标模式尚未以权威的方式确立为有计划的商品经济。

② 参见张卓元著：《社会主义价格理论与价格改革》，中国社会科学出版社1987年版，第20页及以次。

③ 参见中央政法干部学校民法教研室编著：《中华人民共和国民法基本问题》，法律出版社1958年版，第27页及以次。

④ 参见李奋武：《民法所调整的财产关系是物质关系吗?》，载《政法研究》1956年第3期。

二、等价有偿原则的确立及其局限

1984年，中共中央发布了关于经济体制改革的决议，中国的经济体制从此跨入了有计划的商品经济阶段（直到1992年10月中共十四大提出社会主义市场经济的改革目标模式）。经济理论和民法理论随之而变。经济学家认为，“社会主义商品经济的实质在于等量劳动相交换”[①]，要求等量劳动相交换的价值规律遂被奉为基本经济规律。民法学者也相应地作出结论，认为“民法是调整商品经济一般条件的法律”；“交换的原则要求适用民法的等价有偿方式”[②]，并最终形成了延续至今的以商品经济解释民法的主流民法理论。有计划的商品经济这一观念的确立，使公平立法成为可能，因而1986年的《民法通则》明确规定了公平、等价有偿原则。公平这个一度敏感的字眼首次为中国的立法者使用，其进步意义无论怎么强调皆不过分。当然，由于把民法的调整对象归结为商品关系，等价有偿原则成了现有的公平立法的核心，而公平原则因其内容已被等价有偿原则吸收，则更多只具有宣言性。

《民法通则》是从程序和实体两方面对等价有偿原则进行具体化的。在程序上，第58条规定，一方以欺诈、胁迫的手段或乘人之危，使对方在违背真实意思的情况下所为的民事行为无效。从比较法的角度看，《民法通则》对欺诈和胁迫采取了更为严厉的立场，因为多数大陆法国家和英美法国家皆只将欺诈与胁迫的法律后果规定为可撤销。[③] 在实体公平上，第59条规定了显失公平的民事行为可以变更或撤销。这一规定显然受到罗马法中的“非常损失规则”和法国法中的

---

① 参见中国经济体制改革研究会编：《中国经济体制的新模式：学习〈中共中央关于经济体制改革的决定〉论集》，人民出版社1984年版，第44页。

② 参见佟柔、王利明：《我国民法在经济体制改革中的发展和完善》，载《中国法学》1985年第1期。

③ 参见王家福主编：《中国民法学·民法债权》，法律出版社1991年版，第348页以次。

"损害规则"的影响，不同的是，它适用于一切交换关系和双方当事人，因而是对交换关系中价格的全面干预，而"非常损失规则"和"损害规则"仅适用于土地或不动产买卖中的卖方。另外，第90条规定，"合法的借贷关系受法律保护"，此条被公认为是反高利贷的公平立法。上述条文构成了中国公平立法的框架。

众所周知，等价有偿原则是价值规律在民法中的表现。价值规律"就是商品的价值量由生产商品的社会必要劳动时间决定，商品的交换比例以商品的价值量为基础的规律"。① 价值规律中的"商品"，"是为了交换而生产的劳动产品"。② 价值规律中的"价值"，不是产品与人的福利的关系，而是人类抽象劳动。因此，价值规律仅以说明劳动产品的价格—价值现象为己任，而反映这一规律的等价有偿原则，是只调整劳动产品的交换关系的原则，所涉及的交换对象必须是同时具有价值和价格的劳动产品。毫无疑问，中国在有计划的商品经济阶段形成的延续至今的公平立法，是以劳动价值论的价格—价值理论为基础的。

三、市场经济与主观价值论

1992年10月，中共十四大提出了社会主义市场经济的改革目标模式，使我国的经济体制开始转向社会主义市场经济阶段。由于中国现行的公平立法形成于上一阶段，它以等价有偿原则为根本点，因而这一原则及其基础价值规律在社会主义市场经济阶段的命运，值得深入探讨。

市场经济取代有计划的商品经济意味着什么？从现有文献来看，中国的经济学界和法学界都未对此作出令人信服的回答，两个领域皆盛行"市场经济就是发达的商品经济"③ 的观点。基于把商品归结为

---

① 参见宋涛主编：《政治经济学教程》，中国人民大学出版社1982年版，第46页。

② 参见宋涛主编：《政治经济学教程》，中国人民大学出版社1982年版，第27页。

③ 参见《中国改革的必由之路——关于社会主义市场经济座谈会纪要》，载《光明日报》1992年11月7日，第4版；另参见张文显：《市场经济与法制建设三论》，载《中国法学》1993年第3期。

劳动产品的理解，这种观点不过是说：市场是而且仅仅是配置劳动产品的手段，商品经济与市场经济，仅仅是五十步与百步的关系，二者并无质的不同。这显然忽略了现代经济生活中大量存在的非劳动产品的市场配置问题。事实上，由商品经济向市场经济的转变，是从注重交换对象向注重交换方式的转变，是从注重生产（价值）到注重生产结果之实现（效用）的转变，是从只关注劳动产品的经济学向关注资源的经济学的转变。因此我认为，市场经济是交换经济。由于市场主体活动的自利性质和资源的稀缺法则，市场主体欲望的满足必须通过交换的途径。一个人的欲望与他人的欲望的关系只有通过各种欲望的互动才能表现出来，而市场价格则是各种欲望与有限的资源之关系的表达式。市场机制就是价格机制。由于市场经济的公开竞争性质，它能使稀缺资源得到最有效的利用。在市场经济下，市场被理解为各种欲望的表达场所，在此始终存在一种信息传递过程，这种信息的庞大无比，使得任何人或机器都不可能对它们作出绝对有效的处理并据以决策。因此，市场经济的主张者反对最佳的资源配置可由某一权威机关或个人预先决定的观点，认为最佳的资源配置效果只能在不可胜数的市场主体行为的相互作用中形成。与此相应，表达资源需求状况的价格也不应由一个机构或个人确定。

按交换经济的市场经济观，市场配置的不只是商品或劳动产品，而是具有稀缺性的各种资源或财货（Goods）。① 因此，市场经济并不是劳动产品的配置方式，而是以价格机制对稀缺资源进行配置的经济

---

① 财货是“能满足人类欲望的东西”，它可以有物质的和非物质的、自由的和经济的之区分。物质财货是“有用的有形的东西，以及保有或适用这些东西，或从它们获得利益，或到将来再获得它们的一切权利”。非物质财货分为个人内在的财货和个人外在的财货，前者有各人的经营能力、专门技能、体力、健康、学识等能力和天赋；后者有各人在与他人的关系中产生的信誉和营业关系等。自由的财货指不具有稀缺性的各种资源，而经济的财货是具有稀缺性的各种资源。参见［英］马歇尔著：《经济学原理》（上卷），朱志泰译，商务印书馆 1964 年版，第 73 页以次。

形式。只有这样来理解市场经济，才有可能解释价值规律和等价有偿原则无法说明的诸如无线电频道、二氧化硫排放额、吉祥号这类财货的价格—价值现象。可以说，价值规律和等价有偿原则在市场经济条件下表现出的局限性，犹如牛顿力学在爱因斯坦相对论的冲击下表现出的局限性一样。

至此，我认为应纠正我们以往对马克思主义价值理论的片面认识。把马克思说成劳动价值论者并不全面。马克思说过："价值这个普遍的概念是从人们对待满足它们需要的外界的物的关系中产生的""是人们所利用的并表现了对人的需要的关系的物的属性"。这显然是效用价值论。① 马克思虽然在《资本论》第一卷中强调了其价格—价值理论中客观价值论的一面，但在《资本论》第三卷中又强调了主观价值论的一面。② 而后者是人们经常忽视的。恩格斯在1844年写的《政治经济学批判大纲》中也说："价值是生产费用对效用的关系"③，这是对劳动价值论和效用价值论的综合。因此，马克思主义的价值论是主客观相结合的价值论，忽视其主观价值论的一面，甚至认为恩格斯的上述见解只是他早期的观点，"后来，恩格斯抛弃了这一观点"④，都是缺乏根据的。当然，马克思与李嘉图一样，虽然注意到稀缺性对于价值形成的作用，但只将这一因素用于对劳动产品的价格分析，将之表述为"供求关系"。我认为，如果把对"供求关系"的解释扩及于非劳动产品，那么在市场经济条件下，基于马克思主义主客观相结合的

---

① 参见中共中央马克思恩格期列宁斯大林著作编译局编译：《马克思恩格斯全集》第19卷、第28卷Ⅲ，人民出版社1964年版，第406页、第139页。

② 参见鲁友章、李宗正主编：《经济学说史》（下册），人民出版社1983年版，第208页。

③ 中共中央马克思恩格斯列宁斯大林著作编译局编译：《马克思恩格斯全集》（第1卷），人民出版社1964年版，第605页。

④ 参见张卓元对这种论点的批评。参见张卓元著：《社会主义价格理论与价格改革》，中国社会科学出版社1987年版，第59页。

价值论，中国的价值概念应界定为“由劳动、效用和稀缺性决定的资源（劳动产品和非劳动产品）与人的福利的关系”。

四、主观价值论的导入对既有的民法理论的冲击

这种新的价值概念的建立，无疑会冲击在有计划的商品经济阶段形成的商品经济的民法观和相应的公平立法。

冲击之一指向对财产关系的说明。现行的民法教科书对财产关系的说明采取了异常迂回的方式，它们先将财产关系归结为生产关系，之后又将生产关系归结为经济关系，甚至进一步将财产关系等同于商品关系①，但是，它们唯独不对财产关系中的“财产”作出直截了当的说明，使人有治丝益棼之感。事实上，财产关系就是以财产为媒介的、具有相互性的主体间关系，而财产则是具有效用和稀缺性的各种资源和财货，包括劳动产品和非劳动产品、有体物和无体物。有些关系尽管涉及财产，但不见得是财产关系，如赠与、借用、无偿委任、保证（保证是服务，是情谊行为）等，它们未贯彻经济人假说，而是为了增强人类团结，因此，只有既涉及财产又讲究对价的主体际关系，才是财产关系。将财产关系等同于商品关系，就使含义丰富的财产概念缩减为“商品”概念，从而使民法的调整范围大大缩小，并使民法成为只调整以商品为媒介的社会关系的法。更有甚者，还把民法调整的以服务、知识产品为客体的主体际关系舍弃掉了，造成了巨大的理论漏洞。为此，我甚至主张放弃财产关系的概念，代之以涵盖财产、服务和知识产品的客体关系的概念。

冲击之二指向物的分类理论。物可作有体物和无体物之分。商品经济的民法观不承认无体物的概念，因为它不能解释某些无体物的等

---

① 参见罗玉珍主编：《民法教程》，中国政法大学出版社 1990 年版，第 12 页及以次。另参见王利明、方流芳、郭明瑞著：《民法新论》（上册），中国政法大学出版社 1988 年版，第 61 页。

价交换问题。自经济体制改革以来，无体物的交易大量出现。国有土地使用权的出让首开先例，随后，出现了股票与债券（包括国库券）的买卖（这是就社员权和债权进行的买卖）；期货交易的诞生，使对合同的买卖成为可能（这是就合同当事人地位进行的买卖，民法上称之为债权债务的概括移转，因此严格说来，无体物也包括与权利并生的义务）；证券交易所和期货交易所的问世，使交易所的席位也成了交易之客体；此外，还出现了颇有争议的吉祥号买卖。所有这些买卖的客体皆为权利：或为使用权，或为债权以及并生的债务；有些包含人类劳动（如债权），有些则不包含人类劳动（如国有土地使用权、交易所席位的使用权、吉祥号使用权）。如果说商品经济的民法观对包含人类劳动的无体物的交换还能加以说明，那么它对不包含人类劳动的无体物的交换则无法加以说明。实际上，上述不包含人类劳动的无体物皆为对各种稀缺配额的使用权，与无线电频道和二氧化硫排放额的使用权别无二致，与一度长期存在的粮票黑市买卖和现在禁而不止的书号买卖亦别无二致。它们不能硬被说成是商品，因为它们不包含人类劳动，但它们能增进人的福利且具有稀缺性，因而是经济的财货或财产，并处于民法调整的财产关系的范围之内。因此，在市场经济阶段，中国的民法理论和民事立法应承认无体物的地位并制定相应的规则。

冲击之三指向等价原则。由于财产概念的重新确立，非劳动产品和不包含人类劳动的无体物的交易就进入了民法的调整范围。这些交易对象由于不包含人类劳动而不具有与《民法通则》的概念体系相一致的价值。按照新的价值概念，它们的价值来源于其效用和稀缺性，因而只能根据需求的强度和供给的弹性决定，具有主观性。这样一来，如果说《民法通则》的等价要求还可以在劳动产品的交换中保留①，那么对于非劳动财货的交换就无法适用了。因此，我国《民法典》取

① 根据我在本章罗马法部分中引述的冯·米塞斯（Von Mises）的话，这是不可能的。

消了等价原则的基本原则地位，现在不要求一切交换关系都做到交换物与被交换物等价，只要求交易一方取得他方财产必须支付相应的代价，至于代价的多少，则由当事人根据意思自治原则和市场形势确定，甚至承认相当的体现人类团结的无偿财产行为。同时，已将欺诈与胁迫的所致的法律行为的效果由无效改为可撤销，以贯彻意思自治原则。[①] 该原则以主观价值论为基础，它相信当事人是自身损益的最佳判断者，会作出最有利于自己的选择，因此，立法应尊重当事人的意思自治而不必代其决策。当然，这种对意思自治原则的理解正面临行为经济学对理性人假设的摧毁带来的挑战。进言之，在公平立法的指导思想上，应注重程序公平之保障而放松对实体公平之控制，以充分发挥价格机制的作用。如此，可建立一种市场经济的公平观并确立相应的公平规则。

---

① 令人欣慰的是，1999 年实施的《合同法》（收入《民法典》之后废止）第 54 条第 2 款终于把以欺诈或胁迫订立的合同的法律效果改为可变更或撤销，尽管其第 52 条第 1 款第 1 项仍矛盾地把以这些手段订立的合同的法律效果定为无效。

第十章

生态论

法律不能创造价值，却能减少价值的破坏。——题记

第一节　目前的生态时局

一、国际生态时局

目前的生态时局十分严峻。安德鲁·库佩斯从 400 千米之外的国际空间站发布的《地球生命力报告 2012》称，过去 40 年，地球的生命力下降了 28%，处于很不健康的状态。人类正在使用相当于 1.5 个地球的资源来维持生活。WWF 中国副首席代表李琳说，按目前的模式预测，到 2030 年，人类需要两个地球来满足生存需求。到 2050 年，需要 2.9 个地球。[①] 2013 年冬季，台风海燕横扫菲律宾，造成极大破坏，这是个非常事件，因为台风通常只在夏季发生。台风期间，正召开世界气候会议，菲律宾代表在大会上绝食，抗议气候不公。事实上，存在发展中国家的发展权与发达国家的生态权之间的矛盾。所以，玻利维亚总统莫拉莱斯在 2009 年年末代表玻利维亚和“我们的美洲人民

---

① 参见新京报：《人类 20 年后或需要两个地球》，载《厦门晚报》2012 年 5 月 17 日，第 B12 版。

玻利瓦尔联盟”建议成立一个气候法庭审判污染环境的国家，由世界人民评估他们的总统、统治者、经济模式和资本主义制度。[①] 确实，既然有气候正义问题，当然应有气候法院。由于环境资源是超越国界的人类共有物，一国之内发生的侵权行为对邻国乃至全人类造成损害，引发了主权与人类环境权的矛盾，全人类已形成一个环境共同体，为了达成全人类的可持续生存，要求限制民族国家的主权，建立世界政府。[②] 在这方面，《联合国海洋法公约》已进行了局部的尝试。

由于环境受极度污染，地球变暖，南极冰化，海平面提高，海洋酸化，这是二氧化碳在大气中的含量提高的结果。海洋可吸收大气中的二氧化碳，随之出现更严重的酸化。很多海洋生物无法适应新的环境。今天，海洋的酸化程度比工业革命前提高了30%。况且，与5000万年以来其他任何时期相比，目前海洋的化学变化速度比以往快10倍。因此，地球面临灭顶之灾。低洼的印度洋国家马尔代夫正在考虑买地另行建国，以免将来全国人都成为环境难民。岛国图卢瓦正在被淹没。从1993年迄今的16年内，图瓦卢的国土面积缩小了2%。图瓦卢的海平面上升了9.12厘米，50年内，海平面将上升37.6厘米，这意味着图瓦卢至少将有60%的国土彻底沉入海中。图瓦卢人说；“我们的未来不能用钱买”“地球上的60亿人都应向我们说抱歉”。[③] 大小双边的或多变的国际会谈都以气候变化为主题。许多国家签署了《京都议定书》，美国是唯一未签的重要工业化国家。2025年，中国将超

① 参见人民网消息：《玻利维亚建议建立气候法庭》，载《厦门晚报》2009年12月31日，第24版。

② 参见王冰：《气候变暖、市场社会与世界大同》，载《华中科技大学学报》（社会科学版）2009年第6期，第100页。

③ 参见王育琨：《直面“低碳”从告别暖气房开始》，载《上海证券报》2009年12月23日，第6版。

出美国成为世界上最大的温室气体排放国。① 和平的含义改变。2007年度诺贝尔和平奖被授予美国的戈尔与联合国政府间气候变化专家小组（IPCC）标志着“敌对”概念的根本转变：和平者，敌对之消除也，过去所消除者，为人类彼此间的敌对；现在所消除者，为人与自然间的敌对。为此等消除者即可获和平奖。

二、中国生态时局

在这场全球性的生态危机中，中国是一个大型的排污者，“煤基”能源的使用特点决定了我国温室气体排放总量大、增速快，单位 GDP 的二氧化碳排放强度高。② 我国目前的二氧化碳排放总量已超过美国，人均排放量为 6.72 吨，危害人类的可持续生存。

长期以来，我国实行的是牺牲环境追求发展的政策，两高一低（高投入，高排放，低产出），由于严重的空气污染，整个中国处在一片朦胧中。由此造成了如下矛盾：1. 经济增长指标与人民的生命健康权之间的矛盾；2. 官员的政绩追求与属民的环境权的矛盾；3. 既得利益者的环境追求与贫困者的富裕追求之间的矛盾；4. 本代人与下一代及下数代人的矛盾。

以厦门为例说明问题。全市污水处理厂寥寥，差不多所有的污水直排。管线雨污共用。海域环境急剧恶化。海沧区污烟弥漫，延伸到相邻的湖里区。空气质量在全国 47 个环保城市的排名从 2002 年的第 7 名滑到 2003 年的第 8 名，空气中氮氧化物的浓度随着机动车数量的急剧增长呈现每年 30% 的大幅增长，十几万辆汽车的路检合格率只有

---

① 参见孙钰：《减排温室气体：攸关地球命运的行动》，载《环境保护》2007 年第 11 期，第 18 页。

② 参见黄栋：《气候变化、低碳经济与新能源发展》，载《华中科技大学学报》（社会科学版）2009 年第 6 期。

65%。[①] 2008 年的霾天达到 74 天，而 2007 年是 62 天，2006 年是 56 天，2004 年是 13 天，2005 年增加到 40 多天，1953 年只有 1 天。[②] 故蓝天白云，已罕见于厦门矣！2009 年的情况有所改善，空气优良率达到 98.6%，优的天数达 161 天，良的天数为 199 天，轻微污染只有 5 天，比 2008 年减少了 7 天，灰霾天数回落到 45 天。[③] 但到了 2014 年的情况再度恶化，截至 12 月 26 日，霾日已达到了 115 天，约为常年数值的 5.7 倍，也创下了历史新高。相比近 10 年来 62 天的常年平均日数高出了 85%，也是继去年以来，又一个一年中每个月份都有霾日出现的年份。其中，第一季度的 3 个月份和 7 月的月霾日数，都创下了历史同期最多的纪录。[④] PX 项目将再添灾难，该项目一天就要在靠近市中心的海沧区烧煤 30 多车皮，而厦门岛已禁煤多年。官员的政绩冲动与民众的环境权追求的矛盾导致了大规模的游行示威。2007 年，厦门市就考虑发布霾预警[⑤]，但这不是要游客放弃来一个旅游城市吗？故到今天尚未见到这样的预警。2000 年 1 月我来厦门后，时常看到厦大的下岗职工小鲁一家三口戴着防毒面具从海边的公路上经过，当时以为他癫狂，现在以为他是智者。

在这样的情境下，民法能做什么？回到我们的题记：法律不能创造价值，却能减少价值的破坏。例如，通过制定新的技术标准打破织

---

① 参见卢维伟、吴琼：《市环保局局长坦言八大问题困扰我市生态战略》，载《厦门日报》2004 年 2 月 14 日，第 6 版。

② 参见杜世成、伟山：《去年霾天数又创新高：62 天》，载《厦门晚报》2008 年 1 月 22 日，第 3 版。

③ 参见高金环、林江滨：《厦门去年 161 天空气质量优》，载《厦门晚报》2010 年 6 月 4 日，第 2 版。

④ 参见林泓：《雨水太少，又热又旱又霾：今年厦门气候不给力，舒适度只能算勉强及格》，载《海峡导报》2014 年 12 月 31 日，第 31 版。

⑤ 参见杜世成：《我市考虑发布“霾”预警》，载《厦门晚报》2007 年 6 月 30 日，第 7 版。

袜行业的快烂快买阴谋，以及自行车电动车内胎制造业的坏造快烂阴谋①；通过奖励发展修理业减少一坏即扔的浪费现象；限制各种品牌手机充电器接口的个性化设计，以标准接口取而代之；以电子票取代纸质票；限制或禁止使用塑料袋；立法限制过度包装；提倡电邮投稿方式。

第二节　生态论的基本点

一、生态论的前提

承认法律不仅调整人与人的关系，而且调整人与自然的关系。我们知道，这是对苏格兰启蒙学派和潘德克吞学说的反动。此前的罗马法不仅处理经济的财货，而且处理自由的财货。②

二、生态论要解决的问题

（一）人类中心主义问题，协调好人类与其他动物乃至植物的关系

对此，我主编的《绿色民法典草案》做了最完全的规定，在其序编的第 33 条中，把动物分为畜养的食用动物和非畜养和食用的动物，把后者确定为“处于人与物之间的生灵，享有一定的由动物保护机构代为行使的权利”，并规定“民事主体负有仁慈对待上述两类动物的义务”。实际上是要逐渐把后一种动物从客体的范畴内排除，从而达成人与其他动物的和平共处。《实验动物管理条例》第 27 条规定：“从事实验动物工作的人员对实验动物必须爱护，不得戏弄或

---

① 2014 年的一天，我把一辆新电动车推到厦大医院对面的修车店补胎，师傅告知，我们儿时的自行车内胎可以做弹弓用的，现在的质量差，不能做弹弓了。作为一个老牌弹弓手，突然发觉师傅讲的是事实。

② 参见徐国栋：《“一切人共有的物”的概念的沉浮》，载《法商研究》2006 年第 6 期。

虐待。”

动物的主体化观念具有悠久的历史。毕达哥拉斯和恩倍多克勒就曾宣布：一切有生命之物应享有同等的法律地位，并且宣称，侵害动物的人会受到无穷尽的惩处。就这样，伤害动物是犯罪行为。[①] 为何如此呢？毕达哥拉斯认为存在一个灵魂转换体系，人死后灵魂不灭，此等灵魂进入其他动物的身体，并在适当的时候再回到人身上，杀害动物，可能杀害了自己祖先的灵魂的寄居所。基于这种理由，人类应该素食。[②] 所以，他被现代素食主义者奉为自己的始祖。[③] 恩倍多克勒被认为是毕达哥拉斯的学生，采纳了毕达哥拉斯的灵魂轮回学说。[④] 他的轮回，不仅经过动物阶段，而且可能经过植物阶段（他说自己的前身经过了男孩、女孩、树木、鸟，以及不会说话的海里的鱼[⑤]），为了避免伤害正在轮回过程中的人，不仅要不吃动物，而且要不吃植物，但他考虑到这样做难以操作，把禁吃的植物的范围划小，只包括豆类和月桂。因为毕达哥拉斯和他都认为豆类同人的生命有亲缘关系，而月桂用于制作奥运会的桂冠，那是灵魂在植物中寄托的最高形式。[⑥] 轮回说对于动物保护的意义明显，据 2009 年 8 月 22 日中央电视台《走近科学》节目报道，藏族人不伤害黑颈鹤也是因为它们就是轮回中的人。就现代人而言，在澳大利亚，经绿党的努力，该国的宪法已

---

① 参见［古罗马］西塞罗著：《论法律·论共和国》，王焕生译，中国政法大学出版社 1997 年版，第 111 页。

② 参见［古罗马］塞涅卡著：《幸福而短促的人生——塞涅卡道德书简》，赵又春、张建军译，上海三联书店 1989 年版，第 256 页及以下。

③ 参见巫昂：《素食修行》，载《厦门晚报》2009 年 8 月 21 日第 37 版。

④ 参见汪子嵩等著：《希腊哲学史》（第 1 卷），人民出版社 1993 年版，第 797 页，第 798 页。

⑤ 参见汪子嵩等著：《希腊哲学史》（第 1 卷），人民出版社 1993 年版，第 859 页。

⑥ 参见汪子嵩等著：《希腊哲学史》（第 1 卷），人民出版社 1993 年版，第 861 页。

承认类人猿（包括黑猩猩、大猩猩、猩猩）具有与人一样的地位[①]，实现了部分高级动物的主体化。西班牙议会正在讨论同样的问题。据学者的研究，黑猩猩基因组的 DNA 序列与人的基因组的 DNA 序列的相似性达到99%，两者间的差异相当于任意两个不同人之间基因组差异的 10 倍。[②]《奥地利普通民法典》《德国民法典》《摩尔多瓦民法典》《俄罗斯联邦民法典》已声明动物不是物。但奥、德、摩、俄四国的民法典规定了动物不是物，却未说明动物是什么，留下一个缺憾。这个缺憾为新的《波多黎各民法典》第 232 条（条名“家畜、驯化动物”）部分弥补了。它规定：1. 家畜和驯化动物是有感生灵。2. 家畜是靠人照管、与人共同生活、需要人供养的非野生动物。3. 驯化动物是为了改变其行为而受训，以图实现警卫、保护、搜救、诊疗、协助、娱乐人及其他类似活动的动物。4. 家畜和驯化动物并非财产或物，不是强制执行的对象，工业、体育活动、娱乐用动物，不在此限。[③]

本条尽管未全面回答“动物是什么”的问题，却回答了家畜和驯化动物是什么的问题：有感生灵（seres sensibles 或 sentitencia animal）。那么，什么是有感生灵？

所谓有感生灵，是能感觉、察知、反应，有快乐感和痛苦感的动物。[④]典型的例子是狗和猫，它们能与人互动，觉察人的态度而调整自

---

① See Andreas Wacke, Protection of the Environment in Roman Law? In *Roman Legal Tradition*, 1, 2002, p. 2.

② 参见新华社北京 8 月 31 日电：《黑猩猩：人类最近的“表兄弟”》，载《厦门日报》2005 年 9 月 2 日，第 B8 版。

③ Véase *Código Civil de Puerto Rico*, Ley Núm. 55 – 2020, 1 de Junio de 2020, pag. 66. 感谢参加起草这一法典的阿根廷法学家 Luis F. P. Leiva Fernández 第一时间为我提供这一法典的文本。

④ Véase Alberto Argüello, Situación jurídica de los animales en Centro América como seres sintientes, En dA. *Derecho Animal. Forum of Animal Law Studies*, Vol. 8, Núm. 3 (2017), pag. 1.

己，人对它们好即快乐，反之则痛苦。有感动物的反义词是有意识动物。即人类，人类不仅有感，而且能认知自身及他者的存在。[①] 无感生灵可能包括爬虫类动物。[②]

把有感当作将其载体主体化的理由很重要，因为人类也能感受痛苦和快乐，在这方面与有关动物相同。[③] 但人类还有理性，按希腊人的说法，人在这方面与神相同。[④] 所以，有感动物是一种较弱的主体，需要人的保护。所以，2001 年德国颁布的《动物保护——养狗条例》（2013 年修订）规定，宠物商店只售卖宠物用品及食品，不允许售卖宠物。因为德国人认为宠物应被当作孩子一般珍视，因此禁止随意的商业买卖。另外，2016 年，我国台湾地区正式确立了禁止买卖猫狗的法令，同时禁止食用猫狗肉。

但有感动物的范围很广，新《波多黎各民法典》打算主体化的只有家畜和驯化动物。从上下文来看，家畜的术语似乎意指宠物，驯化动物则明确指工作动物。它们不是财产，体现为不得作为强制执行的对象，工业、体育活动、娱乐用动物除外。工业用动物的例子是猪，用于食品业。体育用动物的例子是赛马。娱乐用动物有如用于马戏表演的动物，熊、虎都可能是。

总结第 232 条，可以说它缩小了《德国民法典》第 90a 条所言动物的范围，只把部分动物做主体化或非财产化处理，由此使《德国民法典》第 90a 条式的规定具有可操作性，并符合人们的日常情感。如

---

① Véase María José Chible Villadangos, Introducción al Derecho Animal. Elementos y perspectivas en el desarrollo de una nueva área del Derecho, En *Revista Ius et Praxis*, A ñ o 22, N° 2, pag. 397.

② 参见曹菡艾著：《动物非物：动物法在西方》，法律出版社 2007 年版，第 146 页。

③ 参见曹菡艾著：《动物非物：动物法在西方》，法律出版社 2007 年版，第 167 页。

④ 参见翁绍军著：《神性与人性——上帝观的早期演进》，上海人民出版社 1999 年版，第 193 页。

果把一切动物都赋予主体化待遇，则难以实现。

既然有感动物相对于人类是一种较弱的主体，如何设定两者的关系？传统的所有人-物的关系模式已被《德国民法典》第90a条为代表的规定所否定，可以替代的是监护模式。美国学者乔伊斯·蒂施勒（Joyce Tischler）于1977年发表论文论证之。其基本论证为：现有的动物保护法采用的反虐待模式不够，既然承认动物享有权利，它们又不能自己行使之，为它们设立监护就是自然的，因为监护是对由于年幼或缺乏理性不能自我保护者的保护，动物与人类中的幼孩和精神病人类似，可以为它们设立自然人或非营利组织担任的监护。这种监护可以称为准监护。监护人的职责在于为被监护动物提供照料和看管。当被监护动物受到侵害时，监护人要代为诉追。如果监护人做不到这些，其职位可被法院褫夺。考虑到为所有的有感动物设立监护难度太大，作者建议先为狗和猫设立此等监护。[①] 当然，如果遗弃宠物，则可能构成刑法上的虐待动物罪。

上述建议有相当的民意基础。有美国研究表明，70%的主人把伴侣动物视为孩子；90%的主人把宠物作为家庭成员；69%的主人与宠物分享床位；67%的主人在节假日给宠物买礼物。美国半数宠物是狗或者猫。家庭宠物被作为家庭不可分割的一部分。[②] 美国法把父母对子女的照管像我国法一样称为监护。宠物既然是孩子，自然就是被监护的对象。

新《波多黎各民法典》以不那么明确的方式用两个条文采用了监护模式。首先，其第233条（条名“对家畜和驯化动物的义务”）规定，人有义务依其天性对待家畜和驯化动物。对它们的照管和关于它

---

① See Joyce Tischler, Rights for Nonhuman Animals: A Guardianship Model, for Dogs and Cats, In Vol. 14 (1977), *San Diego Law Review*, pp. 502ss.

② 参见于立深：《城市家养动物自由的行政法规制——美国经验的中国借鉴》，载《华东政法大学学报》2018年第5期，第157页。

们的决定，应注意保障其福利和身体安全。此条中无“监护”字样，但有近义词“照顾”。此条可理解为表达“准监护”意思的条文。“关于它们的决定”可以涉及到监护职责的移转，也可能涉及到有关动物的安乐死。动物的天性乃自由，所以不能把它们过长时间的笼养，尤其是在狭小的空间。要保障的动物福利，专业人士称五大自由。其内容无非是享有身体健康、免受饥渴、苦寒、病痛、过多劳作等体力上的折磨，同时享有心理健康，免受精神折磨和创伤。① 其次，其第235条（条名“法院分派保护与照管义务”）规定：1. 在家庭成员别居或离婚导致分割对动物的照管的情形，若当事人间无协议，法院分派之。同时，法院应解决未承担照管义务的一方就分管动物的权利问题。2. 法院在分派照管动物的义务以及持有其陪伴的权利时，应考虑家庭成员的最大利益以及动物的福利与安全。法院可以安排任何人分担对动物的照管或陪伴，条件是财力充足，有经济手段满足动物的基本需要。此条比照夫妻离婚时分派子女监护的模式规定家庭分裂时对有感动物准监护职责的分派。甚至考虑到了未得分派的一方的探视权问题。如果各国就动物的地位作出不同的规定，将来要面临这方面的法律冲突。2006年，意大利著名的《牛顿科学杂志》邀请10名知名科学家及学者对未来世界的发展进行预测，其中的生物学家乔治·切利认为，30年后人权将延伸至能用哑语与人类交流的灵长目动物。② 俄国25岁的农夫阿亚力·托布洛夫斯基由于找不到女朋友，要求与奶牛结婚，请求当时的总统普京批准，提出了动物的婚姻能力问题③，而布基纳法索明确规定了人与动物可以结婚，条件是这些动物必须经过人工豢养3年的时间。2001年，一名荷兰妇女宣布与家中养殖的白鹅结婚，遭

---

① 参见曹菡艾著：《动物非物：动物法在西方》，法律出版社2007年版，第63页。

② 参见《10位知名学者猜想未来世界灵长目动物也将有人权》，载《厦门晚报》2006年7月12日，第14版。

③ 参见《俄农夫要与奶牛结婚，请求普京总统批准》，载《厦门晚报》2006年7月12日，第24版。

到伦理团体的强烈抗议，但法院拒绝宣判这位女性违法，由此，荷兰成为欧洲唯一默许人类与动物结婚的国家。① 我想，在世界上，最后一个承认动物的主体地位的法域肯定是广东省。

为了落实动物的主体化，《绿色民法典草案》另外在第四分编关于“对动物所作的遗嘱处分”的第 166 条，承认了以动物为受益“人”的遗嘱处分的有效性，换言之，承认了动物的消极的遗嘱能力，朝动物的主体化迈进了一小步。对于不能作为准主体的动物，第五分编第 19 条也规定：“对动物适用关于物的一般规定，但法律有不同规定的除外。在对具有生态价值的物行使权利时，应注意维护其此等价值，并遵守环境资源法等特别法的规定”，为维护它们的生态价值提供了立法依据。就植物的法律地位问题，我在《民法总论》中也提出了将之纳入主体、客体以外的“中体”的解决。②

（二）本代人中心主义问题

由此解决好人类本身的代际关系问题。允许将未来世代人作为民事主体，实现代际公平。对此菲律宾最高法院已于 1993 年作出判例，它允许 42 名儿童以自己及子孙后代的名义提起诉讼要求政府停止大规模出租国有森林给开发公司砍伐。③ 对此，《阿根廷民法典》承认的“即将出生的人”的概念也为未来世代人的权利留出了地盘，而其他国家通行的脱离母腹的胎儿才可成为主体的限定排除了下一代人和下下一代人的权利。未来世代人可通过其代理人或受托人就涉及它们利益的事项发表意见。生态主义者都是既考虑现世的人的利益，又考虑未来的人的利益的人，但这两种利益顾此失彼，难以调和。生态主义者竞选总统必然失败，因为未来的人不能参与投票，现世的人许多会

---

① 参见《非洲小国规定人类能与动物结婚》，载《厦门晚报》2006 年 7 月 12 日，第 24 版。

② 参见徐国栋著：《民法总论》，高等教育出版社 2007 年版，第 417 页。

③ 参见曹明德、徐以祥：《中国民法法典化与生态保护》，载《现代法学》2003 年第 4 期，第 18 页。

不喜欢他。例如，戈尔就是这样的人：像边沁描述的一样，他们喜爱后代胜过现在的一代，喜欢不存在的人胜过存在的人，在那些尚未出生的，也许永远不会出生的后代的利益的借口下折磨活着的人①，他竞选总统就败于不肯在《京都议定书》上签字的布什（而他却提出过“以白宫效应来对抗温室效应”的没有兑现的竞选口号）。② 由此可以说，现在的民主制度与生态主义冲突，未来的人需要投票，但如何组织这样的选举，是一个问题。

（三）我族（自我）中心主义问题

即限制和消灭在环境和生态问题的民族（个人）自私自利主义，对国际性的环境资源实行国际共管，为此要产生国际物权法。另外，对牺牲自己发展权维护环境的发展中国家遭受的损失实行主要由发达国家承担的国际补偿，实现全球人口对发展成果的共享，由此产生某种形式的非基于意识形态而基于共存观念的共产主义或“英特纳雄耐尔”。要重建一种全球伦理，其中，发达国家对发展中国家的帮助不是利他，而是利己。

克服我族（自我）中心主义的另一种可能的制度安排是在环境资源上的“分田到人”或“分田到国”，以打破公共牧场困境。就“分田到人”而言，英国环境大臣米利班德计划推出一项政策，把全国减少二氧化碳排放的总目标分解到每个企业和每个个人，此等企业和个人可以在市场上出售其温室气体排放额，超额排放的，要支付更高的费用。这样，英国人要像携带英镑一样携带其二氧化碳配额磁卡，在购买汽油、电力和飞机票时（例如，2000 千米的飞行产生 1566 千克二

① 参见［英］边沁著：《立法理论》，李贵方等译，中国人民公安大学出版社 2004 年版，第 117 页。

② 参见［美］阿尔·戈尔著：《濒临失衡的地球》，陈嘉映等译，中央编译出版社 1997 年版，第 22 页。

氧化碳），不仅要付英镑，而且要付二氧化碳排放额①；就“分田到国”而言，在技术可能的前提下，可由国际环境资源支配机构分给每国可以使用的污染额度，超过者处以巨额罚款或其他制裁。碳关税是制裁的方式之一。另外，可实行自由财货的财产化达到同样的目的。

也可对个人实施类似的“分田到户”机制，这样，抽烟者、开车者（马车进城要带粪兜，汽车出动也要如此）、放屁多者要为自己的超额排污付出代价。在这种背景下，排污额将成为民法上的“物”或权利客体。

第三节　绿色原则

一、绿色原则的定义

生态论在民法一般理念上的体现为绿色原则，所谓绿色原则，就是要求民事活动的当事人在进行民事活动时节约资源、保护环境、尊重其他动物之权利的原则，也可称之为生态原则。绿色原则以悲观主义的人类未来论为基础，承认资源耗尽的必然性和一定的可避免性，基于这种确信禁止和限制民事主体对资源的浪费性使用，从而维持人类的可持续生存。这一原则首先在我主编的《绿色民法典草案》中得到确立，然后在我于2007年出版的《民法总论》中第一次在教科书中得到张扬。最终被2017年的《民法总则》第9条，继而被2020年的《中国民法典》第9条采纳为民法的基本原则。不过，《绿色民法典》草案中表述的绿色原则中有“尊重其他动物之权利”的文字，可惜被《民法典》第9条删掉，这样，去人类中心主义的绿色原则被改造成了人类中心主义的绿色原则。

---

① 参见《减少温室效应，英拟人人限额“排气”》，载《厦门晚报》2006年7月20日，第23版。

事实上，民法对象问题上就埋伏着绿色问题。我们知道，民法调整人身关系和财产关系。人身关系解决人类社会的自组织问题；财产关系解决人与资源的关系问题。财货短少而欲求它们的主体多，胃口大，由此引起的人与资源关系的高度紧张，是人类社会至今未摆脱的困境。民法对象的“人”和“财”两个要素的对立就是对这种困境的反映，民法就是为了消解此等困境而存在的。如果民法以自己的各种制度缓解了两大要素间的紧张，我们就可以说这样的民法是“绿色的”。相反的民法可以被描述为“黄色的”。此处的“黄”并非“色情”的含义，而是植被遭破坏后，黄土地被迫露出其原貌，任凭狂风殴打意义上的“黄”。这是生态失衡的标志。

我国是一个人口大国以及相对的资源小国，人与资源的关系比多数国家紧张，因此，绿色原则之提出和践行，对于我国人民和世界人民的福祉，都具有特别的意义。

二、绿色原则的适用

绿色原则可通过主体、客体和方式的途径适用，容分述之。

（一）主体的途径

就是在主体方面做文章缓和人与资源的紧张关系的途径，减少欲望主体的数量是实现它的最直接方式。这一途径又分为三个方面，第一，控制超过资源承载能力的欲望主体的产生。计划生育是达到这一目的的一项法律制度，它在《绿色民法典草案》第三分编第 6 条中被确立为“绿色生育原则”，反映为“夫妻有实行计划生育的义务”的条文。第二，通过合理划定死亡的标准控制欲望主体的数目。为此，关于死亡标准的第一分编第 12 条规定：“脑组织不可逆转地坏死，为死亡。”此条打破了传统的心跳呼吸停止的死亡标准，把脑组织的死亡当作死亡标准，由此可避免对脑组织已坏死，但仍有心跳和呼吸的人施医用药，节约宝贵的医疗资源和其他资源用于其他更需要的人。第三，控制既有的欲望主体的欲望的数量。为此，第一分编第35条、第208条及以下各条规定了浪费人的保佐，限制不正常欲望主体的行为能力，从而不仅保护了家族财产，同时也保护了社会财产；对于非浪费人，第五分编第30条也以“权利人在行使其物权时，负有保护环境和节约资源的义务”的规定取消了他们进行浪费的自由。

当然，把环境权人格权化（由此派生出生态环境侵权）也是主体的途径。对此，《绿色民法典草案》设有规定：第312条［消除危害生命健康的危险权］自然人有权消除或请求消除由经济活动或其他活动引起的危害其生命和健康的危险。环境权是自然人得到保障其生命和健康安全的环境的权利，实际上是消除危害生命健康的危险权的一种具体形式，专门针对污染行为而设。根据这种权利，每个人都有权通过请求法院制止任何自然人或法人破坏或污染环境的行为，他们享有所谓的民众诉权，法院经审理后应判处行为人终止污染行为。为了保障自然人行使环境权，国家和地方政府应保障他们得到关于他们所处环境状况的值得信赖的资料，由此，环境权与知情权结合起来。

（二）客体的途径

是在客体方面做文章缓和人与资源的紧张关系的途径。我们力图增加每一项资源被利用的机会。这一意图至少体现在《绿色民法典草案》的如下六项制度中。

第一是第五分编第251条至第266条规定的取得时效制度。具有讽刺意味的是，在我国一度被误解为是鼓励攫取不义之财之制度的取得时效实际上是一项“绿油油”的制度，其要旨是允许被所有人忽略（这是他不怎么需要这项财产的外在证据）财产给他人使用，其道理跟允许剧场里的空座在开演后让需要者使用是一样的，由此缓解人与资源之关系的紧张。为达到这一绿色目的，第五分编第259条不以占有人的诚信为完成取得时效的必要条件；第263条允许恶意占有人以特别时效取得不动产或动产的所有权（但要经过更长的时效期间），因为恶意占有人使用着宝贵的社会资源被认为强于此等资源被浪费。按照我们规定的取得时效制度的理念，任何财产都有个人和社会两个主人，前者不积极使用自己的财产就是浪费，是对社会财富的滥用，因此允许社会的任何一员“挤脱”其所有人资格。

第二是第五分编第365条至第396条规定的相邻关系制度。它是对所有权的私的限制，目的是社会财富得到充分的利用。最见这一精神的是第391条规定的袋地的通行制度以及第394条规定的采光制度。前者允许袋地的所有人有代价地取得对邻地的通行权，从而实现此等袋地的价值；后者允许共有人经邻人同意在公共墙上开设窗户或孔眼，从而实现前者房屋的价值。两者都实现了社会财富的最大化利用。

第三是第六分编第173条规定的防止专利权滥用的强制许可制度，它规定：“自专利权被授予之日起满3年或者自申请日起满4年（以期限长者为准），具备专利实施条件的法人或非法人团体以合理的条件请求发明或者实用新型专利权人许可实施其专利权，而未在合理的时间内获得这种许可的，国家知识产权局根据该法人或非法人团体提出的实施该专利的请求，可以给予其实施的强制许可。”我们知道，已授予的专利是一项社会财富，如果专利权人不利用它，就会造成社会财富的浪费，因此，国家知识产权局应基于社会利益的考虑限制个人权利，将此等专利授予具备实施条件的法人或非法人团体实施，从而像取得时效制度一样实现充分利用社会财富的目的。

第四是第八分编第451条规定的转租制度。它允许承租人经出租人同意把租赁物转租给他人。允许不动产的承租人不经出租人同意将租赁物的一部分转租给他人。这一制度也是为了社会财富的最大化利用。例如，我在哥伦比亚大学的巴特勒堂（Butler Hall）租了一个房间，每月房租1000美元。1月和4月我分别到新奥尔良和圣胡安出差一个月，这段时间我不住这个房间，但房租照交，房间照空，如此对我和对社会都是一种浪费，如果允许转租，这两方面的浪费都可以避免。基于合理性的考虑，哥大允许转租学生宿舍，我们的《绿色民法典草案》也是如此。

第五是第八分编第29章规定的分时使用度假设施合同。不瞒大家说，本章是在我们的草案的第三校中为了增加其“绿色”增加的。这种合同的实质是让房屋、野营地、游船等度假设施让更多的人以更廉价的方式使用。随着中产阶级的形成和旅游业的发展，度假成为人们一种普遍的生活需要。当然，独资买一所度假屋是满足这种需要的方式一，它要求度假者很有钱，而且存在度假设施利用率不高的缺陷；方式二是数人共同出资买一所度假屋轮流使用，这不仅降低了度假成本，而且也在一定程度上解决了度假设施的利用率不高的问题。但由于度假时段有旺季和淡季之分，而共有人数目有限，有此仍然存在度假设施利用不均匀以及利用率不高，因而度假成本过高的问题；分时使用度假设施合同是方式三，它把人们对一定的度假设施的权利设定为可通过买卖或互易流通的，由此解决了前两种度假方式存在的度假设施利用不均匀以及利用率不高两个问题。对前一问题，通过允许以较少的旺季分时度假时段互易较多的淡季分时度假时段解决；对后一问题，通过建立分时度假设施权利的互易系统解决，如果愿意，任何分时度假设施的权利人都可加入该系统，在使用完自己的度假设施后通过互易使用他人的，由此，每一特定度假设施的权利人队伍成为开放性的，该设施可以做到在全部或多数时间都有人使用。如此，度假资源得到了充分的利用，人们众多的度假欲望与相对有限的度假设施之间的矛盾得到了缓和。所以，分时使用度假设施合同是特别“绿”的一项制度，被作为“绿化”我们的民法典草案的一道重笔。

第六是添附制度。它把物理上可以分开的合成物在法律上视为不可分开的“一物”，用罗马法术语来讲，是单一物，即具有一个灵魂的物，成为一个单一的客体。换言之，原来各自具有灵魂的两物经添附后变得只有一个灵魂，若合成物两部分之一的所有人选择破坏新物还原材料，他对自己贡献部分的破坏被视为对整个新物的破坏，要承担损害他人财产的责任，以此达到资源节约取向的冲突解决。

（三）方式的途径

是在立法者处理有关问题的方式上做文章缓和人与资源的紧张关系的途径。从解释学的角度看，《绿色民法典草案》序编第 8 条规定的绿色原则（当事人进行民事活动，应当遵循节约资源、保护环境的原则）不仅是当事人进行民事活动所必须遵循的基本原则，而且也是立法者在制定民法规范时必须遵循的立法准则。由于这一原则的约束，我们的草案以“绿色”方式处理问题的例子很多，这里只举两例说明：

第一是序编第 57 条、第 58 条、第 59 条关于错误对法律行为的效力的影响的规定。它们分别行文如：“意思表示中错指了人或物的，如果通过周围环境可以查证当事人意指的人或物，法律行为有效”“计算错误只要经过改正，并不导致法律行为无效，此等错误是意思表示的决定因素的除外”“引起错误的当事人可以宣布行为无效，如果他方当事人同意将错就错地执行该行为，他仍要根据该行为指定的范围承受其后果”。在这三条中，我们采取了尽量拯救受错误损害的法律行为的效力的原则，因为订立一个法律行为都消耗了一定的社会财富（如差旅费、公证费、律师费等），断然宣布一切受错误影响的法律行为都无效，当然痛快，但这些已耗费的交易成本就浪费了，有违绿色原则。因此我们尽量拯救法律行为的效力，只要剔除错误后能维持的，我们就承认其继续有效，以此节约社会资源。

第二是第四分编第 432 条第 1 款和第 434 条关于遗产分割的技术规则的规定，前者要求分割人按这样的规则分配遗产物件：“如某一实物不允许分割，或分割将导致其价值降低，则在共同相续人之间，由报价最高者取得该物件的较优权利；任一共同相续人都有权请求允许家外人参与报价；所得价金在所有共同相续人间按比例分配”。后者从农业经营的财产之避免分散出发规定："农地使用权合同的使用人死亡且由其继承人中的一人承担合同的，出于用益价值的目的，该继承人可请求将经营所需的全部财产按用益价值归其继承。"前者以变价分割作为实物分割的变通，避免了后一种分割方式可能造成的资源浪费。例如，如果分割的对象是一条牛，参与分割的相续人有四人，这种分割方法会把活蹦乱跳的一头牛变成四份牛肉，把一个较大的价值变成一个较小的价值；相反，按照前一种分割方式，牛仍然可以作为牛存在并为一个出价最高的相续人取得，其他人则可以得到牛的属于自己份额的价金，社会财富未遭受破坏。后者的道理同于前者，避免了一块有经营规模的农地由于死因移转变成若干丧失耕作价值的小地块以及由此带来的贬值。实际上，它不过是消极规定，第五分编第211条及以下数条和第216条及以下数条的规定则属于积极规定，它们的使命是把数个较小的地块拼合为一个较大的地块，从而提升土地的价值，使它们得到更合理的使用。在积极、充分利用有限资源从而改善人类福利的意义上，这一组条文又何尝不属于绿色规定？

第三，允许互负债务的双方当事人进行抵销。如此，节省了两个履行。

第四，允许采用传真、电邮方式送达诉讼文书。2013年修订的《中华人民共和国民事诉讼法》第87条规定：经受送达人同意，人民法院可以采用传真、电子邮件等能够确认其收悉的方式送达诉讼文书，但判决书、裁定书、调解书除外。此条免除了当事人为得到一个文书跑法院之苦，减少了不必要的出行，构成绿色规定。具体操作是这样的：到海沧法院立案时，立案庭工作人员会征求当事人意见，如果同意通过电子邮件方式送达的，要签署一份《电子邮件送达确认书》。送达文书的电子邮箱是专用的，以当事人提供的手机号码为账号，以法院专用域名"sd. haicangcourt. gov. cn"为后缀创建。在送达开庭传票等文书时，法院将需送达的材料进行扫描，再通过邮件发送至受送达人邮箱。邮箱的开通、文书发送直至最后邮箱删除，都会及时发送手机短信提醒用户。相比传统的送达方式，电子邮件送达时间大大缩短。以往，一般在完成立案、排期形成诉讼材料后，由送达人员通知当事人领取，大约需要2—5天才能完成；如果无法当面送达采用邮寄，至少需要5—7天。无法邮寄的，法院还得派专人送上门去，送达时至少需要派出两个人，送达成本更高。采用电子邮件送达，当事人可随时上网接收传票或其他文书，电子文件还可下载至手机、电脑方便打印，避免文书遗忘或丢失。①

第五，允许网上预约立案、案件查询、申诉信访。2014年7月以来，一个覆盖福建全省三级法院，集网上预约立案、案件查询、申诉信访等多项功能于一体的网上诉讼平台正式上线运行，使许多人足不出户即可投诉申诉。例如，福建省居民陈老太家住南平市延平区，近日通过福建法院网上诉讼服务中心提交信访诉求，而令其感到意外的是，不需专程赶赴百里之外的福州，福建高院信访法官通过远程视频接访系统在网上接访了她，倾听其完整地表达诉求。省高院相关人士说，这是福建法院网上诉讼服务中心上线运行后，当事人通过网络进行申诉信访的真实写照。据了解，福建法院网上诉讼服务中心具有和网下实体诉讼服务中心同质同效的功能，当事人只要凭账号、密码登录“福建高院政务网”，轻点鼠标即可足不出户全天候获取诉讼指导，进行预约立案，实时了解案件的进展情况，提出意见和建议或进行投诉申诉。此举大大降低当事人诉讼成本，促进案件审理的公开透明、全程留痕。为推进网上诉讼服务中心建设的制度化、规范化，提升办案效率，真正发挥网上办案方便、快捷的优势，福建高院还先后制定出台关于网上预约立案、网上申诉信访、远程视频接访以及网上全程调解等规范性文件，对上述活动的受理条件、办理时限以及答复方式等作出

---

① 参见彭菲、辽远：《法院传票邮件也能接收，海沧区全市首创》，载厦门新闻厦门网，2013年11月25日访问。

具体规定，有效促进网上诉讼服务中心的规范运作和高效运转。①

第六，允许电子公证。厦门大学、厦门鹭江公证处与厦门法信公证云科技有限公司联合发起的“厦门大学公证法律与信息化研究中心”于2014年12月17日成立。将开设公证网上受理业务。“足不出户，公证到家”，在这个平台上，我们能够完成出国留学、商务考察等一系列事项的公证。②

第七，限制过度包装。国家质检总局，国家标准委批准发布的《限制商品过度包装要求——食品和化妆品》国家标准于2010年4月1日实施，规定食品和化妆品的包装层数不得超过3层、包装空隙不得大于60%、初始包装以外的所有包装，成本总和不得超过商品售价的20%；饮料酒的包装空隙率不得超过55%；糕点的包装空隙率不得超过50%；保健品和化妆品的包装空隙率不得超过60%。据国家科技部的统计数据显示，减少使用1千克过度包装纸可节省1.3千克标准煤；相应减少3.5千克二氧化碳排放。如果全国每年减少10%的过度包装纸用量，可节约120万吨标准煤，减排二氧化碳312万吨③，有助于解决660座城市中的220座被垃圾（30%的生活垃圾来自遗弃的包装物）包围的困境。④

第八，禁止或限制使用塑料包装物，如吉林省就作出了这样的规

---

① 参见杨文、晓慧、雅丽：《哪怕相隔百里，申诉一键即达》，载http://news.163.com/14/0816/07/A3OKB0N700014Q4P.html，2015年1月2日访问。

② 参见佚名：《厦大公证法律与信息化研究中心完成授牌，推进网上公证》，载http://fj.qq.com/a/20141217/050966.htm，2014年12月17日访问。

③ 参见翁华鸿整理：《食品和化妆品包装不得超过3层》，载《厦门晚报》2010年6月16日，第11版。

④ 2004年10月22日，第十届全国人大常委会第12次会议审议了《固体废物污染环境防治法修订草案》，规定了强制回收包装制度，又规定了限制过度包装。限制方法有三：其一，标准控制，即对包装物的容积、包装物与商品之间的间隙、包装层数、包装成本与商品价值的比例等设置限制标准；其二是对过度包装收包装税或垃圾计量收费；其三是加大经营者责任，要求他们负责回收包装等。参见新华网消息：《我国立法限制过度包装》，载《厦门晚报》2004年10月23日，第10版。

定。对于万不得已需要使用塑料袋的情形，也可规定此等袋的厚度。

第九，立法应限制100人以上的全国性校友聚会，鼓励替代性的网上聚会。

第十，创立或确立汽车共享制度。汽车共享，指许多人合用一辆汽车，开车人只对车辆有使用权而无所有权。由此，人们既可以保留原有的开车出行方式，又可以省钱、环保。汽车共享像是在车行里短时间租车，且手续简便、费用低廉。计算机和卫星定位系统为这一制度提供了有力的技术保障。德国10万人口以上的城市都拥有专业的汽车共享分支机构，以应对高涨的油价。①

第十一，承认规定吃不完多取的食物的自助餐食客要按斤支付代价的社团规则的合法性。

第十二，立法开征生态税或环境税②，还可以开征碳税，法国拟从2010年7月1日起开征此税，每吨二氧化碳收17欧元。③ 我国也在考虑开征此税，这是对抗西方国家对我国产品征收的碳关税的一项措施，因为按WTO的规则，我们自己收了碳税，他国就不得对我们征收碳关税了。④

第十三，禁止闽南式装修。即不分好坏一律打掉重做的装修方式，因盛行于闽南地区，故如此命名。这种方式浪费很大，应提倡保留可用部分的装修。

第十四，规定房屋只有经过了精装修才能出售。王石说，让小装

---

① 参见新华社电：《德国人青睐“汽车共享”》，载《厦门晚报》2008年1月21日第15版。

② 参见俞树毅、魏彦芳：《生态税的可税性》，载《甘肃政法学院学报》2009年第1期，第65页及以次。

③ 参见李学梅：《法国碳税法案拟从7月1日起实施》，载《厦门大学报》2010年1月11日，第4版。

④ 参见徐海星：《我国可能将开征“碳税”，今后多排放碳将是违法》，载《厦门大学报》2010年1月6日，第4版。

修公司装修，一套房子比标准的精装修多产生 2 吨垃圾。万科一年提供 1000 万套房子，大概多排垃圾 1000 万吨，因此万科应撤出毛坯房市场[①]等。

第十五，允许性倒错者在不必接受变性手术的情况下获得法律认可的变性身份。如此不仅可节省许多医疗资源，还可避免选择变性者许多的生理痛苦。

第十六，对于绿色消费行为予以减税、减价待遇。美国政府为了鼓励居民节能，对家庭采用新型能源，如安装太阳能热水器、采用太阳能电池供电、地热供暖或家用风力发电等，可以有税收方面的优惠，在年度报税时可以从纳税收入中扣除购置和安装这些设备的部分费用。除此之外，如果在更新家用电器的时候，在一些地区购买新型节能的品牌型号，可以直接得到优惠退款。[②]

第四节 《京都议定书》和其他国际环境文件对民法的影响

一、《京都议定书》与碳交易

1979 年，世界气候组织在日内瓦召开了第一届世界气候大会，把全球气候变化问题首次纳入国际政治议程。1992 年，国际社会在里约热内卢达成了《联合国气候变化框架公约》（UNEFCCC），获得了 189 个缔约方。[③] 1997 年 12 月，经过旷日持久的艰苦谈判，《联合国气候变化框架公约》缔约方第三次会议终于签署了《京都议定书》。它第

---

① 参见王育琨：《直面“低碳”从告别暖气房开始》，载《上海证券报》2009 年 12 月 23 日，第 6 版。

② 参见雾谷飞鸿：《家用节能电器奖励办法》，载 http://blog.sina.com.cn/s/blog_67f297b00102vecn.html，2015 年 3 月 5 日访问。

③ 参见黄栋：《气候变化、低碳经济与新能源发展》，载《华中科技大学学报》（社会科学版）2009 年第 6 期。

一次为发达国家规定了明确且具有约束力的温室气体减排义务。它于2005年2月16日正式生效。它表明人类承认自己的活动是气候变化的原因并采取切实的行动减少这种不良影响。它采用“共同但有区别的责任”的原则。依其规定，缔约方必须在2008—2012年的第一个承诺期间，做到相比于1990年，减少5%的温室气体排放。限排气体有六种，分别是二氧化碳、甲烷、氮氧化物以及其他三种用于取代含氯氟烃的卤烃。其中美国减排7%，日本、加拿大各6%，俄罗斯、乌克兰、新西兰维持零增长，欧盟15国作为一个整体减排8%，分解到内部，德国减排21%，丹麦21%，英国12.5%，荷兰6%，葡萄牙、希腊、爱尔兰等则被允许增加排放量。协议允许澳大利亚增加排放8%，挪威增加1%，冰岛增加10%。包括中国在内的发展中国家暂不负有减排义务。这样，有些国家减排，有些国家增排，有些国家按照某年的基准维持现状，有些国家继续排放，由此实现所谓的环境正义。一国的排放量低于条约规定的标准的，可以把剩余的排放额度卖给完不成规定义务的国家。俄罗斯森林多，可能有很多的剩余额度售出赚外汇。

目前全球已有100多个国家批准《京都议定书》，其中包括中国、俄罗斯、欧盟、日本。美国（占全球25%的总排放量）后来拒绝签署该议定书，理由之一是中国这样的排放大国照排不误，要美国减排，有失公允。

2007年12月3日至15日，《联合国气候变化框架公约》缔约方第13次会议在印度尼西亚的巴厘岛召开，提出了应对气候变化的“巴厘岛路线图”，为人类进一步应对气候变化指引前进。①

“巴厘岛路线图”共有13项内容和1个附录，其中亮点如下：

第一，强调了国际合作。“巴厘岛路线图”在第一项的第一款指出，依照《公约》原则，特别是“共同但有区别的责任”原则，考虑

① 参见黄栋：《气候变化、低碳经济与新能源发展》，载《华中科技大学学报》（社会科学版）2009年第6期。

社会、经济条件以及其他相关因素，与会各方同意长期合作共同行动，行动包括一个关于减排温室气体的全球长期目标，以实现《公约》的最终目标。

第二，由于拒绝签署《京都议定书》，美国如何履行发达国家应尽义务一直存在疑问。“巴厘岛路线图”明确规定，《公约》的所有发达国家缔约方都要履行可测量、可报告、可核实的温室气体减排责任，这把美国纳入其中。

第三，除减缓气候变化问题外，还强调了另外三个在以前国际谈判中曾不同程度受到忽视的问题：适应气候变化问题、技术开发和转让问题以及资金问题。这三个问题是广大发展中国家在应对气候变化过程中极为关心的问题。

第四，为下一步落实《公约》设定了时间表。“巴厘岛路线图”要求有关的特别工作组在2009年完成工作，并向《公约》第十五次缔约方会议递交工作报告，这与《京都议定书》第二承诺期的完成谈判时间一致，实现了“双轨”并进。①

2009年6月，欧洲国家召开了“大转型：气候变化与文化变化国际会议”，主张为因应气候变化，人类社会需要从最根本的观念、文化乃至建树其上的经济和政治制度进行一场大转型。②

2009年12月7日至18日，《联合国气候变化框架公约》缔约方第15次会议在哥本哈根召开，议题包括未来保护气候的共同愿景、发达国家减排温室气体目标、发展中国家的减排温室气体行动（以发达国家提供资金和技术转让等为前提条件）、适应气候变化、应对

① 参见无名氏：《解读巴厘路线图》，载http：//news. xinhuanet. com/banyt/2008－01/28/content_ 7512433. htm，2009年12月17日访问。

② 参见王冰：《气候变暖、市场社会与世界大同》，载《华中科技大学学报》（社会科学版）2009年第6期。

气候变化所需资金和技术转让五个方面。[①] 这次会议由于各国的利害冲突破局，只有2度的升温上限设定没有规定各国有法律约束力的减排目标。

但包括中国在内的发展中国家的继续排放不是无条件的，条件是与发达国家合作，为它们实现"境外减排"。这就是所谓的清洁发展机制（CDM），指发达国家通过提供资金和技术的方式，与发展中国家开展项目级的合作，通过项目所实现的"经核证的减排量"，用于发达国家缔约方完成在议定书第3条下关于减少本国温室气体排放的承诺。它导致双赢：发展中国家得到了资金和技术，发达国家可以减少自己减碳的费用。[②] 据说，成本差可高达5—20倍。[③] 由此形成国际碳交易的新的交易形式，并对民事交易的客体理论提出了挑战。

二、欧盟的《用能产品生态设计指令》与生产者责任的延伸

2005年7月6日，欧盟颁布了《用能产品生态设计指令》，对用能产品对生态的影响进行了规范。所谓用能产品，是靠能量（电力、化石燃料和再生能源）输入完成其功能的产品，指令要求对此等产品进行生态设计，对产品的设计、生产、维护到最终淘汰、回收、处理的各个阶段，都提出严格的环保要求，鼓励生产商在产品的整个生命周期内最小化地使用某些有害物。这样就增加了生产者环保责任。指令的基本理念是：所有的产品，包括服务，不论其生产、使用还是处置，都会不同程度地对环境产生影响。所以，超过80%的环境影响跟

---

① 参见黄栋：《气候变化、低碳经济与新能源发展》，载《华中科技大学学报》（社会科学版）2009年第6期。

② 参见张梓太：《控制全球气候变化的法律问题及中国的应对》，载《上海政法学院学报》2008年第2期，第86页。

③ 参见何艳梅：《〈京都议定书〉的清洁发展机制及其在中国的实施》，载《上海政法学院学报》2008年第2期，第94页。

产品设计有关。[1] 如果对产品设计进行干预，则有利于实现环保目标。实际上，这里讲的是碳足迹问题。所谓的碳足迹，是一种商品从其初始原料的生产到最终被消费的全部生命周期中排放的二氧化碳总量。碳足迹可以分为第一碳足迹和第二碳足迹。第一碳足迹是因使用化石能源而直接排放的二氧化碳，第二碳足迹是因使用各种产品而间接排放的二氧化碳。人类凭借现有的技术无法完全抹去这种足迹，它是人类在环境中留下的几乎永远的印记。例如，消耗一度煤电的碳足迹为980克，乘坐飞机飞行1000千米为139千克，用GOOGLE进行一次搜索产生7克。[2] 将来的发展是将这一指令扩展适用于非用能产品。这一指令对中国的织袜行业的某些企业家尤其不利。

---

① 参见夏少敏、郝凌燕：《欧盟〈生态设计指令〉对完善我国节能减排法律法规体系的借鉴意义》，载《法治研究》2008年第6期，第13页及以次。

② 参见王冰：《气候变暖、市场社会与世界大同》，载《华中科技大学学报》（社会科学版）2009年第6期。

图书在版编目（CIP）数据

民法哲学／徐国栋著. —北京：中国法制出版社，2021.1

ISBN 978－7－5216－1326－1

Ⅰ.①民… Ⅱ.①徐… Ⅲ.①民法－法哲学－研究 Ⅳ.①D913.01

中国版本图书馆 CIP 数据核字（2020）第 196951 号

策划/统筹：李　佳（amberlee2014@126.com）

责任编辑：王　悦（wangyuefzs@163.com）　　封面设计：蒋　怡

民法哲学

MINFA ZHEXUE

著者/徐国栋

经销/新华书店

印刷/三河市紫恒印装有限公司

开本/880 毫米×1230 毫米　32 开　　印张/21.25　字数/535 千

版次/2021 年 1 月第 1 版　　2021 年 1 月第 1 次印刷

中国法制出版社出版

书号 ISBN 978－7－5216－1326－1　　定价：108.00 元

北京西单横二条 2 号

邮政编码 100031　　传真：010－66031119

网址：http://www.zgfzs.com　　**编辑部电话：010－66054911**

市场营销部电话：010－66033393　　**邮购部电话：010－66033288**

（如有印装质量问题，请与本社印务部联系调换。电话：010－66032926）